（第8版）

宏观经济学
Macroeconomics
Eighth Edition

[法] 奥利维尔·布兰查德（Olivier Blanchard） 著
高伟 译

清华大学出版社
北京

北京市版权局著作权合同登记号 图字：01-2021-5973

Authorized translation from the English language edition, entitled MACROECONOMICS, 8TH ed., 9780134897899 by OLIVIER BLANCHARD, published by Pearson Education, Inc, copyright © 2021 Pearson Education, Inc.

All Rights Reserved. No part of this book may be reproduced or transmitted in any form or by any means, electronic or mechanical, including photocopying, recording or by any information storage retrieval system, without permission from Pearson Education, Inc. CHINESE SIMPLIFIED language edition published by TSINGHUA UNIVERSITY PRESS LIMITED, Copyright © 2023.

本书中文简体翻译版由培生教育出版集团授权给清华大学出版社出版发行。未经许可，不得以任何方式复制或传播本书的任何部分。

This edition is authorized for sale in the People's Republic of China only, excluding Hong Kong, Macao SAR and Taiwan.

此版本仅限在中华人民共和国境内(不包括中国香港、澳门特别行政区和台湾地区)销售。

本书封面贴有 Pearson Education(培生教育出版集团)激光防伪标签，无标签者不得销售。
版权所有，侵权必究。举报：010-62782989，beiqinquan@tup.tsinghua.edu.cn。

图书在版编目(CIP)数据

宏观经济学：第 8 版/(法)奥利维尔·布兰查德著；高伟译.—北京：清华大学出版社，2023.10
ISBN 978-7-302-64732-4

Ⅰ.①宏… Ⅱ.①奥… ②高… Ⅲ.①宏观经济学-高等学校-教材 Ⅳ.①F015

中国国家版本馆 CIP 数据核字(2023)第 192505 号

责任编辑：张　伟
封面设计：汉风唐韵
责任校对：王凤芝
责任印制：宋　林

出版发行：清华大学出版社
　　　　　网　　址：https://www.tup.com.cn，https://www.wqxuetang.com
　　　　　地　　址：北京清华大学学研大厦 A 座　　邮　　编：100084
　　　　　社 总 机：010-83470000　　邮　　购：010-62786544
　　　　　投稿与读者服务：010-62776969，c-service@tup.tsinghua.edu.cn
　　　　　质量反馈：010-62772015，zhiliang@tup.tsinghua.edu.cn
印 装 者：小森印刷霸州有限公司
经　　销：全国新华书店
开　　本：185mm×260mm　　印　张：34.75　　字　数：814 千字
版　　次：2023 年 10 月第 1 版　　印　次：2023 年 10 月第 1 次印刷
定　　价：99.00 元

产品编号：089616-01

前　言

在写本书时,我们有两个主要目标。

- 密切关注当前的宏观经济事件。

宏观经济学之所以令人向往,就在于它能够让我们明白世界各地正在发生的事件:21世纪第一个十年末以来席卷全球的经济危机、美国货币政策、欧元区问题、中国经济的增长等。对这些事件,以及其他更多的事件,本书均有所描述,不是在脚注中,而是在正文或要点解析中。每个要点解析均显示出宏观经济学如何能被用来理解所发生的事情。我们希望这些要点解析不仅能传递出宏观经济学的生命力,而且能巩固读者从模型中得到的教训,并使之具体化、更容易掌握。

- 提供一种宏观经济学的整体观。

整本书都围绕一个基本模型来架构。这个模型集中于阐明三组市场中的均衡条件。这三组市场是:商品市场、金融市场和劳动力市场。依据所讨论问题的不同,我们对模型中与该问题相关的部分进行了更为详细的展开,其余的部分则被简化或者作为背景,而基本的模型始终保持不变。我们希望这样一来,本书读者将把宏观经济学看作一个前后一致的整体,而不是模型的集合。你能够理解的将不仅是过去已经发生的宏观经济事件,而且包括那些未来要发生的经济事件。

本版本更新之处

- 第1章从本次经济危机的历史展开,给出了关于本次经济危机的一幅全景描绘。如何解决本次经济危机产生的问题将会贯穿在整本书当中。
- 关于财政政策的第22章被重新改写,主要关注美国当前的债务问题。
- 第22、23、24章讨论了本次经济危机为财政政策和货币政策操作,以及整个宏观经济学带来的启示。
- 本版本新加了许多要点解析,以讨论本次危机的各个方面。它们包括:第2章的"失业与幸福";第4章的"运行中的流动性陷阱";第5章的"减少赤字:对投资是利还是弊";第21章的"欧元区财政规则:一段简史";第22章的"货币创造和恶性通货膨胀"。
- 书中的图和表均利用最新的数据进行了更新。

解决学习和教学方面的挑战

灵活的组织结构

- 本书有两个中心部分——核心部分和扩展部分。

核心部分之前有一个导论。扩展部分之后有一个对政策作用的回顾。

第1章、第2章引出基本事实和宏观经济学的基本问题。第1章带你进行世界经济之旅：从美国到欧洲，再到中国。有的教师可能更想把它放到后面去讲，如放在第2章之后。第2章介绍基本概念，阐述短期、中期和长期的含义，并带你迅速浏览本书。

虽然在第2章讲述了国民收入账户的基本知识，但我们把对国民收入账户的详细介绍移到了书末的附录1。这样既减轻了初学者的阅读负担，同时也能在附录中对此进行更为详尽的介绍。

- 第3章到第13章为本书的核心部分。

第3章至第6章集中在短期问题，第3章至第5章描述了商品和金融市场的均衡特征，并推导了用于研究短期产出变动的基本模型，即IS-LM模型。第6章扩展了基本的IS-LM模型以反映金融系统的作用，并描述金融危机初期发生的事情。

第7章至第9章集中在中期问题。第7章集中在劳动力市场的均衡，引入自然失业率的概念。第8章推导并讨论了失业与通货膨胀之间的关系，即菲利普斯曲线。第9章发展了IS-LM-PC（PC表示菲利普斯曲线）模型，该模型考虑了商品市场、金融市场和劳动力市场的均衡。它展示了如何使用该模型来理解短期和中期活动与通货膨胀的变化。

第10章至第13章集中在长期问题。第10章描述了一些事实，说明不同国家在较长时期的产出变化。第11章和第12章建立了一个增长模型，刻画了资本积累和技术进步如何影响经济增长。第13章是一个新的章节，重点关注增长面临的挑战，从不平等到气候变化。

- 第14章至第20章为本书的扩展部分，包括两个主要的部分。

第14章至第16章集中讨论预期在短期和中期的作用。预期出现在大多数经济决策中，从而在产出的决定中扮演重要的角色。

第17章至第20章集中讨论现代经济开放的含义。第20章关注不同的汇率制度的含义，从固定汇率制度到浮动汇率制度、货币局制度和美元化制度。

- 第21章至第23章分析宏观经济政策。

前面的20章大都以这样或那样的方式讨论了宏观经济政策，第21章到第23章则是要达到融会贯通的目的。第21章讨论一般性的宏观经济政策的作用及其局限性。第22章和第23章集中分析货币政策和财政政策。某些教师可能想更早地使用这些章节中的部分内容。例如，第22章中关于政府预算约束或第23章中关于通货膨胀的讨论就很容易移到前面来讲。

- 第24章将宏观经济学放到一个历史的范畴中，展现其近80年的演变过程，讨论了当前的研究方向及本次经济危机给宏观经济学带来的教训和启示，将宏观经济学置于历史的角度。

可供选择的教学大纲

因为本书涵盖面广,所以有足够的余地来选择不同的教学计划。本书的章节比标准教科书的章节短。根据我们的经验,大部分章节可以在一个半小时内讲完。某些章节(如第5章和第9章)需要两个课时才能充分展开。

- 短课程(15课时以下)

短课程可以围绕两章导论和核心部分来组织(在不影响连续性的情况下,第13章可以被省略);然后再简单地讲授一个到两个扩展部分,如第16章的预期(可作为独立章节进行教学)和第17章的开放经济,这样一共是14课时。

短课程也可以略去增长(长期)不学。如果这样的话,课程可以围绕导论的两章,核心部分的第3章至第9章,共9课时。这样就有足够的时间来讨论诸如预期(第16章)和开放经济(第17章至第20章),加起来是13课时。

- 长课程(20~25课时)

一学期完整的课程足以覆盖整个核心内容,再加上一个或两个扩展部分,以及政策回顾部分。

学习扩展部分要求先掌握核心部分的知识。除此之外,大多是相对独立的。在内容选择的基础上,讲授的最好顺序可能就是本书的写作顺序。例如,先学习预期的作用,对理解利率平价条件和汇率危机的本质会有所帮助。

本书特点

本书力戒空谈理论,而不联系现实。为此,除了在正文本身讨论事实外,我们还加入大量的专栏——要点解析,特别讨论了美国和全世界的宏观经济事件和事实,其中许多是本版的新案例。

我们通过页边注释(与正文内容并行)使学生和老师在教室里能够互动,这是一个创新。它们的作用是建立与读者的对话,化解课文中的难点,加深对课文展开过程中的概念和推导结果的理解。

对于想进一步学习宏观经济学的学生,向你们介绍以下两种特点。

- "短附录"。某些章节后面的短附录是为了说明如何对正文中的某个命题进行扩展或推导。
- "延伸阅读"。这一部分在每章末尾出现,讲述如何找到更多的信息,包括一些重要的网址。

每章的最后部分都以一两句话的总结开始,包括以下三类内容,这些内容有助于你确信是否透彻地理解了每章的材料。

- "本章提要",它是本章要点的总结。
- "关键术语"列表。
- "本章习题"。"快速测试"习题很简单。"深入挖掘"习题有一些难,"进一步探讨"习题需要借助互联网或者电子表格软件。

本版的新内容

新的第 13 章是关于增长的挑战。其主题包括：机器人的引入是否会导致大规模失业，增长与不平等之间的关系，以及气候变化的挑战。

修订后的第 8 章菲利普斯曲线、自然失业率和通货膨胀，反映了美国经济的一个重大变化。菲利普斯曲线现在是通货膨胀和失业之间的关系，而不是通货膨胀的变化和失业之间的关系。

修订后的第 9 章显示了菲利普斯曲线关系的变化如何导致货币政策的变化。

第 1 章的新附录"宏观经济学家做什么"，让你了解如果你专攻宏观经济，可能从事哪些职业。

更新的要点解析包括：
- 从亨利·福特到杰夫·贝索斯（第 7 章）
- "轻推"美国家庭储蓄更多（第 11 章）
- 不确定性和波动（第 16 章）
- 美国贸易赤字与特朗普政府的贸易关税（第 19 章）

译者说明

本书由中央财经大学经济学院高伟教授翻译。中央财经大学经济学院竹跃可、杨思媛、谭音、李岳洋、骆子昊、钟伟华对本书各个章节的翻译提出了很有价值的建议，并进行了相应的修改，为翻译的准确性做了大量工作。

目 录

导论 ··· 1
第1章 世界之旅 ··· 3
   1.1 经济危机 ··· 3
   1.2 美国 ·· 6
   1.3 欧元区 ·· 8
   1.4 中国 ·· 11
   1.5 结论与展望 ·· 12
   关键术语 ·· 13
   本章习题 ·· 13
   附录1 如何找到数据 ·· 15
   附录2 宏观经济学家做什么 ·· 16
第2章 本书之旅 ··· 17
   2.1 总产出 ·· 17
   2.2 失业率 ·· 23
   2.3 通货膨胀率 ·· 26
   2.4 产出、失业与通货膨胀率：奥肯定律与菲利普斯曲线 ························ 29
   2.5 短期、中期、长期 ··· 31
   2.6 本书概览 ··· 32
   本章提要 ·· 34
   关键术语 ·· 34
   本章习题 ·· 35
   延伸阅读 ·· 40
   附录 实际GDP的构造和链式指数 ··· 40

核心部分 ·· 43
短期 ·· 43
第3章 商品市场 ··· 45
   3.1 GDP的构成 ··· 45
   3.2 商品需求 ··· 47
   3.3 均衡产出的决定 ·· 50
   3.4 投资等于储蓄：考虑商品市场均衡的另一种方法 ······························ 57

3.5　政府是万能的吗？一个警告 ································ 60
　本章提要 ·· 61
　关键术语 ·· 61
　本章习题 ·· 62

第4章　金融市场 I ·· 66
　4.1　货币需求 ·· 66
　4.2　利率的决定 I ·· 70
　4.3　利率的决定 II ··· 75
　4.4　流动性陷阱 ·· 78
　本章提要 ·· 81
　关键术语 ·· 81
　本章习题 ·· 82
　延伸阅读 ·· 85

第5章　商品市场和金融市场：IS-LM模型 ··········· 86
　5.1　商品市场和IS关系 ·· 87
　5.2　金融市场和LM关系 ······································ 91
　5.3　综合考虑IS关系和LM关系 ·························· 92
　5.4　使用政策组合 ··· 95
　5.5　IS-LM模型与现实的吻合程度如何 ············· 101
　本章提要 ·· 103
　关键术语 ·· 103
　本章习题 ·· 104
　延伸阅读 ·· 108

第6章　金融市场 II：扩展的IS-LM模型 ············· 109
　6.1　名义利率与实际利率 ··································· 109
　6.2　风险和风险溢价 ·· 113
　6.3　金融中介的作用 ·· 115
　6.4　扩展IS-LM模型 ·· 119
　6.5　从住房问题到金融危机 ······························· 121
　本章提要 ·· 128
　关键术语 ·· 128
　本章习题 ·· 129
　延伸阅读 ·· 133

中期 ·· 135

第7章　劳动力市场 ·· 137
　7.1　劳动力市场概述 ·· 137
　7.2　失业变动 ·· 141
　7.3　工资决定 ·· 143
　7.4　价格决定 ·· 148

	7.5 自然失业率	148
	7.6 去往何方	152
	本章提要	152
	关键术语	153
	本章习题	153
	延伸阅读	158
	附录　工资设定关系和价格设定关系与劳动供给和劳动需求	158
第8章	菲利普斯曲线、自然失业率和通货膨胀	160
	8.1 通货膨胀、预期通货膨胀和失业	161
	8.2 菲利普斯曲线及其突变	162
	8.3 菲利普斯曲线和自然失业率	167
	8.4 总结与警告	169
	本章提要	175
	关键术语	176
	本章习题	176
	附录　通货膨胀、预期通货膨胀和失业之间关系的推导	181
第9章	从短期运行到中期运行：IS-LM-PC 模型	183
	9.1 IS-LM-PC 模型	183
	9.2 从短期均衡调整到中期均衡	187
	9.3 讨论复杂问题以及事情如何出错	189
	9.4 重新审视财政整合	193
	9.5 石油价格上涨的影响	194
	9.6 结论	199
	本章提要	200
	关键术语	201
	本章习题	201

长期 ·· 207

第10章	增长的事实	209
	10.1 生活水平的测量	210
	10.2 1950 年以来发达国家的经济增长	213
	10.3 从时间和空间上进行更为广泛的考察	215
	10.4 考虑增长：基本框架	218
	本章提要	222
	关键术语	223
	本章习题	223
	延伸阅读	225
第11章	储蓄、资本积累和产出	226
	11.1 产出和资本的相互作用	226

11.2　不同储蓄率的影响 ········· 229
　　11.3　通过数字感受储蓄率影响 ········· 238
　　11.4　实物资本与人力资本 ········· 242
　　本章提要 ········· 245
　　关键术语 ········· 246
　　本章习题 ········· 246
　　延伸阅读 ········· 248
　　附录　柯布-道格拉斯生产函数和稳态 ········· 248
第12章　技术进步与增长 ········· 251
　　12.1　技术进步和增长率 ········· 251
　　12.2　技术进步的决定因素 ········· 258
　　12.3　制度、技术进步和增长 ········· 261
　　本章提要 ········· 262
　　关键术语 ········· 263
　　本章习题 ········· 263
　　延伸阅读 ········· 266
　　附录　如何衡量技术进步及其在中国的应用 ········· 266
第13章　增长的挑战 ········· 269
　　13.1　技术进步的未来 ········· 269
　　13.2　机器人与失业 ········· 270
　　13.3　增长、动荡和不平等 ········· 272
　　13.4　气候变化和全球变暖 ········· 281
　　本章提要 ········· 283
　　关键术语 ········· 284
　　本章习题 ········· 284
　　延伸阅读 ········· 287

扩展部分 ········· 289
预期 ········· 289
第14章　金融市场和预期 ········· 291
　　14.1　预期贴现值 ········· 291
　　14.2　债券价格和债券收益 ········· 296
　　14.3　股票市场与股票价格的变动 ········· 302
　　14.4　风险、泡沫、狂热和资产价格 ········· 308
　　本章提要 ········· 312
　　关键术语 ········· 312
　　本章习题 ········· 313
　　延伸阅读 ········· 315
　　附录　使用实际利率或名义利率推导预期贴现值 ········· 315

第 15 章 预期、消费和投资 ············ 317
15.1 消费 ············ 317
15.2 投资 ············ 323
15.3 消费和投资的波动性 ············ 331
本章提要 ············ 333
关键术语 ············ 333
本章习题 ············ 333
附录 在静态预期条件下计算利润的预期现值 ············ 336

第 16 章 预期、产出和政策 ············ 338
16.1 预期与决策：复习 ············ 338
16.2 货币政策、预期和产出 ············ 342
16.3 削减赤字、预期和产出 ············ 345
本章提要 ············ 352
关键术语 ············ 352
本章习题 ············ 353
延伸阅读 ············ 356

开放经济 ············ 357

第 17 章 商品市场与金融市场的开放 ············ 359
17.1 商品市场的开放 ············ 360
17.2 金融市场的开放 ············ 368
17.3 结论与展望 ············ 375
本章提要 ············ 375
关键术语 ············ 376
本章习题 ············ 377
延伸阅读 ············ 379

第 18 章 开放经济中的商品市场 ············ 380
18.1 开放经济中的 IS 曲线 ············ 380
18.2 均衡产出与贸易余额 ············ 384
18.3 国内外需求的增加 ············ 385
18.4 贬值、贸易余额和产出 ············ 390
18.5 储蓄、投资和经常账户余额 ············ 394
本章提要 ············ 396
关键术语 ············ 396
本章习题 ············ 396
延伸阅读 ············ 399
附录 马歇尔-勒纳条件的推导 ············ 399

第 19 章 产出、利率和汇率 ············ 401
19.1 产品市场的均衡 ············ 401

19.2	金融市场的均衡	403
19.3	产品市场和金融市场的结合	406
19.4	开放经济中的政策效应	407
19.5	固定汇率	413
本章提要		417
关键术语		417
本章习题		418
附录	固定汇率、利率和资本流动	420

第20章 汇率制度 423

20.1	中期	423
20.2	固定汇率制下的汇率危机	427
20.3	浮动汇率制下的汇率变动	430
20.4	汇率制度的选择	433
本章提要		439
关键术语		440
本章习题		440
延伸阅读		445
附录1	固定汇率下总需求的推导	445
附录2	实际汇率和国内外实际利率	445

回到政策中来 449

第21章 政策制定者是否应当受到限制 451

21.1	不确定性和政策	451
21.2	预期和政策	454
21.3	政治和政策	459
本章提要		466
关键术语		466
本章习题		467
延伸阅读		470

第22章 财政政策：一个总结 471

22.1	我们已经学到了什么	471
22.2	政府预算约束：赤字、债务、政府支出和税收	472
22.3	李嘉图等价、周期调整的赤字和战争筹资	480
22.4	高债务的危险	484
22.5	当今美国财政政策面临的挑战	489
本章提要		491
关键术语		492
本章习题		492
延伸阅读		495

第23章 货币政策：一个总结 ······ 496
- 23.1 我们已经学到了什么 ······ 497
- 23.2 从货币目标到通货膨胀目标 ······ 498
- 23.3 最优通货膨胀率 ······ 501
- 23.4 非常规货币政策 ······ 507
- 23.5 货币政策和金融稳定 ······ 509
- 本章提要 ······ 513
- 关键术语 ······ 513
- 本章习题 ······ 514
- 延伸阅读 ······ 518

第24章 宏观经济学的故事 ······ 519
- 24.1 凯恩斯和大萧条 ······ 519
- 24.2 新古典综合派 ······ 520
- 24.3 理性预期批判 ······ 524
- 24.4 2009年经济危机前的宏观经济学发展 ······ 527
- 24.5 经济危机对宏观经济学的重要启示 ······ 531
- 本章提要 ······ 533
- 关键术语 ······ 534
- 延伸阅读 ······ 534

附录 ······ 535
术语表 ······ 536

要 点 解 析

实际 GDP、技术进步和计算机价格	23
失业与幸福	25
雷曼破产：对另一个大萧条的恐惧和消费函数的变动	56
储蓄悖论	59
语义陷阱：货币、收入和财富	68
谁持有美国的通货	72
运行中的流动性陷阱	79
2001 年的美国经济衰退	97
减少赤字：对投资是利还是弊	100
银行挤兑	117
当前人口调查	140
从亨利·福特到杰夫·贝索斯	145
理论领先实际：米尔顿·弗里德曼和埃德蒙·菲尔普斯	168
1990 年以来美国自然失业率的变化	169
是什么解释了欧洲的失业	171
跨越时间与国度的奥肯定律	186
大萧条时期的通货紧缩	191
石油价格上涨：为什么 21 世纪初与 20 世纪 70 年代如此不同	198
PPP 数据的构造	211
增长的真实情况：1851 年美国工人的预算	216
法国第二次世界大战后的资本积累和经济增长	232
美国的社会保障、储蓄和资本积累	236
"轻推"美国家庭储蓄更多	242
新技术的传播：杂交玉米	260
管理方式：技术进步的另一个维度	260
就业破坏、动荡和收入损失	273
长期视角：科技、教育和不平等	276
不平等和基尼系数	279
债券市场的相关词汇	297
理解看似无用的事情：股市昨日为何发生变动及其他故事	308
著名的泡沫：从 17 世纪荷兰的郁金香泡沫到 1994 年俄罗斯的 MMM 骗局	309

21世纪上半叶美国房价的飙涨：是基础价值还是泡沫 ……310
近距离私人访谈：利用面板数据集 ……318
人们为退休积攒了足够的储蓄吗 ……321
投资与股票市场 ……326
获利能力与现金流量 ……329
理性预期 ……344
预算赤字削减是否会带来产出的扩张？爱尔兰在20世纪80年代的例子 ……347
不确定性和波动 ……350
出口能否超过GDP ……362
GDP和GNP：科威特的例子 ……371
购买巴西债券 ……374
G20峰会与2009年财政刺激 ……389
希腊经常账户赤字的消失：好消息还是坏消息 ……393
资本流动、骤停以及利率平价条件的局限性 ……405
货币紧缩和财政扩张：20世纪80年代早期的美国 ……410
美国贸易赤字与特朗普政府的贸易关税 ……412
德国的统一、利率与EMS ……416
英国恢复金本位：凯恩斯对丘吉尔 ……426
1992年欧洲货币体系危机 ……429
欧元简史 ……436
阿根廷货币委员会的经验教训 ……438
艾伦·布林德说真话是不对的吗 ……458
欧元区财政规则：一段简史 ……463
通货膨胀的计算和赤字的度量 ……474
第二次世界大战后国家是如何降低债务比率的 ……478
第二次世界大战中美国的赤字、消费和投资 ……483
货币创造和恶性通货膨胀 ……488
货币幻觉 ……504
2000年至2007年贷款价值比和住房价格上涨 ……511

导 论

第 1 章、第 2 章主要介绍宏观经济学的议题和方法。

第 1 章

第 1 章带你去周游世界,了解各国的宏观经济状况。本章首先将讨论 21 世纪第一个十年末期以来发生的主宰世界经济的经济危机。最后将关注全球主要的三大经济体：美国、欧元区和中国。

第 2 章

第 2 章则是带你去畅游本书。本章详细界定宏观经济学中的产出、失业和通货膨胀这三个中心变量,然后引入短期、中期和长期三个概念。

第1章 世界之旅

什么是宏观经济学？对这个问题最好的回答并不是给出一个正式的定义，而是带你去环游经济世界，去描绘主要的经济演变，以及那些使宏观经济学家和政策制定者夜不能寐的事情。

就在本书写作之时（2019年初），政策制定者们睡得比10年前踏实多了。2008年，世界经济陷入严重的宏观经济危机，其程度也是自"大萧条"以来最为严重的。以往世界经济增长速度平均在4%~5%，但2009年却是负值。2009年后，增长率转为正值，世界经济正缓慢复苏，现在已经基本恢复。但是，经济危机，现在称为"重大金融危机"，留下了很多"伤疤"和悬而未决的隐患。

本章是为了让大家能对这些经济事件和不同经济体所面对的宏观经济难题有一个初步的认识和了解。首先概述这场危机，然后重点介绍世界三大经济体：美国、欧元区和中国。

1.1节　讨论经济危机。

1.2节　讨论美国。

1.3节　讨论欧元区。

1.4节　讨论中国。

1.5节　结论与展望。

阅读这一章，就像在读报纸上的文章一样，不必推敲每个词语的确切含义，也不必仔细斟酌所有的观点。词汇的定义和观点的推理将是以后各章的事情。可以将本章看作一个背景，主要是为了向你展现宏观经济学的诸多议题。如果你对这一章感兴趣，你对本书也会感兴趣。当你读完本书，一定要回头读这一章，看看你在这些问题上的立场，判断一下你学习宏观经济学的进步有多大。

> 如果你还记得本章的一条基本信息，它应该是：经济体和人们一样都会生病，高失业率、衰退、金融危机、低增长。宏观经济学就是要关注为什么会发生以及如何应对这些情况。

1.1 经济危机

图1-1提供了2000—2018年世界经济增长率，并分别列示了发达经济体及新兴和发展中经济体的产出增长率。你从中可以看出，2000年到2007年世界经济经历了持续的扩张，年均产出增长率为4.5%，其中，发达经济体（世界前30最富有的经济体）年均增长率为

2.7%,而新兴和发展中经济体(另外150个经济体)的年均增长率更高,达到6.6%。

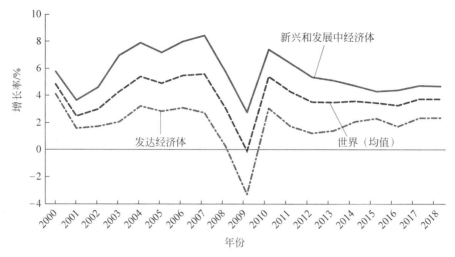

图1-1 2000—2018年世界经济、发达经济体以及新兴和发展中经济体的产出增长率
资料来源:国际货币基金组织,《世界经济展望数据库》,2018年7月。NGDP_RPCH. A.

然而,在2007年,有迹象表明扩张即将结束。自2000年起已增长了1倍的美国房价,开始下滑。经济学家开始对这一形势表示担忧。乐观主义者相信,虽然房价降低可能会引发建房数和消费者支出的减少,但此时FED(美国中央银行的简称,其正式称谓是美国联邦储备委员会)可能会降低利率以刺激需求,以避免衰退。悲观主义者相信,利率的下降不足以维持需求,美国经济有可能因此陷入短期衰退。

更甚的是,现实比悲观主义者所预想的还要糟糕。随着房价的不断下跌,人们越来越清醒地意识到,之前扩张中放出的很多抵押贷款是低质量的。很多借贷者贷款规模巨大,越来越无力按月偿还。而且,随着房价的下跌,抵押物的价值往往会超过房屋价值,使得借贷者产生违约动机。这还不是最糟糕的:发行抵押的银行经常将这些抵押捆绑打包成新的债券,接着把这些债券出售给其他银行或投资者,这些债券又被重新打包成为更新的债券,这一过程会不断延续下去。其后果就是很多银行并没有持有抵押品本身,而是持有这些复杂到几乎无法评估其价值的债券。

这样的复杂性和不透明性将房价的下跌变成了严重的金融危机,基本没有经济学家能够预料这样的发展情况。由于不知道其他银行在其资产负债表上所记载的资产的质量,银行极度不愿意彼此借贷,担心借款银行无力偿还。由于无法借款,加之资产价值的不确定性较大,很多银行陷入困境。2008年9月15日,一家重要的银行——雷曼兄弟正式破产,这一影响是恶劣的:由于雷曼兄弟银行与其他银行之间的关联性十分不透明,很多其他银行几乎也有破产的风险。几周之后,整个金融体系岌岌可危。

本次金融危机很快演变成了严重的经济危机:股价暴跌。图1-2显示了2007年1月至2010年11月美国、欧元区、新兴经济体三个股价指数的变化路径。其中我们将所有指数在2007年1月的值设定为1。可以看出,到2008年底,与之前的峰值相比,股价已经蒸发了一半甚至更多。还可以看出,尽管危机从美国爆发,欧洲和新兴经济体的股价下跌幅度与美国接近;我们稍后再回到这个话题。

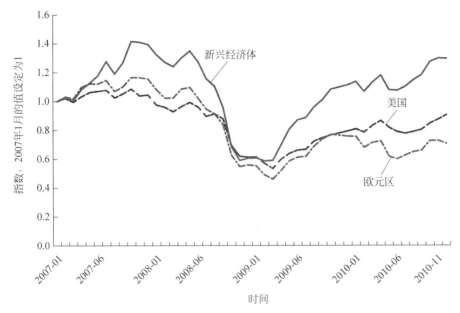

图 1-2　美国、欧元区和新兴经济体股票价格（2007—2010 年）

资料来源：Haver Analytics USA(S111ACD)，Eurogroup(S023ACD)，所有新兴市场(S200ACD)。均为月度平均数据。

受到房价下跌和股价暴跌的打击后，人们担忧这将是另一个"大萧条"的开始，从而大幅削减消费。公司由于担心销售和未来的不确定性，大幅削减投资。房价下跌，空置房大面积存在，基本没有新房被建造。尽管美联储和美国政府都采取了强有力的措施：美联储将利率一路下调至零，美国政府削减税收，增加政府支出，但是市场需求和产出仍然下降了。2008 年第 3 季度，美国产出增长率变为负值，并且在 2009 年一直保持负值。

人们可能希望大部分危机只保持在美国范围内，但是图 1-1 和图 1-2 表明这是不现实的。美国的经济危机很快变成了世界性危机，主要通过两条途径影响其他国家或地区：第一条途径是贸易，由于美国消费者和企业减少支出，部分体现在对进口商品支出的减少上。站在向美国出口商品的国家或地区角度上思考，出口减少了，产出也随之下降。第二条途径是金融，美国的银行对资金的极度需求以及资金从其他国家或地区撤离对他国或地区银行同样造成了不利影响。此外，在一些欧洲国家，政府积累了大量债务，现在出现了巨额赤字。投资者开始担心债务不能偿还，并要求更高的利率。面对高利率，政府通过降低支出和提高税收，大幅减少了赤字。这反过来又导致需求和产出进一步下降。在欧元区，产出下降如此之严重，以至于这场危机的这一方面被称为"欧元危机"。简言之，美国经济衰退演变为世界经济衰退。2009 年，发达经济体的平均增长率为 -3.4%，是自 1929 年"大萧条"后最低的年度经济增长率。新兴和发展中经济体虽然保持了正的经济增长率，但比 2000—2007 年的均值要低 3.5 个百分点。

从那以后，得益于强力的货币和财政政策刺激以及金融系统的缓慢修复，大部分经济体开始回暖。从图 1-1 可以看出，发达经济体与新兴和发展中经济体在 2010 年的增长率均回到正值，此后也一直保持正值。一些发达经济体，尤其是美国，目前而言失业率非常低。然而欧元区仍在挣扎，尽管增长率为正值，但失业率仍然很高。新兴和发展中经济体的增长也有所恢复，但正如图 1-1 所示，增长率低于危机前。

现在，我已经为大家准备好了舞台，让我来带领大家开启世界三大经济体之旅：美国、欧元区和中国。

1.2 美国

> 你能猜出一些生活水平高于美国的国家吗？提示：想想石油生产商和金融中心。如需答案，请在 WEO 数据库中查找"按当前价格计算的人均国内生产总值"（网址见章节附录）。

当观察一个经济体时，宏观经济学家首先会问两个问题：从经济角度看，这个经济体有多大？它的生活标准如何？为了回答第一个问题，他们观察其产出——经济体整体的产出水平。为了回答第二个问题，他们观察人均产出水平。

当经济学家想更深入地研究一个经济体的健康状况，他们观察三个基本变量：

产出增长率——产出的变化率。

失业率——经济当中正在寻找工作但没有被雇用的工人的比例。

通货膨胀率——经济当中物品的平均价格随时间增长的速度。

表 1-1 给出了美国经济有关这三个变量的基本数据。从历史角度来看当前的数字，第 1 列显示了 1990 年至 2007 年的产出增长率、失业率和通货膨胀率的平均值。第 2 列显示了这场危机中最严重的 2008 年和 2009 年的数据。第 3 列显示了 2010 年至 2017 年的数据，最后一列显示了 2018 年的数据。

表 1-1　1990—2018 年美国的产出增长率、失业率和通货膨胀率　　　　　　　　　　　%

年　　　份	1990—2007（平均）	2008—2009（平均）	2010—2017（平均）	2018
产出增长率	3.0	−1.3	2.2	2.9
失业率	5.4	7.5	6.8	3.7
通货膨胀率	2.3	1.3	1.6	2.3

资料来源：国际货币基金组织，《世界经济展望》，2018 年 10 月。

注：产出增长率：GDP 的年增长率。失业率：年平均值。通货膨胀率：价格水平（GDP 平减指数）的年度变化率。

通过查阅 2018 年的数据，你可以看出为何经济学家对美国经济持乐观态度。2018 年的产生增长率为 2.9%，接近 1990—2007 年的平均水平。在危机及其后续影响期间不断上升的失业率（2010 年达到 10%）稳步下降，2018 年为 3.7%，大大低于 1990—2007 年的平均水平。通货膨胀率也很低，相当于 1990—2007 年的平均水平。简言之，美国经济似乎状况良好，基本上没有受到危机的影响。

那么，美国决策者面临的主要宏观经济问题是什么？我认为有两个：第一个问题涉及短期决策，即决策者是否拥有应对下一次衰退的工具。第二个问题是如何在长期内提高生产率。

1.2.1　决策者是否拥有应对下一次衰退的工具

2009 年 6 月，美国开始从金融危机中复苏。自此之后，产出增长一直是正的，在撰写本书时，增长已经持续了 169 个月，已经成为 1945 年有记录以来时间最久的扩张。

然而，如果以史为鉴，可悲的现实是扩张不会永远持续下去，美国迟早会经历另一场衰退。它可能来源于多重因素,可能是由贸易战引发的,如导致出口大幅下降;也可能来自不确定性的增加,导致人们消费减少,企业投资减少;可能来源于另一场经济危机,尽管2009年以来,美国为降低风险而采取了一定的措施;或者,正如过去多次发生的那样,来源于我们根本没有料想的事件。

当经济衰退来临时,问题将是决策者能做些什么来抑制产出的下降。美联储必须发挥核心作用,这有两个原因:首先,美联储的部分任务确实是应对衰退。其次,它拥有最好的政策工具,即控制利率。通过降低利率,美联储可以刺激需求,提高产出,降低失业率;而通过提高利率,它可以减缓需求,并提高失业率。

> 前国防部长唐纳德·拉姆斯菲尔德有一句很有见地的话:"有已知的未知数。但也有未知的未知数。后一类往往是困难的。"

然而,美联储面临的问题如图1-3所示,该图显示了自2000年以来政策利率(称为联邦基金利率)的变动趋势。请注意,在危机发生时,美联储将利率降低了多少:从2008年7月的5.3%降至2008年12月的接近0%。然后请注意,直到2015年底,利率一直保持在接近0%的水平,从那时起,该比率略有上升,目前为2.4%。

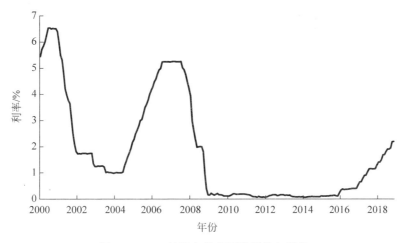

图1-3 2000年以来的美国联邦基金利率

为什么美联储止步于零?它本想进一步降低利率,但不能,因为利率不能为负。如果是这样,那么就没有人会持有债券;每个人都想持有现金,因为现金支付的利率为零。这种约束称为零下限,这是美联储在2008年12月遇到的下限。

既然利率已经提高了,为什么零下限仍然是个问题?因为按照历史标准,利率仍然很低。这意味着美联储几乎没有空间降低利率。如果再次发生衰退,美联储只能将政策利率降低约2%,这还不足以对需求产生重大影响。

美联储还可以使用其他工具吗?财政政策能有所帮助吗?正如我们将在本书后面看到的,这两个问题的答案都是肯定的,我们将在书中找到。但这些其他工具是否足够还远未可知。这就是为什么许多经济学家担心很难限制下一次衰退的深度。

1.2.2 如何在长期内提高生产率

正如我们刚才讨论的,在短期内,经济会发生什么,取决于需求的变化和央行的决定。

然而，从长远来看，增长由其他因素决定，主要因素是生产率增长：没有生产率的增长，人均收入不可能持续增长。在这里，这个消息令人担忧。表1-2显示了自1990年以来美国私营非农业企业部门和制造业10年的平均生产率增长。如你所见，到2018年为止，21世纪10年代的生产率增长远低于前20年。

表1-2　1990—2018年10年平均生产率增长　　　　　　　　　　　　　　　　　%

变化百分比：同比（平均）	20世纪90年代	21世纪第一个十年	2010—2018年
私营非农业企业部门	2.2	2.8	0.9
制造业	4.1	3.6	0.4

资料来源：弗雷德数据库。PRS85006092，MPU490063。

这有多令人担忧？生产率增长每年变化很大，一些经济学家认为这可能只是几年不景气，不太值得担心。另一些人则认为，衡量的问题使得产出难以衡量，生产率增长可能被低估。例如，相对于旧款智能手机，如何衡量新智能手机的生产率？在与老款相同的价格下，它可以做许多老款做不到的事情。换句话说，它的生产率要高得多，我们可能不太擅长衡量生产率的提高。然而，其他人认为，美国确实进入生产率增长较低的时期，当前信息技术（IT）创新的主要收益可能已经获得，至少在一段时间内，进步可能不会那么快。

一个特别令人担忧的原因是，生产率增长放缓是在不平等加剧的背景下发生的。当生产率增长较高时，即使不平等加剧，大多数人也可能受益，尽管穷人受益可能比富人少，但他们仍然看到自己的生活水平有所提高。然而这不是今天美国的情况。自2000年以来，受过高中或高中以下教育的工人的实际收入有所下降。如果政策制定者想要扭转这一趋势，他们要么需要提高生产率，要么需要遏制不平等的加剧，或者两者兼而有之。这是当今美国政策制定者面临的两大挑战。

1.3　欧元区

1957年，6个欧洲国家决定组成一个欧洲共同市场——一个人员、商品和服务能够自由流动的经济区域。随着时间的推移，又有22个国家加入，总数已达到28个。这个联盟现在被称为欧盟，其范围不仅限于经济问题。2016年，英国举行了全民公投，政府被授权退出欧盟。此时此刻，英国离开，只剩下27个成员国。

1999年，欧盟决定更进一步，开始用一种称为"欧元"的共同货币取代国家货币。一开始只有11个国家参加，之后又有8个国家加入该组织。目前有19个国家加入这一共同货币区，即欧元区。

欧元区拥有强大的经济实力。按照欧元和美元之间的当前汇率，其产出相当于美国产出的2/3。（欧盟作为一个整体的产出相当于美国的90%。）

表1-3给出了1990—2018年欧元区的产出增长率、失业率和通货膨胀率。正如美国一样，2008—2009年的危机严重时期以负增长为特征。在美国经济复苏的同时，欧元区的经济增长依然乏力。事实上，表1-3中虽然没有显示这一点，但2012年和2013年的增长都是负的。2018年增长有所增加，达到2.0%，但失业率仍然很高，为8.3%。此外，通货膨胀率仍然太低，低于欧洲央行（ECB）2%的目标。

表 1-3　1990—2018 年欧元区的产出增长率、失业率和通货膨胀率　　　　　　　　　　%

年　　份	1990—2007(平均)	2008—2009(平均)	2010—2017	2018
产出增长率	2.1	−2.0	1.3	2.0
失业率	9.4	8.6	10.6	8.3
通货膨胀率	2.1	1.5	1.0	1.5

资料来源：国际货币基金组织，《世界经济展望》，2018 年 10 月。
注：产出增长率：年产出增长率(GDP)。失业率：全年平均水平。通货膨胀率：物价水平的年变化率(GDP 平减指数)。

欧元区面临两个主要问题：第一个问题是欧元区的失业能降低吗。第二个问题是欧元区为其成员做了什么。让我们依次来看这两个问题。

1.3.1　欧元区的失业率能降低吗

2018 年，欧元区平均失业率高达 8.3%，这掩盖了欧元区国家之间的巨大差异。一方面，希腊和西班牙的失业率分别为 20% 和 15%；另一方面，德国的失业率接近 3%。居中的是法国和意大利，失业率分别为 9% 和 11%。因此，如何降低失业率必须根据每个国家的具体情况而定。

为了显示问题的复杂性，看看如西班牙等高失业率的国家是很有裨益的。图 1-4 显示了 1990 年以来西班牙失业率的惊人演变。在 20 世纪 90 年代中期开始的长期繁荣之后，失业率从 1994 年的近 25% 的高位下降到 2007 年的 8%。但随着危机的爆发，失业率再次飙升，2013 年超过 25%。此后失业率有所下降，但仍保持在 15%。

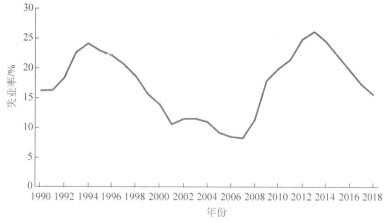

图 1-4　1990 年以来西班牙的失业率
资料来源：国际货币基金组织，世界经济展望，2018 年 10 月。

图 1-4 表明了两个结论：

高失业率的部分原因可能仍然是我们在 1.1 节中讨论的危机和需求的突然崩溃。从 2008 年开始，房地产繁荣演变为房地产泡沫破裂，加上利率突然上升，引发了失业率的上升。人们可以希望,最终需求将继续增加,失业率将进一步下降。

即使在经济繁荣的高峰期,西班牙的失业率也从未低于8%,几乎是2018年德国失业率的3倍。这表明,比起危机和需求下降,还有更重要的东西在发挥作用。在过去20年的大部分时间里,失业率都超过了10%,这一事实表明劳动力市场存在问题。接下来的挑战是确定这些问题到底是什么。

有的经济学家认为主要问题在于欧洲国家过度保护工人。为了防止工人被解雇,它们将企业解雇工人的成本定得过高。该政策造成了适得其反的后果:企业从一开始就减少对工人的雇用,从而加剧了失业。为了保护失业的工人,欧洲政府提供了慷慨的失业保险。但是,这样做就减少了失业者找工作的动力;这也加重了失业。他们认为解决方法就是减小保护力度,消除这些劳动力市场刚性,采取类似美国的劳动力市场机制。这一机制在英国已经大范围实施,直至经济危机之前,其失业率还是比较低的。

其他人,包括我在内,更持怀疑态度。他们指出了一个事实:欧洲各地的失业率并不高。然而,大多数欧洲国家为工人提供了慷慨的社会保险,这说明问题并不在于保护的程度,而是在于实施的方式。这些经济学家认为,挑战在于了解低失业率的欧洲国家做对了什么,以及它们做得对的东西是否可以借鉴给其他欧洲国家。

解决这些问题是欧洲宏观经济学家和决策者面临的主要任务之一。

1.3.2 欧元区为其成员做了什么

欧元的支持者首先指出了其巨大的象征意义。鉴于过去欧洲国家之间发生过很多次战争,有什么比接受共同通货更能证明它们冲突的永久性终结?它们也指出了拥有共同货币的经济优势:欧洲企业不用再担心汇率变化,跨境时也不需要兑换货币。加之去除了欧洲国家间交易的其他障碍,它们认为,欧元将推动一个大的经济体的诞生。在21世纪初期,向欧元过渡无疑是一个重要的经济事件。

然而,其他人担心欧元的象征意义会同时带来大量的经济成本。甚至在危机之前,他们就指出共同货币意味着共同的货币政策,这意味着欧洲各国拥有相同利率。一旦一个国家陷入衰退,处在经济高速发展中的另一国应该怎么处理?第一个国家需要降低利率以增加支出和产出;第二个国家则需要升高利率以减缓其经济过热发展。如果两个国家只能拥有共同的利率,将会发生什么?难道不会有这样的风险:一个国家长期处在衰退中,而另一个国家无法减缓其过热的经济?共同货币还意味着失去作为欧元区内调整工具的汇率。他们认为,如果一个国家存在巨额贸易赤字,需要提高竞争力,那该怎么办?如果它不能调整汇率,它就必须通过相对于其竞争对手降低价格来进行调整。这可能是一个痛苦而漫长的过程。

在撰写本书时,一些意大利政界人士认为,遭受低增长之苦的意大利在欧元区之外会更好,并主张退出欧元区。

在欧元危机之前,这场辩论一直有些抽象,然而现在已经不再这样。一部分欧元区国家,从爱尔兰到葡萄牙、希腊都陷入衰退的泥沼。如果拥有自己的货币,它们本可以相对于其他欧元成员国使其货币贬值,以增加出口。因为它们与邻国使用相同货币,上述措施就变得不可行。因此,有些经济学家认为某些国家应该退出欧元区,并恢复对其货币政策和汇率的控制。其他人则认为这样的退出对双方来说都不是明智之举——退出的国家放弃了加入欧元区可以享受到的经济好处,更严重的还会引发退出国经济出现更多、更大的问题。这可能仍然是一个热门话题。

1.4 中国

中国每天都出现在新闻中,被视为世界主要经济大国之一。为什么中国如此引人注目?原因有两个。

为了理解第一个原因,我们需要回到人均产出值。当比较一个发达国家(如美国)和一个发展中国家(如中国)之间的人均产出时,一定要谨慎,原因是发展中国家的很多东西会更加便宜。例如纽约餐馆每餐的平均价格大概为 40 美元;北京餐馆每餐的平均价格则为 50 元人民币,按当前汇率换算后仅为 7.5 美元。换一种方式来说,同样多的收入(以美元表示)能在北京买到比纽约更多的东西。如果我们比较生活标准,一定要修正这个差别;修正的方法是 PPP(购买力平价)法。根据这一指标,估计中国的人均产出比美国人均产出的 1/3 略低一些。这更精确地描绘了中国的生活标准。显然这个数值依然远低于美国或其他发达国家。

第二,也是更重要的一点,中国已经高速发展了 30 多年,这在表 1-4 中可以看出。表 1-4 与之前的美国和欧元区表格一样,列出了 1990—2018 年中国的产出增长率、失业率和通货膨胀率。

表 1-4 1990—2018 年中国的产出增长率、失业率和通货膨胀率   %

年 份	1990—2007(平均)	2008—2009(平均)	2010—2017	2018
产出增长率	10.2	9.4	7.9	6.6
失业率	3.3	4.3	4.1	4.0
通货膨胀率	5.9	3.7	2.9	2.2

资料来源:国际货币基金组织,《世界经济展望》,2018 年 10 月。
注:产出增长率:产出(GDP)的年度增长率。失业率:全年平均水平。通货膨胀率:价格水平(GDP 平减指数)的年变化率。

表 1-4 的第 1 行讲述了基本情况。从 1990 年(实际上是从 1980 年,如果我们将表格再延长 10 年)到 2000 年之后,中国每年以接近 10% 的速度增长,这意味着产量每 7 年翻一番。将此与美国和欧元区的数字进行比较,你就会明白为什么以中国为主体的新兴经济体在世界经济中的权重增长如此之快。

> 一个有用的规则,称为 70 规则:变量翻倍所需的年数等于 70 除以变量增长率的数值。

表 1-4 还有两个有趣的方面。

首先,很难从数据中看出经济危机的影响,2008 年和 2009 年,增长几乎没有下降,失业率也几乎没有上升。这并不是因为中国与世界其他国家相隔绝。危机期间,中国出口减缓,但是需求方面受到的不利影响几乎完全被中国政府的扩张财政政策,尤其是公共投资的大幅增加抵消了。其结果就是需求的持续增长,进而是产出的增长。

其次,增长率从危机前的 10% 下降到危机后的不到 8%,2018 年下降到 6.6%。这引发了这样一个问题:中国如何长期保持如此高的增长率,以及它是否正在进入低增长期。

这一持续增长也引起了许多疑问:这些数据是否真实?增长是否被夸大了?仔细研究这一问题的经济学家发现,统计数据不存在明显偏差,中国的产出增长确实很高。

那么,这样的增长动因是什么?显然包括两个方面:第一,资本的高度积累。中国的投资率(投资与产出的比率)超过了46%,是一个很高的水平。相比之下,美国的投资率只有21%,更多的资本意味着更高的生产率和更高的产出。第二,快速的科技进步。

从这方面看,实现高生产率和高产出增长似乎很容易,其他欠发达国家或地区似乎可以效仿。实际上,事情没有那么简单。中国是从计划经济向市场经济转型的国家之一。大部分国家和地区,从中欧到俄罗斯,都经历了转型时期产出的大幅下降。绝大多数国家和地区增长速度仍然远低于中国。在很多国家和地区中,猖獗的贪污腐败和糟糕的产权保护使企业不愿投资。那么,为什么中国做得如此之好?一些经济学家相信这是缓慢转型的成果:中国的改革是1980年左右开始在农业领域展开的,然后逐步推进到其他领域。其他人认为共产党的持续执政实际上帮助了经济转型;政府使产权得到较好的保护,至少给予新企业投资的动力。弄清楚这些问题的答案,并总结对其他欠发达国家或地区有益的经验,对中国甚至世界其他国家或地区都具有重要意义。

1.5 结论与展望

这里总结我们的世界之旅。其实还有许多其他经济体和其他宏观经济问题值得一看:
- 印度,另一个欠发达而巨大的国家,拥有13.3亿的人口,像中国一样也处在高速发展中,成为世界经济强国。
- 日本,在第二次世界大战后40年中的增长表现惊人,被称为经济奇迹。但其在过去20年中的表现十分糟糕。20世纪90年代初期经历股市暴跌后,日本经历了长期的低迷,年均产出增长不足1%。
- 拉丁美洲国家,在20世纪90年代经历了通货膨胀率由高到低的过程,然后保持了强劲增长。但最近,其增长放缓,部分原因是大宗商品价格下跌。
- 中欧和东欧国家,大多数在20世纪90年代初开始从计划经济向市场经济转型。在大多数国家中,这一转型初期出现了产出的急速下降。然而,从此之后,大多数国家都实现了高增长,正在赶超西欧。
- 非洲国家,曾遭受了几十年的经济停滞,但与人们的普遍看法相反,2000年后其经济增长速度加快,年均增长率达5%,这表明非洲大陆的大多数国家都出现经济增长。

你从本章中学到的东西毕竟有限,请思考你已经接触到的问题。
- 与危机有关的:什么导致了经济危机?为什么危机从美国扩散到世界的其他地方如此之快?回想起来,为了阻止危机的发生,我们应该并可以做什么?货币政策和财政政策的反应是否合适?为什么欧洲的复苏如此之慢?中国是如何在危机期间保持高速增长的?
- 如何使用货币政策和财政政策对抗衰退?加入欧元区的利弊是什么?欧元区应该采取什么措施降低居高不下的失业率?
- 为什么增长率在经济体之间会有如此大的区别,甚至在很长时间内也是如此?发达经济体是否能在不加剧不平等的情况下实现持续增长?其他发展中经济体是否能模仿中国并以相同的速度增长?中国应该放缓增长吗?

本书的目的就是为你提供思考这些问题的方法。我们会不断为你提供所需要的工具，然后重新讨论这些问题，教你如何使用这些工具进行分析，并向你展示这些工具分析所能够得出的结论。

关键术语

- Great Financial Crisis，重大金融危机
- European Union(EU)，欧洲联盟
- euro area，欧元区
- common currency area，共同货币区

本章习题

快速测试

1. 运用本章学到的知识，判断以下陈述属于"正确""错误"和"不确定"中的哪一种情况，并简要解释。

   a. 2009年发达经济体和新兴市场经济体的产出增长均为负。

   b. 2009年后，世界产出增长恢复到衰退前的水平。

   c. 全球股票价格在2007年至2010年下跌，然后恢复到衰退之前的水平。

   d. 英国的失业率远低于欧洲大部分国家。

   e. 欧洲的高失业率始于一些主要欧洲国家采用共同货币。

   f. 美联储为了避免经济衰退而降低利率，为了减缓经济增长而提高利率。

   g. 欧元区、美国和中国的人均产出不同。

   h. 2009年至2018年，美国的利率为零或接近零。

2. 欧洲的宏观经济政策。

注意不要将复杂宏观经济问题的答案过于简单化。考虑下列说法，看其是否有另一面。

   a. 对于欧洲高失业率问题有一个简单的解决方法：减小劳动力市场刚性。

   b. 相互团结并采纳共同货币有什么错误？欧元显然对欧洲有利。

深入挖掘

3. 在过去的20年中，中国的经济增长在世界经济舞台上一枝独秀。

   a. 2018年，美国的产出是20.5万亿美元，2017年，中国的产出是13.5万亿美元。假设从2017年开始，中国产出以年均7.9%的速度增长，美国产出年均增长率为2.2%。表1-1和表1-4分别列出了每个国家最近一段时间的数值。利用这些假设并借助电子表格，测算并绘制从2017年或2018年开始，美国和中国未来100年的产出。中国需要经过多少年才能够拥有和美国相同的总产出规模？

   b. 当中国产出总量赶上美国时，中国居民能否拥有和美国居民同等的生活标准？请解释。

   c. 另一个衡量生活标准的术语是人均产出。在过去20年中，中国是如何提升其人均产出的？这些方法是否也适用于美国？

d. 你是否认为中国在提升居民生活水平(人均产出)方面的经历能为发展中国家或地区提供借鉴？请解释。

4. 截至本章撰写之时，人均产出增长率已被确定为美国面临的一个主要问题。请参阅《2018年总统经济报告》，并找到一个名为"生产率和相关数据"的表格(表B-16)。它可以作为Excel文件下载。

a. 查找包含描述所有非农商业部门人员每小时工作产出水平的数字的列。该值以2009年等于100的指数表示。计算2009年至2010年每小时工作产出的增长百分比。该值的含义是什么？

b. 现在，使用电子表格计算1970—1979年、1980—1989年、1990—1999年、2000—2009年和2010—2017年每小时工作产出的平均增长百分比。最近10年的生产率增长与其他几个10年相比如何？

c. 如果有最近的总统经济报告，请更新你对每小时工作产出平均增长率的估计，以包括2017年以来的年份。是否有证据表明生产率增长有所提高？

进一步探讨

5. 美国经济衰退。

这个问题回顾了过去60多年的衰退。为了解决这一问题，首先要从网站www.bea.gov获取美国1960年以来产出增长的季度数据。表1.1.1显示了实际GDP的百分比变化，这个数据可以下载到一个表格里。绘制出从1960年第1季度到最近的季度GDP增长率图形。是否有负增长的季度？运用衰退的定义(连续两个或者更多季度出现负增长)，回答以下问题。

a. 1960年第2季度以来，美国经济经历了多少个衰退期？

b. 每一次衰退持续几个季度？

c. 从长度和严重程度来看，哪两次衰退是最严重的？

6. 从问题5中，记下传统意义上衰退开始的季度。从圣路易斯联邦储备银行数据库中找出季节调整后的月度失业率，标题为"平民失业率"。并从中找出1969年以来的失业率数据，确保所有的数据都是季节调整后的。

a. 观察1969年后的每一次衰退。第一个负增长季度中第一个月的失业率是多少？最后一个月的失业率是多少？失业率增加了多少？

b. 失业率在哪一次衰退中上升最多？从产出首次下降的季度前的月份开始，直到下一次衰退前所测量到的最高失业率水平。

7. 欧洲的失业率。

FRED数据库包含西班牙失业率(图1-4)的更新，以及整个欧盟和个别国家经季节性调整的失业率。从2000年开始检索以下失业率的月度数据系列，以获取最新数据。

统一失业率，总计：欧盟所有人。

统一失业率，总计：西班牙所有人。

统一失业率，总计：英国所有人。

a. 英国最近的失业率是否远低于欧盟或西班牙？

b. 西班牙失业率自 2013 年 4 月峰值以来的变化与欧盟整体失业率自 2013 年 5 月峰值以来的变化相比如何?

附录 1　如何找到数据

假设你想寻找德国过去 5 年的通货膨胀数据。50 年前,答案似乎只能是这样:学习德语,找到拥有德国出版物的图书馆,找到给出通货膨胀数据的页面,抄下来,然后在一张白纸上手绘工作图。今天,数据收集途径的改善、电脑和电子数据库的发展以及互联网服务的便捷使得上述任务简单了许多。这个附录会帮助你找到你想要寻找的数据,如 2018 年马来西亚的通货膨胀、1959 年美国的消费情况或者 20 世纪 80 年代爱尔兰的失业率。

寻找数据

有四个免费且易于下载的数据来源。

- FRED:美联储经济数据库。圣路易斯联邦储备银行(Federal Reserve Bank of Saint Louis)维护的不断更新的数据库,提供了许多宏观经济和金融数据,主要针对美国,也针对其他国家或地区。
  https://fred.stlouisfed.org

- WEO:世界经济展望数据库。由国际货币基金组织(IMF)维护的数据库,该国际组织包括世界上大多数国家和地区(目前为 189 个)。每年更新两次,提供所有成员的基本宏观经济数据。2018 年 10 月的数据可在下述网站查询。
  http://www.imf.org/external/pubs/ft/weo/2018/02/weodata/index.aspx

- OECD.Stat:由经济合作与发展组织(OECD)维护的数据库,该组织是一个国际组织,包括世界上大多数发达国家。这些国家的产出总额约占世界产出的 70%。经济合作与发展组织数据的一个优势是,对于许多变量,经济合作与发展组织试图使变量在成员国之间具有可比性(或者在变量不可比时告诉读者)。
  https://stats.oecd.org

- AMECO:由欧盟委员会维护的年度宏观经济数据库,为所有欧盟成员国提供详细的宏观经济数据。
  http://ec.europa.eu/economy_finance/ameco/user/serie/SelectSerie.cfm

如果想获取长期历史统计数据,以下是很好的来源:

- 对于美国,可以查阅美国商务部人口普查局出版的美国历史统计数据的第 1 部分和第 2 部分。时间跨度为殖民时代至 1970 年。

- 关于几个国家的长期历史统计数据,可以查阅 Angus Maddison 的 *Monitoring the World Economy*,1820—1992,由经济合作与发展组织(巴黎)的发展研究中心于 1995 年出版。这项研究提供了 56 个国家的可追溯到 1820 年的数据。两个更长和更广泛的资料来源是由经济合作与发展组织发展研究中心于 2001 年出版的 *The World Economy:A Millennial Perspective*,以及由经济合作与发展组织发展研究中心于 2004 年出版的 *The World Economy:Historical Statistics*,两者均由 Angus

Maddison 撰写。

当前宏观经济事件

当你阅读本章时,许多新的事件将会发生。如果你想随时了解当前的经济事件,你会发现以下三个来源非常有用。

- 《世界经济展望》(WEO)描述了世界和特定成员国的重大经济事件。
- 《经合组织经济展望》,由经济合作与发展组织每年发布两次,描述经济合作与发展组织国家的主要经济事件。www.oecd.org/eco/outlook/economic-outlook/
- 《经济学人》,每周出版。《经济学人》是一本关于世界各地经济和政治事件的信息丰富、经常发表意见的杂志。最后四页给出了许多国家或地区的产出、失业率、通货膨胀、汇率、利率和股票价格的最新数据。不幸的是,大多数文章和数据都是付费阅读的。

关键术语

- Organization for Economic Cooperation and Development(OECD),经济合作与发展组织
- International Monetary Fund(IMF),国际货币基金组织

附录 2　宏观经济学家做什么

你参加宏观经济学课程的原因可能有很多。一些人只是想更好地了解周围发生的事情。一些人正在上课以完成专业,获得经济学本科学位,然后进入就业市场。其他人则需要完成这门课程才能获得更高级的学位,无论是经济学硕士学位还是博士学位。

对于那些想专攻宏观经济学的人来说,你可能想知道你可以得到什么工作、你将在这些工作中做什么,以及你可以赚多少钱。简而言之,拥有本科学位,你可以在私营部门工作,在大公司或者金融机构,帮助客户评估他们的经济状况。在美联储等中央银行或国际货币基金组织或世界银行等国际组织工作,可能需要你拥有博士学位。学术界的工作也有类似的要求。你可以访问美国经济协会专门介绍经济学职业的网站页面来获取更多信息(www.aeaweb.org/resources/students/careers)。

第 2 章 本书之旅

出、失业和通货膨胀,这些词汇每天都出现在报纸和晚间新闻节目中。所以我们在第 1 章提到它们的时候,你大概会知道它们的意思。现在我们需要准确地定义它们,这就是我们在本章的前 3 节要做的事情。

2.1 节　讨论总产出。
2.2 节　讨论失业率。
2.3 节　讨论通货膨胀率。
2.4 节　介绍以上三个变量之间存在的两个重要关系:奥肯定律与菲利普斯曲线。
2.5 节　介绍三个中心概念,本书将围绕这三个中心概念展开:
　　　　短期——经济年复一年发生的事情。
　　　　中期——经济在大约 10 年间发生的事情。
　　　　长期——经济在半个世纪或者更长的时间中发生的事情。
根据这三个概念,2.6 节将向你介绍本书其他章节内容的逻辑关系。

> 如果你还记得本章的一条基本信息,它应该是:三个核心宏观经济变量是产出、失业和通货膨胀。

2.1　总产出

在 19 世纪或者大萧条期间,研究经济活动的经济学家并没有可以用于测量总体经济活动[总体(aggregate)是宏观经济学家用来指代整体数量(total)的一个词]的方法。他们只能结合零星的信息,如生铁的运输或者百货商店的销售,以推断整个经济发生了什么。

直到第二次世界大战结束,国民收入和生产账户(national income and product accounts)(或简称为"国民收入账户")才被汇总出来。在美国,从 1947 年 10 月起定期公布总产出的测量数据。(你会发现有比这个时间更早的总产出测量值,但它们是通过倒推法构造出来的。)

就像其他会计系统一样,国民收入账户定义了若干概念,并建立了与这些概念相关的测量方法。只要看看那些还没有开发这一会计系统的国家或地区所提供

> 哈佛大学的西蒙·库兹涅茨和剑桥大学的理查德·斯通,分别被授予诺贝尔经济学奖,就是为了表彰他们在发展国民收入和生产账户中所做的贡献,这是一项巨大的智力和经验成就。

你可能会碰到另一个术语：国民生产总值（gross national product,GNP）。"国内"和"国民"之间有一些微妙的差别，因而 GDP 和 GNP 也有差别。我们将在第 17 章（以及附录 1）讨论之。现在，我们姑且忽略这一差别。

的统计数字，你就能认识到精确性和一致性在这个账户中是多么重要。如果没有精确性和一致性，本应该相加的数字没有相加，那么要想搞清楚事情的来龙去脉就像把别人的支票簿作平一样麻烦。我们这里不讨论国民收入账户的细节问题，以免增加学习负担。但是，因为你经常需要知道某个变量的定义，以及这些变量的相互联系，所以我们在书末的附录 1 中介绍了当前在美国使用的基本会计框架（其他国家或地区也只有少量的变化）。现在当你需要自己观测经济数据时，你会发现它很有用。

2.1.1 GDP：产出和收入

国民收入账户中用国内生产总值（gross domestic product,GDP）这一术语对总产出进行度量。为更好地理解 GDP 的构成，我们先用一个简单例子进行说明。假定经济仅由两个企业组成：

实际上，钢的生产不仅需要工人和机器，还需要电、铁矿和其他原料。但为了使例子简化，就忽略这些投入要素。

- 企业 1 雇用工人和使用机器生产钢，并将钢以 100 美元的价格出售给生产汽车的企业 2。企业 1 向其工人支付 80 美元，并将余下的 20 美元作为利润。
- 企业 2 购买钢，将它和工人、机器一起用来生产汽车。来自汽车的销售收入为 200 美元，其中 100 美元用来买钢，70 美元付给工人，30 美元留作利润。

我们将以上信息总结为表 2-1 和表 2-2。

表 2-1　钢企业　　　美元

销售收入	100
支出	80
工资	80
利润	20

表 2-2　汽车企业　　　美元

销售收入	200
支出	170
工资	70
购买钢	100
利润	30

中间产品是生产其他物品中使用的物品。某一物品既可以是最终产品，也可以是中间产品。当直接卖给消费者时，土豆是最终产品。当用来生产土豆片时，它们是中间产品。你还能举出其他例子吗？

如何定义这一经济中的总产出？是经济中所有生产量价值的加总，也就是 100 美元的钢产值和 200 美元的汽车产值的加总 300 美元？还是只计算汽车的产值，即 200 美元？

有一些想法认为正确答案是 200 美元。为什么呢？因为钢是中间产品，它被用来生产汽车。一旦我们计算出了汽车的产值，就不能把为生产汽车而进行的中间投入也计算在内。

这样就得到 GDP 的第一种定义：GDP 是经济中一定时期内所生产的最终产品和劳务的价值之和。

在这个定义中，重要的词是"最终"。我们想计算的仅是最终产品而不是中间产品。我们可以从另一个角度来看这个例子。使用我们的示例，我们可以用另一种方式来说明这一点。假定两个企业合并，钢的销售则发生在新企业的内部，所以不再被记录。新企业的账目信息总结为表 2-3。

我们所能看到的就只有一个卖了 200 美元汽车的企业，它向工人支付了 80＋70＝150 美元的工资，并产生了 20＋30＝50 美元的利润。200 美元这个测量值保持不变，而且理应如此。我们自然不希望计算出的总产出的值还要取决于企业合并与否。

表 2-3　钢和汽车企业

	美元
销售收入	200
支出（工资）	150
利润	50

第一种定义给了我们一种计算 GDP 的方法：记录并加总所有最终产品的产值，大致上就是现实中 GDP 计算的方法。但这一定义同时也暗示了 GDP 的第二种定义：GDP 是一个经济体内及一定时期内增加值的加总。

术语"增加值"（value added）与其字面上的意思一致。一个企业在生产过程中的增加值被定义为所有产出的价值减去生产过程中所使用的中间产品的价值。

在两企业例子中，钢企业没有使用中间产品，它的增加值简单地等同于其产出的价值 100 美元。汽车企业却使用了钢作为中间产品，因而其增加值等于生产的汽车的价值减去生产中使用的钢的价值，为 200－100＝100 美元。经济中总的增加值，即 GDP 为 100＋100＝200 美元。（注意即使两个企业进行合并，总的增加值也会保持不变。在这一情况下，我们将不会看到中间产品的生产，因为在同一企业中钢被生产出来后直接用于汽车的生产，企业创造的增加值简单等于汽车的价值，即 200 美元。）

这一定义给出了我们核算 GDP 的第二种途径。总的说来，这两种定义隐含着这样的意思：最终产品和服务的价值（GDP 定义一）也可以被看成经济中所有企业的增加值之和（GDP 定义二）。

到目前为止，我们已经从产出的一方考察了 GDP。另一种方法是从收入的一方考察 GDP。回顾我们的案例，考虑一下企业在支付了中间产品费用后剩余的收益。企业收入的一部分被工人拿走——这一部分被称为劳动力收入。余下的部分进入企业——这一部分被称为资本收入或利润收入（之所以称为资本收入，是因为你可以将其视为生产中使用的资本所有者的报酬）。

生产钢的 100 美元增加值当中，80 美元被工人拿走（劳动力收入），余下的 20 美元进入企业作为利润（资本收入）。在汽车制造商创造的 100 美元增加值中，70 美元进入劳动力收入，30 美元进入资本收入。从整个经济来讲，劳动力收入等于 150 美元（80 美元＋70 美元），资本收入等于 50 美元（20 美元＋30 美元）。增加值等于劳动力收入和资本收入之和，即 200 美元（150 美元＋50 美元）。

本例中，劳动力收入的比例为 75%。在发达国家或地区，劳动力收入比例通常在 65% 到 75% 之间。

这引出了 GDP 的第三种定义：GDP 是在一个经济体内及一定时期内的收入之和。

总结起来，共有三种不同但等价的方法来考察总产出 GDP。

- 从产出一方：GDP 等于一个经济体内及一定时期内所生产的最终产品和服务的价值之和。
- 还是从产出一方：GDP 等于一个经济体内及一定时期内的增加值之和。
- 从收入一方：GDP 等于一个经济体内及一定时期内的收入之和。

有两点要记住：①GDP 是对总产出的衡量，可以从生产端（总产出）一方也可以从收入端（总收入）一方考虑。②总产出和总收入总是相等的。

2.1.2 名义 GDP 和实际 GDP

美国 2018 年的 GDP 是 20.5 万亿美元,而 1960 年为 5 430 亿美元。美国 2018 年的产出是 1960 年产出的 38 倍吗? 显然不是。这些更多的是反映价格的增长而不是产量的增长。这需要我们区分名义 GDP 和实际 GDP。

> 注意! 英文"Nominal"一词常被用以指"小的数量",而经济学家用它来指"由当期价格表示的变量",绝非指小的数量。实际上本书中的数字一般都是以十亿甚至万亿为单位的。

名义 GDP(Nominal GDP)是所生产的最终产品的产量乘以各自当期价格后的总和。这一定义使我们清楚地看到,名义 GDP 随时间的增长有两个原因。

- 首先,大多数产品的产量随时间增长。
- 其次,大多数产品的价格也随时间上升。

如果我们的目的是测量产出及其随时间的变化情况,就需要消除价格上升对测量 GDP 所带来的影响。这就是为什么实际 GDP 被定义为最终产品的数量乘以一个恒定(而不是当期)价格的加总。

如果经济中只生产一种最终产品,如一种款式的汽车,计算实际 GDP 就很容易了:我们只需要用给定年份中汽车的价格乘以每年汽车的生产数量即可。我们可以举一个例子进行说明:考虑一个只生产汽车的经济,并且为了回避掉我们在后面将要考虑到的问题,假定每年生产的汽车都是同一个型号的,假定汽车连续 3 年的数量和价格由表 2-4 给出。

表 2-4 汽车连续 3 年的数量和价格

年份	汽车数量/辆	汽车价格/美元	名义 GDP/美元	实际 GDP/美元 (以 2012 年价格为基准)
2011	10	20 000	200 000	240 000
2012	12	24 000	288 000	288 000
2013	13	26 000	338 000	312 000

> 你可能想知道我为什么选择这 3 年。当我查看美国的实际数字时将给出解释。

名义 GDP 等于汽车数量乘以其价格。该数值从 2011 年的 200 000 美元上升到 2012 年的 288 000 美元,增加了 44%;从 2012 年的 288 000 美元上升到 2013 年的 338 000 美元,增加了 17%。

- 为计算实际 GDP,我们需要将每年的汽车数量乘以一个共同的价格。假设以 2012 年的汽车价格作为共同的价格。这种方法实际上给出了以 2012 年价格衡量的实际 GDP。
- 使用这种方法,2011 年的实际 GDP(以 2012 年美元衡量)等于 10×24 000 美元=240 000 美元。2012 年的实际 GDP(以 2012 年美元衡量)为 12×24 000 美元=288 000 美元,与该年的名义 GDP 相等。2013 年的实际 GDP(以 2012 年美元衡量)为 13×24 000 美元=312 000 美元。

所以,实际 GDP 从 2011 年的 240 000 美元增长到 2012 年的 288 000 美元,增长了 20%;从 2012 年的 288 000 美元到 2013 年的 312 000 美元,增长了 8%。

- 如果我们决定使用 2013 年而不是 2012 年的汽车价格来构建实际 GDP,我们的结果会有多大不同? 显然,每年的实际 GDP 水平会有所不同(因为 2013 年的价格与

2012年的价格不一样);但其每年的变化率与所示的相同。

现实中,在计算实际GDP的过程中存在的主要问题是最终产品显然不止一种。必须将实际GDP界定为所有最终产品产量的加权平均值,随之而来的一个问题是,各个产品的权数应为多少?

产品的相对价格看起来是自然而然的权重。如果某种物品的单位价格是另一种物品的两倍,则在计算实际GDP时,该物品的权重显然是另一物品的两倍。但这又引起另一个问题:如果像通常情况下那样,相对价格随时间改变又将怎样呢?我们是应该选择给定年份的相对价格作为权数呢,还是随时间改变权数?关于这些问题的更多讨论,以及美国计算实际GDP的方法,我们不妨在本章的附录中再谈。在这里,你应该知道的是,在美国国民收入账户中,实际GDP的计算使用了反映相对价格的权重,并且这一权重随时间变化。这种衡量方法被称为"以链式加权2012年美元不变价格计算的实际GDP"[real GDP in chained(2012) dollars]。我们再次强调2012年,是因为2012年是实际GDP和名义GDP相等的一年。这是度量美国经济产出最好的方法,其变化揭示了美国产出如何随时间增长。

> 用于构建价格的年份,即2012年,称为基准年。基准年不时更改,当你阅读本书时,它可能再次更改。

图2-1画出了1960年以来的名义GDP和实际GDP变化情况。根据计算方法的设定,二者在2012年处相等。图2-1显示2018年的实际GDP为1960年的5.7倍——相当大的增长,但显然比同期名义GDP增长的38倍小多了。两个结果的差别来自这一时期价格的增长。

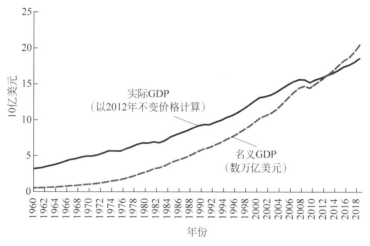

图2-1 美国的名义GDP和实际GDP,1960—2018年

资料来源:FRED. Series GDPC,GDP。

注:从1960年到2018年,名义GDP增长了38倍,实际GDP增长约为原来的5.7倍。

名义GDP和实际GDP这两个术语各有许多同义词,在你阅读的过程中有可能遇到:

- 名义GDP也称为美元GDP(dollar GDP)或当期美元计算的GDP(GDP in current dollars)。
- 实际GDP也称为实物表示的GDP(GDP in tems of goods)、不变价格计

> 假设实际GDP以2000年的美元而不是2012年的美元衡量。图2-1上的名义GDP和实际GDP曲线在哪里相交?

算的GDP(GDP in costant dollars)、通货膨胀调整的GDP(GDP adjusted for inflation)。如果2012年是实际GDP和名义GDP被设为相等的一年,正如美国现在的情况,则实际GDP也可称为以链式加权2012年美元不变价格计算的实际GDP[GDP in chained(2012)dollars]或以2012年美元不变价格计算的GDP(GDP in 2012 dollars)。

在接下来的几章,除非特别指出,否则有:

- GDP均指实际GDP,用 Y_t 表示第 t 年的实际GDP。
- 名义GDP以及用当期价格衡量的变量,将在前面注上美元符号,如 $\$Y_t$ 表示第 t 年的名义GDP。

2.1.3 GDP:水平与增长率

> 注意!我们必须留意人们是如何进行对比的:请回忆在第1章我们关于中国生活水平的讨论。在第10章我们会进一步讨论这个问题。

迄今为止,我们都一直在关注实际GDP水平。这是一个重要的数值,因为GDP反映了一个经济体的经济规模。如果一国的GDP数值是另一国的两倍,那么其经济规模也是另一国的两倍。另外一个同等重要的概念是人均实际GDP,是一国实际GDP与人口数的比值。这一数值代表了一国的平均生活水平。

当评估一年中经济的发展情况时,经济学家们关注的是实际GDP的增长率,简称GDP增长(GDP growth)。GDP增长率为正的时期被称为扩张期(expansions);GDP的增长率为负的时期被称为衰退期(recessions)。

图2-2描述了美国1960年以来GDP增长的变化情况。第 t 年的GDP增长被定义为:$(Y_t - Y_{t-1})/Y_{t-1}$,并用百分数表示。图2-2显示了美国在经历一系列的扩张后,经历了一次次短期的衰退。你可以再一次看到经济危机的影响:2008年GDP的增长率为0;2009年GDP出现了一次大幅度的负增长。

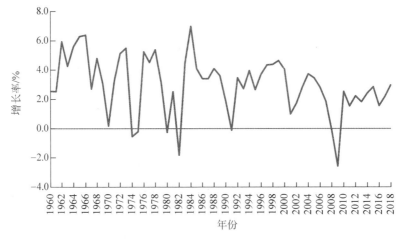

图2-2 美国GDP增长率,1960—2018年
资料来源:使用图2-1中的GDPC系列计算。
注:从1960年开始,美国经历了一系列的经济扩张,但被短暂的衰退所打断。2008—2009年的衰退是1960年至2018年期间最严重的衰退。

> 要点解析

实际GDP、技术进步和计算机价格

计算实际GDP的一个棘手问题是对已有产品质量变化的处理。其中最难的一个产品是计算机。假设2019年的个人电脑与20年前生产的个人电脑一样好显然是荒谬的：2019年的版本显然可以比1999年的版本做得更多。但多多少？我们如何衡量它？我们应该如何考虑内存速度的提高，RAM（随机存取存储器）或者硬盘的扩容，还有计算机能够上网等因素？

经济学家对这些改进进行调整的方法是看市场如何评估给定一年中不同性能的计算机的价值。举个例子说明。假定，有证据表明，人们愿意为速度4 GHz（4 000兆赫）的电脑支付的价格，比3 GHz的电脑高10%（本书第一版于1996年出版，比较了两台计算机，速度分别为50兆赫和16兆赫。这一变化很好地表明了技术进步）。假定这一年所有新计算机的速度均为4 GHz，而不是去年的3 GHz（技术进步的复杂性的另一个迹象是，最新的进步不是增加处理器的速度，而是采用了多核处理器的方法。我们在这里可以不考虑这一问题，但负责国民收入账户的那些人不行）。假设今年计算机的美元价格与去年的计算机价格持平，那么，经济学家在计算调整后的计算机价格时将认为计算机的价格比去年便宜10%。

认为产品不过是提供各种性能的集合（这里指速度、内存等）且每种性能都有一个隐含的价格，这一方法被称为"享乐定价"法（hedonic pricing）[希腊语 hedone 意思是"令人高兴的事物"（英文 pleasure），评估一件商品的价值是它提供了多少效用（"快乐"）]。构建实际GDP的商务部使用它来估计汽车和计算机等复杂且快速变化的商品的价格变化。例如，使用这种方法，商务部估计，对于给定的价格，自1999年以来，新笔记本电脑的质量平均每年增加20%（如果你想了解，该系列由FRED数据库中的PCU33411133411172给出）。换句话说，2019年一台典型笔记本电脑提供的计算服务是1999年一台典型笔记本电脑提供的计算服务的$1.20^{21}=46$倍。（有趣的是，鉴于第1章中关于美国生产率增长放缓的讨论，质量改进率在最近大幅下降，现在接近10%。）

新计算机不仅提供了更多的服务，而且更便宜了。计算机的价格从1999年以来每年平均降低7%。结合之前提到的信息，我们得知，质量调整后的价格按20%+7%=27%的年平均速度下降。换句话说，今天花1美元买到计算机的服务是1999年的$1.27^{21}=151$倍。

2.2 失业率

由于能够衡量总体的经济情况，GDP显然是最重要的宏观经济变量。但是另外两个变量，失业率和通货膨胀，告诉我们关于经济运行状况的其他重要方面。在这一节我们将重点关注失业率。

首先来看两个概念：就业（employment）人数，是指拥有工作的人口的数量；失业（unemployment）人数是指没有工作但是正在寻找工作的人口数量。劳动力（labor force）人数是就业人数和失业人数的总和：

$$L = N + U$$

劳动力人数＝就业人数＋失业人数

失业率(unemployment rate)定义为失业人数对劳动力人数的比率：

$$u = U/L$$

失业率＝失业人数／劳动力人数

计算失业率不是一件容易的事。确定某人是否被雇用相对简单，但要判定一个人是否失业则要困难得多。根据定义，一个人要被确定为失业，必须满足两个条件：第一，没有工作；第二，正在找工作。其中，第二个条件难以判断。

20世纪40年代在美国，以及近年来在大多数其他国家，失业数据的唯一来源是在失业办公室登记的人数，只有在失业办公室登记的人才被计入失业人数当中。这一测度失业数据的方法比较拙劣。有多少真正失业的人实际上进行了登记，在不同国家和不同时期是变化不定的。那些没有动机去登记的人——例如，那些已用光了失业救济金的人——就不太可能花时间去失业办公室，因而就不能记录在内。救济金较少的国家有可能失业登记人数更少一些，从而测量到的失业率也更小。

现在，大部分富裕的国家依靠大量的家庭调查来计算失业率。在美国，这一调查被称为"当前人口调查"(Current Population Survey, CPS)，其依据是每月对60 000户家庭的访谈。如果一个人在面试时有工作，则调查将其归类为雇员；如果一个人没有工作并且在过去四个星期内一直在找工作，它将被归类为失业者。大多数其他国家使用类似的失业定义。在美国，基于CPS的估计显示，2018年12月，平均有1.57亿人就业，630万人失业，因此失业率为6.3/(157+6.3)=3.9%。

> 假设在给定的月份，就业和失业率都上升了。你得出什么结论？

注意，只有没有工作但在寻找工作的人才被计入失业者；那些没有工作但不去寻找工作的人被计入非劳动力(not in the labor force)范畴。当失业率很高时，一些没有工作的人放弃了寻找工作，因而不再被计入失业者中，这些人被称为丧失信心的工人(discouraged workers)。举个极端的例子：如果所有没有工作的工人都放弃了寻找工作，失业率等于零。这就使得失业率成为一个相当糟糕的指标，不能显示劳动力市场究竟发生了什么。这个例子过于极端，实际上，当经济发展放缓时，我们通常能看到失业增加，退出劳动力的人口也在增加。更为典型的是，高的失业率一般与低的(劳动力)参工率(participation rate)相联系，此处的劳动力参工率定义为：劳动力人数与属于劳动年龄人口总数的比率。

图2-3显示了1960年以来美国失业率的变化。美国的失业率在3%～11%之间波动，在衰退期上升，在扩张期下降。你可以再一次看到经济危机的影响，失业率在2010年达到了顶峰——近乎10%。这一数值是20世纪80年代以来的最高点，此后一直在稳步下降。

为什么经济学家关注失业

宏观经济学家关注失业有两个原因。

首先，因为它对失业者的福利有直接影响。虽然现在的失业救济金比大萧条时期高多了，但失业仍往往伴随着财政困难和心理痛苦。痛苦的大小取决于失业的性质。

失业的表现是经济停滞不前时，人们长期处于失业状态。在正常时期(in normal

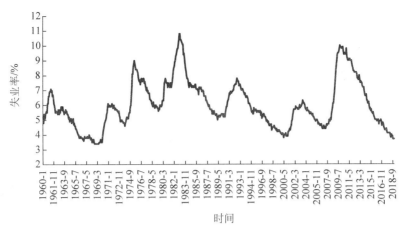

图 2-3　美国 1960—2018 年失业率
资料来源：序列 UNRATE，来自美联储经济数据（FRED）。

times），这并不能描述美国的失业者：每个月都有许多人失业，而同时有许多失业者找到了工作。然而，当失业率上升时，正如在危机期间一样，这一比喻变得更为准确具体了。不仅是有更多的人失业，而且他们之中许多人已经失业了较长一段时间。例如，在 2000 年至 2007 年，平均的失业持续时间大约是 16 周，而到了 2011 年，这个数字上升到了 40 周。简单来说，当失业率上升时，失业这一状况不仅仅变得更为普遍，它造成的痛苦也会增加。

其次，因为失业率是表明经济中的资源并未得到有效利用的信号。许多有工作意愿的人找不到工作，这就意味着经济运行并没有有效地利用人力资源。从这一观点来看，失业率过低也是问题吗？答案是肯定的。就像一个高速运转的发动机，如果失业率很低，说明经济正在过度使用资源，之后可能会遭遇劳动力短缺。那么究竟什么样的失业率属于"过低"的失业率呢？这是一个很难回答的问题，截至 2019 年初，这个问题很有现实意义。是允许进一步降息，还是稳定在当前水平，是美联储面临的主要政策问题之一。

或许正因为如此，经济学被称作"忧郁的科学"（dismal science）。

要点解析

失业与幸福

失业有多痛苦？为了回答这个问题，我们需要关于特定个人的信息，以及他们失业后幸福感的变化。这一信息可从德国社会经济小组调查中获得。自 1984 年以来，该调查每年跟踪约 11 000 个家庭，向每个家庭成员询问他们的就业状况、收入和幸福感。调查中关于幸福的具体问题如下："你目前对你的整体生活有多满意？"答案从 0 分（"完全不满意"）到 10 分（"完全满意"）。

失业对幸福感的影响如图 2-4 所示。该图描绘了失业 1 年内、失业前 4 年和失业后 4 年就业的个人的平均生活满意度。第 0 年是失业年。-4 年至-1 年是失业前的年份，1 年至 4 年是失业后的年份。

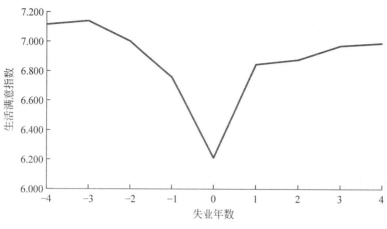

图 2-4 失业对幸福感的影响
资料来源：Winkelmann 2014。

图 2-4 表明了三个结论。第一，一个最主要的结论是，失业会导致幸福感大幅下降。为了更形象地让你体会这种感觉，根据其他研究，幸福感的下降接近于离婚或分居引起的下降。第二，在真正的失业期到来之前，幸福感会下降。这表明，要么工人知道他们更有可能失业，要么他们越来越不喜欢自己的工作。第三，即使在失业 4 年后，幸福感也不会完全恢复。这表明失业可能会造成一些长期的损害，要么是因为失业本身的经历，要么是由于新工作不如旧工作令人满意。

在思考如何处理失业问题时，有必要了解失业如何降低幸福感。这方面的一个重要发现是，幸福感的下降在很大程度上并不取决于失业救济金的慷慨程度。换句话说，失业对幸福感的影响与其说是通过经济渠道，不如说是通过心理渠道。引用诺贝尔经济学奖获得者乔治·阿克洛夫(George Akerlof)的话，"一个没有工作的人不仅会失去收入，而且往往会失去一种感觉，即他正在履行作为一个人所期望的职责。"

2.3 通货膨胀率

> 通货紧缩是罕见的，但它会发生。美国在 20 世纪 30 年代大萧条期间经历了持续的通货紧缩(参见第 9 章的要点解析)。自 20 世纪 90 年代后期以来，日本断断续续地经历了通货紧缩。最近，欧元区经历了短暂的通货紧缩。

通货膨胀是价格总水平(称为物价水平)的持续上升。通货膨胀率(inflation rate)是指物价水平上升的速度(对称地，通货紧缩是价格总水平的持续下降，与之对应的是负通货膨胀率)。

现实的问题是如何定义这个物价水平从而衡量通货膨胀率。宏观经济学家通常考虑两种度量物价水平的方法，也就是两种物价指数：GDP 平减指数(GDP deflator)和消费者物价指数(consumer price index，CPI)。

2.3.1 GDP 平减指数

前面我们已经探讨过，名义 GDP 怎样伴随实际 GDP 或价格的上升而增长。换言之,如果名义GDP的增长快于实际GDP,那么中间的差距肯定是由于价格上升造成的。

这就使我们想出如何定义GDP平减指数。第 t 年的GDP平减指数 P_t,被定义为第 t 年的名义GDP和实际GDP的比率:

$$P_t = 名义GDP_t / 实际GDP_t = \$Y_t / Y_t$$

注意,如果在GDP构造中,某一年的实际GDP等于名义GDP(如美国的2012年),则意味着物价水平为1。这一点值得强调:GDP平减指数是所谓的"指数"(index number),它的绝对水平是任意选择的——这里选2012年等于1——并且没有经济含义,但其变化率 $(P_t - P_{t-1})/P_t$(在本书接下来的部分中,我们用 π_t 来表示)有明确的经济含义:它显示了价格总水平随时间上升的速度——通货膨胀率。

将物价水平定义为GDP平减指数的一个好处是,它隐含了名义GDP、实际GDP和GDP平减指数之间的一个简单关系。为看清这一点,重新整理前面的等式可以得到

$$\$Y_t = P_t Y_t$$

名义GDP等于GDP平减指数乘以实际GDP。如果把它放到变化率中考虑,名义GDP的增长率等于通货膨胀率加上实际GDP的增长率。

> 指数通常会被设定成100(基期),而不是1。如果你去看第1章中的经济报告,你会发现GDP平减指数在2012年等于100,2013年等于101.7,以此类推。
>
> 计算2.1节汽车例子中2011—2012年及2012—2013年的GDP平减指数和通货膨胀率,其中实际GDP用2012年汽车的价格作为共同价格。(有关从水平到变化率的复习,请参见本书末尾的附录2,命题7。)

2.3.2 消费者物价指数

GDP平减指数显示了产出(经济中所生产的所有最终物品)的平均价格,但是消费者关心的是他们所消费物品的平均价格,两种价格不一定相等:经济中所生产的最终物品的集合不等于消费者所购买的物品的集合,这其中有两个原因:

- 一是GDP中的某些物品不是卖给消费者,而是卖给企业(如机器设备)、政府或者外国人。
- 二是消费者所购买的某些物品,不是本国生产的而是从国外进口的。

为了测量消费的平均价格,或者换一种说法,生活费用(cost of living),宏观经济学家寻求另一种指数——消费者物价指数。在美国,CPI从1917年就有了,而且按月发布(与之相比,GDP和GDP平减指数数据是按季度发布的)。

> 请不要把CPI和PPI,即生产物价指数(producer price index)相混淆。后者是制造业、采矿业、农业、渔业、林业和电器行业的国内生产产品的价格指数。

CPI描述了一定时期特定篮子里的商品和服务以美元计价的消费价格。这一篮子是根据对消费者支出的详细研究结果制定的,目的是描述一个典型的城镇居民的消费组合,大约每两年修订一次。

劳动统计局(Bureau of Labor Statistics,BLS)的工作人员每个月都要去商店访问,以找出篮子里商品的价格变化。这些价格包括38个城市211种商品的价格。随后,这些价格被用以构造消费者物价指数。

与GDP平减指数(与总产出GDP相关的物价水平)类似,CPI也是一个指数。在基期,CPI等于100,因此它的大小并没有特别的意义。现在的基期是1982—1984年,因此1982—1984年的CPI平均数等于100。在2018年,

> 不要问为什么要选择这么一个奇怪的时期作为基期,似乎没有人能记住。

CPI 为 250，也就是说，购买同样的消费组合，其花销是 1982—1984 年的 2.5 倍（以美元计）。

你可能想知道，采用 GDP 平减指数或者 CPI 来度量的通货膨胀有什么不同。答案在图 2-5 中给出，图 2-5 画出了美国 1960 年以来以两种指标测算的通货膨胀率。从图 2-5 可以得出以下两个结论。

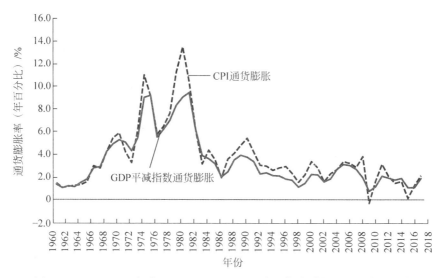

图 2-5　1960—2018 年美国以 CPI 和 GDP 平减指数分别度量的通货膨胀率
资料来源：根据序列 GDPDEF、CPI-AUSCL 计算得到，序列来源于美联储经济数据（FRED）。
注：按照 CPI 和 GDP 平减指数所计算的通货膨胀率大致相同。

- CPI 和 GDP 平减指数在大多数时期同时变动，大部分年份相差不到 1%。
- 但也有明显的例外。在 1979 年和 1980 年，CPI 的上升显著高于 GDP 平减指数的上升。导致这一结果的原因不难找到：GDP 平减指数是在美国所**生产**的物品的价格，而 CPI 是在美国所**消费**的物品的价格，这意味着如果进口物品的价格相对于美国生产物品的价格上涨的话，CPI 就会比 GDP 平减指数上升得更快。这恰恰是 1979 年和 1980 年发生的事情。在这一时期，石油的价格是翻番的。虽然美国也是石油的生产者，但是它的生产仅占消费的一半，它还是一个主要的石油进口国。因此，那时的 CPI 相对于 GDP 平减指数来说上升了许多。

在接下来的部分，我们将假设这两个指数一起变动，因此我们将不再区分两种指数，只是简单地使用"物价水平"并用 P_t 来表示，而不指明所使用的是 CPI 还是 GDP 平减指数。

2.3.3　为什么经济学家关注通货膨胀

如果较高的通货膨胀仅是所有价格和工资按比例的更快的增长，这种情况称为纯通货膨胀（pure inflation），通货膨胀造成的麻烦是无关紧要的，因为相对价格不受通货膨胀影响。

这种情况被称为"税级攀升"（bracket creep）。在美国，税收等级根据通货膨胀自动调整：如果通货膨胀为 5%，所有的税收等级也上调 5%——换句话说，没有税级攀升。相比之下，20 世纪 70 年代下半叶，意大利的通货膨胀率平均为每年 17%，税级攀升导致所得税率上升了近 9 个百分点。

以工人的实际工资——按照物品而不是美元衡量的工资——为例。假设价格通胀率为2%，工资通胀率为4%，那么实际工资每年增长2%，这反映了生产率的增长。现在假设价格通胀率为4%，工资通胀率为6%。实际工资仍将以6%−4%=2%的速度增长，与以前一样。换句话说，更高的通胀不会影响实际工资（或其他相对价格）。通货膨胀并非完全无关；人们在做决定时必须跟踪物价和工资的上涨。但这将是一个小负担，很难证明控制通胀率是宏观经济政策的主要目标之一。

那么，经济学家为什么要关心通货膨胀？准确地说，就是因为没有所谓的纯通货膨胀。

- 在通货膨胀时期，并非所有的价格和工资都是按比例上升的，因此通货膨胀会影响收入的分配。例如，在许多国家，退休人员的报酬赶不上价格水平的变化；当通货膨胀很高时，他们与其他群体相比就有所损失。美国不是这样，因为社会保障救济金是随CPI自动上升的，以保护退休人员不受通货膨胀之苦。俄罗斯在20世纪90年代发生了严重的通货膨胀，退休金在这期间没有随着物价上涨而上升，使许多退休人员受到很大损失，甚至被逼到饥饿的边缘。
- 通货膨胀还会导致其他扭曲。相对价格的变化也导致更多的不确定性，使得企业决策（例如投资决策）更加困难。由于法律或管制，一些价格被固定，变化滞后于其他价格，导致相对价格的变化。税收和通货膨胀相互作用还会造成更多的扭曲。例如，如果不根据通货膨胀调整税级，人们会随着名义收入的增加而进入越来越高的税级，即使他们的实际收入保持不变。

我们将在第23章中讨论不同通货膨胀率的利弊。

如果通货膨胀不好，那么是否意味着通货紧缩（即负的通货膨胀）就好呢？答案是否定的。首先，高通货紧缩（较大的负的通货膨胀率）会产生很多和高通货膨胀一样的问题，从产生扭曲到增加不确定性等。其次，正如将在本书后面看到的，即使是很低的通货紧缩也会限制货币政策对产出的影响能力。那么最合适的通货膨胀率是多少呢？大多数经济学家认为一个低的、稳定的通货膨胀率是最佳的，大约在1%~4%。

新闻报道有时会混淆通货紧缩和衰退。它们可能同时发生，但它们并不一样。通货紧缩是价格水平的下降。衰退是实际产出的下降。

2.4 产出、失业与通货膨胀率：奥肯定律与菲利普斯曲线

我们已经分别讨论了总体经济行为的三个主要维度：产出增长、失业率和通货膨胀率。无疑，它们三者不是相互独立的，因此本书将会花费许多篇幅从细节上讨论它们之间的关系。但在这里先有个初步认识还是很有用的。

阿瑟·奥肯曾经是20世纪60年代肯尼迪总统的顾问。当然，奥肯定律并不是一个定律，而是一个经验规律。

2.4.1 奥肯定律

直觉告诉我们，当产出增长率较高时，失业会下降。这确实是正确的。这一关系首先被美国经济学家阿瑟·奥肯（Arthur Okun）验证，并因此被称为奥肯定律（Okun's Law）。图2-6把失业率变化作为纵轴，产出增长率作为横轴，绘制出了2000年第一季度以来美国的情况。同时图2-6画出了一条最符合该

这种表示一个变量和另一个变量关系的图像被称作散点图。这条线称为回归线。关于回归的更多问题，请参见本书末尾的附录3。

散点图的拟合线。根据图像与拟合线,我们可以得出两个结论:

- 拟合线向右下角倾斜,并且与散点图的拟合程度非常高。用经济术语来说就是:两个变量之间存在着紧密的联系——产出增长率的上升会导致失业的下降。拟合线的斜率是-0.3,这表明,当增长率增加1%时,失业平均将会减少约0.3%。这就是为什么失业在衰退期会上升,在扩张期会下降。这一关系有着简单却又重要的含义:减少失业的关键在于足够高的增长率。

- 这条线在季度产出增长率大致等于0.5%的点穿过横轴,相当于年产出增长率等于2%。用经济术语来说:2%的经济增长率才能保持失业的稳定,这有两个原因:一是人口即劳动力是随时间增长的,因此为了保证失业率的恒定,就业必须随时间增加;二是人均产出也会随时间增长,这表明产出的增长高于就业的增长。举个例子,假定劳动力以1%的速度增长,而人均产出以1%的速度增长,为了保持失业率不变,产出增长率必须等于2%(1%+1%)。

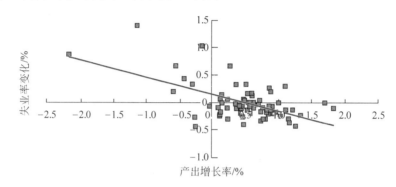

图2-6 2000年第一季度至2018年第四季度美国失业率的变化与产出增长率
资料来源:根据序列GDPC,UNRATE计算得到,序列来源于美联储经济数据(FRED)。
注:高于正常水平的产出增长伴随失业率的下降;低于正常水平的产出增长伴随失业率的上升。

2.4.2 菲利普斯曲线

<small>这本应该被称作菲利普斯关系,但要改变这个称呼已经太晚了。</small>

奥肯定律表明,如果有足够强劲的增长,我们可以将失业率降到非常低的水平。但是直觉表明,当失业变得很低的时候,经济就很有可能过热,这将会对通货膨胀造成上升的压力。并且,这种直觉很大程度上是正确的。这一关系首先被新西兰经济学家菲利普斯(A. W. Phillips)在1958年发现,并且被称作菲利普斯曲线(Phillips curve)。菲利普斯绘制了通货膨胀率和失业率之间的关系。图2-7做同样的绘制,在纵轴上绘制季度核心通胀率(core inflation rate),该通胀率通过剔除波动性价格(如食品和能源)实现,横轴由失业率构成,同时绘制自2000年第一季度以来美国拟合得最好的线。再次查看图2-7可以得出两个结论:

- 拟合线向下倾斜,尽管并不像奥肯定律的拟合程度那么高,但从平均意义来看,较高的失业会导致通货膨胀下降,较低的失业会导致通货膨胀上升。但这仅仅从平均意义上来说是正确的。正如我们将在第8章后面看到的那样,菲利普斯曲线关系不仅没有奥肯定律那么紧密,而且随着时间的推移而演变,在重要方面使央行的工作复杂化,因为央行必须同时关注通货膨胀和失业。
- 使用回归线,我们可以计算与给定通胀率相关的失业率。例如,如果我们希望通胀率为2%,这是美联储和许多其他央行当前的目标,那么这条线意味着失业率必须大致等于5%。从经济角度看,自2000年失业率低于5%以来,通胀率通常都在2%以上。当失业率高于5%时,通胀率通常低于2%。但同样,这种关系还不够紧密,无法精确控制所需的失业率。事实上,在撰写本书时,失业率低于4%,核心通胀率为2.2%,略高于2%。

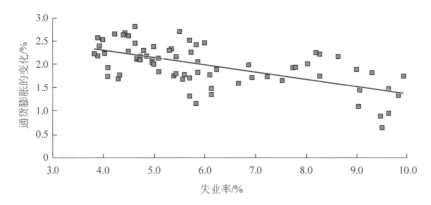

图2-7 2000年第一季度至2018年第四季度美国通货膨胀率的变化与失业率
资料来源:根据序列GDPC,CPILFESL计算得到,序列来源于美联储经济数据(FRED)。
注:低的失业率会导致通货膨胀率的上升,高的失业率会导致通货膨胀率的下降。

显然,一个成功的经济应该是高产出增长率、低失业率和低通货膨胀率。所有的目标都能够同时达到吗?低失业率与低的稳定的通货膨胀率能够达成一致吗?政策制定者具有维持高增长和低失业率,同时保持低通货膨胀率的工具吗?这些都是我们在本书中将遇到的问题。在接下来的两节里我们会给出本书的结构路线图。

2.5 短期、中期、长期

什么决定了经济中总产出的水平?考虑以下三个答案。
- 阅读报纸可以发现一个答案:总产出的变动来自对物品需求的变动。你可能会在一些新闻故事的开头读道:"汽车的生产和销售在上个月增加了,这是因为消费者信心的激增,促使他们纷纷进入产品展厅,其人数创下纪录。"这样的故事强调了需求在决定总产出过程中的作用。他们指出了影响需求的因素,从消费者信心到政府支出再到利率。
- 但是,可以肯定地说,无论有多少印度消费者涌向印度汽车展厅,也不会将印度的产出水平推向美国产出的高度。这就提示了另一个答案:在决定总产出的过程中供给方(即能够生产多少产品)也不可或缺。能生产多少产品取决于一个国家的技术有多先进、使用了多少资本、劳动力的规模和技能。这些因素——而不是消费者信心——是一个国家产出水平的根本决定因素。
- 如果再往前推一步:技术、资本和技能不是给定或特定的。一个国家技术水平的尖端程度依赖于其创新和引进新技术的能力,资本存量的大小依赖于人们储蓄多少,工人的技能依赖于教育体系的质量。其他因素也很重要:例如,如果企业的运作要有效率,它们就需要在一套清晰明确的法律体系下运营,并且有一个诚实的政府来执行这些法律。这就给出了第三个答案:产出的真正决定因素是像教育体系、储蓄率和政府质量这样的因素。为理解产出的决定因素,我们必须关注这些因素。

此时你或许在想上述三个答案哪一个是正确的,事实上三个答案都是正确的,但它们分别适用于不同的时间范畴:

> 接下来的三个要点可能是本书最重要的一课。

- 在短期,例如几年内,第一个答案是正确的。产出年复一年的变化主要受需求的变化影响。需求的变化——可能来自消费者信心或其他因素——会导致产出的下降(衰退)或者上升(扩张)。

- 在中期,比如说10年,第二个答案是正确的。在中期,经济趋向于回到由供给因素(资本存量、技术、劳动力规模等)决定的产出水平。在一二十年内,这些因素的变化较为缓慢,我们可以把它们看作给定的。

- 在长期,也就是几十年或者更长的时间内,第三个答案是正确的。为理解从1980年来中国为什么能够实现这么高的经济增长率,我们必须解释中国的资本存量和技术水平为什么增长得如此之快。因此,我们必须考察诸如教育体系、储蓄率、政府作用之类的因素。

这种思考产出决定因素的方式构成了宏观经济学的基础,也是本书谋篇布局的基础。

2.6 本书概览

这本书按三个主要部分来组织:首先是核心部分,其次是两个扩展,最后是综合地考察宏观经济政策的作用。其结构显示在图2-8当中。让我们来详细说明它。

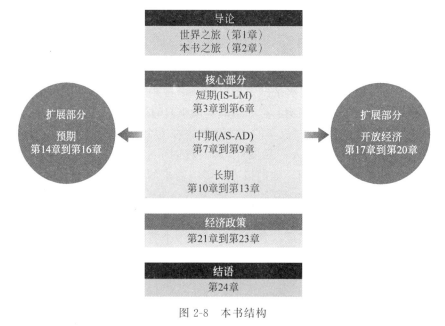

图2-8 本书结构

2.6.1 核心部分

核心部分由三个部分组成——短期、中期和长期。

- 第 3 章至第 6 章考察短期的产出决定。为了重点考察需求的作用，我们假定企业愿意在一个给定的价格下供给任意数量，换句话说就是忽略供给的约束。第 3 章关注商品需求如何决定产出。第 4 章关注货币政策如何决定利率。第 5 章将两者结合起来，允许需求依赖利率，然后展示货币政策和财政政策在决定产出中的作用。第 6 章通过引入更丰富的金融体系并用它来解释金融危机期间发生的事情，扩展了模型。
- 第 7 章至第 9 章引入供给方，考察中期的产出决定。第 7 章关注劳动力市场。第 8 章在此基础上推导了通货膨胀与失业之间的关系。第 9 章将所有部分放在一起，展示了短期和中期产出、失业和通货膨胀的决定因素。
- 第 10 章至第 13 章关注长期。第 10 章通过考察不同国家和地区在较长一段时间内的产出增长状况来引入有关事实。第 11 章和第 12 章讨论资本积累和技术进步在增长中的作用及其决定因素。第 13 章着眼于从不平等到全球变暖等经济增长面临的挑战。

2.6.2 扩展部分

核心部分提供了一种思考方法，用来考虑短期、中期和长期中产出（以及失业和通货膨胀）的决定。但是其忽略了几个基本要素，这些要素将在两个扩展内容中进行深入讨论：

- 预期在宏观经济学中有着很重要的地位。个人和企业作出的几乎所有经济决策，都是由它们对于未来收入、未来利润、未来利率等要素的预期来决定的。财政政策和货币政策不仅通过其直接效应，而且还通过其对个人或企业预期的间接作用影响经济活动。尽管我们在核心部分已经提及了相关问题，第 14 章至第 16 章将更加详细地对其进行探讨。
- 核心部分将经济看成封闭的，忽略了它与世界上其他经济的相互影响。但是事实上，经济开放程度不断提高，国家和地区间存在大量商品、服务和金融资产的贸易往来，这使得国家和地区间的经济依赖程度不断增加。这种相互依赖的实质及其对财政政策和货币政策的启示，将是第 17 章至第 20 章的主题。

2.6.3 经济政策

货币政策和财政政策在本书中近乎每一章都有所论及。但是，在学习完核心部分和扩展部分之后，有必要回头再全面评价一下政策的作用。

第 21 章集中讨论一般性的政策问题，如：宏观经济学家在将政策作为一种稳定工具时是否真的能理解经济运行的规律，政策制定者们在正确行事方面是否值得信任。

第 22 章和第 23 章将讨论货币政策和财政政策的重要作用。

2.6.4 结语

宏观经济学的知识并不是固定不变的,而是在不断演变和更新。最后一章(第24章)关注宏观经济学的历史,以及宏观经济学家是如何慢慢相信他们今天所相信的一切。从表面来看来,宏观经济学有时像一个领域,被分成了若干学派——凯恩斯主义、货币主义、新古典主义、供给学派等——相互之间争论不休。比起这些表象来,实际的研究进程更为循序渐进且内容也更加丰富多彩。我们归纳出不同流派的宏观经济学家观点的主要区别、当今宏观经济学的一些核心观点。

本章提要

- 我们可以通过三个等价的角度来考察GDP这一对总体经济活动进行度量的指标:①GDP是一个经济体及给定时期内最终产品和服务的价值;②GDP是一个经济体及给定时期内增加值的总和;③GDP是一个经济体及给定时期内收入的总和。
- 名义GDP等于最终产品的数量乘以当期价格的加总。这意味着,名义GDP的变化既反映了数量的变化,也反映了价格的变化。实际GDP是产出的度量,只反映数量的变化。
- 如果一个人没有工作并且正在寻找工作,那么他是失业者。失业率被定义为失业者数量与劳动力数量的比率。劳动力数量被定义为就业者和失业者的总和。
- 经济学家关心失业是因为它所代表的人力成本。他们还研究了失业问题,因为它发出了一个信号,表明经济利用资源的效率。高失业率表明该国没有有效利用其资源。
- 通货膨胀率是价格总水平——物价水平的上升。通货膨胀率指物价水平上升的速度。宏观经济学家用两种方法来测量物价水平:一是GDP平减指数,它显示一个经济所生产物品的平均价格;二是消费者物价指数CPI,它显示一个经济所消费物品的平均价格。
- 通货膨胀导致收入分配的改变、扭曲和不确定性增加。
- 在产出、失业、通货膨胀之间有两个重要的关系:一是奥肯定律,表示的是产出增长和失业增加之间的关系:高产出增长通常会降低失业率。二是菲利普斯曲线,表示的是失业与通货膨胀之间的关系:较低的失业率通常会导致通货膨胀率的上升。
- 宏观经济学家区分了短期(几年)、中期(10年)和长期(几十年或以上),他们认为,在短期,产出由需求决定;在中期,产出由技术水平、资本存量和劳动力决定;在长期,产出由教育、研究、储蓄和政府质量等因素决定。

关键术语

- national income and product accounts,国民收入和生产账户
- aggregate output,总产出
- gross domestic product,or GDP,国内生产总值
- gross national product,or GNP,国民生产总值

- intermediate good,中间产品
- final good,最终产品
- value added,增加值
- nominal GDP,名义 GDP
- real GDP,实际 GDP
- real GDP in chained(2009)dollars,以链式加权 2009 年美元不变价格计算的实际 GDP
- dollar GDP,GDP in current dollars,美元 GDP,以当期美元价格计算的 GDP
- GDP in terms of goods,GDP in constant dollars,GDP adjusted for inflation,GDP in chained 2012 dollars, GDP in 2012 dollars,以物品表示的 GDP,以不变美元价格计算的 GDP,经通货膨胀调整的 GDP,以链式加权 2012 年美元不变价格计算的实际 GDP,以 2012 年美元不变价格计算的 GDP
- real GDP per person,人均实际 GDP
- GDP growth, expansions, recessions, GDP 增长,扩张,衰退
- hedonic pricing,享受定价
- employment,就业
- unemploymen,失业
- labor force,劳动力(数量)
- unemployment rate,失业率
- current population survey(CPS),当前人口调查
- not in the labor force,非劳动力
- discouraged workers,丧失信心的工人
- participation rate,劳动力参工率
- inflation,通货膨胀
- price level,物价水平
- inflation rate,通货膨胀率
- deflation,通货紧缩
- GDP deflator,GDP 平减指数
- index number,指数
- cost of living,生活费用
- consumer price index(CPI),消费者物价指数
- Okun's Law,奥肯定律
- Phillips curve,菲利普斯曲线
- core inflation,核心通胀率
- short run,medium run,and long run,短期、中期和长期

本章习题

快速测试

1. 运用本章学到的知识,判断以下陈述属于"正确""错误""不确定"中的哪一种情况,并简要解释。

  a. 美国 2018 年的 GDP 是 1960 年 GDP 的 38 倍。

  b. 当失业率较高时,劳动力参工率也有可能很高。

  c. 失业率在经济扩张时期趋于下降而在经济衰退时期趋于上升。

  d. 如果日本的 CPI 现在是 108,美国的是 104,则日本的通货膨胀率高于美国。

  e. 用 CPI 计算的通货膨胀率与用 GDP 平减指数计算的通货膨胀率相比,是一个更好的指标。

  f. 奥肯定律表明,当产出水平比正常水平低时,失业率会趋于上升。

  g. GDP 负增长的时期被称为衰退期。

  h. 当经济正常发展时,失业率是 0。

i. 菲利普斯曲线反映的是价格水平和失业水平之间的关系。

2. 假定你将美国所生产的最终产品和服务的价值进行加总，来计算其年度 GDP。考虑下列各项交易对 GDP 的影响：

a. 一个海鲜餐馆从渔夫那里购买了价值 100 美元的鱼。

b. 一家人花了 100 美元在一家海鲜餐馆吃了一顿鱼。

c. 达美航空公司从波音公司购买了一架价值 2 亿美元的新喷气式飞机。

d. 希腊国家航空公司从波音公司购买了一架价值 2 亿美元的新喷气式飞机。

e. 达美航空公司将它的一架喷气式飞机以 1 亿美元卖给了詹妮弗·劳伦斯。

3. 在一个给定的年份里，发生了以下的经济活动：

i. 一个银矿开采公司的工人开采了 75 磅的银，公司向工人支付了 200 000 美元的工资，这些银又以 300 000 美元卖给了一个珠宝制造商。

ii. 珠宝制造商向其工人支付了 250 000 美元的工资，雇用他们制造银项链，这些银项链以 1 000 000 美元直接卖给了消费者。

请问：

a. 如果使用"最终产品生产法"，这个经济中的 GDP 是多少？

b. 每一个生产过程的增加值是多少？如果使用"增加值法"，GDP 是多少？

c. 工资和所获利润的总和是多少？如果使用收入法，GDP 是多少？

4. 一个经济体生产三种产品：汽车、电脑和橙子。2012 年和 2013 年的生产数量和单位价格如表 2-5 所示。

表 2-5　该经济体生产的产品的价格和数量

年份	2012		2013	
产品	数量	价格/美元	数量	价格/美元
汽车	10	2 000	12	3 000
电脑	4	1 000	6	500
橙子	1 000	1	1 000	1

a. 2012 年和 2013 年的名义 GDP 是多少？2012 年到 2013 年的名义 GDP 增长的百分比是多少？

b. 用 2012 年价格作为共同价格（即将 2012 年设为基年），2012 年和 2013 年的实际 GDP 是多少？2012 年到 2013 年的实际 GDP 增长的百分比是多少？

c. 将 2013 年价格作为共同价格（即将 2013 年设为基年），2012 年和 2013 年的实际 GDP 是多少？2012 年到 2013 年的实际 GDP 增长的百分比是多少？

d. 为什么在 b 和 c 中得到的 GDP 增长率不相同？哪个是正确的？并解释。

5. 使用问题 4 的数据，回答下列问题：

a. 用 2012 年价格作为共同价格（即将 2012 年设为基年），2012 年和 2013 年的实际 GDP 及 GDP 平减指数各是多少？这一时期的通货膨胀率是多少？

b. 将 2013 年价格作为共同价格（即将 2013 年设为基年），2012 年和 2013 年的 GDP 平减指数各是多少？这一时期的通货膨胀率是多少？

c. 为什么在 a 和 b 中计算的通货膨胀率不相同？哪个是正确的？并解释。

6. 使用问题 4 的数据，回答下列问题：

a. 使用每种物品在两年间的平均价格，构造 2012 年和 2013 年的实际 GDP。

b. 2012 年到 2013 年的实际 GDP 增长率的百分比是多少？

c. 2012 年和 2013 年的 GDP 平减指数是多少？使用 GDP 平减指数得到的 2012 年和 2013 年的通货膨胀率是多少？

d. 这是问题 4 和问题 5 中所提出的问题的很好解决方法吗（两种不同的增长率和两种不同的通货膨胀率，取决于基期选择的不同）？（答案是肯定的。这是构建链式平减指数的基础，第 2 章附录将进一步讨论该方法。）

7. 消费者价格指数代表家庭消费的商品平均价格。这样一个指数包含了数千种商品。在这里，消费者只购买食物（比萨饼）和汽油作为他们的购物篮子。以下是经济分析局为构建消费者价格指数而收集的数据。在基准年 2012 年，收集采购货物的价格和采购货物的数量。在随后的几年中，只收集价格。每年该机构都会收集这些商品的价格，并构建一个价格指数，该指数代表两个完全相同的概念：本年度购买同一篮子商品所需的资金比基准年多多少？以一篮子商品衡量，今年的货币购买力比基准年下降了多少？

数据：经济分析局调查了许多消费者，确定 2012 年消费者平均一周购买 2 个比萨和 6 加仑汽油。每个比萨和每加仑汽油的价格如表 2-6 所示。

表 2-6 每个比萨和每加仑汽油的价格

年份	比萨价格/个	汽油价格/加仑
2012	$10	$3
2013	$11	$3.30
2014	$11.55	$3.47
2015	$11.55	$3.50
2016	$11.55	$2.50
2017	$11.55	$3.47

a. 2012 年消费价格篮子的成本是多少？

b. 2013 年及其后几年消费价格篮子的成本是多少？

c. 以指数表示消费者价格篮子的年度成本。将 2012 年的指数值设置为 100。

d. 使用从 2013 年起每年指数值的百分比变化计算年通货膨胀率。

表 2-7 可能会对你有所帮助。

表 2-7 消费物价指数

年份	2012 年＝100	通货膨胀率
2012	100	
2013		
2014		
2015		
2016		
2017		

e. 是否有一年通货膨胀率为负？为什么会发生这种情况？

f. 2015 年通货膨胀的来源是什么？这与 2013 年和 2014 年的通胀有何不同？

g. 2012年,我可以用100美元买多少一篮子商品？2017年我能用这些钱买多少一篮子商品？我的钱的购买力下降的百分比是多少？这一下降与2012年至2017年价格指数值的变化有何关系？

h. 从2013年到2015年,比萨的价格保持不变,油价上涨,消费者会如何应对这种变化？2016年,油价下跌,相对价格的这些变化对消费价格指数的构建有何影响？

i. 假设经济分析局确定,2017年平均消费者每周购买2个比萨饼和7加仑汽油。使用电子表格计算CPI,2017年设为100,计算过去年份的CPI。用2017年一揽子商品的价格计算2012—2017年的通货膨胀率,完成表2-8。

表2-8 消费物价指数

年份	2017年＝100	通货膨胀率
2012		
2013		
2014		
2015		
2016		
2017	100	

为什么d部分和i部分的通货膨胀率(略有)不同？

8. 使用宏观经济变量关系来判断：

a. 奥肯定律表明,当产出增长高于一般水平时,失业率会倾向于下降。请解释为什么一般产出增长率是正的。

b. 在产出增长2%的年份,和产出增长为−2%的年份,哪个年份的失业率上升更快？

c. 菲利普斯曲线描述了通货膨胀率的变化和失业率之间的关系。请运用菲利普斯曲线回答以下问题：当通货膨胀率为2%时,失业率是否为0？

d. 菲利普斯曲线通常被描绘成具有负斜率的线。在图2-7中,斜率约为−0.17。在你看来,如果这条线具有较小的斜率,如−0.5,或较大的斜率,例如−0.1,经济会"更好"吗？

深入挖掘

9. 享乐定价。

正如第2章第一个要点解析专栏所解释的那样,对于特征随时间改变的物品,要测量其价格的真实上升是困难的。对某些物品而言,价格的上涨可归因于质量的提高。享乐定价是一种计算质量调整后的价格上涨的方法。

a. 考虑常规体检的例子。举出几个理由,说明你为什么想用享乐定价的方法来测量这种服务的价格变化。

现在考虑为一个孕妇进行常规体检。假定这一年引入一种新的超声波方法,一半的医生采用老方法进行检查,一半的医生采用这种新的超声波检查,用新方法的检查比用旧方法的检查费用高10%。

b. 与老方法相比,新方法质量增加的百分比是多少？（提示：考虑到这样一个事实,有

些妇女本可以选择使用旧方法检查的,但她们最终还是选择了新方法检查)

现在,除此之外,假定第 1 年引入超声波的新方法,使用新方法进行检查的费用比前一年(所有人使用旧方法)高出 15%。

c. 使用新方法带来的价格上升(与上一年的检查相比)中有多少反映的是真实价格的上涨,多少反映的是质量的提高? 换句话说,与前一年相比,使用新方法的质量调整后的价格上涨了多少?

在很多情况下,b 和 c 中使用的信息是无法得到的。例如,假定这一年引入一种新的超声波方法,所有医生都采用了这种方法,旧方法就不再使用。并且假定这一体检的价格比前一年(所有人都是用旧方法)上升了 15%。这样,我们看到体检的价格上涨了,同时意识到体检的质量也上升了。

d. 在这样的假设下,为了计算孕妇体检方面的质量调整后的价格上涨,还缺少什么信息? 即使没有这些信息,你能讨论下质量调整后的价格上涨情况吗? 是高于 15% 还是低于 15%? 并解释。

10. 测量的 GDP 和真实 GDP。

假定你本来想花 1 个小时做晚餐,后来却决定再加 1 小时班,获得 12 美元的加班工资。然后买了 10 美元的(外卖)中国料理。

a. 测量的 GDP 增加了多少?

b. 你认为测量的 GDP 的增加能准确反映你决定去工作对产出造成的影响吗? 请解释。

进一步探讨

11. 对比 2000 年和 2008 年的衰退期。

一个很容易获取数据的来源是圣路易斯联邦储备银行数据库(Federal Reserve Bank of St. Louis FRED database)。实际 GDP 用系列 GDPC1 表示,每个季度的实际 GDP 被换算成了季节调整后的年率(用 SAAR 表示),失业率的月度数据是 UNRATE。你可以通过多种方式从这个数据库中下载这两个系列数据。

a. 根据 1999 年到 2001 年以及 2007 年到 2009 年的季度 GDP 增长数据,判断哪次衰退有着更严重的 GDP 负增长? 是以 2000 年为中心的衰退还是以 2008 年为中心的衰退?

b. 失业率的数据用 UNRATE 系列来表示。失业率在 2001 年的衰退中更高,还是在 2009 年的衰退中更高?

c. 国民经济调查局(National Bureau of Economic Research,NBER)认为衰退开始于 2001 年 3 月,结束于 2001 年 11 月。同样,下一个历时更长的衰退开始于 2007 年 12 月、结束于 2009 年 6 月。换句话说,根据 NBER 的分析,经济在 2001 年 11 月和 2009 年 6 月开始复苏。根据你对于 a 部分和 b 部分的回答,你认为劳动力市场和 GDP 的复苏速度是否一样? 请解释。

为了获取更多关于衰退的资料,请访问 www.nber.org。这一网站提供了历史上衰退期的资料及其使用方法的一些讨论。

延伸阅读

- In 1995, the US Senate set up a commission to study the construction of the CPI and make recommendations about potential changes. The commission concluded that the rate of inflation computed using the CPI was on average about 1% too high. If this conclusion is correct, this implies in particular that real wages (nominal wages divided by the CPI) have grown 1% more per year than is currently being reported. For more on the conclusions of the commission and some of the exchanges that followed, read "Consumer Prices, the Consumer Price Index, and the Cost of Living," by Michael Boskin et al., *Journal of Economic Perspectives*, 1998, 12(1): pp. 3–26.

- For a short history of the construction of the National Income Accounts, read *GDP: One of the Great Inventions of the 20th Century*, Survey of Current Business, January 2000, 1–9 (www.bea.gov/scb/pdf/BEAWIDE/2000/0100od.pdf).

- For a discussion of some of the problems involved in measuring activity, read Katherine Abraham, "What We Don't Know Could Hurt Us; Some Reflections on the Measurement of Economic Activity," *Journal of Economic Perspectives*, 2005, 19(3): pp. 3–18.

- To see why it is hard to measure the price level and output correctly, read "Viagra and the Wealth of Nations" by Paul Krugman, *New York Times*, August 23, 1998 (www.pkarchive.org/theory/viagra.html). (Paul Krugman is a Nobel Prize–winning economist and a columnist at the *New York Times*. His columns are opinionated, insightful, and fun to read.)

- Data underlying the construction of the CPI are typically collected monthly, from visits to stores. With the advent of the internet and big data methods, the process seems archaic. And, indeed, the Billion Prices Project (www.thebillionpricesproject.com/) now constructs daily price indexes, based on 15 million products from 900 retailers in 20 countries. The project turned out to particularly useful in Argentina in the late 2000s when the government started manipulating official numbers in order to minimize reported inflation. The project was able to show that the true rate of inflation was more than double the rate reported by the government.

附录　实际 GDP 的构造和链式指数

本章使用的例子只考虑了一种最终产品——汽车——因此构造实际 GDP 相当容易。但当最终产品不止一种时，又应该如何构造实际 GDP 呢？这就是本章附录要讲的问题。

要了解一个拥有许多最终产品的经济体中的实际 GDP 是如何构建的，只要考虑有两种产品的经济，就可以弄清楚这个问题了。同样的方法也适用于有更多商品的情况。因此，假定一个经济体只生产白酒和土豆。

在第 0 年，生产了 10 磅土豆，每磅 1 美元；5 瓶白酒，每瓶 2 美元。

在第 1 年，生产了 15 磅土豆，每磅 1 美元；5 瓶白酒，每瓶 3 美元。

第 0 年的名义 GDP 是 20 美元；第 1 年的名义 GDP 是 30 美元。这一信息归纳在表 2-9 中。

表 2-9　第 0 年和第 1 年的名义 GDP

	数量	价格/美元	价值/美元
第 0 年			
土豆/磅	10	1	10
白酒/瓶	5	2	10
名义 GDP			20
第 1 年			
土豆/磅	15	1	15
白酒/瓶	5	3	15
名义 GDP			30

从第 0 年到第 1 年的名义 GDP 增长了($30－$20)/$20＝50％。但实际 GDP 增长了多少呢？

回答这个问题需要构造每一年的实际 GDP。构造实际 GDP 的基本思想是使用相同的一组价格来衡量每年的数量。假定我们选择第 0 年的价格作为共同价格,第 0 年就称为基年(base year)。计算如下：

第 0 年的实际 GDP 是第 0 年的数量乘以价格再加总：(10× $1)+(5× $2)＝$20。

第 1 年的实际 GDP 是第 1 年的数量乘以第 0 年的价格再加总：(15× $1)+(5× $2)＝$25。

实际 GDP 从第 0 年到第 1 年的变化率因此是：($25－$20)/$20＝25％。

但是,这个答案引出了一个很显然的问题。我们可以用第 1 年或其他年作为基年,而不是第 0 年。

假设用第 1 年作为基年,则

第 0 年的实际 GDP 是：(10× $1)+(5× $3)＝$25。

第 1 年的实际 GDP 是：(15× $1)+(5× $3)＝$30。

实际 GDP 从第 0 年到第 1 年的变化率因此是：($30－$25)/$25＝20％。

用第 1 年作为基年,其答案和用第 0 年作为基年有所不同。因此,如果基年的选择影响了产出变化率的构造,我们应该怎样选择基年？

直到 20 世纪 90 年代中期,美国——乃至现在的大多数国家——实际的做法是选择一个基年并偶尔更换之,比如每 5 年更换一次。例如,在美国,从 1991 年 12 月到 1995 年 12 月使用的基年为 1987 年。也就是说,1994 年当年和此前各年的实际 GDP 的测量值,都是用 1987 年的价格来构造的。在 1995 年 12 月,国民收入账户转而用 1992 年作为基年,此前各年的实际 GDP 的测量值都使用 1992 年价格进行了重新计算。

这种做法理所当然不受欢迎。每当基年被更改,一组新的价格被起用,过去所有的实际 GDP 的数字——以及过去所有的实际 GDP 变化率的数字——都要重新计算；这就相当于历史每 5 年都要重写一次！从 1995 年 12 月起,美国经济分析局(编制 GDP 数字的官方机构)改用了一种新的方法,从而避免这一问题的困扰。这一方法需要四个步骤。

1. 用两种方法来计算从第 t 年到第 $t+1$ 年实际 GDP 的变化率：第一种,把第 t 年的价格设为基期价格；第二种,把第 $t+1$ 年的价格设为基期价格。

例如计算 2017 年到 2018 年的实际 GDP 的变化率：

- 以 2017 年的价格作为基期价格来计算 2017 年和 2018 年的实际 GDP,得到 2017 年到 2018 年的实际 GDP 的变化率的第一次计算结果。
- 以 2018 年的价格作为基期价格来计算 2017 年和 2018 年的实际 GDP,得到 2017 年到 2018 年的实际 GDP 的变化率的第二次计算结果。

2. 把实际 GDP 的变化率看作是这两个计算结果的平均值。

3. 通过将每年构造的 GDP 变化率一环扣一环地连接起来,就可得到实际 GDP 指数。将任意一个年份(例如在本书写作的时候,为 2012 年)的指数设定为 1。给定经济分析局构造出的 2012 年到 2013 年增长率为 1.7％,则 2013 年的指数为(1+1.7％)＝1.017。2014 年的指数通过将 2013 年的指数和 2013 年到 2014 年的增长率相乘得到,以此类推。

4. 这一指数与 2012 年的名义 GDP 相乘,得出"以链式加权 2012 年美元不变价格计算的实际GDP"。因为2012年的指数为1,这意味着2012年的实际GDP等于2012年的名义GDP。"链式加权"指的是上述变化率的连乘形式。"2012"指的是由构造方法决定的实际GDP等于名义GDP的那一年。

这一指数比1995年以前使用指数的构造方法复杂一些(为确保你理解了步骤,在前面的示例中,使用以环比第0年美元构建第1年的实际GDP),但显然也要好很多:用来衡量相邻两年实际GDP的价格,也就是这两年的平均价格,是很恰当的。而且由于在构造上一年与下一年之间的增长率时,使用的是这两年的价格而不是任意基年的一组价格,因此历史就不会在5年之间被重写。而在过去,在旧的实际GDP的构造方法下,基年每5年变化一次。

当基年改变时,衡量的实际GDP会发生什么变化?实际GDP的增长会发生什么变化?

关键术语

- base year,基年

核 心 部 分

短 期

在短期内,需求决定产出。影响需求的因素很多,从消费者信心到金融体系状况,再到财政和货币政策。

第 3 章

本章讨论商品市场均衡和产出的决定,主要介绍需求、产出和收入的相互作用,并说明财政政策是如何影响产出的。

第 4 章

本章讨论金融市场均衡和利率的决定,并说明货币政策是如何影响利率的。

第 5 章

本章同时考虑商品市场和金融市场,说明短期内产出和利率是如何决定的,并讨论财政和货币政策的作用。

第 6 章

本章通过引入更丰富的金融体系来扩展模型,并用它来解释金融危机期间发生的事情。

第 3 章 商品市场

经济学家考虑经济活动年复一年的变化时,他们会关注产出、收入和需求三者的相互作用。
- 商品需求的变化引起产出的变化。
- 产出的变化引起收入的变化。
- 收入的变化引起商品需求的变化。

本章将讨论这些相互作用及其含义。

3.1 节　讨论 GDP 的构成以及商品需求的不同来源。

3.2 节　讨论商品需求的决定因素。

3.3 节　揭示均衡产出是如何由商品供给等于商品需求这一条件决定的。

3.4 节　阐明另一种思考均衡的方式,即投资等于储蓄。

3.5 节　讨论财政政策对均衡产出的影响。

> 如果你还记得本章的一条基本信息,它应该是:在短期内,需求决定产出。

3.1　GDP 的构成

企业购买机器、消费者去一家餐馆消费以及联邦政府购买新式战斗机,它们显然是不同的决策,并且取决于不同的因素。因此,如果想了解决定商品需求的因素,那么从所生产的不同商品的角度以及这些商品的不同购买者的角度来分解总产出(GDP)是有意义的。

宏观经济学家通常使用的 GDP(当我们在本书中使用代数时,我们将用字母 Y 表示)的各组成部分如表 3-1 所示(有更详细的定义得更具体的版本,见本书末尾的附录 1)。

"产出"(output)和"生产"(production)意思相同,没有规定说必须使用哪一个。这里使用"产出"一词是因为读起来比较顺口。

表 3-1　美国 GDP 的构成(2018 年)

序号	组成部分	10 亿美元	占 GDP 的百分比/%
	GDP(Y)	20 500	100
1	消费(C)	13 951	68.0

续表

序号	组成部分	10 亿美元	占 GDP 的百分比/%
2	投资(I)	3 595	17.5
	非住宅投资	2 800	13.6
	住宅投资	785	3.8
3	政府购买(G)	3 522	17.2
4	净出口	−625	−3.0
	出口(X)	2 550	12.4
	进口(IM)	−3 156	−15.4
5	库存投资	56	0.2

资料来源：当代商业纵览，2019 年 2 月，表 1-1-5。

- GDP 的第一个组成部分是**消费**（consumption，C），指消费者购买的物品和劳务，包括食物、飞机票以及新车等。消费是 GDP 最大的组成部分，占 2018 年美国 GDP 的 68%。

- 第二个组成部分是**投资**（investment，I），有时也称为**固定资产投资**（fixed investment），以区别于库存投资（接下来我们将对其进行讨论）。投资是非住宅投资和住宅投资之和，非住宅投资即公司购买新工厂或新机器（从涡轮机到计算机），住宅投资即人们购买新房或公寓。

  这两类投资（住宅投资和非住宅投资）及其背后的决策要比乍看起来有更多的共同之处。公司购置机器或者厂房是为了将来生产更多的物品，人们购买房屋或者公寓则是为了在将来享受住房服务。从这两方面来看，购买这些产品的决策取决于未来这些产品所能带来的服务。这就是把它们一起归到"投资"项目下的理由。在 2018 年这两类投资总额占 GDP 的比重仅为 17.5%。

> **注意！** 对于大部分人来讲，"投资"表示购买任何一种资产，如黄金或者通用汽车公司的股票。经济学家使用的投资则指购买新资本物品，如机器、建筑或者房屋。当考虑购买黄金或通用公司股票或其他金融资产的时候，经济学家会专门使用"金融投资"这一名词。

- 第三个组成部分是**政府购买**（government spending，G），指联邦政府、州政府和地方政府对物品或者服务的购买。这些物品包括办公设备、飞机等，而服务则指政府雇员提供的劳务。实际上，在国民收入账户核算当中，政府首先是购买政府雇员提供的劳务，然后把这些服务无偿地提供给社会公众。

  注意，G 不包括**政府转移支付**（government transfers），例如医疗和社会保障费用；同时它也不包括政府债务的利息支付。尽管这几项显然属于政府购买范畴，但是因为它们不是物品和服务的购买，所以不属于政府购买。这就是为什么表 3-1 中的政府商品和服务支出占 GDP 的 17.2%，低于包括转移支付和利息支付在内的政府总支出。2018 年，联邦、州和地方政府的转移支付和利息支付加在一起的数字约为 GDP 的 33.0%。

- 表 3-1 的第 1、2、3 行分别列出了美国消费者、美国企业和美国政府购买的物品和服务数额。要想得到美国物品和服务的购买数额，还必须经过如下两个步骤。

  首先，加上**出口**（exports，X），即外国消费者、公司和政府购买的美国物品和服务。

> 出口＞进口
> ⇔贸易盈余
> 出口＜进口
> ⇔贸易赤字
>
> 出口＞进口等价于贸易顺差
> 进口＞出口等价于贸易逆差

  其次，减去**进口**（imports，IM），即美国消费者、公司和政府购买的国外物品和服务。

出口与进口之间的差额（X－IM）称为**净出口**（**net exports**）或者**贸易余额**（**trade balance**）。如果出口大于进口，则称该国享有**贸易盈余**（**trade surplus**）；如果出口小于进口，就称该国有**贸易赤字**（**trade deficit**）。2018年，美国出口占GDP的12.4%，进口占GDP的15.4%，所以美国当年的贸易赤字为GDP的3.0%。

- 到目前为止，我们已经讨论了2018年美国物品和服务的购买（亦即销售）数额，如要得到2018年的生产总值，还需要进行最后一步的处理：

在任何一年，生产和销售并不总是相等。当年生产出来的物品可能并不在当年售出，而是在以后几年出售；另外，当年售出的物品也可能是前些年生产出来的。在给定的年份里，生产物品与售出物品之间的差额——生产和销售之间的差额——被称为**库存投资**（**inventory investment**）。

如果产出大于销售，则公司积累库存，库存投资为正值；如果产出小于销售，则公司库存减少，库存投资为负值。一般情况下，库存投资比较小——某些年为正值，某些年为负值。2018年，库存投资为正，金额约为560亿美元，换句话说，生产比销售多了560亿美元。

现在我们就可以讨论第一个产出决定模型了。

> 一定要理解以下三等式所表述的关于产出、销售和库存投资之间的关系：
> 库存投资＝产出－销售
> 产出＝销售＋库存投资
> 销售＝产出－库存投资
>
> 虽然它被称为"库存投资"，但"投资"一词有点误导。与代表企业决策的固定投资相比，库存投资在一定程度上是非自愿的，反映了企业在制订生产计划时没有准确预测销售的事实。

3.2 商品需求

用符号 Z 表示商品总需求，根据3.1节有关GDP构成的分析，我们可以把 Z 写成如下形式：

$$Z \equiv C + I + G + X - IM$$

注意，该式为恒等式（identity）（这就是为什么要使用符号"≡"，而不是一般的等号）。Z 定义为消费、投资、政府购买之和，加上出口，再减去进口。

我们现在需要讨论 Z 的决定。为了使我们的任务变得轻松，我们首先要做一系列的简化：

- 现在假设所有的公司都生产同样的商品，消费者可以用来消费，公司可以进行投资，政府可以采购。为了简单起见，我们只考虑一个市场——"商品"的市场——并且考虑该市场中决定供给和需求的因素。
- 进一步假设公司愿意在给定的价格水平 P 下提供任何数量的该商品。这一假定可以帮助我们集中精力分析需求在产出决定中的作用。从本书的后面可以看到，这一假设仅在短期内成立，当研究中期情形时（从第7章开始），这一假设将被抛弃。但此刻，它可以简化我们的讨论。
- 最后假设该经济体是封闭的，也就是说，同世界上的其他国家或地区没有贸易往来，进口和出口均为零。这一假设显然与现实情况相违背，现实中存在不同程度的贸易往来。本书的后面（从第17章开始）将放弃这一假设，并讨论经济体开放时情况又会如何。然而，此时的这一假设同样可以帮助我们简化要研究的问题：我们没有必要考虑出口和进口是如何决定的。

> 注意：库存投资不属于需求。
>
> 模型几乎总是以"假设"（或者"假定"）来开头，这意味着模型将对现实进行简化，从而集中解决眼下的问题。

第 3 章　商品市场　　47

在假设经济体封闭的前提下，$X = \text{IM} = 0$，商品 Z 的需求等于消费、投资和政府购买之和：

$$Z \equiv C + I + G$$

下面我们将分别讨论这三项。

3.2.1　消费（C）

决定消费的因素有很多，然而最主要的当然是收入，或者更精确地讲，应该是**可支配收入**（**disposable income**）：指消费者从政府那里获取转移支付并缴纳税款之后的收入。当可支配收入上升时，人们就会购买更多的物品；当可支配收入下降时，人们就会减少消费。

可以写出下式：

$$C = C(Y_D) \tag{3.1}$$
$$(+)$$

把消费 C 表示成可支配收入 Y_D 的函数是一种规范的做法。函数 $C(Y_D)$ 被称为**消费函数**（**consumption function**），Y_D 下边的正号表示当可支配收入增加时消费也增加。经济学家把此类方程称为**行为方程**（**behavioral equation**），意味着此类方程反映出行为的一些特征——在这里，指的是**消费者的行为**。

在本书中，我们将使用函数这一简单却规范的方式来表示变量之间的关系。你需要了解的有关函数的内容在本书末的附录 2 中有详细介绍，但是内容不多，另外附录 2 中也介绍了阅读此书需要掌握的数学知识。不过无须担心，在每次引入新函数时，我们首先会用简单的文字进行描述。

将函数形式具体化通常很有用，下边就是一例。假设消费和可支配收入之间的关系用如下更简单的形式表示，这通常是合乎情理的：

$$C = c_0 + c_1 Y_D \tag{3.2}$$

也就是说，把消费函数设定成**线性关系**（**linear relation**）是合理的。c_0 和 c_1 这两个**参数**（**parameters**）刻画了消费和可支配收入之间的关系。

- 参数 c_1 称为消费倾向（propensity to consume）（也称为边际消费倾向，将"边际"一词省略掉是为了简单起见），它表示增加 1 美元可支配收入对消费的影响。如果 c_1 等于 0.6，那么当可支配收入增加 1 美元时，消费将增加 1 美元×0.6＝60 美分。

c_1 在正常情况下应该为正值：可支配收入的增加将会导致消费的增加。对 c_1 的另一个限制是它应该小于 1：人们往往只消费新增可支配收入的一部分，而把剩余的部分储蓄起来。

<small>想想你自己的消费行为。你的 c_0 和 c_1 是多少？</small>

- 参数 c_0 有一个字面的解释，它表示人们在当期可支配收入为 0 的情况下愿意消费的数量；式（3.2）中，如果 Y_D 等于 0，则 $C = c_0$，即如果当期的可支配收入为 0，消费仍然为正：不管有没有收入，人们必须吃饭！这就意味着 c_0 为正值。人们在收入为 0 的情况下如何才能有正的消费呢？答案是动用储蓄——变卖资产或者借贷。

- 关于参数 c_0，还有一种更常规的解释。在可支配收入给定的情况下，参数 c_0 的变化反映了消费的变化。参数 c_0 的上升反映了在收入水平一定的情况下消费的增加；反之，则反映了消费的减少。在可支配收入给定的情况下，有很多因素会影响人们决定增加消费还是减少消费。比如人们发现借贷变得简单或困难，又如人们对未来的态度变得乐观或是失望。要点解析栏目给出一个 c_0 下降的例子："雷曼破产：对另一个大萧条的恐惧和消费函数的变动"。

式(3.2)表示的消费与可支配收入之间的关系可用图 3-1 表示，由于二者之间是线性关系，因此用一条直线来表示。纵轴上的截距项为 c_0，斜率是 c_1。因为 c_1 小于 1，所以直线的斜率也小于 1；直线的倾斜度小于 45°。如果 c_0 增加，那么曲线也会向上平移相同的水平（附录 2 回顾了图形、斜率和截距。）

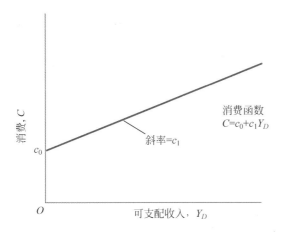

图 3-1 消费和可支配收入之间的关系

注：消费随着可支配收入的增加而增加，但是要小于 1 比 1 的关系。c_0 的下降会导致整条曲线下移。

下一步我们需要定义可支配收入 Y_D，可用下式表示：

$$Y_D \equiv Y - T$$

Y 表示收入，T 表示消费者的税收支付减去政府的转移支付。为简单起见，这里的 T 只表示税收——但是要记住，它等于税收减去转移支付。该等式为恒等式，因此使用"$\equiv$"来表示。

把 Y_D 引入式(3.2)：

$$C = c_0 + c_1(Y - T) \tag{3.3}$$

方程(3.3)告诉我们，消费 C 为收入 Y 和税收 T 的函数，更高的收入会增加消费，但比 1 比 1 的关系要小；更高的税收会减少消费，同样比 1 比 1 的关系要小。

3.2.2 投资（I）

模型中一般有两类变量：一些变量依赖于其他变量，即需要模型来解释，这类变量被称

在美国，个人缴纳的两种主要税收是个人所得税和社会保障金。政府转移支付的主要来源包括社会保障基金、医疗保险（针对退休人员的健康保险）和医疗补助（针对贫困人口的健康保险）。2018 年，个人缴纳的税收和社会保障金为 29 900 亿美元，政府对个人的转移支付为 3 万亿美元。

为**内生变量**(endogenous),比如上面介绍的消费。另一些变量不需要通过模型进行解释,而是把它作为给定值对待,这类变量被称为**外生变量**(exogenous)。下面我们把投资作为外生变量来处理,假设投资给定,表示如下:

$$I = \bar{I} \tag{3.4}$$

在投资符号上加上一杠是一种简单的书写方法,提醒我们投资是给定的。

> 内生变量——取值由模型来决定和解释;外生变量——取值是事先给定的。

假设投资给定是为了简化模型,但这样做无伤大雅。在后面讨论产出变化带来的影响时,假设投资对产出变化不作出任何反应。不难看出,这与现实情况相距甚远:产出增加的时候,公司可能会决定购买更多的机器设备,增加投资。本章的模型将不考虑这一机理,第5章对投资的处理将会更符合实际情形。

3.2.3 政府购买(G)

> 注意:"税收"指税收减去政府转移支付。

G 与税收 T 一起反映了**财政政策**(fiscal policy)——政府可以作出税收和支出的选择。与投资一样,我们把 G 和 T 也作为外生变量来处理。但是这样做的理由却不同于投资,主要出于两点考虑。

> 因为 G 和 T(几乎总)被作为外生变量处理,因此不在其上面添加一杠,这样表示更为简洁。

- 政府行为不像消费者或企业那样有规律可循,因而没有可靠的标准能够用来写出 G 和 T 的函数形式,这一点和消费表达式的确定就截然不同。然而这一点并不能让人完全信服,因为即使政府不像消费者那样遵循简单的行为规则,它的一部分行为也是可以预测的。后面将会讨论这些问题,尤其是在第22、23章,但是现在暂且搁置一边。

- 这点尤为重要,就是经济学家的任务之一是考虑可选择的政府购买和税收决策的影响。我们认为:"如果政府为 G 和 T 选择了这些值,就会发生这种情况。"本书将把 G 和 T 作为政府的决策变量来对待,而不是企图通过模型来解释它们。

3.3 均衡产出的决定

本节将把上面介绍的内容综合起来。

由于出口和进口均被假设为0,因此物品的需求就等于消费、投资和政府购买之和:

$$Z \equiv C + I + G$$

代入式(3.3)和式(3.4)中的 C 和 I,可得到

$$Z = c_0 + c_1(Y - T) + \bar{I} + G \tag{3.5}$$

物品(Z)的需求取决于收入(Y)、税收(T)、投资($\bar{I}$)和政府购买(G)。

> 假设一个经济体只生产理发这种物品,理发不可能有库存——理发生产出来了,却没有卖掉?——因此,理发的产出必须等于需求。

下面将讨论商品市场的**均衡**(equilibrium),以及产出和需求的关系。如果公司保留库存,那么物品的生产就不再总是等于需求:企业可以通过利用库存来满足需求的增加——持有负的库存投资。企业也可以通过继续生产和积累库存来应对需求下降——持有正的库存投资。在开始讨论均衡时,先忽略这种

可能性可以使问题简化。假设企业没有库存,库存投资总等于零,那么,**商品市场均衡**(equilibrium in the goods market)就要求物品的供给(Y)等于其需求(Z):

$$Y = Z \tag{3.6}$$

该等式被称为**均衡条件**(equilibrium condition)。模型一般包括三类方程:恒等式、行为方程和均衡条件。这里我们看到了每类方程的例子:定义可支配收入的方程为恒等式,消费函数是行为方程,而供给等于需求的条件就是均衡条件方程。

> 三类方程:恒等式、行为方程和均衡条件。

把式(3.5)中的需求Z代入式(3.6):

$$Y = c_0 + c_1(Y - T) + \bar{I} + G \tag{3.7}$$

式(3.7)用代数形式描述了本章开始时非正式讨论的内容。

在均衡等式中,产出Y(等式左边)必须等于需求(右边),而需求取决于收入,其本身又等于产出。

> 你能把这句话与本章开头的漫画联系起来吗?

请注意,产出和收入都使用了相同的符号Y,这绝非意外!第2章已指出,产出和收入是完全相等的,它们是GDP的两种不同表现形式——一个是从产出角度,另一个是从收入角度。

模型建立之后,就可以对其求解,以分析产出水平是如何被决定,以及政府购买变化时产出是如何变化的。模型求解不仅是得到代数解,而且要清楚这一结果背后的原因。在本书中,同样会使用图形来描述模型求解过程以及结果——有时会跳过所有的代数公式,用文字来描述模型的结果及其机理。宏观经济学家们通常使用如下三类工具。

(1) 代数,确保逻辑的正确性。
(2) 图形,呈现直观感。
(3) 文字,描述结果。

我们也应该养成这样的习惯。

3.3.1 使用代数

重写均衡方程式(3.7):

$$Y = c_0 + c_1(Y - T) + \bar{I} + G$$

把$c_1 Y$项移到左边,整理右边后得到

$$(1 - c_1)Y = c_0 + \bar{I} + G - c_1 T$$

两边同除以$(1 - c_1)$:

$$Y = \frac{1}{1 - c_1}[c_0 + \bar{I} + G - c_1 T] \tag{3.8}$$

式(3.8)给出了均衡产出,即供给等于需求时的产出水平。下面将分别讨论等式右边的两项,首先从第2项开始。

> 自主意味着独立,这里指独立于产出。

- $[c_0 + \bar{I} + G - c_1 T]$是物品需求不依赖于产出的部分,这一项被称为**自主支出**(autonomous spending)。

能确保自主支出是正值吗?不能,但是极有可能是这样的。括号里边的前两项c_0和$\bar{I}$为正,后边两项$(G - c_1 T)$的取值如何呢?假设政府采取的是**平衡预算**(balanced budget)政策——税收等于政府购买。如果$T = G$,根据假设消

> 如果$T = G$,那么$(G - c_1 T) = (T - c_1 T) = (1 - c_1)T > 0$。

费倾向(c_1)小于1,那么($G-c_1T$)就为正值,从而自主支出也为正。仅当政府的预算盈余很大时——如果税收要比政府购买大得多——自主支出才可能为负值,这里将忽略这种情形。

- 现在考虑第1项,$1/(1-c_1)$。由于消费倾向(c_1)介于0和1之间,$1/(1-c_1)$的值要大于1。因此,这一数值,即与自主支出相乘的数值,被称为乘数(multiplier)。c_1越接近于1,该乘数越大。

乘数意味着什么?假设在给定的收入水平下,消费者决定进行更多的消费。更加准确地讲,假设式(3.3)中的c_0增加了10亿美元,式(3.8)告诉我们产出的增加将大于10亿美元。例如,如果c_1等于0.6,乘数就等于$1/(1-0.6)=1/0.4=2.5$,因此产出增加了2.5×10亿美元=25亿美元。

我们看到消费有所增加,但是式(3.8)清楚地表明,自主支出的任何变化——从投资的变化,到政府购买的变化,再到税收的变化——都会产生同质的结果:对产出变化的影响要大于对自主支出的直接影响。

乘数效应从何而来?从式(3.7)中可以得到一些启示。c_0的增加引起需求的增加,然后需求的增加导致产出的增加,产出的增加导致收入的增加(二者是相等的),收入的增加进一步提高消费,而消费又会进一步提高需求等。描述这一机制的最好方式就是运用图形方法,让我们也这样做。

3.3.2 使用图形

让我们用图形来刻画这种均衡。

- 首先来看产出的图形,产出是收入的函数。

在图3-2中,纵轴表示产出,横轴表示收入。产出的图形为向上倾斜的一条直线,因为产出和收入总是相等的,所以二者之间的关系为一条45°的直线,斜率为1。

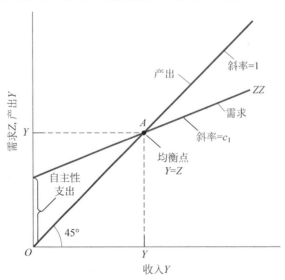

图3-2 商品市场均衡

注:均衡产出由生产等于需求的条件决定。

- 其次来看需求的图形,需求是收入的函数。

式(3.5)展示了需求与收入之间的关系。为了方便,这里将其重新变换,把自主支出的各项放到同一个括号里边。

$$Z = [c_0 + \bar{I} + G - c_1 T] + c_1 Y \tag{3.9}$$

需求取决于自主支出,同时还取决于收入——通过影响消费来影响需求。需求和收入之间的关系见图3-2中的ZZ直线。纵轴的截距项——收入为0时的需求量——等于自主支出。直线的斜率为消费倾向c_1:当收入增加1单位时,需求量增加c_1单位。在c_1大于0、小于1的约束条件下,直线向上倾斜,斜率小于1。

- 当产出等于需求时就达到均衡。

因此,45°线和需求函数的交点A便给出了均衡产出Y。在A点左边,需求大于产出;在A点右边,需求小于产出。只有在A点时,需求和产出才是相等的。假设经济处于初始平衡,由图3-2中的点A表示,产量等于Y。

现在假设c_0增加了10亿美元。在收入的初始水平不发生变化的情况下(由于在本例中T是不变的,与A点关联的可支配收入水平此刻也未发生变化),根据前文c_0的第二种解释,消费者增加了10亿美元的消费。图3-3显示了将会发生的情况,图3-3是建立在图3-2基础之上的。

> 这利用了c_0变化的第二种解释。在给定的收入水平下,消费者愿意多花多少钱。

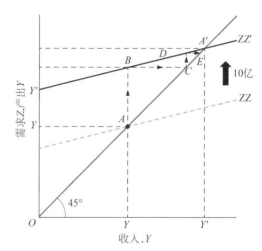

图3-3 自主支出的增加对产出的影响

注:自主支出的增加对均衡产出有着大于1:1的影响。

式(3.9)告诉我们,对于任何水平的收入,如果c_0增加10亿美元,需求量就增加了10亿美元。在c_0没有增加之前,直线ZZ给出了需求与收入之间的关系;在c_0增加了10亿美元之后,二者之间的关系由直线ZZ'表示,该直线和ZZ直线平行,但是要高10亿美元。换句话讲,就是需求曲线向上移动了10亿美元。新的均衡点为45°线和新需求关系曲线的交点A'。

均衡产出从Y上升到Y',增加了$(Y'-Y)$,可以从横轴或者纵轴测算这一增加值,均比最初增加的10亿美元消费要大,这就是乘数效应。

有了图形的帮助,就很容易知道经济是如何以及为什么从A点移动到A'点。消费的最初增加引起需求增加10亿美元,如果收入水平保持不变,即仍为

> 看纵轴。纵轴上Y与Y'的距离要大于A、B两点的距离,后者等于10亿美元。

Y,新的需求水平由 B 点给出:需求增加了 10 亿美元。为了满足更高水平的需求,企业增加 10 亿美元的产出,经济移动到 C 点,此时收入增加了 10 亿美元(回忆:收入=产出)(换句话说,产出和收入都增加了 10 亿美元)。然而这一过程并未结束,更高水平的产出导致需求量进一步增加,因而此时的需求量由 D 点给出。D 点又导致更高水平的产出,等等,一直循环下去,直到经济达到 A' 点为止,这时形成新的均衡点,产出和需求相等。

我们可以通过另一种方式来考虑乘数。

第一轮的需求增加等于 10 亿美元,即图 3-3 中显示的距离 AB。

第一轮的需求增加 10 亿美元引起产出同样增加 10 亿美元,也是图 3-3 中显示的距离 AB。

第一轮产出的增加引起收入同样增加 10 亿美元,即图 3-3 中显示的距离 BC。

第二轮需求的增加等于 10 亿美元(第一轮增加的收入)乘以收入的消费倾向 c_1,也就是 $10 \times c_1$ 亿美元,即图 3-3 中显示的距离 CD。

第二轮需求的增加导致产出同等数量增加,即图 3-3 中的距离 CD;产出的增加进而引起收入的增加,即图 3-3 中显示的距离 DE。

据此类推,第三轮的产出增加等于 $10 \times c_1$ 亿美元(第二轮增加的收入)乘以边际消费倾向 c_1,也就是 $10 \times c_1 \times c_1 = 10 \times c_1^2$ 亿美元。因此,在第 n 轮之后,产出增加的总量等于 10 亿美元乘以下式:

$$1 + c_1 + c_1^2 + \cdots + c_1^n$$

<small>棘手的问题:把乘数看作这些连续过程的结果。试想,假设消费倾向 c_1 大于 1,那么每个连续的过程会发生什么情况呢?</small>

该式被称为**几何级数**(**geometric series**)。在本书中会经常遇到几何级数,有关它们的性质可参见本书最后的附录 2。这一级数的主要性质是当 c_1 小于 1(这里就小于 1)而且 n 越来越大时,该式的和会不断增加,但最终趋向于一个极限。该极限就是 $1/(1-c_1)$,即产出最后增加 $10 \times 1/(1-c_1)$ 亿美元。

对于表达式 $1/(1-c_1)$ 应该很熟悉,它就是乘数,只不过是使用另一种方法推导得到的。这种处理办法为我们理解乘数提供了一种等价、更为直观的方法。我们可以把支出的初始增加看作产出连续增加的引擎,产出的每一次增加意味着收入的增加,而收入的增加引起需求的增加,从而导致了产出的进一步增加,等等。乘数就等于所有的产出持续增加值之和。

3.3.3 使用文字

<small>经验证据表明,乘数通常小于此值。这是因为本章中开发的简单模型忽略了一些重要机制,例如,货币政策对支出变化的反应,或者一些需求落在外国商品上的事实。在本书中,我们将回到这一议题中来。</small>

如何用文字来总结我们上面的发现呢?

产出取决于需求,而需求取决于收入,收入自身就等于产出。需求的增加,比如政府购买的增加,将会导致产出的增加,进而引起收入的增加。收入的增加引起需求的进一步增加,而需求又会进一步引起产出的增加,依次类推。最后的结果是产出的增加要大于需求的初始移动值,这一结果由乘数决定。

乘数的大小和消费倾向的大小有直接的关系:消费倾向越大,乘数越大。美国如今的消费倾向有多大呢?为了回答这一问题,通常的做法是估计行为方程,以及方程中的参数,经济学家通常使用的是计量经济学(econometrics)方法——它是经济学中使用的一套统计方法。想要了解计量经济学是什么以及如何使用，本书最后的附录3做了简单介绍，并对消费倾向进行了估计。估计的结果表明：如今美国的消费倾向为0.6左右（附录3的估计结果在0.5～0.8的范围内），换句话说，收入增加1美元将会平均导致消费增加60美分。这意味着乘数为$1/(1-c_1)=1/(1-0.6)=2.5$。

3.3.4 产出调整需要多长时间

让我们最后一次考虑前面的例子。假设c_0增加10亿美元，我们知道产出增加量将会等于乘数$1/(1-c_1)$乘以10亿美元，但是产出到达新的更高水平需要多久呢？

根据之前作出的假设，答案是：立刻！在给出均衡条件式(3.6)时，我就假设产出总是等于需求。也就是说，产出对需求的反应是瞬时完成的。在给出消费方程(3.2)时，假设消费对可支配收入的反应也是瞬时的。在这两个假设之下，经济会从图3-3中的A点瞬时调整到A'点：需求的增加立即导致产出的增加，由于产出增加带来的收入增加又会马上引起需求的增加，等等。我们可以像前边那样通过持续的变化过程来思考这一调整过程，但是这些变化过程都是立即发生的。

> 前面的模型中，我们排除了这一可能性，因为我们假设企业没有库存，从而不能通过降低库存来应对需求的上升。

瞬时调整看起来不是那么合乎情理，事实上也是这样。企业在面临需求增加时可能会等待，通过减少库存来满足需求，而不是马上调整产出。当薪水增加时，消费者也可能不立即调整他们的消费。所有这些延迟都意味着产出的调整需要时间。

有关产出随时间调整的规范的描述——经济学家称为**动态（dynamics）**调整方程，求解这个更复杂的模型远远超出我们现在的研究范围，不过用文字描述却是比较容易的事情。

- 假设企业在每个季度初作出该季度的产出水平决策。决策一旦作出，该季度中的产出就不能再调整。相反，如果购买大于产出，公司就通过减少库存来满足购买；如果购买小于产出，企业将积累存货。
- 现在，假设消费者决定提高支出，即增加c_0。在该季度中，需求增加了，但是产出却没有改变，因为我们假设产出水平已经在季度初被确定，所以收入也没有发生变化。
- 到了下个季度，在上个季度观察到需求有所增加的企业可能会提高产出水平，产出水平的提高相应导致了收入的增加，进而又提高了需求。如果购买仍然高于产出，企业在下个季度会继续增加产出，以此类推。
- 总之，当消费者增加支出时，产出不会立刻跳到新的均衡点，而是随着时间从Y增加到Y'。

调整需要多长时间取决于消费者对收入变化的反应速度以及企业对销售变化的反应速度。企业越经常地调整其产出计划以应对过去的采购增长，调整过程就越快。

在本书中，我们会经常采用上面这样的描述方法。讨论完均衡产出的变化之后，我们会不那么正式地描述经济是如何从一个均衡过渡到另一个均衡的，这样做通常会使我们对经济有更为贴近现实的理解，而且通常会加强你对均衡变化原因的直觉。

我们在这一部分已经关注了需求的增长，然而对于机制本身，我们还需关注另一方面：需求的下降会导致产出的下降。2008—2009年的衰退就是由自主支出的四个组成部分中的两个部分在同一时间内大幅度下降导致的。提醒你一下，自主支出的表达式为$(c_0+\bar{I}+G-c_1T)$。在要点解析"雷曼破产：对另一个大萧条的恐惧和消费函数的变动"中提到对于未来的恐慌会导致人们在可支配收入没有下降的情况下减少消费,也就是说 c_0 值下降。随着房屋价格的下降,新建房屋数量也会下降,而新建房屋又是投资的组成部分,这就会导致 I 的价值迅速下降。这样随着自主支出的下降,商品的总需求就会下降,从而导致产出下降。在本书中,我们会在很多地方讨论危机背后的影响因素和机制,并不断丰富故事情节,但自主支出的影响将永远是最核心的。

要点解析

雷曼破产:对另一个大萧条的恐惧和消费函数的变动

为什么在消费者的可支配收入没有降低的情况下,消费者可能会降低其消费?或者对于等式(3.2)而言,为什么 c_0 会下降,转而导致需求、产出等的减少?

首先能想到的一个解释就是,即使他们目前的可支配收入并没有下降,但他们开始担心未来并且决定储蓄更多。这种情况正是2008年末到2009年初发生的事情。图3-4显示出了从2008年第一季度到2009年第三季度可支配收入、总消费和耐用品消费的变动情况,其中耐用品消费可以认为是总消费中用于汽车、电脑等物品的消费(本书最后的附录1将会给出更为精确的定义)。为了从感观上看得更加直接,我们将三个变量在2008年第一季度的值标准化为1。

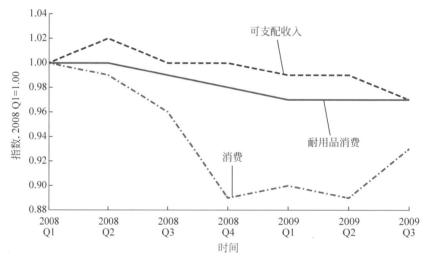

图3-4 2008年第一季度至2009年第三季度美国可支配收入、消费和耐用品消费
资料来源:根据序列DPIC96、PCECC96、PCDGCC96计算得到,序列来源于美联储经济数据(FRED)。

在图3-4中你应该注意两点:一是尽管事实上危机的爆发导致了GDP的大幅度下降,但是可支配收入在最初并没有发生大的变化,甚至在2008年第一季度有所增加,消费在可支配收入(从第二季度开始)下降之前并没有发生变化。同2008年相比,消费水平下降了3%;从图3-4看,消费曲线和可支配收入曲线之间的距离进一步拉大。二是在2008年第三季度特别是第四季度,耐用品消费出现了大幅度下降,四季度的消费量仅为一季度的10%。这一指标在2009年出现小幅上升之后又在第二季度出现了大幅度的下降。

为什么尽管2008年末可支配收入的变化较小,但消费特别是耐用品消费出现了大幅度的下降？这里有很多影响因素，但主要是危机对人们心理的影响。我们回顾第1章的内容，雷曼兄弟在2008年9月15日破产，并且在随后的几周时间里更多银行出现步其后尘的可能性，金融体系濒临崩溃。对于大多数人来说，虽然他们还有工作并且仍然按月领取薪水，但最大的麻烦在于他们从报纸上了解了这一切，这些事情使他们回忆起了大萧条的故事，他们的恐惧也就随之而来。我们可以通过分析用户使用谷歌搜索"大萧条"关键词的数量来反映人们的不安程度。从2008年1月到2009年9月，谷歌搜索结果统计情况如图3-5所示。这一系列数据将两年来的平均搜索次数标准化为1。我们注意到这一数值在2008年10月的时候达到峰值，然后在2009年期间缓慢下降。这一数据清楚地表明，虽然当前的危机是严重的，但政策制定者要做的是尽他们的全力来避免重蹈"大萧条"的覆辙。

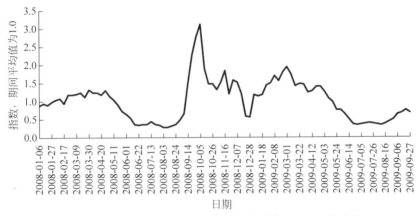

图3-5　2008年1月至2009年9月"大萧条"Google搜索量

资料来源：Google Trends，"大萧条"。

如果你认为经济会走向另一个大萧条，那么你会做些什么呢？由于担心自己在未来会失业或者收入下降，所以即使当前你的可支配收入并没有发生变化，你也会降低自己的消费水平。同时，未来不确定性加大，也会导致你推迟购买行为，如购买新的汽车或新的电视等。图3-4就清晰准确地描述了在2008年末消费者做了些什么：总体消费下降，耐用品消费暴跌。在2009年，随着迷雾逐渐散去，人们渐渐认识到更为糟糕的状况不可能再发生，耐用品消费支出开始逐渐回升。但到那时，许多其他因素正在促成一场危机。

3.4　投资等于储蓄：考虑商品市场均衡的另一种方法

到目前为止，我们考虑均衡时都是从商品供给等于需求的角度出发。另一种研究均衡的等价方法是集中考虑投资和储蓄。这就是由约翰·梅纳德·凯恩斯在1936年《就业、利息和货币通论》一书中首次详细阐述的模型。

让我们首先讨论储蓄。储蓄为私人储蓄与公共储蓄之和。

根据定义，**私人储蓄**（private saving，S），即消费者的储蓄，等于可支配收入减去消费：

$$S \equiv Y_D - C$$

按照可支配收入的定义，可以把私人储蓄表示为收入减去税收，再减去消费：

私人储蓄也由公司进行，它们不会分配所有利润，而是使用这些留存收益为投资提供资金。为简单起见，我们在这里忽略了公司的储蓄。但底线，即方程（3.10）中的投资和储蓄相等，并不依赖于这种简化。

$$S \equiv Y - T - C$$

公共储蓄⇔预算盈余

根据定义,**公共储蓄**(public saving)等于税收(减掉转移支付)减去政府购买:$T-G$。如果税收超过政府购买,政府就会有**预算盈余**——公共储蓄为正;如果税收小于政府购买,政府就会有预算赤字——公共储蓄为负。

现在回到我们之前推导的商品市场的均衡方程,产出必须等于需求,而后者为消费、投资和政府购买之和:

$$Y = C + I + G$$

两边同时减去税收(T),并把消费移到等式左边:

$$Y - T - C = I + G - T$$

等式左边就等于私人储蓄(S),则等式可写为

$$S = I + G - T$$

或者等价地表示为

$$I = S + (T - G) \tag{3.10}$$

左边表示投资,右边为私人储蓄与公共储蓄之和。

因此式(3.10)给出了我们讨论商品市场均衡的另一种方法。在这里,商品市场均衡要求投资等于**储蓄**(saving)——私人储蓄与公共储蓄之和。这种讨论均衡的方法说明了为什么商品市场的均衡条件被称为 **IS 关系**(**IS relation**),这是因为"投资(investment)等于储蓄(saving)"。企业想要投资的量必须等于人们或者政府想要储蓄的量。

为了更加清楚理解式(3.10),假想存在只有一个人的经济,这个人决定如何消费、投资和储蓄——"鲁宾逊·克鲁索"经济。对于鲁宾逊·克鲁索来说,储蓄和投资决策是等同的:他所投资的(例如,为了重新生产,把兔子保留下来而不是把它们吃掉)正是他自动储蓄的部分。然而,在现代经济里,投资决策由企业作出,而储蓄决策由消费者和政府作出。式(3.10)告诉我们,在均衡的时候所有这些决策必须保持一致:投资必须等于储蓄。

总结一下,商品市场均衡条件的两种等价表示方法:

产出 = 需求

投资 = 储蓄

之前,我们用式(3.6)来描述均衡,现在我们可以用式(3.10)来描述。其结果将是相同的,但推导过程会为你提供另一种思考均衡的方式。

- 首先注意到消费和储蓄决策是完全一样的:给定可支配收入,消费者一旦选定消费,那么储蓄也就决定了;反之亦然。利用前边消费者行为方程可以推导出私人储蓄方程,方程式如下:

$$S = Y - T - C = Y - T - c_0 - c_1(Y - T)$$

重新整理以后,可得

$$S = -c_0 + (1 - c_1)(Y - T) \tag{3.11}$$

- 如同我们把 c_1 称为消费倾向一样,$(1-c_1)$ 被称为**储蓄倾向**(propensity to save),它表示收入增加 1 单位时人们增加的储蓄量。前面我们假设消费倾向(c_1)介于 0 和 1 之间,这就意味着储蓄倾向($1-c_1$)同样也介于 0 和 1 之间。私人储蓄会随着可支配收入的增加而增加,但是当可支配收入增加 1 单位时,私人储蓄的增加量要小于 1 单位。

均衡时,投资必须等于储蓄,后者为私人储蓄与公共储蓄之和。把式(3.11)私人储蓄的表达式代入式(3.10):

$$I = -c_0 + (1-c_1)(Y-T) + (T-G)$$

求解得到产出:

$$Y = \frac{1}{1-c_1}[c_0 + \bar{I} + G - c_1 T] \tag{3.12}$$

式(3.12)结果和式(3.8)完全相同。没有什么可大惊小怪的,因为我们只不过是使用另一种方法研究同一个模型。这种方法在本书后面的许多应用中都是非常有用的,要点解析"储蓄悖论"(凯恩斯首先强调的)就是其中的一个应用。

要点解析

储蓄悖论

在长大成人的过程中,我们被告知要保持勤俭节约的美德。那些花光所有收入的人注定要贫困潦倒,而储蓄的人就能过上幸福生活。同样政府也这样告诫我们,一个经济只有储蓄,才能不断强大与繁荣!然而本章的模型却讲述了一个截然相反、非常奇怪的故事。

假设在可支配收入水平给定的情况下,消费者决定进行更多的储蓄。换句话说,假设消费者减少c_0,从而可以在可支配收入不变的情况下减少消费并增加储蓄。产出和储蓄会发生什么变化呢?

式(3.12)明确表示c_0下降时均衡产出也会下降。在收入不变的情况下,增加储蓄,就减少了消费。而消费的下降会导致需求的下降,进而引起产出下降。

那么,储蓄的情况又怎样呢?回到私人储蓄方程(3.11)(假设公共储蓄没有变化,因此储蓄和私人储蓄同步变化):

$$S = -c_0 + (1-c_1)(Y-T)$$

一方面,$-c_0$更大了:在任何收入水平,消费者更多地储蓄,因而储蓄增加;另一方面,Y变小了,从而减少储蓄。看起来净效应是不确定的,但实际上我们可以知道结果是什么。

想弄明白怎么回事,回到式(3.10),均衡要求储蓄必须等于投资:

$$I = S + (T-G)$$

根据假设,投资没有变化,$I = \bar{I}$,T和G也没有变化。因此均衡条件告诉我们,均衡状态时私人储蓄S并未发生变化。尽管人们希望在给定的收入水平下,储蓄得更多一些,但现在收入下降了一部分,使得储蓄并未发生变化。

这就意味着人们增加储蓄的尝试只会导致产出的下降,而储蓄却不发生变化,这不是好的结果。这两个奇怪的结果就是所谓的储蓄悖论(paradox of saving 或者 paradox of thrift)。请注意,如果我们考察公共储蓄而不是私人储蓄,也会得到同样的结果:预算赤字的减少也会导致产出下降,总体(公共和私人)储蓄不变。如果我们扩展我们的模型,允许投资随产出而减少(我们将在第5章中这样做),而不是假设它是常数,结果将更加引人注目:消费者或政府尝试更多储蓄,将导致更低的产出、更低的投资和更低的储蓄!

那么,我们就应该忘掉古老的诫训吗?政府就应该告诉人们不要那么节俭吗?答案是否定的。这个简单模型的结果更多地适用于短期情形。正如本章前文要点解析"雷曼破产：对另一个大萧条的恐惧和消费函数的变动"论及的那样，消费者增加储蓄的愿望是多次美国衰退的重要影响因素。但是在本书后面我们将会看到，在中期和长期会有另外的传导机制，储蓄率的增加可能会导致更高的储蓄和更高的收入。然而一个重要的警示就是：鼓励储蓄的政策在中期和长期是有利的，但是在短期却会导致需求和产出的下降，甚至可能会导致经济衰退。

3.5 政府是万能的吗？一个警告

式(3.8)意味着政府可以通过选择支出水平(G)或者税收水平(T)来达到想要的产出水平。如果政府希望产出增加10亿美元，那么只需把 G 增加 $10 \times (1-c_1)$ 亿美元就可以了；理论上讲，这一政府购买的增加会导致产出增加10亿美元，即 $10 \times (1-c_1)$ 亿美元乘以乘数 $1/(1-c_1)$。

> 要查看更长的列表，请参见第22章的22.1节"我们已经学到了什么"。

政府果真能够选择它们需要的产出水平吗？答案当然是否定的。如果它们能够像我们前文描述的那样轻松地实现产出，那美国政府为什么会允许2008年出现经济增长的停滞和2009年产出水平的下降呢？政府为什么不立刻提高经济增长率以大幅度降低失业率？有很多现实因素没有在我们的模型中得到体现，所有这些都使政府的任务复杂化。我们会在适当的时候进一步讨论，在此处先进行简要的列举：

- 改变政府购买或者税收远非那么容易。美国国会通过议案通常需要花很长时间，实施法案中的内容需要更多时间(第21章和第22章)。
- 尽管我们已经假设投资保持不变，但是投资也还是有可能会作出多种反应，进口也是如此。消费者和企业增加的需求中有一部分可能不是用于购买国内物品，而是购买国外物品，汇率也会发生变化。所有这些反应很可能受复杂、动态的因素影响，因此政府难以对政策的影响进行准确估计(第5章、第9章和第18~20章)。
- 预期很可能会起作用。例如，消费者对减税的反应可能在很大程度上取决于他们对"减税是暂时性的还是永久性的"的判断。越是把减税当作永久性的，他们的消费反应就越大。类似地，消费者对支出增加的反应可能取决于他们认为政府何时会提高税收来支付支出(第14~16章)。
- 坚持政府期望的产出水平可能会带来不好的负效应。例如，努力实现过高的产出水平可能会导致通货膨胀的加速，而且在中期不可持续(第9章)。
- 在短期看上去十分具有吸引力的削减税收或者增加政府购买可能会导致巨额的财政赤字以及公共债务的不断增加，这类债务在长期会产生负面影响。在今天的美国和几乎所有发达国家中，这都是一个热点问题(第9、11、16、22章)。

简而言之，在短期内政府可以通过财政政策影响需求和产出——这个命题是非常重要的，而且是正确的。但是，当我们深入分析时会发现——总体来讲——政府的作用，尤其是成功地使用财政政策变得越来越困难：政府的作用不会像本章描述的这么好。

本章提要

关于 GDP 的组成部分,你应该掌握:

- GDP 等于消费、投资、政府购买、存货投资和净出口(出口减去进口)之和。
- 消费(C)指消费者购买物品和劳务。消费是需求的最大组成部分。
- 投资(I)包括非住宅投资和住宅投资,前者指企业购买新厂房和机器设备,后者指人们购买住房或公寓。
- 政府购买(G)指联邦、州和地方政府购买物品和劳务。
- 出口(X)指外国人购买的本国物品。进口(IM)指本国消费者、企业和政府购买的外国物品。
- 库存投资(IS)指生产量与购买的差额,可以为正,也可以为负。

关于第一个产出决定模型,你应该掌握:

- 在短期中,需求决定产出,产出等于收入,收入进而影响到需求。
- 消费函数说明了可支配收入如何决定消费。消费倾向描述了当可支配收入增加一个给定量时消费增加的数量。
- 均衡产出为供给(产出)等于需求时的那一点的产出水平。均衡产出等于自主支出乘以乘数。自主支出指需求中不依赖收入的那一部分。乘数等于 $1/(1-c_1)$,c_1 为消费倾向。
- 消费者信心、投资需求或者政府购买的增加,或者税收的减少都可以在短期内提高均衡产出。
- 描述商品市场均衡条件的另一种方式是投资必须等于储蓄,后者等于私人储蓄与公共储蓄之和。因此,均衡条件被称为 IS 关系(I 表示投资,S 表示储蓄)。

关键术语

- consumption(C),消费
- investment(I),投资
- fixed investment,固定投资
- nonresidential investment,非住宅投资
- residential investment,住宅投资
- government spending(G),政府购买
- government transfers,政府转移支付
- imports(IM),进口
- exports(X),出口
- net exports($X-$IM),净出口
- trade balance,贸易余额
- trade surplus,贸易盈余
- trade deficit,贸易赤字
- inventory investment,库存投资
- identity,恒等式
- disposable income(Y_D),可支配收入
- consumption function,消费函数
- behavioral equation,行为方程
- linear relation,线性关系
- parameter,参数
- propensity to consume(c_1),消费倾向
- endogenous variables,内生变量
- exogenous variables,外生变量
- fiscal policy,财政政策

- equilibrium,均衡
- equilibrium in the goods markets,商品市场均衡
- equilibrium condition,均衡条件
- autonomous spending,自主支出
- balanced budget,平衡预算
- multiplier,乘数
- geometric series,几何级数
- econometrics,计量经济学
- dynamics,动态
- private saving(S),私人储蓄
- public saving($T-G$),公共储蓄
- budget surplus,预算盈余
- budget deficit,预算赤字
- saving,储蓄
- IS relation,IS关系
- propensity to save,储蓄倾向
- paradox of saving,储蓄悖论

本章习题

快速测试

1. 运用本章学到的知识,判断以下陈述属于"正确""错误"和"不确定"中的哪一种情况,并解释。

  a. GDP的最大组成部分是消费。

  b. 2018年,政府购买(包括转移支付)占GDP的比重为17.4%。

  c. 消费倾向必须为正,但可以取任何正值。

  d. 2009年衰退的一个因素是参数c_0的值下降。

  e. 财政政策描述了政府购买和税收的选择,在我们的商品市场模型中被视为外生的。

  f. 商品市场的均衡条件是消费等于产出。

  g. 政府购买增加1单位,均衡产出增加1单位。

  h. 消费倾向的增加导致产出的减少。

2. 假设该经济由下面的行为方程描述:

$$C = 160 + 0.6Y_D$$
$$I = 150$$
$$G = 150$$
$$T = 100$$

求解:

  a. 均衡GDP(Y)。

  b. 可支配收入(Y_D)。

  c. 消费支出(C)。

3. 考虑问题2中的经济。

  a. 求均衡产出。计算总需求,其与产出相等吗?请解释原因。

  b. 假设G为110,求均衡产出。计算总需求,其与产出相等吗?请解释原因。

  c. 假设G为110,那么产出就是b的答案。计算私人储蓄与公共储蓄之和,其与投资相等吗?请解释原因。

深入挖掘

4. 平衡预算乘数。

由于政治和宏观经济方面的原因,政府常常会不情愿地出现预算赤字。这里,我们将检验,如果 G 和 T 保持平衡预算,宏观经济政策是否是中性的。换句话说,是否可以通过改变 G 和 T 来影响产出的变化,从而使政府预算保持平衡?

从式(3.8)出发:

a. 当 G 增加 1 单位时,Y 增加多少?

b. 当 T 增加 1 单位时,Y 减少多少?

c. 为什么问题 a 和问题 b 的结果不同?

假设经济当前为平衡预算:$T=G$。如果 G 的增加量等于 T 的增加量,那么预算仍然保持平衡。下面让我们来计算平衡预算乘数。

d. 假设 G 和 T 均增加 1 单位,根据问题 a 和问题 b 的结果,均衡 GDP 将如何变化?平衡预算条件下 G 和 T 的变化是否保持了宏观经济中性?

e. 消费倾向的特定值将如何影响问题 a 的结果?为什么?

5. 自动稳定器。

到目前为止,一直假设财政政策变量 G 和 T 独立于收入水平。然而在现实世界中,情况并非如此。税收通常依赖于收入水平,当收入水平提高时,税收也会增加。下面我们将讨论税收的这一自动响应特征如何缓解自主支出变化对产出的影响。

考虑下面的模型:

$$C = c_0 + c_1 Y_D$$
$$T = t_0 + t_1 Y$$
$$Y_D = Y - T$$

G 和 I 均保持不变。假设税率 t_1 在 0 和 1 之间。

a. 求均衡产出。

b. 乘数是多少?当 t_1 为 0 或者正值时,经济对自发支出的反应在哪种情况下更大?请解释原因。

c. 为什么称这种情形下的财政政策为"自动稳定器"?

6. 平衡预算与自动稳定器。

人们常常争论的一个问题就是平衡预算修正案实际上没有稳定效果。为了理解这一观点,考虑问题 5 中的经济。

a. 求均衡产出。

b. 求均衡时的税收。

假设政府实行平衡预算,且 c_0 下降。

c. Y 会怎样变化?税收会怎样变化?

d. 假设政府为了维持预算平衡而削减支出,这会对 Y 产生什么影响?为了维持预算平衡而减少的支出是抵消了还是加强了 c_0 下降对产出的影响?(不需要数学计算,凭你的直觉,用文字表述即可。)

7. 税收和转移支付。

已知,税收是消费者税收减去政府的转移支付,即 $T=$ 税收－转移支付。

a. 假设政府为私人家庭增加转移支付,这部分增加不是靠增加税收,而是通过借债来实现的。画图(类似图 3-2)说明这个政策是如何影响均衡产出的,并解释原因。

b. 假设政府通过增加等额的税收来增加转移支付,在这种情况下,增加的转移支付是如何影响均衡产出的?

c. 现在假设总体人口中包含两类人群——高消费倾向群体和低消费倾向群体。假定政府向低消费倾向群体增加税收并转移支付给高消费倾向群体,这一政策如何影响均衡产出?

d. 你认为不同个体的消费倾向是如何随着收入的变化而变化的?换句话说,你如何比较高收入群体与低收入群体间的消费倾向?请解释原因。根据你的答案,你认为刺激产出更有效的办法是通过对高收入群体减税还是通过对低收入群体减税?

8. 投资和收入。

这个问题考察了允许投资随产出变化而变化的情形(第 5 章对这个问题进行了深入分析并引入一个重要关系——利率对投资的影响——本题暂不讨论)。

a. 假设该经济由下边的行为方程描述:

$$C = c_0 + c_1 Y_D$$
$$Y_D = Y - T$$
$$I = b_0 + b_1 Y$$

政府购买和税收是常量。注意,投资现在随着产出的增加而增加(第 5 章将讨论存在这种关系的原因)。求均衡产出。

b. 乘数值是多少?投资与产出之间的关系如何影响乘数值?如果乘数为正,那么 $c_1 + b_1$ 必须满足什么条件?请解释。

c. 如果 $(c_1+b_1)>1$,会发生什么?(更棘手的问题:在每一轮的支出中会发生什么?)

d. 假设参数 b_0(有时称为商业信心)增加,均衡产出如何变化?投资的变化比 b_0 的变化大还是小?为什么?国民储蓄将会如何变化?

进一步探讨

9. 重温储蓄悖论。

虽然你会发现画图有助于你解决 a 部分,但是你应该有能力不使用代数来解决这一问题。对于这个问题,你不需要计算经济变量的量的变化,只需关注方向的变化。

a. 考虑一个如问题 8 所描述的经济。假设在给定可支配收入水平的条件下消费者决定减少消费(也就是说增加储蓄),特别地,假设消费者信心(c_0)下降,产出会发生怎样的变化?

b. 根据 a 中确定的对产出的影响,投资会发生怎样的变化?公共储蓄会发生什么变化?私人储蓄会怎样?给出相应解释(提示:考虑储蓄等于投资的均衡特征)。对消费的影响是什么?

c. 假设消费者已经决定提高消费支出,也就是说 c_0 已经上升。这一变化对于产出、投资和私人储蓄有什么影响？请给出相应解释。这一变化对消费会产生怎样的影响？

d. 评论下面的逻辑："当产出太低的时候，我们需要的是增加对商品和服务的需求。投资是需求的组成部分，并且储蓄等于投资。因此，如果政府能够说服家庭储蓄更多，那么投资和产出都会增加。"

产出并不是影响投资的唯一因素，在后面章节的习题中，我们会扩展经济模型，重温储蓄悖论。

10. 使用财政政策来避免2009年的衰退。

2009年GDP大约为15万亿美元。你在第1章了解到2009年GDP大约下降了3个百分点。

a. 15万亿美元的3%是多少？

b. 如果消费倾向为0.5，政府需要增加多少政府购买来防止产出的下降？

c. 如果消费倾向为0.5，政府需要减少多少税收来防止产出的下降？

d. 如果国会决定在2009年等量提高政府购买和税收，那么需要增加多少政府购买和税收来避免2009年的产出下降？

11. "退出策略"问题。

在和危机引发的衰退相抗争的过程中，税收被削减，政府购买增加，导致庞大的政府赤字。为了减少政府赤字，税收必须增加，或政府购买必须减少。这就是由庞大赤字导致的"退出策略"。

a. 在短期中，任何一种方式减少赤字将如何影响均衡产出水平？

b. 哪一种方式会引起均衡产出变化更大？(i)减少1 000亿美元政府购买G；(ii)提高1 000亿美元税收T。

c. 边际消费倾向大小如何影响b的答案？

d. 判断以下陈述是否准确：赤字的减少会增加消费者和企业的信心，从而降低产出的下降幅度(本来随着赤字减少，产出会下降)。

第 4 章　金融市场 I

　　金融市场令人生畏。金融市场组成了一个迷宫，从银行到货币市场基金、共同基金、投资基金和对冲基金。交易涉及债券、股票和其他具有奇异名称的金融要求权，如掉期和期权。报纸的财经栏目引用了许多政府债券、许多公司债券、短期债券和长期债券的利率，很容易混淆。但金融市场在经济中起着至关重要的作用，它们决定企业、家庭和政府的资金成本，进而影响其支出决策。为了理解它们的作用，我们必须分步骤介绍。

　　在本章中，我们重点关注中央银行在影响这些利率方面的作用。为此，我们大大简化了现实，认为经济只有两种金融资产，即不支付利息的货币和支付利息的债券。这将使我们了解债券利率是如何确定的，以及中央银行（在美国称为美联储）在这一决定中的作用。

　　在下一章，也就是第 5 章，我们将把第 3 章介绍的商品市场模型与本章开发的金融市场模型结合起来，并重新审视均衡产出。在这样做之后，我们将在第 6 章回到金融市场，允许经济当中有更多的金融资产和利率，并进一步探讨银行和其他金融机构的作用。这将为我们提供一个更丰富的模型，让我们更好地了解金融大危机中发生了什么。

　　本章包括四节：

　　4.1 节　讨论货币需求。

　　4.2 节　在中央银行直接控制货币供给的假设下讨论在货币需求等于供给条件下的利率决定问题。

　　4.3 节　介绍了作为货币供给者的银行，并重新讨论了利率的决定以及中央银行的作用。

　　4.4 节　介绍了流动性陷阱，货币政策的约束来自债券利率不能为负这一事实，这一约束在危机中发挥了重要作用。

> 如果你还记得本章的一条基本信息，它应该是：在短期内，央行决定利率。

4.1　货币需求

> 必须弄清楚以下两件事情的区别：储蓄多少的决策（决定财富随时间如何变化）和在给定的财富存量下如何分配货币与债券的决策。

　　本节主要讨论货币需求的决定。在开始之前，需要提醒一点：诸如"货币"和"财富"这样的词在经济学中有着特定的含义，往往不同于我们日常生活中的用法。要点解析专栏"语义陷阱：货币、收入和财富"的目的就是帮助你避免一些语义上的陷阱。仔细阅读，后面会再次讨论这个问题。

　　假设由于过去稳定地储蓄了部分收入，你现在有 5 万美元的金融财富。你可能会在未来继续储蓄,从而进一步增加财富,但是财富价值在今天是给定的。现在你必须作出的选择就是如何在货币和债券之间分配这5万美元。

- **货币**,可用来交易,但不支付利息。实际生活中,有两类货币:**通货**(currency)和**可开支票的存款**(checkable deposits),前者指中央银行发行的硬币和纸币,后者指可以开支票或使用借记卡的银行存款。当我们讨论货币供给时,二者之间的区别非常重要。但就目前而言,这一区别无关紧要,我们忽略它。
- **债券**,要支付正的利率i,但不能用于交易。在现实中,有许多类型的债券以及其他金融资产,每类都有一个特定的利率。现在,我们也暂时忽略它,假设只有一种债券可以投资,支付利率为i。

假设购买或者出售债券会产生一些成本,如打电话给经纪人以及交易费用的支付。5万美元当中,多少应该以货币形式持有?多少应该以债券形式持有呢?一方面,把所有的财富以货币形式持有会非常方便。你无须给经纪人打电话,也无须支付交易费用,但这也意味着不能获得利息收入;另一方面,把所有的财富都以债券形式持有可以获得利息收入,但是无论什么时候需要货币,如乘坐地铁或是买一杯咖啡,你都必须给经纪人打电话,会非常不方便。

> 你可能想用信用卡支付,避免携带货币。但是,当你向信用卡公司付款时,你的支票账户中仍然必须有钱。

所以,很显然,你应该同时持有货币和债券。比例是多少呢?这主要取决于两个变量。

- **你的交易水平**。你希望手里能持有足够的货币,从而避免不得不频繁地出售债券以换取货币。假设你每个月花费3 000美元,一般而言,你可能希望手头持有两个月的花费,即6 000美元货币,其余的50 000－6 000＝44 000美元应该以债券形式持有。然而,如果每个月的花费为4 000美元,那么你希望持有8 000美元的货币和42 000美元的债券。
- **债券利率**。以债券形式持有财富的唯一理由就是债券支付利息。利率越高,你对买卖债券过程中发生的成本和烦琐性的承受能力就越强。如果利率非常高,你可能会决定把持有的货币压缩到只够用于两周的消费,即1 500美元(假设每月花费3 000美元)。这就意味着你愿意持有48 500美元的债券,以便获得更多的利息。

让我们说得更具体一点。大多数人并不直接持有债券,也很少有经纪人,但是许多人都通过货币市场账户来间接持有债券。**货币市场基金**(money market fund)(其全称为货币市场共同基金)把许多人手里的基金集中到一起,并用这些基金购买债券,通常是政府债券。货币市场基金支付的利率和它们持有的债券利率相近,但略低——二者之间的差额源于运营基金的管理成本和追加利润。

在20世纪80年代早期,这些基金利率达到每年14%(与现在相比也是很高的),以前把所有的金融财富都放在可开支票的活期存款户头(支付很少利息或不支付利息)中的人们开始意识到如果在货币市场账户中持有一部分基金会获得一大笔利息收入。现在利率要低得多,人们对尽可能多地投入货币市场基金就不那么积极了。换言之,在一定的交易水平下,人们现在以货币形式持有的财富比20世纪80年代早期要多。

> 要点解析

语义陷阱：货币、收入和财富

在日常生活中，我们可以用"钱"表示很多意思。可以当作收入的同义词，例如"赚钱"；又可以作为财富的同义词，例如"她有很多钱"。但在经济学中，使用这些词时必须小心谨慎，下面将讲述一些术语的基本解释和在经济学中的精确含义。

货币是指能够很便利地用于交易支付的东西，包括通货和银行中可开支票的活期存款。

收入是指工作报酬加上获得的利息和红利，它是流量——也就是说，它可以表示成单位时间变量：周收入、月收入或年收入。例如，保罗·格蒂（J. Paul Getty）曾被人问及他的收入是多少，格蒂的回答是"1 000 美元"，他的意思是每分钟的收入是 1 000 美元，虽然他没有明确表示。

储蓄（savings）指税后收入中没有被花费的那一部分，它也是一个流量。如果你的月收入是 3 000 美元，并且将收入的 10% 进行储蓄，那么你每月将储蓄 300 美元。储蓄（savings，英文复数）有时用作财富的同义词——一段时期以来积累的价值。为了避免引起潜在的混淆，在本书中不使用这一含义。

金融财富，简称财富，是指所有金融资产减去金融负债的价值。与收入和储蓄这两个流量不同，金融财富为存量，表示给定时刻的财富价值。

在给定时间点，不能改变金融财富的总量，只有随着时间的推移才能做到这一点，如进行储蓄或者动用储蓄，或者资产和负债的价值发生变化；然而可以改变财富的构成，如可以通过在支票账户中签署支票来偿还部分抵押贷款，这将减少你的债务（较少的抵押贷款）和资产（更少的支票账户余额），但是在那一刻，财富没有发生改变。

可以直接用来购买商品的金融资产被称为货币。一个很富有的人可能只持有很少的货币，如一个人有价值 100 万美元的财富，但是活期存款账户中只有 500 美元。同样，一个人可能会有很高的收入但却持有很少的货币，如月收入为 1 万美元，但是活期存款账户中的储蓄余额却只有 1 000 美元。

投资是经济学家用来表示购买新资本品（包括机器设备、办公大楼等）的一个术语。当谈到购买股票或者其他金融资产时，应该用金融投资表示。

学会正确地使用经济学语言：

不要说"玛丽现在能赚许多钱"，而应该说"玛丽的收入很高"；

不要说"乔有许多钱"，而应该说"乔非常富有"。

> 回顾一下第 2 章中由钢铁生产企业和汽车生产企业构成的经济，计算经济中的交易额。如果这两个公司的规模翻倍，交易额和 GDP 会如何变化？

货币需求的推导

下面把以上对货币需求的讨论用公式来表示。

符号 M^d（上标 d 代表需求）用来表示人们和公司想要持有的货币数量，即货币需求。经济中货币需求整体上等于所有个人和企业的货币需求之和，因此，整个经济的货币需求就取决于经济中的整体交易水平和利率。经济中的整体交易水平很难测量,不过它与名义收入(用美元表示)大致成比例关系:如果名义收入增加10%,那么有理由相信经济中的交易数量大致也将增加10%。因此,我们用式(4.1)来表示货币需求、名义收入和利率之间的关系:

$$M^d = \$Y L(i) \quad (4.1)$$
$$\quad\quad\quad\quad (-)$$

$\$Y$ 表示名义收入。式(4.1)的含义是:货币需求 M^d 等于名义收入 $\$Y$ 乘以利率 i 的函数[用 $L(i)$ 表示]。$L(i)$ 中下面的负号表示利率对货币需求的影响为负:利率的增加会降低货币需求,人们会更多持有债券。

等式(4.1)总结归纳了我们前面所讨论的内容。

- 货币需求的增长与名义收入成比例。如果收入加倍,从 $\$Y$ 增加到 $\$2Y$,那么货币需求就从 $\$YL(i)$ 增加到 $\$2YL(i)$,也加倍增长。
- 货币需求与利率反向变动。这可以从函数 $L(i)$ 以及下面的负号看出:利率增加会减少货币需求。

图4-1对式(4.1)表示的货币需求、名义收入和利率之间的关系做了进一步的说明。纵轴表示利率 i,横轴表示货币 M。

> 这里重要的是名义收入——以美元衡量的收入,而不是实际收入。如果实际收入没有变化但价格成倍增长了,那么名义收入也会成倍增长,人们将需要持有两倍的货币来购买相同的消费篮子。

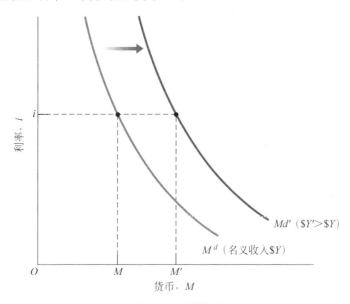

图 4-1 货币需求

给定名义收入水平,利率降低会增加货币需求。给定利率水平,名义收入提高会使货币需求向右移动。

既定名义收入水平下,货币需求与利率间的关系由 M^d 曲线表示,曲线向下倾斜:利率越低(i 越低),人们想要持有的货币数量越多(M 越多)。

对于给定的利率,名义收入的增加将提高货币需求。换句话说,名义收入的增加导致货币需求曲线向右移动,从 M^d 到 $M^{d'}$。例如,利率等于 i 时,名义收入从 $\$Y$ 增加到 $\$Y'$,则货币需求从 M 增加到 M'。

4.2 利率的决定 I

在这一节，用"货币"代表"中央银行货币"或者"通货"。

上面讨论了货币需求，现在我们讨论货币供给，然后再讨论均衡。

现实中有两个货币供给者：银行提供可开支票的存款，中央银行提供通货。本节中我们假设通货是唯一存在的货币形式，即中央银行货币。这显然是不现实的，但它会使基本机制变得透明。下一节我们将重新引入可开支票的存款并讨论银行的作用。

4.2.1 货币需求、货币供给和均衡利率

假设中央银行决定的货币供给数量为 M，因此

$$M^s = M$$

上标 s 代表供给。（让我们暂时先不管中央银行如何准确地供应这么多货币的问题，后面我们将会讨论。）

金融市场均衡要求货币供给等于货币需求，即 $M^s = M^d$，那么使用方程 $M^s = M$ 和货币需求方程式(4.1)，得到均衡条件如下：

货币供给 = 货币需求

$$M = \$YL(i) \tag{4.2}$$

该等式告诉我们，利率必须使人们考虑到收入为 $\$Y$ 的情况下愿意持有的货币数量等于已有的货币供给 M。图 4-2 用曲线描绘该均衡条件。和图 4-1 一样，横轴表示货币，纵轴表示利率。给定名义收入水平 $\$Y$，货币需求 M^d 向下倾斜：越低的利率意味着对货币的需求越高。货币供给用垂线 M^s 表示：货币供给等于 M，独立于利率。A 点为均衡点，此时均衡利率等于 i。

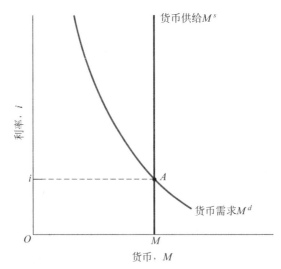

图 4-2 利率的决定

注：利率必须使得货币供给等于货币需求。

既然我们已经确定了均衡的特征，我们就可以看看中央银行货币供应的变化或名义收入的变化是如何影响均衡利率的。

- 图 4-3 展示了货币供给的增加对利率的影响。

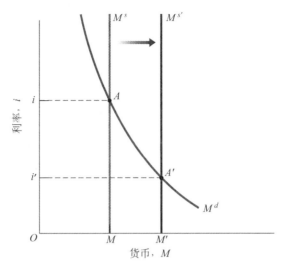

图 4-3　货币供给的增加对利率的影响
注：货币供给的增加导致利率的下降。

初始均衡点为 A 点，利率等于 i。货币供给从 $M^s = M$ 增加到 $M^{s'} = M'$，导致供给曲线向右移动，从 M^s 移动到 $M^{s'}$，均衡点从 A 点移动到 A'，利率从 i 下降到 i'。

简而言之：中央银行货币供给的增加导致了利率下降，利率下降增加了货币需求，从而使其与更大的货币供给相等。

- 图 4-4 显示了增加名义收入对利率的影响。

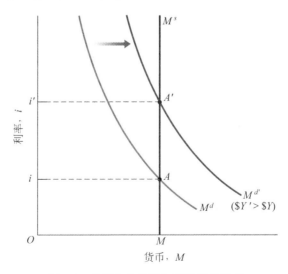

图 4-4　名义收入的增加对利率的影响
注：给定货币供给水平，名义收入增加导致利率的增加。

图 4-4 以图 4-2 为模板,最初的均衡点为 A 点。名义收入增加(从 $\$Y$ 到 $\$Y'$)提高了交易水平,并在任何利率水平下都提高了货币需求。需求曲线向右移动,从 M^d 到 $M^{d'}$,均衡点从 A 点移动到 A' 点,均衡利率从 i 上升到 i'。

因此,对于一个给定的货币供应水平,名义收入增加导致利率增加。这是因为在初始利率水平下,货币需求超过了货币供给,这就需要提高利率来减少人们想要持有的货币数量,并重新建立均衡。

要点解析

谁持有美国的通货

根据美国 2006 年的家庭调查,平均每个家庭持有 1 600 美元的通货(美元纸币和硬币),再乘以美国经济中家庭的数量(大约 1.1 亿),这就意味着美国家庭持有的通货总数大约在 1 700 亿美元。

然而,根据美联储——负责发布美元钞票并且知道流通中数量——流通中的通货数量实际上高达 7 500 亿美元,这就出现一个谜团:如果通货没有被家庭持有,那么全部通货在哪里?

很明显,一些通货被企业持有,而不是家庭,还有一些被从事地下经济或者不合法活动的人所持有。例如毒品交易中,使用的往往是美元钞票(以及现在的虚拟货币),而不是美元支票。然而,企业和美国国税局对地下经济估测的结果显示,这个理由最多只能解释 800 亿美元的通货,还有 5 000 亿美元或者说是总数的 66% 不能被解释。那么,这些又在哪儿?答案是:海外,被外国人所持有。

像厄瓜多尔和萨尔瓦多这样的国家实际上是把美元作为本国的通货,因此这些国家的人民会使用美元进行交易。但是这些国家太小了,以至于还不能解释这个谜团。

在一些过去经历过高通胀的国家,人们已经意识到国内的通货可能会一文不值,而且他们可能会认为美元是一种安全便利的资产,例如,阿根廷和俄罗斯。美国财政部的估计表明,阿根廷持有 500 亿美元钞票,俄罗斯持有 800 亿美元——加在一起接近美国家庭的持有量。

还有一些国家中的人们也会持有美元,如移民到美国的人们会给本国带回美元,或者旅游者用美元交易,美元钞票就留在那些国家,墨西哥和泰国就是这种情况。

外国人持有如此多的美元现钞的事实会对宏观经济产生两个方面的影响:第一,世界上愿意持有美国通货的其他国家,实际上相当于无利率贷款给美国 5 000 亿美元;第二,当我们认为利率和一国的交易水平决定货币需求(包括现金储蓄账户和支票储蓄账户)时,很明显,美国的货币需求也取决于其他因素。例如,你可以猜想一下如果世界上其他国家国内动荡程度很高的话,美国的货币需求会发生什么变化。

4.2.2 货币政策与公开市场操作

为了对图 4-3 和图 4-4 所示结果有更好的理解,下面我们将进一步讨论中央银行在现实中是如何改变货币供给的,以及这样做会产生何种影响。

在现代经济中，中央银行通过购买或者出售债券来改变经济中的货币数量。如果想要增加经济中的货币数量，可以通过发行货币来购买债券；如果想要减少经济中的货币数量，就出售债券，用债券换回流通中的货币。该行为被称为公开市场操作(open market operations)，之所以这样称呼，是因为这些业务均发生在债券的"公开市场"中。

> 中央银行购买和出售其他资产，或向银行借贷。但暂时把这个放在一边。

4.2.3 中央银行的资产负债表

要了解公开市场操作的作用，不妨从中央银行的资产负债表开始。中央银行的资产负债表如图 4-5 所示。中央银行的资产为其资产组合中持有的债券，负债为经济中的货币存量。公开市场操作使得资产和负债有相同的变化。

> 银行(企业或个人)的资产负债表是某一时间点资产和负债的列表。资产等于银行所有的资产和别人欠银行的资产总和，而负债为银行欠别人的债务。图 4-5 给出了一个实际的中央银行资产负债表的简化版本，可以达到我们的目的。

图 4-5 央行资产负债表和扩张性公开市场操作的影响
(a) 中央银行的资产是它持有的债券。负债是经济中的货币存量。
(b) 中央银行购买债券并发行货币的公开市场操作使资产和负债增加了相同的数量。

如果央行购买了价值 100 万美元的债券，那么它持有的债券将会增加 100 万美元，同样经济中的货币也会增加相同的数额。由于央行增加了(扩张)货币供给，因此这一业务被称为**扩张性公开市场操作**(expansionary open market operations)。

如果央行出售了价值 100 万美元的债券，央行持有的债券数量和经济中的货币数量都会减少 100 万美元。由于央行减少了(紧缩)货币供给，因此这一业务被称为**紧缩性公开市场操作**(contractionary open market operations)。

4.2.4 债券价格和债券收益

到现在为止，我们一直在讨论债券的利率，实际上债券市场决定的并不是利率而是债券价格。然而，这两者是直接相关的。你在这里或本书后面章节中会发现，对二者关系的理解将会很有用。

- 假设经济中的债券为 1 年期债券——承诺在 1 年以后支付给定数额的美元，如 100 美元。在美国，由政府发行并承诺在 1 年或者 1 年之内支付的债券被称为**短期国库券**(treasury bills 或者 T-bills)。假设今天债券的价格为 $\$P_B$，B 表示"债券"。如果今天购买债券并持有 1 年，那么持有债券 1 年的回报率等于 $(\$100 - \$P_B)/\$P_B$。

> 债券的利率为：从今天持有债券到一年以后你所获得的($100)减去今天你所支付的($P_B$)，除以今天的债券价格($P_B$)。

所以,债券的利率为

$$i = \frac{\$100 - \$P_B}{\$P_B}$$

如果 $\$P_B$ 等于 \$99,利率就等于 \$1/\$99＝0.010,即每年 1.0%;如果 $\$P_B$ 等于 \$90,利率就等于 11.1%。债券价格越高,利率越低。

- 在给定利率时,我们可以用同样的公式推断出债券的价格。重新整理上边的式子,从今天开始 1 年以后支付 100 美元的 1 年期债券在今天的价格由下式给出:

$$\$P_B = \frac{\$100}{1+i}$$

债券价格等于最后支付的金额除以 1 加上利率。如果利率为正,债券价格就小于最后支付的金额。利率越高,今天的债券价格越低。你可能会读到或者听到,"今天债券市场有所攀升",这里所指的是债券价格的上升,因此利率是下降的。

4.2.5 回到公开市场操作

下面我们将讨论公开市场操作的影响以及它对货币市场均衡的影响。

首先讨论扩张性公开市场操作。在这样的操作中,央行在债券市场购买债券并通过创造货币来进行支付。当央行购买债券时,债券需求将会增加,从而债券价格将会上升,债券利率将会下降。注意,通过用货币来支付债券,中央银行增加了货币供给。

现在讨论紧缩性公开市场操作。在这一操作中,央行降低了货币供给。央行会出售债券,债券价格下降,利率上升。注意,通过卖掉债券换取之前家庭持有的货币,中央银行减少了货币供给。

这种描述货币政策如何影响利率的方式非常直观。通过购买或出售债券以换取货币,中央银行会影响债券的价格,进而影响债券的利率。

前两节内容总结如下:

- 利率由货币需求等于货币供给的均衡条件决定。
- 中央银行能够通过改变货币供给来影响利率。
- 中央银行通过公开市场操作改变货币供应量,即用货币购买或出售债券。
- 中央银行购买债券增加货币供给的公开市场操作将会导致债券价格上升,利率将会下降。见图 4-3,中央银行债券的购买使得货币供给向右移动。
- 中央银行售出债券减少货币供给的公开市场操作将会导致债券价格下降,利率将会上升。见图 4-3,中央银行债券的售出使得货币供给向左移动。

4.2.6 选择货币还是利率

在继续之前,让我们再讨论一个问题。我们已经做了这样的描述:中央银行先选择货币供给量,然后在货币供给等于需求的那一点确定利率。相反,我们也可以描述成:中央银行首先选择利率,然后再调整货币供给以实现这一利率。

为了弄明白这些,我们回到图 4-3。图 4-3 展示了央行将货币供给从 M^s 增加到 $M^{s'}$ 会

导致利率从 i 降到 i'；然而我们也可以描述成：央行将利率从 i 降到 i'，导致货币供给从 M^s 增加到 $M^{s'}$。

或返回图 4-4。图 4-4 显示了名义收入增加的影响，这导致货币需求曲线从 M^d 向 $M^{d'}$ 的转变，导致利率从 i 上升到 i'。然而，假设央行不希望利率上升。然后，它可以将货币供给量向右转移，直到均衡利率保持不变并等于 i。在这种情况下，货币需求的增加将充分反映在货币供应量的相等增长中。

为什么考虑央行的利率选择是有用的呢？因为这是现代中央银行（包括美联储）通常的做法。它们通常先确定想要达到的利率，然后通过改变货币供给去实现它。这就是我们经常听到"美联储今天决定提高利率"而不是"美联储今天决定减少货币供给"的原因：美联储是通过适当地减少货币供给量来做到这一点的。

4.3 利率的决定 II

我们在 4.2 节中走了一条捷径，假设经济中的所有货币都由中央银行提供的货币组成。在现实世界中，货币不仅包括货币，还包括支票存款。支票存款不是由中央银行提供，而是由（私人）银行提供。在本节中，我们重新引入可开支票存款，并研究这如何改变我们的结论。让我给你一个底线：即使在这个更复杂的情况下，通过改变中央银行的货币数量，中央银行仍然可以而且确实可以控制利率。

要理解在一个同时存在通货和可开支票存款的经济中利率的决定，我们首先应了解银行的所作所为。

4.3.1 银行做些什么

现代经济的特征就是存在许多类型的**金融中介**（financial intermediaries），这些机构从人们或者企业手中筹集资金，并用这些资金购买债券或者股票，或者向其他人或企业发放贷款。它们的负债是向人们或者企业收取的资金，它们的资产是自己所有的金融资产以及发放的贷款。

> 除了可开支票存款外，银行还有其他类型的债务，而且，它们不仅是持有债券或贷款，还从事更多的活动。暂时先不考虑这些复杂的东西，第 6 章会考虑。

银行是金融中介中的一类，其特殊之处——这也正是我们这里只讨论银行而不是所有金融中介的原因——是其负债为货币：人们可以根据他们的账户余额为交易开出支票。让我们进一步看看他们是怎么做的。

银行的资产负债表如图 4-6(b) 所示。

- 银行从个人和企业那里吸收资金，他们要么直接存款，要么将资金转入支票账户（如将工资直接存入）。在任何时刻，人们和企业都可以开出支票或者使用借记卡全额取出他们支票账户的余额。因此，银行的负债等于可开支票存款的总价值。
- 银行把收到的一部分资金作为**准备金**（reserves），这些准备金部分由银行以现金形式持有，另一部分存储在央行的对应账户里，当银行需要时可以提取。银行为什么要持有准备金？有四个原因：

(1) 在任何一天，都会有一些存款者要从可开支票账户中提取现金，而另一些人则把现金存入账户。现金流入和流出没有理由恰好相等，因此银行必须保留一些现金。

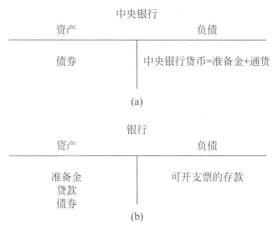

图 4-6　中央银行与银行的资产负债表

（2）同样，在任何一天，在这个银行开户的人可能随时要为在其他银行开户的人开支票，而在其他银行开户的人可能也要为在这个银行开户的人开支票。经过这些交易之后，这个银行对其他银行的债务可能大于或者小于其他银行对这个银行的债务，因此银行同样需要保留准备金。

（3）前两个原因意味着银行必须保留一些准备金，即使这些准备金可能是不需要的。但是，还有一个原因就是银行必须保留法定准备金，法律要求银行以可开支票存款的某个比例来持有法定准备金。在美国，美联储制定法定准备金率。美国现在的实际**准备金率**（reserve ratio），即银行准备金与可开支票存款的比率大约为 10%。银行可以将剩下的 90% 用于发放贷款，或者购买债券。

（4）最后一个原因是，在包括美国在内的许多国家，央行现在为准备金支付利息。准备金利率越高，银行持有准备金比购买债券或发放贷款的吸引力越大，因此它们愿意持有的准备金就越高。在本章中，为了简单起见，我将假设准备金不支付利息。但是，准备金利率正成为一种越来越重要的货币政策工具，我将在第 23 章中回到这个问题。

> 贷款和债券之间的区别对于其他目的也很重要，包括"银行挤兑"的可能性到联邦存款保险的作用。更多信息请参见第 6 章。

■ 贷款大约占了银行非准备资产的 70%，剩余的为债券，大约为 30%。债券和贷款的区别对于我们在本章如何确定货币供应量的目的来说并不重要。为了简单起见，本章假设银行不持有贷款而只持有准备金和债券作为资产。

图 4-6（a）列示了经济中存在银行时的中央银行资产负债表，这和图 4-5 中列示的资产负债表非常相似。资产和以前是一样的：央行的资产为持有的债券。央行的负债为它发行的货币：**中央银行货币**（central bank money）。其新的特点就是中央银行货币不全是公众持有的通货，其中一部分为银行的准备金。

4.3.2　中央银行货币的供给和需求

在这个更现实的环境中，我们如何看待平衡？就中央银行货币的需求和供给而言，与以前的情况非常相似。

- 中央银行货币的需求等于人们的通货需求加上银行的准备金需求。
- 中央银行货币的供给处于中央银行的直接控制之下。
- 均衡利率就是中央银行货币的供给等于需求时的利率。

1. 对中央银行资金的需求

现在对央行货币的需求有两个部分：第一是人们对货币的需求，第二是银行对储备的需求。为了简化代数，我假设人们只想以支票存款的形式持有货币，而不想持有任何货币。放松这一假设将涉及更多的代数，但得出相同的基本结论。

在这种情况下，对央行货币的需求只是银行对准备金的需求。这种需求反过来取决于人们对支票存款的需求。让我们从这里开始。在我们假设人们不持有货币的情况下，对支票存款的需求等于人们对货币的需求。因此，为了描述支票存款的需求，我们可以使用与之前相同的等式 [等式(4.1)]：

$$M^d = \$YL(i) \tag{4.3}$$
$$(-)$$

人们希望持有更多的支票存款，交易水平越高，债券利率越低。

现在转向银行对准备金的需求。支票存款的数额越大，出于预防和监管的原因，银行必须持有的准备金数额就越大。设 θ（希腊小写字母 theta）为准备金率，即银行持有的每美元支票存款的准备金。在准备金不支付利息的假设下，银行不想持有超过其要求持有的资产，因此可以将 θ 视为法定准备金率。

然后，使用等式(4.3)，银行对准备金的需求（称为 H^d）由式(4.4)给出：

$$H^d = \theta M^d = \theta \$YL(i) \tag{4.4}$$

等式(4.3)反映了储备需求与支票存款需求成比例的事实。等式(4.4)反映了一个事实，即支票存款的需求取决于名义收入和利率。因此，对央行货币的需求，相当于银行对准备金的需求，等于人们对货币需求的 θ 倍。

2. 中央银行货币市场的均衡

如前所述，中央银行的货币供应相当于中央银行的准备金供应，由中央银行控制。中央银行可以通过公开市场操作改变中央银行货币 H 的数量。均衡条件是中央银行货币的供给等于中央银行货币需求：

$$H = H^d \tag{4.5}$$

或者，使用等式(4.4)：

$$H^d = \theta M^d = \theta \$YL(i) \tag{4.6}$$

我们可以用图形表示平衡条件方程(4.6)，我们在图 4-7 中进行了表示。图 4-7 与图 4-2 相同，但在横轴上是中央银行货币(H)，而不是货币(M)。利率在纵轴上衡量。对中央银行货币 H^d 的需求是由给定的名义收入水平决定的。更高的利率，使人们对支票存款的需求以及银行对准备金的需求下降，意味着人们对央行货币的需求降低。货币供应量是固定的，由 H 处的垂线表示。平衡点在 A 点，利率为 i。

名义收入变化或中央银行货币供应量变化的影响与前一节大体相同。特别是，中央银行货币供应量的增加导致垂直供应线向右移动。这导致利率降低。相反，中央银行货币供

字母 H 的使用源于这样一个事实，即中央银行的货币有时被称为高能货币（high-powered money），以反映其在确定均衡利率中的作用。中央银行货币的另一个名称是基础货币或货币基础（monetary base）。

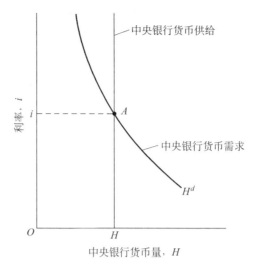

图 4-7 中央银行货币市场的均衡与利率的确定

注：均衡利率即中央银行的货币供给等于货币需求时确定的利率值。

应的减少会导致利率上升。因此，基本结论与 4.2 节相同：通过控制央行货币供应，央行可以决定债券利率。

3. 联邦基金市场和联邦基金利率

你可能想知道是否存在一个真实的市场，这个市场的货币储备的需求和供给决定了利率。事实上，在美国，有一个真正的银行准备金市场，利率调整以平衡准备金的供求。这个市场被称为联邦基金市场。在这个市场上确定的利率称为联邦基金利率。由于美联储实际上可以通过改变中央银行货币供应量 H 来选择联邦基金利率，因此联邦基金利率通常被视为美国货币政策的主要指标。这就是为什么人们如此关注它，以及为什么联邦基金利率的变化通常成为头版新闻。

4.4 流动性陷阱

流动性陷阱的概念［即增加货币量（"流动性"）不会对利率产生影响（流动性"坠入陷阱"）的情况］是由凯恩斯在 20 世纪 30 年代提出的，尽管这个词后来才出现。

前三部分的主要结论是，中央银行可以通过选择中央银行货币供应量来选择它想要的利率。如果它想提高利率，它会减少央行货币的数量。如果它想降低利率，它就会增加央行货币的金额。本节表明，这一结论带有一个重要的警示：利率不能低于零，这是一个被称为零下限的约束。当利率降至零时，货币政策无法进一步降低利率。货币政策不再有效，经济陷入流动性陷阱。

15 年前，零下限被视为一个几乎无关紧要的问题。大多数经济学家认为，永远不需要负利率，因此限制并不重要。然而重大金融危机改变了这些看法。许多央行将利率降至零，并希望利率进一步下调。但零下限阻碍了政策的实施，并最终成为一个严重的制约因素。

让我们更仔细地看一下这个论点。当我们在 4.1 节中推导货币需求时，我们没有问当利率降至零时会发生什么。现在我们必须问这个问题。答案是：当债券利率降至零时，一旦人们持有足够的资金用于交易目的，他们就会对以货币或债券形式持有其余金融财富漠不关心。他们无动于衷的原因是货币和债券支付的利率相同，即零。因此，货币需求如图4-8所示。

> 如果你看图4-1，你会发现我避免了这个问题，因为当利率接近零时，我没有提取货币需求。

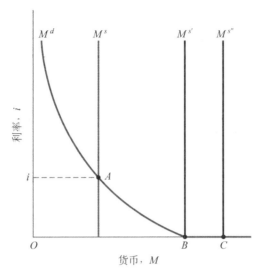

图4-8　货币需求、货币供应和流动性陷阱

- 随着利率下降，人们希望持有更多的货币（从而减少债券）：对货币的需求增加。
- 当利率等于零时，人们希望持有至少等于距离 OB 的货币。这是他们进行交易所需要的。但他们愿意持有更多的货币（因此持有更少的债券），因为他们对货币和债券漠不关心。两者都付零利息。因此，货币需求（M^d）在 B 点之后变得水平。

当利率等于零时，一旦人们有足够的资金用于交易目的，他们就会对持有货币和持有债券漠不关心。对货币的需求变得水平。当利率等于零时，货币供应量的增加对利率没有影响，并且保持等于零。

> 事实上，由于持有大量货币带来的不便和风险，人们和公司愿意持有一些债券，即使利率有些为负值。今天的德国就是这样（看看互联网上的德国债券利率），这是我们在这里忽略的另一个复杂问题。

要点解析

运行中的流动性陷阱

你在第1章中看到，金融危机开始时，美联储如何将联邦基金利率从2007年中的5%降至2008年底的0，当时联邦基金利率达到了零下限。在开始再次缓慢增长之前，该指数连续7年保持在零。

美联储做了什么？从2008年底开始，它继续通过公开市场操作增加货币供应量，以购买债券换取货币。书中的分析表明，尽管利率保持为零，但家庭的支票存款应该有所增加，银行的准备金也应该有所增加。事实上，如图4-9所示，这正是发生的情况。家庭和公司的支票存款（在2007年之前都在减少，反映出信用卡使用的增加）从2008年中期的6 200亿美元增加到2015年底的17 000亿美元。银行准备金从2008年中的100亿美元大幅增加到2008年底的7 000亿美元，到2015年底达到25 000亿美元。换句话说，中央银行货币供应量的大幅增加是由家庭和银行自愿吸收的，在此过程中利率不变，并保持为零。

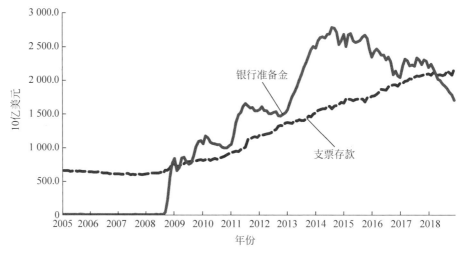

图4-9 2005—2018年支票存款和银行准备金
资料来源：FRED：TCP，WRESBAL。

然而，你应该对这个简短的描述和图4-9有两个疑问。

增加货币供给量对联邦基金利率没有影响，并且一直为0，那么为什么美联储还一直增加货币供应量？你将在第6章中看到原因：实际上，在一个拥有多种债券类型的经济体中，公开市场操作可以影响其他债券的利率并影响经济。

从2015年底开始，利率开始上升，为什么银行愿意保持高水平的准备金？你将在第23章中看到原因：为了促使银行保持高准备金水平，美联储提高了准备金利率，而这一政策工具正变得越来越重要。

现在考虑货币供应量增加的影响。（我们暂时忽略银行，并假设，如4.2节所述，所有的钱都是货币，因此我们可以使用与图4-2相同的图表，将货币需求的水平部分考虑在内。我们回到下面的银行和银行货币部分。）

- 考虑货币供应量为M^s的情况，符合金融市场均衡的利率为正且等于i（这是我们在4.2节中考虑的情况）。从该均衡开始，货币供应量的增加，M^s线向右移动导致利率下降。
- 现在考虑货币供应量为$M^{s'}$的情况，平衡点在B点；或者在货币供应量为$M^{s''}$的情况下，平衡点由C点给出。在这两种情况下，初始利率均为零。而且，无论哪种情况，货币供应量的增加都不会对利率产生影响。可以这样想：

假设中央银行增加货币供应量。它通过公开市场操作来增加货币供应。在公开市场操作中，它购买债券并通过创造货币来支付。由于利率为零，人们对他们持有的货币或债券数量漠不关心，因此他们愿意以相同的利率（即零利率）持有更少的债券和更多的货币。货币供应量增加，但对保持等于零的利率没有影响。

当我们按照4.3节的思路重新引入支票存款和银行角色时会发生什么？我们刚才所说的一切仍然适用于人们对货币的需求：如果利率为零，他们对持有货币还是债券都无动于衷：两者都支付零利息。但现在，类似的观点也适用于银行及其是持有准备金还是购买债券的决定。如果利率等于零，它们也会对是否持有准备金和购买债券漠不关心；两者都支付零利息。因此，当利率降至零，央行增加货币供应量时，我们可能会看到支票存款增加，银行准备金增加，利率保持在零。正如要点解析"运行中的流动性陷阱"所示，这正是我们在危机期间看到的。随着美联储将利率降至零，并继续扩大货币供应量，人们的支票存款和银行准备金都稳步增加。

本章提要

- 货币需求与经济中的交易水平正相关，与利率负相关。
- 利率决定于均衡条件，即货币供给等于货币需求。
- 给定货币供给，收入增加导致货币需求增加和利率上升；给定收入水平，货币供给增加导致利率下降。
- 中央银行通过公开市场操作改变货币供给。
- 扩张性公开市场操作（中央银行通过购买债券，增加货币供给）会使债券价格上升，利率下降。
- 紧缩性公开市场业务（中央银行通过出售债券，减少货币供给）会使债券价格下降，利率上升。
- 当货币包括通货和可开支票的存款时，我们可以认为利率决定于中央银行货币的供给等于中央银行货币的需求这一条件。
- 中央银行货币的供给处于中央银行的控制之下。在人们只持有支票存款的特殊情况下，对央行货币的需求等于银行对准备金的需求，而准备金本身等于对货币的总需求乘以银行选择的准备金率。
- 银行准备金市场被称为联邦基金市场。该市场确定的利率称为联邦基金利率。
- 央行选择的利率不能低于零。当利率等于零时，人们和银行对持有货币或债券变得漠不关心。货币供应量的增加导致货币需求的增加，银行准备金的增加，利率不变。这种情况被称为流动性陷阱。在流动性陷阱中，货币政策不再影响利率。

关键术语

- Federal Reserve Bank(Fed)，联邦储备银行（联储）
- currency，通货
- checkable deposits，可开支票的存款
- bonds，债券
- money market funds，货币市场基金
- money，货币
- income，收入
- flow，流量
- saving，储蓄
- savings，储蓄（复数形式）
- financial wealth，金融财富

- stock,存量
- investment,投资
- financial investment,金融投资
- open market operation,公开市场操作
- expansionary open market operation,扩张性的公开市场操作
- contractionary open market operation,紧缩性的公开市场操作
- treasury bills,T-bills,短期国库券
- financial intermediaries,金融中介
- (bank) reserves,(银行)准备金
- central bank money,中央银行货币
- reserve ratio,准备金比率
- high-powered money,高能货币
- monetary base,基础货币
- federal funds market,联邦基金市场
- federal funds rate,联邦基金利率
- zero lower bound,零下限
- liquidity trap,流动性陷阱

本章习题

快速测试

1. 运用本章学到的知识,判断以下陈述属于"正确""错误"和"不确定"中的哪一种情况,并解释。

   a. 收入和金融财富都是存量。

   b. 经济学家所使用的术语中,投资指的是购买债券和股票。

   c. 货币需求与利率无关,因为只有债券才有利息。

   d. 很大一部分美国通货是在美国国外被持有。

   e. 中央银行可以通过在债券市场中出售债券来增加货币供给。

   f. 美联储能够决定货币供给,但是不能改变利率。

   g. 债券价格和利率总是呈反方向变动。

   h. 当货币供应量不增加时,收入(GDP)的增加总是伴随着利率的增加。

   i. 一旦利率为零,美联储就没有政策可以选择。

2. 假设一个人年收入为 60 000 美元,同时假设她的货币需求函数如下式所示:
$$M^d = \$Y(0.35 - i)$$

   a. 当利率为5%时,她的货币需求是多少?利率为10%呢?

   b. 请解释利率是如何影响货币需求的。

   c. 假设利率等于10%。如果她的年收入减少50%,她的货币需求将会发生什么变化?(用百分比表示)

   d. 假设利率等于5%。如果她的年收入减少50%,她的货币需求将会发生什么变化?(用百分比表示)

   e. 总结收入对货币需求的影响。这一影响在多大程度上被利率所决定?(用百分比表示)

3. 一种债券承诺在1年后支付100美元。

   a. 如果今天的价格为75美元,债券的利率是多少?85美元呢?95美元呢?

   b. 债券价格和利率之间的关系是什么?

c. 如果利率为 8%，债券今天的价格是多少？

4. 假设货币需求如下式所示：
$$M^d = \$Y(0.25 - i)$$
其中，Y 为 100 美元。另外假设货币供给为 20 美元。

a. 均衡利率是多少？

b. 如果联邦储备银行希望将均衡利率 i 在 a 的基础上提高 10%，货币供给水平应为多少？

深入挖掘

5. 假设一个人的财富为 50 000 美元，她的年收入为 60 000 美元。另外假设她的货币需求函数如下式所示：
$$M^d = \$Y(0.35 - i)$$

a. 试推导债券需求。假设利率增加 10%，会对债券需求产生什么影响？

b. 财富增加会对货币需求和债券需求分别产生什么影响？请用文字解释。

c. 收入增加会对货币需求和债券需求分别产生什么影响？请用文字解释。

d. "当赚钱更多时，人们显然希望持有更多的债券。"这句话有什么问题？

6. 对债券的需求。

从本章中我们知道，利率上升使债券更有吸引力，从而使人们将更多的财富持有在债券而不是货币中。然而，你也学到了利率的上升会降低债券的价格。

利率的上升如何能使债券变得更有吸引力而同时降低其价格呢？

7. 自动取款机和信用卡。

在该问题中，我们将考察自动取款机和信用卡的引入对货币需求产生的影响。为了简单起见，我们考察一个人每 4 天的货币需求。

假设自动取款机和信用卡不存在，这个人每隔 4 天就会到银行一次，并从他的储蓄账户中取出接下来 4 天所需要的货币。他每天花费 4 美元。

a. 每次到银行，他提取多少货币？计算该人从第 1 天到第 4 天每天的货币持有量（每天早晨开始，在他还没有花费任何货币之前）。

b. 他平均持有的货币量是多少？

自动取款机诞生之后，他现在每两天取一次钱。

假设现在随着自动取款机的出现，此人每两天取款一次。

c. 重新计算 a 的答案。

d. 重新计算 b 的答案。

最后，随着信用卡的出现，这个人用他的卡支付所有的购物。他在第 4 天取钱，偿还前 4 天用信用卡支付的购物款。

e. 重新计算 a 的答案。

f. 重新计算 b 的答案。

g. 根据您之前的回答，您认为自动取款机和信用卡对货币需求有什么影响？

8. 货币和银行系统。

4.3 节描述了包括简单银行的货币体系。假设如下：

i. 公众不持有货币。
ii. 准备金与存款的比率为 0.1。
iii. 货币需求如下所示：
$$M^d = \$Y(0.8 - 4i)$$
初始央行货币供应量为 1 000 亿美元且名义收入为 5 万亿美元。

a. 中央银行货币的需求是多少？
b. 通过央行货币需求等于货币供给求出均衡利率。
c. 总货币供给是多少？它是否等于 b 中求出的利率所对应的总货币需求？
d. 如果央行货币增加到 3 000 亿美元，会对利率产生什么影响？
e. 总货币供给增加到 3 万亿美元会对 i 产生什么影响？（提示：使用问题 c 中的结论）

9. 了解美联储稳定利率所需的行动。

图 4-10 显示了三种不同的货币需求曲线和一个目标利率 i^*。

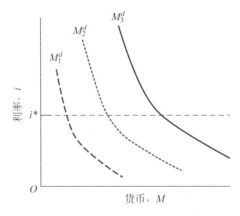

图 4-10 货币需求曲线和目标利率

以第一个条目为例填写表 4-1。

表 4-1 初始货币曲线、最终货币曲线与解释

实际收入 Y 和价格水平 P 的初始货币需求曲线				实际收入 Y 和价格水平 P 的最终货币需求曲线				美联储将利率维持在 i^* 所需的行动
初始 M^d 曲线	Y	P	$Y	最终 M^d 曲线	Y	P	$Y	解释
M_2^d	250	100	250	M_3^d	300	105	315	随着名义收入的增加，美联储必须增加货币供应量——实际收入和物价都在上升
M_2^d	200	80			250	100		
M_2^d	250	100			300	100		
M_2^d	250	100			200	95		
M_2^d	250	100			275	80		

10. 选择货币数量或利率时，假设货币需求由 $M^d = \$Y(0.25 - i)$ 给出，其中，$\$Y$ 为 \$100。

a. 如果美联储将利率目标定为 5%，那么美联储必须创造什么样的货币供应量？

b. 如果美联储希望将 i 从 5% 提高到 10%，美联储必须设定的新的货币供应水平是多少？

c. 利率从 5% 提高到 10% 对美联储的资产负债表有什么影响？

11. 流动性陷阱中的货币政策。

假设只要利率为正，货币需求由 $M^d = \$Y(0.25 - i)$ 给出。下面的问题涉及利率为零的情况。

a. 当利率为零且 $\$Y = 80$ 时，对货币的需求是什么？

b. 如果 $\$Y = 80$，利率为零，货币供应量的最小值是多少？

c. 一旦利率为零，央行能否继续增加货币供应量？

d. 2008 年之后，美国经历了一段很长的零利率时期。你能从文本中找到证据证明货币供应量在这段时间内持续增长吗？

e. 转到圣路易斯联邦储备银行的数据库 FRED。找到 BoggBase 系列（中央银行货币，也称为基础货币）并查看其在 2010 年至 2015 年的行为。基础货币发生了什么？同期联邦基金利率发生了什么变化？

进一步探讨

12. 当前的货币政策。

登录 www.federalreserve.gov，并下载联邦公开市场委员会（FOMC）最新的货币政策新闻稿。确保你下载的是联邦公开市场委员会的最新新闻稿，而不是美联储的新闻稿。

a. 当前货币政策的态势如何？（请注意，相对于货币供给的上升或下降而言，政策会以联邦基金利率的上升或者下降的形式描述）

b. 查找一份宣布联邦基金利率变化的新闻稿。美联储如何解释货币政策变化的必要性？最后，你可以访问美联储网站，查找关于美联储利率政策的不同解读。这些解读为第 5 章的分析奠定了基础，部分解读在第 5 章结束时会显得更有意义。

延伸阅读

- While we shall return to many aspects of the financial system throughout the book, you may want to dig deeper and read a textbook on money and banking. Here are four of them:
  Money, Banking, and Financial Markets, by Laurence Ball (Worth, 2017)
  Money, Banking, and Financial Markets, by Stephen Cecchetti and Kermit Schoenholtz (McGraw-Hill/Irwin, 2017)
  Money, the Financial System and the Economy, by R. Glenn Hubbard (Addison-Wesley, 2013)
  The Economics of Money, Banking, and the Financial System, by Frederic Mishkin (Pearson, 2018)

- The Fed maintains a useful website with data on financial markets, information on what the Fed does, recent testimonies by the Fed Chair, and so on (www.federalreserve.gov).

第 5 章 商品市场和金融市场：IS-LM 模型

第 3 章讨论了商品市场，第 4 章讨论了金融市场，现在我们把商品市场和金融市场放在一起来讨论。学完本章内容之后，将会建立起一个短期内产出和利率如何决定的框架。

本书中介绍的 IS-LM 模型版本与希克斯和汉森开发的模型稍有不同（如果你知道本书介绍得更为简单后可能会很高兴）。这反映了央行现在实施货币政策的方式发生了变化，重点从控制货币存量转向控制利率，如第 4 章所述。

在建立该框架之前，我们首先追溯两位经济学家〔约翰·希克斯（John Hicks）和阿尔文·汉森（Alvin Hansen）〕在 20 世纪 30 年代末和 40 年代早期的历程。当经济学家约翰·梅纳德·凯恩斯的《就业、利息和货币通论》在 1936 年公开出版时，众多学者都认为该书的内容是重要的，但非常难以理解。（如果你读了这本书，你也会有同感。）而且关于凯恩斯的真正意思到底是什么，至今仍然存在许多争论。1937 年，约翰·希克斯总结出凯恩斯的主要贡献之一是同时描述了商品市场和金融市场。随后，阿尔文·汉森扩展了他的分析。希克斯和汉森将他们的成果命名为 IS-LM（投资-储蓄，流动性-货币）模型。

20 世纪 40 年代早期以来，宏观经济学取得了实质性的进展，这就是把 IS-LM 模型放在本书的本章以及第 6 章而不是第 24 章的原因。（试想：如果你是在 40 年前学习这门课程，大概就会那样做。）对于大多数经济学家而言，IS-LM 模型仍然代表了一个基本模块——尽管简单，但是它能够描述短期内经济中发生的许多事情。这就是 IS-LM 模型在今天仍然在使用并被用于教学的原因。

本章发展了 IS-LM 模型的基本版本。

5.1 节　讨论商品市场均衡和 IS 关系的推导。

5.2 节　讨论金融市场均衡和 LM 关系的推导。

5.3 节和 5.4 节　将 IS 模型和 LM 模型放到一起进行分析，并用 IS-LM 模型去研究财政政策和货币政策的影响——先对其分别进行研究，然后再放在一起研究。

5.5 节　引入动态的视角并讨论 IS-LM 模型如何描述短期内经济中发生的情况。

> 如果你还记得本章的一条基本信息，它应该是：从短期来看，产出取决于商品和金融市场的均衡。

5.1 商品市场和 IS 关系

我们首先总结一下第 3 章所学的内容。
- 我们把商品市场均衡的性质描述为产出 Y 等于商品需求 Z 这一条件。该条件也被称为 IS 关系。
- 我们把需求定义为消费、投资和政府购买之和。假设消费为可支配收入(收入减税收)的函数,并认为投资支出、政府购买和税收是给定的:

$$Z = C(Y-T) + \bar{I} + G$$

[在第 3 章,为了简化,我们假设消费(C)和可支配收入($Y-T$)之间的关系是线性的。这里,我们不再这样假设,而是采用更普遍的形式 $C=C(Y-T)$ 来代替。]

在第 15 章我们将更详细地讨论利率对消费和投资的影响。

- 均衡条件可以表示为

$$Y = C(Y-T) + \bar{I} + G$$

- 通过这一均衡条件,我们讨论了影响均衡产出的因素,尤其是政府购买变化和消费需求移动的影响。

这个模型做的一个重要简化是假定利率不影响商品需求,本章的首要任务就是放弃这一假定,把利率引入商品市场均衡模型中。我们暂时只集中考虑利率对投资的影响,以后再讨论利率对需求的其他组成部分的影响。

5.1.1 投资、销售和利率

在第 3 章,为了简化,投资被假设为常量,而实际上投资远非常量,它主要依赖于两个因素。

如果公司使用自己的资金,这种观点仍然成立:利率越高,借出资金的吸引力就越大,而不是用它们来购买新机器。

- 销售水平。当企业面临销售量上升而要扩大生产时,企业可能需要另外购买机器或者建造厂房。换句话说,它需要投资。面临销售减少的企业就没有这个必要,即使有投资,数额也很少。
- 利率。考虑企业是否购买一台新机器这一决策。为了购买新机器,企业必须借款,利率越高,企业借款购买机器的可能性就越小[为了使问题简化,我们在此施加两个假设:首先我们假设所有厂商的贷款利率都相同,即第 4 章确定的债券利率。而事实上,厂商向银行贷款的利率很可能不一样。我们也撇开名义利率(以美元计的利率)和实际利率(以商品计价的利率)之间的区别,我们在第 6 章再讨论这两个问题]。

如果利率足够高的话,新机器带来的额外利润不足以支付利息,新机器就不值得购买。

为了把这两个影响考虑进来,投资关系用下式表示:

$$I = I(Y, i) \tag{5.1}$$
$$(+, -)$$

产出的增加导致投资的增加。利率上升导致投资减少。

式(5.1)说明投资 I 取决于产出 Y 和利率 i。(我们仍假设库存投资等于零,因此销售和生产总是相等,所以 Y 表示销售,也表示产出。)Y 下面的正号表示产出增加(销售也等量增加)导致投资增加,利率 i 下面的负号表示利率上升导致投资减少。

5.1.2 产出的决定

考虑到投资关系式(5.1),此时,商品市场的均衡条件为

$$Y = C(Y-T) + I(Y,i) + G \tag{5.2}$$

商品供给(左边)必须等于商品需求(右边)。式(5.2)为扩展的 IS 关系,现在我们讨论当利率变化时产出会发生什么变化。

从图 5-1 出发,纵轴表示需求(Z),横轴表示产出(Y)。对于给定的利率 i,需求是产出的增函数,原因有两点。

- 产出的增加导致收入(即可支配收入)的增加,可支配收入的增加导致消费也会增加,第 3 章中已经讨论了这种关系。
- 产出增加时,投资也会增加,这一投资和产出之间的关系在本章已做过介绍。

简而言之,由于产出增加对消费和投资都有影响,因此将导致需求增加。对于给定的利率,需求和产出之间的这种关系由向上倾斜的曲线 ZZ 表示。

如图 5-1 所示,注意 ZZ 曲线的两个特征。

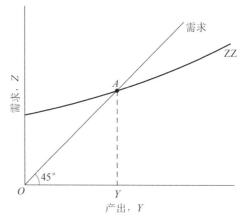

图 5-1 商品市场均衡

注:商品需求是产出的递增函数。均衡要求商品需求等于产出。

- 因为没有假设式(5.2)中消费和投资的关系是线性的,因此如图 5-1 所示,ZZ 只是一条一般性的曲线,而非直线。但如果假设消费和投资关系是线性的,ZZ 就是直线,下面的所有讨论同样适用。

确保你理解为什么这两种话的意思是相同的。

- 图 5-1 中的 ZZ 曲线要比 45°线平缓,换句话说,就是产出增加导致需求增加的比例要小于 1 比 1。

在第 3 章中,投资为常数,这一假设的局限性在于认为消费者只是把他们新增收入的一部分用于消费,而非投资。但现在我们假设投资对产出也会作出反应,因此这种局限性不再存在。当产出增加时,消费增加和投资增加之和有可能会超过初始的产出增加值,尽管在理论上有可能发生这种情形,但经验证据表明实际情况并非如此,因此假设需求的增加量小于产出的增加量,并把 ZZ 曲线画得比 45°线平缓。

当需求等于产出时,商品市场就达到均衡点 A 点,即 ZZ 和 45°线的交点,均衡产出水平为 Y。

到目前为止,我们所做的是对第 3 章分析的简单扩展。我们现在准备推导 IS 曲线。

5.1.3　IS 曲线的推导

在给定利率水平下,我们已经画出了需求关系 ZZ(图 5-1)。现在我们通过图 5-2 考察:当利率变化时会发生什么。

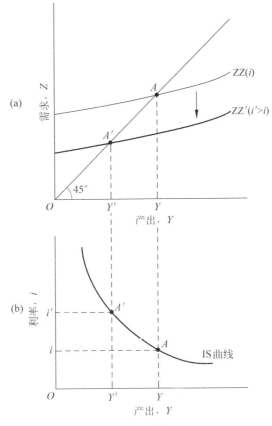

图 5-2　IS 曲线的推导

(a) 利率的上升会导致任何产出水平条件下产品需求的下降,这会导致均衡产出水平的下降。
(b) 商品市场的均衡意味着利率的上升会导致产出的下降。IS 曲线向下倾斜。因此,给出利率和产出之间关系的 IS 曲线是向下倾斜的。

如图 5-2(a)所示,假设需求曲线 ZZ,初始均衡点为 A。假设利率从初始值 i 上升到一个更高的值 i',在任何给定的产出水平下,较高的利率导致投资和需求都减少了,因此需求曲线 ZZ 向下移动到 ZZ':给定产出水平下,需求水平降低。新的均衡在更低的需求曲线 ZZ' 和 45°线的交点 A' 达到。现在的均衡产出为 Y'。

你能够用图形说明乘数的大小吗?(提示:考虑均衡产出的下降与投资初始下降的比率。)

可以这样表述：利率上升减少了投资，投资减少导致了产出减少，而产出的减少通过乘数效应进一步减少了消费和投资。

利用图 5-2(a)，我们可以找到任何利率水平所对应的均衡产出值。这一均衡条件下的产出和利率的关系由图 5-2(b) 给出。

图 5-2(b) 中横轴表示均衡产出 Y，纵轴表示利率 i。图 5-2(b) 中的 A 点对应图 5-2(a) 中的 A 点，图 5-2(b) 中的 A' 点对应图 5-2(a) 中的 A' 点。商品市场均衡意味着利率水平越高，均衡产出水平越低。

这一利率和产出之间的关系由图 5-2(b) 中向下倾斜的曲线表示，该曲线被称为 **IS 曲线**（**IS curve**）。

> 商品市场均衡意味着利率的增长导致产出下降，该关系由向下倾斜的 IS 曲线表示。

5.1.4 IS 曲线的移动

图 5-2 中的 IS 曲线是在给定税收 T 和政府支出 G 的情况下画出来的，T 或者 G 的变化将导致 IS 曲线的移动。

为了知道它是如何移动的，见图 5-3。IS 曲线描述了作为利率函数的均衡产出水平，它是在给定税收和支出水平下画出来的。现在考虑税收从 T 增加到 T'，在给定的利率水平 i 下，可支配收入减少，导致消费减少，从而导致商品需求减少，并使均衡产出减少。均衡产出从 Y 减少到 Y'。也就是说，IS 曲线向左移动：在给定利率水平下，均衡产出比税收增加前的均衡产出要低。

> 对于给定的利率，税收的增加导致产出的下降，换句话说，税收增加使得 IS 曲线向左移动。

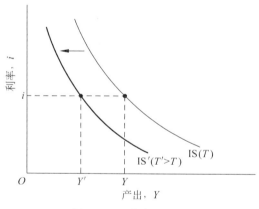

图 5-3 IS 曲线的移动

注：税收增加使 IS 曲线向左移动。

更一般地讲，在给定的利率水平下，任何减少均衡产出的因素都会导致 IS 曲线向左移动。我们已经考虑了税收的增加，而政府支出的减少或者消费者信心的下降（在可支配收入给定时减少消费）也将会出现同样的情形。相反，在给定的利率水平下，任何增加均衡产出的因素——税收减少、政府购买增加或消费者信心上升——将导致 IS 曲线向右移动。

总结一下：

> 假设政府声称社会保障系统陷入危机而不得不削减未来的退休福利。请问对此消费者将会如何反应？对于今天的需求和产出会有怎样的影响？

- 商品市场均衡意味着利率增加导致产出下降,该关系由向下倾斜的 IS 曲线来表示。
- 给定利率水平,引起商品需求减少的因素的变化将导致 IS 曲线向左移动,而引起商品需求增加的因素的变化将导致 IS 曲线向右移动。

5.2　金融市场和 LM 关系

现在让我们转到金融市场,第 4 章告诉我们,利率由货币供给等于货币需求决定:

$$M = \$YL(i)$$

左边的 M 代表名义货币存量。我们在这里忽略了 4.3 节中货币供给过程的细节,而是简单认为中央银行直接控制 M。

等式右边表示货币需求,是名义收入 $\$Y$ 和名义利率 i 的函数。在 4.1 节中我们知道:名义收入增加引起货币需求增加;利率上升减少货币需求。均衡要求货币供给(等式左边)等于货币需求(等式右边)。

5.2.1　实际货币、实际收入和利率

等式 $M = \$YL(i)$ 揭示了货币、名义收入和利率之间的关系,如果将其改写成实际货币(即以物品衡量的货币)、实际收入(即以物品衡量的收入)和利率之间的关系将更加便于我们的分析。

已知,名义收入除以价格水平等于实际收入 Y。等式两边同时除以价格水平 P,得到

$$\frac{M}{P} = YL(i) \tag{5.3}$$

因此,均衡条件也可以重新表述为实际货币供给——用物品而不是美元单位衡量的货币存量——等于实际货币需求,后者取决于实际收入 Y 和利率 i。

见第 2 章:
名义 GDP = 实际 GDP 乘以 GDP 平减指数:$\$Y = YP$。
等价地,实际 GDP = 名义 GDP 除以 GDP 平减指数:$\$Y/P = Y$。

"实际"货币需求的概念可能有一点抽象,举个例子可能会有助于理解。不考虑一般意义上的货币需求,只考虑你对硬币的需求。假设你愿意在口袋里装有硬币以便在一天内购买两杯咖啡,如果每杯咖啡卖 1.2 美元,那么你将保留 2.40 美元的硬币:这是我们对硬币的名义需求。同样,你想在口袋中保留足够的硬币来购买两杯咖啡,这就是你用物品衡量的硬币需求——这里是用一杯一杯的咖啡来衡量。

从现在开始,我把式(5.3)称为 LM 关系。写成这种形式的优点是将等式右边的名义收入 $\$Y$ 替换成实际收入 Y,而实际收入(等于实际产出)是我们讨论商品市场均衡时所关注的变量。为了读起来简便,我们把式(5.3)右边和左边就简单称为"货币供给"和"货币需求",而不是更为准确但更加烦琐的"实际货币供给"和"实际货币需求"。同样,我们将使用"收入"而非"实际收入"一词。

5.2.2　LM 曲线的推导

在推导 IS 曲线时,我们将政府支出 G 和税收 T 作为两个政策变量。在推导 LM 曲线(对

应于 LM 关系的曲线)时,我们必须决定如何描述货币政策:选择货币存量 M,选择利率 i。

请回到第 4 章中的图 4-4。

如果我们将货币政策视为选择名义货币供应量 M,假设我们在短期内将价格水平视为固定的,为 M/P,即实际货币存量。等式(5.3)告诉我们,等式右侧的实际货币需求必须等于等式左侧的给定实际货币供应量。因此,例如,如果实际收入增加,货币需求增加,那么利率必须增加,以便货币需求保持与给定货币供应量相等。换句话说,对于给定的货币供应量,收入的增加自动导致利率的增加。

LM 曲线有点用词不当,因为在我们的假设下,LM 关系是一条简单的水平线。但曲线这个术语的使用是传统的,我将遵循传统。

这是推导 LM 关系并得到 LM 曲线的传统方法。然而,正如我们在第 4 章中所讨论的,央行选择货币存量,然后调整利率的假设与现实不符。尽管过去央行将货币供应量视为货币政策变量,但现在它们直接关注利率。它们确定一个利率,称之为 $\bar{i}$,并调整货币供应量以实现它。因此,在本书的其余部分中,我们应该认为中央银行确定利率以达到货币政策目标(并对货币供给水平进行必要调整来实现这一利率)。这将形成一条非常简单的 LM 曲线,即中央银行确定的利率 $\bar{i}$ 值处的水平线(图 5-4)。

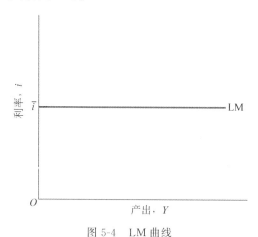

图 5-4 LM 曲线

注:中央银行选择利率(并调整货币供应量以实现利率)。

5.3 综合考虑 IS 关系和 LM 关系

IS 关系源自商品市场均衡,LM 关系源自金融市场均衡。IS 关系和 LM 关系都应该成立。

IS 关系:$Y = C(Y-T) + I(Y,i) + G$

LM 关系:$\dfrac{M}{P} = YL(i)$

在接下来的章节中,你将看到我们如何将其扩展到思考金融危机,或预期的作用,或开放经济中政策的作用。

它们一起决定产出。图 5-5 在一张图上绘制了 IS 曲线和 LM 曲线。产出等同于产量或收入,在横轴上测量。利率在纵轴上测量。

向下倾斜的 IS 曲线上的任何一点对应着商品市场中的均衡,向上倾斜的 LM 曲线上的任何一点对应着金融市场的均衡。只有在 A 点,两个均衡条件都满足。这就意味着在 A 点,以及相关的产出水平 Y 和利率 i,是整体均衡——

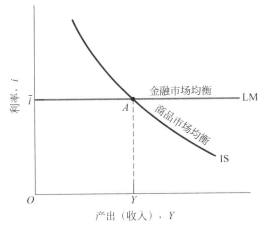

图 5-5 IS-LM 模型

注：商品市场均衡意味着利率上升导致产出下降，这由 IS 曲线表示。金融市场的均衡由水平 LM 线表示。只有在两条曲线的交点 A 处，商品和金融市场都处于均衡状态。

商品市场和金融市场都达到均衡。

你可能会问：如果均衡点为 A 点，这又意味着什么？这一事实又是如何转化成对现实世界有用的东西呢？不要灰心：事实上图 5-5 为许多宏观经济问题提供了答案。构成该图基础的 IS 关系和 LM 关系包含大量关于消费、投资和均衡条件的信息。如果使用得当，图 5-5 可以让我们研究当央行决定降低利率、政府决定增税或者当消费者对未来更加悲观等情况时，产出会发生什么变化。

下面让我们看看 IS-LM 模型能做些什么，分别考察财政和货币政策的影响。

5.3.1 财政政策

假设政府决定减少预算赤字，并通过增加税收或减少支出或两者兼而有之来达到这一目的，通常称为**财政紧缩**（fiscal contraction 或 fiscal consolidation）。对称地，通过减少税收或增加支出或两者兼而有之来实现预算赤字增加，被称为**财政扩张**（fiscal expansion）。

$G-T$ 减少 ⇔ 财政紧缩
$G-T$ 增加 ⇔ 财政扩张

假设政府决定减少财政赤字，并通过增税实现财政紧缩，对产出、产出构成和利率有什么影响？

当回答此问题或任何有关政策变化（或更一般地说，外生变量变化）影响的问题时，请始终遵循以下三个步骤。

第一步：这一变化是如何影响商品市场均衡和金融市场均衡的，即它是如何使得 IS 曲线和 LM 曲线移动的。

第二步：描述这些移动对 IS 曲线和 LM 曲线交点的影响。这会给均衡产出和均衡利率带来什么影响？

第三步：用文字描述这种影响。

当你感到非常自信时，戴上领结，去电视上解释事件。（为什么这么多电视经济学家戴领结是个谜。）

熟练以后，你往往可以直接跳到第三步。到那时，你就可以对日常的经济事件作出迅速的评论。但是这需要达到一定的专业水平才行，现在要一步一步地来。

在这种情况下,这三个步骤很容易,但逐一进行是一种很好的做法。

- 从第一步开始。第一个问题是税收的增加如何影响商品市场的均衡——也就是说,它如何影响产出与 IS 曲线中的利率之间的关系。我们在图 5-3 中得出了答案:在给定的利率下,税收的增加会减少产出。IS 曲线向左移动,从图 5-6 中的 IS 移到 IS′。

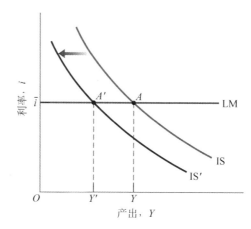

图 5-6 税收增加的影响

注:税收的增加使 IS 曲线向左移动。这导致产出的均衡水平下降。

税收的增加使 IS 曲线移动,LM 曲线不移动,经济沿着 LM 曲线移动。

接下来,让我们看看 LM 曲线是否有任何变化。根据假设,由于我们只关注财政政策的变化,中央银行不会改变利率。因此,LM 曲线,即 $i=\bar{i}$ 处的水平线,保持不变——它没有移动。

- 下面考虑第二步,均衡的决定。在税收增加之前,初始均衡点为 A 点,即初始 IS 曲线和 LM 曲线的交点。在税收增加和 IS 曲线左移到 IS′ 之后,新的均衡由点 A′ 给出。产出从 Y 减少到 Y′。根据假设,利率不会发生变化,因此,随着 IS 曲线移动,经济沿着 LM 曲线移动,从 A 到 A′。这些词用斜体表示的原因是区分曲线的移动(这里是 IS 曲线的移动)和沿曲线的移动(这里是沿 LM 曲线的移动)是很重要的。许多错误是由于没有区分这两者造成的。

- 第三步是用语言来叙述整件事情:

在给定的利率下,税收的增加会导致可支配收入的减少,从而导致人们减少消费。这种需求的减少通过乘数导致产出和收入的减少,并意味着投资的减少。

5.3.2 货币政策

i 下降⇔M 上升⇔货币扩张
i 上升⇔M 下降⇔货币紧缩

现在我们转向货币政策。假设中央银行降低利率。回想一下,这样做会增加货币供应量。货币政策的这种变化称为货币扩张(monetary expansion)。[相反,通过减少货币供应来提高利率,称为货币收缩或货币紧缩(monetary contraction 或 monetary tightening)。]

- 第一步仍然是看 IS 曲线和 LM 曲线是否移动、如何移动。

首先考虑 IS 曲线,利率的变化不会改变产出与利率之间的关系。它不会移动 IS 曲线。

然而,利率水平的变化导致 LM 曲线的微小移动:它向下移动,从 $i=\bar{i}$ 处的水平线移动到水平线 $i=\bar{i}'$。

> 确保你理解为什么 IS 曲线不发生移位。

- 第二步是考虑这些移动如何影响均衡,如图 5-7 所示。经济沿 IS 曲线向下移动,均衡从 A 点移动到 A' 点。产出从 Y 增加到 Y',利率从 $\bar{i}$ 减少到 $\bar{i}'$。

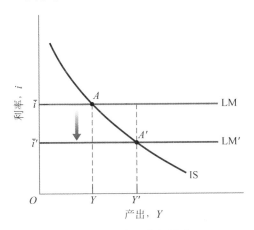

图 5-7 利率下降的影响

注:货币扩张使 LM 曲线向下移动并导致更高的产出。

- 第三步是语言表述。较低的利率导致投资增加,进而导致需求和产出增加。从产出的构成来看:产出的增加和利率的下降都导致投资增加。收入的增加导致可支配收入的增加,进而导致消费的增加,因此消费和投资都会增加。

5.4 使用政策组合

我们对单独的财政政策和货币政策已经进行了很多讨论,目的是了解它们是如何发挥作用的。在实践中,二者通常被一起使用。货币政策与财政政策的结合被称为**货币-财政政策组合**(monetary-fiscal policy mix),或简单称为**政策组合**(policy mix)。

有时,正确的组合是朝着同一方向使用财政和货币政策。例如,假设经济处于衰退中,产出太低。然后,财政和货币政策都可以用来增加产出。这种组合如图 5-8 所示。初始均衡由点 A 处的 IS 和 LM 的交点给出,对应的产出为 Y。扩张性财政政策,例如通过减少税收,将 IS 曲线向右移动到 IS′。扩张性货币政策将 LM 曲线向下移动到 LM′。新的均衡在 A',对应的产出为 Y'。因此,财政和货币政策都有助于增加产出:较低的税收和较高的收入会导致较高的消费,这反过来又会导致较高的产出,同时较低的利率会导致较高的投资。

> 我们将在本书后面看到其他示例。6.5 节着眼于大金融危机期间财政和货币政策的作用。

这种财政和货币政策的结合通常用于对抗经济衰退。要点解析"2001 年的美国经济衰退"中就给出了一个例子。

你可能会问:当其中任何一种政策都可以实现预期的产出增长时,为什么要同时使用这两种政策?原则上,产出的增加可以通过使用财政政策来实现——比如通过足够大的政

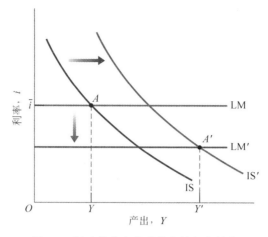

图 5-8 财政扩张和货币扩张的组合效应

注：财政扩张使 IS 曲线向右移动。货币扩张使 LM 曲线向下移动。两者都会导致更高的产出。

府支出增加，或足够大的减税——或者仅仅通过使用货币政策，通过足够大的利率下降。答案是政策制定者可能希望使用政策组合的原因有很多。

详见第 22 章。

- 财政扩张意味着要么增加政府支出、要么减少税收，或者两者兼而有之。这意味着预算赤字增加（或者，如果预算最初是盈余，则盈余减小）。正如我们稍后将看到的，但你肯定已经猜到为什么，巨额赤字和增加政府债务在以后可能会很危险。在这种情况下，最好至少部分依赖货币政策。
- 货币扩张意味着利率下降。如果利率非常低，那么货币政策的使用空间可能会受到限制。在这种情况下，财政政策必须做更多的工作。如果利率因为零下限已经等于零，财政政策就必须做所有的工作。正如我们在第 1 章中看到的，虽然美国利率已经变为正数，但仍处于低位。如果需求很快下降，货币政策降息的空间就会有限，财政政策必须发挥主要作用。
- 财政政策和货币政策对产出构成的影响不同。例如，所得税的减少往往会增加相对于投资的消费。利率下降对投资的影响大于对消费的影响。因此，根据产出的初始构成，决策者可能希望更多地依赖财政政策或货币政策。
- 最后，财政政策和货币政策都不是完美的。减税可能无法增加消费。利率下降可能无法增加投资。因此，如果一个策略的效果不如预期，最好同时使用这两个策略。

有时，正确的政策组合是相反地使用这两种政策，例如，将财政扩张与货币扩张相结合。例如，假设政府有巨额预算赤字，并希望减少它，但又不想引发经济衰退。在图 5-9 中，初始均衡由 IS 曲线和 LM 曲线在 A 点的交点给出，相关产出为 Y。产出被认为处于正确的水平，但预算赤字 $T-G$ 太大。

如果政府减少赤字，例如通过增加 T 或减少 G（或两者兼而有之），则 IS 曲线将向左移动，从 IS 到 IS′。均衡将在点 A'，输出水平为 Y'。在给定的利率下，更高的税收或更低的支出将减少需求，并通过乘数减少产出。因此，赤字的减少将导致经济衰退。

然而，如果同时使用货币政策，经济衰退是可以避免的。如果中央银行将利率降低到

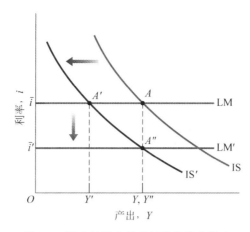

图5-9 财政扩张和货币扩张的联合效应

注：财政扩张将IS曲线向左移动。货币扩张使LM曲线向下移动。它们一起使产出保持不变，同时减少预算赤字。

$\bar{i}'$，则均衡由点A''给出，相应地产出$Y''=Y$。因此，这两种政策的组合允许减少赤字，但不会出现衰退。

在这种情况下，消费和投资会发生什么变化？消费会发生什么取决于如何减少赤字。如果减少的形式是减少政府支出而不是增加税收，那么收入不变，可支配收入不变，因此消费不变。如果减少采取增加所得税的形式，那么可支配收入就会降低，消费也会降低。投资会发生什么是明确的：不变的产出和较低的利率意味着较高的投资。赤字减少与投资之间的关系在要点解析"减少赤字：对投资是利还是弊"中进一步讨论。

这种政策组合在20世纪90年代初使用。1992年比尔·克林顿当选总统时，他的首要任务之一是通过削减开支和增加税收来减少预算赤字。然而，他担心，这种财政紧缩本身会导致需求下降，并引发另一场衰退。正确的策略是将财政紧缩（以消除赤字）与货币扩张（以确保需求和产出保持高位）结合起来。这是克林顿（负责财政政策）和艾伦·格林斯潘（负责货币政策）采取并实施的战略。这一战略和一点经济运气的结果是预算赤字稳步减少（在20世纪90年代末变成了预算盈余），而在整个10年的剩余时间里产出稳步增长。

类似的讨论在欧元区进行，但有点曲折。由于担心高公共债务水平，各国政府希望减少财政赤字，以随着时间的推移降低债务水平，这一政策被称为财政紧缩。然而，问题是利率已经非常低，因此货币政策几乎没有空间抵消财政紧缩对产出的不利影响。这导致了一场激烈的辩论，一方认为财政紧缩是必要的，即使它会对产出产生不利影响，另一方则认为财政整合应该等到货币政策能够抵消其对产出的不利影响时再进行。

要点解析

2001年的美国经济衰退

1992年，美国经济开始了一个长期扩张。在接下来的10年里，GDP增长为正且很高。然而在2000年，这一扩张结束了，从2000年第3季度到2001年第4季度，GDP的增长时正时负,或在零点附近徘徊。数据显示,2001年前3个季度增长为负值。图5-10根据修正数据显示了折合成年率衡量从1991年1季度到2002年4季度的增长率。数据表明,第2季度增长率为正,但数值很小。(这种数据在统计后又被修正的情况经常发生,所以当我们回看当年经济时会发现当时的经济可能并不像国民收入统计人员和政策制定者当时感受的那样)。美国的一个非营利性组织——国家经济研究局(NBER)(专门研究美国经济衰退和扩张的学术组织)——得出结论:美国经济确实在2001年陷入衰退,这个衰退从2001年3月持续到2001年12月底。该时期由图5-10中的阴影区域表示。

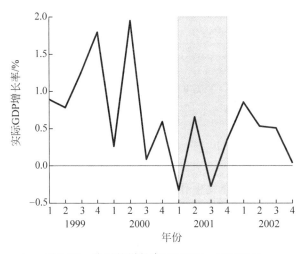

图5-10　美国的增长率(1999Q1—2002Q4)

资料来源:利用序列GDPC1计算所得,序列来源于美联储经济数据库 http://research.stlouisfed.org/fred2/。

投资需求的急剧减少引发了这一次经济衰退。2001年,非住宅投资——企业对工厂和设备的需求减少了4.5%。这一切都归因于时任美联储主席艾伦·格林斯潘所谓的"非理性繁荣"时期的结束。在20世纪90年代的后半段,企业对未来极其乐观,投资率非常高。1995年至2000年间投资年均增长率超过10%。但到了2001年,企业家们清晰地认识到他们过于乐观且投资过多,致使他们削减投资,由此需求减少,进而通过乘数效应导致GDP减少。

如果不是遇到了一个强有力的宏观经济政策响应,经济衰退可能更糟。毫无疑问,这个强有力的宏观经济政策限制了这次经济衰退的深度和长度。

首先以货币政策为例。自2001年初开始,美联储已经感觉到了经济的下滑,它们从那时开始增加货币供给并主动降低联邦基金利率。(图5-11展示了1999年第1季度至2002年第4季度间联邦基金利率的变化。)在整整1年内,美联储持续这样做,把联邦基金利率从1月份的6.5%降低到年末不足2%的水平。

现在来看财政政策。在2000年的总统竞选中,候选人乔治·布什在演说中提到了降低税收。他的观点是:联邦预算正出现盈余,因此在确保预算平衡的同时还有空间减少税收。2001年当布什总统就职时,经济已经明显放缓,于是他就有更多理由实施减税,即通过降低税收以增加需求和抵制经济衰退。在2001年和2002年中,税率大幅削减。在支出方面,2001年"9·11"事件导致支出增加,主要用于国防和国土安全方面。

图5-12显示了1999年第1季度至2002年第4季度间联邦政府收入和支出的变化,都

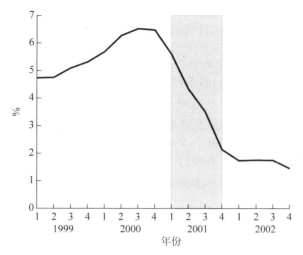

图 5-11　1999 年第 1 季度至 2002 年第 4 季度联邦基金利率
资料来源：Series GDP, FGRECPY, FGEXPND, Federal Reserve Economic Data(FRED) http://research.stlouisfed.org/fred2/。

用占 GDP 的比率来表示。注意：国家收入的大幅度减少是从 2001 年第 3 季度开始的。即使税率没有降低，在经济衰退期间，国家收入也已经开始减少了：较低的产量和较低的收入意味着税收收入的降低。但是，因为减税的缘故，2001 年和 2002 年国家收入的下降幅度远远超过经济衰退所能解释的程度。也要注意与之同时开始的虽小但平稳的支出增长。结果使得预算盈余——收入与支出之间的差额——从 2000 年的正值降到 2001 年的负值，2002 年出现更大负值。

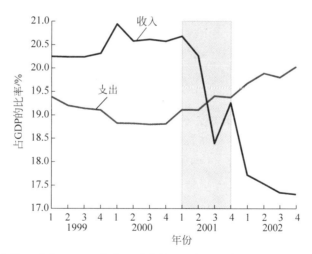

图 5-12　1999 年第 1 季度至 2002 年第 4 季度美国联邦收入与支出（按与 GDP 的比率计算）
资料来源：Series GDP, FGRECPY, FGEXPND, Federal Reserve Economic Data(FRED) http://research.stlouisfed.org/fred2/。

最后，让我回答你此时可能会问自己的四个问题。

■ 为什么不使用货币和财政政策来避免衰退，而仅仅是限制衰退的规模？原因是政策的变化只会随着时间的推移影响需求和产出（更多信息请参见 5.5 节）。因此，当美国经济明显进入衰退时,使用政策来避免衰退已经为时已晚。但该政策确实减少了衰退的深度和持续时间。

- 2001年9月11日的事件不也是经济衰退的原因吗?简而言之,答案是否定的,结果悲惨如事件本身。正如我们所看到的,经济衰退早在9月11日之前就开始了,并在不久之后结束。事实上,2001年最后一个季度的GDP增长是正的。人们可能已经预料到——事实上,大多数经济学家也预料到了——9月11日的事件将对产出产生巨大的不利影响,特别是导致消费者和企业推迟支出决策直到前景更清晰为止。事实上,支出的下降是短暂且有限的。9月11日之后联邦基金利率的下降——以及汽车生产商在2001年最后一个季度的大幅折扣——被认为是在此期间维持消费者信心和消费者支出的关键。
- 用于应对经济衰退的货币-财政组合只是如何实施政策的书本案例吗?

对此,经济学家意见不一。大多数经济学家对美联储在经济放缓后立即大幅降息给予了很高的评价。但许多经济学家担心,2001年和2002年推出的减税措施导致巨额预算赤字在经济衰退结束后持续很长时间。他们认为减税应该是暂时的,在帮助美国经济走出衰退后停止。

- 为什么货币政策和财政政策无法避免2009年的经济衰退?简而言之,答案包括两方面:冲击要大得多,也更难作出反应;政策反应的空间更加有限。我们将在第6章继续探讨这两个方面。

要点解析

减少赤字:对投资是利还是弊

你也许以前听说过这样的争论:"私人储蓄要么被用来为预算赤字融资,要么被用来为投资融资。不需要天才来总结我们也知道,减少财政赤字可以为投资省下更多的储蓄,从而投资增加。"

该争论听起来简单而且令人信服。但是,正如我们在前面学到的,它一定是错误的。例如,如果赤字的减少并不伴随利率的下降,那么我们就知道产出会减少(图5-7),因此投资也会减少,因为它依赖于产出。那么,到底发生了什么呢?

回到第3章式(3.10),我们也可以把商品市场均衡条件写成如下形式:

投资 = 私人储蓄 + 公共储蓄

$$I = S + (T - G)$$

均衡时,投资等于私人储蓄和公共储蓄之和。如果公共储蓄为正,就说政府财政盈余;如果公共储蓄为负,就说政府财政赤字。因此给定私人储蓄时,如果政府减少赤字——或增加税收,或减少政府支出,使 $T-G$ 上升——投资必定上升。给定 S,$T-G$ 上升意味着 I 上升。

然而,这一讨论的关键部分是"给定私人储蓄"。财政紧缩也影响私人储蓄:财政紧缩使产出降低,从而使收入降低;由于消费下降幅度要比收入下降的小,则私人储蓄也会减少。而且私人储蓄减少的幅度可能比赤字降低的幅度还大,从而导致投资的减少。根据上面的等式,如果 S 减少的程度要比 $T-G$ 增加的程度大,那么 I 将会减少(你可能想做一做代数，说服自己储蓄实际上比 $T-G$ 的增加减少更多。）。

这是否意味着减少赤字总是减少投资？答案显然是否定的。我们在图5-9中看到了这一点。如果当赤字减少时，央行也降低利率以保持产出不变，那么投资必然会增加。尽管产出不变，但较低的利率会导致较高的投资。

因此，结论很明确：削减赤字并不一定会自发导致投资增加。它可能会，也可能不会，这取决于货币政策的反应。

5.5 IS-LM 模型与现实的吻合程度如何

到目前为止，我们忽略了动态变化。例如，当我们考察图5-6中关于税收增加的影响时——或者图5-7中关于货币扩张的影响时——我们假定经济从 A 瞬间移动到 A'，产出从 Y 瞬间移动到 Y'。这明显与事实不符。产出的调整需要时间，为了刻画时间维度，我们需要引入动态。

非常正式地介绍动态会比较困难，但是，正如在第3章所做的那样，我们可以用语言来描述它的基本机制，有一些机制和第3章非常相似，有一些则是新的：

- 可支配收入变化后，消费者对其消费的调整需要一定的时间。
- 销售变化后，企业对其投资支出的调整需要一定的时间。
- 利率变化后，企业对其投资支出的调整需要一定的时间。
- 销售变化后，企业对其生产的调整需要一定的时间。

因此，为了应对税收的增加，消费支出需要一些时间来应对可支配收入的减少，生产需要更多时间来应对消费支出的减少，投资需要更多时间才能应对销售额的下降等。

利率下降后，投资支出对利率的减少作出反应需要时间，生产对需求上升作出反应需要更多时间。同样，作为对产出变化的反应，消费和投资的响应需要更多的时间，以此类推。

精确描述所有这些动态调整的过程是极其复杂的，但是基本的含义是直观的：产出对财政政策和货币政策调整作出反应是需要时间的，需要多少时间？这个问题只能利用数据和计量经济模型来回答。图5-13显示了一项计量经济研究的结果，它利用了美国1960年到1990年的数据。

> 我们在第4章的4.3节中讨论了联邦基金市场和联邦基金利率。

这项研究探讨了联邦政府将联邦基金利率增加1%的影响，它描述了这一利率上升对一系列宏观经济变量的影响。

图5-13中的每一个图代表利率变化对给定变量（销售额、产出、就业、失业和价格）的影响。每个图中有3条线，中间的实线给出了利率变化对变量影响的最好估计，两条虚线及其之间的阴影部分代表**置信区间**（**confidence band**），影响的真实值落入该区间的可能性为60%。

> 计量经济学中，不可能准确知道参数的真实值，也不可能知道一个变量对另一个变量的真实影响。计量经济学只是提供了一个最好的估计——这里的实线——和对估计结果信心的测度——这里的置信区间。

- 图5-13(a)显示了随着时间的推移（12个季度），联邦基金利率上升1%对零售业的影响。零售业销售额的百分比变化由纵轴表示；横轴表示时间（用季度表示）。

  从最好的估计结果中——图中的实线——可以看到，联邦基金利率上升1%导致了零售业销售额下降。最大下降幅度为-0.9%，在5个季度后实现。

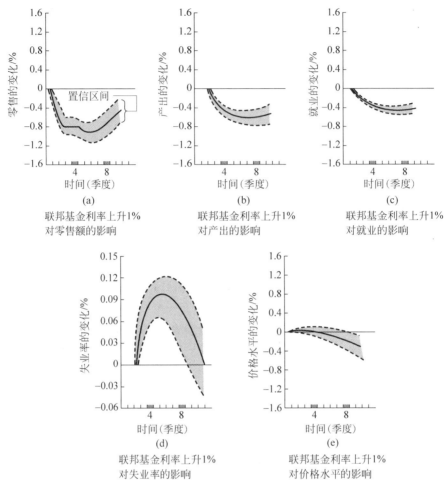

图 5-13 联邦基金利率上升的实证效果

资料来源：Lawrence Christiano, Martin Eichenbaum, and Charles Evans, "The Effects of Monetary Policy Shocks: Evidence from the Flow of Funds"（货币政策冲击的效应：来自资金流的证据），Review of Economics and Statistics, February 1996, 78(2月), pp. 16-34。

注：短期内，联邦基金利率上升导致销售、产出和就业的减少以及失业的增加，但对价格水平影响比较小。

这解释了货币政策不能防止 2001 年经济衰退（请看要点解析 "2001 年的美国经济衰退"）的原因。2001 年初，当美联储开始降低联邦基金利率时，其影响已经来不及在 2001 年显现出来了。

- 图 5-13(b) 说明了更低的销售是如何导致更低产出的。作为对销售减少的反应，企业削减生产，但比销售减少的幅度要小。企业会积累存货，以备日后使用。生产的调整比销售的调整要更加平缓。最大下降幅度为 −0.7%，在 8 个季度后实现。

  换句话说，货币政策是起了作用，但是它的作用存在较长的时滞。货币政策对产出的影响在近两年的时间后达到最大。

- 图 5-13(c) 说明了更低产出是如何导致更低就业的：当企业削减生产时，它们同时削减就业。和产出一样，就业的下降也是缓慢、平稳的，8 个季度之后达到 −0.5%。就业的下降反映了失业率的上升，如图 5-13(d) 所示。

- 图 5-13(e)展示了价格水平的变化过程。记住,IS-LM 模型的一个假设就是价格水平是给定的,因此即使需求变化,价格也应该是不变的。图 5-13(e)说明在短期内该假设是对现实不错的近似,价格水平在头 6 个季度几乎没有变化,只是在 6 个季度之后,价格水平才出现下降。这就强烈地暗示着 IS-LM 模型讨论中期问题时就会变得不再那么可信了:在中期,我们不能再假设价格水平是不变的,价格水平变动将变得很重要。

图 5-13 总结了两个重要的教训。首先,使我们了解了产出和其他变量会对货币政策进行动态调整。其次,更重要的是,它显示了 IS-LM 模型的结论与我们经济中所观察到的现象相一致。但这不能证明 IS-LM 模型就是正确的,我们在经济中观察到的有可能是一个完全不同的机制产生的结果,而 IS-LM 模型的解释与之相符可能只是巧合——不过这似乎不大可能。IS-LM 模型看起来就像稳固的基石,我们在此基础之上来讨论短期内经济活动的变动情况。在本书后面,我们将通过模型扩展来讨论预期的作用(第 14 章到第 16 章),以及商品市场与金融市场都开放时的影响(第 17 章到第 20 章)。但是在此之前,我们必须首先理解在中期是什么决定了产出,这是接下来第 7 章到第 9 章的主要内容。

本章提要

- IS-LM 模型刻画了商品市场和金融市场同时达到均衡的一些特征。
- IS 关系和 IS 曲线显示了商品市场均衡中利率与产出水平的组合。利率上升导致产出下降。因此,IS 曲线是向下倾斜的。
- LM 关系和 LM 曲线显示了与金融市场均衡一致的利率和产出水平的组合。在中央银行选择利率的假设下,LM 曲线是中央银行选择的利率的水平线。
- 财政扩张使得 IS 曲线向右移动,导致产出增长。财政紧缩使得 IS 曲线向左移动,导致产出减少。
- 货币扩张使得 LM 曲线向下移动,产出增加,利率下降。货币紧缩使得 LM 曲线向上移动,产出减少,利率上升。
- 货币政策与财政政策的结合被称为货币-财政政策组合,或者简称为政策组合。有时,货币政策与财政政策的使用方向相同,有时相反。例如,财政紧缩和货币扩张合在一起可以减少预算赤字,同时避免产出下降。
- IS-LM 模型似乎能够很好地描述短期的经济行为。尤其是在模型中引入动态调整以后,货币政策的影响似乎同 IS-LM 模型的结论相一致。货币紧缩引起利率上升,从而导致产出下降,影响的最大值差不多在 8 个季度后出现。

关键术语

- IS curve,IS 曲线
- LM curve,LM 曲线
- fiscal contraction,fiscal consolidation,财政紧缩
- fiscal expansion,财政扩张
- monetary expansion,货币扩张
- monetary contraction,monetary tightening,货币紧缩

- monetary-fiscal policy mix,货币-财政政策组合
- fiscal austerity,财政紧缩
- confidence band,置信区间

本章习题

快速测试

1. 运用本章学到的知识,判断以下陈述属于"正确""错误"和"不确定"中的哪一种情况,并解释。

a. 投资的主要决定因素是销售水平和利率。

b. 如果 IS 关系中的所有外生变量都为常数,那么只能通过降低利率来实现更高水平的产出。

c. 因为商品市场均衡意味着税收增加导致产出水平下降,所以 IS 曲线向下倾斜。

d. 如果政府支出和税收同时增加相同的数量,IS 曲线不移动。

e. LM 曲线在中央银行的利率政策选择上是水平的。

f. 沿着 LM 曲线,实际货币供应量是恒定的。

g. 如果名义货币供应量为 4 000 亿美元,价格水平从指数值 100 上升到指数值 103,则实际货币供应量上升。

h. 如果名义货币供应量从 4 000 亿美元上升到 4 200 亿美元,价格水平从指数值 100 上升到 102,实际货币供应量就会上升。

i. 政府购买的增加导致 IS-LM 模型的投资减少。

2. 首先考虑第 3 章中投资为常数的商品市场模型,消费由下式给出:

$$C = c_0 + c_1(Y - T)$$

I、G 和 T 给定。

a. 求均衡产出。自主支出变化的乘数的值是多少?

现在让投资同时取决于销售和利率:

$$I = b_0 + b_1 Y - b_2 i$$

b. 使用第 3 章中学习的方法求均衡产出。在给定的利率水平下,自主支出变化产生的影响是否比问题 a 中的大?为什么?(假设 $c_1 + b_1 < 1$)

c. 假设中央银行选择的利率为 $\bar{i}$。求解该利率下的均衡产出。

d. 使用 IS-LM 图绘制该经济的平衡。

3. 投资对财政政策的反应。

a. 使用 IS-LM 图形说明政府支出减少对产出和利率的影响。对投资有什么影响?为什么?

现在,考虑下面的 IS-LM 模型:

$$C = c_0 + c_1(Y - T)$$
$$I = b_0 + b_1 Y - b_2 i$$
$$Z = C + I + G$$

$$i = \bar{i}$$

b. 求解利率为 $\bar{i}$ 时的均衡产出。假设 $c_1+b_1<1$（提示：如果这一步有困难，可以参考问题 2。）

c. 求解均衡投资水平。

d. 让我们回到货币市场的幕后。第 4 章介绍了描述货币市场均衡的方程。让我们写下描述均衡的方程：$\frac{M}{P}=d_1Y-d_2i$。当 $i=\bar{i}$ 时，求解实际货币供应的均衡水平。实际货币供应如何随政府支出变化？

4. 考虑货币市场，以便更好地理解本章中的水平 LM 曲线。

LM 关系式[等式(5.3)]为

$$\frac{M}{P}=YL(i)$$

a. 等式(5.3)的左侧是什么？

b. 等式(5.3)的右侧是什么？

c. 返回第 4 章的图 4-2。在该图中，函数 $L(i)$ 是如何表示的？

d. 修改图 4-2，以两种方式表示等式(5.3)。如何重新标记横轴？现在移动货币需求函数的变量是什么？用适当的坐标轴绘制修改后的图 4-2。

e. 使用修改后的图 4-2 展示：①随着产出的增加，为了保持利率不变，央行必须增加实际货币供应量；②随着产出下降，为了保持利率不变，央行必须减少实际货币供应量。

5. 考虑下面的 IS-LM 模型的数值例子：

$$C=200+0.25Y_D$$
$$I=150+0.25Y-1\,000i$$
$$G=250$$
$$T=200$$
$$\bar{i}=0.05$$

a. 推导 IS 曲线方程。（提示：需要推导出一个 Y 在左边、其余项在右边的等式。）

b. 中央银行设定了 5% 的利率。这个决定在方程中是如何表示的？

c. 当利率为 5% 时，实际货币供应量是多少？使用以下表达式：

$$M/P=2Y-8\,000i$$

d. 求 C 和 I 的均衡值，并验证 C、I 和 G 之和是否等于 Y。

e. 现在假设央行将利率下调至 3%。这如何改变 LM 曲线？求解 Y、I 和 C，并用文字描述扩张性货币政策的效果。M/P 供给的新平衡值是什么？

f. 回到央行设定的利率为 5% 的初始情况。现在假设政府支出增加到 $G=400$。总结扩张性财政政策对 Y、I 和 C 的影响。扩张性财政策略对实际货币供应量的影响是什么？

g. 从等于 5% 的利率和等于 250 个单位的政府支出开始，将政府支出增加到 400 个单位，同时将实际货币供应量固定在 1 600 个单位。

[提示：货币市场必须处于平衡状态，因此 $1\,600=2Y-8\,000i$（c 部分），商品市场必须处于均衡状态，因此 $Y=C+I+G$ 的 Y 和 I 值相同。]

比较政府购买增加对 Y、I 和 C 的影响与 g 部分中 G 的相同增加的影响,并解释差异。

深入挖掘

6. 投资与利率。

本章认为投资与利率负相关,因为借贷成本的增加会阻碍投资,然而企业经常会利用自有资金进行投资。

如果一家公司正在考虑使用自己的资金(而不是借款)为投资项目融资,较高的利率是否会阻止该公司进行这些项目?并解释。(提示:把自己想象成一家已经盈利的公司的老板,想象一下你将用这些利润来资助新的投资项目或购买债券。你投资公司新项目的决定会受到利率的影响吗?)

7. 布什-格林斯潘政策组合。

2001 年,美联储推行扩张性货币政策并降低利率,同时布什总统通过立法降低所得税。

a. 说明这种政策组合对产出的影响。

b. 这种政策组合与克林顿-格林斯潘政策组合有何不同?

c. 2001 年的产出有什么变化?你如何协调 2002 年财政政策与货币政策同时扩张的事实与产出增长如此缓慢的事实之间的矛盾呢?(提示:发生了其他什么事?)

8. 需要什么货币政策和财政政策的组合来实现以下目标?

a. 增加 Y,但保持 $\bar{i}$ 不变。投资(I)会发生变化吗?

b. 减少赤字,但保持 Y 不变。为什么 $\bar{i}$ 也必须变化?

9. 储蓄悖论(并不自相矛盾)。

第 3 章末尾的一个章节问题考虑了消费者信心下降对私人储蓄和投资的影响,当投资取决于产出而不是利率时。在这里,我们在 IS-LM 框架中考虑相同的问题,其中投资取决于利率和产出,但央行会调整利率以保持产出不变。

a. 假设消费者信心下降,那么家庭储蓄占收入的比例会更高。在 IS-LM 图中,中央银行调整利率以保持产出不变,显示了消费者信心下降对经济均衡的影响。

b. 消费信心下降将会怎样影响消费、投资和私人储蓄?尝试多储蓄是否必然导致更多储蓄?这种尝试是否会导致储蓄减少?

10. 财政政策和投资。阅读要点解析"减少赤字:对投资是利还是弊"。

在以下每种情况下,都有一个财政整合。记住,良好市场中的均衡条件也可以写成

$$I = S + T - G$$

财政整合如何增加公共储蓄?计算公共储蓄的变化和私人储蓄的变化。本政策的目标利率必须发生什么变化才能描述表 5-1、表 5-2 和表 5-3 部分的变化?

表 5-1 财政整合前后的变化(1)

时间	Y	C	I	G	T	S
整合前	1 000	500	200	300	200	
整合后	950	400	300	250	250	

表 5-2　财政整合前后的变化（2）

时间	Y	C	I	G	T	S
整合前	1 000	500	200	300	200	
整合后	900	450	250	200	200	

表 5-3　财政整合前后的变化（3）

时间	Y	C	I	G	T	S
整合前	1 000	500	200	300	200	
整合后	975	480	195	300	300	

进一步探讨

11. 克林顿-格林斯潘政策组合。

正如本章所描述，克林顿主政期间，政策更倾向于向财政政策紧缩和货币政策扩张的政策组合转变。本题从理论和实际两个方面探究这种政策组合变化的含义。

a. 假定 G 下降、T 上升，为确保这种政策组合对产出没有影响，美联储应该做些什么？借助 IS-LM 模型来说明这些政策变化的效应。利率如何变化？投资如何变化？

b. 登录《总统经济报告》网站 www.govinfo.gov/app/collection/erp/2019，参考统计附录中表 B-46。1992 年到 2000 年的联邦收入（税收收入）、支出以及预算赤字占 GDP 的百分比发生了什么变化？（注意：联邦支出包括转移支付，但在 IS-LM 中转移支付不包括在 G 内。忽略其差额。）

c. 美联储在 www.federalreserve.gov/releases/h15/data.htm 上披露了联邦基金利率的近况。请你选取每日、每周、每月和每年度的数据看一下 1992—2000 年的情况，货币政策什么时候变得更加具有扩张性？

d. 参考《总统经济报告》中的表 B-2，收集 1992—2000 年关于真实 GDP 和真实国内总投资的数据。计算每一年投资相对于 GDP 的百分比。投资在这段时期发生了什么变化？

e. 最后参考表 B-31，收集这一时期人均实际 GDP 的数据（以链式加权 2005 年美元不变价格计算），计算每一年的增长率。1992—2000 年的年均增长率为多少？在第 10 章，你将看到美国人均实际 GDP 在 1950—2004 年的平均增长率为 2.6%。与第二次世界大战后的平均增长率相比，1992—2000 年的增长率怎样变化？

12. 消费、投资和 2001 年的经济衰退。

这个问题要求你考察 2001 年经济衰退前、中、后期投资和消费行为的变化，也要求你考察投资和消费对 2001 年"9·11"事件的反应。

登录美国经济分析局网站 www.bea.gov，找到 NIPA 表，特别是表 1.1.1 和表 1.1.2。前者显示了实际 GDP 及其构成变化的百分比，后者显示了 GDP 构成对 GDP 总百分比变化的贡献。以上两表皆是季度数据，表 1.1.2 是用 GDP 每个组成成分的规模对其百分比变化进行加权后的数据。投资比消费更易波动，但消费规模比投资大，因此较小的消费百分比变化对 GDP 的影响与投资较大百分比变化对 GDP 的影响相同。注意：季度百分比变化都被折合成年率（即表达成年度增长率）。从表 1.1.1 和表 1.1.2 中找出 1999—2002 年实际 GDP、消费、国内私人总投资，以及非住宅固定资产投资的季度数据。

a. 找出 2000—2001 年有负增长的季度数据。

b. 跟踪2000年和2001年的消费与投资。根据表1.1.1,判断在这段时间里,哪个变量变化的百分比更大？比较非住宅固定资产投资和总投资,哪个变量变化的百分比更大？

c. 由表1.1.2,计算1999—2001年消费和投资对GDP增长的贡献度。计算出每一年中各变量季度贡献的平均水平。现在计算2000—2001年每个变量贡献的变化(例如,用2000年的平均消费贡献率减去1999年的平均消费贡献率,用2001年的平均消费贡献率减去2000年的平均消费贡献率,对投资的处理也是如此)。哪个变量对增长的贡献下降得更多？你认为2001年经济衰退的直接原因是什么？(投资需求下降还是消费需求下降？)

d. 考察2001年第3、4季度和2002年的前两个季度,判断"9·11"事件以后,消费和投资发生了什么变化,你能理解2001年底的投资下降吗？投资下降持续了多久？这段时间消费发生了什么变化？如何解释2001年第4季度消费的变化？2001年"9·11"事件是引起2001年经济衰退的原因吗？运用本章的分析内容和你自己的直觉来回答这部分问题。

延伸阅读

- A description of the US economy, from the period of "irrational exuberance" to the 2001 recession, and the role of fiscal and monetary policy is given by Paul Krugman in *The Great Unraveling* (New York: W. W. Norton, 2003). (Warning: Krugman did not like the Bush administration or its policies!)

第6章 金融市场Ⅱ：扩展的 IS-LM 模型

到现在,我们都一直假设只存在两种金融资产——货币和债券,只存在一种利率——由货币政策决定的债券利率。你知道,金融体系实际上要复杂得多,存在各种利率和大量的金融机构。金融体系在经济体中发挥重要作用——在美国,整个金融体系占到 GDP 的 7%,这是一个很大的数字。

在 2008 年危机之前,金融体系在宏观经济学中的重要性被忽视。所有的利率通常都被认为是随着货币政策决定的利率变化而变化的,所以人们可以只关注由货币政策决定的利率,并假设其他利率也会随之变化。这场危机使人们痛苦且清晰地认识到,这种假设过于简单,金融体系可能会受到具有重大宏观经济影响的危机的影响。这一章更仔细地考察了金融体系的作用及其宏观经济影响,然后讲述了在巨大金融危机期间发生的事情。

6.1 节　介绍了名义利率和实际利率之间的差异。

6.2 节　介绍了风险的概念,以及它如何影响不同借款人需要支付的利率。

6.3 节　介绍了金融中介的作用。

6.4 节　将我们刚才学习的内容纳入扩展的 IS-LM 模型。

6.5 节　使用这个扩展的模型描述了最近的金融危机及其宏观经济影响。

> 本章不能取代金融学课本,但它足以让你理解为什么金融体系对宏观经济至关重要。

如果你还记得本章的一条基本信息,它应该是:金融体系很重要,金融危机可能会对宏观经济产生重大影响。

6.1 名义利率与实际利率

1980 年 1 月,1 年期美国国库券利率(1 年期政府债券的利率)是 10.9%。2006 年 1 月,1 年期国库券利率只有 4.2%。2006 年与 1980 年相比,借钱显然更加便宜。

是这样的吗？1980 年 1 月,通货膨胀率大约为 9.5%。2006 年 1 月,通货膨胀率大约是 2.5%。这个信息看起来关系重大:利率告诉我们为了在今天得到 1 美元,我们需要在将来支付多少美元。当我们借钱的时候,我们实际上想

> 在撰写本书时,1 年期国库券利率甚至比 2006 年还要低,但将 1981 年与 2006 年进行比较是传达我观点的最佳方式。

知道的是为了今天得到的商品,我们需要在将来放弃多少商品。同样地,当我们借给别人钱的时候,我们想知道因为今天放弃的商品,我们在将来可以得到多少商品——而不是多少美元。通货膨胀的出现使得这种区别变得重要。如果现在到未来的通货膨胀非常高,以至于我们的收益无法再买更多的商品,那么在将来能得到高利率回报又有什么意义呢?

这就是名义利率与实际利率的区别所在:

名义利率:用美元表示的利率。

- 我们把用美元表示的利率(或者,更一般地说,用国家货币单位表示的利率)叫作**名义利率**(nominal interest rates)。报纸的金融版上的利率通常是名义利率。例如,我们说 1 年期国库券利率是 4.2%,意味着政府通过发行 1 年期国库券每借 1 美元就要承诺在 1 年后支付 1.042 美元。更一般地说,如果第 t 年的名义利率是 i_t,今年借 1 美元就要在明年支付 $(1+i_t)$ 美元。(我将使用"今年"来表示"今天","明年"来表示"从今天开始的一年"。)

实际利率:用一篮子商品表示的利率。

- 我们把用一篮子商品表示的利率叫作**实际利率**(real interest rates)。因此,如果我们用 r_t 表示第 t 年的实际利率,那么根据定义,今年借一篮子商品的等价物,要求明年支付 $(1+r_t)$ 单位篮子商品的等价物。

名义利率和实际利率之间是什么关系?我们怎样才能从能观测到的名义利率过渡到通常不能观测到的实际利率呢?直观的答案是:我们在调整名义利率的时候,必须将预期通胀考虑在内。

让我们来一步一步地推导。

我们假定经济中只有一种商品,如面包(后面我们会加上果酱和其他商品)。记 1 年期名义利率为 i_t,用美元表示,如果你今年借 1 美元,那么你明年就要支付 $(1+i_t)$ 美元。但是你真正想知道的是:如果你今年借了 1 磅面包,你明年需要归还多少(用面包的磅数来衡量)?

图 6-1 可以帮助我们得到答案。顶端部分重复 1 年期实际利率的定义,底端部分标明我们如何通过 1 年期名义利率以及面包价格的信息推导出 1 年期实际利率。

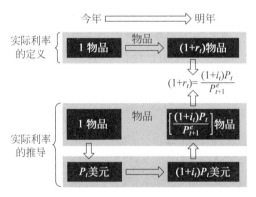

图 6-1 实际利率的定义和推导

- 从图 6-1 左下角向下的箭头开始,假设你今年准备多吃 1 磅面包,如果今年 1 磅面包的价格是 P_t 美元,要多吃 1 磅面包,你必须借 P_t 美元。
- 令 i_t 为 1 年期名义利率,即用美元表示的利率。如果你借了 P_t 美元,明年你得归还 $(1+i_t)P_t$ 美元。这在图 6-1 底部由下面的从左指向右的箭头表示。

- 然而你所关心的并不是美元，而是多少磅面包。因此，最后一步要把明年的美元转换成多少磅面包。令 P_{t+1}^e 为你预期明年的面包价格（上标"e"表示这是一种预期：你还不知道明年面包的价格会是多少），因此，你预期明年归还的量等于 $(1+i_t)P_t$（明年你要支付的美元数）除以 P_{t+1}^e（明年用美元表示的面包价格），即 $(1+i_t)P_t/P_{t+1}^e$。这在图 6-1 中用右下角向上的箭头表示。

把图 6-1 中的顶端和底端放在一起，可将 1 年期实际利率 r_t 定义为

$$1+r_t=(1+i_t)\frac{P_t}{P_{t+1}^e} \tag{6.1}$$

这个关系看起来很吓人，但是通过两个简单的操作就会使其看起来更为友好。

- 记 t 和 $t+1$ 之间的预期通货膨胀率为 π_{t+1}^e。假设只有一种商品——面包，预期通货膨胀率等于今年到明年面包美元价格的预期变化，除以今年面包的美元价格：

$$\pi_{t+1}^e \equiv \frac{(P_{t+1}^e - P_t)}{P_t} \tag{6.2}$$

利用式(6.2)，把式(6.1)中的 P_t/P_{t+1}^e 重新写成 $1/(1+\pi_{t+1}^e)$，代入式(6.1)中得到

$$1+r_t = \frac{1+i_t}{1+\pi_{t+1}^e} \tag{6.3}$$

1 加上实际利率等于 1 加上名义利率除以 1 加上预期通货膨胀率。

- 式(6.3)给出了实际利率与名义利率和预期通货膨胀率的准确关系。但是当名义利率和预期通货膨胀率都不是太大的时候——每年低于 10%——这个等式的一个近似表达由以下的简单关系表示：

$$r_t \approx i_t - \pi_{t+1}^e \tag{6.4}$$

记住式(6.4)。这个式子是说实际利率（近似）等于名义利率减去预期通货膨胀率。[在本书余下的部分，我们经常把式(6.4)当作等式对待，然而必须记住，这只是个近似表达。]

注意式(6.4)的几个含义：
- 当预期通货膨胀率等于零的时候，名义利率和实际利率相等。
- 因为预期通货膨胀率通常为正，实际利率通常比名义利率低。
- 给定名义利率，预期通货膨胀率越高，实际利率越低。

预期通货膨胀率恰好等于名义利率的情况值得进一步研究。假定名义利率和预期通货膨胀率都等于 10%，你是借款人。你每借入 1 美元，明年将要归还 1.10 美元。这看起来很贵，但如果用面包数量来衡量，明年美元会贬值 10%。因此，如果你借入 1 磅面包的等价物，你明年将要归还 1 磅面包的等价物：借债的实际成本——实际利率——等于零。现在假定你是贷款人：你每借出 1 美元，明年将会得到 1.10 美元。这看起来很有吸引力，但如果用面包的数量来衡量，明年美元会贬值 10%。如果你借出 1 磅面包的等价物，你明年将会得到 1 磅面包的等价物：尽管有

如果你明年要付 10 美元，而你预期明年面包的价格为 2 美元一磅，那么你预期明年归还的数量相当于 $10/2=5$ 磅面包。这就是我们用美元数额 $(1+i_t)P_t$ 除以明年面包价格 P_{t+1}^e 的原因。

把式(6.2)两边同时加上 1：
$$1+\pi_{t+1}^e = 1 + \frac{(P_{t+1}^e - P_t)}{P_t}$$
整理：
$$1+\pi_{t+1}^e = \frac{P_{t+1}^e}{P_t}$$
两边取倒数：
$$\frac{1}{1+\pi_{t+1}^e} = \frac{P_t}{P_{t+1}^e}$$
代入式(6.1)得到式(6.3)。

参考本书最后附录 2 的性质 6。假定名义利率是 10%，预期通货膨胀率是 5%，使用准确公式(6.3)得到 $r_t = 4.8\%$。利用式(6.4)计算出的近似结果是 5%，结果是足够接近的。

如果名义利率和预期通货膨胀率都很高，如分别等于 100% 和 80%，近似的结果就不够好了——利用准确公式计算出的实际利率是 11%，但近似结果是 20%——相去甚远。

10%的名义利率,但实际利率等于零。

迄今为止,我们一直假定只有一种商品——面包。但我们上面所做的分析能够很容易地扩展到有许多商品的情况。我们唯一需要做的就是用一篮子商品的价格替代式(6.1)或者式(6.3)中的面包价格。如果用消费者价格指数(CPI)来衡量价格水平,实际利率就会告诉我们:为了今天能多消费一些,我们明年必须放弃多少消费。

6.1.1　1978年以来美国的名义利率和实际利率

我们回到这一部分开始的时候提出的问题。现在重新叙述一遍:2006年的实际利率比1981年低吗? 更一般地说,过去40年美国的实际利率发生了什么变化?

答案由图6-2给出,图6-2描绘了1978年以来美国1年期国库券的名义利率和实际利率。每一年的名义利率是1年期国库券的年初利率。为了构造实际利率,我们需要对预期通货膨胀率进行测度——更准确地说,是每年年初的预期通货膨胀率。我们对每一年的通胀预测都使用了经合组织(OECD)在前一年年底公布的GDP平减指数。例如,OECD在2005年11月公布的用于构建2006年实际利率的通货膨胀预测为2.5%。

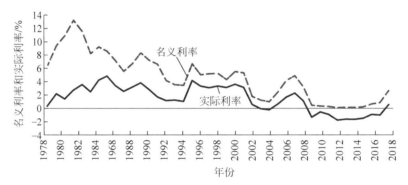

图6-2　1978年以来美国1年期国库券的名义利率和实际利率

资料来源:FRED;名义利率是上一年12月的1年期国库券:TB1YR系列(TB6MS系列,2001、2002、2003、2004年12月)。预期通胀是根据上一年11月经合组织经济展望(OECD Economic Outlook)中的GDP平减指数对12个月通胀的预测。

注:20世纪80年代早期以来名义利率出现了大幅下降,但由于预期通货膨胀也下降了,实际利率下降幅度远小于名义利率的下降幅度。

实际利率($i-\pi^e$)是建立在预期通货膨胀率基础上的。如果实际通货膨胀率与预期通货膨胀率不同,实现的实际利率($i-\pi$)就会和实际利率不同。正是这个原因,实际利率有时候也被称为事前实际利率("事前"的意思是"事情发生之前";在这里,是指通货膨胀为人所知之前),实现的实际利率被称为事后实际利率("事后"的意思是"事情发生之后";在这里,指通货膨胀为人所知之后)。

图6-2显示了通货膨胀调整的重要性。虽然2006年的名义利率比1981年低得多,但2006年的实际利率(约1.7%)却比1981年(约1.4%)要高。换句话说,尽管名义利率大幅下降,但2006年的借贷成本实际上比1981年更高。这是20世纪80年代早期以来通货膨胀(以及预期通货膨胀)稳步下降的结果。

6.1.2 名义利率和实际利率：零利率下限与通货紧缩

IS 关系应该选择哪种利率？显然，在消费决策或者投资决策中，影响大众或者企业的是以商品形式度量的实际利率。这对货币政策有着直观的意义。尽管央行选择名义利率（正如我们在第 4 章看到的），但它关心的是实际利率，因为它影响支出决策。因此，为了设定它想要的实际利率，它必须考虑到预期通货膨胀。

如果央行想让实际利率等于 r，它必须选择名义利率 i 使得 $r=i-\pi^e$，这样，在给定预期通胀 π^e 的情况下，实际利率 r 处于理想水平。例如，如果它希望实际利率为 4%，而预期通胀率为 2%，它会将名义利率 i 设为 6%。

但是，正如我们在第 4 章流动性陷阱的背景下讨论的那样，零利率下限意味着名义利率不可能是负的；否则，人们就不会愿意持有债券。这意味着实际利率不可能低于通货膨胀率的相反数。例如，如果预期通胀率为 2%，那么实际利率能达到的最低水平为 0%−2%=−2%。只要预期通货膨胀率为正，就有可能存在负的实际利率。但如果预期通货膨胀率变为负值，即如果大众预期通货紧缩，那么实际利率的下限就会变为正值，并且有可能变得非常高。例如，如果预期通货紧缩率为 2%，那么实际利率不可能低于 2%。这可能不足以增加多少对商品的需求，并且经济可能仍处于衰退之中。正如我们将在 6.5 节中看到的那样，在 2008 年危机期间，零下限被证明是一个严重的问题。

6.2 风险和风险溢价

到目前为止，我们都假设只存在一种债券，但实际上存在各种债券。债券存在不同的到期期限，即它们承诺付款的时间长度。例如，1 年期政府债券承诺 1 年之后支付一次；10 年期政府债券承诺 10 年间的一系列支付。它们在风险方面也有所不同。有些债券几乎没有风险，借款人不还贷的概率可以忽略不计。相反，一些债券是有风险的，借款人无法或不愿意偿还的可能性不可忽略。在本章中，我们将把重点放在风险上，而不考虑期限问题。

在第 14 章介绍更为正式的到期期限处理方式后，我们将回到对期限的讨论，以及不同期限债券利率之间的关系。

我们都不可能按美联储设定的联邦基金利率借款，也不可能以美国政府借款的利率获得借款。这是有充分原因的。借钱给我们的人都知道我们有可能无法偿还。发行债券的企业也是如此，一些企业风险很小，而另一些企业风险就要高得多。债券持有人要求**风险溢价**（risk premium）来作为对风险的补偿。

风险溢价由哪些因素决定？

第一个因素是违约本身的可能性。违约的可能性越高，投资者要求的利率就越高。更正式地说，设 i 为无风险债券的名义利率，$i+x$ 为风险债券（违约概率为 p）的名义利率，称 x 为风险溢价。假设投资者是风险中性的，他们希望在无风险债券和有风险债券上获得相同的预期回报。对于两者的预期收益，必须保持以下关系：

$$1+i=(1-p)(1+i+x)+p(0)$$

等式左边给出了无风险债券的回报，等式右边给出了风险债券的期望回报。在 $1-p$ 的概率下，未发生违约，债券将偿还 $1+i+x$。在 p 的概率下，发生违约，债券将无法偿还。

重新整理得到

> 如果 i 和 p 很小，那么公式可以很好地近似为 $x=p$。

$$x=(1+i)p/(1-p)$$

例如，如果无风险债券的利率是 4%，风险债券的违约概率是 2%，那么要获得与无风险债券相同的预期回报率，所需的风险溢价是 2.1%。

第二个因素是债券持有人的**风险厌恶**（risk aversion）程度。即使风险债券的预期回报与无风险债券相同，风险本身也会使投资者不愿持有风险债券。因此，他们会要求更高的溢价来补偿风险，所以 x 会高于我们刚刚得到的值。至于高多少，则取决于投资者的风险厌恶程度。并且，如果投资者变得更加厌恶风险，那么即使债券本身的违约率没有发生变化，风险溢价也会上升。

> 不同的评级机构使用不同的评级系统。这里使用的评级标准是标准普尔（Standard and Poor's），该评级从 AAA（几乎无风险）到 BBB 到 C（高违约概率债券）。

为了说明这一点的重要性，图 6-3 绘制了自 2000 年以来三种债券的利率：被认为几乎没有风险的美国政府债券、被评级机构分别评为安全（AAA）和不那么安全（BBB）的公司债券。

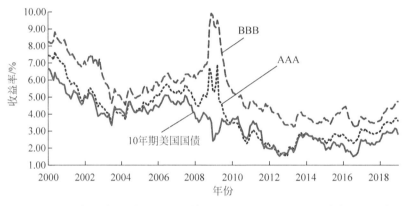

图 6-3　2000 年以来 10 年期美国国债、AAA 级和 BBB 级公司债券的收益率
资料来源：FRED；系列 DGS10；对于 AAA 级和 BBB 级公司债券，美国银行美林证券系列 BAMLC0A4CBBB、BAMLC0A1CAAAEY。
注：2008 年 9 月，金融危机导致企业借款利率大幅上升。

图 6-3 有三点需要注意：首先，即使是评级最高的 AAA 级公司债券的利率，也高于美国政府债券的利率，平均风险溢价约为 1%。美国政府可以以比美国企业更低的利率借款。其次，评级较低的 BBB 级公司债券的利率比评级最高的 AAA 级公司债券的利率要高，风险溢价通常超过 2%。最后，注意 2008 年和 2009 年金融危机期间发生的事情。虽然政府债券利率下降（反映了美联储降低政策利率的决定），但低评级债券的利率急剧上升，在危机最严重的时候达到了 10%。换句话说，尽管美联储将政策利率降至零，但低评级公司的债券利率却变得更高了，导致这些企业完全没有动力去投资。就 IS-LM 模型而言，这就说明了为什么我们不能假设 IS 关系中的利率为政策利率，因为许多借款人的借款利率可能远高于政策利率。

总结一下：在前两节中，我们介绍了实际利率与名义利率的概念，以及风险溢价的概念。在 6.4 节中，我们将扩展 IS-LM 模型，从而把这两个概念都考虑进去。在此之前，让我们先看看金融中介的角色。

6.3 金融中介的作用

到目前为止,我们已经研究了**直接融资**(direct finance),也就是最终借款人从最终贷款人那里直接借款。事实上,大多数借贷都是通过金融中介机构完成的。这些金融机构从一些投资者手中获得资金,然后将这些资金出借给另一些投资者。这些机构中有银行,但也有越来越多的"非银行机构",如抵押贷款公司、货币市场基金和对冲基金。

金融中介机构发挥着重要的作用。它们掌握着特定借款人的特点,并能根据他们的特定需求提供贷款。在正常情况下,它们运转平稳。它们借入和借出资金,通过要求借款者支付略高于其借入资金的利率获得利润。然而,它们偶尔也会遇到麻烦,这就是大金融危机发生的情况。为了理解其中的原因,让我们首先关注银行,并从图 6-4 中一个非常简化的银行资产负债表开始(讨论也适用于非银行机构,我们稍后将提到它们)。

因为它是在银行的"影子"下发展起来的,金融系统的非银行部分被称为**影子银行**(shadow banking)。但它现在规模很大,不再处于阴影之中。

人们希望银行的资产负债表也能如此简单和透明。如果是这样的话,这场危机的规模就会小得多。

银行资产负债表

| 资产100 | 负债80 |
| | 资本20 |

图 6-4 银行资产、资本和负债

假设一家银行的资产为 100,负债为 80,资本为 20。你可以想象银行所有者直接投资的自有资金是 20,从其他投资者那里借入 80,最后用 100 购买了各种资产。负债可以是支票存款、付息存款或从投资者和其他银行借款。资产可以是准备金(中央银行的钱)、给消费者的贷款、给公司的贷款、给其他银行的贷款、抵押贷款、政府债券或其他形式的证券。

在第 4 章中编制银行资产负债表时,我们忽略了资本(而把重点放在准备金和其他资产之间的差异上)。那时忽略资本是不影响的,但是现在就不行了,我们来看这是为什么。

6.3.1 杠杆率的选择

从两个定义开始。银行的**资本比率**(capital ratio)被定义为其资本与资产的比率,因此,对于图 6-4 中的银行而言,就是 $20/100 = 20\%$。银行的**杠杆率**(leverage ratio)被定义为资产与资本的比率,因此是资本比率的倒数。在前面的例子中就是 $100/20 = 5$。通常可以从杠杆率的角度来思考问题,并将注意力集中在杠杆率上。我们将沿袭这个习惯。但考虑到两者之间的简单关系,我们也可以采用资本比率来展开我们的讨论。

如果银行选择的杠杆率为 0,那么每单位资本的预期利润率是多少?如果银行选择了完全杠杆(资本为 0)呢?(第二个问题是一个陷阱。)

银行在考虑如何选择杠杆率时,必须权衡两个因素。较高的杠杆率意味着较高的预期利润率,但也意味着较高的破产风险。让我们依次来看这两个因素。

如果一家银行的资产价值超过其负债价值,那么它就有偿付能力。否则就是资不抵债。

- 假设资产的预期回报率为 5%,负债的预期回报率为 4%。那么,银行的预期利润为 $(100 \times 5\% - 80 \times 4\%) = 1.8$。鉴于银行所有者投入的自有资本为 20,则每单位资本的预期利润率等于 $1.8/20 = 9\%$。现在假设银行所有者投入的自有资本为 10,其余的 90 都是借入的,银行的资本比率将等于 10%(10/100),杠杆率将为 10,预期利润将等于 $1.4(100 \times 5\% - 90 \times 4\%)$,其每单位资本的预期利润率将为 14%(1.4/10),明显比之前高多了。因此通过提高杠杆率,减少自有资金投入,银行就可以增加单位资本的预期利润率。

- 那么为什么银行不选择高杠杆率呢?因为更高的杠杆率意味着资产价值低于负债价值的风险更高,进而意味着更高的**无力偿债风险**(**insolvency**)。如图 6-4 所示,其资产可以减少到 80,银行仍然不会面临无力偿债风险,进而也不会破产。但如果它选择的杠杆率为 10,那么资产价值一旦下降到 90 以下,银行就会面临无力偿债风险,破产的风险会高得多。

因此,银行在选择杠杆率时必须将这两个因素都考虑进去。杠杆率过低意味着利润率过低,而杠杆率过高则意味着破产风险过高。

6.3.2 杠杆率和贷款

假设一家银行选择了它所偏好的杠杆率,并假设它的资产价值下降。例如,图 6-4 中银行的资产从 100 减少到 90,比方说因为坏账的影响。银行的资本现在已降至 10(90-80)。杠杆率从 5 上升到了 9。这家银行仍然有偿付能力,但它的风险显然比以前更大了。它会想做什么?例如,它可能希望通过请求其他投资者提供资金来增加资本。但它也可能希望缩小其资产负债表的规模。例如,如果它可以收回一些贷款(金额为 40),从而将其资产减少到 50(90-40),然后用这些收回的贷款(金额为 40)将其负债降低到 40(80-40),它的资本比率就回到了其初始水平,为 20%(10/50)。但是,尽管资本比率回到了银行所期望的水平,其影响却是银行贷款的大幅减少。

让我们更进一步。从图 6-4 的资产负债表开始,假设资产的价值下降很大,比方说从 100 下降到 70,那么这家银行将面临无力偿债风险,进而破产,依赖于这家银行的借款者可能很难找到新的借款提供者。

这和我们有什么关系呢?因为银行无论是通过减少贷款来保持偿债能力,还是破产了,由此引发的放贷减少都可能会对宏观经济产生重大不利影响。当然,我们还是把宏观经济意义的相关讨论放到下一节,因为在此之前,我们还需要进一步探索。

6.3.3 流动性

我们研究了银行资产价值下降的情况,并看到这导致银行减少放贷。现在考虑这样一种情况:投资者不确定银行资产的价值,但是相信资产的价值很有可能下降了(这种判断可能正确,也可能错误)。然后,杠杆率会带来灾难性的影响。让我们看看这是为什么。

- 如果投资者对银行资产的价值有疑问,他们最安全的做法就是把资金从银行取出来,这给银行带来了严重的问题。银行需要拿出资金来偿还投资者,但是它发放的贷款并不容易收回,因为通常情况下,借款人不再有现成的资金,而是用这些资金支付账单、买车、买机器等。向另一家银行出售贷款可能也很困难,对其他银行来说,评估贷款的价值是困难的,因为它们不了解原银行所掌握的借款人的具体情况。

- 一般来说,其他人评估银行资产价值的难度越大,银行就越有可能无法出售资产,或者**大幅减价出售**(fire sale price)这些贷款,出售的价格要远远低于贷款的真实价值。对该行来说,这样的出售让情况变得更糟。随着资产价值的下降,银行很可能会资不抵债,走向破产。相应地,当投资者意识到这种情况可能发生时,他们更有可能希望撤出资金,引发更多的大幅减价出售,使问题变得更糟。请注意,即使投资者最初的怀疑完全没有根据,即使银行资产的价值一开始就没有下降,这种情况也可能发生。即使银行最初具有很好的偿债能力,投资者要求收回资金的决定以及由此触发的大幅减价出售,也有可能使银行丧失偿债能力。

- 还要注意的是,如果投资者可以随时要求收回他们的资金,问题会变得更糟。银行的支票存款显然就是这样。支票存款也被称为**活期存款**(demand deposits),正是因为人们可以随时提取资金。银行的资产主要由贷款构成,而负债主要由活期存款构成,这一事实使它们特别容易受到挤兑风险的影响。金融体系的历史上,**银行挤兑**(bank runs)的例子比比皆是,即对银行资产的担忧导致银行挤兑,迫使银行倒闭。银行挤兑是大萧条的一个主要特征,正如要点解析"银行挤兑"中所讨论的那样,央行已采取措施限制挤兑。然而,正如我们将在本章后面看到的,这并没有完全解决问题,一种现代形式的挤兑(这一次不是银行挤兑,而是其他金融中介挤兑)在大金融危机中发挥了重要的作用。

我们可以从资产和负债的**流动性**(liquidity)方面总结我们刚刚学到的东西。资产的流动性越低(即资产越难出售),大幅降价出售的风险就越高,银行丧失偿债能力进而破产的风险也越高。负债的流动性越高(即投资者要求收回资金的难度越小),大幅减价出售的风险也就越高,银行丧失偿债能力进而破产的风险也越高。我们之所以关注这些,是因为这种破产一旦发生,将很有可能造成重大的宏观经济后果。这是下一节的主题。

要点解析

银行挤兑

考虑一家健康的银行——拥有良好的贷款组合。假设谣言开始流传:银行经营不善,有些贷款将无法得到偿付。如果相信银行将倒闭,那么在该银行拥有存款的人将希望销户并取回现金;如果足够多的人都这么做,那么银行的资金就将用尽。鉴于贷款不易召回,银行将无法满足现金需求，最终不得不倒闭。

结论：对一家银行倒闭的恐惧真的能够导致它倒闭——即使一开始银行的贷款状况良好。美国金融史直到20世纪30年代都充斥着这种银行挤兑。一家银行由于坏账而倒闭，其他银行的存款者开始惊恐，并从银行取出现金，迫使其他银行也跟着倒闭。也许你看过一部经典电影——*It's a Wonderful Life*，这部詹姆斯·斯图尔特主演的经典电影每年圣诞节前后都会在电视上播出。当斯图尔特所在城镇的另一家银行倒闭后，他管理的储蓄和贷款银行的储户也害怕了，希望将他们的存款取出。斯图尔特成功地说服他们这是不明智的。电影的结局很好。但是在现实生活中，大多数银行挤兑的结局都不好（有关银行挤兑是如何开始的，可以观看另一部著名的电影 *Mary Poppins*）。

如何才能避免银行挤兑呢？

一种潜在的解决方案称为**限制银行**（narrow banking），它限制银行持有流动性的安全的政府债券，如国库券。贷款可以由银行之外的金融中介来提供。这很有可能就消除银行挤兑。美国监管近期的一些变化就朝着这个方向前进——限制依赖于存款的银行从事一些金融业务，但是这离实施限制银行措施还很远。有关限制银行的一个担忧就是，尽管它真的能够消除银行挤兑，但是问题可能转移到影子银行并造成影子银行的挤兑。

实践中，这个问题可以通过两种途径得到解决：首先，在第一时间限制银行挤兑。其次，如果银行挤兑还是发生了，那么就让中央银行向其提供资金，从而这些银行就不需要大幅减价出售资产。

为了限制银行挤兑，大多数发达国家的政府都推出了一种存款保险体系。例如，美国于1934年推出了**联邦存款保险**（federal deposit insurance）。目前美国政府对每一个支票存款账户进行保险，从2008年开始，上限为25万美元。其结果就是，存款者没有理由竞相收回资金。

然而，存款保险本身也会带来问题。存款者无须再为其存款担忧，于是不再关注开户银行的经营活动。银行就有可能行为不端，提供了大量贷款，而如果没有存款保险的话，银行根本就不会提供这些贷款。银行可能承担过高的风险，使用过高的杠杆。

不幸的是，2008—2009年的危机表明，存款保险已经不够了。首先，银行依赖于存款之外的其他资金来源，通常从其他金融机构和投资者获得隔夜借款。这些其他资金没有被保险覆盖，于是实际上在危机期间出现了银行挤兑，只是这一次，不是来自传统的存款者，而是来自批发融资提供者。其次，银行之外的其他金融机构也会面临同样的问题：投资者希望立即收回其资金，而资产很难处置或者快速变现。

因此，鉴于挤兑无法完全避免，中央银行推出了一系列计划，旨在在银行面临挤兑时向其提供资金。在这种情况下，中央银行以银行资产为抵押，向银行提供借款。如此，银行就不需要出售资产，大幅减价出售也就可以避免。传统上，只有银行能够获得这种资金。但是最近的危机表明，其他金融机构也可能面临挤兑，因此也需要获得这种资金。

和存款保险一样，中央银行提供的这种**流动性准备**（liquidity provision）同样不是完美的解决方案。实践中，中央银行可能很难作出选择。评估银行之外哪些金融机构能够获得这种流动性准备非常微妙。评估资产价值，进而决定应该向金融机构提供多少资金同样非常困难。中央银行不愿意向已经丧失偿付能力的机构提供资金,但是在金融危机爆发期间,资不抵债和流动性不足之间的区别可能很难确定。

6.4 扩展 IS-LM 模型

第 5 章介绍的 IS-LM 模型只有一个利率。这个利率是由中央银行决定的,并进入支出决策。它同时出现在 LM 关系和 IS 关系中。本章的前三节表明,尽管这是有用的第一步,但实际情况要复杂得多,我们必须扩展最初的模型。

首先,我们必须区分名义利率和实际利率。其次,我们必须区分央行制定的政策利率和借款人面临的利率。正如我们所看到的,这些利率既取决于借款人的风险,也取决于金融中介的健康状况。风险越高,或者金融中介的杠杆率越高,借款者需要支付的利率就越高。为了将这两方面同时考虑进去,我们将 IS-LM 模型重新用下面的形式表达出来。

IS 关系:$Y = C(Y-T) + I(Y, i - \pi^e + x) + G$

LM 关系:$i = \bar{i}$

LM 关系没有变化。中央银行仍然控制着名义利率。但 IS 关系有两个变化:出现了预期通胀 π^e 和风险溢价 x。

> 中央银行控制名义利率的方式是调节货币供应。(如果你需要复习,可以回到第 4 章。)

- 预期通胀项反映了这样一个事实:在其他条件相同的情况下,支出决定取决于实际利率 $r = i - \pi^e$,而不是名义利率。
- 风险溢价 x 以一种简单的方式反映了我们前面讨论过的因素:违约概率和风险厌恶程度。它可能很高,因为贷款人认为借款人不偿还贷款的风险更高,或者因为他们更厌恶风险。由于金融中介机构出于对偿付能力或流动性的担忧而减少放贷,x 也可能很高。

这两个方程表明,LM 方程中的利率 i 不再与 IS 关系中的利率 $r+x$ 相同。让我们将 LM 方程中的利率称为(名义)**政策利率**(**policy rate**),因为它是由货币政策决定的;而将 IS 方程中的利率称为(实际)借款利率(borrowing rate),因为它是消费者和企业可以借款的利率。

> 两个重要区别:实际利率与名义利率,政策利率与借款利率。

一个简单的例子:正如我们在 6.1 节所讨论的那样,尽管央行在形式上选择名义利率,但它可以通过这样一种方式来实现它想要的实际利率(这忽略了我们将回到的零下限的问题)。因此,我们可以认为央行直接选择了实际政策利率,并将这两个方程重写为

IS 关系:$Y = C(Y-T) + I(Y, r+x) + G$ (6.5)

LM 关系:$r = \bar{r}$ (6.6)

央行选择的是实际政策利率 r。但与支出决策相关的实际利率是借款利率 $r+x$,这不仅取决于政策利率,还取决于风险溢价。

这两个方程如图 6-5 所示。政策利率(央行暗中选择的实际利率)在纵轴上衡量,产出在横轴上衡量。IS 曲线是根据给定的 G、T 和 x 绘制的。在其他条件不变的情况下,实际政策利率的增加会减少支出,进而减少产出,即 IS 曲线是向下倾斜的。LM 是政策利率的一条水平线。均衡由点 A 给出,与之相关的输出水平为 Y。

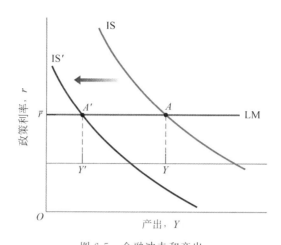

图 6-5 金融冲击和产出

注：风险溢价 x 的增加会导致 IS 曲线左移，均衡产出减少。

金融冲击与政策

假设，由于某种原因 x 上升了。这里有很多可能的原因，例如，这可能是投资者越来越厌恶风险，要求更高的风险溢价，或者是一家金融机构破产，投资者开始担心其他银行的健康状况，从而引发挤兑，迫使其他银行减少放贷。在图 6-5 中，IS 曲线向左平移。在相同的政策利率 r 下，借款利率 $r+x$ 上升，导致需求和产出下降。新的平衡在 A' 点。金融体系的问题导致经济衰退，金融危机变成宏观经济危机。

政策能发挥什么作用？如第 5 章所述，无论是增加 G 还是减少 T 的财政政策都可以使 IS 曲线向右平移，从而增加产出。但大幅增加支出或减税可能意味着预算赤字大幅增加，所以政府可能不愿意这样做。

考虑到产出低的原因是借款人的利率过高，货币政策似乎是一个更好的工具。事实上，如图 6-6 所示，政策利率大幅下降，原则上足以把经济带向 A'' 点，并使产出恢复到初始水平。实际上，面对 x 的上升，央行必须降低 r，以保持与支出决策相关的 $r+x$ 不变。

请注意，如图 6-6 所示，充分增加需求并使产出恢复到以前水平所必需的政策利率很可能是负的。例如，假设在初始平衡中，$r=2\%$，$x=1\%$。假设 x 增长了 4%，即从 1% 增加到了 5%。为了保持 $r+x$ 的值不变，央行必须将政策利率从 2% 下调至 $-2\%(2\%-4\%)$。这就产生了由于名义利率下限为零所引起的约束问题。

考虑到名义利率的下限为零，央行所能达到的最低实际利率为 $r=i-\pi^e=0-\pi^e=-\pi^e$。换句话说，央行能达到的最低实际政策利率是通货膨胀率的相反数。如果通货膨胀率足够高，比如 5%，那么名义利率为 0 意味着实际利率为 -5%，这很可能低到足以抵消 x 的增长。但如果通货膨胀很低，甚至是负的，那么央行能达到的最低实际利率可能不足以抵消 x 的增长。它可能不足以使经济恢复到均衡状态。正如我们看

为了简单，我们考察的是 x 的外生性上升，但 x 本身很可能取决于产出。产出的减少（比如因为经济衰退）会增加一些借款者无力偿还贷款的可能性：失业的工人可能无力偿还贷款；丧失销售额的公司可能会破产。这些风险的增加导致风险溢价的进一步提高，进而导致借款利率的进一步提高，从而又进一步降低了产出。

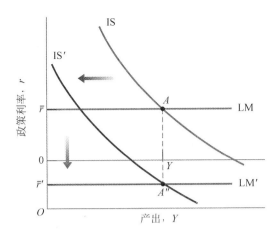

图 6-6 金融冲击、货币政策和产出

注：如果政策利率下降得足够多，在原则上可以抵消风险溢价的增加。然而，零利率下限可能会限制实际政策利率的下降。

到的，最近这场危机的两个特征确实是 x 的大幅增长和低实际通货膨胀率及低预期通货膨胀率，这限制了中央银行通过使用货币政策来抵消 x 增长的政策空间。

我们现在已经掌握了什么引发了 2008 年金融危机，以及它如何演变成一场重大经济危机的基本要素。这是本章 6.5 节，也就是最后一节的主题。

6.5 从住房问题到金融危机

当 2006 年美国房价开始下跌的时候，大多数经济学家预测这会导致总需求的下降和经济增长的放缓。很少有经济学家认识到这可能导致一次重大的宏观经济危机。大多数人没有预料到的是房价下跌对金融系统的影响，进而对经济的影响。

6.5.1 房价和次级抵押贷款

图 6-7 显示了 2000 年以来美国房地产价格指数的走势。这一指数因构造这一指数的两位经济学家而被命名为"Case-Shiller"指数，在 2000 年 1 月被标准化为 100。你可以看到在 21 世纪初，这一价格指数出现了快速的增长，之后紧接着就出现了大幅的下跌。这一指数从 2000 年的 100 一直攀升到 2006 年中期的 226，然后开始下降。到 2008 年底，也就是金融危机爆发之初，这一指数下降到了 162。2012 年初，该指数跌至 150 的低点，此后开始回升。在撰写本书时，这个数字是 227，接近 2006 年中期的峰值。

在网上搜索"Case-Shiller"就可以找到这一指数并看到它最近的变化。你也可以观察你所居住城市的房价的变化。

2000 年到 2006 年房价的快速上涨是否合理呢？回过头来看，再考虑到紧接着发生的暴跌，答案当然是否定的。但在当时，即房价正处于上升轨道时，经济学家无法确定其合理与否。因为一些价格的增长显然是合理的。

第 6 章 金融市场 Ⅱ：扩展的 IS-LM 模型

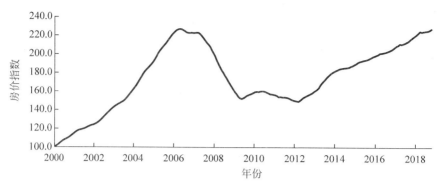

图6-7 2000年以来美国房地产价格指数的走势

资料来源：FRED：Case-Shiller房价指数，10个城市房价指数，SPCS10RSA系列。

注：2000—2006年房价指数不断攀升，紧接着出现了急剧下跌。

一些经济学家甚至在房价上涨期间就表示出了担忧。Robert Shiller（Case-Shiller指数创始人之一）也在之列。他警告说，房价的上升是一个很可能破灭的泡沫。他因在资产价格方面的研究获得了2013年的诺贝尔奖。

即使人们没有通过抵押贷款来支付购房款，低利率也会导致房价上涨。关于这一问题我们将在第14章中讨论当前贴现值时详细介绍。

- 21世纪第一个十年是一个利率水平非常低的时期。结果，抵押贷款利率也很低，从而增加了对住房的需求，进而推升了房价。
- 其他因素也起了作用。**抵押贷款提供者**（mortgage lenders）更加愿意为高风险的借款人提供贷款。这些抵押贷款被称为**次级抵押贷款**（subprime mortgages或subprimes），从20世纪90年代中期就已经存在，但在21世纪第一个十年更加流行。到2006年，美国大约20%的抵押贷款都是次级的。而这一定就是不好的吗？这在当时被大多数经济学家看作一种好的发展：它可以让更多的穷人买到房子，并且在房价持续上升的假设下，相对于房价来讲，抵押物的价值在逐渐下降。这看起来对于借款者和出借者都是安全的。从以往来看，假设房价不会下降，也似乎是合理的：正如你在图6-7中看到的，即使在2000—2001年的经济衰退中，房价也并没有下跌。

现在回过头来看，这些所谓的好的发展远不像经济学家想得那么好。首先，房价可能下降，2006年以来的情况充分验证了这一点。当房价下降时，许多借款者发现他们抵押贷款的价值已经超过了房子的价值［当抵押贷款的价值超过房子的价值时，这样的抵押贷款被称为"**溺水**"（underwater）］。其次，很明显，在很多情况下，抵押贷款的风险实际上比贷款人或借款人所理解的要大得多。借款者获得抵押贷款时的初始利率非常低，称为"**挪揄利率**"（teaser rates），从而只有非常低的初始利息偿还，以至于借款者很有可能没有意识到，随着时间的逝去，利息偿还可能会急剧上升。即使房价没有下降，许多借款人也可能没有能力还清他们的抵押贷款。

其中一些贷款被称为NINJA贷款（代表"无收入、无工作、无资产"）。

因此，随着许多借款人违约，贷款机构发现自己面临着巨大的损失。在2008年中期，抵押贷款的损失估计在3 000亿美元。这似乎是一个很大的数字，但对美国经济规模而言，这并不是很大，仅占到了美国国内生产总值的2%。你可能认为这种冲击会被美国的金融系统所吸收，进而对产出的负面影响是有限的。然而事实并非如此。虽然此次危机的导火索确实是房价的下跌，但房价下跌的影响被极大地放大了。即使是那些预期房价将会下跌的经济学者也没有意识到这种放大机制到底有多强。为了理解这些机制，我们需要对金融中介的作用进行分析。

6.5.2 金融中介的作用

在 6.3 节中,我们看到高杠杆、资产的非流动性和负债的流动性都增加了金融系统出现问题的风险。这三种因素都出现在 2008 年,进而形成了一场完美的风暴。

1. 杠杆

银行的杠杆率很高,这是为什么呢?原因有很多:首先,银行可能低估了它们所承担的风险:那一段时期经济比较繁荣,而在经济繁荣时期,银行和普通人一样会低估经济困难时期的风险。其次,报酬和奖金体系刺激银行经理们过分追求高预期回报率,而没有将破产的风险考虑在内。最后,尽管金融管制要求银行保持资本比率不低于最低限度,但银行发现了很多规避管制的方法,例如创造了**结构性投资工具**(structured investment vehicles,SIVs)。

SIVs 的负债是以短期债的形式从投资者手中筹集的资金,而 SIVs 持有的资产是多种形式的证券。为了保证投资者得到偿付,SIVs 通常会得到创建它们的银行的担保,如果需要,银行会向 SIVs 提供资金。尽管 1988 年花旗银行就设立了第一只 SIVs,但在 21 世纪第一个十年 SIVs 的规模才开始迅速扩大。你可能会问银行为什么不在自己的资产负债表上做这些业务,而是创造一个分离的工具,主要原因是这样可以提高杠杆比率。如果银行自己进行这些运作,这些运作肯定会表现在资产负债表上,从而受到监管资本要求的管制,进而不得不持有足够的资本以避免破产风险。但是,通过 SIVs,银行就不需要提供更多的资本。因此,银行可以通过设立 SIVs 来提高杠杆比率,并增加预期利润,而它们确实这样做了。

当房价开始下跌,许多抵押贷款出现损失,SIVs 持有的证券纷纷贬值。如果银行有担保在必要时向 SIVs 提供资金,那么当 SIVs 的偿付能力出现问题时,银行本身的偿付能力也出现了问题。随后,另外两个因素——证券化和批发融资开始发挥作用。

2. 证券化和资产的非流动性

20 世纪 90 年代和 21 世纪初的一个重要金融发展是**证券化**(securitization)的发展。传统的金融中介发放的贷款或抵押贷款都有在资产负债表上予以反映。这显然是有缺陷的。一家在账上持有当地贷款和抵押贷款的地方银行,很大程度上受到了当地经济形势的影响。例如,在 20 世纪 80 年代中期,当石油价格快速下跌,得克萨斯州经济陷入衰退,许多当地银行都破产了。假如这些银行持有一个更加多样化的抵押贷款组合,比如更多来自其他地区的抵押贷款,可能会避免破产。

这就是证券化背后的思想。证券化就是在一个资产池(例如,一个贷款池,一个抵押贷款池)的基础上创造证券。举例来说,**抵押贷款支持证券**(mortgage-backed security,MBS)是一个抵押贷款组合的收益权。这个抵押贷款组合里包括上万个不同的抵押贷款。这样做的好处是,许多不愿意持有单个抵押贷款的投资者愿意购买和持有这些证券。这样,投资者的资金供给增加，反过来又使得借款的成本下降。

理解金融体系的障碍之一是一堆首字母缩略词：SIVs、MBS、CDOs等。

证券化可以走得更远。例如，基于一资产池，并不是发行具有完全相同收益获取权的证券，而是发行具有不同收益获取权的证券。例如，可以发行两种证券：**优先级证券**(senior securities)，对资产池有优先的回报索取权；**次级证券**(junior securities)，只有在资产池支付了优先报酬之后，才对剩下的报酬具有索取权。优先级证券对那些不愿意承担风险的投资者具有吸引力，而次级证券则吸引那些希望承担更多风险的投资者。这种证券被称为**债务抵押债券**(collateralized debt obligations，**CDOs**)，早在20世纪80年代末，这种债券就开始发行，但在20世纪90年代和21世纪第一个十年，这种债券才日益重要起来。用以前发行的CDOs和CDO^2来创造新的CDOs，这样使得资产证券化又向前进了一步。

证券化作为一种分散风险和吸引更多投资者给家庭与企业放贷的方式，似乎是一个好主意。而且，事实确实如此。但它也同时带来了两项巨大的成本，这在危机期间变得明显起来。首先，如果一家银行将抵押贷款作为证券化捆绑的一部分出售，从而其资产负债表上不再有这些抵押贷款，那么它确保借款人能够偿还的动机就会减少。其次，**评级机构**(rating agencies)——那些评估不同证券风险的公司在很大程度上遗漏了风险。当基础抵押贷款出现问题时，评估它们在MBS，尤其是在CDO中的价值是极其困难的。这些资产后来被称为**不良资产**(toxic assets)。这使投资者作出了最坏的假设，要么不愿意持有这些资产，要么不愿意将资金出借给持有这些资产的机构[例如SIVs（银行建立的融资实体）]。银行、SIVs和其他金融中介持有的许多资产都是非流动性的，它们极其难以评估，因此除非大幅减价，否则很难出售。

3. 批发融资和负债的流动性

20世纪90年代和21世纪初另一个重要的发展是银行出现了支票存款以外的融资来源。银行越来越依赖于通过短期负债的形式向其他银行或投资者借款来购买资产。这一过程被称为**批发融资**(wholesale funding)。SIVs完全是通过批发融资方式来融资的。

批发融资似乎也是一个好主意，它使得银行灵活控制其用来发放贷款和购买资产的资金规模。但是同时也伴随着成本，这在危机期间变得明了起来。虽然支票存款的持有者受到存款保险的保护，不必担心存款的价值，但其他投资者却并非如此。因此，当这些投资者担心银行或SIVs所持资产的价值时，他们会要求收回资金。银行和SIVs有流动性负债，并且它们的负债流动性要远高于资产。

高杠杆、低流动性的资产和高流动性的负债组合在一起就是一次重大的金融危机。随着房价下跌，一些抵押贷款变成坏账，高杠杆意味着银行和SIVs的资本急剧下跌，进而迫使它们出售部分资产。由于这些资产通常很难估值，因此它们就不得不将其大幅减价出售。这进而又降低了它们或者其他金融机构资产负债表上其他类似资产的价值，导致资本比率进一步下降，迫使更多的资产出售和价格的进一步下跌。银行和SIVs所持证券的高度复杂性使得投资者很难对其偿债能力作出评估。因此，投资者不愿意继续借款给它们，批发融资停止了，这又进一步迫使资产出售和价格下跌，甚至银行之间都不愿意相互借贷了。2008年9月15日，雷曼兄弟——一家拥有6 000亿美元资产的大银行宣布破产，这使得金融参与者猜测，许多（如果不是大多数的话）银行和金融机构事实上同样面临风险。到

2008年9月底,金融体系瘫痪了。银行基本停止了相互借贷,同时基本也不借款给其他任何人了。很快,原本的金融危机变成了宏观经济危机。

6.5.3 宏观经济影响

金融危机对宏观经济的即时影响体现在两个方面:首先,如果个人或者公司还能借钱,其借款利率大幅上升;其次,信心极度下跌。

图6-3显示了金融危机对不同利率的影响。2008年底,高评级(AAA)债券的利率升至7%,低评级(BBB)债券的利率升至10%。突然间,对大多数公司来说,借贷变得极为昂贵。而对大量无法发行债券从而完全依赖于银行信贷的小公司而言,几乎无法得到任何借款。

2008年9月发生的事件在消费者和企业中引发了广泛的担忧。对另一个大萧条的担忧,或者更一般地对金融体系中正在发生的事情感到困惑和恐惧,导致信心大幅下跌。图6-8显示了美国消费者信心指数和企业信心指数的变动情况。两种指数在2007年1月都被标准化为100。消费者信心指数从2007年中期开始下跌,到2008年秋季出现了一次大幅下跌,并在2009年初下降到了22,远远低于历史最低水平。信心下降以及房价和股价的暴跌导致的结果是消费的锐减。

> 参见第3章要点解析"雷曼破产:对另一个大萧条的恐惧和消费函数的变动"。

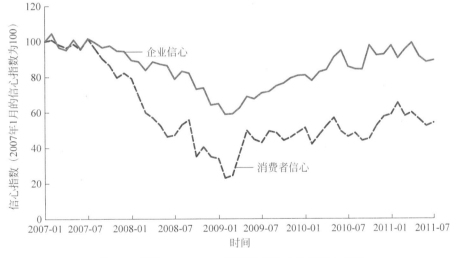

图6-8 美国2007—2011年消费者和企业的信心指数

资料来源:Bloomberg L. P.

注:金融危机导致信心急剧下降,并在2009年初触底。

6.5.4 政策响应

借款的高成本、低股价和消费者信心的下降共同导致商品需求的下降。在IS-LM模型框架下,正如我们在图6-5中画的那样,IS曲线向左大幅移动。面对需求的大幅下降,政策制定者没有保持被动。

1. 金融政策

最紧急的措施是巩固金融系统：

- 为了防止存款者挤兑,联邦储蓄保险从每个账户 100 000 美元提高到 250 000 美元。然而,银行资金大多数来源于向投资者发行短期债券而非储蓄。为了使银行可以继续通过批发融资的方式来融资,联邦政府提供了一个项目为银行新发行的债务提供担保。

- 联邦储备银行为金融系统提供了广泛的流动性。我们知道,如果投资者想要得到偿付,银行就必须卖掉它们的资产,而且通常这些资产出售的价格很低。在许多情况下,这会导致银行破产。为了避免这样的情况发生,美联储提供了一系列**流动性工具**(liquidity facilities),使得银行和金融中介从美联储借款更加容易。美联储还增加了金融机构在向美联储借款时可以用作**担保物**(collateral,指借款人在向贷款人借款时承诺的资产,如果借款人违约,资产就归贷款人所有)的资产类别。这些工具使银行和金融中介机构能够在不出售资产的情况下偿还投资者。通过降低银行和金融中介机构破产的风险,它们还降低了投资者要求获得资金的动机。

> 在编撰本书时,所有银行已回购其股份,并偿还政府。事实上,在最终的估计中,问题资产救助计划事实上还获得了一些利润。

- 此外,政府还提供了一个项目,称为**问题资产救助计划**(Troubled Asset Relief Program,TARP),来清理银行的有毒资产。2008 年 10 月推出的这项 7 000 亿美元的计划,其初始目标是从银行的资产负债表上移除复杂资产,从而降低不确定性,提升投资者信心,并使得评估各家银行健康与否更加容易。然而,财政部面临着与私人投资者相同的问题。比如如果这些复杂资产要被交换成短期国库券,那么应该以什么价格进行交换呢?在几周内,人们发现评估这些资产的价值极为困难,并且需要很长时间。因而这项计划的最初目标被迫放弃了。新目标则是提高银行的资本,以政府接受股份的方式为美国大多数的大银行提供资金。通过提高这些银行的资本比率,进而降低杠杆比率,帮助银行避免破产,并在一段时间后恢复正常。到 2009 年 9 月底,TARP 共支出 3 600 亿美元,其中 2 000 亿美元用于购买银行股份。

财政和货币政策也得到了积极运用。

2. 货币政策

> 回想一下,借款人面临的利率是 $r+x$。你可以把常规货币政策看作为了选择 r,而非传统货币政策是为了降低 x。

2007 年夏天,美联储开始担忧经济增速放缓,并调低政策利率,一开始调整速度比较慢,之后随着危机的迹象越来越明显,速度加快了。第 1 章的图 1-3 给出了 2000 年以来美国联邦基金利率的变化。到 2008 年 12 月,联邦基金利率已经变成 0 了。然而,那个时候货币政策受到了零利率下限的限制,政策利率无法进一步调低。之后,美联储开始启用**非常规货币政策**(unconventional monetary policy),通过购买其他资产来直接影响借款者所面临的利率。我们将在第 23 章更详尽地从不同维度考察非常规货币政策。尽管这些措施是有效的,但是货币政策的有效性在很大程度上仍然受到零利率下限的制约。

3. 财政政策

当不利冲击的规模更加清晰，美国政府开始运用财政政策。当 2009 年奥巴马执政后，政府的首要任务是设计一项财政计划来增加需求和降低衰退的规模。这项财政计划被称为《美国复苏与再投资法案》(*American Recovery and Reinvestment Act*)，于 2009 年 2 月获得通过，该法案旨在 2009—2010 年采取 7 800 亿美元的新措施（以减税和增加支出的形式）。美国财政赤字占 GDP 的比例从 2007 年的 1.7% 上升到 2010 年的 9.0%。上述增长在很大程度上是危机作用的结果，因为产出下降自动导致税收收入下降，并导致失业救济等转移支付增加。但是，这也是财政计划中旨在增加私人支出或者公共支出的特定措施作用的结果。一些经济学家指出，鉴于形势的严峻性，支出增加和税收减少的幅度应该更大。然而，另一些经济学家担心赤字变得太大，可能导致公共债务危机的爆发，从而必须减少赤字。从 2011 年开始，赤字确实有所减少，2015 年降至 2.4%。

> 自 2015 年以来，赤字有所增加，于 2018 年达到了 4%。这在很大程度上是因为特朗普政府实施的减税政策。详见第 22 章。

我们可以利用前面推导的 IS-LM 模型来总结我们的讨论。图 6-9 完成了这项任务。金融危机导致 IS 曲线大幅左移，从 IS 到 IS′。如果政策没有发生变化，那么均衡点就从 A 点移动到 B 点。金融政策和财政政策在一定程度上抵消了 IS 曲线的移动。于是，经济移动到 IS″，而不是 IS′。货币政策同样使 LM 曲线下移，从 LM 到 LM′，于是均衡点就出现在 A′点。在那一点上，名义政策利率的零利率下限约束意味着政策利率无法进一步下调。其结果就是，产出从 Y 下降到 Y′。初始冲击如此之大，以至于金融政策、财政政策和货币政策的组合运用仍然不足以避免产出大幅下降。2009 年美国的 GDP 下降了 3.5%，之后才缓慢恢复。

> 如果没有这些政策，很难知道又会发生什么。我们有理由认为（但无法证明），产出的下降幅度会大得多，甚至导致大萧条的重演。

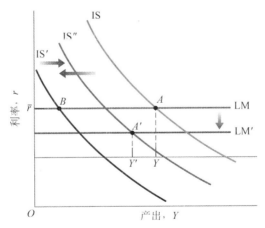

图 6-9 金融危机与金融、财政和货币政策的运用

注：金融危机使 IS 曲线左移。金融政策和财政政策使 IS 曲线在一定程度上右移。货币政策使 LM 曲线下移。然而这些政策都不足以避免这次大衰退。

本章提要

- 名义利率告诉我们为了今天的 1 美元,作为交换,在未来需要归还多少美元。
- 实际利率告诉我们为了今天的 1 单位商品,作为交换,在未来需要归还多少单位商品。
- 实际利率约等于名义利率减去预期通货膨胀率。
- 名义利率的零下限意味着实际利率不可能低于预期通货膨胀率。
- 债券的利率取决于债券发行人违约的可能性,以及债券持有人的风险厌恶程度。违约可能性越高或风险厌恶程度越高,利率就越高。
- 金融中介从投资者那里获得资金,然后将这些资金出借给其他人。金融中介通过权衡预期利润和丧失偿付能力的风险来选择杠杆率。
- 由于杠杆的存在,金融体系同时面临丧失偿付能力和流动性不足的风险,这都有可能使金融中介减少贷款。
- 杠杆率越高,或者资产的流动性越低,或者负债的流动性越高,发生银行挤兑或者金融中介挤兑的风险就越高。
- 必须扩展 IS-LM 模型,从而将名义利率和实际利率之间的差异以及中央银行选择的政策利率和企业与大众所面临的借款利率之间的差异考虑进去。
- 金融系统受到的冲击导致给定政策利率下,企业和大众所面临的借款利率上升,进而导致产出下降。
- 21 世纪第一个十年末期的金融危机是由房价下跌引起的,并通过金融体系进一步放大。
- 发生危机时,金融中介的杠杆率非常高。证券化的存在使得资产的价值评估非常困难,进而流动性很差。而批发融资的存在又导致负债的流动性很高。挤兑迫使金融中介减少贷款,进而对产出产生了强烈的负面影响。
- 金融政策、财政政策和货币政策被组合使用,然而还是不足以防止经济陷入深度衰退。

关键术语

- nominal interest rate,名义利率
- real interest rate,实际利率
- risk premium,风险溢价
- risk aversion,风险厌恶
- direct finance,直接融资
- shadow banking,影子银行
- capital ratio,资本比率
- leverage ratio,杠杆率
- insolvency,无力偿债风险
- fire sale prices,大幅减价出售
- demand deposits,活期存款
- bank runs,银行挤兑
- narrow banking,限制银行业
- federal deposit insurance,联邦存款保险
- liquidity provision,流动性准备
- liquidity,流动性
- policy rate,政策利率
- borrowing rate,借款利率
- mortgage lenders,抵押贷款机构
- subprime mortgages, or subprimes,次级抵押贷
- underwater,溺水

- structured investment vehicles (SIVs), 结构性投资工具
- securitization, 证券化
- mortgage-backed security (MBS), 抵押贷款支持证券
- senior securities, 优先级证券
- junior securities, 次级证券
- collateralized debt obligations (CDOs), 债务抵押债券
- rating agencies, 评级机构
- toxic assets, 不良资产
- wholesale funding, 批发融资
- liquidity facilities, 流动性工具
- collateral, 担保物
- Trouble Asset Relief Program (TARP), 问题资产救助计划
- unconventional monetary policy, 非常规货币政策
- *American Recovery and Reinvestment Act*, 《美国复苏与再投资法案》

本章习题

快速测试

1. 运用本章的信息，判断以下陈述属于"正确""错误""不确定"中的哪一种情况，并简要解释。

a. 名义利率是以商品形式度量的；实际利率是以货币形式度量的。

b. 只要预期通货膨胀率大致保持不变，那么实际利率的变化就大致等于名义利率的变化。

c. 2019年，美国的名义政策利率处于零利率下限水平。

d. 当预期通货膨胀率上升时，实际利率下降。

e. 所有债券面临相同的违约风险，从而支付相同的利率。

f. 名义政策利率由中央银行设定。

g. 银行杠杆率的上升往往会带来银行预期利润的上升和破产风险的上升。

h. 实际借款利率和实际政策利率总是同方向变动。

i. 对银行和其他金融中介的资产进行估值可能非常困难，特别是在金融危机期间。

j. 当银行杠杆率很高、流动性很差的时候，它就可能不得不大幅减价出售资产。

k. 银行及其他金融中介所持资产的流动性要低于其负债的流动性。

l. 2000年以来，房价稳步上涨。

m. 美国为应对金融危机而采取的财政刺激计划有助于减少需求的下降，进而缩小了衰退的规模。

n. 美国为应对金融危机而采取的财政刺激计划包括财政赤字（以占GDP的百分比度量）的大幅提升。

2. 对a到c的假设，分别使用精确公式和近似公式计算实际利率。

a. $i = 4\%$；$\pi^e = 2\%$

b. $i = 15\%$；$\pi^e = 11\%$

c. $i = 54\%$；$\pi^e = 46\%$

3. 填表 6-1 并回答与表中数据相关的问题。

表 6-1 扩展 IS-LM 模型各个经济变量在不同情况中的数值

情况	名义政策利率	预期通货膨胀	实际政策利率	风险溢价	名义借款利率	实际借款利率
A	3	0		0		
B	4		2	1		
C	0	2		4		
D				2	6	3
E	0	-2				5

a. 哪种情况与第 4 章中所定义的流动性陷阱相符？

b. 哪种情况与名义政策利率处于零利率下限相符？

c. 哪种情况下的风险溢价最高？债券市场中的哪两个因素导致了正的风险溢价？

d. 当名义政策利率处于零下限时，维持一个正的预期通货膨胀率为什么非常重要？

4. 现代银行挤兑。

考虑一家银行，资产为 100，资本为 20，支票存款为 80。回顾第 4 章，短期存款属于银行的负债。

a. 编制该银行的资产负债表。

b. 现在假设该银行资产的感知价值下降了 10，那么现在银行的资本水平是多少？杠杆率是多少？

c. 假设存款由政府提供保险，那么如果银行资本价值下降，存款者是否有直接的理由收回其在银行的资金？如果银行资产的感知价值下降 15、20 或者 25，你的答案是否会发生变化？为什么？

现在考虑另一类银行，资产仍然为 100，资本仍然为 20，但是现在短期信贷而非支票存款为 80。短期信贷到期时必须偿还或者延期（再次借款）。

d. 编制该银行的资产负债表。

e. 再次假设如果该银行资产的感知价值下降，借款提供者担心银行的偿债能力，那么他们是否会愿意继续以低利率向银行提供短期信贷？

f. 假设银行无法筹集额外的资本，那么它将如何为即将到期需要偿还的债务提供资金？如果许多银行（并且都持有类似类型的资产）都在同一时间发生了这种情况，那么这些银行的资产价值可能发生什么变化？这将如何影响借款提供者提供短期信贷的意愿？

5. 从 IS-LM 模型的视角来考察更为复杂的金融市场。

考虑图 6-6 所描述的经济体。

a. 图 6-6 纵轴的单位是什么？

b. 如果名义政策利率为 5%，预期通货膨胀率为 3%，那么 LM 曲线的纵截距是多少？

c. 假设名义政策利率为 5%。如果预期通货膨胀率从 3% 下降到 2%，那么为了使图 6-6 中的 LM 曲线保持不动，中央银行必须如何调整名义政策利率？

d. 在名义政策利率不变的情况下，如果预期通货膨胀率从 3% 下降到 2%，那么 IS 曲线是否会发生移动？

e. 如果预期通货膨胀率从 3% 下降到 2%，那么 LM 曲线是否会发生移动？

f. 如果风险债券的风险溢价从5%上升到6%,那么LM曲线是否会发生移动?

g. 如果风险债券的风险溢价从5%上升到6%,那么IS曲线是否会发生移动?

h. 为了防止风险债券的风险溢价上升进而导致产出水平下降,可以采取哪些财政政策?

i. 为了防止风险债券的风险溢价上升进而导致产出水平下降,可以采取哪些货币政策?

深入挖掘

6. 全球名义利率和实际利率。

a. 全球都曾经历过一些负名义利率时期。当你阅读本书的时候,有些可能已经过去了,有些可能还在继续。瑞士名义政策利率(相当于瑞士的联邦基金利率)可以从联邦储备银行圣路易斯分行维护的FRED数据库中找到(序列IRST-CI01CHM156N)。2014年至2018年,瑞士名义政策利率为负。如果是那样的话,为什么不持有现金而是持有债券呢?

b. 图6-2显示,实际利率常常为负。在什么情况下实际利率可以为负?如果是那样的话,为什么不持有现金而是持有债券呢?

c. 负的实际利率对借贷会产生什么影响?

d. 找到一本最近发行的《经济学人》,然后阅读背面的表格,名称为"经济和金融指标"。采用3个月货币市场利率作为名义政策利率的代理变量,采用最近3个月消费者价格指数的变化作为预期通货膨胀率的代理变量(均以年化形式给出)。哪些国家的名义利率最低?是否有一些国家名义利率为负?哪些国家的实际利率最低?其中一些国家实际利率是负的吗?

7. 问题资产救助计划(TARP)。

考虑一家银行,资产为100,资本为20,短期信贷为80。银行的一些资产是证券化的,其价值取决于房价。这些资产的价值为50。

a. 编制该银行的资产负债表。

假设由于房价下跌,银行证券化资产的价值出现了下降(下降幅度不确定),从而现在这些资产的价值在25到45之间。称上述证券化资产为问题资产。其他资产价值保持50不变。由于银行资产价值存在不确定性,因此借款提供者不愿意向其提供任何短期信贷。

b. 给定银行资产价值的不确定性,银行资本价值处于什么范围?

作为应对,政府考虑买入这些问题资产,并打算在市场稳定后再将它们出售(TARP的原始版本)。

c. 如果政府支付25以取得这些问题资产,那么银行资本价值是多少?为了确保银行资本水平非负,政府应该支付多少以取得这些问题资产?如果政府支付45以取得这些问题资产,但是其真实价值要低得多,那么谁将承担错误估值的成本?为什么?

假设政府通过购买银行股份的形式向银行提供资本(而不是从银行购买问题资产),旨在等市场稳定后再将它们出售(TARP的最终版本)。政府用国库券(成为银行的资产)换得股份。

d. 假设政府用25的国库券换得股份。假设出现最糟糕的情况(从而问题资产的价值仅为25),重新编制该银行的资产负债表。(记住,银行现在拥有三种资产:50的非问题资产、25的问题资产和25的国库券。)现在银行的总资本价值是多少？银行会丧失偿债能力吗？

e. 基于你的答案,以及课本中的内容,为什么再注资这项政策要优于买入问题资产？

8. 计算债券的风险溢价。

课本给出了一个公式：

$$1+i=(1-p)(1+i+x)+p(0)$$

p代表债券无法偿还(债券发行人破产),从而回报为0的概率；i代表名义政策利率；x代表风险溢价。

a. 如果破产风险为0,那么风险债券的利率是多少？

b. 如果风险借款者的名义借款利率为8%,名义政策利率为3%,计算破产概率。

c. 如果破产概率为1%,名义政策利率为4%,计算借款者的名义借款利率。

d. 如果破产概率为5%,名义政策利率为4%,计算借款者的名义借款利率。

e. 上述公式假设发生违约,那么回报为0。但实际上回报常常为正。那样的话,你将如何修正公式？

9. 非常规货币政策：金融政策和量化宽松。

我们有如下形式的IS-LM模型：

IS 关系：$Y = C(Y-T) + I(Y, r+x) + G$

LM 关系：$r = \bar{r}$

将实际政策利率解读为经预期通货膨胀率调整后的联邦基金利率。假设企业实际能够获得借款的利率要远远高于联邦基金利率,即IS关系中的溢价x很高。

a. 假设政府采取措施来改善金融体系的偿付能力。如果政府的措施获得成功,银行变得更愿意贷款给彼此和非金融公司,溢价可能发生什么变化？图6-6中的IS-LM图形将发生什么变化？我们是否能将金融政策视为一种宏观经济政策？

b. 假设面对零名义利率,美联储决定直接购买证券以促进金融市场的信贷流动。这项政策被称为量化宽松。如果量化宽松政策获得成功,金融机构和非金融机构就会更容易获得信贷,溢价可能发生什么变化？这将对IS-LM图形产生什么影响？如果量化宽松有一定效果,那么当联邦基金利率为0时,美联储是否真的没有刺激经济的政策选择？

c. 在后面的内容中,我们将看到这样一种有关量化宽松的观点,即量化宽松增加了预期通货膨胀率。假设量化宽松确实增加了预期通货膨胀率,这将如何影响图6-6中的LM曲线？

进一步探讨

10. 无风险债券和风险债券之间的利差。

课本用图6-3来描述10年期美国政府债券的无风险利率、10年期AAA级公司债券和10年期BBB级公司债券之间的利差波动情况。可以利用联邦储备银行圣路易斯分行维护的FRED数据库中的数据对图表进行更新。10年期政府债券的收益率为变量DGS10。穆迪10年期季节性AAA级债券的收益率为序列DAAA。最后,美国银行BBB级债券的收益率为序列BAMLCOA4CBBBEY。

a. 找出距离你解答本题时最近的那天3个收益率的值。哪个收益率最高？哪个最低？BBB级和AAA级收益率之间的利差是多少？BBB级和国债收益率之间的利差是多少？

b. 现找出一年前同样的收益率,计算利差,并填写表6-2。

表6-2　美国各个债券不同时期的收益率

时间	BBB级	AAA级	政府债券	BBB级－AAA级	AAA级－政府债券	BBB级－政府债券
现在						
一年前						

c. 过去一年风险溢价是否发生了变化？还是保持平稳？为什么？

11. 通货膨胀挂钩债券。

美国财政部发行的一些债券是与通货膨胀挂钩的。这些通货膨胀挂钩债券对投资者进行通货膨胀补偿。因此,这些债券的现行利率等于实际利率——以商品形式给出的利率。这些利率和名义利率可以一起来度量预期通货膨胀率。让我们来看这是怎么回事。

访问美国联邦储备委员会的网站并找到最近公布的利率（www.federalreserve.gov/releases/h15/Current）。找出5年期政府债券的现行名义利率,同时找出与通货膨胀挂钩的5年期政府债券的现行利率。金融市场参与者认为未来5年的平均通货膨胀率是多少？

延伸阅读

- A more in-depth description of what happened, but along the same lines as this chapter, is given in "What Happened: Financial Factors in the Great Recession," by Mark Gertler and Simon Gilchrist, *Journal of Economic Perspectives*, 2018, 32(3), pp. 3–30.
- There are many good books on the crisis, among them Michael Lewis's *The Big Short* (2010, W. W. Norton) and Gillian Tett's *Fool's Gold* (2009, Free Press). Both books show how the financial system became increasingly risky until it finally collapsed. Both read like detective novels, with a lot of action and fascinating characters. *The Big Short* was made into a movie in 2015.
- *In Fed We Trust* (2009, Crown Business), written by David Wessel, a former economics editor of the *Wall Street Journal*, describes how the Fed reacted to the crisis. It also makes for fascinating reading. Read also the insider version, *The Courage to Act: A Memoir of a Crisis and Its Aftermath* (2015, W. W. Norton), by Ben Bernanke, who was chairman of the Fed throughout the crisis.

中　期

在中期，经济向与自然失业率对应的产出水平回归。

第 7 章

本章着眼于劳动力市场的均衡。它介绍了自然失业率，即经济在中期趋于回归的失业率。

第 8 章

本章更进一步地讨论通货膨胀与失业的关系，即著名的菲利普斯曲线。在短期内，失业率通常会偏离自然失业率，而通货膨胀的表现取决于失业率对自然失业率的偏离程度；在中期，失业会回到自然失业率水平。

第 9 章

本章提出了一个短期和中期相结合的模型。该模型将 IS-LM 模型和菲利普斯曲线组合在一起，被称为 IS-LM-PC 模型。它描述了短期和中期产出和失业率之间的动态关系。

第 7 章 劳动力市场

考 虑当企业通过逐步提高产出来对需求增加作出反应时,会发生什么情况:更高的产出导致就业增加;更高的就业导致低失业率;较低的失业率导致高工资;更高的工资增加生产成本,接着迫使企业提高价格;较高的价格导致工人要求更高的工资;更高的工资导致企业进一步提高价格;等等。

在之前的讨论中,我们忽略了这一连串事件的发生:在 IS-LM 模型中假定一个固定的价格水平,我们实际上假设企业愿意也能够在给定的价格水平供给任何水平的产出。只要我们关注的是短期问题,那么这一简化就是可以接受的。但是,当注意力转向中期问题时,我们就必须放弃这一假设,进而探究价格和工资是如何随着时间调整的,以及这一过程接下来如何影响产出。这将是本章和接下来两章的主要任务。

回想一下第 5 章图 5-13 中价格水平的行为。

上述一连串事件发生的核心在于劳动力市场,工资就在该市场中被决定。本章内容围绕劳动力市场展开,包含 6 节内容。

7.1 节　　对劳动力市场进行概述。

7.2 节　　聚焦失业,探讨失业如何随时间推移而变动,这些变动如何影响个体工人。

7.3 节和 7.4 节　　探讨了工资和价格的决定。

7.5 节　　探讨了劳动力市场的均衡和自然失业率的特征,这一失业率是经济在中期趋于回归的失业率。

7.6 节　　指出下一步要讨论的内容。

> 如果你还记得本章的一条基本信息,它应该是:自然失业率是工人的工资要求与公司的价格决定相一致的比率。

7.1 劳动力市场概述

2018 年美国总人口为 32 720 万(图 7-1)。除去那些低于工作年龄(16 岁以下)、军队服役和监狱服刑的人口之外,潜在的可用于民间就业的人口数,即非社会公共机构的平民人口(noninstitutional civilian population),是 25 770 万。

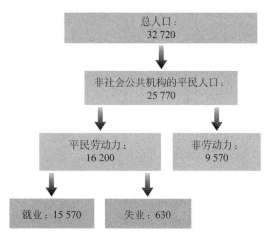

图 7-1 2018 年美国的人口、劳动力人口、就业人口和失业人口（单位：万人）
资料来源：《当前人口调查》www.bls.gov/cps/。

在家中工作，比如做饭和抚养小孩，官方统计不把它们列为工作，原因是很难测算这些活动；但这并不意味着是对什么是工作、什么不是工作的一种价值判断。

然而**劳动力**（labor force）——那些正在工作或正在寻找工作的人口之和——仅为 16 200 万。其余的 9 570 万人口为**非劳动力**（out of the labor force），这些人不在市场上工作也不寻找工作。（劳动力）**参工率**（participation rate），其定义为劳动力与非社会公共机构的平民人口的比率，等于 16 200/25 770，即 63%。参工率随着时间平稳地上升，主要是由于妇女的参工率在日益上升：在 1950 年，每 3 个妇女当中有 1 个是劳动力，现在已经达到了每 3 个妇女中有两个是劳动力。

在这些劳动力当中，15 570 万人处于就业状态，630 万人处于失业状态（即正在寻找工作）。因此**失业率**（unemployment rate，被定义为失业人口数在劳动力中所占的比例）等于 4%。

工人的大量流动

下面的例子有助于理解一个给定失业率对工人究竟意味着什么。

假设一个机场挤满了乘客，一种原因可能是该机场非常繁忙，有许多飞机起飞和降落，而众多乘客也迅速地出入于机场之间；另一种原因可能是坏天气延误了航班导致乘客滞留，乘客在等待天气转好。在两种情况下，乘客人数可能是相同的，但他们的情形却是完全不同的。在第二种情形下的乘客多半会更沮丧。

硬化，一个医学术语，意味着动脉变硬。它在经济学中被用来描述运行糟糕、交易很少的市场。

同样，一个给定的失业率可能反映了两类有很大不同的事实：一种是积极的劳动力市场，虽然有许多**离职**（separations）的工人，但同时也有许多被**雇佣**（hires）的机会。许多工人正在进入失业大军，同时也有大量工人正在摆脱失业。另一种是硬化的劳动力市场，离职的工人少，被雇佣的机会也少，失业大军这一蓄水池处于停滞状态。

要想了解隐藏在总失业率背后的真实情况，需要掌握有关工人流动的数据。在美国，有一项每月进行的调查提供这些数据，该调查被称为**当前人口**

调查（current population survey，CPS）。图 7-2 显示了美国在 1994—2018 年间根据 CPS 数据计算得到的每月平均流动量。（有关 CPS 的细节，请参见要点解析"当前人口调查"。）

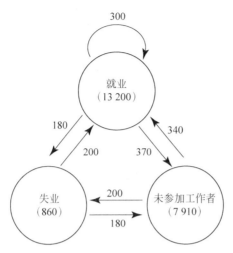

图 7-2　1994—2018 年美国的就业、失业和未参加工作者之间的月平均流动量（单位：万人）

资料来源：根据 Fleischman and Fallick 编制的序列计算得到。数据来源于 www.federalreserve.gov/econresdata/researchdata/feds200434.xls.

注：(1) 流入和流出就业的工人数量较大；
(2) 与失业人口数相比，流入和流出失业的工人数量较大；
(3) 流入和流出劳动力的工人数量也较大，其中的大部分直接流入就业或者来自就业。

图 7-1 中数据是 2018 年美国的就业人口、失业人口和非劳动力人口。而图 7-2 中的数据是 1994—2018 年的平均值。这就是两组数据存在差异的原因。

可能更为夸张的说法是：美国每天平均有 6 万工人失业。

平均失业持续时间是脱离失业人口比例的倒数。要想知道为什么，我们来看一个例子。假设失业人口数为 100，如果每个失业工人保持失业状态 2 个月，那么在任何时候有 50 个工人失业 1 个月，50 个失业 2 个月。而每月有 50 个失业 2 个月的个人脱离失业人口。在此例中，每个月脱离失业人口的比例为 50/100，即 50%，失业持续时间是 2 个月，脱离失业人口比例 50% 的倒数。

图 7-2 有三个显著特征。
- 流入就业的人口规模和流出就业的人口规模都非常大：流出就业的平均月流量为 850 万（在 13 200 万就业大军池中）；300 万的工人换新工作（如图顶端的箭头所示），370 万人从就业岗位离开劳动力市场，还有 180 万人由就业变为失业。

为什么流动如此之大？大约 3/4 的离职工人属于**请辞**（quits）情况，即工人离开现有的工作岗位，寻找更好的工作机会。其余的 1/4 属于**解雇**（layoffs）情况，主要是由企业提供的就业水平变化所致。变化缓慢的总就业人口数掩盖了一个事实：企业间岗位消失和岗位创造过程是连续的。在任何时候，都有一些企业遭遇到需求下降，因而减少就业岗位；而另一些企业则享受着需求上升，于是增加就业岗位。

- 相对于总失业人口数，流入失业人口规模和流出失业人口规模比较大。流出失业的月平均流量为 380 万，包括流入就业的 200 万和离开劳动力市场的 180 万。也就是说，每月离开失业的人口数占总失业人口数的比例为 3.8/8.8，大约为 43%。另一种表达方式是**失业的持续时间**（duration of unemployment）——人们处于失业状态的平均时间长度——2～3 个月。

这一事实有一个重要的推论，即你不应该认为美国失业大军是一个停滞的蓄水池，工人

第 7 章　劳动力市场　139

只是坐等工作机会的到来。对于大部分失业工人(但显然并不是全部)而言,失业状态很快就会转变,而不是一段漫长的等待。在这方面,我们强调两点:首先,美国在这方面与众不同,在许多欧洲国家,平均失业持续时间远比美国要长。其次,我们将会在下面看到,即使在美国,当失业率很高时(比如在危机期间),平均失业持续时间也会变得更长。失业将会更加令人痛苦。

- 流入劳动力和流出劳动力的人口规模也大得惊人。每个月有550(370+180)万人离开劳动力大军,同时又有几乎相同数目的工人,即540(340+200)万,加入劳动力大军。你可能认为这些劳动力流动是由这两方面组成:一方面是那些完成学业并首次进入劳动力的人口,另一方面是那些退休的工人。但这些流动量实际上只占总流量的一小部分,大约每月只有450 000新人口进入劳动力市场,同时大约有350 000人口退休。但流入和流出劳动力的实际流量为1 090万,大约是前者的14倍。

<small>一些失业工人可能不愿意接受提供给他们的任何工作机会,这类人不应该被统计在失业人口中,因为他们并没有在找工作。</small>

这就意味着被归类为"非劳动力"的许多人口事实上是愿意工作的,他们在参加工作和不参加工作之间来回变动。实际上,在那些划分为非劳动力的人口当中,有很大一部分人声称虽然他们没有寻找工作,但是他们希望得到工作。尽管他们的意思并不确切,却有证据表明一旦有工作机会给这些人,他们就会参加工作。

该事实同样有一个重要的推论。经济学家、政策制定者和新闻媒体所强烈关注的失业率部分存在误导性。一些被归类为"非劳动力"的人口与失业人口极其相似,实际上他们是**丧失信心的工人**(**discouraged workers**),尽管没有积极地寻找工作,但如果有机会,他们还是会参加工作的。

<small>在2018年,就业量是155.7(百万),可以参加工作的人口是257.7(百万)。就业率是60.4%。就业率有时被称为就业对人口的比率。(确保你明白为什么就业率和失业率的总和不等于1。提示:看分母。)</small>

这就是为什么经济学家有时关注的是**就业率**(**employment rate**,即就业人口数量与可以参加工作的人口数量的比率)而非失业率。越高的失业率或者越高数量的人口进入非劳动力大军,就业率越低。

在本书中我将沿袭传统,集中讨论失业率,将失业率作为劳动力市场状态的指标,但是你应该记住,失业率在测算可以工作的人口数时可能不是最好的估计。

要点解析

当前人口调查

当前人口调查(CPS)是美国的劳动力、就业、参工率和收入的主要统计数据来源。

当CPS在1940年首次推出时,是对8 000个家庭进行的采访。目前采访范围已明显扩大,现在每月有超过60 000个家庭接受采访。选择这些家庭是为了使样本能够代表美国人口。每个家庭在样本中保留4个月,在接下来的8个月中就被剔除出来,然后再回到样本中来并保留4个月,之后便永远不被样本采纳。

现在的调查是通过计算机辅助采访进行的。采访或者是通过人工来完成,在这种情况下,采访者使用手提电脑,或是通过电话来完成。在每个月的调查中,有一些问题是相同的,另一些问题是针对一些特殊调查的,通过这些问题来找出劳动力市场的特殊之处。

劳工部使用这些数据来计算和公布根据年龄、性别、教育和行业划分的就业、失业和参工率的人口数字。这些数据可以从大的计算机文件中得到,经济学家使用这些数据有两种方式。

第一种是对不同时点的静态状况有一个基本了解,可以回答如下问题:只接受过初等教育的美籍西班牙人的工资分布情况是什么样的?与10年或20年前相同分布的对比结果又如何?

第二种是可利用跟踪调查得到进一步的信息,其中图7-2就是一例。比如通过关注那些连续两个月都在样本中的人,经济学家就可以得知上个月失业的人口中有多少人在本月找到了工作。该数字提供了在上个月失业的那些人找到工作的概率估计值。

7.2 失业变动

下面讨论失业率随时间的变动情况。图7-3显示了美国1948—2018年每年的平均失业率。阴影区域表示这些年处于经济衰退期。

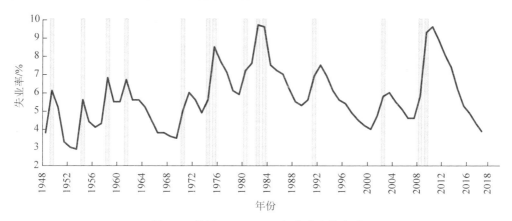

图 7-3 美国1948—2018年失业率的变动

资料来源:序列 UNRATE:美联储经济数据(FRED) http://research.stlouisfed.org/fred2/。

注:1948年以来,美国的年平均失业率在3%到10%之间波动。

图 7-3 有两个重要特征。

- 失业率的逐年变动与经济衰退和经济扩张密切相关。例如,看看图7-3中最后的四个失业高峰。最近的一次峰值是2010年的9.6%,这是金融危机的结果。与衰退相关的2001年和1990—1991年的两个峰值要比2010年低得多,约为7%。只有1982年的经济衰退(当时失业率高达9.7%)可以与最近的危机相提并论。(年平均值可能会掩盖年内较大的数值。在1982年的经济衰退中,尽管当年的平均失业率为9.7%,但11月份的失业率甚至达到了10.8%。同样,大金融危机期间的月度失业率在2009年10月达到10.0%的峰值。)

还要注意,失业率有时在衰退后的一年达到峰值,而不是在实际衰退的那一年。例如,2001年的经济衰退就出现了这种情况。原因是,虽然经济增长是正的,因此从技术上讲,经济不再处于衰退,但额外的产出并不能带来足够的就业岗位来降低失业率。

- 这似乎没有什么潜在的趋势。直到20世纪80年代中期,美国的失业率似乎一直呈上升趋势,平均失业率从50年代的4.5%上升到60年代的4.7%、70年代的6.2%、80年代的7.3%。然而,从20世纪80年代开始,20多年来失业率普遍下降。到了2006年,这一数字下降到了4.6%。随着危机的爆发,失业率急剧上升,但现在又下降了。截至本书撰稿时,失业率为3.9%,为1968年以来的最低水平。

总失业率的变动是如何影响每个工人的?这个问题很重要,其答案涉及两方面的影响。

- 总失业率变动对工人个人福利的影响。
- 总失业率对工资的影响。

让我们首先考虑企业如何根据需求下降来减少就业。企业可以雇用更少的新工人或者解雇现在雇用的工人。一般地,企业更愿意首先放慢或停止雇用新工人的步伐,依靠工人的请辞和退休来达到减少就业的目的。但是如果需求下降幅度很大,仅此是不够的,企业将不得不解雇工人。

现在考虑这对就业工人或失业工人的影响。

- 如果调整是通过雇用更少的工人来完成的话,结果将减少失业工人找到工作的机会。雇用更少的工人意味着更少的工作机会;更高的失业率意味着有更多的工作申请者。更少的机会和更多的申请者相结合使得失业工人更难找到工作。
- 如果调整是通过解雇大批工人来实现的话,那么就业工人失业的风险就更高。

总之,当企业同时采用这两种调整方式时,结果可能是对失业工人而言,找到工作的机会更小;对于就业工人而言,失去工作的可能性更高。图7-4和图7-5显示了美国1996—2018年的这两种影响。

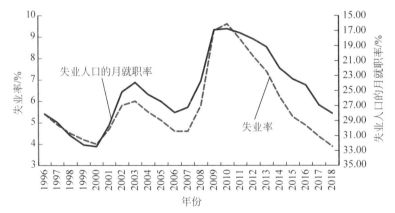

图7-4 美国1996—2018年失业率和失业人员在一个月内就业的比例
资料来源:FRED;失业率:UNRATE;每月失业工人就业的百分比:由Fleischman和Fallick构建的序列,www.federalreserve.gov/econresdata/researchdata/。
注:当失业率较高时,失业人口在一个月内就业的比例较低。请注意,右侧的坐标轴是反向的。

图7-4画出了两个变量随时间的变化情况:一个是失业率(左侧纵轴显示),另一个是失业人口的月就职率(右侧纵轴显示),这一比例是每月失业人口转变为就业人口的数量比上每月初的失业人口数。为了更清楚地显示这两个变量之间的关系,失业人口的月就职率的坐标轴是反向的。注意,在右边的纵轴上,该比例在顶端最低,在底端最高。

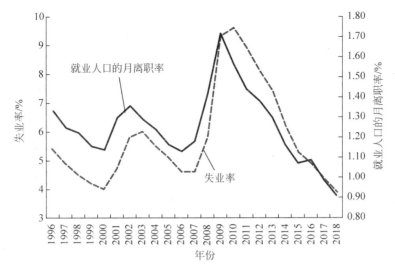

图 7-5 美国 1996—2018 年失业率和就业人口的月离职率
资料来源：FRED；失业率：UNRATE；美联储经济数据库；每月就业工人失业的百分比：Fleischman 和 Fallick，www.federalreserve.gov/econresdata/research data/feds200434.xls。
注：当失业率变高时，更多工人会失去工作。

该比例变动与失业率变动之间的紧密关系是显而易见的：失业率较高的时期中，失业人口找到工作的比例较低。例如在 2010 年，失业率接近 10%，在一个月内失业人员找到工作的比例仅为 17%，而 2007 年这一比例为 28%，当时的失业率也更低。

类似地，图 7-5 也画出了两个变量随时间的变化情况：一个是失业率（左侧纵轴显示），另一个是就业人口的月离职率（右侧纵轴显示）。月离职率等于每月从就业人口流入到失业人口的人口数除以该月的就业人口数。从图 7-5 中可以看出，月离职率与失业率之间的关系相当密切。更高的失业率意味着就业工人失去工作的概率更高。这一概率在低失业率时期和高失业率时期之间几乎翻倍。

我们可以看看另外一种离职率，即就业人口流入失业人口和非劳动力的总人口数除以月初的就业人口数。它也会得出类似的结论。

让我们总结一下：
当失业率变高时，工人的境况在两个方面更糟。
- 失业者找到另一份工作的概率更低，他们的失业状态将会保持较长的一段时间。
- 就业者失去工作的概率更高。

7.3 工资决定

讨论了失业之后，下面我们来讨论工资决定，以及工资和失业的关系。

制定工资的方法有很多，有时通过**集体谈判**（collective bargaining）来确定工资，即企业和工会进行谈判。然而在美国，集体谈判的作用很有限，尤其是制造业之外的其他行业。今天，在美国由集体谈判协议确定工资的工人比例低于 10%，剩下的工人工资或者是由雇主确定的，或者是由雇主和雇员的单独谈判确定的。工作所需的技能越高，单独谈判就越为普遍。麦当劳为"入门"水平的工作制定工资的原则就是要么接受，要么放弃。另外，应届大学毕业生可以就工作合约的某些方面进行

集体谈判：某个工会（或多个工会）与某个企业（或多个企业）之间的谈判。

谈判,而首席执行官(CEOs)和棒球明星可协商的内容则更多。

国家间同样存在很大差异。集体谈判在日本和大多数欧洲国家起着重要的作用,谈判会在企业范围内、行业或者全国范围内发生。合同协议有时只对那些签协议的企业有效,而有时其适用范围将自动扩展到经济中的所有企业和所有工人。

既然工人之间、国家之间存在这么多差异,那么在工资决定中是否会存在普适的原则呢?答案是肯定的。虽然制度差异影响各国的工资决定,但在所有国家中也存在一些共同的影响因素,主要有两方面。

- 典型的情况是工人拿到的工资要超过工人的**保留工资**(reservation wage),其中保留工资是指使得工人感到工作和失业无差异时的工资。也就是说,大多数工人被支付了更高的工资,以至于他们更愿意就业而非失业。
- 工资通常取决于劳动力市场环境,失业率越低,工资越高(这将在下面的章节中详解)。

根据这些事实,经济学家沿着两条主线进行了详细解释:首先,即使没有集体谈判,工人仍然有一些谈判能力,他们可以而且确实在使用这些能力来获取高出保留工资的报酬。其次,企业出于一些自身的原因也可能支付高于保留工资的工资。下面让我们依次来讨论每一种解释。

7.3.1 谈判

彼得·戴蒙德(Peter Diamond)、戴尔·莫滕森(Dale Mortensen)、克里斯托弗·皮萨里季斯(Christopher Pissarides)获得2010年诺贝尔经济学奖,正是因为他们发现了劳动力市场的大量流动和工资谈判特征。

工人谈判能力(bargaining power)的强弱取决于两个因素:第一是如果他离开企业,企业找到替代者的难易程度如何;第二是如果他离开企业,他找到另一份工作的难易程度如何。企业越难找到替代者,或者他越容易找到新的工作,他在谈判中的实力就越强。这里隐含着两层意思。

- 工人谈判能力的强弱首先取决于他工作的性质。替换一个麦当劳工人的成本不会太高,因为所需的技能很快就可以培训出来,而且通常是一大批愿意工作的申请者早已填写了工作申请表格。在这种情况下,工人不可能有很强的谈判能力。如果工人要求更高的工资,企业就会解雇他并以最低的成本找到合适的人选来接替他。相比之下,替换掉一个了解公司运作细节的高技术工人就是非常困难并且成本很高的事情。这就给了他更强的谈判能力,如果他要求更高的工资,企业可能会认为最好满足他的要求。
- 工人谈判能力的强弱还取决于劳动力市场环境。当失业率低时,企业很难找到合适的替换人选,而工人更容易找到其他工作。在这种情形下,工人拥有更强的谈判能力,可能会获得更高的工资。反过来,当失业率很高时,企业很容易就能找到好的替代对象,而工人则很难找到别的工作。由于谈判能力比较弱,工人可能别无选择,只有接受较低水平的工资。

7.3.2 效率工资

先不考虑工人的谈判能力,企业也可能愿意支付高于保留工资的工资。企业希望工人生产更多的产品,而工资可以帮助它们达到这一目的。例如,如果工人需要一段时间才能学会如何正确开展工作,企业就会希望工人能够留下来。但是如果工人拿到的只是保留工资,他们是留还是走就变得没有区别了。这种情况下,许多人可能会请辞,企业的人员流动率就会很高。支付高于保留工资的工资将会给予工人更大的吸引力,从而使得工人留在企业。

这个例子暗含着一个更为一般性的观点:大部分企业希望工人对自己的工作有好感。有好感可以使工作干得更好,从而带来更高的生产率。支付高工资是企业达到这些目标的工具之一。(参见要点解析"从亨利·福特到杰夫·贝索斯"。)经济学家把工人的生产率或者效率和他们被支付的工资相联系的理论称为**效率工资理论**(efficiency wage theories)。

与谈判能力理论一样,效率工资理论认为工资同时取决于工作的性质和劳动力市场环境。

- 如果企业,比如高科技企业,认为雇员的士气和责任感是他们工作质量的关键保证,那么该企业支付的工资就会比那些常规行业中的企业要高。
- 劳动力市场环境会影响工资。更低的失业率使得就业工人请辞变得更具吸引力:低失业率使得找到另一份工作更加容易。企业想要避免请辞人数的增加,就不得不通过增加工人工资来吸引员工留在公司。当这种情况发生时,低失业率将会导致高工资。相反,高失业率将导致低工资。

2001年9月11日以前,机场安保采取的是低工资雇用工人的策略,因此产生了很高的人员流动率。而现在机场安保工作变得更加有优越性,方法是使工作更有吸引力和增加工资,以获得更有积极性和更有能力的工人,减少人员流动。现在美国运输安全管理局(TSA)官员的平均工资为4万美元,离职率大致相当于服务业的平均水平。

要点解析

从亨利·福特到杰夫·贝索斯

1914年,亨利·福特(Henry Ford)——当时世界上最为流行的T型小汽车的创立者——作出了一项足以让人眩晕的声明。他的公司将支付给所有合格雇员的工资为每天最低5美元,一天工作8小时。这对大多数雇员来说,薪水得到了非常大的提升,以前是每天工作9小时,平均每天只能挣到2.30美元。对福特公司来讲,这一工资增加相当可观,大约占到公司利润的一半。

福特的动机是什么并不完全清楚,但福特自己给出的众多理由可以让我们知道其真正目的。并不是因为公司不能再以以前的工资水平招到工人,而是因为公司很难留住工人。人员流动率非常高,工人的不满情绪也很高。

不管福特的决定背后的原因是什么,工资增加的结果是令人惊讶的,见表7-1。

表7-1 1913—1915年福特公司的年流动率和解雇率　　　　　　　　　　%

年　份	1913	1914	1915
流动率	370	54	16
解雇率	62	7	0.1

资料来源:Dan Raff 和 Lawrence Summers,*Did Henry Ford Pay Efficiency Wages?* (亨利·福特支付的是效率工资吗?),劳动经济学杂志,1987,5(4),第二部分,页码 S57-S87。Louise Matsakis,*Why Amazon Really Raised Its Minimum Wage to* $15(为什么亚马逊要把最低工资提高到15美元),Wired,2018年10月2日,www.wired.com/story/why-amazon-really-raised-minimum-wage。

年流动率(离职人数与就业人数的比率)从1913年370%的高峰降到了1915年的16%。[年流动率370%意味着平均每月有31%的工人离开,因此全年来讲,离职人数与就业人数的比率就等于370%(31%×12)。]解雇工人的比率从62%骤降到了几乎接近于0%。平均旷工率(表7-1中没有给出)在1913年曾达到10%,而一年之后就下降到了2.5%。毫无疑问,高工资是产生这些变化的主要原因。

福特工厂的生产率是否有了足够的提高,从而可以抵消增加的工资成本呢?这个问题的答案并不明确。1914年的生产率比1913年是高很多,估计增加了30%~50%。尽管支付了高工资,1914年的利润仍然比1913年高。但是增加的利润当中有多少是因为工人行为的变化,又有多少是因为T型轿车的不断成功,却是很难估计的。

虽然结果支持了效率工资理论,但每天的工资增加到5美元可能是太多了,至少从利润最大化的角度来看是这样的。亨利·福特可能还有其他的目的,比如,把工会排斥在外——他做到了;为自己和公司创造好的公众形象——这一点他也确实做到了。

有趣的是,我们可能正在见证另一个类似的实验。2018年10月,杰夫·贝索斯(Jeff Bezos)宣布,亚马逊将把25万名正式员工和10万名季节工的最低工资提高到每小时15美元(联邦最低工资为7.5美元)。其中一个原因当然是在失业率非常低的情况下,需要吸引和留住工人。另一个目的是对抗亚马逊存在的一些负面报道。另一个原因可能是,就像福特那样,希望提高士气和生产率。现在要知道会有什么影响还为时过早。

7.3.3 工资、价格和失业

我们将利用下式来讨论工资的决定:

$$W = P^e F(u, z) \tag{7.1}$$
$$(-, +)$$

W 表示总的名义工资,它取决于三个因素。
- 预期价格水平,用 P^e 表示。
- 失业率,用 u 表示。
- 综合变量,用 z 表示,代表影响工资决定结果的其他所有变量。

下面依次来讨论每个因素。

1. 预期价格水平

首先不考虑预期和实际价格水平之间的区别,回答这样一个问题,为什么价格水平会影响名义工资?答案是:因为工人和企业关心的是实际工资,而不是名义工资。
- 工人不关心他们能拿到多少钱,而是关心用工资能够买到多少物品。也就是说,他们关心的是相对于所购买商品的价格(P),他们所得到的名义工资(W),即 W/P。
- 同样,企业不关心它们支付给工人的名义工资,而是关心相对于企业销售产品价格(P)的名义工资(W),因此企业考虑的也是 W/P。

换一种方式思考。如果工人预期价格水平,即他们要购买的商品的价格上升1倍,他们将会要求名义工资增加1倍。如果企业预期价格水平,即它们售卖的商品的价格上升1倍,它们将会愿意将名义工资提高 1 倍。因此,如果工人和企业都预期价格水平会上升 1 倍,他们将会同意把名义工资增加 1 倍,从而保持实际工资水平不变。这一工资和预期价格水平的关系由式(7.1)表示:在工资制定时,预期价格水平的成倍增长将导致名义工资的成倍增长。

> 预期价格水平的增长将会导致名义工资的同比例增长。

为什么工资取决于预期价格水平 P^e,而不是实际价格水平 P?

由于工资是根据名义单位(美元)来制定的,在制定工资时,相关的价格水平是不知道的。

例如,在大多数的美国工会合同中,名义工资一般提前 3 年制定。工会和企业必须根据它们对接下来 3 年价格水平的预期来决定名义工资。即使工资是由企业来制定的,或是由企业和每个工人谈判而定的,名义工资一般也会提前一年制定。如果价格水平在年内出乎意料地上升,名义工资一般并不能重新调整。(接下来的两章中有大量内容介绍工人和企业是如何形成对价格水平的预期的,我们暂时不考虑该问题。)

2. 失业率

在式(7.1)中,失业率 u 也是影响总工资水平的因素。u 下面的负号表示失业率增加会降低工资水平。

> 更高的失业率导致更低的名义工资。

工资水平取决于失业率是前面讨论内容的主要结论之一。如果我们认为工资是由谈判来决定的话,那么更高的失业率会减弱工人的谈判能力,从而迫使工人接受较低的工资。如果我们认为工资决定是出于效率工资考虑的话,更高的失业率将允许企业支付更低的工资,但仍然可以留住工人。

3. 其他因素

式(7.1)中的第三个变量 z 是一个综合变量,代表了给定预期价格水平和失业率时影响工资的所有其他因素。按照惯例,我们将 z 定义为 z 的增加意味着工资的增加,所以 z 下面的符号为正号。前边的讨论提到了大量的这类影响因素。

> 由 z 的定义可知,z 的增加会引起名义工资的增加。

例如:**失业保险**(unemployment insurance)在工人失业后向工人支付失业津贴。社会有充分的理由为那些失业且很难再找到工作的工人提供一些保险。毫无疑问的是,在一定的失业率下,更慷慨的失业救济确实会使工资上涨,从而使失业前景不那么令人沮丧。假设不存在失业保险,工人就情愿接受很低的工资以防失业。但是失业保险确实是存在的,这样失业工人就会保持失业状态,直到有更高工资的工作机会。在这种情况下,我们可以认为 z 代表失业救济金的水平:在一定的失业率下,更高的失业救济金会使工资上升。

我们也很容易想到其他因素。在给定失业率的情况下,最低工资的增长还会引起略高于最低工资的工资增长,进而导致平均工资 W 增长。如果提高了**就业保护**(employment protection),企业裁员的成本就会提高。这种变化可能会提高受保护工人的谈判能力,提升给定失业率下的工人工资(对企业而言,解雇他们并雇用其他工人要付出更多成本)。

我们将在后面的内容中讨论其中一些因素的影响。

7.4 价格决定

> 用微观经济学的术语来讲,该假设意味着生产中劳动的规模报酬不变。如果企业使用的劳动数量增加1倍,那么生产的产出也会增加1倍。

讨论完工资决定后,现在我们讨论价格的决定。

企业制定的价格取决于成本,而成本取决于**生产函数**(production function)的性质即生产中的投入和产出数量之间的关系,以及投入原材料的价格。

假设劳动是投入的唯一生产要素,生产函数如下:

$$Y = AN$$

Y 表示产出,N 为就业,A 是劳动生产率。这里意味着**劳动生产率**(labor productivity),即每个工人的产出是不变的。

很显然,该假设是对现实情形的一种非常强的简化。在现实中,企业还会使用除了劳动力之外的其他生产要素。它们使用资本,比如机器和工厂,还会使用原材料,比如原油。我们知道技术进步也在起作用,因此劳动生产率(A)不是常数,而是会随着时间稳定增加。我们在后面将会考虑这些现实情况,第10章到第13章讨论长期产出决定时,将关注资本和技术进步的作用。就目前而言,产出和就业之间的这种简单关系会使研究更加容易,并且能够达到我们的目的。

假定劳动生产率 A 为常数,可以进一步简化。我们可以选择一个工人生产1单位产出,即假设 $A=1$。(这种方法可以不考虑 A,从而简化了表达。)因此生产函数就变成

$$Y = N \qquad (7.2)$$

生产函数 $Y=N$ 意味着多生产1单位产出的成本等于多雇用1个工人的成本,即工资 W。可使用微观经济学课程中的术语表达:产出的边际成本(多生产1单位产品而引起总成本的增加)等于 W。

如果商品生产是完全竞争的,那么单位产出价格应该等于边际成本,即 P 应该等于 W。但是许多商品市场都不是完全竞争的,企业收取的价格要高于它们的边际成本。描述该事实的一个简单方法就是假设企业根据如下关系确定产出价格:

$$P = (1+m)W \qquad (7.3)$$

m 为成本之上的价格**加成**(markup)。如果商品市场不是完全竞争的,而且企业拥有市场竞争力,m 就为正,价格 P 就会高于成本 W,等于 $(1+m)W$。

7.5 自然失业率

> 本章后面部分的一个重要假设就是:$P^e = P$。

下面讨论工资和价格决定对失业的影响。

本章余下部分,我们将在如下的假设条件下讨论该问题:名义工资取决于实际价格水平 P,而不是预期价格水平 P^e(为什么这样假设,你很快就会明白)。根据该假设,工资设定和价格设定决定了均衡失业率,这一失业率也被称为**自然失业率**(natural rate of unemployment)。下面详细讨论。

7.5.1 工资设定关系

给定名义工资取决于实际价格水平(P)而不是预期价格水平(P^e)的假设,刻画工资决定的式(7.1)就可以表示成

$$W = PF(u, z)$$

等式两边都除以实际价格水平,得到

$$\frac{W}{P} = F(u, z) \quad (7.4)$$
$$(-, +)$$

如果工资是通过集体谈判设定的,那么"工资设定者"就指工会和企业;如果是通过双边谈判设定的,那么"工资设定者"指单个工人和企业;如果工资是在要么接受要么放弃的基础上设定的,那么"工资设定者"就指企业。

工资决定意味着实际工资 W/P 和失业率 u 之间存在着负相关关系:失业率越高,工资设定者选择的实际工资越低。很显然:失业率越高,工人的谈判能力就越弱,因此实际工资就越低。

我们把实际工资和失业率的这一关系称为**工资设定关系**(wage-setting relation),由图 7-6 表示出来。实际工资由纵轴表示,失业率由横轴表示。工资设定关系为向下倾斜的曲线 WS(即英文工资制定"wage setting"的缩写)。失业率越高,实际工资越低。

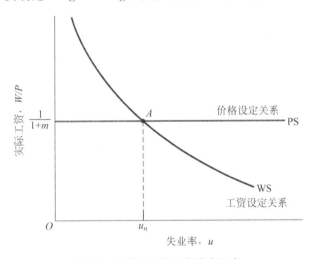

图 7-6 工资、价格和自然失业率

注:自然失业率是工资设定关系中选择的实际工资和价格设定关系推导的实际工资相等时的一种失业率水平。

7.5.2 价格设定关系

下面考虑价格决定的推论。如果在价格决定等式(7.3)的两边同时除以名义工资,得到

$$\frac{P}{W} = 1 + m \quad (7.5)$$

从企业的价格设定行为可以推出价格水平与工资的比率等于 1 加上价格加成。把等式两边都写成倒数的形式,则实际工资等于

$$\frac{W}{P} = \frac{1}{1+m} \quad (7.6)$$

这个等式表明,价格设定决策决定了企业支付的实际工资。在给定工资的情况下,价格加成的增加使得企业提高它们必须支付的工资,从而导致了实际工资下降。

从式(7.5)到式(7.6)的代数变换是很简单的,但价格设定实际上是如何决定企业支付的实际工资可能在直觉上没那么明显。可以试着通过这种方法来理解:如果你工作的企业提高了价格加成,因而提高了该企业的产品价格,你的实际工资可能根本不会发生非常大的变化。你仍然可以得到同样的名义工资,而且你购买的物品当中即使有该企业的产品,它也只占你消费篮子的很小一部分。但是,如果不只是该企业提高加成和产品价格,而是所有的企业都这么做的话,那么你所购买的所有物品的价格都会上升。即使你获得了相同的名义工资,你的实际工资也下降了。因此,企业价格加成提高,你(以及其他人)的实际工资就会降低。这就是式(7.6)所说的。

式(7.6)所表示的**价格设定关系**(price-setting relation)由图 7-6 中的水平线 PS(price setting)表示。价格设定关系导出的实际工资等于 $1/(1+m)$,独立于失业率。

7.5.3 均衡实际工资和失业

> 失业救济金的增加使工资设定曲线上移,经济沿着价格设定曲线移动,均衡失业率上升。这是否意味着失业救济金一定是个坏主意?(提示:没有,但它有副作用。)
>
> 这导致一些经济学家将失业称为"调整器"。这听起来很残酷,但高失业率确实是一种经济机制,它能将工资恢复到企业愿意支付的水平。
>
> 价格加成的上升使价格设定曲线下移,经济沿着工资设定曲线移动,均衡失业率上升。
>
> "自然"一词,根据《韦氏词典》的定义是指"生来就有的一种状态,不因人为因素而变化"。

劳动力市场均衡要求工资设定推导出的实际工资等于价格设定推导出的实际工资。(如果你在微观经济学课程中学过了根据劳动力供给等于劳动力需求考虑均衡问题时,这种表述均衡的方法可能听起来很奇怪。一方面是工资设定和价格设定之间的关系,另一方面是劳动供给和劳动需求之间的关系,它们之间的关系要比乍看起来紧密得多,本章的附录会更详细地讨论这个问题。)在图 7-6 中,均衡点为 A 点,均衡失业率为 u_n。

我们也可以用代数表达式来刻画均衡失业率,式(7.4)和式(7.6)消去 W/P 项,得到

$$F(u_n, z) = 1/(1+m) \qquad (7.7)$$

均衡失业率 u_n 为工资设定选择的实际工资[式(7.7)的左边]和价格设定推出的实际工资[式(7.7)的右边]相等时的失业率。

均衡失业率(u_n)被称为自然失业率(下标 n 表示自然)。这已经是标准化的术语,我们也采用它,但是"自然"一词却用词不当。"自然"意味着一个自然的常数,不受制度和政策的影响。然而,从推导中可以清楚地看到,"自然"失业率并不是自然产生的。工资设定曲线和价格设定曲线的位置,以及由此而得出的均衡失业率,都取决于 z 和 m。考虑如下两个例子。

- **失业救济金的增加**。救济金的增加可以用 z 的增加来表示。因为救济金的增加降低了人们对失业预期的痛苦,它增加了在给定失业率下由工资设定者设定的工资。因此它导致工资设定曲线向上移动,从图 7-7 中的 WS 移动到 WS'。经济沿着 PS 线从 A 移动到 A',自然失业率从 u_n 移动到 u'_n。

总结:在既定的失业率下,失业救济金的增加导致实际工资的增加,而更高的失业率则会促使实际工资回到企业愿意支付的水平。

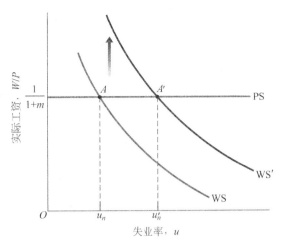

图 7-7 失业救济金和自然失业率

注：失业救济金的增加引起自然失业率的上升。

- 现存的反托拉斯立法的执行并不严厉。在一定程度上，企业更容易共谋并提高其市场势力，从而导致企业可以使价格加成 m 升高，m 的升高意味着企业支付的实际工资下降，因此价格设定关系曲线下降，从图 7-8 中的 PS 到 PS'。经济沿着 WS 移动，均衡点从 A 移动到 A'，自然失业率从 u_n 增加到 u_n'。

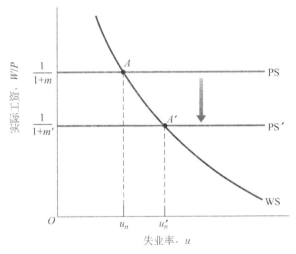

图 7-8 价格加成和自然失业率

注：价格加成的增加导致自然失业率的上升。

价格加成的升高会降低实际工资，导致自然失业率的增加。在一定的工资水平下弱化反垄断法执行，允许企业提高价格，会导致实际工资下降。而更高的失业率使工人接受较低的实际工资，从而导致自然失业率的上升。

诸如慷慨的失业救济金和反托拉斯立法等因素几乎不能被认为是一种自然的结果，它们更多的是反映了经济中的各类结构性特征。正是出于该原因，均衡失业率的一个更好名称应该为**结构性失业率**（structural rate of unemployment），但是迄今为止，该名称还没有被普遍采用。

该名称是美国哥伦比亚大学的埃德蒙·菲尔普斯（Edmund Phelps）提出的。他 2006 年获得诺贝尔经济学奖。要了解更多关于菲尔普斯的学术贡献，可参阅第 8 章和第 24 章。

7.6 去往何方

在短期内,决定产出变动的因素是我们在前面4章中关注的因素:货币政策和财政政策等。

在中期内,产出趋于回归其自然水平,决定失业和产出的因素为我们在本章中关注的因素。

我们刚刚讨论了劳动力市场均衡是如何决定自然失业率的(我们将这种均衡失业率称为自然失业率)。尽管我们要到第9章才进行精确的推导,但是很清楚,对给定的劳动力,失业率决定了就业水平;并且,给定生产函数,就业水平决定了产出水平。因此,与自然失业率联系在一起的就是自然产出水平。

你可能会问,我们在前面4章中做了些什么?如果劳动力市场均衡决定了失业率水平,进而决定了产出水平,那么为什么还要花上这么多时间来讨论商品市场和金融市场呢?我们前面得出的结论——产出水平是由诸如货币政策、财政政策、消费者信心等因素决定的,而所有这些因素都没有在式(7.7)中出现,因此不影响自然产出水平——又如何解释呢?

答案的关键在于短期与中期的不同。

- 我们已经推导了自然失业率,并由此推导出了相关产出水平,但是有两个假设前提:一是假设劳动力市场是均衡的,二是价格水平等于预期价格水平。
- 然而,没有理由认为第二个假设在短期内会成立。价格水平可能与名义工资设定时所预期的价格水平差异较大。因此,在短期内,没有理由认为失业率就等于自然失业率,或者产出等于它的自然水平。

正如我们将在第9章看到的,短期内决定产出变动的因素还是那些我们在前4章中集中讨论的因素:货币政策、财政政策等。我们的时间并没有被浪费。

- 但是价格水平的预期不可能永远出现系统性错误(也就是说,总是太高,或总是太低)。这就是为什么在中期内产出趋向于回归自然产出水平。在中期,决定失业和产出的因素为出现在式(7.7)中的因素。

简而言之,这些就是对本章第一段所提问题的回答。详细阐述这些答案将是我们接下来两章的任务。第8章放宽了价格水平等于预期价格水平的假设,推导出失业与通货膨胀之间的关系,即菲利普斯曲线。第9章将所有因素综合在一起。

本章提要

- 劳动力由那些正在工作(就业)的人或正在寻找工作(失业)的人组成。失业率等于失业人口与劳动力的比率。参工率等于劳动力与符合工作年龄的人口的比率。
- 美国劳动力市场的特征是就业、失业和非劳动力人口之间的流动性非常大。每月平均有44%的失业人口摆脱失业状态,或参加工作,或退出劳动力群体。
- 衰退时期失业高,扩张时期失业低。在高失业期间,失去工作的概率增大,失业后找到工作的概率减小。
- 工资由企业单方面制定或者通过工人和企业的谈判来决定。工资与失业率负相关,与预期价格水平正相关。工资之所以取决于预期价格水平是因为工资制定者一般制定的是一段时期的名义工资。在这段时期内,即使价格水平变得与预期不同,工资一般也不会被重新调整。
- 企业制定的价格取决于工资和在工资之上的价格加成。企业选择的价格加成越高，给定工资条件下的价格也越高，进而实际工资就越低。
- 劳动力市场均衡要求工资设定关系选择的实际工资等于价格设定关系导出的实际工资。在实际价格水平等于预期价格水平的假设下，劳动力市场均衡决定了失业率。该失业率就是众所周知的自然失业率。
- 一般而言，实际价格水平通常会与工资设定者的预期价格水平不同，所以失业率不一定要等于自然失业率。
- 在接下来的几章将会看到，在短期内，失业和产出由前4章集中讨论的因素决定；但在中期，失业趋于返回自然失业率，产出趋于返回自然产出水平。

关键术语

- noninstitutional civilian population，非社会公共机构的平民人口
- labor force，劳动力
- out of the labor force，非劳动力
- participation rate，参工率
- unemployment rate，失业率
- separations，离职
- hires，雇佣
- current population survey(CPS)，当前人口调查(CPS)
- quits，请辞
- layoffs，解雇
- duration of unemployment，失业的持续时间
- discouraged workers，丧失信心的工人
- employment rate，就业率
- collective bargaining，集体谈判
- reservation wage，保留工资
- efficiency wage，效率工资
- bargaining power，谈判能力
- efficiency wage theories，效率工资理论
- unemployment insurance，失业保险
- employment protection，就业保护
- production function，生产函数
- labor productivity，劳动生产率
- markup，价格加成
- natural rate of unemployment，自然失业率
- wage-setting relation，工资设定关系
- price-setting relation，价格设定关系
- structural rate of unemployment，结构性失业率

本章习题

快速测试

1. 运用本章学到的知识，判断以下陈述属于"正确""错误"和"不确定"中的哪一种情况，并简要解释。

   a. 1950年以来，美国的参工率就一直保持在约60%的水平。

   b. 每月流入和流出就业的人口同劳动力人口规模相比非常小。

   c. 每年仅有不到10%的失业人口摆脱失业。

d. 在经济衰退期失业率趋于升高,而在经济扩张期趋于下降。

e. 大部分工人一般拿到的是他们的保留工资。

f. 不属于工会的工人没有谈判能力。

g. 支付高于工人保留工资的工资可能是雇主获得最佳利益的方法。

h. 自然失业率不受政策变化的影响。

2. 根据本章提供的信息回答如下问题。

a. 每月流入和流出就业(即雇佣和离职)的人口规模是多大?用占就业工人的百分比表示。

b. 每月从失业流入到就业的人口规模是多大?用占失业工人的百分比表示。

c. 每月流出失业的总人口规模是多大?用占失业工人的百分比表示。平均的失业持续时间是多少?

d. 每月流入和流出劳动力的总人口规模是多大?用占劳动力人口的百分比表示。

e. 每月平均有45万新工人进入劳动力人口。在进入劳动力人口的人数中,新工人所占的比例是多少?

3. 自然失业率。

假设企业在边际成本上的价格加成是5%,工资设定方程为 $W = P(1-u)$,u 是失业率。

a. 价格设定方程决定的实际工资是多少?

b. 自然失业率是多少?

c. 假设成本之上的价格加成增加到10%,自然失业率会发生什么变化?解释答案背后的逻辑。

深入挖掘

4. 保留工资。

在20世纪80年代中期,一位超级名模声称若少于10 000美元(据推测,应为每天的收入),她将不会工作。

a. 你的保留工资是多少?

b. 第一份工作的报酬是否高于你当时的保留工资呢?

c. 把当时的保留工资与每次从事工作的工资相比,哪份工作获得的工资更多:第一份还是10年以后从事的工作?

d. 根据效率工资理论解释你给出的a到c的答案。

e. 应对本次危机的部分政策延长了工人可以获得失业救济的时间。如果这一改变是永久性的,这一政策对保留工资有何影响?

5. 谈判能力和工资决定。

即使没有集体谈判,工人仍然有一些谈判能力可以拿到高于保留工资的工资。每个工人的谈判能力同时取决于工作的性质和劳动力市场的环境。下面分别讨论这两个因素。

a. 比较送货员和计算机网络管理员的工作。从事哪项工作的工人更有谈判能力?为什么?

b. 对于任一工作,劳动力市场环境如何影响工人的谈判能力?在评定劳动力市场环境时,你会去观察哪一个劳动力市场变量?

c. 假设在一个既定的劳动力市场环境下(你在 b 部分确定的变量),整个经济中工人的谈判能力上升了。在中期、短期的情况下,这将分别如何影响实际工资?在本章描述的模型中,哪个因素决定实际工资?

6. 失业的存在。

a. 图 7-9 中的工资设定关系为什么呈上升的斜率?当 N 接近 L 时,失业率会怎样?

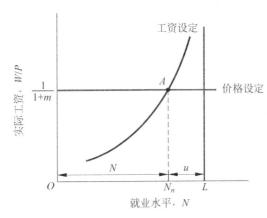

图 7-9 工资和价格设定以及自然就业水平

b. 价格设定关系是水平的。价格加成的上升会如何影响图 7-9 中价格设定关系的位置?在图 7-9 中,价格加成的上升将如何影响自然失业率?

7. 非正式劳动力市场。

我们在第 2 章学到了非正式工作(如做饭、照顾子女)并未计入 GDP,同样,这类工作没有构成劳动力市场中就业的数据。现在考虑两种经济,各有 100 个工人,分成 25 个家庭,每个家庭有 4 人。在每个家庭里,1 人待在家里准备食物,2 个人在非食品部门工作,还有 1 人失业。假设在两种经济中,除了准备食物的工人外,其他工人的实际和测量的产出相同。

在第一种(在家中吃饭)经济中,25 个负责"准备食物"的人只是在家做饭并未出去工作,做饭和吃饭均在家完成。这 25 人并未在正式劳动力市场中寻找工作(也不想找工作)。在第二种(在外面吃饭)经济中,25 个负责"准备食物"的人是被餐馆雇用,所有食物均在餐馆购买。

a. 计算可测量的就业和失业以及每种经济下的可测量的劳动力。计算每种经济下的失业率和参工率。哪种经济下测量的 GDP 更高?

b. 假设在家中吃饭的经济发生了改变:出现了几家餐馆,负责"准备食物"的 25 人中有 10 人进入餐馆工作,这 10 个家庭的成员现在都在餐馆吃饭。剩下的 15 人仍然在家准备食物并且不准备找工作,而这 15 个家庭的成员继续在家里吃饭。就业和失业,劳动力、失业率和参工率以及 GDP 会怎样?(无须计算)

c. 假设想把家务劳动纳入 GDP 和就业数据中,你如何计算家务劳动的 GDP?如何修改就业、失业和非劳动力的定义?

d. 根据 c 中新的定义,第一种经济的劳动力市场统计数据和第二种经济相比是否相同？假设在各种经济中，生产食物具有相同的价值，两种经济的 GDP 会相同吗？在新的定义下，b 的改变会对在家中吃饭的经济中劳动力市场或 GDP 统计数据产生影响吗？

进一步探讨

8. 失业持续时间与长期失业。

根据本章提供的数据，每月大约有 44% 的失业工人离开失业大军。

a. 假设所有失业人员脱离失业的概率是相同的，与他们失业的时间长短无关。1 个月之后，一个工人仍然处于失业状态的概率是多少？2 个月呢？6 个月呢？

现在考虑失业大军的构成。用简单的经验来考察一下失业 6 个月甚至以上的工人所占的比例。假设失业大军为常数 x，每月 44% 的失业工人重新找到工作，则先前的就业大军中相同数目的工人失业。

b. 考虑到本月的失业人数 x，1 个月之后，多大比例的人仍失业？（提示：如果每月 44% 的失业工人找到工作，原来的 x 个失业工人在第 1 个月有多大比例找不到工作？）

c. 2 个月之后，原来 x 个失业工人中有多大比例的人仍失业？（提示：根据 b 中得出的答案，失业至少 1 个月的工人还有多大比例在第 2 个月仍没找到工作。）6 个月后，在最初的失业大军 x 中还有多大比例仍然失业？

d. 在《总统经济报告》(Economic Report of the President)的表 B-28 中（这是 2019 年报告中的表格编码），计算 2000—2019 年每年失业 6 个月或者更长时间（27 周或更多）的失业工人在失业人口中的比例。2000—2008 年（危机前年份）的数据与问题 c 中的答案有什么不一样？你能猜出造成二者差别的可能原因吗？（提示：假设失业工人退出失业队伍的概率随着失业时间的增加而下降。）

e. 经济危机期间（2009—2011 年），持续 6 个月或以上处于失业状态的失业者比例会有什么变化？

f. 如果你观察持续 6 个月或以上处于失业状态的失业者比例，是否有任何危机结束的迹象？

g. 经济危机的部分政策应对就是延长工人有资格获得失业救济金的时间。你预计上述变化将如何影响持续 6 个月或以上处于失业状态的失业者比例？实际情况是否如此呢？

9. 请访问美国劳工统计局维护的网站（www.bls.gov），查找最新的"就业形势一览"，阅读链接下面的"国民就业"。

a. 美国平民劳动力人口规模、失业人口数和失业率的最新月度数据是多少？

b. 就业人口是多少？

c. 计算从表中第一个数字开始到最近一个月数据为止的失业人数的变化。同样也计算就业人数的变化。失业人数的下降是否等于就业人数的增加？用文字解释理由。

10. 一次经济衰退中的失业率的动态变化。

表 7-2 显示了三次衰退期中的实际 GDP 增长的变化。这些数据来源于《总统经济报告》的 B-4 表格。

表 7-2　三次衰退期中的实际 GDP 增长的变化　　　　　　　　　　　　　　　　%

年份	实际 GDP 增长率	失业率
1981	2.5	
1982	−1.9	
1983	4.5	
1990	1.9	
1991	−0.2	
1992	3.4	
2008	0.0	
2009	−2.6	
2010	2.9	

用《总统经济报告》中的 B-35 表格中的数据,在上面的表格填写年度失业率的值,并考虑以下问题:

a. 在经济衰退中,什么时候失业率更高,是产出下降的那一年还是之后一年?解释一下原因。

b. 如果丧失信心的工人随着经济复苏而重新加入劳动力人口中,请说明衰退之后失业率的变化模式。

c. 在 2009 年危机产生的衰退过后,失业率却仍保持在很高的水平。在衰退中,失业救济金的领取时间被从 6 个月延长至 12 个月。模型如何预测这一政策对自然失业率的影响?数据是否支持这一预测?

11. 仔细观察美国劳动力市场的变化。

关于"铁锈地带"("Rust Belt",指工业衰退的地区)的衰落以及各州劳动力市场之间的差异,这里有很多讨论。表 7-3 是大金融危机前的 2003 年、危机最严重的 2009 年和危机后的 2018 年加利福尼亚州、俄亥俄州和得克萨斯州的劳动力市场概况。其中俄亥俄州被认为是"铁锈地带"。

表 7-3　加利福尼亚州、俄亥俄州和得克萨斯州三个时期的劳动力市场概况　　　　　　%

州	加利福尼亚州	俄亥俄州	得克萨斯州
变量	参工率		
2003 年	65.9	67.4	68.0
2009 年	65.1	66.0	60.8
2018 年	62.4	62.4	61.7
	就业率		
2003 年	61.5	63.3	63.4
2009 年	57.8	59.2	60.8
2018 年	59.8	59.5	61.7
	失业率		
2003 年	6.7	6.1	6.8
2009 年	11.3	11.8	7.5
2018 年	4.2	4.5	3.8

a. 在 2003 年至 2018 年间，哪个州的参工率下降幅度最大？这与"铁锈地带"经济衰退的说法一致吗？

b. 用 2003 年至 2009 年失业率的增长来衡量经济压力，哪个州受危机打击最严重？

c. 用 2003 年至 2009 年参工率的下降来衡量经济压力，金融危机对哪个州的打击最严重？

d. 截至 2018 年，通过分析所给出的全部数据，哪个州的劳动力市场最弱？

延伸阅读

- A further discussion of unemployment along the lines of this chapter is given by Richard Layard, Stephen Nickell, and Richard Jackman in *The Unemployment Crisis* (1994, Oxford University Press).

- For more detail on how recessions affect various groups, read "Who Suffers During Recessions?" by Hilary Hoynes, Douglas Miller, and Jessamyn Schaller, *Journal of Economic Perspectives*, 2012, 26(3): pp. 27–48.

附录 工资设定关系和价格设定关系与劳动供给和劳动需求

你可能在微观经济学课程中学到，关于劳动力市场均衡的内容是根据劳动供给和劳动需求来表述的。那么你可能会问：根据工资和价格设定关系的表述与你在微观经济学课程中所学的关于劳动力市场的表述是如何联系起来的呢？

在某种非常重要的意义上，这两种表述是相似的。

为什么呢？重新画出图 7-6，纵轴是实际工资，横轴是就业水平（而不是失业率），如图 7-9 所示。

就业水平 N 由横轴来表示，就业水平必须在 0 和 L 之间，L 表示劳动力，因为就业不能超出可供工作的人口数（即劳动力）。注意对于任何就业水平 N，相应的失业率为 $u = L - N$。知道了这些，我们就可以从 L 开始，沿着横轴向左来衡量失业：失业由 L 和 N 之间的距离表示。就业水平 N 越低，失业越高，也就意味着失业率 u 越高。

现在我们来画出工资设定和价格设定的关系，并说明均衡的特点。

- 就业增加（沿着横轴向右移动）导致失业率下降，而且根据工资设定关系，实际工资也会上升。因此，工资设定关系现在向上倾斜：更高的就业意味着更高的实际工资。
- 价格设定关系仍然是 $W/P = 1/(1+m)$ 处的一条水平直线。
- 均衡点为 A 点，"自然"就业水平为 N_n［相应的自然失业率等于 $u_n = (L - N_n)/L$］。

图 7-9 中的工资设定关系看起来很像劳动力供给关系。当就业水平增加时，支付给工人的实际工资也在增加。因此，工资设定关系有时也被称为"劳动力供给"关系。

价格设定关系看起来像水平的劳动需求关系，它的图形是水平的、而不是向下倾斜的曲线的原因是我们简单地假设产出的劳动规模报酬是不变的。如果根据习惯假设产出的劳动报酬递减，那么价格设定曲线将会像标准的劳动需求曲线一样向下倾斜：就业增加时，产出的边际成本将会上升，迫使企业在给定的工资水平下提高价格。也就是说，价格设定关系推出的实际工资将随着就业的增加而下降。

但在很多方面，这两种方法是不同的：

- 标准的劳动供给关系决定了一定数量工人愿意工作时的工资：工资越高，愿意工作的工人越多。

相反,在工资设定关系中,对应于给定就业水平的工资是工人和企业之间复杂的谈判结果,或者是企业单方面设定的工资。诸如集体谈判的格局或者用工资来阻止请辞等因素都会影响工资设定关系。它们在现实世界中似乎扮演着重要的角色,而在标准的劳动力供给关系中却不起任何作用。

- 标准的劳动力需求关系决定了给定实际工资时企业选择的就业水平。它是在企业处于完全竞争的商品和劳动力市场的假设下推导出来的,即它将工资和价格(也就是实际工资)视为给定变量。

而价格设定关系重视的是企业在众多的市场中是如何设定价格的这一事实。诸如商品市场的竞争程度等因素会通过影响价格加成,进而影响价格设定关系;但这些因素在标准的劳动需求关系中并未考虑。

- 在劳动供给-劳动需求框架下,失业工人是"自愿失业",即在均衡实际工资处,他们更愿意失业而不是工作。

而在工资和价格设定框架下,失业是非自愿的。例如,如果企业支付效率工资(高于保留工资),工人愿意受雇。但是,在均衡状态下仍然存在"非自愿失业"。这比在劳动供给-劳动需求框架中关系更能反映现实情况。

以上三个原因就是在本章我选择用工资和价格设定关系而非劳动供给和劳动需求关系来描述均衡状态的理由。

第8章 菲利普斯曲线、自然失业率和通货膨胀

1958年，A. W. 菲利普斯（A. W. Phillips）画出了英国从1861年到1957年间每年的通货膨胀率和失业率之间的关系图，他发现的证据清楚地表明，通货膨胀和失业之间存在负相关关系：当失业低时，通货膨胀就高；当失业高时，通货膨胀就低，甚至经常是负值。

> A. W. 菲利普斯是新西兰人，曾在伦敦经济学院任教。他年轻时曾做过鳄鱼猎人。他还建立了一个液压机来描述宏观经济的行为。该机器的一个工作版本仍在英国剑桥展出。

两年之后，两位美国经济学家——保罗·萨缪尔森（Paul Samuelson）和罗伯特·索洛（Robert Solow），使用菲利普斯的方法对美国的情况进行了分析，使用的数据为1900年到1960年的数据，见图8-1，图中使用消费者价格指数的变化率衡量通货膨胀率。除去失业率非常高的20世纪30年代（1931年到1939年的数据用三角形表示，它们很明显地处于图中其他点的右边），美国的通货膨胀和失业同样存在着负向关系。这一关系迅速成为宏观经济思想和政策的核心内容，萨缪尔森和索洛把这一关系命名为**菲利普斯曲线**（Philips curve）。它似乎意味着各个国家可以选择不同的失业和通货膨胀组合：如果愿意忍受更高的通货膨胀，就能够达到低失业的目的；如果愿意忍受更高的失业，就能实现价格水平的稳定——零通货膨胀。关于宏观经济政策的许多讨论变成了在菲利普斯曲线上选取哪一点的问题。

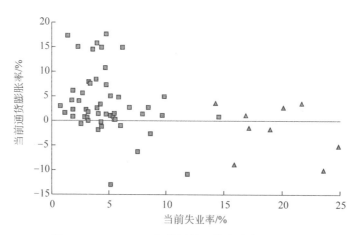

图8-1　1900—1960年美国的通货膨胀率和失业率

资料来源：美国《历史统计》，http://hsus.cambridge.org/HSUSWeb/index.do。

注：在1900年到1960年这段时期里，美国的低失业率伴随着高通货膨胀率，高失业率伴随着低的或者负的通货膨胀率。

然而在20世纪70年代，这一关系不再成立。美国和大多数OECD国家同时存在高通货膨胀和高失业，明显地与原始的菲利普斯曲线相矛盾。于是又出现了另一个关系，即失业率和通货膨胀率的变化之间的关系。在20世纪90年代，这种关系再次发生了变化，通货膨胀和失业之间的旧关系再次出现。本章的目的是研究菲利普斯曲线的转变，理解通货膨胀和失业之间的关系。我们将从第7章中看到的劳动力市场模型推导出菲利普斯曲线。你会看到菲利普斯曲线的变化是如何来自人们和企业形成预期的方式的变化。

本章包括四个部分。

8.1节　展示了我们之前看到的劳动力市场模型如何推导出通货膨胀、预期通货膨胀和失业之间的关系。

8.2节　使用这种关系来解释菲利普斯曲线随时间的变化。

8.3节　显示了菲利普斯曲线与自然失业率之间的关系。

8.4节　进一步讨论失业率与通货膨胀之间的关系是如何随着国别、时期的不同而变化的。

> 如果你还记得本章的一条基本信息，它应该是：低失业率会给通货膨胀带来上行压力，但这种关系的形式在很大程度上取决于人们和企业如何形成预期。

8.1　通货膨胀、预期通货膨胀和失业

在第7章中，我们推导出了下面的工资决定方程[式(7.1)]：

$$W = P^e F(u, z)$$

由工资设定者设定的名义工资W，取决于预期价格水平P^e、失业率u和综合变量z，其中z包含了所有其他影响工资决定的因素（从失业救济金到集体谈判的形式）。

为方便起见，这里给出函数F的一个具体形式：

$$F(u, z) = 1 - \alpha u + z$$

该式表明，更高的失业率导致更低的名义工资，更高的z（例如，更为慷慨的失业津贴）导致更高的名义工资。参数α[希腊小写字母阿尔法(alpha)]表示失业对工资影响的程度。用上述方程中的特定形式来替换函数F，得到

$$W = P^e(1 - \alpha u + z)$$

同样在第7章中，我们推导出了以下价格决定方程[式(7.3)]：

$$P = (1 + m)W$$

企业选择的价格P（即价格水平）等于名义工资W乘以1加上价格加成m的和。

之后我们利用这两个关系式，以及实际价格水平等于预期价格水平这一额外假设，推导出自然失业率。现在我们来考察不加入这一额外假设的话将会出现什么情况。

将第一个等式中名义工资的表达式代入第二个等式，得到

$$P = P^e(1 + m)(1 - \alpha u + z) \tag{8.1}$$

这给出了价格水平、预期价格水平和失业率之间的关系。

用π代表通货膨胀率，用π^e表示预期通货膨胀率，那么式(8.1)可以改写为通货膨胀、

为便于阅读，我们将从现在开始把通货膨胀率称为"通货膨胀"，失业率称为"失业"。

预期通货膨胀和失业率之间的关系：

$$\pi = \pi^e + (m+z) - \alpha u \tag{8.2}$$

从式(8.1)推导出式(8.2)并不难，但是很乏味，因此，将其放到本章的附录里。式(8.2)是宏观经济学中最重要的方程之一，因此理解式(8.2)中的各种影响因素是很重要的。

- 预期通货膨胀 π^e 增长，导致实际通货膨胀 π 也增长。

想知道究竟，要从式(8.1)开始。预期价格水平 P^e 的增长，导致实际价格 P 也增长。如果工资设定者希望更高的价格，那么他们将设定更高的名义工资，这反过来又导致价格水平的增加。

注意到给定去年同期的价格水平，今年更高的价格水平意味着从去年到今年的价格水平的增长率更高，也就是更高的通货膨胀。同样，给定去年的价格水平，今年更高的预期价格水平意味着从去年到今年预期价格水平的增长率也更高，即更高的预期通货膨胀。因此，预期价格水平的增长会导致实际价格水平的增长这一事实可重述为：预期通货膨胀的增长导致通货膨胀的增长。

$\pi^e \uparrow \Rightarrow \pi \uparrow$
$m \uparrow$ 或 $z \uparrow \Rightarrow \pi \uparrow$
$\mu \downarrow \Rightarrow \pi \uparrow$

- 给定预期通货膨胀 π^e，企业选择的价格加成 m 越大，或者影响工资决定的因素 z 越大，实际通货膨胀 π 就越高。

从式(8.1)可以看出，给定预期价格水平 P^e 下，m 或 z 的增长都能带来价格水平 P 的增长。用前面的讨论方法来重述通货膨胀和预期通货膨胀的命题：给定的预期通货膨胀 π^e，m 或 z 的增长会导致通货膨胀 π 的增长。

- 给定预期通货膨胀 π^e，失业率 u 越低，实际通货膨胀 π 越高。

从式(8.1)中可以看出，给定预期价格水平 P^e，失业率 u 的降低导致更高的名义工资，这会导致更高的价格水平 P。可以重述这一命题：给定预期通货膨胀 π^e，更低的失业率 u 导致更高的通货膨胀 π。

在讨论菲利普斯曲线之前，我们还要做如下工作：为了更方便研究通货膨胀和失业随时间的变化，我们在本章后面的讨论中将使用时间下标，这样我们就可以讨论特定年份的通货膨胀、预期通货膨胀或失业等变量。从而可以将式(8.2)改写为

$$\pi_t = \pi_t^e + (m+z) - \alpha u_t \tag{8.3}$$

变量 π_t、π_t^e、u_t 分别代表第 t 年的通货膨胀、预期通货膨胀和失业，注意，在这里，m 和 z 没有时间下标是因为尽管 m 和 z 可能会随着时间推移而变化，但它们变化得比较缓慢，尤其是相对于通货膨胀和失业率的变化，因此我们通常将其视为常数。

有了式(8.3)，我们现在可以回到菲利普斯曲线以及它的变动情况。

8.2 菲利普斯曲线及其突变

让我们从菲利普斯、萨缪尔森和索洛首先发现的失业与通货膨胀的关系开始。

8.2.1 原始菲利普斯曲线

假设通货膨胀每年都在某个 π 值附近波动，并假设通货膨胀不具有持续性，因此今年

的通货膨胀并不能很好地预测明年的通货膨胀。这恰巧是菲利普斯、索洛和萨缪尔森研究时期通货膨胀的一个特征。在这样的情况下，工资设定者完全有理由假设，无论去年的通货膨胀是多少，今年的通货膨胀都等于 $\bar{\pi}$。在这种情况下，$\pi_t^e = \bar{\pi}$，等式(8.3)变成

$$\pi_t = \bar{\pi} + (m+z) - \alpha u_t \tag{8.4}$$

这个等式明确印证了菲利普斯在英国的发现和萨缪尔森和索洛在美国的发现，即失业和通货膨胀间呈负相关关系。失业率高时，通货膨胀率低甚至为负；失业率低时，通货膨胀率为正。

当菲利普斯、萨缪尔森和索洛的发现发表时，他们提出政策制定者面临通货膨胀率和失业率之间的权衡。如果他们愿意接受较高的通货膨胀率，那么就可以实现较低的失业率。这看上去是一个具有吸引力的权衡。从20世纪60年代初开始，美国的宏观经济政策目标是逐步降低失业率。图8-2描绘了从1961年到1969年美国每年通货膨胀率和失业率的组合。注意，在长期的经济扩张过程中(20世纪60年代的大部分时间)，式(8.4)对应的失业率和通货膨胀率之间的负相关关系很好地成立。从1961年到1969年，失业率从6.8%稳步下降到3.4%，而通货膨胀率从1.0%稳步上升到5.5%，即美国的经济沿着菲利普斯曲线向上移动。事实上，看上去只要政策制定者愿意接受较高的通货膨胀率，他们就能够实现较低的失业率。

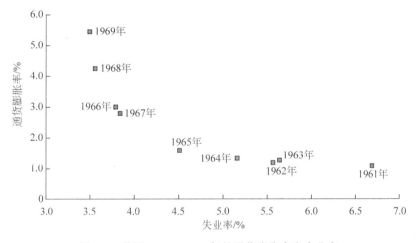

图 8-2　美国 1961—1969 年的通货膨胀率和失业率

资料来源：FRED；序列 UNRATE，CPIAUSCL。

注：美国的失业率在整个20世纪60年代稳定地下降，同时伴随着通货膨胀率稳定地上升。

8.2.2　预期不再固定

然而从1970年开始，像图8-2所显示的通货膨胀率和失业率之间的关系消失了。图8-3画出了美国1970—1995年每年的通货膨胀和失业的组合，这些点大致呈分散对称的云状分布：失业率和通货膨胀率之间没有明显关系。

为什么原始的菲利普斯曲线消失了呢？因为工资设定者改变了他们形成通货膨胀预期的方式。

这种变化来自通货膨胀行为的变化。通货膨胀率变得更加具有持续性。若本年是高通

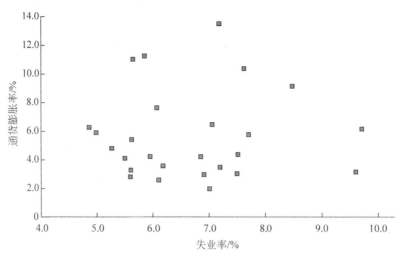

图 8-3 美国 1970—1995 年的通货膨胀率和失业率
资料来源：FRED；序列 UNRATE、CPIAUSCL。
注：从 1970 年开始，美国失业率和通货膨胀率之间的关系消失了。

货膨胀，那么下一年更加可能出现高通货膨胀。于是，人们在形成预期时开始将通货膨胀的持续性考虑进去，预期形成的变化进一步改变了失业率和通货膨胀率之间关系的性质。用宏观经济术语来说就是——原本**固定**（anchored）的预期（即大致不变的预期）变得**不再固定**（de-anchored）了。

让我们更严密地讨论刚才的内容。首先，假设预期是根据下式形成的：

$$\pi_t^e = (1-\theta)\bar{\pi} + \theta\pi_{t-1} \tag{8.5}$$

用文字来表述：本年的预期通货膨胀率部分取决于一个常数 $\bar{\pi}$（权重为 $1-\theta$），部分取决于上一年的通货膨胀率 π_{t-1}（权重为 θ）。θ 的值越高，上一年的通货膨胀率就越会促使工人和企业对本年的预期通货膨胀率作出更大的修正，预期通货膨胀率也就越高。

由此我们可以想象 20 世纪 70 年代，当 θ 值随着时间的逝去而增加时会发生什么现象：

> 回到图 8-2，看看 1966 年到 1969 年的点。如果你是 1969 年的一名工人，你会假设 1970 年的通胀是多少？你会要求名义工资增长多少？

- 只要通货膨胀是稳定的，工人和企业忽视过去的通货膨胀并假设今年的价格水平大致与去年相等就是合理的。对于菲利普斯、萨缪尔森和索洛所考虑的时间段来讲，θ 接近于零，预期大致由 $\pi_t^e = \bar{\pi}$ 给出。菲利普斯曲线由式（8.4）给出。

- 但是，当通货膨胀变高时，工人和企业开始改变他们形成预期的方式。他们开始假定如果通货膨胀在去年是高的，那么通货膨胀在今年同样可能是高的。参数 θ——去年的通货膨胀率对今年的预期通货膨胀率的影响，开始稳步增加。证据表明，到 20 世纪 70 年代中叶为止，人们会预期今年的通胀率与去年完全相等——换句话说，θ 现在等于 1。

现在让我们把目光转向不同的 θ 值对通货膨胀和失业关系的影响，把式（8.5）代入式（8.3），得到

$$\pi_t = \overbrace{(1-\theta)\bar{\pi} + \theta\pi_{t-1}}^{\pi_t^e} + (m+z) - \alpha u_t$$

- 当 θ 等于 0 时，我们得到表示通货膨胀率和失业率关系的原始菲利普斯曲线。
$$\pi_t = \bar{\pi} + (m+z) - \alpha u_t$$
- 当 θ 为正时，通货膨胀率不仅取决于失业率，而且取决于去年的通货膨胀率。
$$\pi_t = [(1-\theta)\bar{\pi} + (m+z)] + \theta\pi_{t-1} - \alpha u_t$$
- 当 θ 等于 1 时，关系变成（把去年的通货膨胀率移到等式左边）
$$\pi_t - \pi_{t-1} = (m+z) - \alpha u_t \tag{8.6}$$

因此，当 $\theta=1$ 时，失业率影响的不是通货膨胀率，而是通货膨胀率的变化：高失业导致通货膨胀的下降；低失业导致通货膨胀的上升。

这一结论能够很好地解释 1970 年以来发生的事情。由于 θ 从 0 上升到 1，失业和通货膨胀之间的简单关系消失了，这就是我们在图 8-3 看到的结果。

但是就像式(8.6)预测的那样，新的关系出现了：失业和通货膨胀变化的关系。此关系由图 8-4 表示出来，图中画出了 1970 年至 1995 年每年通货膨胀率的变化与失业率的关系。该图表明了失业和通货膨胀变化之间存在负向关系。拟合从 1970 年到 1995 年间散点的最优直线是

$$\pi_t - \pi_{t-1} = 7.4\% - 1.2u_t \tag{8.7}$$

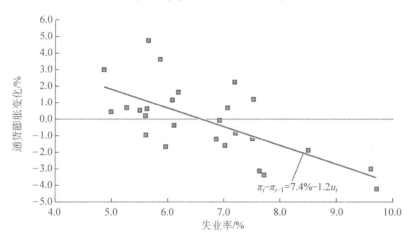

图 8-4 美国 1970—1995 年的通货膨胀变化与失业率

资料来源：FRED：序列 CPIAUNCSL、UNRATE。

注：从 1970 年到 1995 年，美国的失业率和通货膨胀率的变化之间呈负相关关系。

失业率越低，通货膨胀率的增幅越大。我们将在下文中再提到这个等式。

因此，这种菲利普斯曲线的形式不是通货膨胀率和失业率之间的关系，而是通货膨胀率的变化和失业率之间的关系。为了与原始的菲利普斯曲线相区别，它被称为**加速的菲利普斯曲线**（accelerationist Philips curve）（以强调低失业率导致通货膨胀率的上升，因此加速了价格水平的上升）。

原始菲利普斯曲线：
低失业率→高通胀。
加速主义者菲利普斯曲线：
低失业率→通货膨胀上升。

8.2.3 重新固定预期

20 世纪 90 年代，由于货币政策的变化，菲利普斯曲线关系再次发生变化：从 20 世

80年代初开始,包括美联储在内的许多中央银行越来越强调它们要维持低而稳定的通货膨胀的承诺。许多央行表示,它们将把通货膨胀率维持在一个既定目标附近,通常在2%左右。

到20世纪90年代中期,美联储基本上实现了它的目标。通货膨胀已经稳定了10多年,因此人们形成预期的方式再次发生了变化。即使某一年的通货膨胀高于目标,人们也会假设央行会在未来采取措施,让通货膨胀回到目标值,预期通货膨胀大致保持不变,与央行设定的目标通货膨胀持平。在20世纪70年代和80年代,通货膨胀预期一度变得不固定,而如今又重新得到固定,使人们对实际通货膨胀的波动变得几乎或根本没有反应。

由式(8.5)可知,θ又回到了零,菲利普斯曲线又回到了式(8.4)所给出的通货膨胀与失业的关系:

$$\pi_t = \bar{\pi} + (m+z) - \alpha u_t$$

从图8-5可以看出,从1996年到2018年,通货膨胀与失业呈负相关关系。高失业往往伴随着低通货膨胀,而低失业往往伴随着高通货膨胀。拟合从1996年到2018年间散点的最优直线是

$$\pi_t = 2.8\% - 0.16 u_t \tag{8.8}$$

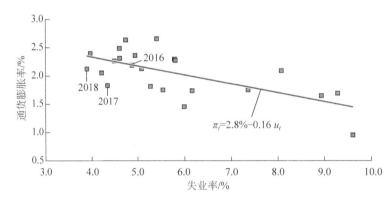

图8-5 美国1996—2018年的通货膨胀率与失业率

资料来源:FRED;序列CPILFESL,UNRATE。

注:20世纪90年代中期以来,菲利普斯曲线表现为通货膨胀率和失业率之间的关系形式。

我们是回到原始菲利普斯曲线了吗?是的,但我们学到了重要的一课。

菲利普斯曲线关系是通货膨胀、预期通货膨胀和失业之间的关系。通货膨胀和失业之间存在怎样的关系在很大程度上取决于人们如何形成预期,而这又在很大程度上取决于通货膨胀的行为。

今天,由于通货膨胀在很长一段时间内保持稳定,对通货膨胀的预期大致保持不变,菲利普斯曲线再次表现为通货膨胀率和失业率之间的关系。但我们知道,如果通货膨胀再次大幅偏离目标,人们形成预期的方式将会改变,通货膨胀和失业之间的关系也将再次改变,可能会回到20世纪70年代和80年代的加速菲利普斯曲线。

8.3 菲利普斯曲线和自然失业率

菲利普斯曲线的历史与自然失业率概念的出现紧密相关。

原始的菲利普斯曲线意味着没有自然失业率一说：如果政策制定者愿意忍受一个更高的通货膨胀率，他们将能永远维持一个更低的失业率。事实上，在整个 20 世纪 60 年代，他们似乎是对的。

在 20 世纪 60 年代末，即使在当时原始的菲利普斯曲线仍然能对数据进行很好的描述，经济学家米尔顿·弗里德曼（Milton Friedman）和埃德蒙·菲尔普斯根据逻辑推理对失业和通货膨胀之间权衡的存在性提出了质疑。他们认为这一权衡仅当工资设定者系统地低估通货膨胀时才能够存在，而工资设定者不可能永远这么做。他们也提出如果政府试图通过接受更高的通货膨胀来维持更低的失业，这种权衡最终将会消失；失业率不可能被维持在一个特定水平之下，他们把这一特定水平称为"自然失业率"。事实证明他们是正确的，正如我们在图 8-3 中看到的，失业率和通货膨胀率之间的权衡关系确实消失了。（参见要点解析"理论领先实际：米尔顿·弗里德曼和埃德蒙·菲尔普斯"。）今天，大部分经济学家接受了自然失业率这一概念。我们将在 8.4 节看到许多注意事项。

> 弗里德曼在 1976 年获得诺贝尔奖。菲尔普斯在 2006 年获得诺贝尔奖。

让我们把菲利普斯曲线和自然失业率之间的关系弄清楚。

根据定义，自然失业率是指实际价格水平等于预期价格水平时的失业率。等价地，自然失业率是实际通货膨胀率等于预期通货膨胀率时的失业率。自然失业率用 u_n 表示（n 代表"自然"），那么把实际通货膨胀等于预期通货膨胀（$\pi_t = \pi_t^e$）的条件代入式(8.3)，则有

$$0 = (m+z) - \alpha u_n$$

> 注意，在我们假设 m 和 z 是常数的情况下，自然失业率也是常数，所以我们可以去掉时间下标。我们之后还会讨论如果 m 和 z 随时间变化又会出现什么情况。

解出自然失业率 u_n：

$$u_n = \frac{m+z}{\alpha} \tag{8.9}$$

因此，价格加成 m 越大，或者影响工资设定的因素 z 越大，自然失业率就越高。

重新整理式(8.3)得到

$$\pi_t - \pi_t^e = -\alpha \left(u_t - \frac{m+z}{\alpha} \right)$$

从式(8.9)可以得到右边的分数等于 u_n，因此，重新整理得到

$$\pi_t - \pi_t^e = -\alpha (u_t - u_n) \tag{8.10}$$

这是一个重要的等式，你必须记住它。它将通货膨胀率、预期通货膨胀率，以及失业率与自然失业率的偏离联系起来。它表明如果失业率处于自然失业率水平，那么通货膨胀将等于预期通货膨胀；如果失业率低于自然失业率水平，通货膨胀就会高于预期通货膨胀；如果失业率高于自然失业率，通货膨胀就会低于预期通货膨胀。

这个方程也为我们提供了一种估计自然失业率的方法。

以 1970 年至 1995 年为例，在这段时期，π_t^e 等于去年的通货膨胀率 π_{t-1}，因此自然失业率等于 $\pi_t - \pi_t^e = \pi_t - \pi_{t-1} = 0$。将 $\pi_t - \pi_{t-1} = 0$ 代入式(8.7)得自然失业率为

$$0 = 7.4\% - 1.2u_n \rightarrow u_n = 7.4\%/1.2 = 6.2\%$$

因此自然失业率大约等于6.2%。为什么说是"大约"呢？因为，从图8-4可以看出，回归的拟合并不严密，所以我们不能确定该估计方程中的准确系数。更恰当的说法可能是——这一时期的自然失业率可能在6%至7%之间。

看看20世纪90年代中期以来盛行的菲利普斯曲线关系。从调查证据来看，预期通货膨胀率一直接近美联储2%的目标通货膨胀率，因此这一时期的自然失业率一直是通货膨胀率为2%时的失业率。将 $\pi_t = 2\%$ 代入式(8.8)得到

$$2\% = 2.8\% - 0.16u_n \rightarrow u_n = 0.8\%/0.16 = 5.0\%$$

这表明，这一时期的自然失业率大约为5.0%。同样，"大约"的限定很重要。回归线的拟合不是很好，我们不能确定系数的准确值。这意味着，我们不能确定自然失业率的准确值。这种不确定性对货币政策有着重要的影响，这一点我们将在本书的后面讨论。

例如，假设失业率的真实系数是0.20，而不是0.16。这意味着自然失业率为 0.8%/0.2=4%。

要点解析

理论领先实际：米尔顿·弗里德曼和埃德蒙·菲尔普斯

经济学家通常不善于在重要变化发生之前作出预测，他们的大部分见解是在事后得出来的。但是这里有一个例外。

20世纪60年代末，正好是原始菲利普斯曲线关系发挥着魅力的时候，两位经济学家米尔顿·弗里德曼(Milton Freidman)和埃德蒙·菲尔普斯(Edmund Phelps)提出通货膨胀和失业率之间的权衡关系只是一种假象。

这里引用了米尔顿·弗里德曼谈到菲利普斯曲线时的一些话，他说道：

"菲利普斯所写的文章实际上隐含地描述了这样一个世界：在那里，每个人预期名义价格是稳定的，而且不管实际价格和工资发生了什么变化这种预期都不会动摇，且永远不会变化。反过来，假设每个人预期价格水平将以每年高于75%的速度上升，就像巴西人在几年前所做的事情那样，那么工资就必须以这个速度增加，从而简单地保持实际工资不变。劳动的过度供给(弗里德曼的意思是高失业)就会被反映在名义工资的增长速度低于预期价格的上升速度，而不是工资的绝对下降。"

他继续讲道：

"我的结论所不同的是，通货膨胀和失业之间总是存在着暂时的权衡，而没有永久的取舍。暂时的权衡本质上不是来自通货膨胀，而是来自通货膨胀率的上升速度。"

然后他试图猜测通货膨胀和失业之间这种表面的权衡关系到底在美国还能持续多久：

"那么你就会问了，'暂时'的时间是多长？……根据对历史证据的一些检验，我将冒险地给出我个人的判断：更高的、未被预期到的通货膨胀率的最初影响大约持续两到五年，然后这种最初影响便开始被修正。对就业来说，充分调整到新通货膨胀率的时间与利率调整的时间相同，大约几十年。"

弗里德曼作出的预测非常正确。几年之后，正如弗里德曼预测的那样，原始菲利普斯曲线开始消失。

8.4 总结与警告

让我们把到目前为止讨论过的内容总结一下：
- 通货膨胀和失业之间的关系取决于工资设定者如何形成通货膨胀预期。
- 如果预期被固定，就像20世纪60年代和90年代中期以来的情况一样，那么菲利普斯曲线呈现的就是通货膨胀和失业之间的关系。如果失业率低于自然失业率，通货膨胀就会高于预期；如果失业率高于自然失业率，通货膨胀就会低于预期。
- 然而，如果预期没有被固定——就像20世纪70年代和80年代那样——今年的通货膨胀预期等于去年的通货膨胀，那么菲利普斯曲线关系就变成了通货膨胀变化与失业率之间的关系。如果失业率低于自然失业率，通货膨胀就会上升；如果失业率高于自然失业率，通货膨胀就会下降。

简而言之，通货膨胀和失业之间存在某种关系，但这种关系很复杂。不幸的是，这种关系仍然需要我们进一步加以警惕：自然失业率本身会随着时间的推移而变化；不同国家的情况有所不同；当通货膨胀变得非常高时，失业和通货膨胀之间的关系可能完全消失；当通货膨胀下降，直至变成通货紧缩时，它也会消失。让我们依次来讨论这些问题。

8.4.1 自然失业率随时间的变化

在估计式(8.7)和式(8.8)时，我们把 $m+z$ 作为常数处理了，但有确切理由认为 m 和 z 随时间的推移而变化。企业的垄断程度、劳动力以外的投入成本、工资谈判结构、失业救济金体系等因素，都可能随时间的推移而变化，从而导致 m 或 z 的变化，进而导致自然失业率的变化。

事实上，我们早些时候看到，1970—1995年的自然失业率大约为6.2%，但1995年开始的自然失业率大约为5%。而且，即使是在最近的这段时期，我们也不清楚它是否会保持不变。从图8-5可以看出，自2016年以来，失业率一直低于5%，而通胀率一直保持在接近2%的水平。就在我编写本书的时候，人们正在激烈辩论现在的自然失业率是否低于5%，甚至可能低至3.5%。在要点解析"1990年以来美国自然失业率的变化"中，我们探讨了这一现象的原因。

在未来，自然失业率会保持在低位吗？全球化、老龄化、监狱、临时救助机构、优步（Uber）等平台公司的崛起以及互联网日益重要的作用，这些都可能会继续存在，这表明在可预见的未来，自然失业率确实会保持在较低水平。

要点解析

1990年以来美国自然失业率的变化

正如我们在书中所讨论的，美国的自然失业率似乎已经从20世纪70年代和80年代的6%或7%下降到现在的4%以下。研究人员提供了如下的几种解释。

- 事实上，企业可以更容易地将一些业务转移到国外，这使得它们在与工人谈判时更有优势。工会正变得越来越弱。有工会企业的比率由20世纪70年代的25%下降到现在的10%。正如我们在第7章中看到的，工人较弱的谈判能力可能导致较低的自然失业率。
- 劳动力市场的本质已经发生改变。"替代性就业安排"下的工人数量（包括随叫随到的工人、临时帮助机构、独立承包商）稳步增长，现在占劳动力的10%左右。这些工人几乎没有谈判能力。替代性安排的发展也使许多工人在有工作时找工作，而不是失业时找工作。此外，互联网求职网站的作用越来越大，使得工作和员工的匹配更加容易。所有这些变化都导致失业率下降。

其他一些解释可能会更让你惊讶。例如，研究人员还指出：

- 美国人口的老龄化。年轻工人（16岁到24岁）的比重从1980年的24%下降到了现在的15%。这反映了20世纪60年代中期发生的婴儿潮的结果。年轻工人在刚开始就业时倾向于频繁更换工作，所以通常有更高的失业率。由此，年轻工人比重的下降导致总体失业率的下降。
- 入狱率的增加。美国在过去40年内监狱人口的比重翻了3倍。1980年，美国适龄劳动力的0.3%在监狱；如今，这一比重增长到了0.9%。因为监狱人口中的很多人如果没有被监禁的话，很可能是处于失业状态的，这可能会降低失业率。
- 残疾工人的增加。1984年以来资格标准的放松导致了领取伤残保险的工人人数稳定上升，从1984年占适龄劳动力的2.2%上升到现在的3.9%。如果标准没有放松，现在领取伤残保险的工人原本可能处于失业状态。
- 在2008—2009年危机期间，人们担心实际失业率的大幅上升（2010年接近10%）可能最终转化为自然失业率的上升。这一点发生的机制被称为滞后效应（在经济学中，滞后效应是指在受到冲击之后，即使冲击已经消失，某个变量也无法回到它的初始水平）。长期失业的工人可能会丧失能力或信心，最终变成一个不能受雇的人，导致自然失业率的上升。这种担忧不无道理，在2010年失业平均持续期是33周，与历史相比，这是一个非常久的持续期。43%的失业者持续失业超过6个月，28%的失业者已经超过1年。当经济复苏后，他们中会有多少人因为失业经历而伤痕累累，以至于难以就业？今天，结果似乎出来了。失业率在没有高通货膨胀的情况下恢复到非常低的水平，劳动力参与率回升表明，这种担忧是不合理的，至少在宏观经济层面是这样。

8.4.2 国家间自然失业率的差异

回顾第1章中表1-3。

回顾式(8.9)，自然失业率取决于所有影响工资设定的因素（由综合变量 z 来表示）、企业设定的价格加成 m，以及通货膨胀对失业的反应（由 α 表示）。如果这些因素在不同的国家是不同的，则没有理由期望不同的国家有着同样的自然失业率。而实际上，自然失业率在国家间也是存在差异的，有时这种差异还很大。

例如，自1990年以来，欧洲地区的平均失业率接近10%。一些年份的高失业率很可能反映了失业率对自然水平的偏离。持续29年的高平均失业率无疑反映了一个高自然失业率。这为我们指明了答案的所在：在于决定工资设定和价格设定关系的那些因素中。

找出相关的影响因素是否容易？你经常可能听到的一个陈述是欧洲的主要问题之一是**劳动力市场刚性**(labor market rigidities)，由此导致了欧洲的高失业。尽管这一表述有一定合理性，但实际却更加复杂。要点解析"是什么解释了欧洲的失业"将进一步讨论这个问题。

要点解析

是什么解释了欧洲的失业

当评论者谈论让欧洲痛苦的"劳动力市场刚性"时，他们想的是什么？

- 慷慨的失业保险系统。补偿比率（失业救济金与税后工资的比率）在欧洲通常很高，救济期限（失业者能够领取失业救济的时限）经常长达数年。

一些失业保险明显令人满意。但是慷慨的救济至少在两个方面增加了失业：降低了失业者找工作的激励；提高了企业必须支付的工资。回想我们在第7章对效率工资的讨论。失业救济越高，企业为了激励和留住工人所需支付的工资就越高。

- 高度的就业保护。通过就业保护，经济学家想到很多增加企业解雇成本的规则。这些规则从高额的离职赔偿金到必须说明解雇的合理性，以及工人对决定进行上诉并将这一决定撤销的可能性。

失业保护的目的是减少解雇，进而使工人避免失业的风险。它确实做到了。但与此同时，它还会使企业更不愿意雇用工人，从而使失业者更难找到工作。事实证明，尽管就业保护并不一定增加了失业，它确实改变了失业的性质：进入和离开失业的人数减少了，但是平均的失业时间增加了。失业时间的延长，使得失业者丧失技能和信心，从而削弱了他们重新就业的能力。

- 最低工资。大多数欧洲国家制定了国家最低工资标准。而且在一些国家，最低工资与中位数工资的比率很高。高水平的最低工资显然有可能限制缺乏技能的工人的就业，因此增加了他们的失业率。

- 谈判规则。在大多数欧洲国家，劳动合同都有扩展协议(extension agreements)。一个合同得到部分企业和工会的赞同就可以自动扩展到这个行业的所有企业。这在相当程度上提高了工会的谈判能力，因为它缩减了无工会企业的竞争空间。就像我们在第7章中看到的，工会的谈判能力越强，可能导致失业率越高。较高的失业率是一种经济机制，通过这种机制，使工人的需求和企业支付的工资相符合。

这些劳动力市场制度真的能够解释欧洲的高失业吗？很容易确定答案吗？不一定。在这里，有必要回顾两个重要事实。

第一个事实是：欧洲的失业并不总是很高的。在20世纪60年代，欧洲四个主要国家（法国、德国、意大利和西班牙）的失业率比美国更低，在2%～3%。美国经济学家都纷纷跨洋学习"欧洲失业奇迹"。这些国家如今的自然失业率都在8%～9%。我们如何解释失业的增加呢？

一个猜测就是当时的制度不同，劳动力市场刚性仅仅在最近的40年才出现。但这并不符合现实。的确，为了应对20世纪70年代的经济震荡（特别是伴随原油价格上涨的两次大衰退),许多欧盟国家政府增加了失业保险的力度和就业保障的程度。然而,即使在20世纪60年代,欧洲的劳动力市场制度也与美国差异很大,欧洲的社会保障要高得多,然而失业率却更低。

一个更加令人信服的解释集中在制度与冲击的交互性上。一些劳动力市场制度在某些环境下是良性的,然而在其他环境下却成本很高。以采取就业保护为例,如果公司之间的竞争被限制,每个公司内部的就业调整的需要也会被限制,因此,就业保护的成本就比较低。然而如果竞争加剧了,无论这个压力来自国内或者外国的公司,就业保护的成本都会非常高。不能迅速调整劳动力的公司可能会因为无力竞争而破产。

第二个事实是:欧洲各国的自然失业率差异很大。图8-6显示了2006年15个欧盟国家的失业率。我们之所以关注2006年,有两个原因:首先,2006年之后,金融危机导致失业率大幅上升,超过了自然失业率;其次,在这一年,大多数国家的通货膨胀较低且稳定,意味着失业率几乎等于自然失业率。

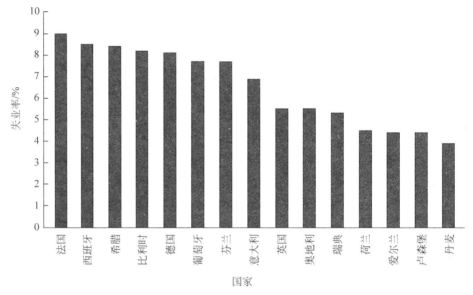

图8-6 2006年15个欧盟国家的失业率
资料来源:WEO资料库。

可以看到,欧洲大陆的四个大国(法国、西班牙、德国和意大利)失业率确实很高。(自那时以来,德国的自然失业率似乎下降了很多。在2018年,其实际失业率为3.5%,几乎没有通货膨胀的迹象——这是自然失业率随时间变化的另一个例子。)

但是值得注意的是,其他一些国家的失业率却很低,特别是丹麦、爱尔兰和荷兰。是不是这些低失业率的国家有着较低的福利、较少的就业保护、较弱的工会呢?不幸的是,事情没有这么简单。荷兰和西班牙一样拥有慷慨的社会保障体系,但其平均失业率却要低得多。

那么,我们能得出什么结论呢?经济学家正在达成一个共识:慷慨的社会保护应该与低失业相吻合,但是它必须有效率地提供。例如,失业保险金可以很高,但同时必须能够确保当有工作机会时失业者可以就业;只要企业在解雇工人时不会面临长期的行政或司法过程不确定性,一些就业保护(如慷慨的离职支付)就可以与低失业相一致。像丹麦这样的国家在实现这些目标上似乎更加成功。采取措施激励失业者去工作,并简化就业保护规则已排到许多欧洲国家改革日程上了。我们希望看到这些措施能导致自然失业率的下降。

注:如果想获取更多关于欧洲失业的信息,请阅读 Olivier Blanchard,"European Unemployment: The Evolution of Facts and Ideas",Economic Policy,2006,21(45),第1-54 页。

8.4.3 高通货膨胀与菲利普斯曲线关系

回顾 20 世纪 70 年代,当通货膨胀变得更为持久且工资设定者改变了形成通货膨胀预期的方式时,美国的菲利普斯曲线是如何变化的。下面的教训是普遍适用的:失业和通货膨胀之间的关系可能随通货膨胀水平和其持续性而改变。来自高通货膨胀国家的证据进一步确认了这一点。不仅工人和企业形成预期的方式会变化,制度安排同样会发生变化。

当通货膨胀率变高时,通货膨胀也更加易变。工人和企业更难达成协议来提前决定后面很长一段时间的名义工资。如果通货膨胀比预期的要高,实际工资就可能急剧下降,而工人就可能面临生活水平的大幅下降。如果通货膨胀比预期的要低,实际工资就可能急剧增加,企业可能无法支付员工工资,一些企业可能会破产。

正是由于此原因,出现了工资协议的条款随通货膨胀水平的变化而变化的情形。名义工资制定的周期更短,从 1 年下降到 1 个月,甚至更短。**工资指数化**(wage indexation)——一项随着通货膨胀自动提高工资的规定,变得更为流行。

> 更具体地说,当通货膨胀率平均为每年 2% 时,工资设定者有理由相信通货膨胀率将在 1% 至 3% 之间。当通货膨胀率平均为每年 30% 时,工资制定者可以确信通货膨胀率将在 20% 和 40% 之间。在第一种情况下,当他们设定名义工资时,实际工资可能比预期高或低 1%。在第二种情况下,实际工资可能会比预期高或低 10%。很明显,第二种情况的不确定性要大得多。

这些变化导致了通货膨胀对失业有着更为强烈的反应。为了弄清楚这一点,举一个基于工资指数化的例子。考虑一个经济有两类劳动合同,比例为 λ(希腊小写字母 lambda)的劳动合同是指数化的。这些合同中的名义工资随着实际价格水平的变动而变动,关系是 1 比 1。比例为 $1-\lambda$ 的劳动合同不是指数化的:名义工资在预期通货膨胀的基础上制定。

在该假设下,式(8.10)变成

$$\pi_t = [\lambda \pi_t + (1-\lambda)\pi_t^e] - \alpha(u_t - u_n)$$

等式右边方括号里的项反映了这样的事实:λ 比例的合同对实际通货膨胀 π_t 作出反应,而 $1-\lambda$ 比例的合同对预期通货膨胀 π_t^e 作出反应。如果假设今年的预期通货膨胀等于去年的实际通货膨胀,即 $\pi_t^e = \pi_{t-1}$,我们可以得到

$$\pi_t = [\lambda \pi_t + (1-\lambda)\pi_{t-1}] - \alpha(u_t - u_n) \tag{8.11}$$

当 $\lambda=0$ 时,所有的工资都是在预期通货膨胀(等于去年的通货膨胀)的基础上设定的,则等式可以简化为

$$\pi_t - \pi_{t-1} = -\alpha(u_t - u_n)$$

然而当 λ 为正值时,其中 λ 比例的工资是根据实际通货膨胀而不是预期通货膨胀设定的。为了更清楚地理解其中的含义,重新整理等式(8.11),把方括号中的项移到左边,两边都除以 $1-\lambda$,得到

$$\pi_t - \pi_{t-1} = -\frac{\alpha}{1-\lambda}(u_t - u_n)$$

工资指数化提高了失业对通货膨胀的影响。指数化合同的比例越高（λ 越大），失业率对通货膨胀变化的影响越大[系数 $\alpha/(1-\lambda)$ 越大]。

直觉如下：没有工资指数化时，更低的失业增加了工资，进而提高了价格水平。但是由于工资不会对价格立即作出反应，因此在 1 年内不会有进一步的价格上涨。然而当有指数化时，价格的上涨导致了工资在该年内进一步增加，进而导致价格的进一步上涨，等等，所以失业对通货膨胀的影响在该年内变得更大了。

> 更多关于高通货膨胀的动态见第 21 章。

如果 λ 接近 1，也就是大部分的劳动合同允许工资指数化的时候，失业的很小变化就能够导致通货膨胀非常巨大的变化。换一种方式表达，当失业几乎没有变化时，通货膨胀仍然能够产生巨大的变化。这正是在那些通货膨胀非常高的国家里实际发生的事情：通货膨胀和失业的关系变得越来越弱，最终全部消失。

8.4.4 通货紧缩与菲利普斯曲线关系

高通货膨胀对菲利普斯曲线的影响刚才已经讨论过了，现在转向另一个问题：当通货膨胀很低甚至为负（通货紧缩）时，情况会怎样？

在本章的开头，图 8-1 涉及了这个问题，但之后我们就没有深究。我们注意到，图 8-1 中与 20 世纪 30 年代相对应的点（用三角形表示）位于其他数据的右侧。不仅失业非同寻常地高（这不用惊讶，因为我们关注的年份正处于大萧条时期），并且在给定的高失业率下，通货膨胀也出奇的高。换句话说，在给定的高失业率下，我们预计不仅是通货紧缩，而且是很高的通货紧缩率。但是，事实上通货紧缩是有限的，尽管失业率非常高，1934 年到 1937 年的通货膨胀率却为正。

> 如果 u_n 随 u 增加，那么 $(u-u_n)$ 可能会一直很小，因此，即使 u 很高，通货膨胀的下行压力也可能很小。

如何解释这种情况呢？有两种可能的解释。

一是"大萧条"时期伴随的是实际失业率和自然失业率的双增长，这似乎是不可能的。大多数经济史学家认为"大萧条"主要来自总需求不利变化（IS 曲线向左大幅移动）所引起的实际失业率的上升超过了自然失业率，而非自然失业率本身的增长。

> 考虑两种情况：第一，通货膨胀率为 4%，名义工资增长 2%。第二，通货膨胀率为 0%，名义工资下降 2%。哪种情况是你最不愿遇到的？其实这两种情况并没有区别，真实工资都下降了 2%。但是大多数人会觉得第一种情况容易接受，出现货币幻觉。这词的具体含义见第 23 章。

二是当一种经济开始经历通货紧缩时，菲利普斯曲线关系会崩溃。一种可能的原因是工人不愿意接受名义工资的降低。当名义工资增长慢于通货膨胀时，工人可能会不自觉地接受实际工资的下降。但是如果是企业公开降低名义工资导致实际工资下降相同的幅度，工人可能就不会接受了。在金融危机期间，这一机制显然在一些国家发挥了作用。

例如，图 8-7 绘制了葡萄牙在两个不同年份的工资变化分布：1984 年通货膨胀率高达 27%，2012 年通货膨胀率仅为 2.1%。请注意，1984 年工资变化的分布大致是对称的，但在 2012 年集中在零，且几乎没有负的工资变化。在一定程度上，这一机制发挥了作用，这意味着当通货膨胀接近零时，通货膨胀与失业之间的菲利普斯曲线关系可能消失，或至少变得更弱。

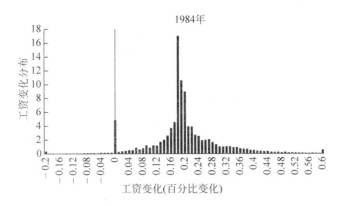

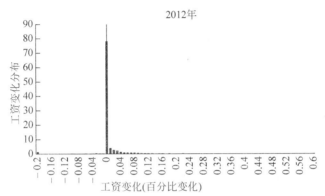

图 8-7 葡萄牙高通货膨胀和低通货膨胀时期的工资变化分布图

资料来源：Pedro Portugal 根据葡萄牙家庭的调查。

本章提要

- 劳动力市场均衡提供了通货膨胀、预期通货膨胀和失业之间的关系。给定失业的情况下，预期通货膨胀越高，实际通货膨胀越高。给定预期通货膨胀的条件下，失业越高，通货膨胀越低。

- 如果通货膨胀预期被固定，而预期通货膨胀大致不变，那么菲利普斯曲线的形式就是通货膨胀和失业之间的关系。这就是菲利普斯、索洛和萨缪尔森 20 世纪 50 年代末期在研究失业与通货膨胀的联动行为时发现的结果。

- 20 世纪 70 年代，随着通货膨胀上升和持续，预期通货膨胀不再固定，越来越多地反映出过去的通货膨胀。菲利普斯曲线表现为失业和通货膨胀变化之间的关系。高失业导致通货膨胀下降，低失业导致通货膨胀上升。

- 从 20 世纪 80 年代开始，美联储就致力于保持通货膨胀的低水平和稳定。到 20 世纪 90 年代，通货膨胀预期重新得到固定，通货膨胀预期大致保持不变。菲利普斯曲线再次成为通货膨胀和失业之间的关系。

- 自然失业率是通货膨胀率等于预期通货膨胀率的失业率。如果预期被固定，预期通货膨胀率等于央行的目标通货膨胀率。这意味着，在自然失业率下，实际通货膨胀等于目标利率。当实际失业率超过自然失业率时，通货膨胀率低于目标通货膨胀率;当实际失业率低于自然失业率时,通货膨胀率高于目标通货膨胀率。
- 自然失业率不是恒定的。不同国家的自然失业率不同,欧洲的自然失业率要比美国高很多。自然失业率同样也随时间的推移而变化,欧洲的自然失业率自20世纪60年代以来有了很大上升;美国的自然失业率从20世纪90年代初以来似乎有所下降。
- 通货膨胀率随时间变化的方式的改变会影响工资设定者形成预期的方式,也会影响到使用工资指数化的程度。当工资指数化很普遍时,失业的很小变化会引起通货膨胀非常大的变化。当通货膨胀率很高时,通货膨胀和失业之间的关系会消失。

当通货膨胀率很低或者为负时,通货膨胀和失业之间的关系表现得更弱些。在"大萧条"时期,即使高失业也仅仅带来有限的通货紧缩。在"大衰退"期间,这种情况在一些欧洲国家再次发生。

关键术语

- Philips curve,菲利普斯曲线
- original Phillips curve,原始的菲利普斯曲线
- anchored(de-anchored, re-anchored, unanchored) expectations,固定(不再固定,重新固定,不固定)期望
- accelerationist Philips curve,加速的菲利普斯曲线
- hysteresis,滞后效应
- labor-market rigidities,劳动力市场刚性
- extension agreements,扩展协议
- wage indexation,工资指数化

本章习题

快速测试

1. 运用本章学到的知识,判断以下陈述属于"正确""错误"和"不确定"中的哪一种情况,并简要解释。

a. 原始菲利普斯曲线是失业和通货膨胀的负相关关系,这一现象最初是从英国发现的。

b. 原始菲利普斯曲线关系被证明在不同国家和不同时间内是非常稳定的。

c. 在历史上的某些时期,相邻年份之间的通货膨胀一直非常持续。而在历史上的其他时期,今年的通货膨胀并不能很好地预测明年的通货膨胀。

d. 政策制定者只能在短暂时间内对通货膨胀和失业进行权衡取舍。

e. 预期通货膨胀总是等于实际通货膨胀。

f. 20世纪60年代末,经济学家米尔顿·弗里德曼和埃德蒙·菲尔普斯认为政策制定者能够获得他们想要的低失业率。

g. 如果人们假定通货膨胀率与去年相同,那么菲利普斯曲线关系就是通货膨胀变化与失业之间的关系。

h. 一个国家的自然失业率不会随时间的推移发生变化。

i. 所有国家的自然失业率都相同。

j. 通货紧缩意味着通货膨胀是负的。

k. 当通货膨胀预期被固定时,菲利普斯曲线关系是通货膨胀变化与失业之间的关系。

l. 如果通货膨胀预期被固定,实际工资将保持不变,因为实际通货膨胀将等于预期通货膨胀。

2. 讨论如下说法：

a. 菲利普斯曲线意味着当失业高时,通货膨胀就低;反之亦然。所以,我们可能经历高通货膨胀,也可能经历高失业,但从来不会同时经历这两种情况。

b. 只要不介意高通货膨胀,就能实现想要的低失业水平。我们所能做的就是增加对商品和服务的需求,例如扩张性财政政策。

c. 在通货紧缩时期,尽管价格在下降,工人还是抵制名义工资的减少。

3. 自然失业率。

a. 菲利普斯曲线由下式给出：

$$\pi_t = \pi_t^e + (m+z) - \alpha u_t$$

把这个关系改写成失业率对自然失业率的偏离、通货膨胀率和预期通货膨胀率之间的关系。

b. 在第 7 章中,我们推导出了自然失业率。在推导过程中对价格水平和预期价格水平施加了什么条件？它和 a 部分的条件有什么关系？

c. 自然失业率如何随价格加成变化而变化？

d. 自然失业率如何随综合变量 z 的变化而变化？

e. 确定自然失业率随不同国家和不同时间变化的两个重要原因。

4. 预期通货膨胀的形成。

本书提出了以下预期通胀模型：

$$\pi_t^e = (1-\theta)\bar{\pi} + \theta \pi_{t-1}$$

a. 描述 $\theta=0$ 时预期通货膨胀的形成过程。

b. 描述 $\theta=1$ 时预期通货膨胀的形成过程。

c. 你如何形成自己的通胀预期——更像 a 部分,还是 b 部分？

5. 菲利普斯曲线的突变。

假设菲利普斯曲线为

$$\pi_t = \pi_t^e + 0.1 - 2u_t$$

预期通货膨胀为

$$\pi_t^e = (1-\theta)\bar{\pi} + \theta \pi_{t-1}$$

假设 θ 一开始等于 0,$\bar{\pi}$ 已知且不变,它可以是 0 或任何正值。假设失业率最初等于自然失业率。在第 t 年,当局决定将失业率降至 3%,并永远保持在这一水平。

a. 确定第 $t+1$、$t+2$、$t+3$、$t+4$、$t+5$ 年的通货膨胀率。$\bar{\pi}$ 和 π 相比如何？

b. 你相信 a 部分给出的答案吗？为什么相信或为什么不相信？（提示：想想人们更可能怎样形成通货膨胀预期。）

现在假设在第 $t+6$ 年,θ 从 0 增加到 1。假设政府仍然决定让 u 永远保持在 3%。

c. 为什么 θ 会以这种方式增加？

d. 第 $t+6$、$t+7$、$t+8$ 年的通货膨胀率分别是多少？

e. 当 $\theta=1$ 且失业率低于自然失业率时,通货膨胀会怎样？

f. 当 $\theta=1$ 且失业率保持在自然失业率时,通货膨胀会怎样？

深入挖掘

6. 工资指数化的宏观经济影响。

假设菲利普斯曲线由下式给出：

$$\pi_t - \pi_t^e = 0.1 - 2u_t$$

其中

$$\pi_t^e = \pi_{t-1}$$

假设第 $t-1$ 年的通货膨胀为 0。在第 t 年，央行决定把失业率永远保持在 4%。

a. 计算第 t、$t+1$、$t+2$ 和 $t+3$ 年的通货膨胀率。

现在假设一半的劳动合同是指数化的。

b. 新的菲利普斯曲线方程是什么？

c. 根据 b 中的答案，重新计算问题 a 中的通货膨胀率。

d. 工资指数化对 π 和 u 的关系有何影响？

7. 探索自然失业率。

a. 菲利普斯曲线 1970—1995 年的方程为

$$\pi_t - \pi_{t-1} = 7.4\% - 1.2u_t$$

使用这条曲线计算和定义自然失业率。

b. 菲利普斯曲线 1996—2018 年的方程为

$$\pi_t = 2.8\% - 0.16u_t$$

这里的自然失业率不能立即从菲利普斯曲线计算出来，请解释一下原因。

c. 绘制菲利普斯曲线：$\pi_t = 2.8\% - 0.16u_t$，纵轴为通货膨胀，横轴为失业。计算并解释纵轴与横轴的截距。为什么这可能是一个不受欢迎的经济结果？如果通货膨胀率是 2%，失业率是多少？

d. 在假设 $\pi = 2.0\%$，使用关系 $\pi_t = 2.8\% - 0.16u_t$ 的情况下，自然失业率是什么？解释计算的逻辑。

8. 考虑表 8-1～表 8-4。数据是否与工资决定模型的菲利普斯曲线一致？每个表格有 A 和 B 两个选项，用正确/错误/不确定回答问题。

a. 自然失业率为 5%。

表 8-1 情 形 1　　　　　　　　　　　　　　　　　　%

选项	失业率	预期通货膨胀	工资增长
A	6	3	3
B	6	2	2

b. 自然失业率为 5%。

表 8-2 情 形 2　　　　　　　　　　　　　　　　　　%

选项	失业率	预期通货膨胀	工资增长
A	4	2	3
B	3	2	2

c. 自然失业率为 4%。

表 8-3 情 形 3 %

选项	失业率	预期通货膨胀	工资增长
A	4	6	7
B	4	2	3

d. 自然失业率为 5%。

表 8-4 情 形 4 %

选项	失业率	预期通货膨胀	工资增长
A	12	2	0
B	12	−2	0

进一步探讨

9. 用失业率来预测 1996 年到 2018 年之间的通货膨胀。

由图 8-5 估算的菲利普斯曲线为

$$\pi_t = 2.8\% - 0.16 u_t$$

从 FRED 数据库收集数据后，使用上面的菲利普斯曲线填写表 8-5。月度数据分别是 UNRATE(失业率)和 CPIAVCSL(消费者价格指数)。FRED 允许你下载这些系列的年平均值。你需要将通货膨胀率构建为 CPI 年度水平的百分比变化。你可以选择使用电子表格。然后回答问题。

表 8-5 通过菲利普斯曲线预测的通货膨胀情况 %

年份	通货膨胀	失业	预测的通货膨胀	通货膨胀与预测的通货膨胀的差额
2006				
2007				
2008				
2009				
2010				
2011				
2012				
2013				
2014				
2015				
2016				
2017				
2018				
…				

a. 评估菲利普斯曲线预测 2006 年以后通货膨胀的能力。平均预测误差是多少？

b. 评估菲利普斯曲线在 2009 年和 2010 年危机期间预测通货膨胀的能力，你觉得这是怎么回事？

c. 你可以将2018年以后的年份添加到你的表格中。数据截至2018年末，评估预期增强的菲利普斯曲线在现有数据的基础上预测2018年后通货膨胀的能力。

10. 不同年代的通货膨胀率和预期通货膨胀率。

在表8-6～表8-8中填写20世纪60年代的通货膨胀和预期通货膨胀值。数据和上一个问题一样来自FRED（最好使用电子表格）。

20世纪60年代：

表8-6　20世纪60年代的通货膨胀情况

年 份	当年通货膨胀 π_t	上一年通货膨胀 π_{t-1}	不同假设下的预期通货膨胀 π_t^e		差值：预期通货膨胀－不同假设下的实际通货膨胀 ($\pi_t^e - \pi_t$)	
			假设 $\theta=0$ 且 $\bar{\pi}=0$	假设 $\theta=1$	假设 $\theta=0$ 且 $\bar{\pi}=0$	假设 $\theta=1$
1963						
1964						
1965						
1966						
1967						
1968						
1969						

20世纪70—80年代：

表8-7　20世纪70—80年代的通货膨胀情况

年 份	当年通货膨胀 π_t	上一年通货膨胀 π_{t-1}	不同假设下的预期通货膨胀 π_t^e		差值：预期通货膨胀－不同假设下的实际通货膨胀 ($\pi_t^e - \pi_t$)	
			假设 $\theta=0$ 且 $\bar{\pi}=0$	假设 $\theta=1$	假设 $\theta=0$ 且 $\bar{\pi}=0$	假设 $\theta=1$
1973						
1974						
1975						
1976						
1977						
1978						
1979						
1980						
1981						

21 世纪 10 年代(你在问题 9 中已经完成了一部分):

表 8-8 21 世纪 10 年代的通货膨胀情况

年 份	当年通货膨胀 π_t	上一年通货膨胀 π_{t-1}	不同假设下的预期通货膨胀 π_t^e		差值:预期通货膨胀 − 不同假设下的实际通货膨胀($\pi_t^e - \pi_t$)	
			假设 $\theta=0$ 且 $\bar{\pi}=2$	假设 $\theta=1$	假设 $\theta=0$ 且 $\bar{\pi}=2$	假设 $\theta=1$
2013						
2014						
2015						
2016						
2017						
2018						
…						

a. 在 20 世纪 60 年代,θ 值为 0 是一个好的选择吗?$\bar{\pi}=0$ 是一个好的选择吗?你是如何作出这些判断的?

b. 在 20 世纪 60 年代,θ 值为 1 是一个好的选择吗?你是如何作出这样的判断的?

c. 20 世纪 70 年代,0 是 θ 或 $\bar{\pi}$ 的一个好的选择吗?你是如何作出这样的判断的?

d. 在 20 世纪 70 年代,θ 值为 1 是一个好的选择吗?你是如何作出这样的判断的?

e. 固定通货膨胀率为 2%的模型如何与 2012 年之后的数据吻合?你是如何作出这样的判断的?

f. 在 21 世纪 10 年代,θ 值为 1 是一个好的选择吗?你是如何作出这样的判断的?

g. 你如何比较通货膨胀的行为、它的平均水平以及它在这三个不同时期的持续性?

附录 通货膨胀、预期通货膨胀和失业之间关系的推导

本附录从式(8.1)给出的价格水平、预期价格水平和失业率之间的关系开始:

$$P = P^e(1+m)(1-\alpha u + z)$$

推导出通货膨胀、预期的通货膨胀和失业率之间的关系[式(8.2)]:

$$\pi = \pi^e + (m+z) - \alpha u$$

第一步:价格水平、预期价格水平和失业率引入时间下标,因此,P_t、P_t^e 和 u_t 分别代表第 t 年的价格水平、预期价格水平和失业率。式(8.1)可变为

$$P_t = P_t^e(1+m)(1-\alpha u_t + z)$$

第二步:从价格水平的表达式变为通货膨胀率的表达式,即两边同时除以上一年的价格水平 P_{t-1}:

$$\frac{P_t}{P_{t-1}} = \frac{P_t^e}{P_{t-1}}(1+m)(1-\alpha u_t + z) \tag{8.A1}$$

左边的 P_t/P_{t-1} 重新写为

$$\frac{P_t}{P_{t-1}} = \frac{P_t - P_{t-1} + P_{t-1}}{P_{t-1}} = 1 + \frac{P_t - P_{t-1}}{P_{t-1}} = 1 + \pi_t$$

这里,第一个等式分子加上并减去 P_{t-1};第二个等式成立是因为 $P_{t-1}/P_{t-1}=1$;第三步是根据通货膨胀率的定义进行:

$$[\pi_t \equiv (P_t - P_{t-1})/P_{t-1}]$$

使用预期通货膨胀率的定义 $[\pi_t^e \equiv (P_t^e - P_{t-1})/P_{t-1}]$ 对右边的 P_t^e/P_{t-1} 项进行同样处理:

$$\frac{P_t^e}{P_{t-1}} = \frac{P_t^e - P_{t-1} + P_{t-1}}{P_{t-1}} = 1 + \frac{P_t^e - P_{t-1}}{P_{t-1}} = 1 + \pi_t^e$$

把式(8.A1)中的 P_t/P_{t-1} 和 P_t^e/P_{t-1} 分别用上面推导的结果代替:

$$(1 + \pi_t) = (1 + \pi_t^e)(1 + m)(1 - \alpha u_t + z)$$

这就给出了通货膨胀(π_t)、预期通货膨胀(π_t^e)和失业率(u_t)的关系。下面的处理可以使我们看得更清楚:

两边同时除以 $(1+\pi_t^e)(1+m)$:

$$\frac{1 + \pi_t}{(1 + \pi_t^e)(1 + m)} = 1 - \alpha u_t + z$$

只要通货膨胀、预期通货膨胀和价格加成不是太大,对该式左边一个很好的近似为 $1 + \pi_t - \pi_t^e - m$(参见本书的最后附录2中的命题3和命题6)。代入方程并重新整理得到

$$\pi_t = \pi_t^e + (m + z) - \alpha u_t$$

如果将时间下标去掉,上式就是书中的式(8.2);如果将时间下标保留,上式就是书中的式(8.3)。

通货膨胀率 π_t 取决于预期通货膨胀率 π_t^e 和失业率 u_t。该关系也取决于价格加成 m,影响工资设定的因素 z,以及失业率对工资的影响 α。

第 9 章 从短期运行到中期运行：IS-LM-PC 模型

从第 3 章到第 6 章，我们研究了商品市场和金融市场均衡，并分析了在短期内产出如何由需求决定。第 7 章和第 8 章，我们研究了劳动力市场均衡，并推导了失业如何影响通货膨胀。我们现在把这两部分联系在一起，用以描述产出、失业与通货膨胀短期和中期的运行特征。当遇到特定冲击或特定政策的宏观经济问题时，这正是我使用或开始使用的模型[我们称之为 IS-LM-PC 模型（PC 指菲利普斯曲线）]。我希望你也像我一样觉得它很有用。

本章的结构安排如下：

9.1 节 推导 IS-LM-PC 模型。

9.2 节 展示经济如何从短期均衡调整到中期均衡。

9.3 节 讨论复杂问题以及事情如何出错。

9.4 节 探讨财政整合的动态影响。

9.5 节 探讨石油价格上涨的动态影响。

9.6 节 本章小结。

> 如果你还记得本章的一条基本信息，它应该是：在短期内，需求决定产出。中期来看，在政策的帮助下，产出会回归潜在产出。

9.1 IS-LM-PC 模型

在第 6 章我们研究了均衡对商品和金融市场的影响。

根据商品市场的均衡，我们推导出短期产出行为的等式如下[式(6.5)]：

$$Y = C(Y-T) + I(Y, r+x) + G \tag{9.1}$$

在短期内，产出取决于需求。需求是消费、投资和政府支出的总和。消费取决于可支配收入，相当于扣除税收后的收入。投资取决于产出和实际借款利率。实际借款利率是中央银行选择的实际利率（r）和风险溢价（x）之和。政府支出是外生的。

正如我们在第 6 章中所做的，对于给定的税收 T、风险溢价 x 和政府购买 G，我们可以在产出 Y 和实际利率 r 之间绘制公式(9.1)所隐含的 IS 曲线。这在图 9-1 的上半部分完成。IS 曲线向下倾斜：实际利率 r 越低，产出的均衡水

从商品和金融市场均衡出发：较低的实际利率会增加需求和产出。

平越高。到目前为止,这种关系背后的机制现在你应该已经很熟悉了:较低的实际利率会增加投资。投资越高导致需求越高。需求越高导致产出越高。产出的增加进一步增加了消费和投资,导致了需求的进一步增加,以此类推。

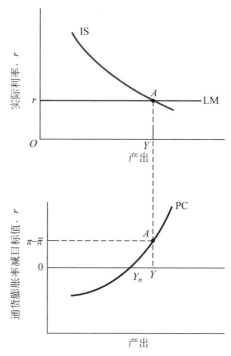

图 9-1 IS-LM-PC 模型:产出和通货膨胀
上图:实际利率越低,产出越高。下图:较高的产出导致较高的通货膨胀。

从金融市场的均衡,我们导出一个平坦的 LM 曲线,显示了央行选择的实际利率 r。(我们在第 4 章中看到了央行如何在背后调整货币供应,以达到其预期的利率。)它在图 9-1 的上半部分绘制为 r 处的水平线。向下倾斜的 IS 曲线与水平 LM 曲线的交点为我们提供了短期内的均衡产出水平。

从第 8 章的劳动力市场均衡中,我们推导出了通货膨胀和失业之间的关系[式(8.10)],我们称之为菲利普斯曲线(这里不需要时间指数):

$$\pi - \pi^e = -\alpha(u - u_n) \tag{9.2}$$

当失业率低于自然失业率时,通货膨胀率就会高于预期。如果失业率高于自然失业率,通货膨胀率就会低于预期。

考虑到第一种关系[式(9.1)]是关于产出的,我们必须从产出和通货膨胀而非失业和通货膨胀的角度来表示菲利普斯曲线。这很简单,但需要几个步骤。

有关复习内容请见第 2 章。

首先要研究一下失业率和就业之间的关系。根据定义,失业率等于失业人数除以劳动力:

$$u \equiv U/L = (L-N)/L = 1 - N/L$$

其中,N 表示就业,L 表示劳动力。第一个等式只是失业率的定义,第二个等式源于失业的定义,第三个等式是通过简化得到。失业率等于 1 减去就业与劳动力的比率。将 N 表示为

u 的函数,重组后得到

$$N = L(1-u)$$

就业人数等于劳动力乘以 1 减去失业率。至于产出,我们将保持在第 6 章所做的简化假设,即产出等于就业,因此

$$Y = N = L(1-u)$$

其中,第二个等式遵循前面的等式。

因此,当失业率等于自然失业率 u_n 时,就业由 $N_n = L(1-u_n)$ 给出,产出等于 $Y_n = L(1-u_n)$。N_n 称为自然就业水平(简称自然就业),Y_n 称为自然产出水平(简称自然产出)。Y_n 也被称为**潜在产出**(potential output),我们将在下面经常使用该表达式。

因此,我们可以将产出偏离其自然水平表述为

$$Y - Y_n = L[(1-u) - (1-u_n)] = -L(u - u_n)$$

这就给出了产出偏离潜在产出的差值和失业率偏离自然失业率的差值之间存在的一个简单关系。产出与潜在产出之间的差值称为**产出缺口**(output gap)。如果失业率等于自然失业率,产出等于潜在产出水平,产出缺口等于零;如果失业率高于自然失业率,产出低于潜在水平,产出缺口为负;如果失业率低于自然失业率,产出高于潜在水平,产出缺口为正。(这个等式与产出和失业之间的实际关系,称为奥肯定律,我们将在要点解析"跨越时间与国度的奥肯定律"中进一步探讨。)

> 如果你居住在美国以外的国家/地区,那么这种假设很可能是不正确的。你可能想探索其他关于预期假设的含义,例如,工资制定者预计今年的通货膨胀率等于去年的通货膨胀率。
>
> $Y > Y_n \to \pi > \bar{\pi}$
> $Y = Y_n \to \pi = \bar{\pi}$
> $Y < Y_n \to \pi < \bar{\pi}$

替换式(9.2)中的 $u - u_n$,得出

$$\pi - \pi^e = (\alpha/L)(Y - Y_n) \tag{9.3}$$

我们需要采取最后一步。我们在第 7 章看到,工资制定者形成通货膨胀预期的方式随着时间的推移而发生了变化。第 7 章中的证据表明,在今天的美国,通货膨胀预期是锚定的,一个合理的假设是工资制定者期望通货膨胀等于美联储设定的目标,表示为 $\bar{p}$。这是一个重要的假设,在本章的其他节点,我们将看到当它不成立时会发生什么。在此假设下,通货膨胀与产出之间的关系为

$$\pi - \bar{\pi} = (\alpha/L)(Y - Y_n) \tag{9.4}$$

换言之:当产出高于潜在水平,因此产出缺口为正时,通货膨胀就超过了目标通货膨胀。当产出低于潜在水平,因此产出缺口为负时,通货膨胀就低于目标通货膨胀。产出与通货膨胀之间的正相关关系如图 9-1 下半部分中向上倾斜的曲线所示。横轴为产出,纵轴为通货膨胀率的变化。当产出等于潜在水平,相当于当产出缺口等于零时,通货膨胀就等于目标通货膨胀。因此,菲利普斯曲线与横轴的交叉点即为产出处在潜在水平的位置。

我们在本节中推导出了两个关系:第一个来自商品和金融市场均衡,将实际利率与产出联系起来;第二个来自劳动力市场的均衡,它将产出与通货膨胀联系起来。通过这两个方程,我们现在可以描述短期和中期的情况。这也是我们在 9.2 节中要做的。

要点解析

跨越时间与国度的奥肯定律

如何将书中推导出的产出和失业之间的关系与两者之间的经验关系联系起来呢?这就是奥肯定律,我们在第2章已经看到了。

为了回答这个问题,我们必须首先以一种方便比较的形式重写书中两者之间的关系。推导需要很多步骤,在这里先给出结果。书中得出的失业和产出之间的关系可以改写为式(9.5)所示[变量后的符号(-1)仅表示变量去年的值]:

$$u - u(-1) \approx -g_Y \tag{9.5}$$

失业率的变化约等于($\approx$)产出增长率(g)的相反数。

下面是推导过程。从就业、劳动力和失业率之间的关系 $N=L(1-u)$ 开始。假设劳动力 L 不变,与前一年的关系相同,那么 $N(-1)=L[1-u(-1)]$。将这两个关系结合在一起,就可以得到

$$N - N(-1) = L(1-u) - L[1-u(-1)] = -L[u-u(-1)]$$

就业的变化等于负失业率变化乘以劳动力。将两边除以 $N(-1)$ 得到

$$[N-N(-1)]/N(-1) = -[L/N(-1)][u-u(-1)]$$

请注意,等式左边给出了就业增长率,称之为 g_N。假设产出与就业成正比,那么产出增长率 g_Y 等于 g_N。还要注意,$L/N(-1)$ 的值近似等于 1。如果失业率等于 5%,那么劳动力与就业的比率是 1.05。所以,将其取近似值,等于 1,表达式可以重写为

$$g_Y \approx -[u-u(-1)]$$

重新排列后,得到我们想要的等式

$$u - u(-1) \approx -g_Y \tag{9.6}$$

现在转向失业率变化与产出增长之间的实际关系,使用自 1960 年以来的年度数据绘制在图 9-2 中(第 2 章中的图 2-6 显示了相同的关系,但从 2000 年开始并使用季度数据)。最适合这些点的回归线由下式给出:

$$u - u(-1) = -0.4(g_Y - 3\%) \tag{9.7}$$

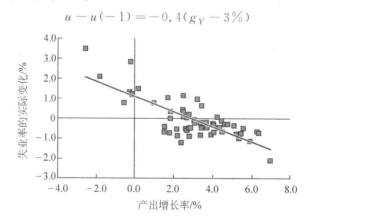

图 9-2　1960 年至 2018 年美国失业率与产出增长率的变化
资料来源:FRED;GDPCA,UNRATE。
注:高产出增长与失业率下降相关;低产出增长与失业率增加有关。

与式(9.5)一样,式(9.7)显示出失业率变化与产出增长呈负相关关系。但它与式(9.5)有两个不同之处。

第一,每年的产出增长率至少达到3%,以防止失业率上升。这是因为我们在推导中忽略了两个因素:劳动力增长和劳动生产率增长。为了保持恒定的失业率,就业必须以与劳动力相同的速度增长。假设劳动力以每年1.7%的速度增长;那么就业必须以每年1.7%的速度增长。此外,如果劳动生产率(即每名工人的产出)以每年1.3%的速度增长,这意味着产出必须以1.7%+1.3%=3%的速度增长。换句话说,为了保持恒定的失业率,产出增长必须等于劳动力增长和劳动生产率增长的总和。在美国,自1960年以来,劳动力增长率和劳动生产率增长率的总和平均每年等于3%,这就解释了为什么数字3%出现在式(9.7)的右边。[有一些证据显示(我们在第1章中讨论过,并将在后面的章节中讨论),生产力增长随着时间的推移而下降,维持失业率不变所需的增长率现在已接近2%。]

第二,式(9.7)右侧的系数为−0.4,而不是式(9.5)的−1.0。换句话说,产出增长率高于正常水平1%,按照式(9.7)失业率降低0.4%,而不是式(9.5)的1%,原因有以下两个。

产出偏离正常水平1个点,公司根据情况调整就业小于1个点。更具体地说,一年的产出增长比正常水平高1%,导致就业率仅增长0.6%。其中一个原因是,无论产出水平如何,一些工人的需求一定。例如,无论公司的销售额是否高于正常水平,公司会计部门需要的雇员数量大致相同。另一个原因是培训新员工的成本高昂,因此当产量低于正常水平时,公司更愿意留住现有员工,也不愿意解雇他们。当产出高于正常水平时,公司要求他们加班,而不是雇佣新员工。在经济不景气的时候,公司实际上在囤积劳动力,在经济好转时,它们利用这些劳动力,这种行为被称为**劳动力囤积**(labor hoarding)。

就业率的提高并不会导致失业率的一对一的下降。更具体地说,就业率增加0.6%只会导致失业率下降0.4%,原因是劳动力参与率增加了。当就业率增加时,并不是所有的新工作都由失业者来填补。有些工作属于被归类为劳动力之外的人,这意味着他们并没有积极地去找工作。此外,随着失业者的劳动力市场前景的改善,一些以前被归类为劳动力之外的气馁的工人决定开始积极寻找工作,并被列为失业者。

由于这两个原因,失业率的下降幅度低于就业的增长幅度。

把这两个步骤放在一起:失业对就业变动的反应少于1,而就业变动本身对产出变动的反应也小于1。这个系数给出了产出增长对失业率变动的影响,这里为0.4,称为奥肯系数。基于影响该系数的因素,人们可以预期,这个系数因国家而异,事实也确实如此。例如,在拥有终身就业传统的日本,企业针对产出变动的就业调整要小得多,导致奥肯系数仅为0.1。

想了解更多关于跨国家和跨时间的奥肯定律的信息,请阅读Laurence Ball, Daniel Leigh, and Prakash Loungani, "Okun's Law: Fit at 50?", working paper 606, The Johns Hopkins University, 2012.

9.2 从短期均衡调整到中期均衡

让我们回到图9-1。假设中央银行选择的实际利率等于r。图的上半部分告诉我们,与利率相关的产出水平由Y给出。图的下半部分告诉我们,这个产出水平Y意味着一个等于

π 的通货膨胀率。根据我们画出的图形,Y 大于 Y_n,因此产出高于潜在水平。有一个正的产出差距,这意味着通货膨胀高于目标通货膨胀 π。非正式地说,经济过热给通货膨胀带来压力。这是短期均衡。

随着时间的推移会发生什么?假设央行保持实际利率在 r 点不变。然后,产出仍高于潜在产出,通货膨胀仍高于目标通货膨胀。然而在某个时候,政策很可能会对更高的通货膨胀作出反应,原因有二。

第一,央行的任务是保持通货膨胀率接近目标通货膨胀率。

第二,如果央行不作出反应,我们在 20 世纪 70 年代和 20 世纪 80 年代看到的情况将再次发生:通货膨胀预期将脱离锚定。看到通货膨胀持续超过目标通货膨胀,工资制定者将改变他们形成预期的方式。例如,如果他们预计通货膨胀等于过去的通货膨胀,那么菲利普斯曲线关系将成为通货膨胀变化与产出缺口之间的关系。如果产出缺口保持正数,通货膨胀不仅会高于目标,而且会开始上升。中央银行将不得不采取行动阻止其增加,并最终将其恢复到目标水平。政策最好在通货膨胀预期脱离锚定之前及早作出反应。

> PC 曲线有点重复,因为 C 代表曲线。

因此,出于这两个原因,中央银行将通过提高实际利率来应对正产出缺口,以降低通货膨胀,从而减少产出。调整过程如图 9-3 所示。初始均衡由上半部分和下半部分中的 A 点表示。中央银行随着时间的推移提高实际利率,使 LM 曲线向上移动,因此经济沿着 IS 曲线从 A 向上移动到 A',产出减少。现在转到下半部分,随着产出减少和产出缺口缩小,经济沿着 PC 曲线从 A 向下移动到 A'。

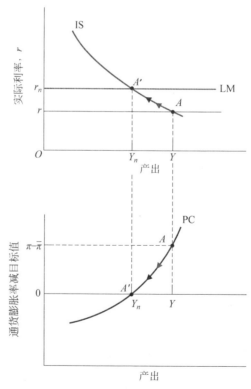

图 9-3 中期产出和通货膨胀

注:中期内,经济收敛于潜在产出,通货膨胀收敛于目标通货膨胀。

在 A' 点,经济达到中期均衡。让我们更仔细地看一下。

在中期,产出恢复到自然产出:$Y=Y_n$。与此同时,失业率回归自然失业率:$u=u_n$。在自然失业率下,通货膨胀率回到目标通货膨胀率 $\pi=\bar{\pi}$。

让我们转向利率:实际利率必须使得对商品的需求等于潜在产出,因此在图 9-3 中由 $r=r_n$ 给出。该利率通常称为**自然利率**(natural rate of interest,以反映与自然失业率或自然产出水平相关联的事实)。它有时也被称为**中性利率**(neutral rate of interest)或**维克塞尔利率**(Wicksellian rate of interest,这个概念是由瑞典经济学家克努特·维克塞尔在19世纪末提出的)。实际借款利率依次由 r_n+x 给出,其中 x 为风险溢价。

那么名义利率 i 呢?回想第 6 章中名义利率和实际利率之间的关系[式(6.4)]:实际利率等于名义利率减去预期通货膨胀率。等效地,名义利率等于实际利率加上预期通货膨胀率:$i=r+\pi^e$。鉴于在中期,实际利率等于中性利率,预期通货膨胀率等于实际通货膨胀率,而实际通货膨胀率本身等于目标通货膨胀率,这意味着名义利率等于 $i=r_n+\bar{\pi}$。目标通货膨胀率越高,名义利率就越高。

最后,货币和货币增长呢?回想一下第 5 章[式(5.3)]中对均衡条件的描述,即实际货币供应等于实际货币需求,$M/P=YL(i)$。假设产出等于潜在产出,并且名义利率是由上面分析中确定的,我们可以将这个等式改写为

$$M/P=Y_n L(r_n+\bar{\pi})$$

请注意,等式右边的三个变量——自然产出、自然利率和目标通货膨胀率,在稳态下都是恒定的,因此实际货币需求在稳态下是恒定的。这意味着等式左边的实际货币供应量必须是恒定的。这反过来意味着价格水平 P 必须以与名义货币 M 相同的速度增长。将货币增长率写为 g_M,我们得到 $\pi=g_M$。代入名义利率的公式,并利用 $\bar{\pi}=\pi$ 的事实,我们可以将名义利率改写为 $i=r_n+g_M$。在中期,名义利率等于实际中性利率加上名义货币增长率。

小结一下,在中期,实际变量,无论是产出、失业率还是实际利率,都与货币政策无关。货币政策决定的是通货膨胀率和名义利率。从中期来看,更高的货币增长率只会导致更高的通货膨胀和更高的名义利率。货币政策在中期不影响实际变量的事实被称为货币中性。

9.3 讨论复杂问题以及事情如何出错

9.2 节对中期均衡的调整似乎很顺利也很容易。确实,你在阅读时可能已经问过自己,如果中央银行想要将通货膨胀率恢复到 $\bar{\pi}$ 并将产出恢复到 Y_n,它为什么不直接将实际利率从 r 提高到 r_n,从而毫不迟疑地达到中期均衡?

答案是中央银行确实希望将经济保持在 Y_n,但是,尽管在图 9-3 中看起来很容易做到,但实际情况要复杂得多。

首先,中央银行很难知道潜在产出的确切位置以及产出与潜在产出的差距。通货膨胀的变化提供了一个关于产出差距(实际产出和潜在产出之间的差距)的信号,但与简单的式(9.4)相比,这个信号是有噪声的。因此,中央银行可能希望慢慢调整实际利率,看看会发生什么。我们在第 8 章中看到,这确实是美联储今天面临的问题之一。失业率为 3.9%,低于之前对自然失业率的估计,然而 2.3% 的通货膨胀率

回想一下,负实际利率并不一定意味着以实际利率等于 $r+x$ 借款的人和公司也面临着负实际利率。如果 x 足够大,即使实际利率是负的,他们可以借入的实际利率是正的。

仅略高于目标通货膨胀率2%。失业率是否远低于自然失业率,在这种情况下美联储是否应该提高利率以缓和经济并允许失业率上升?还是说自然利率下降了,美联储没有理由收紧政策?这是当下美联储和新闻经济板块讨论的主要话题。

其次,正如第3章在财政政策背景下所讨论的那样,经济作出反应需要时间。调整不会立即发生。公司需要时间来调整它们的投资决策。实际利率上升导致投资支出放缓,从而导致需求下降、产出下降和收入下降,消费者需要时间来适应收入的下降,企业需要时间来适应销售的下降。简而言之,即使央行迅速采取行动,经济恢复到潜在产出也需要时间。

请注意图9-3中中央银行面临的难题,产出和通货膨胀太高了。过快地减少需求和产出可能会很困难,甚至会适得其反。但过慢调整会带来另一个风险,即如果通货膨胀长期保持在目标通货膨胀之上,通货膨胀预期将脱离锚定,导致通货膨胀上升,并要求央行之后进行成本更高的调整。9.4节我们将探讨一个与之非常相关的危险,这种危险在中央银行面对零利率下限时出现。

零利率下限与通货紧缩螺旋

例如,如果产出缺口使通货膨胀低于目标4%($\pi - \bar{\pi} = -4\%$),而目标通货膨胀率 $\bar{\pi}$ 为4%,这意味着通货膨胀率等于 $2\% - 4\% = -2\%$。

在图9-3中,我们考虑了产出高于潜在水平且通货膨胀高于目标通货膨胀的情况。请考虑一下图9-4所示的经济处于衰退中的情况。给定实际利率 r 和 IS 曲线的位置,均衡点位于 A 点。产出等于 Y,低于 Y_n,因此存在负产出缺口,意味着通货膨胀低于目标通货膨胀。如果产出缺口非常大,通货膨胀远低于目标通货膨胀,这可能意味着通货膨胀为负,经济正在经历通货紧缩。

在这种情况下,中央银行应该做什么看起来很简单。它应该降低实际利率,直到产出恢复到自然水平。根据图9-4,它应该将实际利率从 r 降低到 r_n。在 r_n,产出等于 Y_n,通货膨胀等于目标通货膨胀。请注意,如果经济足够萧条,将产出恢复到自然水平所需的实际利率 r_n 可能非常低,甚至可能为负值。我们在图中将其画为负数。

例如,假设名义利率等于零,通货膨胀率等于−2%。那么实际利率 $r = i - \pi = 0\% - (-2\%) = 2\%$。

然而,零利率下限让负实际利率无法实现,因为货币政策可以实现的最低名义利率是0%。然而,如果存在通货紧缩,那么这意味着货币政策可以实现的最低实际利率实际上是正的,并且等于通货紧缩率。

这意味着中央银行可能无法将实际利率降到足够低,以使产出恢复到潜在水平。为避免数字杂乱,假设中央银行无法将实际利率降至 r 以下(你也可以假设它可以在一定程度上降低实际利率,但不会一直降低到 r_n),那么会发生什么?

例如,假设名义利率等于零。如果通货紧缩率为2%,实际利率就等于2%。随着通货紧缩的增加,比如从2%上升到3%,实际利率从2%上升到3%,支出和产出进一步减少,从而导致更大的通货紧缩,以此类推。

第一个答案是,经济仍位于 A 点,产出缺口较大,通货紧缩,这不是一个好结果。但正确的答案是事情可能会变得更糟。当人们看到通货膨胀低于目标通货膨胀并且经济正在经历通货紧缩时,他们开始改变形成预期的方式并开始预期通货紧缩。通货膨胀预期脱离锚定,负产出缺口现在不仅导致通货紧缩,而且导致越来越大的通货紧缩。不仅如此,随着通货紧缩变大,与通货紧缩率相等的实际利率也会上升。通货紧缩越大,实际利率越高,产出越低……这种情况称为**通货紧缩螺旋**(deflation spiral)或**通货紧缩陷阱**(deflation trap)。如图9-4中两个箭头所示,经济非但没有回到中期均衡,而是远离了均衡点,产出越来越低,通货紧缩越来越大。

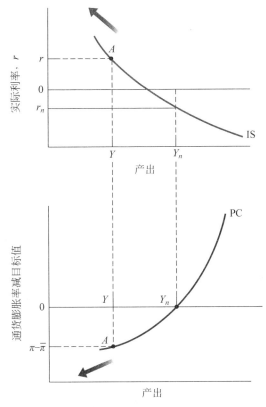

图 9-4　通货紧缩螺旋

注：如果零下限阻止货币政策将产出增加到潜在水平，那么结果可能是通货紧缩的螺旋。
更多的通货紧缩导致更高的实际利率，这反过来又导致更低的产出和更多的通缩。

这种噩梦般的场景不仅仅是理论上的问题，它在大萧条时期上演了。如要点解析"大萧条时期的通货紧缩"所示，在 1929 年到 1933 年，通货膨胀变成越来越严重的通货紧缩，实际利率稳步上升，支出和产出下降，直到采取其他政策措施经济才开始好转。

近期，大衰退引发了类似的担忧。随着主要发达国家的名义利率降至 0，人们担心通货膨胀将转为负数并开始类似的通货紧缩螺旋。幸运的是，它没有发生。通货膨胀下降，一些国家——例如希腊、西班牙和葡萄牙——转向通货紧缩。这限制了央行降低实际利率和增加产出的能力，但通货紧缩仍然有限，通货紧缩螺旋并未发生。与我们之前关于预期形成的讨论相关的一个原因是，通货膨胀预期在很大程度上仍然是锚定的。低产出导致低通货膨胀，在某些情况下导致通货紧缩，但不会像大萧条时期那样导致持续扩大的通货紧缩。

要点解析

大萧条时期的通货紧缩

1929 年股市崩溃后，美国陷入经济萧条。如表 9-1 的前两列所示，失业率从 1929 年的 3.2% 飙升到 1933 年的 24.9%，产出连续 4 年呈强劲负增长。从 1933 年开始，经济复苏缓慢，但到了1940年，失业率仍然高达14.6％。

表9-1　1929—1933年失业、产出增长、名义利率、通货膨胀和实际利率　　　　　　％

年份	失业率	产出增长率	一年期名义利率,i	通货膨胀率,π	一年期实际利率,r
1929	3.2	−9.8	5.3	0.0	5.3
1930	8.7	−7.6	4.4	−2.5	6.9
1931	15.9	−14.7	3.1	−9.2	12.3
1932	23.6	−1.8	4.0	−10.8	14.8
1933	24.9	9.1	2.6	−5.2	7.8

大萧条与经济大衰退有许多共同之处。金融崩盘前资产价格的大幅上涨——近期危机中的房价，大萧条时期的股市价格，以及通过银行系统造成的冲击的扩大。但两者也有重要的区别。通过将表9-1中的产出增长和失业数字与第1章中大衰退的数字进行比较，你可以看出，大萧条下产出的下降和失业率的增加比大衰退时要大得多。在要点解析里，我们只关注大萧条的一个方面：名义利率和实际利率的演变，以及通货紧缩的危险。

正如你在表9-1的第3列中看到，面对失业率的上升，美联储降低了名义利率，以一年期的国库券利率来衡量。尽管这比较缓慢，并没有完全降到零。名义利率从1929年的5.3％降到1933年的2.6％。与此同时，如第4列所示，产出的下降和失业率的增加导致了通货膨胀率急剧下降。通货膨胀率在1929年等于0，在1930年转为负值，1931年达到−9.2％，1932年达到−10.8％。如果我们假设预期的通货紧缩等于每年的实际通货紧缩，我们就可以构造出一系列的实际利率。这是在表9-1的最后一列中完成的，并给出了为什么产出持续下降到1933年的提示。实际利率在1931年达到12.3％，在1932年达到14.8％，在1933年仍然高达7.8％。在这样的利率下，消费和投资需求都很低，大萧条进一步恶化，这也就不足为奇了。

1933年，经济似乎陷入通货紧缩陷阱，低经济活动导致通货紧缩加剧、实际利率上升、支出下降等。然而，从1934年开始，通货紧缩转向通货膨胀，导致实际利率的大幅下降，经济开始复苏。尽管失业率居高不下，但美国经济为何能够避免进一步的通货紧缩，仍然是一个激烈争论的问题。一些人指出，货币政策的变化，货币供给量的大幅增加，导致通货膨胀预期的变化。其他人则指出了新政政策，特别是建立最低工资，限制了工资的进一步下降。无论出于什么原因，这都是通货紧缩陷阱的结束和长期复苏的开始。

更多关于大萧条的信息见：Lester Chandler, America's Greatest Depression (1970, HarperCollins), gives the basic facts. So does the book by John A. Garraty, The Great Depression (1986, Anchor). Did Monetary Forces Cause the Great Depression? (1976, W. W. Norton), by Peter Temin, looks more specifically at the macroeconomic issues. So do the articles from a symposium on the Great Depression in the Journal of Economic Perspectives, Spring 1993. For a look at the Great Depression in countries other than the United States, read Peter Temin's Lessons from the Great Depression (1989, MIT Press).

9.4 重新审视财政整合

我们现在可以一步一步地了解 IS-LM-PC 模型。在本节中,我们将回到第 5 章讨论的财政整合。我们不仅可以看到其短期效应,也可以看到其中期效果。

假设产出处于潜在水平,那么经济处于图 9-5 的上半部分和下半部分中的 A 点。产出等于 Y_n,实际利率等于 r_n,通货膨胀率等于目标通货膨胀。现在,假设存在财政赤字的政府决定通过增加税收来减少赤字。税收的增加使 IS 曲线向左移动,从 IS 转移到 IS′。新的短期均衡由上半部分和下半部分的 A′点给出。在给定的实际利率 r_n 下,产出从 Y_n 降到 Y',通货膨胀下降。换句话说,如果产出一开始就处在潜在水平,那么财政整合就像其他原因一样,会导致衰退。这是我们在第 5 章 5.3 节中描述的短期均衡。请注意,随着收入的下降和税收的增加,消费都有所下降。还要注意的是,随着产出的减少,投资也在减少。从短期与宏观经济的角度来看,财政整合看起来相当没有吸引力:消费和投资都在下降。

> 我们已经看到财政整合相当于公共储蓄的增加,同样的观点也适用于私人储蓄的增加。在给定的实际利率下,这种增长会导致短期投资的减少、中期投资的增加。(鉴于这些结果,你不妨想回到第 3 章中的要点解析"储蓄悖论"和第 5 章中的要点解析"减少赤字:对投资是利还是弊")

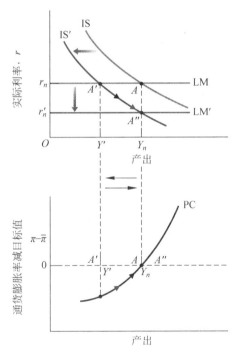

图 9-5 短期和中期财政合并导致短期产出下降
注:中期来看,产出恢复潜力,利率更低。

然而,让我们转向动态调整和中期均衡。由于产出过低,通货膨胀低于目标通货膨胀,央行可能会作出反应,降低政策利率,直到产出恢复潜在水平。在图 9-5 中,经济沿上半部分图中的 IS 曲线移动,产出增加。随着产出的增加,经济在下半部分图中沿着 PC 曲线向上移动,直到产出恢复到潜在水平。因此,中期平衡由上半部分和下半部分图中的 A″点给出。产出回到 Y_n，通货膨胀再次等于目标通货膨胀。现在维持潜在产出所需的实际利率比以前低，等于 r'_n 而不是 r_n。

这引发了一场激烈的辩论，即"财政紧缩"（自2010年以来在欧洲进行的财政整合）是否合理。更多信息见第21章。

现在看看这个新均衡中的产出构成。由于收入与财政整合前相同，但税收较高，因此消费水平较低，尽管没有短期内那么低。由于产出与以前相同，但利率较低，因此投资也高于以前。换句话说，消费的减少被投资的增加所抵消，因此需求和隐含的产出保持不变。这与短期内发生的情况形成了鲜明对比，并使财政整合看起来更具吸引力。虽然整合可能会减少短期投资，但它会增加中期投资。

这一讨论提出了我们在9.3节中讨论过的一些共同问题。

看来财政整合可以在短期内不减少产出的情况下发生，所需要的就是央行和政府仔细协调。随着财政整合的进行，央行应降低实际利率，以使产出保持在自然水平。换句话说，财政政策和货币政策的合理结合可以在短期内实现中期均衡的结果。这种协调有时确实会发生。正如我们在第5章中看到的，它发生在20世纪90年代的美国，当时的财政整合伴随着货币扩张。但这种情况并不总是会发生。其中一个原因是，由于零利率下限，央行可能无法充分降低实际利率。在大衰退期间，欧元区的情况就是这样：由于名义政策利率为零，货币政策无法抵消财政整合对产出的不利影响。其结果是，与欧洲央行能够进一步降低实际利率相比，财政整合对产出的负面影响更强、更持久。

9.5 石油价格上涨的影响

到目前为止，我们已经研究了对需求的冲击，这些冲击改变了IS曲线，但是潜在产出和PC曲线的位置不受影响。然而，还有其他冲击同时影响需求和潜在产出，并在波动中发挥重要作用。一个明显的冲击是石油价格的变动。要了解具体原因，请看图9-6。

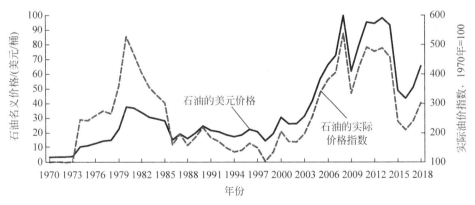

图 9-6 1970—2018 年石油名义价格和实际价格

资料来源：FRED; OILPRICE, CPIAUSCL。

注：在过去40年中，石油实际价格出现了两次大幅上涨，第一次是在20世纪70年代，第二次是在21世纪第一个十年。

图9-6绘制了两个系列数值。以实线为代表的第一条线是自1970年以来每桶石油的美元价格，以左侧纵轴测量。这是报纸上每天引用的系列数值。然而，对于经济决策来说，重要的不是石油的美元价格，而是石油的实际价格；也就是说，石油的美元价格除以价格水

平。因此，图9-6中用虚线表示的第二个系列数值显示了石油的实际价格，即石油的美元价格除以美国消费者价格指数。请注意，在右侧纵轴上测量的实际价格是一个指数，它在1970年的数值被标准化为100。

图9-6中令人震惊的是石油实际价格的变动规模。在过去的50年里，美国经济曾两次遭受石油实际价格上涨5倍的冲击，第一次是在20世纪70年代，第二次是在21世纪初。随后，2008年底的金融危机导致价格大幅下滑，随后又出现了部分复苏。两次大幅上涨的背后原因是什么？在20世纪70年代，主要原因是欧佩克组织（**OPEC，石油输出国组织**）的形成，这是一个石油生产国的卡特尔，能够垄断和提高价格，并因中东战争和革命而中断。在21世纪初，主要原因完全不同，即新兴经济体的快速增长，特别是中国的快速增长，这导致世界石油需求迅速增长，这意味着实际石油价格稳步上涨。

2008年和2014年最近的两次价格下降背后的原因是什么？2008年底价格的下降是金融危机的结果，金融危机导致了经济大规模衰退，进而导致石油需求突然大幅度下降。自2014年以来，价格下降的原因仍在争论中。大多数观察人士认为，这是由于美国页岩油产量的增加和欧佩克石油输出国组织的部分解体导致的供应增加的综合结果。

让我们来关注两次价格大幅上涨的情形。尽管原因不同，但对美国公司和消费者的影响是一样的：更高昂的石油价格。问题是：我们预计这种上涨的短期和中期影响是什么？在回答这个问题时，我们面临着一个问题：石油价格在我们迄今为止开发的模型中根本没有出现！原因是到目前为止，我们一直认为产出是只靠劳动生产出来的。扩展我们的模型的一种方法是，明确地认识到产出是使用劳动力和其他投入（包括能源）生产的，然后找出石油价格的上涨对企业制定价格，以及产出和就业之间的关系有什么影响。一个更简单的方法，也是我们在这里使用的方法，就是通过增加 m——价格高于名义工资的溢价，来衡量石油价格的上涨。理由很简单，给定工资，石油价格的上涨会增加生产成本，迫使企业提高价格以保持相同的利润率。

> 在一段时间内，公司可能会接受利润的下降，从而提高价格，但低于图9-6中价格水平。但是，如果石油价格仍然很高，它们最终会想要恢复利润率。

作出这个假设后，我们就可以跟踪溢价增长对产出和通货膨胀的动态影响。

对自然失业率的影响

让我们先问一下，当石油的实际价格上涨时，自然失业率会发生什么变化（为了简单起见，我们在接下来的内容中去掉"实际"）？为此，我们需要回到第7章劳动力市场均衡的描述，图9-7再现了第7章图7-8中劳动力市场均衡的特征。

工资设定关系（WS）是向下倾斜的：较高的失业率会导致较低的实际工资。定价关系（PS）由水平线 $W/P = 1/(1+m)$ 表示。初始均衡点在 A 点，初始自然失业率为 u_n。溢价的增加导致定价线从 PS 向下移动到 PS′。溢价越高，价格设定所隐含的实际工资就越低。均衡从 A 移动到 A'。实际工资降低，自然失业率增加。可以这样想：因为公司必须为石油支付更多的成本，它们能支付的工资更低。要让工人们接受较低的实际工资，就需要增加失业率。

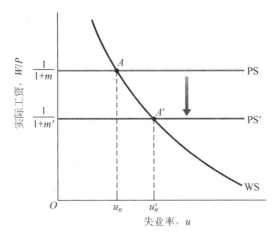

图 9-7 油价上涨对自然失业率的影响

注：石油价格的上涨等同于溢价增加。这导致实际工资降低，自然失业率上升。

这是假设石油价格的上涨是永久性的。如果在中期，石油价格回到其初始值，那么中期中的自然失业率明显不受影响。

自然失业率的增加反过来又导致了自然就业水平的下降。如果我们假设就业和产出之间的关系是不变的——也就是说，除了能源投入外，每个单位的产出还需要一个工人——那么，自然就业水平的下降就会导致潜在产出同样下降。综合起来：石油价格的上涨会导致潜在产出的下降。

我们现在可以回到 IS-LM-PC 模型，正如图 9-8 中所示。假设初始均衡位于上半部分和下半部分中的 A 点处，产出处于潜在水平，因此 Y 等于 Y_n，膨胀等于目标通货膨胀，实际利率等于 r_n。随着石油价格的上涨，自然产出水平下降（这就是我们刚刚看到的），也就是说，从 Y_n 变到 Y'_n。PC 曲线向上移动，从 PC 移动到 PC'。如果 IS 曲线没有移动（我们稍后会回到这个假设），而央行没有改变实际利率，产出就不会改变，但同样的产出水平现在与超过目标通货膨胀的通货膨胀有关。短期均衡由上半部分和下半部分中的 A' 点给出。在短期内，产出不会改变，但通货膨胀率较高。

滞胀：更低的产出，更高的通货膨胀。

转向动态调整问题。如果央行保持实际利率不变，产出将继续超过目前较低的潜在产出水平，通货膨胀将保持高位。最终，通货膨胀预期将会脱离锚定，工资制定者将会开始预期更高的通货膨胀，而且，正如我们所看到的，通货膨胀将会继续上升。为了避免这种情况，央行必须提高实际利率，以使通货膨胀率回到目标水平。当它这样做时，经济沿上半部分的 IS 曲线从 A 上升到 A''，沿下半部分的 PC 曲线从 A' 降到 A''。当产出下降到其较低的水平时，通货膨胀率又回到了目标水平。一旦经济达到 A'' 点，经济就处于中等均衡状态。由于潜在产出较低，石油价格的上涨反映在永久性低水平产出上。需要注意的是，在此过程中，较低的产出水平与较高的通货膨胀联系在一起，经济学家称之为滞胀（stagflation，stag 代表停滞，flation 代表通货膨胀）。

如前面几节所述，此描述引出许多问题。

第一个问题是我们假设 IS 曲线不会移动。事实上，石油价格的上涨可能通过许多渠道影响需求，不仅影响 PC 曲线，也影响 IS 曲线。石油价格上涨可能会导致公司改变投资计划，取消一些投资项目，转而使用更少的能源密集型设备。石油价格的上涨也使得石油购买者的收入重新分配给石油生产者。石油生产者的支出可能低于石油购买者，从而导致需求

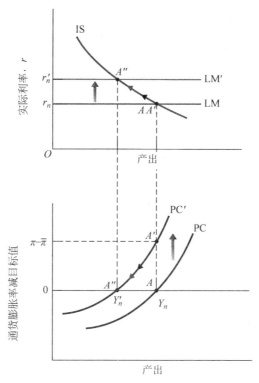

图 9-8 油价上涨的短期和中期影响

注：在短期内，油价上涨导致通货膨胀加剧。如果价格持续上涨，中期产量就会下降。

下降。如果石油生产者在石油购买者以外的其他国家和地区（例如，当美国从中东购买石油时），情况尤其如此。随着石油价格的上涨和收入的增加，石油生产者很可能会把大部分钱花在自己的商品上，而不是花在石油购买者生产的商品上。因此，对国内商品的需求很可能会下降。所以 IS 曲线很可能向左移动，不仅导致中期产出下降，而且产出在短期内也会下降。

第二个问题与石油价格持续上涨有关。我们在图 9-8 中看到的是永久上涨，进而导致潜在产出永久减少。中央银行别无选择，只能采取紧缩政策和降低通货膨胀。但如果石油价格上涨是暂时的，那么央行可能希望在石油价格高的时候让通货膨胀走高，期待石油价格回落时通货膨胀会自行回到目标通货膨胀。然而，这可能是一个冒险的策略：如果石油价格没有迅速下降，通货膨胀将在一段时间内保持高位。通货膨胀预期可能会脱离锚定，导致通货膨胀越来越高，并使最终的调整更加痛苦。你可以看到为什么这使得中央银行的工作比图 9-8 中建议的要困难得多。评估石油价格上涨是暂时的还是永久性的，以及通货膨胀预期是否以及何时可能脱离锚定在实践中非常困难。

这一讨论再次表明了预期形成对冲击动态影响的重要性。它还有助于解释 20 世纪 70 年代石油价格的影响（导致高通货膨胀和大规模衰退）与 21 世纪初石油价格的良性影响之间的差异。这在要点解析"石油价格上涨：为什么 21 世纪初与 20 世纪 70 年代如此不同"中有更详细的探讨。

要点解析

石油价格上涨：为什么 21 世纪初与 20 世纪 70 年代如此不同

为什么石油价格上涨与 20 世纪 70 年代的滞胀有关，但在 21 世纪初对美国经济几乎没有明显影响？

第一种解释是，除了石油价格上涨之外，其他冲击在 20 世纪 70 年代起作用，但在 21 世纪初没有。在 20 世纪 70 年代，不仅石油价格上涨了，许多其他原材料的价格也上涨了。因此，这种影响比只有石油价格上涨时的情况更强烈。

然而，计量经济学研究表明，有更多的因素在起作用，而且，即使在控制了这些其他因素的影响之后，石油价格的影响自 20 世纪 70 年代以来已经发生了变化。图 9-9 显示了石油价格上涨 100% 对产出和价格水平的影响，这是使用来自两个不同时期的数据估计的。基于 1970 年第 1 季度至 1986 年第 4 季度的数据，第一条线和第四条线显示了石油价格上涨对消费者物价指数（CPI）和国内生产总值（GDP）的影响；中间两条线的情况相同，但根据的是 1987 年第 1 季度至 2006 年第 4 季度的数据（横轴上的时间刻度以季度为单位）。这个数字表明了两个主要的结论。首先，正如模型所预测的那样，在这两个时期，石油价格的上涨导致了 CPI 的上升和 GDP 的下降。其次，石油价格上涨对 CPI 和 GDP 的影响已经变得更小了，大约是以前的一半。

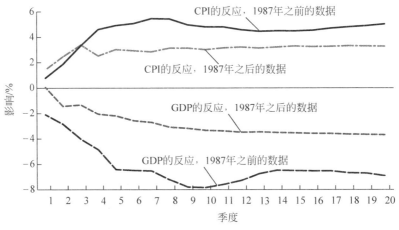

图 9-9 石油价格永久 100% 上涨对 CPI 和 GDP 的影响

注：石油价格上涨对产量和价格水平的影响比过去要小。

为什么石油价格上涨的不利影响变小了？这仍然是一个研究的课题。但是，在现阶段，有两个假设似乎比较合理。

第一个假设是，部分由于全球化和外国竞争，如今美国工人的讨价还价能力比 20 世纪 70 年代时低。因此，随着石油价格的上涨，工人们别无选择，只能接受更低的实际工资，从而限制了失业率的上升。

第二个假设与货币政策有关。正如我们在第 8 章中看到的那样，在 20 世纪 70 年代，通货膨胀预期并没有被锚定。鉴于石油价格上涨导致通货膨胀率初步上升，工资制定者认为通货膨胀将继续居高不下,因此要求提高名义工资,从而导致通货膨胀率进一步上升。相比之下,在21世纪初,通货膨胀预期是锚定的。看到通货膨胀的最初上升,工资制定者认为这仅是一次性的增长,并没有像20世纪70年代那样改变他们对未来通货膨胀的预期。因此,对通货膨胀的影响要温和得多,而美联储通过更高的实际利率和更低的产出来控制通货膨胀的必要性也小得多。

9.6 结论

这一章涵盖了很多内容。让我们回顾一下关键的观点,并拓展相关结论。

9.6.1 短期与中期

本章的一个关键信息是,政策的冲击或变化通常会在短期和中期中产生不同的影响。经济学家对各种政策的影响意见不一,往往是因为他们所考虑的时间框架不同。如果你担心短期内的产出和投资,你可能不愿继续进行财政整合。但如果你关注的是中长期投资,你会看到整合有助于投资,并最终通过增加投资来增加资本积累和产出。其中一个含义是,你的立场取决于你认为经济适应冲击的速度。如果你认为产出需要很长时间才能恢复到潜在水平,你自然会更多地关注短期,并愿意使用在短期内增加产出的政策,即使中期效应是零或负的。如果你认为产出很快就会恢复到潜在水平,那么你就会更加重视中期影响,并因此更不愿意使用这些政策。

9.6.2 冲击和传播机制

本章还给你提供了一个关于**产出波动**[output fluctuations,有时称为**商业周期**(business cycles)]的一般思考方法——围绕其趋势的产出波动(迄今为止我们忽略了这一趋势,但我们将在第10~13章中重点讨论)。

你可以认为经济不断受到冲击(shocks)。这些冲击引发消费变化可能源自消费者信心变化、投资的变化、金融危机导致的风险溢价变化等。或者,它们也可能来自政策的变化——比如引入新的税法、新的基础设施投资计划、央行对抗通货膨胀的决定,或者是贸易战。

每次冲击对产出及其构成都有动态的影响。这些动态影响被称为冲击的**传播机制**(propagation mechanism)。不同冲击的传播机制是不同的。冲击对经济活动的影响可能会随着时间的推移而增加,从而影响中期均衡产出,或者这种影响可能会持续一段时间,然后减弱并消失。有些冲击足够大,或者以足够糟糕的组合出现,它们会造成经济衰退。20世纪70年代的两次衰退主要是由于石油价格的上涨;80年代初的衰退是由于货币政策的急剧收紧;90年代初的衰退主要是由于消费者信心的突然下降;2001年的衰退是由于投资支出急剧下降。2009年产出的急剧下降源于房地产市场的问题,这导致了巨大的金融冲击,进而导致了产出的急剧下降。我们所说的经济波动是这些冲击及其对产出的动态影响的结果。

通常,经济会随着时间的推移恢复到中期均衡,一个主要问题是我们是否可以预期经济会自行恢复到这种均衡,或者是否需要积极的政策响应。虽然这是一个有争议的问题,但我们认为经济不会自我稳定,通常需要积极的政策响应,无论是通过货币政策还是通过财政政策。事实上,在本章我们看到的所有例子中,中央银行的政策反应都是使产出随时间恢复为潜在产出的机制。在没有政策反应的情况下,通货膨胀将稳步上升或下降,最终需要进行更痛苦的政策调整。这一点在零利率下限案例的讨论中尤为明显:在货币政策无法再使用的情况下,经济有可能进入通货紧缩螺旋,并随着时间的推移逐渐恶化。在大衰退期间避免了最糟糕的情况,部分原因是金融体系缓慢复苏,部分原因是财政政策的使用。

本章提要

- 在短期内,产出取决于需求。产出缺口定义为产出和潜在产出之间的差额,它会影响通货膨胀。
- 正的产出缺口导致更高的通货膨胀,从而导致央行提高实际利率。实际利率的增加会导致产出下降,从而导致产出缺口缩小。对称地,负产出缺口导致通货膨胀率降低,从而导致央行降低实际利率。实际利率的降低增加了产出,从而缩小了产出缺口。
- 在中期运行中,产出等于潜在产出。产出缺口等于零,通货膨胀等于目标通货膨胀。与产出等于潜在产出相关的实际利率称为自然利率。
- 当产出缺口为负时,零利率下限和通货紧缩的组合可能会导致通货紧缩螺旋。产出下降会导致通货膨胀率降低,从而导致实际利率上升。如果通货膨胀保持在低水平或负值,通货膨胀预期可能会脱离锚定,导致更大的通货紧缩,实际利率越来越高,以及产出进一步下降。
- 在短期内,通过提高税收而进行的财政整合,在实际利率不变的情况下,会导致产出下降、消费减少和投资减少。在中期运行中,产出恢复至潜在水平。消费较低,投资较高。
- 油价的上涨会在短期内导致通货膨胀率上升。根据石油价格对需求的影响,它也可能导致产量的下降。高通货膨胀和低产出的结合被称为滞胀。在中期运行中,油价的上涨会导致潜在产量下降,从而降低实际产出。
- 政策短期效应和中期效应的差异是经济学家在政策建议中意见不一的原因之一。一些经济学家认为,经济会迅速调整到中期均衡,因此他们强调政策的中期影响。另一些经济学家则认为,产出回到自然产出水平的调整机制充其量是一个缓慢的过程,因此他们更强调政策的短期影响。
- 经济波动是连续不断的冲击和每次这些冲击对产出的动态影响的结果。有时,这些冲击单独或组合起来非常不利,它们都会导致经济衰退。

关键术语

- potential output,潜在产出
- output gap,产出缺口
- labor hoarding,劳动力囤积
- Okun coefficient,奥肯系数
- natural rate of interest,自然利率
- neutral rate of interest,中性利率
- Wicksellian rate of interest,维克塞尔利率
- neutrality of money,货币中性
- deflation spiral,通货紧缩螺旋
- deflation trap,通货紧缩陷阱
- Organization of Petroleum Exporting Countries(OPEC),欧佩克组织
- stagflation,滞胀
- output fluctuations,产出波动
- business cycles,商业周期
- shocks,冲击
- propagation mechanism,传播机制

本章习题

快速测试

1. 运用本章学到的知识,判断以下陈述属于"正确""错误"和"不确定"中的哪一种情况,并简要解释。

a. IS 曲线随着 G 的增加而向右移动,随着 T 的增加而向右移动,随着 x 的增加而向右移动。

b. 如果 $(u-u_n)$ 大于零,则 $(Y-Y_n)$ 大于零。

c. 如果 $(u-u_n)$ 等于零,则产出处在潜在水平。

d. 如果 $(u-u_n)$ 小于零,则产出缺口为负。

e. 如果产出缺口为正,则通货膨胀率高于预期。

f. 奥肯定律规定,如果产出增长 1 个百分点,失业率就会下降 1 个百分点。

g. 在自然失业率下,通货膨胀率等于预期的通货膨胀率。

h. 在中期均衡中,通货膨胀率稳定在零。

i. 中央银行总是可以采取行动,保持产出与潜在产出相等。

j. 如果冲击是永久性的,就需要进行货币政策或财政政策方面的积极政策变化,以使经济恢复到中期均衡。

k. 要想永久增加政府支出,将需要央行制定更高的实际政策利率,以保持通胀稳定。

l. 石油价格的大幅上涨会增加自然失业率。

2. 确定一个经济是否处于中期均衡以及中央银行采取行动使经济恢复到中期运行均衡的必要性。

一个假想经济体的数值如下:

$Y_n=1\,000$;$u_n=5\%$;$r_n=2\%$;$x=1\%$;$\pi^e=2\%$,表 9-2 描述了各种情况下的经济状况。

表 9-2 各种情况下的经济状况

情况	Y_n	Y	C	I	G	$i/\%$	$\pi/\%$	$u/\%$	$x/\%$
A	1 000	1 000	700	150	150	4	2	5	1
B	1 000	1 050	730	170	150	2	3	3	1
C	1 000	950	670	130	150	4	1	8	3
D	1 000	950	670	150	130	4	1	8	1
E	1 000	1 050	730	150	170	4	3	3	1

　　a. 解释为什么情况 A 是中期运行均衡,而情况 B、C、D 和 E 不是中期运行均衡。
　　b. 中央银行要从情况 B 转向中期运行均衡,需要采取什么行动?
　　c. 中央银行要从情况 C 转向中期运行均衡,需要采取什么行动?
　　d. 中央银行要从情况 D 转向中期运行均衡,需要采取什么行动?
　　e. 中央银行要从情况 E 转向中期运行均衡,需要采取什么行动?
　　3. 中期运行均衡有四个条件:
　　产出等于潜在产出 $Y=Y_n$,实际政策利率 r_n 必须由央行来选择,使得失业率等于自然失业率,$u=u_n$;
　　实际政策利率等于自然利率 r_n,r_n 被定义为政策利率,满足
$$Y_n = C(Y_n - T) + I(Y_n, r_n + x) + G$$
预期和实际的通胀利率 π^e 等于锚定或目标的通胀利率 $\bar{\pi}$,这意味着名义利率 $i = r_n + \bar{\pi}$。

　　a. 如果预期膨胀水平 π^e 等于 $\bar{\pi}$,描述中期均衡中的通货膨胀。
　　b. 将 IS 关系式写成 $Y=C(Y-T)+I(Y,r+x)+G$。假设 r_n 为 2%。如果 x 从 3% 增加到 5%,央行必须如何改变 r_n 以维持现有的中期均衡。请解释。
　　c. 假设 G 永久性地增加。中央银行必须向什么方向改变 r 以维持现有的中期均衡?请解释。
　　d. 假设 T 永久性地减少。中央银行必须向什么方向改变 r,以维持现有的中期均衡?请解释。
　　e. 讨论:在中期,财政扩张政策会导致自然利率提高。
　　4. 本章假设预期的通胀率仍然等于央行的目标通胀率。在第 8 章对菲利普斯曲线的讨论中,有人指出,在一段时间内,预期的通货膨胀等于滞后的通货膨胀,而不是由央行的目标通胀率决定的。这个问题考虑了在货币政策不变的情况下,这两个关于预期通胀的假设对需求永久变化的影响的含义。
　　在这个问题中,研究的需求的永久变化来自消费者信心的增加,其中第 3 章中的参数 "c_0" 取了一个更大的值。
　　一种假设是,预期通货膨胀水平等于滞后通货膨胀,因此会随着时间的推移而变化。另一种假设是,预期通货膨胀水平依赖于央行的目标通胀率,而且永远不会改变。
　　从中期均衡开始,实际和预期通货膨胀在 t 期等于 2%。假设在 $t+1$ 期消费者信心增加。a、b 和 c 部分假设每期的预期通胀等于上一期的滞后通胀。例如,在 $t+2$ 期,$\pi^e_{t+2} = \pi_{t+1}$,在 $t+1$ 期,$\pi^e_{t+1} = \pi_t$。

a. IS 曲线如何从 t 期移动到 $t+1$ 期？t 期预期通货膨胀率是多少？如果央行没有改变 $t+1$ 期的实际政策利率，那么 $t+1$ 期的短期均衡产出和通货膨胀率与 t 期的均衡产出和通货膨胀率相比如何？

b. 现在假设 $\pi^e_{t+2}=\pi_{t+1}$ 和消费者信心保持高位的情况下，将经济推进到 $t+2$ 期的均衡。如果央行保持实际政策利率不变，那么 $t+2$ 期的通货膨胀率会比 $t+1$ 期更高还是更低？

c. 你对央行在 $t+2$ 期保持实际政策利率不变的政策有什么结论？它是可持续的吗？

d、e 和 f 部分假设预期通货膨胀率仍然等于目标通胀率，所以在任何时期 $\pi^e=\bar{\pi}$。

d. 考虑 $t+1$ 期的均衡，假设 $\pi^e=\bar{\pi}$，如果央行保持实际政策利率不变，那么 $t+1$ 期的通货膨胀与 t 期的通货膨胀相比如何？$t+1$ 期的产出比 t 期高还是低？

e. 考虑 $t+2$ 期的均衡，假设 $\pi^e_{t+2}=\bar{\pi}$，如果央行保持实际政策利率不变，那么 $t+2$ 期的通货膨胀与 $t+1$ 期的通货膨胀相比如何？$t+2$ 期的产出比 $t+1$ 期高还是低？

f. 解释为什么在 $t+1$ 期保持实际政策利率在原有水平的政策不是一个可持续的政策。比较 a、b 和 c 部分的经济结果与 d、e 和 f 部分的经济结果。

g. 将 a、b 和 c 部分的通胀、预期通胀和产出结果与 d、e 和 f 部分的结果进行比较。

h. 你认为哪个关于预期通胀的假设更现实。请讨论。

5. 当对预期通胀水平的形成有不同的假设时，总供应受到冲击也会产生不同的结果。在第 4 题中，有一个假设是预期的通胀水平相当于滞后的通胀水平。预期的通胀水平会随着时间的推移而变化。第二个假设是，预期的通胀水平依赖于央行的目标通胀，而且永远不会改变。

从中期均衡开始，实际和预期通货膨胀率等于 2%，然后在 $t+1$ 期油价出现永久上涨。

a、b 和 c 部分假设每个时期的预期通胀等于上一时期滞后的通胀，例如，在 $t+2$ 期，$\pi^e_{t+2}=\pi_{t+1}$，在 $(t+1)$ 期，$\pi^e_{t+1}=\pi_t$。

a. PC 曲线如何从 t 期移动 $t+1$ 期？假设中央银行没有改变实际的政策利率，$t+1$ 期的产出与 t 期相比如何？$t+1$ 期的通货膨胀与 t 期的通货膨胀相比如何？

b. 考虑 $t+2$ 期的均衡，假设 $\pi^e_{t+2}=\bar{\pi}$，央行保持实际政策利率不变。$t+2$ 期的通货膨胀与 $t+1$ 期的通货膨胀相比如何？$t+2$ 期的产出与 $t+1$ 期的产出相比如何？

c. 将实际政策利率维持在 t 期水平的政策选择是否可持续？

d、e 和 f 部分假设预期通货膨胀率仍然等于目标通胀率，所以在任何时期 $\pi^e=\bar{\pi}$。

d. 考虑 $t+1$ 期的均衡，假设 $\pi^e=\bar{\pi}$，如果央行保持实际政策利率不变，那么 $t+1$ 期的实际通货膨胀率与 t 期相比如何？

e. 考虑 $t+2$ 期的均衡，假设 $\pi^e_{t+2}=\bar{\pi}$，如果央行保持实际政策利率不变，那么 $t+2$ 期的实际通货膨胀率与 $t+1$ 期的相比如何？

f. 将实际政策利率维持在 t 期的政策选择是否可持续？

比较 a、b 和 c 部分的经济结果与 d、e 和 f 部分的经济结果。

g. 将 a、b 和 c 部分的通货膨胀率和产出结果与 d、e 和 f 部分的结果进行比较。

h. 你认为哪个关于预期通胀的假设更现实。请讨论。

深入挖掘

6. 奥肯定律被写作 $u-u(-1)=-0.4(g_Y-3\%)$。

   a. 在经济衰退时 $u-u(-1)$ 的符号是什么？复苏时 $u-u(-1)$ 的符号是什么？

   b. 解释一下3%这个数字从哪里来。

   c. 解释为什么术语 $g_Y-3\%$ 的系数是 -0.4，而不是 -1。

   d. 假设每年获准进入美国的移民数量急剧增加，奥肯定律将如何改变？

7. 财政整合和零利率下限。

   假设经济在名义政策利率的零利率下限运行；初始均衡时有正的目标通货膨胀率，经济处于潜在产出的位置，但在 t 时期有很大的政府赤字。新当选的政府誓言要削减开支，通过在 $t+1$ 时期和随后的时期削减 G 和提高 T 来永久减少赤字。

   a. 画出这种情况下的初始均衡草图，然后计算出政策在 $t+1$、$t+2$ 期对产出的影响，只要预期通胀保持在初始水平。

   b. 假设通货膨胀率持续低于目标通胀率，则预期通胀率下降。在这种情况下，通货膨胀什么时候会变成负值？如果预期的通货膨胀率变为负值，那么实际的政策利率会怎么样呢？预期通胀率变为负的时期将如何影响产出？名义利率的零利率下限如何使得财政整合更加困难？这项政策会导致通货紧缩螺旋吗？

进一步探讨

8. 考虑要点解析"大萧条时期的通货紧缩"中的数据，回答以下问题。

   a. 你认为产出在1933年已经回到了潜在水平吗？

   b. 如图9-4所示，哪些年份意味着通货紧缩螺旋？

   c 如果预期的通胀水平保持在1929年的实际通胀水平上，那么大萧条就不会那么严重了吗？

   d. 1930年的大规模财政刺激会使大萧条不那么严重吗？

9. 考虑要点解析"大萧条时期的通货紧缩"中的数据，回答以下问题。

   a. 计算每年的实际利率，假设预期的通货膨胀水平等于去年的通货膨胀率。1928年的通货膨胀率为 -1.7%。与假设预期通货膨胀率是当年的通货膨胀率时相比，实际利率的变化是否能更好地解释有关实际产出增长和失业率的数据？

   b. 计算1930年至1933年每年的奥肯定律系数。要做到这一点，假设潜在的产出没有增长。推测为什么企业在1933年没有增加工人，尽管产出增长了9.1%。提示：如果潜在的产出没有增长，奥肯定律 $u-u(-1)=\alpha g_Y$。

10. 英国的大萧条。

    根据表9-3中提供的信息回答以下问题。

    a. 是否有证据表明英国从1929年到1933年面临通货紧缩螺旋？

    b. 是否有证据表明较高的实际利率对产出有影响？

    c. 是否有证据表明央行对实际政策利率的选择很糟糕？

表 9-3 1929—1933 年英国名义利率、通货膨胀和实际利率   %

年份	失业率	产出增长率	一年期名义利率,i	通货膨胀率,π	一年期实际利率,r
1929	10.4	3.0	5.0	−0.9	5.9
1930	21.3	−1.0	3.0	−2.8	5.8
1931	22.1	−5.0	6.0	−4.3	10.3
1932	19.9	0.4	2.0	−2.6	4.6
1933	16.7	3.3	2.0	−2.1	4.1

11. 特朗普在 2018 年对美联储政策的抱怨成为一则新闻。2017 年 12 月 22 日,特朗普签署了一项法案,即《减税和就业法案》,该法案在 2018 年大幅降低了联邦税收。

a. 2018 年 11 月 20 日,彭博社报道,特朗普告诉记者,央行存在一个"问题",他"希望看到美联储有一个更低的利率"。

这一评论如何适用于我们的永久性财政扩张模型?

b. 2018 年 9 月 25 日,据彭博社报道,特朗普在美联储将利率上调 25 个百分点后表示,"作为一个国家,我们做得很好",特朗普在纽约的新闻发布会上说,"不幸的是,他们只是稍微提高了利率,因为我们做得很好,我对此不满意。"这个评论如何适用于我们的菲利普斯曲线模型?

长 期

接下来的4章将集中讨论长期问题。在长期,主要的问题不是波动而是增长。现在我们需要问一下,是什么决定了增长?

━━ 第10章 ━━

第10章着眼于增长的事实。首先记录了自1950年以来发达国家产出的大幅增长。之后,从更广泛的角度来看,在人类历史的规模上,这种增长是最近才出现的现象。它并不是全球普遍的现象:一些国家经济正在快速赶超,而许多发展中国家的经济不增长或仅仅是低增长。

━━ 第11章 ━━

第11章主要关注资本积累在增长中的作用。书中表明,资本积累本身不能维持产出增长但确实影响产出水平。更高的储蓄率一般会在初期导致更低的消费,但在长期却会引起更多的消费。

━━ 第12章 ━━

第12章转向技术进步。书中展示了技术进步率在长期是如何决定经济增长率的,然后考察了研发和机构在技术进步中的作用。

━━ 第13章 ━━

第13章探讨了经济增长面临的一些挑战。它讨论了我们是否可以期待技术进步以同样的增速继续下去,机器人是否会导致大规模失业,经济增长是否伴随着不平等的加剧,针对这些我们可以做些什么,以及我们是否可以减缓气候变化。

第10章 增长的事实

我们对经济运行的感觉常常被经济活动年复一年的波动所支配。经济衰退令人沮丧,而经济扩张又重现希望。但是如果我们回过头来看看更长时期的经济活动——比如几十年——就会发现不同的景象:波动的重要性下降了,增长(growth)——总产出随时间的稳定增加——上升到了支配地位。

图10-1的(a)与(b)分别显出了1890年以来美国GDP以及人均GDP(都以2012年美元价格表示)的演变情况。(纵轴上用来衡量GDP或人均GDP的刻度是对数刻度。对数刻度的特点是变量的同比例增长表现为纵轴上相同距离的变化)。

1995年诺贝尔奖得主罗伯特·卢卡斯(Robert Lucas)的一句名言:"一旦一个人开始思考增长,就很难思考其他任何事情。"

本书最后的附录2中有关于对数坐标的更多讨论。

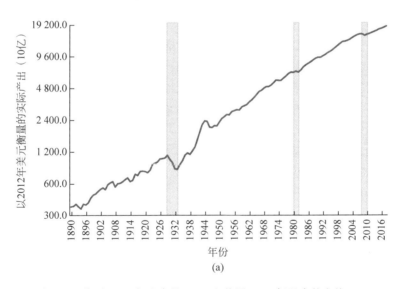

(a)

图10-1 美国1890年以来的GDP和美国1890年以来的人均GDP
(a) 显示了1890年以来美国总产出的大幅增长,增长了51倍;
(b) 显示了产出的增长不仅是因为在这一时期美国人口的增长(总数从6 300万大幅增加到超过3.2亿)导致的。人均产出增长了10倍。

资料来源:1890—1947:Historical Statistics of the United States(美国的历史统计数据),http://hsus.cambridge.org/HSUSWeb/toc/hsusHome.do。
1948—2010:National Income and Product Accounts(国民收入和生产账户)。
1890—2010年的人口数估计值,来自Louis Johnston 和Samuel H. Williamson的"What Was the U.S GDP Then?"Measuring Worth,2015,www.measuringworth.org/usgdp/最新数据:FRED:GDPC1,B230RC0Q173SBEA。

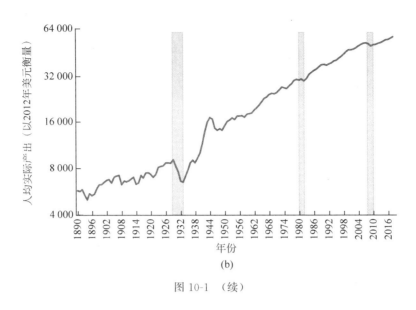

图 10-1 （续）

1929 年到 1933 年的阴影区间对应的是产出急剧下降的大萧条时期，另外的两个阴影范围对应的是 1980 年到 1982 年的衰退（这是金融危机前最大的战后衰退）和 2008—2010 年的经济危机。可以看到，与人均产出在过去 130 年里的稳定增加相比，这三个事件显得是多么的渺小。

考虑到这些，我们现在把注意力从波动转向增长。也就是说，我们从研究产出在短期和中期内的决定——波动处于主导地位的时期——转向研究产出在长期中的决定——增长处于主导地位的时期。我们的目标是了解什么决定了经济增长，为什么有些国家经济在增长，而另一些国家却没有增长，以及为什么有些国家很发达，而其他许多国家依然欠发达。

10.1 节　讨论一个重要的测量问题，也就是如何测量生活水平。

10.2 节　讨论美国和其他发达国家在过去 50 年里的经济增长情况。

10.3 节　从时间和空间上进行更为广泛的考察。

10.4 节　初探经济增长，引入在接下来 3 章要拓展的分析框架。

> 如果你还记得本章的一条基本信息，它应该是：在很长一段时间内，增长使波动相形见绌。持续增长的（复杂）关键是技术进步。

10.1　生活水平的测量

我们关心一个国家增长的根本原因是我们关心这个国家的平均**生活水平**（standard of living）。从时间跨度来看，我们想要知道生活水准到底提高了多少。从各个国家来看，我们想要知道一个国家的生活水准比另一个国家高出多少。因此，我们更关注且能用来比较国家之间、时期之间差距的变量是人均产出，而不是产出。

接下来的一个实际问题是我们如何比较国家之间的人均产出差异。每个国家使用的是不同的货币,因此每个国家的产出都是以本国货币来表示的。一种自然的解决方法是借助汇率:例如当比较印度和美国的人均产出时,我们可以把以卢比表示的印度人均GDP数值用汇率折算成以美元表示的数值,然后再与美国的数据进行对比。但这种简单计算方法是行不通的,原因有以下两点:

首先,汇率的变动很大(第17~20章会详细说明)。例如,在20世纪80年代,与贸易伙伴国货币相比,美元汇率先升高,然后降低约50%。但是在那10年里美国的生活水平相对于它的贸易国并没有先提高50%再降低50%。然而,如果我们用汇率来比较人均GDP,这就是我们会得出的结论。

- 第二个原因存在于汇率浮动之外。在2018年,印度的人均GDP根据当前汇率计算为2 016美元,而美国的为62 517美元。很显然在美国没有人能靠一年2 016美元的收入生活下来,但是在印度人们就能活下来——当然也不会过得非常好。在印度,基本商品(维持生计所需的物品)的价格比美国要低得多。在印度人们主要消费基本商品,美国的人均收入水平并不是印度的31倍。这一情况同样适用于其他国家。一般来说,一个国家的人均产出越低,该国食品和基本服务的价格就越低。

因此,当我们的重点是比较生活水平时,我们就需要矫正刚才讨论的这两种影响——不同国家汇率的变动和价格的系统差异,这样才会得到更有意义的结果。这一处理的细节很复杂,但原则很简单:GDP的数字,以及人均GDP的数字,都是用所有国家的一套共同的价格体系来构建的。我们可以将这些调整过的实际GDP看成对不同国家不同时间**购买力**(**purchasing power**)的衡量,也就是**购买力平价**(**purchasing power parity**,PPP)数据。在要点解析"PPP数据的构造"中会有更深入的讨论。

> 我们也关心增长的其他方面,特别是生活水平的提高是否比其他方面受益更多,增长是否伴随着或多或少的不平等。更多内容请见第13章。
>
> 人均产出可以表达为output per person或output per capita。鉴于产出和收入总是相等的,人均产出也被称为人均收入。

要点解析

PPP数据的构造

假设考虑两个国家——美国和俄罗斯,尽管所考虑的情形不一定与这两个国家的实际情况非常吻合。

在美国,人均年消费等于20 000美元。每年每个人购买两种商品,10 000美元购买一辆新车,剩下的购买食品,每年一篮子食品(食品篮子)价格为10 000美元。

在俄罗斯,人均年消费等于120 000卢布。人们把他们的汽车保留15年。一辆汽车的价格为600 000卢布,因此每个人每年在车上的花费平均为40 000卢布——600 000/15。在俄罗斯购买相同的食品篮子的价格却是80 000卢布。

俄罗斯和美国的汽车是同质的,食品也是如此。(你可能会怀疑这些假设的现实性。X国家的汽车是否与Y国家的汽车相同正是经济学家们构造PPP衡量方法时面临的问题。)汇率为1美元等于60卢布。相对于美国的人均消费,俄罗斯的人均消费是多少?

第10章 增长的事实

回答该问题的一种方法是把俄罗斯的人均消费用汇率转化成美元。如果使用此方法,俄罗斯的人均消费为 2 000 美元(120 000 卢布除以汇率,60 卢布等于 1 美元),根据这些数据,俄罗斯的人均消费仅为美国人均消费的 10%。

该结果有意义吗?俄罗斯确实更贫穷一些,但是俄罗斯的食品价格也相对更便宜。一个美国消费者把他所有的 20 000 美元花在食品上将购买到(20 000/10 000)= 2 个食品篮子;一个俄罗斯消费者把他所有的 120 000 卢布花在食品上将购买到(120 000/80 000)= 1.5 个食品篮子。若用食品篮子来衡量,则美国和俄罗斯的人均消费之间的差别看起来很小。假设在美国一半的消费用来购买食品,而在俄罗斯该比例为三分之二,那么这样的计算结果还算贴切。

我们能够改善最初的答案吗?是的。一种方法就是对两个国家使用同样的价格集合,然后使用这一共同的价格集合来衡量每个国家消费的每件商品的数量。假设我们使用美国价格。根据美国价格,美国的年人均消费显然仍然是 20 000 美元。俄罗斯是多少呢?每年俄罗斯人平均购买将近 0.07 辆汽车(每 15 年 1 辆)和 1 个食品篮子,根据美国价格——10 000 美元 1 辆车和 10 000 美元 1 个食品篮子,俄罗斯的人均消费为[(0.07× \$10 000)+(1× \$10 000)]= \$700 + \$10 000 = 10 700 美元。因此,使用美国价格来计算两国的消费量,这样推出俄罗斯的年人均消费为美国的 \$10 700/ \$20 000 = 53.5%,比我们使用第一种方法得到的相对生活水平的估计结果(只有 10%)更好。

这种计算方法(即使用相同的价格集合构造不同国家间变量的数据)就是 PPP 估计。不同于例子中的美元价格,PPP 估计使用的是国家间的平均价格(我们的例子中使用的是美国的美元价格。为什么使用美国价格,而不是俄罗斯或者法国的价格呢?),这些价格被称为国际美元价格。本章使用的许多估计值都来自一项被称为"佩恩世界表"(佩恩代表宾夕法尼亚大学)的著名研究项目得出的结果。在三位经济学家——欧文·克拉维斯(Irving Kravis)、罗伯特·萨默斯(Robert Summers)和艾伦·海斯特(Alan Heston)的带领下,在长达 40 年之久的岁月里,研究者们不仅为消费(就像我们例子中所做的那样),而且为 GDP 及其各个组成部分构造了 PPP 数据,时间可以追溯到 1950 年,而且数据涉及世界上大多数国家。

详见 Robert C. Feenstra,Robert Inklaar,and Marcel P. Timmer,"The Next Generation of the Penn World Table," American Economic Review,2015,105(10): pp. 3150-3182. 最新的 PPP 数据下载地址:www.ggdc.net/pwt。

归根结底:当比较不同国家间的生活水平时,一定要使用 PPP 数据。

当比较发达国家和发展中国家时,PPP 数据和使用当前汇率计算出来的数据之间的差别很大。回到印度和美国的比较,可以发现在当前汇率下,美国人均 GDP 与印度之比是 31.3;使用购买力平价数据,比值仅为 8。虽然这仍然是一个很大的差异,但是比用当前汇率得出的比值小得多。在发达国家之间进行比较时,PPP 数据和使用当前汇率计算出来的数据之间的差异通常较小。如果我们使用当前汇率计算的 2018 年美国的人均 GDP 为德国人均产出的 128%,若使用 PPP 数据则为 118%。更普遍地说,根据 PPP 数据,美国在世界主要国家中仍然拥有最高的人均 GDP。

在开始讨论增长之前,让我们用三个结论结束这个部分的讨论。

- 影响人们福利的因素是他们的消费而不是收入。因此有人可能会想使用人均消费而不是人均产出来衡量生活水平。(我们在要点解析"PPP数据的构造"里确实是这么做的。)但是各个国家消费占产出的比例过于相似,所以无论我们用人均消费还是人均产出数据来对国家进行排序都会得到大致相似的结果。
- 在生产方面,相比各个国家生活水平的差别,我们可能会对它们之间生产率的差别更感兴趣。在这种情况下,正确的测度指标是工人的人均产出。如果能得到总工时的数据,用每小时工作的产出这个指标会更好,它们都优于人均产出这个指标。人均产出和工人人均产出(或每工时产出)会随着每个国家的工人数量(或工作时间)占总人口数的比例的不同而不同。例如,上文提及的美国和德国人均产出的差别更多的是来自人均工作时间的不同(美国每人每年1 780小时,而德国每人每年1 360小时,差异主要是由于德国的非全日制就业比例较高),而不是生产率上的差别。换句话说,德国工人的生产率和美国工人相似,但他们工作的时间少,所以人均产出更低。
- 我们关心生活水平的原因大概是我们关心幸福的水平。因此我们会问一个很直观的问题:更高的生活水平可以带来更大的幸福吗?答案是:肯定会的。

在发达经济体中,只有爱尔兰和瑞士的人均购买力平价GDP高于美国(见WEO数据库)。其他购买力平价GDP较高的国家包括科威特和卡塔尔。你能猜到为什么吗?

10.2 1950年以来发达国家的经济增长

这一节我们考察自1950年以来发达国家的增长状况,下一节我们追溯更多国家的增长情况。

表10-1列示了法国、日本、英国和美国1950年以来的**人均产出**(output per capita)(以购买力平价衡量的GDP除以人口数得到)的变化情况。我们之所以选择这4个国家,不仅因为它们是世界上一些主要的经济力量,而且因为它们的经历能够广泛代表发达国家在过去大约半个世纪中的情况。

表10-1 4个发达国家自1950年以来的人均产出变化

	人均产出年增长率/%	人均实际产出(2011年美元价格)		
国家	1950—2017年	1950年	2017年	2017年/1950年
法国	2.6	7 025	39 461	5.6
日本	4.1	2 531	40 374	15.9
英国	2.1	9 354	39 128	4.2
美国	2.0	14 569	54 995	3.8
平均	2.7	8 370	43 490	5.2

资料来源:Penn World Table Version 8.1./Feenstra, Robert C., Robert Inklaar and Marcel P. Timmer(2015), "The Next Generation of the Penn World Table" forthcoming American Economic Review.

注:最后一行的平均是没有加权的简单平均数。

表10-1中的数据引申出两个主要结论。
- 人均产出大幅度增加。
- 各个国家间的人均产出有趋同性。

让我们分别来看这些要点。

10.2.1　1950年以来生活水平的大幅提高

从表 10-1 最右边的那一列可以看到,自 1950 年以来美国的人均产出增加了 3.8 倍,法国增加了 5.6 倍,而日本增加了 15.9 倍。这些数字充分说明了**复利效应**(force of compounding)。你曾经可能听说过,在年轻时存下的哪怕是很小的一笔钱也会在你退休时变成一大笔财富。如果年利率为 4.1%,投资 1 美元,年复一年继续投资下去,65 年后会增加到 15.9 美元左右。同样的逻辑也适用于增长率,日本从 1950 年到 2017 年(67 年间)的人均的平均年增长率为 4.1%,如此之高的增长率导致日本人均实际产出在此期间增长了 15.9 倍。

很显然,如果能促进设计刺激经济增长的政策,对增长的更好理解将会对生活水平的改善起到重要作用。假设能找到一项政策使得增长率每年都能持续增长 1%,40 年后的生活水平将会比在没有该政策时高出 48%,这是一个很大的差距。

10.2.2　人均产出的趋同性

> 作为 20 世纪 50 年代法国的孩子,我认为美国是摩天大楼、大型汽车和好莱坞电影的天堂。
>
> 图 10-2 只包括了那些我们能得到 1950 年人均产出水平可信估计结果的 OECD 成员国。
>
> 国家的名单在第 1 章的附录里给出。

表 10-1 中第 2 列和第 3 列显示,人均产出水平随时间不断趋同。2017 年的人均产出数据比在 1950 年要接近得多。也就是说,那些发展中国家增长得更快,缩小了它们与美国之间的差距。

1950 年,美国的人均产出水平大约是法国的 2 倍,是日本的 5 倍还要多。在日本和欧洲看来,美国是块富足的土地,什么都又大又好。

如今这些观念已经不复存在,数据能够说明原因:根据 PPP 数据,美国的人均产出仍然是最高的,但是在 2017 年它只比其他 3 个国家高出 39%,比起 20 世纪 50 年代的差距缩小很多。

国家间人均产出水平**趋同性**(convergence)并不是这 4 个国家的特定现象,它同样适用于其他的 OECD 国家。这一点可从图 10-2 中看出,该图给出了 OECD 各个成员国 1950 年以来人均产出的平均年增长率与 1950 年初始人均产出水平相比对的图形。自 1950 年以来,人均产出的初始水平和增长率之间存在着明显的负相关关系:1950 年发展中国家通常增长得更快。但该关系不是很完美:土耳其在 1950 年和日本大致拥有同样低的人均产出水平,但增长率只有日本的一半左右。但不管怎么说,这一关系已经很清晰了。

一些经济学家指出,类似图 10-2 的图形中存在一个重要缺陷。通过考察当今 OECD 成员国的子集,实际上是考察了一个经济赢家的俱乐部:OECD 成员资格虽不以经济成功作为官方标准,但经济成功无疑是成员资格的一个重要决定因素。但是当我们考察一个成员资格是以经济成功为基础的俱乐部的时候,你就会发现那些从后面赶上来的国家拥有最快的经济增长速度:这恰恰是让它加入该俱乐部的原因。因此,趋同性的发现可能部分是我们最初选择样本国家的方法导致的。

因此,考察趋同性的一个更好的方法就是定义国家集合时不要以它们今天的经济状况为基础——正如图 10-2 那样选择了今天的 OECD 成员国家——而是以它们在 1950 年的经济状况为基础。例如,我们可以考察所有在 1950 年人均产出至少为美国人均产出的 1/4 的

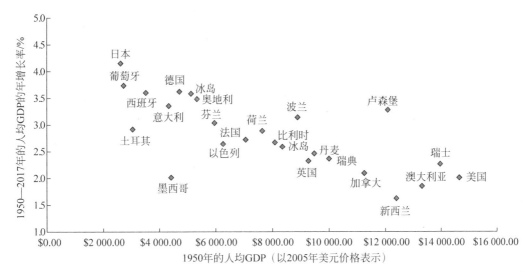

图 10-2 1950 年以来的人均 GDP 增长率与 1950 年的人均 GDP

资料来源：Penn World Tables Version 9. /Feenstra, Robert C., Robert Inklaar and Marcel P. Timmer(2015), "The Next Generation of the Penn World Table" American Economic Review, 105(10), 3150-3182, available for download at www.ggdc.net/pwt.

注：OECD 国家在 1950 年拥有更低人均产出的国家增长较快。

国家,然后看这组国家的趋同性。结果表明组中的大部分国家确实是趋同了,所以趋同性不单单在 OECD 内发生。然而,一些国家——乌拉圭、阿根廷和委内瑞拉——没有趋同。在 1950 年,这 3 个国家的人均产出与法国相近,而到了 2017 年却大幅落后了,乌拉圭的人均产出是法国的 1/3,委内瑞拉则是 1/5（从那之后,尽管我们没有经过 PPP 调整的数据,但有证据表明委内瑞拉的产出进一步下滑）。

10.3 从时间和空间上进行更为广泛的考察

在前面的部分,我们重点关注了自 1950 年以来发达国家的增长,基于该背景,现在让我们关注在更长时间跨度和更广范围的国家的证据。

10.3.1 考察两个千年

目前发达国家的人均产出是否总是以表 10-1 所示的相似的增长率增长呢？答案是否定的。当我们进一步追溯历史时,对增长数据的估计明显变得很难。但经济历史学家对过去 2000 年的人类经济的主要演变过程达成了共识。

从 476 年罗马帝国败落到 1500 年左右,欧洲的人均产出本质上没有增加：大多数人都从事农业生产,而且技术进步很小。因为农业占产出的比例太大,运用到农业之外的发明创造对总体生产和产出的贡献很小。尽管也有一些产出增长,但人口大致成比例的增长导致人均产出几乎不变。

这段人均产出的停滞时期通常被称为马尔萨斯时代。18 世纪末的英国经济学家托马斯·罗伯特·马尔萨斯认为产出和人口的同比例增长并不是巧合。他认为，任何产出的增长都促使死亡率下降，从而导致人口增长直至人均产出又回到初始水平。欧洲那时候就处在马尔萨斯陷阱里，无法增加它的人均产出。

最终欧洲摆脱了这个陷阱。大约从1500年到1700年，人均产出变成正增长但很小，大约为每年0.1%；从1700年到1820年上升到了每年0.2%的水平。到了工业革命时代，增长率得到提高，但美国从1820年到1950年的人均产出年增长率也仅有1.5%。因此，在人类历史的长河中，人均产出的持续增长，特别是1950年以来的高增长率无疑是一个最近的现象。要点解析"增长的真实情况：1851年美国工人的预算"生动地反映了过去150年的进步。

要点解析

增长的真实情况：1851年美国工人的预算

人均GDP的数据并不能完全传达增长的实际情况和伴随而来的生活水平提高。对1851年费城的"工人预算"进行考察，可以更好地感受到改善的情况（表10-2）。

表10-2　1851年费城年度工人预算（以当前美元计）

支出项目	金额/美元	占总数的百分比/%
肉类（每天2磅）	72.80	13.5
面粉（每年6½磅）	32.50	6.0
黄油（每周2磅）	32.50	6.0
土豆（每周2包）	26.00	4.8
糖（每周4磅）	16.64	3.0
咖啡和茶	13.00	2.4
牛奶	7.28	1.3
盐、胡椒、醋、淀粉、肥皂、酵母、奶酪、鸡蛋	20.80	3.8
食品总支出	221.52	41.1
租金	156.00	28.9
煤炭（每年3吨）	15.00	2.7
木炭、薯条、火柴	5.00	0.9
蜡烛和油	7.28	1.4
家用物品（磨损、撕裂和破损）	13.00	2.4
床上用品	10.40	1.9
服装	104.00	19.3
报纸	6.24	1.1
除食品外的总支出	316.92	58.9

资料来源：William Baumol, Sue Ann Batey Blackman, and Edward N. Wolff, Productivity and American Leadership: The Long View(1989, MIT Press), Chapter 3, Table 3.2. The composition of expenditures today comes from Appendix 9, Chapter 6, in the BLS Handbook of Methods.

注：注意一个工人在食物上花费了多少，占总支出的41%。今天用于计算消费者价格指数的消费篮子构成中反映的相应份额仅为15.2%。如今，家庭食品而非餐馆食品仅占总消费量的9.4%。但也许更能说明问题的是食品消费的构成。将餐桌上的食物与我们今天吃的食物的丰富性和多样性进行比较。

10.3.2 考察各个国家

我们已经考察了人均产出在 OECD 国家之间是如何趋同的,那么其他国家的情况如何呢?最穷的国家是否增长得更快?尽管仍然远远落后,它们是否在向美国趋同?

因为太多国家缺少 1950 年的数据,所以我们不能像图 10-2 那样用 1950 年作为初始时间。

图 10-3 给出了答案,描绘了以 1960 年的人均产出为基准,85 个经济体自 1960 年来的人均产出增长率。

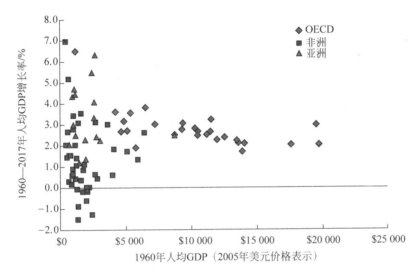

图 10-3　85 个经济体 1960 年以来的人均产出增长率与人均 GDP 散点图(2005 年美元价格)
资料来源:Penn World Tables Version 9. /Feenstra,Robert C.,Robert Inklaar and Marcel P. Timmer (2015),"The Next Generation of the Penn World Table" American Economic Review,105(10),3150-3182,available for download at www.ggdc.net/pwt.
注:1960 年以来的人均产出增长率与人均 GDP 之间没有明显的关系。

图 10-3 的显著特征是没有表现出明显的趋势。1960 年相对贫穷的国家总体来说没有增长得更快。一些国家增长得快,但另一些国家却增长得很慢。

然而,当我们把这些国家分成不同的几组时,图 10-3 云状分布散点背后隐藏的几个有趣的模式就变得清晰了。注意到图中用不同的符号表示不同国家,菱形代表 OECD 国家,正方形代表非洲国家,三角形代表了亚洲国家。分组别看可以得到以下三个主要结论。

(1) OECD 国家(发达国家)的图形与图 10-2 极其相似,只不过后者考察的时间更长(从 1950 年开始,而不是 1960 年)。几乎所有的国家在一开始都有相对高的人均产出水平(也就是说,在 1960 年至少为美国水平的 1/3),而且证据清楚表明趋同性的存在。

(2) 大部分亚洲国家的趋同性同样也很明显:在这段时期里拥有高增长率的国家大部分是在亚洲。日本是第一个经济起飞的国家。因为超高速增长率和庞大的规模,中国最近格外引人注目。1960—2017 年,中国人均产出的增长率达到了每年 4.5%。但由于起步较晚,它的人均产出仍然只有美国的 1/4 左右。

自相矛盾的是，在图 10-3 中增长速度最快的两个国家是博茨瓦纳和赤道几内亚，都处在非洲。在这两个例子中，高增长率体现的主要是有利的自然资源——博茨瓦纳的钻石和赤道几内亚的石油。

增长理论与发展经济学的区别是模糊的。大致的区别如下：增长理论将许多国家制度（例如，法律体系、政府形式等）看作给定的，而发展经济学研究：需要什么制度来维持稳定的经济增长，以及这些制度如何才能够发挥作用。

（3）然而非洲国家的情况非常不同。大多数非洲国家（图中的正方形）在 1960 年非常穷，大多数国家在那段时间的表现并不好，很多国家都遭受到了来自国内或者国外的冲击。它们中的 4 个国家在 1960 年至 2017 年期间人均产出呈负增长——生活水平出现绝对下降。例如，中非共和国的平均增长率为 1.1%，因此，2017 年中非共和国的人均产出为它 1960 年的 52%。然而，对非洲的希望来自最近的数据：自 2000 年以来，撒哈拉以南非洲地区的人均产出增长一直接近 3%。

追溯得更远一些，可以看到这个景象：在第一个千年的大多数时间及直到 15 世纪，中国可能拥有世界最高的人均产出水平。之后几百年间，这一领先地位转移到了意大利北部的城市。但是直到 19 世纪，国家和地区间的区别通常比今天要小得多。19 世纪初，一些国家和地区开始比其他国家和地区增长得快，首先是西欧，然后是美国北部和南部。在那之后，一些其他国家和地区，特别是亚洲国家，开始快速增长，并不断趋同。其他很多国家和地区，尤其是在非洲的国家，则不是这样的。

在本章和第 11 章中，我们主要关注发达经济体和新兴经济体的增长。我们不应接受我们刚刚看到的事实所带来的更广泛的挑战，如为什么人均产出增长在 19 世纪才开始实质性增长或者为什么非洲仍然那么贫穷。讨论这些问题会让我们过多地沉溺于经济史和发展经济学。但这些事实印证了我们之前在研究 OECD 问题时讨论的两个基本观点：增长和趋同都不是历史的必然。

10.4　考虑增长：基本框架

1987 年，索洛因其在经济增长方面的贡献而被授予诺贝尔奖。

为了研究增长问题，经济学家们使用了由 MIT 的罗伯特·索洛（Robert Solow）在 20 世纪 50 年代末建立的框架体系。该框架被证明是可靠的、有用的，我们在这里也将使用。本节是一个初步介绍，第 11 章和第 12 章将进行更为详细的分析，首先是资本积累在增长过程中的作用，然后是技术进步在增长过程中的作用。

10.4.1　总量生产函数

任何增长理论的出发点都是总量生产函数（aggregate production function），它表示总产出和生产中投入要素的关系。

总量生产函数为 $Y=F(K,N)$。总产出（Y）取决于总资本存量（K）和总就业（N）。

我们在第 7 章中介绍的用来研究短期和中期产出决定的总量生产函数所采用的形式是极其简单的，即认为产出简单地与公司的劳动数量，更具体地讲是与公司雇佣工人的数量成正比[式（7.2）]。只要我们关注的是产出和就业的波动，这一假设就是可以接受的。但是现在我们的焦点转移到了增长上来，这种假设将不再适用：这样做意味着每个工人的产出是常数，完全排除了每个工人的产出的增长。现在是放松这一假设条件的时候了。从现在起，假设有两种投入要素，资本

和劳动力,则总产出和这两种投入之间的关系为

$$Y = F(K, N) \tag{10.1}$$

与以前一样,Y 表示总产出;K 表示资本——经济中所有机器、工厂、办公楼之和;N 表示劳动——经济中的工人数量。函数 F 为总量生产函数,表示给定资本和劳动数量下生产了多少产出。

> 函数 F 依赖于技术状态。技术状态越好,给定 K 和 N 时的 $F(K,N)$ 越大。

这种考虑总生产的方法是我们对第7章中处理的改进,但它仍然是对现实的一种很强的简化。比如,机器和办公楼在总产出的生产过程中所起的作用肯定是不同的,应该在生产函数里将其分开并单独考虑它们。同样,拿到博士学位的工人与高中辍学的工人的作用肯定不同,但是当把劳动投入简单地认为是经济工人数量的时候,我们认为所有的工人都是相同的。后面将会放松这些简化条件中的一部分,但现在我们暂时使用式(10.1),以强调劳动和资本在产出中的作用。

接下来必须考虑的是,将产出与这两种投入要素联系在一起的总量生产函数来自何方?换句话说,给定资本和劳动数量下的产出是由什么决定的?答案是**技术的状态**(state of technology)。在投入同样数量的资本和劳动的情况下,具有更为先进技术的国家要比拥有更原始技术的国家生产得更多。

10.4.2 规模收益和要素收益

现在已经引入总量生产函数,下面的问题是:我们能够对该函数施加什么样的合理限制条件呢?

首先做一个思维试验,经济中的工人人数和资本数量都增加1倍,你希望产出如何变化?一个合理的答案是产出也会翻倍:实际上,我们可以克隆原来的经济,而克隆的经济以原来经济的方式进行生产。这一性质被称为**规模收益不变**(constant returns to scale)。如果经营规模增加1倍——资本和劳动的数量都增加1倍——那么产出也将增加1倍:

$$F(2K, 2N) = 2Y$$

或者更为一般地,对于任一 x(这在下面将很有用):

$$F(xK, xN) = xY \tag{10.2}$$

我们已经讨论了资本和劳动都增加时产出的变化。现在来讨论一个不同的问题:如果两投入要素中仅有一个——比如资本——增加时又会出现什么情况呢?

> 规模收益不变:$F(xK, xN) = xY$

> 这个例子虽然有点过时了,但是非常直观。这里的产出是秘书的服务量,两种投入要素是秘书和电脑。生产函数就是秘书提供的服务、秘书人数、电脑台数的关系式。

> 即使规模经济不变,一种要素固定的情况下,另一种投入要素也会规模报酬递减。资本的规模报酬递减:劳动力数量固定,资本增加导致产出增加越来越少。

很显然,产出也会增加,这是很清楚的。但是等量的资本增加值导致的产出增加值会越来越小。换句话说,如果最初仅有很少的资本,稍微多一点资本带来的收益将会很大;如果最初的资本很多,多增加一些资本仅能带来很小的变化。为什么呢?假如考虑一个秘书办公室,它由给定数量的秘书组成,把资本看作计算机。仅引入一台计算机时将极大地提高办公室的"生产",因为一些更费时间的工作可以由计算机自动完成。当计算机的数量不断增加时,更多的秘书有了他们自己的个人电脑,尽管每多引进一台计算机引起的生产增加不如第一台那么高,但生产还是会进一步提高。一旦每个秘书都有了自己的个人电脑,计算机数量的进一步

增加就不会很大程度地提高生产。

我们把资本增加引起的产出增加越来越小的性质称为**资本收益递减**（decreasing returns to capital）（学过微观经济学的同学比较熟悉这个概念）。

同样的性质对另一个投入要素，即劳动，也成立：给定资本，随着劳动水平的上升，劳动增加导致的产出增加将越来越小（回到前面的例子，考虑计算机数量给定时，秘书人员的增加会发生什么情况。），这被称为**劳动收益递减**（decreasing returns to labor）。

10.4.3 单位工人的产出和单位工人占有的资本

生产函数和规模收益不变的假设意味着单位工人的产出和单位工人占有的资本之间存在一个简单关系。

> 随着单位工人资本水平的上升，单位工人资本的增加引起的单位工人产出的增加越来越小。

现在让我们来看这一关系，令式（10.2）中的 $x=1/N$，因而有

$$\frac{Y}{N} = F\left(\frac{K}{N}, \frac{N}{N}\right) = F\left(\frac{K}{N}, 1\right) \tag{10.3}$$

Y/N 就是单位工人的产出，而 K/N 就是单位工人占有的资本。因此式（10.3）说明了单位工人的产出数量取决于单位工人占有的资本数量。单位工人产出和单位工人占有资本之间的关系在后文的讨论中有非常重要的作用，因此，我们在这里详细讨论这一关系。

> 一定要明白代数式的含义。假设资本和工人数量都翻倍，单位工人产出怎么变化？

该关系如图 10-4 所示。单位工人的产出（Y/N）用纵轴表示，单位工人占有的资本（K/N）用横轴表示，两者之间的关系是一条向上倾斜的曲线。当单位工人占有的资本增加时，单位工人的产出也会增加。注意，曲线的形状意味着资本的增加导致产出的增加越来越小，这是根据资本收益递减的特性得出的。在 A 点，单位工人占有的资本较小，单位工人占有资本增加，用水平距离 AB 表示，将导致单位工人的产出增加垂直距离 $A'B'$。在 C 点，单位工人占有的资本更大了，增加同样的单位工人占有资本（用距离 CD 表示）（距离 CD 等于距离 AB），引起单位工人产出的增加更小了，仅为 $C'D'$。这和秘书办公室的例子很相似：新增加的计算机对总产出的影响越来越小。

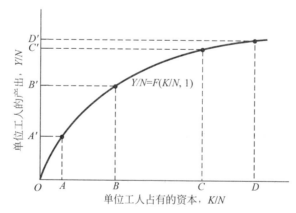

图 10-4　单位工人的产出和单位工人占有的资本
注：单位工人占有资本的增加导致单位工人产出的增加越来越小。

10.4.4 增长的源泉

现在我们准备回到基本问题上来。增长来自哪里？如果假设工人与总人口的比率随时间保持不变，为什么单位工人的产出或者人均产出会随时间而上升？式(10.3)能回答第一个问题：

> 单位工人占有资本的增加：沿着生产函数移动。

- 单位工人产出(Y/N)的增加可以来自单位工人占有资本(K/N)的增加。这是我们刚刚在图 10-4 中看到的关系。当(K/N)增加时——沿着横轴向右移动——(Y/N)也增加。

- 或者可以来自技术状态的改进，它会使生产函数 F 移动，并且在给定单位工人占有的资本时，引起更大的单位工人产出。如图 10-5 所示，技术状态的提高使得生产函数从 $F(K/N,1)$ 向上移动到 $F(K/N,1)'$。对于给定的单位工人占有的资本水平，技术的改进引起了单位工人产出的增加。例如，对于 A 点的单位工人占有的资本水平来讲，单位工人的产出从 A' 增加到 B'。（回到秘书办公室的例子，重新分配任务可能会使劳动力资源合理分配，使人均产出增加。）

> 技术状态的改进：生产函数向上移动。

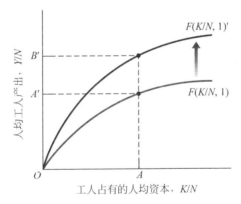

图 10-5 技术状态改进的影响

技术状态的改进使生产函数向上移动，引起了给定单位工人占有的资本水平不变的情况下，单位工人产出的增加。

因此，我们可以认为增长来自**资本积累**（capital accumulation）和**技术进步**（technological progress）——技术状态的改进。然而，我们将会看到这两个因素在增长过程中起着非常不同的作用：

- 资本积累本身不能维持增长。正式的论证将在第 11 章中进行，但现在可以从图 10-5 中得到一个初步的认识。由于资本收益递减，维持单位工人产出稳定增加要求的单位工人占有的资本增加量就越来越大。在某个阶段，经济体不会或没能力为了资本的进一步增长保持足够的储蓄和投资，这时单位工人的产出将停止增长。

这是否意味着一个经济中的**储蓄率**（saving rate）——收入中储蓄的比例——无关紧要呢？不是的。更高的储蓄率并不能永久地提高产出增长率，但是更高的储蓄率能够维持更高的产出水平。让我们用一种稍微不同的方式表达这个问题。假设两个经济体只有储蓄率不同，它们最终将以同样的速度增长；但是在任一时点，拥有高储蓄率的经济体将比另一个经济体有着更高的人均产出水平。这是为什么呢？储蓄率对产出水平有多大影响？以及像美国（储蓄率非常低）这样的国家是否应该努力提高它的储蓄率，这些将在第 11 章中讨论。

> 增长理论和发展经济学的区别介绍：第 12 章将会以增长理论的观点来解释技术进步；第 13 章将会进一步介绍发展经济学。

- 持续的增长要求持续的技术进步。这实际上是从前面的命题中得出的：给定了能够导致人均产出增加的两个因素是资本积累和技术进步之后，如果资本积累不能永远地维持增长，那么技术进步一定是增长的关键——确实是这样。我们将在第 12 章中看到，一个经济体的人均产出增长率最终是由技术进步率决定的。

这是很重要的。这意味着在长期中，一个能够维持更高技术进步率的经济体将最终超过所有的经济。这自然而然引起了另一个问题：技术进步率是由什么决定的？人们可以将技术状态视为规划模板，它定义了经济中可以生产的产品范围以及生产这些产品的可用技术。但事实上，产品生产的效率不仅取决于规划模板，还取决于组织经济的方式——从公司的内部组织，到法律体系及其执行质量，再到政治制度，等等。我们将在第 12 章进行讨论。

本章提要

- 在更长的时期内，产出的波动与增长（总产出随时间的稳定增长）相比相形见绌。
- 通过考察 4 个发达国家（法国、日本、英国和美国）自 1950 年以来的增长情况，发现两个主要事实：

1. 所有 4 个国家都经历了强劲的增长，而且生活水平也得到了大幅的提高。1950 年到 2017 年，美国的实际人均产出增加了 3.8 倍，而日本增加了 15.9 倍。

2. 4 个国家间的人均产出水平随时间趋同。也就是说，那些发展中国家增长得更快，从而减小了它们与美国的差距。

- 通过考察更多的国家以及更长的时间段，发现如下事实：

1. 在人类历史的长河中，持续的产出增长是近期才有的现象。

2. 人均产出水平的趋同性不是一个世界范围内的现象。许多亚洲国家正在快速地追赶，但是大多数非洲国家同时拥有低的人均产出水平和低的增长率。

- 为了研究增长，经济学家们从总量生产函数出发，该函数把总产出和生产的两个要素——资本和劳动联系起来。给定这些投入要素，产出量的大小取决于技术状态。
- 在收益不变的假设条件下，总量生产函数推导出单位工人产出的增长可以来自单位工人占有资本的增加，也可以来自技术状态的改进。
- 资本积累本身不能永久地维持人均产出的增长。然而，一个国家储蓄的多少是非常重要的，因为储蓄率如果不决定人均产出增长率的话，就决定人均产出的水平。
- 人均产出的持续增长最终归因于技术进步。增长理论中最为重要的问题可能就是技术进步的决定因素是什么。

关键术语

- growth，增长
- logarithmic scale，对数坐标
- standard of living，生活水平
- output per person，人均产出
- purchasing power，购买力
- purchasing power parity(PPP)，购买力平价(PPP)
- Easterlin paradox，伊斯特林悖论
- Force of compounding，复利效应
- convergence，趋同性
- Malthusian trap，马尔萨斯陷阱
- aggregate production function，总量生产函数
- state of technology，技术状态
- constant returns to scale，规模报酬不变
- decreasing returns to capital，资本收益递减
- decreasing returns to labor，劳动收益递减
- capital accumulation，资本积累
- technological progress，技术进步
- saving rate，储蓄率

本章习题

快速测试

1. 运用本章学到的知识，判断以下陈述属于"正确""错误"和"不确定"中的哪一种情况，并简要解释。

a. 根据对数坐标，每年增加5%的变量将沿着一条斜率是0.05的向上倾斜的直线移动。

b. 食物价格在发展中国家要比在发达国家更高。

c. 世界上几乎所有国家的人均产出正在趋同于美国的人均产出水平。

d. 在罗马帝国没落后的1 000年里，欧洲人均产出基本上没有增长，因为任何产出上的增长会导致人口成比例地增长。

e. 资本积累在长期中不影响产出水平，只有技术进步才影响长期产出水平。

f. 总量生产函数反映了位于等式一边的产出与等式另一边的劳动和资本之间的关系。

2. 假设墨西哥和美国的普通消费者购买的商品数量和支付的价格如表10-3所示。

表10-3 墨西哥和美国的普通消费者购买的商品数量和支付的价格

国家	食品		汽车服务	
	价格	数量	价格	数量
墨西哥	5比索	400	20比索	200
美国	1美元	1 000	2美元	2 000

a. 计算美国的人均消费，用美元衡量。

b. 计算墨西哥的人均消费，用比索衡量。

c. 假设1美元等于10比索，计算墨西哥的人均消费，用美元衡量。这种比较墨西哥消费和美国消费的方法使用市场汇率。

d. 使用购买力平价方法和美国的价格，计算用美元衡量的墨西哥的人均消费。

e. 在每一种方法下，墨西哥的生活水平比美国的低多少？方法的选择是否会产生差别？

3. 考虑生产函数 $Y = \sqrt{K}\sqrt{N}$。

a. 计算当 $K=49$、$N=81$ 时的产出。

b. 如果资本和劳动都增加1倍，产出会发生什么变化？

c. 该生产函数是否具有规模收益不变的性质？请解释。

d. 把该生产函数写成工人人均产出和工人占有的人均资本之间的关系。

e. 令 $K/N=4$，Y/N 是多少？现在 K/N 增加1倍，即变成8，Y/N 也增加1倍吗？

f. 单位工人的产出和单位工人占有的资本之间的关系是否也有规模报酬不变的特性？

g. 问题 f 的答案是否和问题 c 的一样？为什么？

h. 画出单位工人的产出和单位工人占有的资本之间的关系。它是否具有与图10-4所示关系相同的一般形状？请解释。

深入挖掘

4. 资本和产出的增长率。

考虑第3题中给出的生产函数，假设 N 为常数，等于1。注意：如果 $Z=X^a$，则 $g_Z \approx a g_X$，g_Z 和 g_X 分别为 Z 和 X 的增长率。（见本书最后的附录2）

a. 对于给定增长的近似值，导出产出增长率与资本增长率之间的关系。

b. 如果想要得到2%的年产出增长率，则要求资本增长率为多少？

c. 在 b 中，随着时间的推移，资本与产出的比率会如何变化？

d. 在这种经济中，可能永远维持2%的产出增长吗？为什么？

5. 在1950年到1973年间，法国、德国和日本的增长率都比美国高出至少两个百分点。但那段时间内的最为重要的技术进步都发生在美国，为什么会这样呢？

进一步探讨

第6、7、8题都要求你在佩恩世界表中找到数据，这些数据使用文本中描述的购买力平价汇率衡量实际人均GDP。截至撰写本稿时，该数据的最新版本是第9版。变量 rgdpo 是以百万购买力平价2011美元为单位的实际总产出。变量 pop 是以百万为单位的人口。你必须在电子表格中分离出这些变量，并为每个国家/地区构建每年的实际人均GDP。在处理了庞大的电子表格中的数据后，你将能够回答第6、7、8题。

6. 自1960年以来日本和美国之间的趋同性。

使用佩恩世界表中的数据，找出1960年、1990年和最近一年美国和日本的实际人均GDP。

a. 分别计算两个时期内美国和日本的人均GDP的平均年增长率：1960—1990年，1990年至最近年份。在这两个时期里，日本的实际人均产出水平是否向美国趋同了，并解释原因。

b. 假设自1990年以来的每一年，日本和美国均保持着其在1960年到1990年的平均年增长率，那么今天日本和美国的实际人均 GDP 比较起来有何不同？

c. 从 1990 年到最近一年，日本和美国实际人均 GDP 的增长到底发生了什么？

7. 两组国家的趋同性。

考虑 3 个发达国家：法国、比利时和意大利，以及 4 个发展中国家，埃塞俄比亚、肯尼亚、尼日利亚和乌干达。为每个国家定义其实际人均 GDP 与美国在 1970 年和最近一年（见 2014 年佩恩世界表第 9 版）实际人均 GDP 的比率，使得对于美国来说所有年份该比率都等于 1。

a. 计算 1970 年和 2014 年（或最近一年）的法国、比利时和意大利的这些比率。你的数据是否支持法国、比利时和意大利与美国趋同的概念？

b. 计算 1970 年和 2014 年埃塞俄比亚、肯尼亚、尼日利亚和乌干达的这些比率。这些数据是否支持埃塞俄比亚、肯尼亚、尼日利亚和乌干达与美国趋同的概念？

8. 增长的成功与失败。

使用佩恩世界表，收集 1970 年所有可获得国家/地区实际人均 GDP 的数据。对大多数国家/地区可用的最近一年的数据执行相同的操作（某些国家/地区制定此衡量标准比其他国家/地区需要更多时间）。

a. 把这些国家/地区根据 1970 年的人均 GDP 数据进行排序，列出 1970 年前 10 个人均 GDP 最高的国家/地区，你对此感到惊讶吗？

b. 把最近一年的数据按 a 所述的方法处理，自 1970 年以来，前 10 名最富有国家/地区的组成有变化吗？

c. 使用在 1970 年和最近一年都有数据的所有国家/地区。1970 年后，哪 10 个国家/地区的实际人均 GDP 增长率最高？

d. 使用在 1970 年和最近一年都有数据的所有国家/地区。1970 年后，哪 10 个国家/地区的实际人均 GDP 增长率最低？

e. 在网上简要地搜索一下 c 中人均 GDP 上升最多的国家/地区和 d 中人均 GDP 上升最少的国家/地区，你能查出这些国家/地区经济成功增长或没能增长的一些原因吗？

延伸阅读

- Brad deLong has a number of fascinating articles on growth (http://web.efzg.hr/dok/MGR/vcavrak//Berkeley%20Faculty%20Lunch%20Talk.pdf). Read in particular "Berkeley Faculty Lunch Talk: Main Themes of Twentieth Century Economic History," which covers many of the themes of this chapter.
- A broad presentation of facts about growth is given by Angus Maddison in *The World Economy: A Millenium Perspective* (2001). The associated site, www.theworldeconomy.org, has a large number of facts and data on growth over the last two millenia.
- Chapter 3 in *Productivity and American Leadership*, by William Baumol, Sue Anne Batey Blackman, and Edward Wolff (1989), gives a vivid description of how life has been transformed by growth in the United States since the mid-1880s.

- The site https://ourworldindata.org/economic-growth run by Max Roser has a number of striking figures and facts about growth. You will enjoy going there.
- A rich description of the many dimensions of growth is given by Charles Jones, "The Facts of Economic Growth," *Handbook of Macroeconomics*, 2016, Vol. 2A, pp. 3–69. Jones has also written a textbook on growth (*Introduction to Economic Growth*, Charles Jones and Dietrich Vollrath, 3rd edition, W. W. Norton & Co, New York, 2013), which, if you want to learn more than there is in this book, I highly recommend.
- A broad presentation of facts about growth is given by Angus Maddison in *The World Economy: A Millennial Perspective* (2001, OECD). The associated site, www.theworldeconomy.org, has a large number of facts and data on growth over the last two millennia.

第 11 章 储蓄、资本积累和产出

美国自 1970 年以来的储蓄率——储蓄与 GDP 的比率——平均仅为 17%,而德国为 23%,日本为 29%。美国更高的储蓄率会在同一时期带来更高的增长率吗?未来提高储蓄率能不能带来美国较高的持续增长率?我们在第 10 章的末尾简要回答了这些问题,答案是否定的。长期(这是重要的限定条件)储蓄率并不影响增长率。可见,美国 50 多年以来的低增长率不能归咎于低储蓄率。我们也就不能指望通过提高储蓄率来保持美国经济的高增长率。

然而,这一结论并不意味着我们就应该不考虑美国的低储蓄率。即使储蓄率对增长率没有永久的影响,但它确实会影响产出水平和生活水平。储蓄率的上升会在一段时间内促进产出增长并最终提高美国的生活水准。

本章主要关注储蓄率对产出水平和产出增长率的影响。

11.1 节和 11.2 节　讨论产出和资本积累的相互作用,以及储蓄率的影响。

11.3 节　引入一些具体数字,在数量上更好地理解储蓄率的影响。

11.4 节　扩展我们的讨论,不仅考虑实物资本,也考虑人力资本。

> 如果你还记得本章的一条基本信息,它应该是:资本积累增加了产出,但它本身并不能维持增长。

11.1　产出和资本的相互作用

在长期,产出决定的核心是产出和资本的两个关系。

- 资本的数量决定产出的数量。
- 产出数量决定储蓄的数量,进而决定资本随时间积累的数量。

这两个关系(图 11-1)共同决定产出和资本随时间的演变。在图 11-1 中,实线的箭头代表第一个关系,从资本到产出。虚线和点线的箭头分别代表第二个关系的两部分,从产出到储蓄和投资,以及从投资到资本存量的变化。下面依次讨论每个关系。

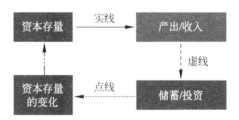

图 11-1　资本、产出和储蓄/投资

11.1.1 资本对产出的影响

我们在 10.4 节中讨论了这两个关系中的第一个,即资本对产出的影响。在这里,我们引入总量生产函数,发现在规模收益不变的假设条件下,可以将单位工人产出和资本之间的关系写成如下形式[式(10.3)]:

$$\frac{Y}{N} = F\left(\frac{K}{N}, 1\right)$$

单位工人产出(Y/N)是单位工人占有资本(K/N)的增函数。在资本收益递减的假设条件下,随着单位工人资本比率的提高,单位工人资本的增加对单位工人产出的影响越来越小。如果单位工人占有资本已经很高了,则其进一步提高对单位工人的产出影响将很小。

为了简化,把单位工人产出和单位工人占有资本之间的关系简单地写成

$$\frac{Y}{N} = f\left(\frac{K}{N}\right)$$

这里的函数 f 与函数 F 代表了同样的单位工人产出和资本的关系:

$$f\left(\frac{K}{N}\right) \equiv F\left(\frac{K}{N}, 1\right)$$

在本章中,我们进一步作出两个假设。

- 第一个假设是人口规模、参工率和失业率为常数,这就意味着就业人口 N 为常数。如果想知道为什么,可回忆第 2 章和第 7 章关于人口、劳动力、失业和就业之间的关系的讨论。
  - ◇ 劳动力等于人口乘以参工率。因此,如果人口不变,参工率不变,那么劳动力也不变。
  - ◇ 接下来,就业等于劳动力乘以 1 减去失业率之差。例如,如果劳动力为 1 亿人,失业率为 5%,则就业人数等于 0.95 亿[1 亿×(1−5%)]。因此,如果劳动力不变,失业率不变,就业也会不变。

在这些假设条件之下,单位工人产出、人均产出和产出本身都同比例变动。为了简化书写,我们有时用产出或资本的变动,指代单位工人产出或资本的变动,即把"单位工人"或"人均"省略掉。

假设 N 为常数是为了更便于我们将注意力集中到资本积累如何影响增长:如果 N 不变,则唯一变化的生产要素就只有资本。然而该假设并不完全符合现实,所以在后面两章分析中我们将放松这一假设。有两种方式可以简化它:一种方式是人口(包括就业)通常会随着时间的推移而增加,另一种方式正如我们在第 9 章所见,在短期内,就业可能会偏离潜在就业。

- 第二个假设是没有技术进步,因此生产函数 f(或者等价地,F)不随时间而变化。

同样,作出这一假设——明显违背事实——是为了集中讨论资本积累的作用。我们将在第 12 章引入技术进步,并将看到在引入技术进步后,这里推导的

假设函数 F 具有如下的"双平方根"形式:
$F(K,N) = \sqrt{K}\sqrt{N}$,
则得到 $Y = \sqrt{K}\sqrt{N}$,
两边都除以 N,得到
$Y/N = \sqrt{K}\sqrt{N}/N$
注意,$\sqrt{N}/N = \sqrt{N}/(\sqrt{N}\sqrt{N}) = 1/\sqrt{N}$。将这一结果代入前面等式中得到
$Y/N = \sqrt{K}/\sqrt{N} = \sqrt{K/N}$
因此,在这种情况下,函数 f(代表单位工人产出和单位工人占有资本之间的关系)只是一个简单的平方根函数:
$f(K/N) = \sqrt{K/N}$

2017 年,美国的人均产出(以 2011 年购买力平价美元计)为 54 795 美元;每单位工人产出要高得多,达到 115 120 美元。(从这两个数字中,你能得出就业人数与人口的比例吗?)

关于资本在产出中的作用的基本结论仍然成立。同样,该问题会放到下一章来讨论。

从生产方面看:单位工人占有资本水平决定单位工人产出水平。

根据这两个假设,生产方面的第一个关系,即单位工人产出与单位工人资本之间的关系可以写成

$$\frac{Y_t}{N} = f\left(\frac{K_t}{N}\right) \tag{11.1}$$

这里为产出和资本引入时间下标,而劳动力 N 没有,因为我们假设它为常数,所以不需要时间下标。

简而言之,更高的单位工人占有资本,导致更高的单位工人产出。

11.1.2 产出对资本积累的影响

为了推导第二个关系,即产出和资本积累之间的关系,我们分两步进行:

首先,推导产出和投资的关系;

然后,推导投资和资本积累的关系。

1. 产出和投资

我们将会在第 17 章看到,储蓄和投资在开放经济体中不需要相等。一个国家的储蓄可能低于其投资,差额部分可以通过从世界上的其他国家借款来补足。美国今天就是这种情况。

为了推导产出和投资的关系,我们作出两个假设。

- 进一步假设经济是封闭的。第 3 章式(3.10)表明,投资 I 等于储蓄——私人储蓄 S 加上公共储蓄$(T-G)$之和。

$$I = S + (T - G)$$

为了集中讨论私人储蓄的行为,假设公共储蓄$(T-G)=0$(在后面讨论财政政策对增长的影响时,将会放松这一假设)。在这个假设下,上式可写为

$$I = S$$

投资等于私人储蓄。

现在你已经看到了储蓄行为(等价地,消费行为)的两种表述:一种是第 3 章中针对短期的表述;一种是本章中针对长期的表述。你可能会问,这两种表述之间的联系如何,以及它们是否是一致的。答案是肯定的。第 16 章会进行全面的讨论。

- 假设私人储蓄与收入成正比,因而

$$S = sY$$

参数 s 为储蓄率,其取值介于 0 和 1 之间。该假设体现了储蓄的两个基本事实:当一个国家变得更为富有时,储蓄率不一定相应地上升或下降;发达国家的储蓄率也不一定比发展中国家的更高或更低。

把上边两个等式合并,引入时间下标,得出了投资与产出之间的关系式:

$$I_t = sY_t$$

投资与产出成正比:产出水平越高,储蓄越高,从而投资水平也越高。

2. 投资和资本积累

第二步把投资和资本联系起来,投资为流量(给定时期内新制造的机器和新建的工厂),而资本为存量(某一时点经济中存在的机器和工厂)。

假定时间是以年为单位,因而 t 表示第 t 年,$t+1$ 表示第 $t+1$ 年,以此类推。假定资本是在每年年初测量,因而 K_t 指第 t 年初的资本存量,K_{t+1} 指第 $t+1$ 年初的资本存量,等等。

假设资本每年以比率 δ 折旧,也就是说,从今年到下一年,δ 比例的资本存量损耗了,即资本存量从今年到明年还剩下 $(1-\delta)$。

那么资本存量的变化由下式表示:

$$K_{t+1} = (1-\delta)K_t + I_t$$

第 $t+1$ 年初的资本存量 K_{t+1} 等于 t 年初的资本存量 K_t 经过折旧调整后的部分 $(1-\delta)K_t$,加上第 t 年内新的资本投入(即第 t 年内的投资 I_t)。

现在可以把产出与投资的关系和投资与资本积累的关系合并起来,从而得到讨论增长问题所需的第二个关系,即产出和资本积累的关系。

用上面产出的表达式代替投资,然后两边同时除以 N(经济中的工人数量),则有

$$\frac{K_{t+1}}{N} = (1-\delta)\frac{K_t}{N} + s\frac{Y_t}{N}$$

用文字表述为:第 $t+1$ 年初单位工人占有资本,等于第 t 年初单位工人占有资本经过折旧调整以后的部分,再加上第 t 年单位工人投资。单位工人投资等于储蓄率乘以单位工人产出。

把 $(1-\delta)K_t/N$ 展开成 $\frac{K_t}{N} - \delta\frac{K_t}{N}$,把 K_t/N 移到等式左边,整理右边得

$$\frac{K_{t+1}}{N} - \frac{K_t}{N} = s\frac{Y_t}{N} - \delta\frac{K_t}{N} \tag{11.2}$$

用文字表述为:单位工人占有资本存量的变化(等式左边两项差额)等于单位工人储蓄(右边第一项)减去折旧(右边第二项)。该等式表示了单位工人产出和单位工人占有资本的第二个关系。

> 回顾:流量是指有时间范围的变量(即它们根据每单位时间来定义);存量是指没有时间范围的变量(它们根据某个时点来定义)。产出、储蓄和投资是流量,就业和资本为存量。

> 从储蓄方面,单位工人产出水平决定单位工人资本水平随时间的变化。

11.2 不同储蓄率的影响

我们推导了两个关系:
- 从生产方面,式(11.1)表明了资本是如何决定产出的;
- 从储蓄方面,式(11.2)表明了产出又是如何决定资本积累的。

现在把它们放到一起,观察它们如何随着时间的变化影响产出和资本的行为。

11.2.1 资本和产出的动态化

把式(11.2)中的单位工人产出(Y_t/N)用式(11.1)中的单位工人占有资本表达式代替,得到

$$\frac{K_{t+1}}{N} - \frac{K_t}{N} = sf\left(\frac{K_t}{N}\right) - \delta\frac{K_t}{N} \tag{11.3}$$

从第 t 年到第 $t+1$ 年的资本变化=第 t 年内的投资-第 t 年内的折旧

该关系描述了单位工人占有资本所发生的变化。单位工人占有的资本从今年到下一年的变化取决于两项之差:

> K_t/N
> $\Rightarrow f(K_t/N)$
> $\Rightarrow sf(K_t/N)$
> $K_t/N \Rightarrow \delta K_t/N$

- 等式右边第一项表示单位工人投资。今年的单位工人占有资本的水平决定了今年的单位工人产出。给定储蓄率,单位工人产出决定了单位工人储蓄的数量,因而也决定了今年的单位工人投资。
- 等式右边第二项表示单位工人折旧。单位工人占有资本存量决定了今年的单位工人折旧数量。

如果单位工人投资超过单位工人折旧,单位工人占有资本的变化为正,单位工人占有资本增加。

如果单位工人投资小于单位工人折旧,单位工人占有资本的变化为负,单位工人占有资本减少。

给定单位工人占有资本,单位工人产出由式(11.1)表示:

$$\frac{Y_t}{N} = f\left(\frac{K_t}{N}\right)$$

最难的部分已经解决了。式(11.3)和式(11.1)包括理解资本和产出随时间的动态调整所需要的所有信息。解释它们的关系最容易的方式是使用图形。我们使用图11-2来说明,其中纵轴表示单位工人产出,横轴表示单位工人占有资本。

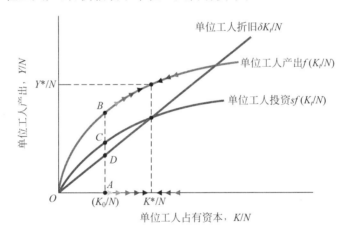

图11-2 资本和产出的动态化

注:当资本和产出处于低水平时,投资大于折旧,资本增加;当资本和产出处于高水平时,投资小于折旧,资本减少。

在图11-2中,首先看代表单位工人产出的曲线 $f(K_t/N)$,它为单位工人占有资本的函数,该关系与图10-4中的一样。单位工人产出随着单位工人占有资本的增加而增加,但是由于资本的规模报酬递减,单位工人占有资本的水平越高,对产出的影响越小。

现在考虑式(11.3)右边两个组成部分的图形。

为了使图形简单易懂,我们假设了一个脱离现实的高储蓄率。(你能说出我所假设的 s 值大致为多少吗?可能的 s 值应是多少?)

- 除了前面的系数 s 使之变小之外,代表单位工人投资的 $sf(K_t/N)$ 与生产函数有着同样的形状。假设人均资本位于图11-2中的 K_0/N 处,则单位工人产出用距离 AB 表示,单位工人投资用垂直距离 AC 表示,它等于 s 乘以距离 AB。因此,就像工人人均产出一样,单位工人投资随工人人均占有资本的增加而增加,但是增加得越来越少。当资本已经处于非常高的水平时,单位工人资本的进一步增加对单位工人产出(也隐含着对单位工人投资)的影响非常小。
- 单位工人折旧 $\delta K_t/N$ 在图中可用一条直线来刻画。单位工人折旧与单位工人资本成比例地增加,因而该关系由一条斜率等于 δ 的直线表示。当单位工人占有资本的水平为给定的 K_0/N 时,单位工人折旧用垂直距离 AD 表示。

单位工人占有资本的变化由单位工人投资和单位工人折旧的差额表示。在 K_0/N 处,差额为正,用垂直距离 $CD(CD=AC-AD)$ 表示单位工人投资超过单位工人折旧的部分,单位工人占有的资本增长。当沿着横轴向右移动时,单位工人占有资本的水平越来越高,投资增加得越来越小,而折旧却与资本保持同比例增加。对于工人占有资本的某一水平而言,如图 11-2 中的 K^*/N,投资正好弥补折旧,这时单位工人占有资本将保持不变。在 K^*/N 左边,投资高于折旧,单位工人占有资本增加,由沿着生产函数曲线指向右边的箭头表示。在 K^*/N 右边,折旧高于投资,而且单位工人占有资本减少,由沿着生产函数曲线指向左边的箭头表示。

现在刻画单位工人占有资本和单位工人产出的演变特征就很容易了。假定一个经济始于低水平的单位工人占有资本,如图 11-2 中的 K_0/N。因为投资超过了折旧,所以单位工人占有资本增加。又因为产出随资本变动,单位工人产出也增加。单位工人占有资本最后达到 K^*/N,在此处投资正好等于折旧。一旦经济达到 K^*/N 的资本水平,单位工人产出和资本就保持在 Y^*/N 和 K^*/N 的水平,也就是它们的长期均衡水平。

> 当单位工人资本低时,单位工人资本和产出随时间增加。当单位工人资本高时,单位工人资本和产出随时间减少。

例如,若一个国家在战争中遭到轰炸,资本存量减少。我们刚刚讨论的机制表明,如果资本减少要比人口减少幅度大得多,战争的结果将导致单位工人占有资本水平降低,因而落在了 K^*/N 左边的位置。紧接着该国将会经历一段单位工人资本和单位工人产出同时大幅增加的时期。这一点似乎很好地描述了那些发生在第二次世界大战后资本比人口缩减更大比例的国家的情况(参见要点解析"法国第二次世界大战后的资本积累和经济增长")。

> 按照模型,预测第二次世界大战后人口损失和资本损失不平衡国家的经济运行。这个结果能让人信服吗?有没有其他因素需要考虑?

如果一个国家始于高水平的单位工人占有资本,即从 K^*/N 右边位置开始,则折旧超过投资,单位工人资本和产出将减少:单位工人占有资本的初始水平太高以至于在给定的储蓄率下无法维持。单位工人占有资本会一直持续降低直到经济又达到投资与折旧相等的那一点,那时单位工人占有资本等于 K^*/N。从那一刻起,单位工人资本和产出将保持不变。

现在刻画经济中单位工人产出和资本水平在长期的收敛值。单位工人产出和单位工人占有资本不再变化的状态称为经济的**稳态**(steady state)。令式(11.3)左边等于零(根据定义,稳态时单位工人占有资本的变化为零),单位工人占有资本的稳态值 K^*/N 由式(11.4)表示:

$$sf\left(\frac{K^*}{N}\right)=\delta \frac{K^*}{N} \tag{11.4}$$

单位工人占有资本的稳态值是使储蓄(左边)恰好足以弥补已有资本存量折旧(右边)的取值。

> K^*/N 表示单位工人占有资本的长期水平。

给定稳态时的单位工人占有资本(K^*/N),单位工人产出(Y^*/N)的稳态值由生产函数表示:

$$\frac{Y^*}{N} = f\left(\frac{K^*}{N}\right) \tag{11.5}$$

至此,我们已经掌握了动态和静态两种情况下储蓄率对单位工人产出影响的所有相关要素。

要点解析

法国第二次世界大战后的资本积累和经济增长

当第二次世界大战于1945年结束时,法国是所有欧洲国家中遭受破坏最为严重的国家之一。人口的损失是巨大的,4 200万的总人口中死亡人数超过55万;相对而言资本的损失更大,据估计,法国1945年的资本存量比其战前值下降了大约30%。表11-1中的数字更为逼真地描述了资本损失的程度。

表11-1 第二次世界大战后法国资本存量的损失比例

铁路			河流		
	铁轨	6%		排水沟	86%
	车站	38%		水闸	11%
	机车	21%		驳船	80%
	部件	60%	建筑物(数量)		
公路				住宅	1 229 000
	小汽车	31%		工业用房	246 000
	卡车	40%			

我们刚刚看到的增长模型清晰地预测了一个国家损失了大部分的资本存量时会发生什么情况:该国家将会经历一段时间的快速资本积累和产出增长。根据图11-2,当一个国家的单位工人占有资本的初始值远远低于 K^*/N 时,该国经济将会快速地增长从而向 K^*/N 和 Y^*/N 收敛。

这一预测与法国战后的情形吻合得很好。大量的证据表明,资本的小幅增加引起了产出的巨大增加。对一座重要的大桥进行小小的修复之后,该大桥就可以重新投入使用;接下来,大桥的重新使用极大地减少了两个城市之间的交通时间,从而大大减少了交通成本;交通成本的巨大减少又可以使工厂采购更多的必需投入品,进而增加生产,等等。

然而,更有说服力的证据还是实际总产出数据。从1946年到1950年,法国实际GDP的年增长率非常高,为每年9.6%,从而导致了实际GDP在5年内增加了大约60%。

法国GDP的增加是不是都由资本积累引起?不是。除了模型中的传导机制之外,还有别的力量在起作用。1945年剩下的资本存量中,大部分已经老化。而投资在20世纪30年代(大萧条主宰的10年)一直很低,并且在第二次世界大战期间几乎不存在。大部分的战后资本积累伴随着更加现代化资本的引入以及更为现代化的生产技术的使用,这是战后时期高增长率的另一个原因。

现在可以回到本章一开始提出的问题：储蓄率对单位工人产出增长率的影响如何？经过分析，我们得出如下三点结论。

(1) 储蓄率对长期的单位工人产出增长率没有影响，单位工人产出增长率在长期为零。

该结果显而易见：我们已经看到，经济最终会向不变的单位工人产出收敛。换句话说，在长期，无论储蓄率是多少，经济增长率都为零。

还有另一种思考方式，在第 12 章引入技术进步后的分析中很有帮助。试想在长期维持不变的、正的单位工人产出增长率需要什么条件。因为资本的收益递减，单位工人拥有的资本将不得不增加而且要比单位工人产出增加得更快。这就意味着经济每年必须把产出中越来越大的比例储蓄起来，用于资本积累。在某一点，用来储蓄的产出比例将会大于 1；这显然是不可能的。这就是为什么在没有技术进步的情况下永远维持一个稳定的、正的增长率是不可能的。在长期，单位工人占有资本必须保持不变，单位工人产出同样如此。

(2) 尽管如此，储蓄率决定长期单位工人产出水平。其他条件相同的情况下，储蓄率高的国家在长期将会有更高水平的单位工人产出。

图 11-3 说明了这一点。假设两个国家有相同的生产函数、相同的就业水平和折旧率，但是储蓄率不同，如分别为 s_0 和 s_1，$s_1 > s_0$。图 11-3 画出了它们共同的生产函数 $f(K_t/N)$，以及这两个国家作为资本函数的储蓄/投资函数 $s_0 f(K_t/N)$ 和 $s_1 f(K_t/N)$。在长期，储蓄率为 s_0 的国家将达到单位工人资本水平为 K_0/N、单位工人产出为 Y_0/N 这一点，而储蓄率为 s_1 的国家将达到更高的 K_1/N 和 Y_1/N 点。

一些经济学家认为苏联从 1950 年到 1990 年取得的相对高的增长率就是这样一种储蓄率随时间稳定上升的结果，因而不能永远维持下去。保罗·克鲁格曼使用"斯大林式的增长"(Stalinist growth) 一词来表示这类增长——储蓄率随时间越来越高而引起的增长。

注意：第一个命题描述的是单位工人产出增长率。而第二个命题描述的是单位工人的产出水平。

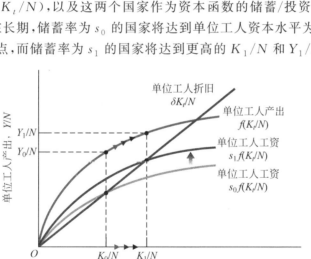

图 11-3 不同储蓄率的影响

注：储蓄率越高的国家，稳态下的人均产出越高。

(3) 储蓄率的上升将在一段时间内引起更高的单位工人产出增长，但这种高增长不能持续到永远。

该结论是由刚刚讨论的两个命题推导出来的。根据第一个命题，储蓄率的上升不影响长期的单位工人产出增长率，后者在长期为零。根据第二个命题，储蓄率的上升引起长期的单位工人产出水平的增加。因此，当单位工人产出因储蓄率的上升而增加到新的、更高的水平时，经济将经历一段正增长时期，直至经济达到新的稳态。

第 11 章 储蓄、资本积累和产出

也可以使用图 11-3 来说明这一点。假设一个国家最初的储蓄率为 s_0，并假设单位工人占有资本的初始值为 K_0/N，对应的单位工人产出的初始值为 Y_0/N。现在考虑储蓄率从 s_0 上升到 s_1 的影响，单位工人储蓄/投资由单位工人资本的函数表示，从 $s_0 f(K_t/N)$ 向上移动到 $s_1 f(K_t/N)$。

在单位工人占有资本的初始水平 K_0/N 处，投资大于折旧，因而单位工人占有资本增加。当单位工人占有资本增加时，单位工人产出也增加，并且经济经历一段时期的正增长。当资本最终达到 K_1/N 水平时，投资又等于折旧，增长结束。经济从那时起就保留在 K_1/N 处，而相应的单位工人产出为 Y_1/N。单位工人产出随时间的变化如图 11-4 所示。单位工人产出一开始不变地保持在 Y_0/N 水平，在时间 t 时储蓄率上升，单位工人产出增加保持了一段时间，直至达到更高水平的 Y_1/N 和增长率重新为零时才停止。

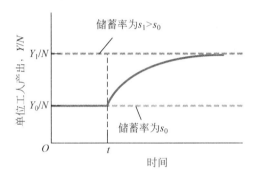

图 11-4 在没有技术进步的经济中储蓄率上升对单位工人产出的影响

注：储蓄率的上升导致一段时期产出更高地增长，直到产出达到新的、更高的稳态水平。

刚才三个结论是在没有技术进步的假设条件下推导出来的，因而在长期没有单位工人产出增长。但是，第 12 章会在技术进步的情况下拓展这三个结论，这里先简单说明一下。

有技术进步的经济拥有正的单位工人产出增长率，在长期也如此。这个长期增长率与储蓄率无关——刚刚讨论的第一个结论的扩展；然而储蓄率影响单位工人产出水平——第二个结论的扩展；储蓄率的上升使增长以比稳态增长率更高的速度增长一段时间，直到经济到达新的更高的路径——第三个结论的扩展。

参见本书最后的附录 2 中有关对数坐标的讨论。

这三个结论由图 11-5 表示。该图由图 11-4 扩展而来，描绘了在一个拥有正的技术进步的经济中储蓄率上升的影响。该图使用对数坐标来衡量单位工人产出。

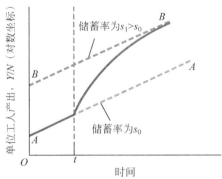

图 11-5 在有技术进步的经济中储蓄率上升对单位工人产出的影响

注：储蓄率的上升导致一段时期的更高增长，直到产出到达新的、更高的路径。

人产出，因而一个单位工人产出以不变速度增长的经济就由一条斜率等于该增长率的直线所代替。在最初储蓄率为 s_0 时，经济沿着 AA 线移动。如果在时间 t，储蓄率上升到了 s_1，经济就经历一段更高的增长时期，直到最后到达新的、更高的路径 BB。在路径 BB 上，增长率又与储蓄率上升之前的增长率相同（即 BB 线的斜率与 AA 线的斜率相等）。

11.2.2 储蓄率和消费

政府可以在很多方面影响储蓄率：首先，政府可以改变公共储蓄。给定私人储蓄，正的公共储蓄——换句话说，预算盈余——导致总储蓄增加；相反，负的公共储蓄——预算赤字——导致总储蓄下降。其次，政府能用税收影响私人储蓄。例如，政府可以给予那些储蓄的人以税收优惠，使其更愿意储蓄，从而私人储蓄增加。

> 回忆：储蓄等于私人储蓄加上公共储蓄。而公共储蓄⇔预算盈余，负公共储蓄⇔预算赤字。

政府的目标储蓄率是多少？为了考虑这一问题，我们必须把注意力从生产行为转移到消费行为。原因是人们本质上关心的不是产出，而是他们消费了多少东西。

显然，储蓄的增加最初要以低消费为代价。（除了认为必要的时候，我在本小节都把"单位工人"省略掉，就直接使用消费而不是单位工人消费，资本而不是单位工人资本等。）今年的储蓄率变化对今年的资本没有影响，因此对今年的产出和收入也没有影响。所以，储蓄的增加最初来自消费的同等减少。

储蓄的增加是否会在长期引起消费的增加？不一定。消费可能不仅一开始减少，而且在长期也减少。你可能感觉这一点很奇怪，因为从图 11-3 我们可以知道储蓄率的上升总会导致单位工人产出水平的增加。但是产出与消费不同。为什么不同呢？考虑储蓄率取两个极端值时所发生的情况。

> 因为假设就业是不变的，所以我们这里忽略了第3、5、9章中曾讨论过的储蓄率上升对产出的短期影响。在短期内，储蓄率的上升在给定收入时不仅会减少消费，而且可能会引起衰退，从而进一步减少收入。我们将在第16章和第22章再次讨论储蓄变化的短期影响和长期影响。

- 储蓄率（一直）为零的经济是一个资本等于零的经济。在这种情况下，产出也等于零，消费也是。储蓄率等于零意味着长期的消费为零。
- 现在考虑经济中的储蓄率等于1，人们把所有收入都存起来，资本水平以及产出水平将会非常高。但是因为人们储蓄了所有的收入，所以消费等于零，经济拥有了过量的资本：如果仅仅是要使产出维持在这一水平，就需要将所有的产出都用来弥补折旧！储蓄率等于1同样意味着长期消费为零。

这两个极端情形表明储蓄率在0和1之间一定存在某个值使稳态时的消费水平达到最大。低于该值时，储蓄率的增加最初导致消费的减少，但在长期导致消费的增加；高于该值时，储蓄率的增加不仅在一开始引起消费减少，而且在长期也使消费减少：因为储蓄率上升伴随的资本增加只引起了产出的小幅增加，而产出的增加太小以至于无法弥补新增的折旧——经济拥有了太多的资本。与使消费在稳态中达到最高水平的储蓄率相对应的资本水平被称为黄金律的资本水平（golden-rule level of capital）。资本增加超过黄金律水平时会减少稳态时的消费。

图 11-6 描述了这一讨论结果，画出了与不同的储蓄率取值（横轴）对应的稳态单位工人消费（纵轴）。储蓄率等于零意味着单位工人资本存量等于零，单位工人产出水平等于零，进而推出单位工人消费水平等于零。当 s 在 0 和 s_G 之间时 [G 代表黄金律（golden rule）]，更

高的储蓄率导致更高的单位工人占有资本、单位工人产出和单位工人消费。当 s 大于 s_G 时,储蓄率的上升仍然导致更高的单位工人占有资本和单位工人产出,但是导致更低的单位工人消费;这是因为资本存量较大,导致较多折旧,抵消了大部分增加的产出。当 $s=1$,单位工人消费等于零,单位工人占有资本和单位工人产出很高,但是所有的产出都被用来替代折旧,没有丝毫留给消费。

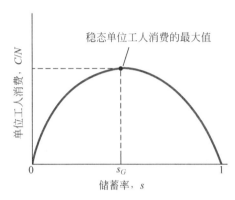

图 11-6 储蓄率对稳态单位工人消费的影响

注:储蓄率的上升导致稳态单位工人消费先增加后减少。

如果一国的资本存量高于黄金法则下的资本存量,那么继续增加储蓄会降低短期和长期的消费水平。这在现实经济中存在吗?会不会有些国家的资本存量太高?经验证据表明,大多数 OECD 国家的实际资本存量在黄金法则之下。长期来说,提高储蓄率会增加消费,而不是降低消费。

该结论意味着政府在实践中面临一个权衡取舍:储蓄率的上升一开始导致更低的消费,但以后会引起更高的消费。政府应该做些什么?其想要达到的储蓄率应该离黄金律水平多近呢?这取决于政府如何权衡当前几代人(提高储蓄率的政策更有可能使这些人遭受损失)的福利与将来几代人(更有可能获益)的福利。从政治的角度看,未来的几代人没有投票权,这就意味着政府不可能要求当前几代人作出巨大的牺牲,反过来就意味着各国更有可能投资不足而不是投资过度。这些代际转移方面的议题已成为美国社会保障改革争论的焦点,要点解析专栏"美国的社会保障、储蓄和资本积累"对该问题进行了详细介绍。

要点解析

美国的社会保障、储蓄和资本积累

美国于 1935 年引入社会保障制度,目的是确保退休人员有足够的收入来维持生活。如今,它已经成为美国最大的政府项目,退休人员的退休金开支现在超过了 GDP 的 4%。对 2/3 的退休人员而言,社会保障金占他们收入的比例超过 50%。毫无疑问,社会保障制度就其本身而言是个伟大的成功,成功缓解了老人的贫困状况;但也导致了美国极低的储蓄率,致使长期中资本积累和人均产出降低。

为了了解其中的原因,我们必须绕开深奥抽象的理论,考虑一个没有任何社会保障体系的经济——工人们必须为退休做储蓄。现在引入一种对工人征税并向退休工人发放退休金的社会保障体系,可以通过如下两种方式之一实现:

- 一种是向工人收税,并把这些税收投资于金融资产,当工人退休时支付本息和。这样的体系被称为**完全基金制社会保障系统**(fully funded social security system):在任何时候,系统拥有的基金等于工人所交款项的累积额,而且当工人退休时能够从中领取退休金。
- 另一种是向工人收税,并把所交的税收款项作为退休金分发给退休人员。这种体系被称为**现收现付制社会保障系统**(pay-as-you-go social security system):该系统通过征收税款按时发放退休金。

从工人的角度来看,两种体系大体相同——就业时交纳税收、以后领取退休金;然而,其主要有两个差别。

第一,在两种体系下人们退休时收到的退休金数量不同。

- 在完全基金体系下,他们的退休金收入取决于金融资产投资基金的回报率。
- 在现收现付体系下,退休金收入取决于人口特征——退休人口与工作人口的比率——以及系统设定的税率的演变。当人口老龄化来临时,退休人口与工作人口的比率上升,要么退休人员得到更少的退休金,要么工人交的税更多——这就是当今美国的现状。美国退休人员与工人的比率目前约为0.3,预计在20年内将增加到0.4~0.5。在如今的政策规定下,退休金将从目前占GDP的5%上升到6%。因此,要么降低每个退休人员的退休金,使在过去为之贡献的工人的回报率降低,要么提高工人的贡献率,使现在为之贡献的工人的回报率降低。或者二者结合,这种情况的可能性更大。

第二,在不考虑人口老龄化的情况下,这两个体系的宏观经济含义大不相同。

- 在完全基金体系中,工人们储蓄得少,因为他们希望在年迈时获得更多的退休金。社会保障体系代为劳动者储蓄,将税收投资于金融资产。社会保障体系的存在改变了储蓄的组成:私人储蓄下降,公共储蓄上升,但大致上对储蓄的总量没有影响,所以对资本存量也没有影响。
- 现收现付体系中,工人们储蓄得也少,因为他们也希望在年迈时获得更多的退休金。但现在社会保障体系并不是以工人的名义储存。私人储蓄下降,并未被公共储蓄的上升所弥补,因此储蓄的总量下降、资本存量也下降。

大多数现实中的社会保障体系介于现收现付体系和完全基金体系之间。美国社会保障体系在1935年最初建立时原本打算部分基金化,但没有实施成功,从那个时候开始就一直维持着这种情况:工人交纳的税收被用来支付退休人员的退休金而未被用来投资。从20世纪80年代初开始,工人交纳的这种税收略微超出了退休金支付金额,社会保障当局就建立了一个社会保障信托基金,但该信托基金规模远小于当前纳税人退休后应得的退休金。所以美国的情况更加接近于现收现付体系,这可能是美国过去70年储蓄率更低的原因。

根据上面的情况,一些经济学家和政治家建议社会保障应该向完全基金体系转化。一种观点认为美国的储蓄率太低了,而社会保障体系基金化有助于提高储蓄率。通过将税收资金投资于金融资产而不是作为退休金分配给退休工人来实现向基金体系的转化。在这种转化下,社保体系将会稳定地聚集资金,最终变为完全基金体系。哈佛的马丁·费尔德斯坦就是这一转化的倡导者,他认为这将会导致美国的资本存量在长期增加34%。

我们应该如何考虑这一建议?一开始使用完全基金化体系可能是个不错的建议:美国将有更高的储蓄率,资本存量将会更高,产出和消费也会更高。但是我们不能重写历史,已有的体系已经承诺了向退休人员支付退休金,而且这些承诺必须兑现。这就意味着,在刚才的假设模式中,现有的工人实际上缴纳了两次费用:一次费用用来将社会保障基金化从而为自己的退休金融资,另一次是为发放现在退休人员的福利而缴纳的。从长期来讲,这会给现有的工人施加一种与收益不成比例的成本。人口老龄化将激化这一问题,退休人员与工人的比率升高,如果要维持退休人员的福利,将要求工人缴纳更多的税款。一个有现实意义的推论是,即使要实行向完全基金体系的转变,该转变过程也必须非常缓慢,以至于调整的负担不会过多地落在一代人身上。

有关讨论势必会持续一段时间。在政府或者议会评估议案时,先要考虑他们会如何处理我们刚才讨论的那些问题。例如,议案允许工人从现在起将税金存入个人账户而非社会保障账户,而且能够在退休时从个人账户取得资金。就本身而言,这一议案会明显增加私人储蓄:工人将储存更多。但对储蓄的最终影响取决于如何筹集社会保障体系已经承诺发放给目前的工人和退休人员的资金。如果就像某些提案中的情况一样,资金来源于财政负债而非附加的税收,那么私人储蓄的增加将被赤字的增加、公共储蓄的减少所抵消,个人账户的变化也不会使整个美国储蓄率增长。相反,如果资金是由更高的税收来筹集,美国的储蓄率将会增长。但在这种情况下现有的工人实际上缴纳了两次费用:个人账户资金和更高的税收。

有关社会保障更多的讨论见:www.concordcoalition.org. 社会保障管理局的年度报告见:www.ssa.gov/OACT/TR/2018/tr2018.pdf。

11.3 通过数字感受储蓄率影响

储蓄率的变化对长期产出的影响到底有多大?储蓄率上升对增长的影响有多大?时间多长?美国离黄金律资本水平有多远?为了更好地了解这些问题的答案,现在让我们设定具体的假设条件,运用一些数字,看看将会出现什么结果。

> 核实该生产函数同时具有规模收益不变和资本或劳动收益递减的特征。

假设生产函数为

$$Y = \sqrt{K}\sqrt{N} \tag{11.6}$$

产出等于资本的平方根乘以劳动的平方根。(生产函数的一个更普遍的形式:柯布-道格拉斯生产函数,以及其对于增长的解释将在本章末尾的附录里给出)

两边同时除以 N(因为我们对单位工人产出感兴趣)得到

> 第二个等号由如下步骤得到
> $\sqrt{N}/N$
> $=\sqrt{N}/(\sqrt{N}\sqrt{N})$
> $=1/\sqrt{N}$

$$\frac{Y}{N} = \frac{\sqrt{K}\sqrt{N}}{N} = \frac{\sqrt{K}}{\sqrt{N}} = \sqrt{\frac{K}{N}}$$

单位工人产出等于单位工人占有资本的平方根。也就是说,单位工人产出关于单位工人资本的生产函数 f 为

$$f\left(\frac{K_t}{N}\right) = \sqrt{\frac{K_t}{N}}$$

在式(11.3)中,用 $\sqrt{\frac{K_t}{N}}$ 替代 $f\left(\frac{K_t}{N}\right)$,得到

$$\frac{K_{t+1}}{N} - \frac{K_t}{N} = s\sqrt{\frac{K_t}{N}} - \delta\frac{K_t}{N} \tag{11.7}$$

该等式描述了单位工人占有资本随时间的变化情况,下面讨论它的含义。

11.3.1 储蓄率对稳态产出的影响

储蓄率的上升对稳态单位工人产出水平的影响有多大?

从式(11.7)开始讨论,单位工人占有资本在稳态中为常数,因此等式左边等于零。这意味着

$$s\sqrt{\frac{K^*}{N}} = \delta\frac{K^*}{N}$$

(我们去掉了时间下标,因为稳态时的 K/N 为常数。星号表示我们正在讨论资本的稳态值。)两边都取平方,得

$$s^2 \frac{K^*}{N} = \delta^2 \left(\frac{K^*}{N}\right)^2$$

两边同时除以 (K^*/N) 并重新整理得到

$$\frac{K^*}{N} = \left(\frac{s}{\delta}\right)^2 \tag{11.8}$$

稳态下单位工人占有资本等于储蓄率与折旧率比率的平方。

根据式(11.6)和式(11.8),稳态单位工人产出等于

$$\frac{Y^*}{N} = \sqrt{\frac{K^*}{N}} = \sqrt{\left(\frac{s}{\delta}\right)^2} = \frac{s}{\delta} \tag{11.9}$$

稳态单位工人产出等于储蓄率与折旧率的比率。

储蓄率上升和折旧率降低都能使稳态下的单位工人占有资本[式(11.8)]和单位工人产出[式(11.9)]更高。为了弄清楚其含义,举一个例子。假设折旧率为每年10%,储蓄率也为10%。那么根据式(11.8)和式(11.9),我们看到单位工人占有资本和单位工人产出在稳态中都等于1。现在假设储蓄率加倍,从10%上升到20%。那么根据式(11.8),在新的稳态中,单位工人占有资本从1增加到4;而根据式(11.9),单位工人产出翻倍,从1增加到2。因此储蓄率翻一番在长期会导致人均产出翻一番:这一影响很大。

11.3.2 储蓄率上升的动态影响

我们刚刚看到,储蓄率上升导致稳态产出水平增长。那么产出需要多久才能达到新的稳态水平? 也就是说,储蓄率上升对增长率的影响有多大? 时间要多长?

为了回答这些问题,我们必须使用式(11.7),并解出第0年、第1年等年份的单位工人占有资本。

假设储蓄率以前一直等于10%,在第0年从10%增加到20%,并在以后永远保持这一水平。在第0年,资本存量未发生任何变化(回顾一下:更高的储蓄率和更高的投资导致更

高的资本需要一年时间)。因此,单位工人占有资本仍然与储蓄率为 0.1 时的稳态值相等。根据式(11.8):

$$K_0/N = (0.1/0.1)^2 = 1^2 = 1$$

在第 1 年,由式(11.7)得到

$$\frac{K_1}{N} - \frac{K_0}{N} = s\sqrt{\frac{K_0}{N}} - \delta\frac{K_0}{N}$$

折旧率等于 0.1,而储蓄率现在等于 0.2,该等式意味着

$$\frac{K_1}{N} - 1 = [(0.2)(\sqrt{1})] - [(0.1)1]$$

因而

$$\frac{K_1}{N} = 1.1$$

> 投资和折旧的差额一开始最大。这就是为什么资本积累和产出增长在最初时最高。

同理,可以解出 K_2/N,以此类推。一旦决定单位工人占有资本在第 0 年、第 1 年等年份的取值,我们就可以使用式(11.6)解出单位工人产出在第 0 年、第 1 年等年份的取值。计算的结果由图 11-7 表示,图 11-7(a)画出了单位工人产出水平随时间变化的图形。(Y/N)随时间从第 0 年的初始值 1 增加到长期的稳态值 2。图 11-7(b)用不同的方式提供了同样的信息,画出了单位工人产出的增长率随时间变化的图形。图 11-7(b)表明,单位工人产出增长在起初最高,然后随时间下降。当经济达到新的稳态时,单位工人产出增长恢复到零。

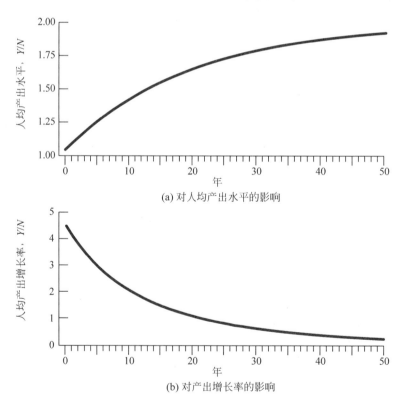

(a) 对人均产出水平的影响

(b) 对产出增长率的影响

图 11-7 储蓄率从 10% 提高到 20% 对人均产出水平和增长率的动态影响

注:储蓄率提高后,产出需要很长时间才能调整到新的更高水平。换句话说,储蓄率的提高会导致长期的高增长。

图 11-7 清楚地表明了向新的、更高的长期均衡调整需要很长一段时间。10 年后仅完成 40%，20 年后完成 63%。也就是说，储蓄率的上升使单位工人产出增长率的增加保持了很长一段时间。头 10 年的年平均增长率为 3.1%，接下来 10 年为 1.5%。尽管储蓄率的变化在长期对增长没有影响，但它确实引起了相当长一段时间的更高增长。

回到本章一开始提出的问题，如果美国自 1950 年来的储蓄率更高，那么美国的增长率会大幅提高吗？如果美国过去有更高的储蓄率，而且该储蓄率在过去 70 年内大幅下降，答案将是肯定的。那么，在其他条件相同的情况下，储蓄率的这种下降会导致美国过去 70 年的增长放缓，如图 11-7 中的逻辑路径所示（情况相反，我们将看到储蓄率下降而不是上升）。但情况并非如此。美国储蓄率长期处于低位。

11.3.3 美国的储蓄率和黄金律

使单位工人消费的稳态水平达到最大的储蓄率是多少？回忆一下：在稳态时，消费等于为保持足够的不变资本水平后剩下的那一部分产出。更正式地讲，在稳态时，单位工人消费等于单位工人产出减去单位工人折旧。

$$\frac{C}{N} = \frac{Y}{N} - \delta \frac{K}{N}$$

根据式(11.8)和式(11.9)表示的稳态时单位工人产出值和单位工人占有资本，则单位工人消费为

$$\frac{C}{N} = \frac{s}{\delta} - \delta \left(\frac{s}{\delta}\right)^2 = \frac{s(1-s)}{\delta}$$

使用这个式子，以及式(11.8)和式(11.9)，表 11-2 显示了与不同的储蓄率（折旧率都等于 10%）相对应的单位工人占有资本、单位工人产出和单位工人消费的稳态水平。

表 11-2 储蓄率与稳态时单位工人资本、产出和消费水平

储蓄率 s	单位工人资本 K/N	单位工人产出 Y/N	单位工人消费 C/N
0.0	0.0	0.0	0.0
0.1	1.0	1.0	0.9
0.2	4.0	2.0	1.6
0.3	9.0	3.0	2.1
0.4	16.0	4.0	2.4
0.5	25.0	5.0	2.5
0.6	36.0	6.0	2.4
...	...	...	...
1.0	100.0	10.0	0.0

稳态消费当 s 等于 1/2 时达到最大，换句话说，资本为黄金律水平时的储蓄率为 50%。在该水平以下，提高储蓄率导致单位工人的长期消费的增加。我们在前面看到，1970 年以来美国的平均储蓄率只有 17%。因此我们可以自信地说，储蓄率的上升将同时提高长期的人均产出和人均消费水平，至少在美国是这样的。

然而，世界上其他国家可能并非如此。一些研究人员认为，储蓄率接近 50% 的中国，可能确实处于黄金法则的另一端。

检查你对问题的理解：使用本节的方程式，论证旨在提高美国储蓄率的政策措施的利弊。

> **要点解析**

"轻推"美国家庭储蓄更多

美国家庭的储蓄很少,家庭储蓄率(家庭储蓄与家庭可支配收入的比率)自2000年以来平均为6%,而同期德国为10%。

历届政府都试图通过给予税收减免来提高储蓄率,因为这使储蓄更具吸引力,但收效甚微。考虑到这些令人失望的结果,被认为是"行为经济学领域之父"之一、曾在2017年获得诺贝尔奖的经济学家理查德·塞勒提出了另一种方法。

他认为,人们很少储蓄的原因与利率或税收减免没有什么关系,而是与人们的实际行为方式有关。其证据是即使从自身的角度来判断,人们也没有作出正确的决定。

首先,我们倾向于忽视未来,或者在做决定时赋予未来太少的权重。我们遭受一种叫作双曲线贴现的事情。简单地说,如果是今天还是下周可以得到一个苹果,我们会强烈偏好今天得到苹果。但如果是下周还是再下周可以得到一个苹果,我们几乎并不介意结果。这导致我们今天消费太多。其次,我们会拖延并把决定留给明天。最近的一项研究发现,由于这些糟糕的决定,43%的美国人在退休时已耗尽了储蓄(因此必须只能依靠社会保障福利生活)。

理查德·塞勒和什洛莫·贝纳茨设计了一种名为"明天存更多"的方法,旨在解决这两个问题。首先,要求人们在具体实施行为前很长一段时间就作出决定,这样人们就不必在今天增加储蓄和减少消费,而只需承诺在未来这样做,这使心理上遭受的成本低得多。其次,更重要的是,将计划储蓄选项,而不是计划不储蓄选项,设置为计划选择的默认选项。因此,拖延症会导致人们默认选择计划储蓄选项。为了自身利益,人们会被"轻推"去储蓄。

这种方法有效吗?引用贝纳茨网站的话:"这个'轻推政策'已经取得了大规模的成效。"2006年,作为养老金保护法案的一部分,该计划被庄严载入法律,该法案鼓励企业采用该计划的核心原则。根据最新的计算,"明天存更多"帮助大约1 500万美国人显著提高了储蓄率。

11.4 实物资本与人力资本

> 这样对比甚至也会产生误导,因为各个国家的教育质量可能非常不同。

到目前为止,我们集中讨论了实物资本——机器、厂房、办公楼等。但是,经济中还有另外一种类型的资本:工人们的技能组合,经济学家称之为**人力资本**(**human capital**)。一个拥有许多高度熟练工人的经济的生产率可能比一个大部分工人都不会读写的经济高得多。

在过去两个世纪里,人力资本的增加就像实物资本增加一样显著。工业革命初期,在OECD成员国的总人口中只有30%知道如何阅读;今天各OECD国家的识字率超过95%。工业革命以前,学校教育不是必需的;今天它是强制性的,受教育通常要持续到16岁。尽管如此,国家之间仍然存在很大差别:今天OECD各国的儿童几乎100%接受了初等教育,

90%接受了中等教育,38%接受了高等教育;而人均GDP低于400美元的发展中国家的相应数据分别为95%、32%和4%。

我们应该如何考虑人力资本对产出的影响?人力资本的引入将如何改变我们前面得出的结论?这些是我们在最后一节要讨论的问题。

11.4.1 生产函数的扩展

引入人力资本后,将我们的分析进行扩展最自然的方式是把式(11.1)的生产函数关系改写成如下形式:

$$\frac{Y}{N} = f\left(\frac{K}{N}, \frac{H}{N}\right) \qquad (11.10)$$
$$(+, \ +)$$

注意,我们使用同样的符号 H 来表示第 4 章的货币基数和本章的人力资本。二者都是传统用法,不要混淆了。

单位工人产出水平同时取决于单位工人占有的实物资本 K/N 和单位工人占有的人力资本 H/N。跟以前一样,单位工人占有资本(K/N)的增加导致单位工人产出增加;而平均技能水平(H/N)的提高同样也会引起单位工人产出的增加。更为熟练的工人可以承担更复杂的任务,他们能轻易解决各种突发问题,所有这些都导致了更高的单位工人产出。

我们前面假设单位工人占有的实物资本增加会提高单位工人产出,但这种影响会随着单位工人占有资本水平的提高而越来越小。同样的假设可能适用于单位工人占有的人力资本。比如 H/N 的增加可能是来自教育年限的增加。很明显,提高儿童接受初等教育比例的收益是非常大的,读、写能力至少可以使工人使用更为复杂的设备。然而对发达国家来说,初等教育——以及中等教育——不再有相关的边际效应:绝大部分儿童都已接受这两种教育,有相关边际效应的是高等教育。有证据表明——我们相信这对你们中的大部分人是个好消息——高等教育能够提高技能,这一点至少可以通过受过高等教育的人所拿的更高工资来衡量。但是,考虑一个极端的例子,目前尚不清楚强迫每个人都去拿大学学位是否会使总产出极大地增加。许多人最后可能都会资历过高而不受重用,变得更加灰心丧气,而不是有更高的生产率。

使用相对工资作为权重的,理由是相对工资体现了相对边际产出,若一个工人的工资是另一个的3倍,则他的边际产出也应是另一个的3倍。

问题是,相对工资是否准确地反映了工人的相对边际产出。举一个非常有争议的例子:同样的工作,同样的资历,女性通常要比男性赚得少。这是因为女性的边际产出较低吗?在构造人力资本时,女性的权重是否应该比男性的小呢?

应该如何构造衡量人力资本 H 的方法呢?答案是:跟实物资本 K 的衡量方法的构造思路如出一辙。在构造 K 时,我们只是把不同的资本品的价值加到一起,因而价值 2 000 美元的机器所占的权重就是价值 1 000 美元的机器的两倍。同理,我们构造衡量 H 的方法就是要使拿两倍工资的工人所占的权重也是别人的两倍。例如,假设一个经济中有 100 个工人,一半是非熟练工人,另一半是熟练工人,并假设熟练工人的相对工资是非熟练工人的两倍。因此我们可以把 H 表示成 $[(50 \times 1) + (50 \times 2)] = 150$,单位工人占有的人力资本 H/N 等于 $150/100 = 1.5$。

11.4.2　人力资本、实物资本和产出

人力资本的引入将如何改变前几节的分析结果？

有关实物资本积累的结论仍然成立：储蓄率的上升会提高稳态时单位工人占有的实物资本，进而提高单位工人产出。但结论也同样可以扩展到人力资本积累：社会中以人力资本形式的"储蓄"——通过教育和在职培训——的增加，会提高稳态时单位工人占有的人力资本，进而引起单位工人产出的增加。扩展后的模型更为丰富地描述了单位工人产出的决定，它告诉我们：在长期，单位工人产出不仅取决于储蓄的多少，也取决于教育支出的多少。

人力资本和实物资本在单位工人产出决定中的相对重要性如何？为了回答这一问题，可以先从比较在正规教育上支出的多少和在实物资本上投资的多少开始。在美国，正规教育的开支大约为 GDP 的 6.5%，包括了政府的教育支出和私人的教育支出。另外，该数字介于实物资本总投资率（17% 左右）的 1/3 和 1/2 之间。这一对比只是第一步，考虑下面几个复杂的情况。

- 教育，尤其是高等教育，既是消费——出于自身的考虑——又是投资。出于我们的目的，只考虑投资部分，然而上段中 6.5% 这一数字把两者都包括了。

与学费相比，你的机会成本是多大？
- 至少就高等教育而言，一个人接受教育的机会成本应是他放弃的收入。教育支出不仅应包括教育的实际成本，还应包括这一机会成本。6.5% 这一数字不包括机会成本。

- 正规教育只是教育的一部分，我们所学的许多知识来自正规或者非正规的在职培训。在职培训的实际成本和机会成本也应该都被包括进来。6.5% 不包括在职培训的成本。

- 我们应该比较两者减去折旧的净投资率。实物资本的折旧，尤其是机器，可能比人力资本的折旧要高。技能会退化，但退化过程非常缓慢，而且不同于实物资本，技能被使用得越频繁，退化得越慢。

所有这些原因使我们很难得出人力资本投资的可信数字。最近研究表明，实物资本的投资和教育的投资在产出的决定中起到了大致相同的作用。这就意味着，单位工人的产出几乎同等程度地依赖于经济中实物资本和人力资本的数量。国家的储蓄越多，或者在教育上的开支越大，该国就能够取得更高的稳态单位工人产出水平。

11.4.3　内生增长

罗伯特·卢卡斯在 1995 年被授予诺贝尔奖，他在芝加哥大学任教。保罗·罗默在 2018 年获得了诺贝尔奖，他在纽约大学任教。

注意一下我们刚才得到的结论说了些什么、没有说什么。它说了一个储蓄更多或者在教育上支出更多的国家能够实现更高水平的稳态单位工人产出；但它没有说一个国家可以通过更多的储蓄或者教育支出维持单位工人产出永久性的更高增长。

然而，在罗伯特·卢卡斯（Robert Lucas）和保罗·罗默（Paul Romer）的领

导之下,研究人员发现实物资本和人力资本的共同积累真的有可能维持增长。给定人力资本,实物资本的增加将会使收益递减;而给定实物资本,人力资本的增加同样也会使收益递减。但研究人员提出了疑问:如果实物资本和人力资本共同增加会发生什么情况?一个经济不能仅仅通过持续增加资本和熟练工人来实现永久的增长吗?

在没有技术进步的条件下也能形成稳定增长的模型称为**内生增长模型**(models of endogenous growth)——与我们在本章前面部分看到的模型相反——即使在长期,增长率也依赖于储蓄率和教育支出率等变量。这类模型的最后结论还有待推敲,到目前为止的各种迹象表明:前面推导的结论可以加以修正,而不是被抛弃。目前达成的共识如下。

- 单位工人产出同时取决于单位工人占有的实物资本和人力资本。两种类型的资本都可以积累,一种通过实物投资,另一种通过教育和培训。储蓄率的上升,或者教育和培训支出的比例上升,都能在长期导致更高水平的单位工人产出。然而,在给定技术进步率的条件下,这些措施不可能永久地维持更高的增长率。

- 注意最后一个命题中的限制条件:对于给定的技术进步率。但是,技术进步与经济中的人力资本水平不相关吗?受过更好教育的劳动力不能引起更高的技术进步率吗?这些问题是下一章的主要内容,即技术进步的来源和影响。

本章提要

- 在长期,产出的变化由两个关系决定。(为了使本提要更易阅读,我将在下面省略掉"单位工人"一词。)首先,产出水平取决于已有的资本数量。其次,资本积累反过来由产出水平决定,后者决定储蓄和投资。

- 资本和产出的这些相互作用意味着,从任一资本水平开始(这里忽略技术进步,技术进步是第12章的主题)经济在长期都会趋向稳态(常数)资本水平。与稳态资本水平相对应的是稳态产出水平。

- 稳态资本水平,从而是稳态产出水平,正向依赖于储蓄率。更高的储蓄率会导致更高的稳态产出水平;在向新稳态过渡期间,更高的储蓄率可以导致正的产出增长。但(同样忽略技术进步)在长期,产出增长率等于零,因而独立于储蓄率。

- 储蓄率的上升最初会使消费降低,但在长期可能会引起消费的增加或减少,这取决于经济处于黄金律资本水平之下还是之上。黄金律资本水平是指稳态消费达到最大时的资本水平。

- 大多数国家的资本水平在黄金律水平之下。因此,储蓄率的上升在最初将导致消费的减少,但在长期将导致消费的增加。在考虑是否实施改变储蓄率的政策措施时,政策制定者必须权衡当前几代人与未来几代人的福利。

- 尽管本章的大多数分析考虑的是实物资本积累的影响,但产出同时取决于实物和人力资本的水平。两种类型的资本都可以积累,一种通过投资,另外一种通过教育和培训。提高储蓄率和/或教育与培训的支出比例能够使产出在长期得到极大的增加。

关键术语

- saving rate,储蓄率
- steady state,稳态
- golden-rule level of capital,黄金律的资本水平
- fully funded social security system,完全基金制社会保障系统
- pay-as-you-go social security system,现收现付制社会保障系统
- social security trust fund,社会保障信托基金
- human capital,人力资本
- models of endogenous growth,内生增长模型

本章习题

快速测试

1. 运用本章学到的知识,判断以下陈述属于"正确""错误"和"不确定"中的哪一种情况,并简要解释。

   a. 储蓄率总是等于投资率。

   b. 更高的投资率可以永远维持更高的产出增长。

   c. 如果资本永不折旧,增长将永远进行。

   d. 储蓄率越高,稳态中的消费越高。

   e. 我们应该把社会保障体系从现收现付制变为完全基金制,这会在现在以及将来提高消费。

   f. 美国的资本存量远在黄金律水平之下,所以政府应该为储蓄提供税收优惠。

   g. 教育能增加人力资本,进而增加产出,所以政府应该补贴教育。

2. 考虑以下说法:"索洛模型表明储蓄率在长期不会影响增长率,所以我们应该停止对美国低储蓄率的担心。储蓄率的上升不会对经济有任何重要的影响。"你是否同意这个说法,并解释原因。

3. 我们在第3章看到储蓄率的上升会在短期内引起经济衰退(储蓄悖论)。我们也曾在第7章末尾的问题5中讨论过储蓄率上升在中期的影响,现在我们可以考察储蓄率上升的长期影响。使用本章给出的模型分析储蓄率增长对单位工人产出在10年后、50年后的影响是什么。

深入挖掘

4. 讨论下面的变化在长期对单位工人产出水平的可能影响。

   a. 在缴纳个人所得税时,将储蓄部分从收入中扣除。

   b. 在劳动力市场中出现更高的女性参工率(人口总数不变)。

5. 假设美国从现收现付转向完全基金的社会保障体系,同时在这一过渡期间的融资没有使政府借贷增加。这个向完全基金社会保障体系的转换在长期会如何影响单位工人产出的水平和增长率?

6. 假设生产函数为

$$Y = 0.5\sqrt{K}\sqrt{N}$$

a. 用储蓄率(s)和折旧率(δ)推导单位工人产出和单位工人占有资本的稳态水平。

b. 用储蓄率 s 和折旧率 δ 推导稳态单位工人产出和稳态单位工人消费的表达式。

c. 假设 $\delta = 0.05$。使用你熟悉的电子表格处理软件,计算 $s = 0.2$, $s = 1$ 时的单位工人产出和单位工人消费的稳态水平,并解释这些结果背后隐藏的经济学直觉。

d. 使用你熟悉的电子表格处理软件画出单位工人产出和消费的稳态水平作为储蓄率的函数的图形(也就是说,图中横轴表示储蓄率,纵轴表示相应的单位工人产出和消费的值)。

e. 图中是否表明有一个 s 值使单位工人产出最大?是否表明有一个 s 值使单位工人消费最大?如果有,取值是多少?

7. 柯布-道格拉斯生产函数和稳态。

这道题是针对本章的附录提出来的。假设经济的生产函数为

$$Y = K^{\alpha}N^{1-\alpha}$$

其中,$\alpha = 1/3$。

a. 该生产函数是否具有规模收益不变的特征?请解释。

b. 资本收益递减吗?

c. 劳动收益递减吗?

d. 把生产函数变换成单位工人产出和单位工人占有资本的关系。

e. 对于给定的储蓄率(s)和折旧率(δ),给出稳态中单位工人占有资本的一个表达式。

f. 给出稳态中单位工人产出的一个表达式。

g. 当 $s = 0.32$、$\delta = 0.08$ 时,求解稳态时单位工人产出水平。

h. 假设折旧率仍然为常数 $\delta = 0.08$,而储蓄率下降为原来的一半即 $s = 0.16$。单位工人产出的新稳态水平是什么?

8. 沿着第 7 题的思路,假设经济的生产函数为 $Y = K^{1/3}N^{2/3}$,储蓄率(s)和折旧率(δ)均为 0.10。

a. 单位工人占有资本的稳态水平是多少?

b. 单位工人产出的稳态水平是多少?

假设经济达到了稳态,在时期 t,折旧率从 0.1 永久变为 0.20。

c. 单位工人占有资本和单位工人产出的新的稳态水平是什么?

d. 计算折旧率变化后前三个时期内的单位工人资本和产出的变化路径。

9. 赤字和资本存量。

对于生产函数 $Y = \sqrt{K}\sqrt{N}$,式(11.9)给出了计算稳态下单位工人资本存量的方法。

a. 重述式(11.9)的推导步骤。

b. 若储蓄率(s)最初为每年15%，折旧率(δ)为7.5%，单位工人占有资本存量的稳态水平是多少？单位工人产出的稳态水平是多少？

c. 若政府赤字为GDP的5%，且政府要消除赤字。假设私人储蓄未变，所以总储存增长到20%。新的单位工人占有资本存量的稳态水平是多少？新的单位工人产出的稳态水平是多少？这与b的答案有什么不同？

进一步探讨

10. 美国的储蓄和财政赤字。

本题沿着第9题的思路，探讨美国财政赤字对长期资本存量的影响。假设美国在本书存续的时间中一直存在财政赤字。

a. 世界银行按国家和年份报告国内储蓄率总额。该网站为 https://data.worldbank.org/indicator/NY.GNS.ICTR.ZS。请找到美国最新的数据。美国的总储蓄率占GDP的百分比是多少？使用第9题的折旧率和思路，单位工人占有资本存量的稳态水平是多少？单位工人产出的稳态水平是多少？

b. 请阅读最新的《总统经济报告》(ERP)，找出最近的联邦赤字占GDP的百分比。在2018年的ERP中，这个数字可以在Table B-18中找到。再次用第9题的思路，假设联邦预算赤字消除了，且私人储蓄没有变化，这对长期单位工人占有资本存量有何影响？对长期单位工人产出有何影响？

c. 回到世界银行国内储蓄率总额表，中国的储蓄率和美国的储蓄率相比如何？

延伸阅读

- The classic treatment of the relation between the saving rate and output is by Robert Solow, *Growth Theory: An Exposition* (1970).
- An easy-to-read discussion of whether and how to increase saving and improve education in the United States is given in Memoranda 23 to 27 in *Memos to the President: A Guide through Macroeconomics for the Busy Policymaker*, by Charles Schultze, who was the Chairman of the Council of Economic Advisers during the Carter administration (1992).

附录　柯布-道格拉斯生产函数和稳态

1928年，查尔斯·柯布(数学家)和保罗·道格拉斯(经济学家，后来成为美国参议员)推导出了下面的生产函数，很好地描述了美国1899年到1922年产出、实物资本和劳动之间的关系：

$$Y = K^\alpha N^{1-\alpha} \tag{11.A1}$$

α的取值范围是0到1。他们的这一发现被证明是稳健成立的。即使在今天，这个生产函数(11.A1)(现在被称为柯布-道格拉斯生产函数)仍然能够很好地描述美国产出、资本和劳动之间的关系，而且成为经济学家工具箱里的一个标准工具。(自己验证一下，它满足我们在书中所讨论的两个属性：规模报酬不变以及资本和劳动的报酬递减。)

本附录描绘给定生产函数(11.A1)下经济稳态的特征。(下面的推导只需要了解一些

指数特性的相关知识)

从前面我们已经知道,在经济稳态时,单位工人储蓄一定等于单位工人折旧。来看一下其含义:

- 为了得到单位工人储蓄,我们必须先得到(11.A1)所显示的单位工人产出和单位工人占有资本之间的关系。(11.A1)两边同除以 N:

$$Y/N = K^\alpha N^{1-\alpha}/N$$

运用指数的特性:

$$N^{1-\alpha}/N = N^{1-\alpha}N^{-1} = N^{-\alpha}$$

代入前一个式子,得到

$$Y/N = K^\alpha N^{-\alpha} = (K/N)^\alpha$$

单位工人产出 Y/N 等于单位工人占有资本的比率 K/N 的 α 次方。

单位工人储蓄等于储蓄率乘以单位工人产出,使用前面的式子就等于

$$s(K^*/N)^\alpha$$

- 单位工人折旧等于折旧率乘以单位工人占有资本:

$$\delta(K^*/N)$$

- 稳态下的资本水平 K^* 取决于单位工人储蓄等于单位工人折旧这一条件,从而

$$s(K^*/N)^\alpha = \delta(K^*/N)$$

为了解出稳态人均资本的表达式 K^*/N,两边同除以 $(K^*/N)^\alpha$ 得到

$$s = \delta(K^*/N)^{1-\alpha}$$

两边同除以 δ,并交换等式两边得到

$$(K^*/N)^{1-\alpha} = s/\delta$$

两边同时取 $1/(1-\alpha)$ 次方,得到

$$(K^*/N) = (s/\delta)^{1/1-\alpha}$$

这样就得到了稳态下的单位工人资本占有量。

根据生产函数,稳态下的单位工人产出为

$$(Y^*/N) = K/N^\alpha = (s/\delta)^{\alpha/1-\alpha}$$

现在看一下最后一个表达式的含义:

- 在本书中,实际上我们只是考虑了(11.A1)的一个特殊情况,$\alpha = 0.5$,(取幂值为 0.5 与求变量的平方根意义相同。)如果 $\alpha = 0.5$,则前面的式子可以表示为

$$Y^*/N = s/\delta$$

单位工人产出等于储蓄率与折旧率的比率,这就是我们在书中讨论的方程。储蓄率翻倍导致稳态单位工人产出增倍。

- 然而,经验证据表明,如果我们视 K 为实物资本,α 更接近 $1/3$ 而非 $1/2$。假设 $\alpha = 1/3$,则 $\alpha(1-\alpha) = (1/3)(1-(1/3)) = (1/3)(2/3) = 1/2$,单位工人产出的方程表示为

$$Y^*/N = (s/\delta)^{1/2} = \sqrt{s/\delta}$$

这就暗示了储蓄率对单位工人产出的影响要比课本里计算的小。例如,储蓄率的增倍只能导致单位工人产出增长到 $\sqrt{2}$ 倍,或者是 1.4 倍。

- 然而，有一种解释认为我们模型使用接近 1/2 的 α 是合理的，因此书中的计算是可行的，即如果像 11.4 节那样同时考虑人力资本和实物资本，则这种广义资本对产出的贡献值 α 在 1/2 左右，的确是大体合适的。所以，11.3 节的数值结果的一个解释是：它们显示了一个给定储蓄率的影响，但这个储蓄同时包括实物资本储蓄和人力资本储蓄（更多的机器和更多的教育）。

关键术语

- Cobb-Douglas production function，柯布-道格拉斯生产函数

第 12 章 技术进步与增长

在第11章我们得出结论,资本积累本身不能维持经济增长,其直接的含义就是:经济增长要靠技术进步。在这一章,我们将考察技术进步和增长之间的关系。

12.1节 考察了技术进步和资本积累各自对增长的作用。

12.2节 研究技术进步的决定因素,包括研究与发展(R&D)的作用,以及创新与模仿的作用。

12.3节 讨论为什么一些国家能够实现稳定的技术进步而其他国家却不能。在这种情况下,我们考察制度对维持增长的作用。

> 如果你还记得本章的一条基本信息,它应该是:持续的增长需要持续的技术进步。技术进步既取决于创新,也取决于制度。

12.1 技术进步和增长率

在一个既有资本积累也有技术进步的经济中,产出以什么样的速度增长?要回答这个问题,我们需要扩展第11章中的模型以引入技术进步。为此,我们先回顾一下总量生产函数。

12.1.1 技术进步和生产函数

技术进步有很多方面的含义。

- 给定资本和劳动数量下,产出更大。例如,一种新型的润滑剂可以使机器的转速提高从而提高产出。
- 提供更好的产品。例如,汽车安全性和舒适度的稳步提高。
- 提供新产品。例如,iPad、无线通信技术、平板显示器和自动驾驶汽车的出现。
- 产品种类更丰富。例如,当地超市提供的麦片早餐的种类稳步增加。

这些方面比它们看起来有更多的相似之处。如果我们认为消费者并不关心商品本身,而是关心这些商品所能提供的服务,那么所有上面这些例子就有

> 一个超市平均经营的商品品种数目从1950年的2 200种增长到2010年的38 700种。
>
> 正如我们在第2章的要点解析"实际GDP、技术进步和计算机价格"中所看到的,把产品看作提供多种潜在服务,这是构造计算机价格指数的一种方法。

了共同之处：每一种情况下，消费者都得到了更多的服务。一辆更好的汽车提供了更好的安全性，一个像iPad这样的新产品或更快的通信技术提供了更多的通信服务，等等。如果我们把产出看作经济中生产出来的产品所提供的潜在服务的集合，那么在给定的资本和劳动下，技术进步就是引起经济增长的主要因素。我们把**技术水平**（state of tecnology）看作一个变量，反映在任意一个时点从给定资本和劳动中所能得到的产出的大小。把技术水平记作 A，生产函数改写成

$$Y = F(K, N, A)$$
$$(+, +, +)$$

这就是扩展的生产函数。产出依赖于资本（K）、劳动（N）和技术水平（A）：给定资本和劳动，技术水平的提高可以带来产出的增长。

为简单起见，我们使用一种略微特殊的形式，即

$$Y = F(K, AN) \tag{12.1}$$

该式说明产出由资本以及劳动和技术水平的乘积决定。这样引入的技术水平可以比较容易地考虑技术进步对产出、资本和劳动相互关系的影响。式(12.1)意味着技术进步有两种含义，它们是等价的：

- 给定资本存量，技术进步使获得等量产出所需的工人人数减少。A 提高1倍意味着生产等量的产品只需要原来工人人数 N 的一半。
- 技术进步使得固定劳动人数的产出增加，我们可以把 AN 看作经济中**有效劳动**（effective labor）的数量。如果技术水平提高1倍，相当于经济中有了两倍于以前的工人人数。换句话说，我们认为产出的影响因素有两个：资本（K）和有效劳动（AN）。

式(12.1)所表示的扩展的生产函数应该加上什么样的限制条件呢？在第11章讨论的基础上，我们可以直接得到答案。

我们仍然可以合理地假定规模报酬不变：对于给定的技术水平（A），如果资本（K）和劳动（N）的量同时增加1倍，则产出量也增加1倍。

$$F(2K, 2AN) = 2Y$$

更一般地，对于任意数 x，

$$F(xK, xAN) = xY$$

> 为简单起见，我们在这里忽略了人力资本。在本章的后面，将重新对其进行探讨。
>
> AN 有时也称为以效率为**单位的劳动**（labor in efficiency units），这里"效率单位"中的"效率"和第7章的"效率工资"中的"效率"只是巧合：两个概念是无关的。
>
> 单位工人：除以用工人数（N）。单位有效工人：除以有效工人数（AN）——工人数 N 和技术水平 A 的乘积。

同样可以合理地假定资本和有效劳动两个要素的边际报酬递减。给定有效劳动，资本的增长可以使产出增加，但增加的速度是递减的。相应地，给定资本，有效劳动的增长会使产出增长，但速度递减。

第11章的一个简便做法是使用单位工人的产出和资本来分析问题，因为在一个经济的稳态中单位工人产出和资本是常数。在这里，为简单起见，我们考虑单位有效工人的产出和资本。原因是同样的：稍后我们会看到在稳态下，单位有效工人的产出和资本是恒定不变的。

为了得到单位有效工人产出和单位有效工人占有资本之间的关系式，在前一个等式中，令 $x = 1/AN$，即

$$\frac{Y}{AN} = F\left(\frac{K}{AN}, 1\right)$$

或者若定义函数 f 使得 $f(K/AN) \equiv F(K/AN, 1)$,则

$$\frac{Y}{AN} = f\left(\frac{K}{AN}\right) \tag{12.2}$$

假定 F 是"双平方根"形式:
$Y = F(K, AN) = \sqrt{K}\sqrt{AN}$
那么,
$$\frac{Y}{AN} = \frac{\sqrt{K}\sqrt{AN}}{AN} = \frac{\sqrt{K}}{\sqrt{AN}}$$
所以函数 f 就仅仅是平方根函数:
$$f\left(\frac{K}{AN}\right) = \sqrt{\frac{K}{AN}}$$

用文字解释:单位有效工人的产出(函数左边)是单位有效工人占有资本的函数(函数右边)。

单位有效工人产出和单位有效工人占有资本之间的关系如图 12-1 所示,它看上去和图 11-2 所示的在没有技术进步的情况下单位工人产出和单位工人占有资本之间的关系非常类似:K/N 的增长引起 Y/N 的增长,但速度递减。在这里,K/AN 的增长引起 Y/AN 的增长,但速度递减。

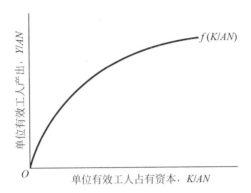

图 12-1 单位有效工人产出和单位有效工人占有资本

注:由于递减的资本报酬率,单位有效工人占有资本的增加带来的单位有效工人产出的增加越来越少。

12.1.2 产出和资本的相互作用

现在我们已经具备了分析增长的决定因素的所有条件了。我们将沿着与第 11 章相同的思路进行分析。只不过原来我们考虑单位工人的产出和资本的动态变化,这里我们考虑单位有效工人的产出和资本的动态变化。

在第 11 章,我们用图 11-2 刻画了单位工人的产出和资本的动态特点,图中描绘了三个关系。

- 单位工人产出和单位工人占有资本之间的关系。
- 单位工人投资和单位工人占有资本之间的关系。
- 单位工人折旧(为使单位工人占有资本保持不变所需的单位工人投资)和单位工人占有资本之间的关系。

这是理解本章结论的关键:在第 11 章中得到的人均产出的结果在本章仍然成立,但是现在考虑的是单位有效工人产出。例如,在第 11 章,我们看到在稳态下人均产出保持不变;在本章,我们将看到稳态下单位有效工人产出不变,等等。

单位工人占有资本及其暗含的单位工人产出的动态特征是由单位工人投资和单位工人折旧之间的关系决定的。单位工人占有资本和产出随时间增加还是减少,依赖于单位工人投资比单位工人折旧大还是小。

这里,我们用同样的方法来构建图 12-2。不同之处在于我们着重考虑单位有效工人产出、资本和投资,而不是单位工人的。

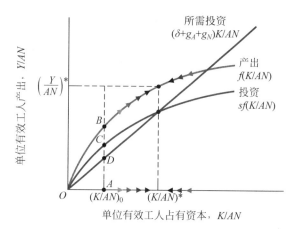

图 12-2　单位有效工人的资本和产出的动态变化

注：从长期来看，单位有效工人的资本和产出收敛到一个不变的值。

- 单位有效工人产出和单位有效工人占有资本之间的关系可以从图 12-1 得出，这个关系在图 12-2 中同样存在：单位有效工人产出随着单位有效工人占有资本的增加而增加，但速度递减。
- 与第 11 章的假设相同——投资等于私人储蓄，私人储蓄率是常量。投资由下式给出：

$$I = S = sY$$

两边同时除以有效工人数 AN，得到

$$\frac{I}{AN} = s\frac{Y}{AN}$$

用上式中 Y/AN 的表达式替代式(12.2)中 Y/AN，得到

$$\frac{I}{AN} = sf\left(\frac{K}{AN}\right)$$

在第 11 章，我们假定 g_A 和 g_N 都等于零。在本章，我们主要关注技术进步的含义，$g_A > 0$。但是一旦允许技术进步的存在，自然要引入人口增长率 g_N。因此，我们同时对两者进行考虑。

单位有效工人投资和单位有效工人占有资本之间的关系如图 12-2 所示，和上面的曲线——单位有效工人产出和单位有效工人占有资本之间的关系类似，只是乘上了储蓄率 s（小于 1），因此得到了一条较低的曲线。

- 最后，我们需要推导维持一个给定的单位有效工人占有资本量所需要的单位有效工人投资。

在第 11 章中，答案是简单的，为保持资本不变，投资必须等于现有资本存量的折旧。这里，答案稍稍复杂一些。原因如下：现在我们考虑技术进步（因此，A 随时间增长），所以有效工人数（AN）随时间而增加；这样，为使资本与有效工人的比率（K/AN）不变，就要求资本存量（K）与有效工人数（AN）同比例增长。下面，更进一步地讨论这个条件。

两个变量乘积的增长率等于两个变量各自增长率之和。见书末附录 2 的命题 7。

令 δ 为资本折旧率。再假定技术进步增长率为 g_A。假定人口的年增长率为 g_N。如果就业率恒定不变，则工人数（N）也以 g_N 的年增长率增长。这两个假定意味着有效工人（AN）的增长率为 $g_A + g_N$。例如：如果工人数以每年 1% 的速度增长，技术进步的增长率为每年 2%，那么，有效劳动的增长率等

于 3%。

这些假设表明,维持一个给定的单位有效工人占有资本量所需要的投资水平为

$$I = \delta K + (g_A + g_N)K$$

或者等价于

$$I = (\delta + g_A + g_N)K \tag{12.3}$$

δK 的量可以恰好保持资本存量不变。如果折旧率为 10%,那么投资必须等于资本存量的 10%,刚好维持同样的资本水平。另外,额外的 $(g_A + g_N)K$ 用来确保资本存量与有效劳动以同样的比率增长。如果有效劳动以每年 3% 的速度增长,那么资本必须以每年 3% 的速度增长,以保持同样的单位有效工人占有资本。在这个例子中,同时考虑 δK 和 $(g_A + g_N)K$,如果折旧率为 10%,有效劳动的增长率为每年 3%,那么投资必须等于资本存量的 13%,才能保持单位有效工人占有资本不变。

用前面的等式除以有效工人数,就得到为保持不变的单位有效工人占有资本所需要的单位有效工人投资:

$$\frac{I}{AN} = (\delta + g_A + g_N)\frac{K}{AN}$$

在图 12-2 中,为保持给定的单位有效工人占有资本,所需要的单位有效工人投资由向上倾斜的直线"需要的投资量"表示。直线的斜率等于 $(\delta + g_A + g_N)$。

12.1.3 资本和产出的动态化

现在我们可以用图形来描述单位有效工人占有资本和单位有效工人产出的动态变化。

- 在图 12-2 中,考虑给定一个单位有效工人占有资本 $(K/AN)_0$,在该水平下单位有效工人产出用距离 AB 表示,单位有效工人投资用 AC 表示。为保持给定的单位有效工人占有资本水平,所需要的投资量为 AD。因为实际投资超过了为维持现有单位有效工人占有资本所需要的投资,K/AN 增长。
- 因此,从 $(K/AN)_0$ 开始,经济向右移动,单位有效工人占有资本水平随时间增加,直到投资刚好足以维持现有的单位有效工人占有资本水平,即单位有效工人占有资本到达 $(K/AN)^*$。
- 从长期来看,单位有效工人占有资本和单位有效工人产出达到一个恒定的水平。换句话说,经济的稳定状态就是单位有效工人占有资本和单位有效工人产出都保持不变,分别等于 $(K/AN)^*$ 和 $(Y/AN)^*$。
- 这意味着,在稳态下产出 (Y) 和有效劳动 (AN) 以同样的速度增长,从而二者的比率实际上保持不变。因为有效劳动以速率 $(g_A + g_N)$ 增长,所以稳态下的产出增长率也一定等于 $(g_A + g_N)$。对资本也一样。因为稳态下单位有效工人占有资本不变,资本也以 $(g_A + g_N)$ 的速度增长。

如果 Y/AN 是不变的,Y 就一定以和 AN 同样的速度增长。所以,Y 一定以速率 $g_A + g_N$ 增长。

用单位有效工人占有资本和单位有效工人产出等术语进行表达显得比较抽象,但这是对结果的直接表述,更加符合我们的直觉。这里给出了第一个重要的结论:

在稳态下,产出的增长率等于人口的增长率 (g_N) 加上技术进步率 (g_A),这也暗示产出的增长率与储蓄率无关。

要更好地理解这一结论,最好办法就是回顾我们在第 11 章讨论的没有技术进步和人口增长的情况:经济不可能永远保持正增长。

- 我们是这样讨论的:假定经济试图保持正的增长率,由于资本的报酬递减,资本必须比产出增长得还要快。经济必须将产出中越来越大的比例用于资本积累。在某个时点,没有更多产出可用于资本积累时,增长也就停止了。
- 这里也遵循同样的逻辑。有效劳动以速率 (g_A+g_N) 增长。假定经济试图保持超出 (g_A+g_N) 的产出增长率,由于资本的报酬递减,资本必须比产出增长得还要快。经济必须将产出中越来越大的比例用于资本积累。可以证明,在某个时点,这将变得不可能。因此,经济不能永远以超出 (g_A+g_N) 的速度增长。

我们已经着重考察了总产出的行为。为了了解生活水平而非总产出随时间的变化,我们必须先看一下单位工人的平均产出(不是单位有效工人产出)。因为产出以 (g_A+g_N) 的速率增长,工人数以速率 g_N 增长,所以单位工人的平均产出以速率 g_A 增长。换句话说,在稳态下,单位工人的平均产出以等于技术进步率的速度在增长。

> Y/N 的增长率等于 Y 的增长率减去 N 的增长率(见书末附录 2 的命题 8)。所以 Y/N 的增长率由 $(g_Y-g_N)=(g_A+g_N)-g_N=g_A$ 给出。

因为在稳态下,产出、资本和有效劳动都以同样的速度 (g_A+g_N) 增长,经济的这一稳定状态也叫作**平衡增长**(**balanced growth**):在稳态下,产出和两种投入(资本和有效劳动)以同样的速度平衡增长。平衡增长的特征在本章的后面部分将会非常有用,我们在表 12-1 中对其进行总结。

表 12-1 平衡增长的特征

项 目	增 长 率	项 目	增 长 率
1. 单位有效工人占有资本	0	5. 劳动	g_N
2. 单位有效工人产出	0	6. 资本	g_A+g_N
3. 单位工人占有资本	g_A	7. 产出	g_A+g_N
4. 单位工人产出	g_A		

在平衡增长路径上(等价地说,在稳态下或从长期来看):

- 单位有效工人占有资本和单位有效工人产出不变,这是我们从图 12-2 中得出的结论。
- 相应地,单位工人占有资本和单位工人产出以技术进步率 g_A 增长。
- 对于劳动、资本和产出来说:劳动以人口增长率 g_N 增长,资本和产出的增长率等于人口增长率和技术进步率之和,即 (g_A+g_N)。

12.1.4 储蓄率的影响

在稳态下,产出的增长率仅仅依赖于人口的增长率和技术进步率。储蓄率的变动不会影响稳态下的增长速度,但会影响稳态下单位有效工人产出水平。

从图 12-3 能很好地看出这个结果,该图描述了储蓄率从 s_0 到 s_1 的增长。储蓄率的增长使投资从 $s_0 f(K/AN)$ 变为 $s_1 f(K/AN)$,这使稳态下单位有效工人占有资本从 $(K/AN)_0$ 变为 $(K/AN)_1$,相应地,单位有效工人产出从 $(Y/AN)_0$ 变为 $(Y/AN)_1$。

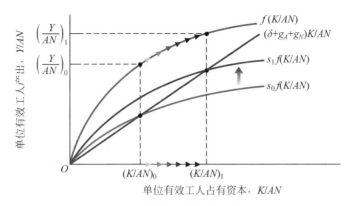

图 12-3 储蓄率增长的影响（Ⅰ）

注：储蓄率的增长可以引起稳态下单位有效工人产出和单位有效工人资本水平的提高。

随着储蓄率的增长，单位有效工人占有资本和单位有效工人产出水平得到增长，并收敛到一个新的更高的水平。图 12-4 画出了产出随时间的发展变化，产出取对数坐标。经济最初在平衡增长轨道 AA：产出以速率 (g_A+g_N) 增长——AA 的斜率等于 (g_A+g_N)。在时间 t，储蓄率提高，此后产出一度增长得更快，最终达到一个更高水平的增长路径，但是增长率仍然回到 (g_A+g_N)。在新的稳态下，经济以同样的速率增长，但是经济运行在一个更高的增长轨道 BB 上，它和 AA 平行，斜率也等于 (g_A+g_N)。

图 12-4 和图 11-5 一样，后者提前描述了这种现象。

用对数坐标表示的时候，以固定增长率增长的变量表现为一条直线，其斜率等于变量的增长率。关于对数坐标的介绍，可参见书后的附录 2。

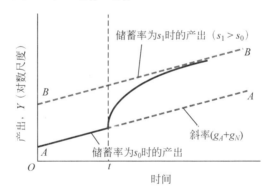

图 12-4 储蓄率增长的影响（Ⅱ）

注：储蓄率的增长带来更高的增长率，直到经济达到新的更高的平衡增长路径。

总结一下：在有技术进步和人口增长的经济中，产出随时间增长。在稳态下，单位有效工人产出和单位有效工人占有资本是不变的。换个角度讲，单位工人产出和单位工人占有资本以技术进步率增长。再换个角度讲，产出和资本以与有效劳动同样的速度增长，这样，其增长率等于工人数的增长率加上技术进步率。当经济处于稳态时，我们说经济在平衡增长路径上。

稳态下的增长率与储蓄率无关，但是储蓄率影响稳态下单位有效工人产出水平。在一段时间内，储蓄率的增长使经济以高于稳态增长率的速率增长。

12.2 技术进步的决定因素

我们已经知道单位工人产出的增长率最终由技术进步率决定。这自然引出了下一个问题：技术进步率又是由什么决定的呢？这是我们在这一部分和下一部分要解决的问题。

"技术进步"这个术语使我们想到一些重要的发明创造：微芯片的发明，DNA（脱氧核糖核酸）结构的发现，等等。这些发明创造大多是由科学研究和偶然性，而不是经济力量带动的过程。实际上，现代发达经济中大部分技术进步是由一些单调乏味的过程所产生即公司**研发**（research and development，R&D）活动的结果。正如我们在第 10 章看到的，在 4 个主要的发达国家（美国、法国、日本和英国）中，每一个国家的工业研发费用都要占到该国 GDP 的 2% 到 3%。在美国，上百万的科学家和研究者中有大约 75% 在公司的研发部门工作。美国公司的研发费用支出占到总投资支出的 20% 以上，占到净投资（总投资扣除折旧）的 60% 以上。

公司对研发活动进行投资的目的和其买新机器或者建造新工厂一样：提高利润。通过提高研发费用的支出，公司会增加发现和开发新产品的可能性。（这里的产品是一种广义的概念，包括新商品或新的生产技术。）如果新产品是成功的，公司的利润就会提高。但是，加大研发支出和购买新机器有重要的区别——研发活动的成果基本上是一些思想。和机器不同，一个思想有被许多公司同时使用的潜在可能性，而公司并不用担心自己的新机器会被别的公司使用。

最后这一点意味着，研发投入的多少不仅取决于研究**过程的多产性**（fertility of research）——研发支出如何转化为新思想和新产品，而且与研发结果的**独占性**（appropriability）有关——公司从自己 R&D 成果中获利的程度。我们分别讨论这两个方面。

12.2.1 研究过程的多产性

在第 11 章，我们看到了人力资本作为一种生产要素投入的作用：受过更多教育的人可以操纵更复杂的机器，或者完成更复杂的任务。这里我们可以看到人力资本的第二种作用：更好的研究人员和科学家意味着更高的技术进步率。

如果研究工作是多产的——也就是说，研发经费投入可以带来很多的新产品，那么在其他条件相同的情况下，公司会有更多的动机去进行研究与开发，技术进步水平就会很高。研究的多产性多由经济领域之外的因素决定。这里，有很多因素相互作用。

研究的这种多产性依赖于基础研究（探求一般性规律和结果）和应用研究开发（这些基础研究结果在特定用途或者新产品开发中的应用）之间成功的交互作用。基础研究自身不会带来技术进步，但却是应用研究开发成功的基础。计算机工业的很多发展都可以追溯到一些基础研究方面的突破，包括晶体管的发明、微芯片的发明等。在软件方面，大部分的进步来自数学方面。例如，加密技术的进步来自素数理论的进步。

一些国家在基础研究上似乎更成功一些，而另一些国家在应用研究开发上更成功。研究表明,这与教育体系有关。例如,人们常常认为法国高等教育体系格外重视抽象思维,从而产生了更擅长基础研究(与应用研究相比而言)的研究者。另有研究指出了"企业家文化"的重要性,大部分的技术进步来自企业家成功开发和营销新产品的能力。美国这一点做得要比大多数国家好。

要完全实现一个重要科学发现的潜在价值往往需要很多年,甚至好几十年。通常的顺序是,一个重要的发现引起人们对其潜在应用的探索,然后是新产品的开发,最后是这些新产品的问世。要点解析专栏"新技术的传播:杂交玉米"讲述了一项新思想传播过程的早期研究结果。我们身边的例子是个人电脑:个人电脑商业化已40年(苹果一代是在1976年推出的),而我们感觉好像才刚刚开始发现其用途。

长久以来,人们一直担心研究将变得越来越低产,大多数的重大科学发现已经完成,技术进步会越来越慢。这就好比采矿,优质的矿井首先得以开采,之后我们不得不转而开采质地越来越差的矿井。但这只是一个类比,迄今为止还没有证据证明事实就是这样的。

12.2.2 研究结果的独占性

研发水平和技术进步的第二个决定因素是研究结果的独占性。如果公司不能从新产品的开发中获利,它们就不会进行研发活动,技术进步就会放慢。在这里,很多因素也会产生影响。

一个是研究过程本身的性质很重要。例如,如果人们普遍相信一个公司的新产品的发明将会迅速地引发另一个公司的更好的产品发明,那么率先发明就没有什么优势了。换句话说,一个非常多产的研究领域可能并不会带来很高的研发水平,因为没有公司会认为其投资是值得的。这是一个极端的例子,但对我们是有启发的。

更重要的因素是新产品所得到的法律保护。如果没有法律保护,新产品开发所得到的利润可能会非常小。除了在一些极少的情况下产品是靠商业秘密保护的(例如可口可乐),一般来说,其他公司不用花太长的时间就可以生产出同样的产品,原来的创新公司就毫无优势可言了。这就是各国都有专利法的原因。**专利**(patents)给予发现新产品(常常是新技术或者新设备)的公司在一段时间内防止其他公司生产或使用该产品的权利。

政府该怎样设计专利法?一方面,保护条款要有利于激励公司进行研发;另一方面,一旦公司发现新产品,对于社会来说最好的结果是:新产品所包含的知识能够没有限制地被其他公司和其他人所使用。以对生物基因的研究为例。巨大的利润前景促使生物工程公司从事昂贵的项目研究。一旦一个公司发现一种新产品,而这种新产品可以拯救很多人的生命,显然,最好能让所有潜在的使用者都能够以成本价使用它。但是如果贯彻这样的政策,公司就没有动力去做这个研究。专利法很难达到一个两全的平衡:过少的保护会导致过少的研究与开发,而过多的保护又会导致新的研发很难以已有研发成果为基础来进行,从而也会导致研发活动的减少。

> 这个问题超出了专利法的范畴。举两个有争议的例子:开源软件的作用是什么?学生应该下载音乐、电影甚至教科书(你明白我的意思了吧)而不向作者付费吗?
>
> 这种形式的两难局面被称为时间不一致性。我们将在第21章中看到另一个例子,并详细讨论这个问题。

要点解析

新技术的传播：杂交玉米

新技术不是一夜之间就能发展和应用的。对这些新技术传播过程的早期研究是在1957年由哈佛经济学家兹维·格里利切斯（Zvi Griliches）进行的，他考察了杂交玉米在美国各州的传播过程。

用兹维·格里利切斯的话说，杂交玉米是"一种发明方法的发明"。杂交玉米的生产是将不同品种玉米进行杂交或配对，以开发一种适应当地环境的新品种。杂交玉米的引进可以使玉米的产量提高20%。

虽然这种思想出现在20世纪初，但商业化应用直到20世纪30年代才在美国出现。图12-5描绘了1932年到1956年间，杂交玉米在几个州的应用率。

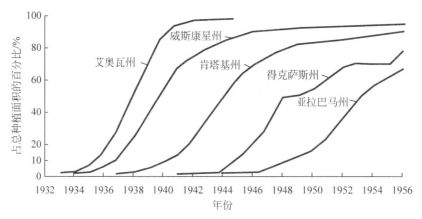

图12-5 美国部分州杂交玉米种植面积占总种植面积的百分比（1932—1956年）

图12-5显示了两个动态过程：一是杂交玉米在各个州被发现的过程。杂交玉米在北部各州（艾奥瓦、威斯康星、肯塔基）应用10多年之后，才在南部各州（得克萨斯、亚拉巴马）得到应用。二是杂交玉米在各州得到应用的速度。引进之后8年，艾奥瓦州几乎所有的玉米都是杂交玉米，而这个过程在南部就慢得多。在亚拉巴马，引进10多年之后，杂交玉米也只占总种植面积的60%。

为什么在北部的应用速度比在南部要快？格里利切斯的文章认为是经济上的原因：在各州的应用速度是引进杂交玉米的收益的函数。杂交玉米在艾奥瓦州的收益性要比南部各州高。

要点解析

管理方式：技术进步的另一个维度

对于给定的技术和给定的人力资本，企业的管理方式也会影响其绩效。一些研究人员认为，管理方式在决定企业绩效方面可能比包括技术创新在内的许多其他因素更重要。斯坦福大学的尼古拉斯·布鲁姆和伦敦经济学院的约翰·范里宁在一个研究了欧洲、美国和亚洲4 000多个中型制造企业的管理方式和绩效的项目中发现,全球范围内使用相同技术但采用良好管理方式的企业比那些没有良好管理的企业表现要好得多。这表明,改进的管理方式是一个公司超越同行最有效的方法之一。("为什么不同企业和国家的管理方式不同?",作者:尼古拉斯·布鲁姆和约翰·范里宁,《经济展望杂志》,2010年,24(1):第203-224页)。

布鲁姆及其同事在20家印度纺织厂进行的一项实验研究,为管理方式的重要性提供了一个有趣的证据。为了调查良好管理方式的作用,他们从20个工厂中随机抽取一组,免费提供管理方式方面的咨询。然后,他们比较了接受管理建议的工厂和没有接受建议的控制组工厂的表现。他们发现,采用良好的管理方式可以通过改进质量和效率以及减少库存使生产率提高18%。

["管理重要吗?来自印度的证据",作者:尼古拉斯·布鲁姆、本·艾费特、阿普拉吉特·马哈扬、戴维·麦克肯杰和约翰·罗伯茨,《经济学季刊》,2012年,128(1):第1-51页]。

12.2.3 创新与模仿

虽然研发显然是技术进步的核心,但也有一些其他方面与之相关。现有技术可以或多或少地得到有效利用。企业之间的激烈竞争迫使其提高效率。并且,正如要点解析"管理方式:技术进步的另一个维度"所示,良好的管理对企业的生产率有实质性的影响。最后,对于一些国家来说,研发可能没有其他国家那么重要。

在这种背景下,关于增长的研究强调了创新增长和模仿增长之间的区别。为了保持增长,处于**技术前沿**(technology frontier)的发达国家必须创新。这就需要在研发上投入大量资金。非技术前沿的发展中国家可以主要通过模仿而非创新实现增长,通过引进和改造现有技术而非开发新技术实现增长。引进和改造现有技术显然在中国过去30年的高速增长中发挥了核心作用。

创新和模仿的差异也解释了为什么技术不发达的国家往往专利保护较差。这些国家通常是新技术的使用者,而不是发明者。它们生产率的提高在很大程度上不是来自国内的发明,而是来自对国外技术的改造,因此,弱专利保护的成本是很小的。弱专利保护的好处是显而易见的:它允许国内公司使用和改造外国技术,而不必向开发技术的外国公司支付高额专利费。

在这个阶段,你可能会有这样的疑问:如果在发展中国家,技术进步更多的是一个模仿而不是创新的过程,那么为什么有些国家擅长这样做,而另一些国家却不擅长呢?这个问题把我们从宏观经济学带到了发展经济学,它需要一篇发展经济学的文章来公正地回答这个问题。但是我们不能完全忽视这个问题,因为它太重要了;我们将在下一节讨论这个问题。

12.3 制度、技术进步和增长

要了解为什么一些国家擅长模仿现有技术,而另一些国家不擅长,可以比较肯尼亚和美国。肯尼亚人均购买力平价GDP约为美国人均购买力平价GDP的1/18。造成这种差异的部分原因是肯尼亚的人均资本水平要低得多。部分原因是肯尼亚的技术水平要低得多。

据估计,肯尼亚的技术水平大约是美国的 1/13。为什么肯尼亚的技术水平这么低?肯尼亚可以接触到世界上大部分的技术知识,那是什么阻止了它采用许多发达国家的技术并迅速缩小与美国的技术差距?

你可以想到许多可能的答案,从肯尼亚的地理和气候到文化。然而大多数经济学家认为问题的主要根源在于大多数发展中国家尤其是肯尼亚的不健全制度。

经济学家心目中的制度是什么?在广泛的层面,**产权**(property rights)保护可能是最重要的。如果人们预期利润会被国家挪用,或者行贿给腐败的官僚,或者被其他人窃取,那么就没有人会去创办企业,引进新技术以及投资研发。人均 GDP 购买力平价(使用对数尺度衡量)与衡量财产保护程度的指数之间的正相关是惊人的:保护力度小的国家人均 GDP 低,保护力度大的国家人均 GDP 高(例如美国、卢森堡、挪威、瑞士和荷兰)。

产权保护权实际上意味着什么呢?它意味着一个完善的政治体系,在这个体系中,政府不能随意征用或没收公民的财产;它还意味着一个完善的司法体系,在这个体系中,分歧可以得到有效、迅速和公平的解决。从细节来看,财产保护权意味着法律禁止股票市场的内幕交易,因此人们愿意购买股票,从而为公司提供融资;意味着明确有力的专利法,使公司有动力研发新产品;意味着完善的反托拉斯法,使竞争市场不会变成垄断,企业有动力引进新的生产方法和新产品……这样的例子不胜枚举。

还有一个关键问题:为什么发展中国家不采用这些好的制度?答案是太难了!引入好的制度对于发展中国家来说是复杂且困难的。当然,前面所说的因果关系是双向的:产权保护力度低导致人均 GDP 低,而低的人均 GDP 也会导致产权保护力度低。例如,发展中国家往往难以维持有效的司法体系和公安力量。因此,改善制度并实现提高人均 GDP 和拥有更好制度的良性循环是困难的。一些飞速发展的亚洲国家成功做到了。一些非洲国家似乎也将要取得成功,而其他国家仍在苦苦挣扎。

本章提要

- 在考虑技术进步对增长的影响时,一个有用的做法是把技术进步看作经济中可利用的有效劳动(即劳动乘以技术水平)数量。从而,可以将产出看作资本和有效劳动的函数。

- 在稳态下,单位有效工人产出和单位有效工人占有资本保持不变。换句话说,单位工人的产出和单位工人占有的资本以技术进步率的速度增长。也就是说,产出和资本以和有效劳动相同的速度增长,也就是工人数的增长率加上技术进步率。

- 当经济处于稳态时,经济运行会处于平衡增长路径上。产出、资本和有效劳动"平衡"增长,即增长率相同。

- 稳态下的产出增长率与储蓄率无关。但是储蓄率影响稳态下单位有效工人产出水平。储蓄率的增长在一定时期内会使经济以超出稳态增长率的速度增长。

- 技术进步依赖于研发的多产性(研发经费投入如何转化为新思想和新产品)和研发结果的独占性(即公司从其研发成果中获利的程度)。

- 在设计专利法时,政府必须在保护将来的重大科学发现和激励企业从事研发活动的愿望与使现有的重大发现能够被潜在使用者无限制地使用的愿望之间寻求一种平衡。

- 持续的技术进步需要适当的制度,特别是需要产权的建立和保护。如果没有完善的产权制度,一个国家很可能会一直贫穷下去。但是反过来,一个贫穷的国家可能会发现完善的产权制度很难建立。

关键术语

- state of technology,技术水平
- effective labor,有效劳动
- labor in efficiency units,以效率为单位的劳动
- balanced growth,平衡增长
- research and development(R&D),研究与开发
- fertility of research,研究的多产性
- appropriability,独占性
- patents,专利
- technology frontier,技术前沿
- property rights,产权

本章习题

快速测试

1. 运用本章学到的知识,判断以下陈述属于"正确""错误"和"不确定"中的哪一种情况,并简要解释。

   a. 用资本和有效劳动来表示生产函数,意味着当技术水平增长10%时,获得同样产出所需要的工人数将下降10%。

   b. 如果技术进步率提高,为保持单位有效工人占有资本不变,投资率(投资与产出的比率)也一定提高。

   c. 在稳态下,单位有效工人产出以人口增长率增长。

   d. 在稳态下,单位有效工人产出以技术进步率增长。

   e. 较高的储蓄率意味着在稳态下单位有效工人占有资本较高,因此单位有效工人产出增长率较高。

   f. 即使研发(R&D)支出的潜在回报率等于投资于一台新机器的潜在回报率,对于公司来说,研发支出的风险也比投资新机器高。

   g. 我们通常无法为一个定理申请专利保护,这一事实意味着公司不会进行基础研究。

   h. 因为最终我们会知道任何事情,所以增长会因此停止。

   i. 在中国经济增长中,技术没有扮演重要的角色。

2. 研发与增长。

   a. 为什么研发经费投入的数量对增长有重要意义?研究的多产性和独占性是如何影响研发支出额的?

   b到e列出的每一个政策建议如何影响研究的独占性和多产性,对研发以及产出的长期影响又是怎样的?

   b. 签订一个国际条约,使每一个国家的专利在全世界范围内都可以得到合法保护。这

可能是拟议但现已取消的"跨太平洋伙伴关系协定"(TPP)的一部分。

c. 对研发费用免税。

d. 削减由政府赞助的大学和企业间交流会的资金。

e. 取消取得突破进展的药物的专利,这样药物一旦研制成功就可以低价出售。

3. 技术进步的源泉:领导者和追随者。

a. 世界上经济领先国家的技术进步是从哪里来的?

b. 对于发展中国家,除了 a 中你提到的途径外,还有其他获得技术进步的途径吗?

c. 你认为发展中国家选择较差的专利保护的原因是什么?这样的政策有什么危险吗(对于发展中国家)?

深入挖掘

4. 评估以下经济环境变化可能对今后 5 年及未来 50 年的增长率和产出水平的影响。

a. 技术进步率永久性下降。

b. 储蓄率永久性下降。

5. 测量误差、通货膨胀和生产率的增长。

假定一个经济体只生产两种产品:理发和银行服务。价格、数量以及生产一单位产品在第 1 年和第 2 年所需的工人数如表 12-2 所示。

表 12-2 理发和银行服务的价格数量及所需工人数

年份	第 1 年			第 2 年		
变量	P_1	Q_1	N_1	P_2	Q_2	N_2
理发	10	100	50	12	100	50
银行服务	10	200	50	12	230	60

a. 每年的名义 GDP 是多少?

b. 用第 1 年的价格计算,第 2 年的实际 GDP 是多少?实际 GDP 的增长率是多少?

c. 用 GDP 平减指数计算的通货膨胀是多少?

d. 用第 1 年的价格计算,在第 1 年和第 2 年单位工人的实际 GDP 是多少?整个经济第 1 年到第 2 年的劳动生产率的增长是多少?

现在假定第 2 年的银行服务和第 1 年不同,因为银行已经包含了电话银行服务,而这是第 1 年所没有的。电话银行服务的技术在第 1 年已经获得,但是在第 1 年其价格为 13 美元,没有人选择这种服务。在第 2 年的价格为 12 美元,每个人都选择这种服务(即在第 2 年没有人选择第 1 年无电话银行的服务包)。(提示:假设现在有两种银行服务:有电话银行和无电话银行,则可以认为现在经济中生产三种产品:理发和两种类型的银行服务,以此改写上面的表格。)

e. 用第 1 年的价格计算,第 2 年的实际 GDP 是多少?实际 GDP 的增长率是多少?

f. 用 GDP 平减指数计算的通货膨胀率是多少?

g. 整个经济第 1 年到第 2 年的劳动生产率的增长是多少?

h. 如果银行服务的测算出现误差,例如没有把电话银行服务的引入考虑在内,我们将高估了通货膨胀,低估了生产率的增长。用 a 到 g 的答案讨论这些情形。

6. 假定经济中的生产函数是

$$Y = \sqrt{K}\sqrt{AN}$$

储蓄率(s)等于 16%,折旧率(δ)等于 10%。进一步假定工人数每年增长 2%,技术进步率为每年 4%。

  a. 找出以下变量的稳态值。

  i. 单位有效工人占有资本存量。

  ii. 单位有效工人产出。

  iii. 单位有效工人产出增长率。

  iv. 单位工人产出增长率。

  v. 产出增长率。

  b. 假定技术进步率翻一番,为每年 8%。重新计算问题 a 的答案,并对其进行解释。

  c. 现在假定技术进步率仍然是每年 4%,但每年工人数量的增长率是 6%。请重新计算问题 a 的答案,并解释在 a 还是 c 下对人们更有利。

7. 讨论以下因素对稳态下单位工人产出水平的潜在影响。在每一种情况下,说明影响是通过 A、K、H 还是上述因素的综合产生的。A 是技术水平,K 是资本存量水平,H 是人力资本存量水平。

  a. 地理位置。

  b. 教育。

  c. 产权保护。

  d. 贸易开放程度。

  e. 低税率。

  f. 良好的公共基础设施。

  g. 低人口增长率。

进一步探讨

8. 增长测算。

在本章的附录中讲述了怎样利用产出、资本和劳动的数据估计技术进步的增长率。在本问题中,我们修改那个方法以考察单位工人占有资本的增长情况。生产函数为

$$Y = K^{1/3}(NA)^{2/3}$$

这个生产函数很好地描述了发达国家的生产活动。按照附录中的步骤,你可以证明:

$$(2/3)g_A = g_Y - (2/3)g_N - (1/3)g_K$$
$$= (g_Y - g_N) - (1/3)(g_K - g_N)$$

这里 g_Y 是指 Y 的增长率,g_K 是指资本的增长率,g_N 是指劳动投入的增长率。

  a. $g_Y - g_N$ 的值表示什么?$g_K - g_N$ 的值表示什么?

  b. 你在第 10 章下载的宾夕法尼亚大学世界表格包含了在附录中计算增长测算公式的组成部分所需的信息。这个公式是

$$余值 = g_Y - [\alpha g_N + (1-\alpha)g_K]$$

根据宾夕法尼亚大学世界表格,你可以填写表 12-3。

表 12-3　中国和美国的各项数值

国家	2000 年				2014 年			
	Y	N	K	劳动份额	Y	N	K	劳动份额
中国								
美国								

产出用 rgdpo 表示（2011 年美元）；劳动力投入用 emp 表示；资本存量用 ck 表示（2011 年美元）；劳动份额用 labsh 表示。这些值直接从宾夕法尼亚大学世界表格第 9 版复制而来。

计算这些变量在可获得的 14 年数据中的年增长率，并回答以下问题：

中国的 K/N 是上升还是下降？美国呢？哪个国家的劳动收入占比最高？哪个国家的余值最大？（用两年的平均劳动收入占比来计算余值）。余值代表什么？你对你的结果感到惊讶吗？

延伸阅读

- For more on growth, both theory and evidence, read Charles Jones, *Introduction to Economic Growth*, 3rd ed. (2013). Jones's Web page, http://web.stanford.edu/~chadj/, is a useful portal to the research on growth.
- For more on patents, see *The Economist*, Special Report: Patents and Technology, October 20th, 2005.
- For more on growth in two large, fast-growing countries, read Barry Bosworth and Susan M. Collins, "Accounting for Growth: Comparing China and India," *Journal of Economic Perspectives*, 2008, Vol. 22, No. 1: 45–66.
- For the role of institutions in growth, read sections 1 to 4 in "Growth Theory Through the Lens of Development Economics," by Abhijit Banerjee and Esther Duflo, Chapter 7, *Handbook of Economic Growth* (2005).
- For more on institutions and growth, you can read the slides from the 2004 Lionel Robbins lectures "Understanding Institutions" given by Daron Acemoglu. These are found at http://economics.mit.edu/files/1353.
- For the role of ideas in sustaining technological progress and growth, listen to Paul Romer's 2018 Nobel Prize lecture, www.youtube.com/watch?v=vZmgGZlZtiM.

附录　如何衡量技术进步及其在中国的应用

在 12.1 节中，我们讨论了资本积累和技术进步在决定增长方面的共同作用。我们看到，在稳态下，人均产出的增长完全由技术进步率决定。然而，在非稳态下，如果资本存量的增长率高于产出的增长率（比如由于储蓄率的提高），可能会导致一段时间内更高的增长率。

这就提出了一个问题：我们如何衡量技术进步率？罗伯特·索洛在 1957 年给出了答案，并沿用至今。它基于一个重要的假设：每一种生产要素都根据其边际产出得到报酬。

在这个假定下，可以很容易地计算一种要素增长对产出增长的贡献。例如，如果一个工人每年的报酬是 30 000 美元，这个假定就意味着她对产出的贡献是 30 000 美元。现在假定该工人将工作小时数提高了 10%。这样的工作小时数带来的产出增长就等于 $30 000 × 10%，即 3 000 美元。

现在，让我们写得更正式一些。记产出为 Y，劳动为 N，实际工资为 W/P。符号 Δx 表示变量 x 的变动。那么，在此基础上，产出的变动等于实际工资乘以劳动的变动。

$$\Delta Y = \frac{W}{P} \Delta N$$

公式的两边同除以 Y，右边除以一个 N，再乘以一个 N，整理得到

$$\frac{\Delta Y}{Y} = \frac{WN}{PY}\frac{\Delta N}{N}$$

注意右边的第一项（WN/PY）是劳动在产出中所占的份额——总工资（美元计算）除以产出值（美元计算），该份额记为 α。注意 $\Delta Y/Y$ 为产出增长率，记为 g_Y；同样 $\Delta N/N$ 为劳动投入的变化率，记为 g_N，这样，前面的式子可以写成

$$g_Y = \alpha g_N$$

更一般地，这种推理说明由劳动投入的增长所带来的产出增长为 α 乘以 g_N。例如，如果就业以 1.7% 增长（你会在下面看到为什么我要选用这些数字），劳动所占份额是 0.6，那么由此引起的产出增长等于 1.0%（0.6×1.7%）。

类似地，我们可以计算由资本存量增长形成的产出增长。因为生产中只有两个因素——劳动和资本，因为劳动所占的份额为 α，那么收入中资本的份额必须等于 $(1-\alpha)$。如果资本的增长率为 g_K，那么由资本投入增长贡献的产出增长为 $(1-\alpha)$ 乘以 g_K。例如，如果资本以 9.2% 增长，资本所占份额是 0.4，那么由此引起的产出增长等于 3.7%（0.4×9.2%）。

把劳动和资本的贡献放到一起，由劳动和资本增长共同贡献的产出增长等于 $[\alpha g_N + (1-\alpha)g_K]$，所以在我们的例子中，产出增长等于 1.0%+3.7%=4.7%。

下面我们通过计算索洛所谓的余值，即实际产出增长超过由劳动和资本增长贡献的产出增长 $[\alpha g_N + (1-\alpha)g_K]$ 的部分，来测算技术进步的影响。

$$\text{余值} \equiv g_Y - [\alpha g_N + (1-\alpha)g_K]$$

这个测度被称为**索洛余值**（**Solow residual**）。这非常容易计算：要想计算它，我们所需要知道的只是产出增长率 g_Y，劳动的增长率 g_N 和资本的增长率 g_K，以及劳动所占的份额 α 和资本所占的份额 $(1-\alpha)$。接着前面的例子：如果产出增长率等于 7.2%，那么索洛余值就等于 7.2%−4.7%=2.5%。

索洛余值有时候也叫作**全要素生产率的增长率**（**rate of growth of total factor productivity**）（或者 **TFP 增长率**）。这是为了与劳动生产率的增长率相区别，劳动生产率的增长率定义为 $(g_Y - g_N)$，即产出的增长率减去劳动的增长率。

索洛余值和技术进步率的关系很简单。余值等于劳动所占的份额乘以技术进步率。

$$\text{余值} = \alpha g_A$$

这个结果不是从这里得出的。不过这个关系的直觉来自这样一个事实：影响生产函数 $Y = F(K, AN)$ [见式 (12.1)] 的是劳动乘以技术水平 (AN)。我们看到，要计算劳动增长对产出增长的贡献，我们必须用劳动的增长率乘以它所占的份额。因为 N 和 A 是以同样的方式进入生产函数的；显然，要得到技术进步对产出增长的贡献，我们必须也乘上劳动所占的份额。

如果索洛余值等于零，则技术进步等于零。要估计 g_A，我们必须求出索洛余值，然后除以劳动所占的份额。书中的 g_A 就是这样估计出来的。回到前面的例子中，如果劳动份额是 0.6，那么技术进步率就等于 2.5%/0.6=4.2%。

你可能想知道我为什么使用上面的数字。原因很简单：这些是中国 1978 年至 2017 年的数据，这段时间在要点解析中被描述为高增长时期。这些数字说明了什么？

产出增长非常高,为7.2%。每个工人的产出增长也非常高,为5.5%。技术进步的速度也很高,但没有那么高,为4.2%。产出增长率和技术进步率的差异反映了资本与产出比率的稳步上升,每年为2%。从图12-2可以看出,中国经济从一开始的$(K/AN)_0$增长到了$(K/AN)^*$。

最终,资本与产出的比率将趋于稳定,每个工人产出的增长将反映技术进步的速度。因此,如果这一比率保持不变,中国每个工人的产出增长将下降到4.2%。如果劳动增长保持不变,即1.7%,那么产出增长将趋近于5.9%。这确实大致符合对中国未来增长的预测。

附录中阐述的这个思想最初见于Robert Solow的"技术变革与总生产函数"(Technical Change and the Aggregate Production Function),《经济与统计评论》(*Review of Economics and Statistics*),1957年,39(3):312-320页。

关键术语

- Solow residual,索洛余值
- rate of growth of total factor productivity,
  全要素生产率的增长率
- rate of TFP growth,TFP增长率

第 13 章 增长的挑战

第10章至第12章的大部分重点是稳态增长,即生活水平随时间的推移而稳步提高。这可能会让你形成过于乐观的看法。增长实际上是一个复杂的过程,面临许多挑战。你每天都在报纸上读到相关报道:我们能相信技术进步会以同样的速度继续吗?我们是否应该担心机器人会毁掉工作岗位并导致大规模失业?每个人真的从生活水平的提高中受益吗?而且,在增长的过程中,我们不是在毁灭地球并抵押我们的未来吗?这些是我在本章中讨论的问题。

13.1 节　讨论技术进步的未来。一些经济学家认为,重大发明的时代已经基本结束,我们应该预计技术进步会大幅放缓。另一些人则认为,我们正处于另一场技术革命的边缘,未来是光明的。双方的论点是什么?我们应该期待什么?

13.2 节　讨论技术进步是否会导致大规模失业。这种担忧由来已久,但迄今为止已被证明是毫无根据的。未来会有所不同吗?如果是这样,我们应该采取什么政策?

13.3 节　讨论增长与不平等之间的关系。不平等加剧被归因于技术进步和全球化,证据是什么?而且,如果它们有责任,应该采取什么政策来限制不平等的加剧?

13.4 节　讨论气候变化。经济增长被认为是各种生态灾难的罪魁祸首,是气候变化背后的主要因素之一。证据是什么?如果经济增长对气候变化负有责任,应该采取什么政策?这些政策真正被采纳的可能性有多大?

> 到目前为止,我在每一章的开头都是"如果你还记得本章的一条基本信息,它应该是……"我没能用一句话来概括本章的结论,但总的主题是:增长是一个复杂的过程,而使其公平和可持续的政策至关重要。

13.1 技术进步的未来

> 你的智能手机比以前的智能手机好多少?肯定更好,但好多少:20%、50%、100%?

一方面是对快速技术进步的感知,另一方面是生产率增长的数字,两者之间有一种奇怪的紧张关系。环顾四周,我们感受到了快速的技术变革,无论是机器人的引入、人工智能的发展、机器学习的使用,或者更具体地说,是我们可以在智能手机上使用的应用程序的数量。人们可能预计这将反映在更高的生产率增长中。然而,正如我们在第1章的表1-2中看到的那样,美国生产率的增长自21世纪头十年的中期以来已经放缓,不到前几十年的一半。

> 我们在第12章中看到,生产率增长放缓可能来自资本与产出比率的下降或技术进步的放缓。然而,资本与产出的比率基本保持不变,因此生产率增长放缓的根源是技术进步放缓。

二者如何协调一致？一种可能的答案是测量误差。正如我们在第 2 章的要点解析"实际 GDP、技术进步和计算机价格"中所讨论的那样，衡量技术进步是很困难的。例如，2018 年的计算机相比于 2010 年的计算机要先进多少？尽管统计机构试图根据速度、硬盘大小等方面的变化进行调整，但它们并不能做到完美。就新软件而言，做这项工作的挑战更大。我们现在几乎可以即时访问想要听的任何音乐片段，对于这个事实我们应该予以多大程度的重视？

因此，我们是否低估了生产率的增长率，而实际的增长率更高？对这一主题的研究表明，答案是肯定的，但它有一个缺陷：对于整个经济而言，计量错误似乎并没有显著增加。换言之，计量失误只能解释计量的生产率增长下降的一小部分。

研究人员之间激烈争论的主题在于：如果认为生产率增长确实下降了，我们该如何解释呢？

> 对于创新应称为数码化还是数字化，目前尚无定论。

一些人认为，当前的重大创新不如过去的重大创新重要。重大创新是在许多领域和许多产品中都有应用的创新。[因此，这些创新被称为**通用技术**（general-purpose technologies）。]西北大学的罗伯特·戈登研究了技术创新的历史，并认为过去 150 年的两大创新是电力和内燃机。在引入之后的几十年里，它们以令人惊叹的方法改变了一般的生产和生活方式。举几个例子：电力催生了空调的使用和美国南部的发展，还引起了冰箱的发展，使食物能够保存更长的时间，从而改变了食品生产和分配体系。内燃机催生了汽车的出现，引发了州际高速公路的建设，塑造了城市的发展。他认为，当前的主要创新，即数字化，还没有达到同样广泛的影响。因此，我们不应该期望它会产生与之前的重大创新相同的影响。他声称，高科技进步的时代已经过去了。

> 有关技术进步的更多错误预测，请参阅以下网址：www.pcworld.com/article/155984/worst_tech_predictions.html。

而其他人，特别是麻省理工学院的埃里克·布林约尔夫森认为，数字化以及计算机日益强大的功能将改变我们的生活，其程度不亚于甚至超出之前的电力或内燃机。人工智能和机器学习几乎可以改变任何活动，从无人驾驶汽车到人类基因组图谱和医学的重大进展，再到律师获取相关判例的方式。他认为，当前生产率的低增长反映了扩散和发现新应用的过程缓慢。他总结说，未来是光明的，认为技术进步没有尽头。

> 关于扩散速度：参见第 12 章的要点解析"新技术的传播：杂交玉米"。

谁对谁错？诚实的回答是没有人真正知道。有许多惊人的错误预测，包括 IBM 前首席执行官托马斯·沃森的预测，他在 1943 年说："我认为电脑在全球大概只卖得出去五台。"但这场辩论表明了创新过程和扩散速度在解释前沿技术进步方面的重要性。（正如我在第 12 章中所讨论的，发展中国家的技术进步在很大程度上取决于其他因素，即适应和使用现有技术的能力，而这反过来又取决于从产权到教育的制度。）

13.2 机器人与失业

自工业革命开始以来，工人们一直担心技术进步会消除工作岗位并增加失业率。在 19 世纪初的英格兰，纺织行业的工人团体（被称为勒德派）摧毁了认为对他们的工作构成直接威胁的新机器。其他国家也发生了类似的运动。"破坏者"一词来自法国工人摧毁机器的方式之一：将他们的木屐（沉重的木鞋）放入机器中。

每当失业率高时，**技术性失业**（technological unemployment）的主题通常就会重新出现。在大萧条时期，一场名为"技术官僚运动"的运动认为，高失业率来自机器的引进，如果允许技术进步继续下去，情况只会变得更糟。20世纪90年代末，法国通过了一项法律，将每周正常工作时间从39小时减少到35小时，所援引的理由之一是：由于技术进步，不再有足够的工作让所有工人都拥有全职工作；提议的解决方案是让每个工人工作更少的时间（以相同的小时工资），这样他们中的更多人可以就业。（这不是法律背后的唯一理由。另一个更好的理由是，生产力的提高应该部分以更高收入的形式实现，部分以更多休闲的形式实现。这一论点的问题在于，为什么收入和休闲之间的选择应该通过立法来实现，而不是由工人和企业来决定。）

以最简单的形式来说，技术进步必然导致更高失业率的观点显然是错误的。发达国家生活水平的大幅提高伴随着就业的大幅增加，而失业率并没有上升。在美国，自1890年以来，人均实际产出增加了10倍，而就业不仅没有下降，反而增加了6.5倍（反映了美国人口规模的平行增长）。正如我们所看到的，失业率非常低。纵观各国，也没有任何证据表明失业率与生产力水平之间存在系统性的正相关关系。

然而，必须更加认真地对待更复杂版本的技术失业假说。首先，人们可能会认为，由于更高的生产力导致一些公司减少就业，新的工作可能需要一段时间才能取代被破坏的工作，从而导致一段时间的甚至永远的更高失业率。可是，证据表明情况并非如此。

图13-1描绘了自1890年以来每10年美国平均劳动生产率增长和平均失业率。乍一看，两者之间似乎没有什么关系。但是，如果我们忽略20世纪30年代（大萧条的10年），那么生产率增长和失业率之间的关系就会浮现。但这与那些相信技术失业的人预测的关系相反。高生产率增长时期，如20世纪40年代至60年代，失业率较低。低生产率增长的时期，如美国在2010—2018年的情况，失业率较高。

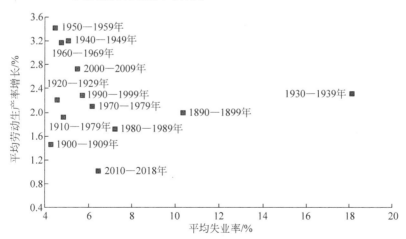

图13-1　1890—2018年生产率增长和失业率（10年平均值）

资料来源：1960年之前的数据：*Historical Statistics of the United States*。1960年以后的数据：*Bureau of Labor Statistics*。

然而，过去是正确的，将来却未必正确。而且机器人似乎足够具有威胁性了。就其本质而言，它们可以取代最不熟练的工人；然后，以此类推，随着机器人变得越来越成熟，有更高技能的工人也会被取代。最近的一项研究得出结论：在接下来的20年里，47%的美国工人面临被机器人取代的风险。

麻省理工学院的达隆·阿塞莫格鲁和帕斯夸尔·雷斯特雷波的一项研究着眼于机器人引入对当地劳动力市场就业影响的证据，得出的结论是：在引入机器人的地方，机器人确实会破坏就业。即使成本的降低使应用机器人的公司能够以更低廉的价格销售其产品，从而增加销售额和产量，但机器人替代工人仍占主导地位，并导致就业机会减少。

问题在于机器人是否会在其他地方创造就业机会。例如，如果使用机器人的公司生产了更便宜的中间投入品，其他公司现在将看到生产成本下降，从而可能增加就业。这更难评估。可以说，到目前为止，即使对于低技能的工人来说，美国的失业率也低于历史标准：具有高中学历但没有大学文凭的工人和高中未毕业的工人的失业率分别为3.8%和5.7%，均处于历史低位。显然，任何因为机器人而被淘汰的工作都已被其他地方的工作所取代。然而，这可能是由于其他因素，如一些对就业有利的冲击，人们无法确定是否会在未来持续下去。这也留下了一个悬而未决的问题，即那些因机器人而失业的工人是以相同的工资还是以更低的工资获得了新的工作。这就引出了收入不平等的问题，我们将在下一节中重点讨论。

简而言之，到目前为止，机器人并没有导致大规模失业或更高的失业率。尽管这接近科幻小说，但想想如果机器人消除了所有工作，经济会是什么样子是很有趣的。坦率地说，那样可能是地狱，也可能是天堂。地狱的情形：比如说所有的机器人都属于一个非常富有的主人，而其他人都失业了。天堂的情形：每个人都有权利拥有一台机器人，靠机器人生产的收入为生，同时享受悠闲的生活。诚然，这些超出了极端情况，但它们表明了政策制定者未来可能面临的问题：如何消除不平等——例如，是保证所有人的最低收入，还是重新分配财富和产权。

13.3 增长、动荡和不平等

机器人是一种特别引人注目的技术进步形式。但它们造成的问题更为普遍。技术进步从根本来说是一个结构性变化的过程，对劳动力市场的变化有着深远的影响。

该主题是哈佛大学经济学家约瑟夫·熊彼特工作的核心，他在20世纪30年代强调增长过程从根本来说是一个**创造性毁灭**（creative destruction）的过程：新产品的出现使旧产品被淘汰，引入新技术需要新的技能，旧的技能不再适用。当这种情况发生时，旧的工作岗位被淘汰，新的工作岗位被创造出来。

动荡：进步的悖论（1993）。

美联储达拉斯分行前任行长罗伯特·麦克蒂尔在一份题为《动荡》（*The Churn*）的报告中很好地说明了这种过程的实质：

"我的祖父和他的父亲都是铁匠，但我的父亲反而是改革性搅局的一分子。我父亲在七年级退学后在锯木厂工作，但他热衷于自己创业。他租了一间小屋，开了一家汽车加油站，为那些使他父亲失去工作的汽车服务。我的父亲很成功，在山顶买了一些地，建造了卡车停靠站。在20英里以西的高速公路修好之前,我们的卡车停靠站经营得不错。这个动荡(churn)使75号高速公路取代了US411号公路,我对好日子的憧憬也消失了。"

许多职业,如铁匠和马具制造工人,已经永远消失了。例如,20世纪初美国有1 100多万的农场工人,由于农业的生产率提高,现在已经不足100万了。相反,现在有300多万名卡车、汽车和出租车司机,而1900年一个也没有。同样,现在有100多万名电脑编程员,1960年时几乎没有。

即便工人有相应的技能,他们就职的企业还是可能被其他高效企业取代,企业的产品可能被其他产品取代。要点解析"就业破坏、动荡和收入损失"探讨了技术变革带来的巨大社会收益与失业工人可能付出的巨大成本之间的紧张关系。

要点解析

就业破坏、动荡和收入损失

技术进步对消费者有利,但对失业的工人来说可能很艰难。史蒂夫·戴维斯和蒂尔·冯·瓦赫特的一项研究记录了这一点,他们使用1974年至2008年间社会保障局的记录来观察由于大规模裁员而失业的工人会怎么样。

戴维斯和冯·瓦赫特首先找出了所有员工人数超过50人的公司,他们把大规模裁员定义为至少30%的员工在一个季度内被解雇。然后,他们找到在该公司工作至少3年的被裁工人,将这些人归类为长期雇员。他们比较了在大规模裁员中被解雇的长期雇员的劳动力市场经历与在裁员年度或未来两年未被裁员的劳动力中类似员工的劳动力市场经历。最后,他们将在经济衰退中经历大规模裁员的员工与在经济扩张中经历大规模裁员的员工进行比较。

图13-2总结了他们的研究结果。第0年是大规模裁员的年份;第1、2、3年等是大规模裁员事件发生之后的几年,负数年份是裁员事件发生之前的几年。

在大规模裁员事件发生之前,长期雇员的收入相对于社会其他人来说会增加。在同一家公司长期工作对个人工资增长有好处。在经济衰退期和扩张期都是如此。

看看裁员后的第一年发生了什么。如果你在经济衰退中遭遇大规模裁员,那么相对于没有经历大规模裁员的工人,你的收入会下降40%。如果你不那么不幸,而是经历了扩张期的大规模裁员,那么相对收益的下降小一些,但还是有25%。结论是:大规模裁员会导致相对收入大幅下降,无论它们发生在经济衰退期还是扩张期。

图13-2提出了另一个重要的观点。在裁员之后的几年,被裁员工的相对收入下降依然存在。如果大规模裁员发生在经济衰退期间,在之后的5年甚至长达20年,被裁工人的相对收入会持续下降约20%;如果发生在经济扩张期间,则下降约10%。因此,证据表明,大规模裁员与终身收入的大幅下降相关。

不难解释为什么会出现这种规模惊人的收入下降。那些在同一家公司工作过很长一段时间的工人有特定的技能,这些技能在该公司或行业中最有用,而在其他地方并没有这么高的价值。

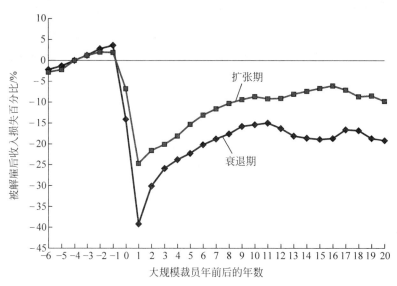

图 13-2 经历大规模裁员的工人的收入损失

资料来源：史蒂夫·J. 戴维斯和蒂尔·M. 冯·瓦赫特，*Recessions and the Cost of Job Loss*，National Bureau of Economics Working Paper No. 17638，2011。经许可使用。

其他研究发现，和没有经历大规模裁员的工人相比，在经历大规模裁员的家庭中，被裁工人的事业不稳定(失业期更长)，健康状况较差，后代教育水平较低且死亡率较高。这些是与大规模裁员有关的额外成本。

因此，尽管技术变革是长期增长的主要来源，而且显然能够为普通人提供更高的生活水平，但经历大规模裁员的工人更是明显的输家。技术变革确实会引起焦虑也就不足为奇了。

13.3.1 工资不平等的加剧

> 我们在第 7 章描述了当前的人口调查及其一些用途。

对于在增长型部门或者有相应技巧的人来说，技术进步会带来新的机会和更高的工资。但对于在衰退型部门和所拥有技巧被淘汰的人来说，技术进步可能意味着他们失去工作、一段时间的失业以及低得多的工资。在过去的 35 年中，美国工资不平等现象大幅加剧。许多经济学家认为技术变革是造成这一现象的最重要原因。

> 请注意 2015 年(图 13-3 中的最后一年)工资不平等的小幅下降。好消息？现在说还为时过早。

图 13-3 显示了自 1973 年以来，不同教育水平人群的相对工资的变化。数据来自当前人口调查中的个体劳动者信息。图中的每一条线都显示了特定教育水平的工人工资相对于只有高中文凭工人工资的演变——"高中肄业""高中文凭""大学肄业""大学文凭"和"高等学位"。所有工资水平都除以 1973 年的相应值，所以 1973 年的工资都为 1。从图 13-3 我们可以得出令人惊讶的结论。

从 20 世纪 80 年代初开始，教育水平低的工人其相对工资稳步减少，而教育水平高的工人其相对工资稳步增加。处于教育阶梯末端的未完成高中学业工人的相对工资减少了 11%。这意味着，在大多数情况下，工人的绝对工资和相对工资都下降了。处于教育阶梯顶端的高等学位工人的相对工资增加了 31%。简而言之，美国在过去 30 年里工资差距越来越大。

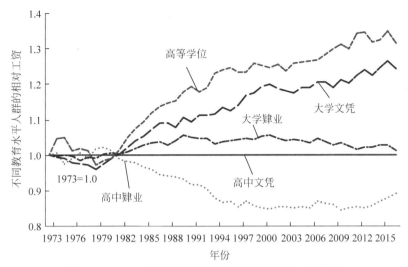

图 13-3　1973 年以来按教育水平划分的相对工资演变

资料来源：经济政策研究所数据区。www.epi.org/types/data-zone/。

注：自 20 世纪 80 年代初以来，低教育水平工人的相对工资有所下降；受教育程度高的工人的相对工资有所上升。

13.3.2　工资不平等加剧的原因

工资不平等加剧的原因是什么？高技能工人的工资相对于低技能工人的工资增加的主要原因是对高技能工人的需求相对于低技能工人稳步增加。相对需求的变化趋势并不是个新话题，但似乎有所加强，直到 20 世纪 80 年代，才很大程度上被高技能工人相对供应的稳定增加所抵消：完成高中学业、升入大学、完成大学学业的青年比例稳步上升。然而，自 20 世纪 80 年代初以来，虽然相对供给持续增加，但已不足以满足持续增长的相对需求，结果就是高技能工人相对于低技能工人的工资稳步增加。要点解析"长期视角：科技、教育和不平等"显示，20 世纪美国工资不平等的演变不仅是由技能的需求，也由技能的供给决定。

追求国际贸易的影响会让我们走得太远。如需更深入地讨论谁从贸易中获利和谁受损，请参阅保罗·克鲁格曼、莫里斯·奥布斯菲尔德和马克·梅利茨撰写的《国际经济学》，第 10 版 (2014)。

这就引出了下一个问题：为什么相对需求会稳定增加？

- 一种观点集中在国际贸易的作用上。这种观点认为，雇用大量低技能工人的美国企业被低工资国家的同类企业取代，被市场淘汰。或者，为保持竞争实力，企业必须将一部分生产转移到低工资水平国家。两种情况下的结果都是美国对低技能工人的相对需求减少。贸易和技术进步的影响有明显的相似之处：尽管贸易和技术进步都对经济整体有利，但它们都会带来结构性变化，使一些工人的境遇变糟。

毫无疑问，贸易是造成工资不平等加剧的原因之一。然而，更仔细的研究表明，这仅能部分解释相对需求的变化。最能说明相对需求并不只受贸易影响的事实是，即使在不受外国竞争影响的部门，相对需求向高技能工人的转移也是存在的。

- 另一种观点集中在**技能型技术进步**（**skill-biased technological progress**）上。这种观点认为新机器和新生产方式需要越来越多的高技能、高学历的工人。计算机技术的发展需要工人懂计算机。新生产方法要求工人更灵活、更好地适应新任务。灵活性则要求更多技能和教育。与基于贸易的解释不同,技能型技术进步能解释几乎所有部门相对需求的变化。因此,大部分经济学家认为这是导致工资不平等的主要原因。

要点解析

长期视角:科技、教育和不平等

在20世纪前75年,工资不平等程度有所下降。然后开始上升,并一直在增长。哈佛大学的两位经济学家克劳迪娅·戈尔丁和拉里·卡茨指出,教育是两种不平等趋势背后的主要因素。

以连续几代学生完成学业的水平衡量,美国的教育水平在20世纪前75年发展非常迅速。但从20世纪70年代开始,年轻人的教育进步大幅放缓,到20世纪80年代初,整个劳动力市场的教育进步也大幅放缓。对于从19世纪70年代到1950年出生的几代人来说,每十年伴随着约0.8年的教育年限增长。在这80年期间,绝大多数父母的孩子的教育程度都大大超过了父母。1945年出生的孩子比他们1921年出生的父母多上学2.2年。但1975年出生的孩子比他们1951年出生的父母只多上了半年学。

延长受教育时间的根本原因是明显的经济激励。如图13-4所示,20世纪40年代,再接受一年大学教育的工人的平均工资增长率很高:年轻男性为11%,所有男性为10%。这促使美国家庭延长孩子的上学时间,并且送他们上大学。受过教育的劳动力供应增加,降低了教育回报率和工资差距。到1950年,年轻男性再接受一年大学教育的回报下降到8%,所有男性的回报下降到9%。但到1990年,回报率又回到了20世纪30年代的水平。如今,多读一年大学的回报率高于20世纪30年代。

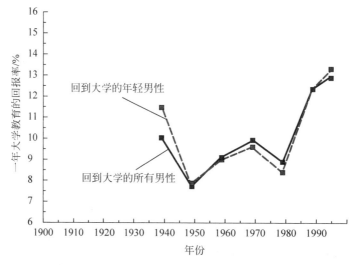

图13-4 1939年至1995年的工资差异和教育回报

资料来源:克劳迪娅·戈尔丁和拉里·卡茨,*Decreasing (and then Increasing) Inequality in America: A Tale of Two Half Centuries*,摘自:菲尼斯·韦尔奇 *The Causes and Consequences of Increasing Inequality*,Chicago: University of Chicago Press; 2001. pp. 37-82。经许可使用。

从这一证据中可以得出两点经验。

首先是技术进步，即便是伴随着对熟练和受过教育的工人的需求增加的技术型进步，也并不一定会加剧经济不平等。对于20世纪前75年的人来说，技能需求的增加远远超过了技能供应的增加，这导致了不平等不断下降的趋势。此后，需求继续增长，而供应增长放缓，再次导致不平等加剧。

其次，虽然市场力量为需求提供了应对工资差异的激励，但制度也很重要。对于20世纪初的大多数美国人来说，至少读到高中基本上是不受限制的。教育是政府提供并资助的，除了高等教育，其他教育并不直接收费。即使是在农村生活的美国人也有权利把他们的子女送到公立中学，尽管非裔美国人，特别是南方的非裔美国人，经常被排除在各级学校之外。这带来了本质的差别。

13.3.3 不平等和前1%收入群体

我们已经研究了工资不平等，即所有工薪阶层的工资分配情况。然而，不平等的另一个方面是最富有的家庭的收入比例（例如，收入分配中前1%的家庭）。当我们考虑收入水平非常高的不平等现象时，工资收入并不是一个好的衡量标准。富有的食利者从他们拥有的资产中获得收入。成功的企业家的大部分收入（有时几乎是全部）不是来自工资，而是来自资本收入和资本收益。这是因为他们通常通过工资和公司股票获得报酬，他们也可以在一定的限制下出售公司股票获取利润。

要想在2014年跻身美国前1%的行列，一个家庭的收入必须超过40.8万美元。要跻身前0.1%，必须超过160万美元。要跻身前0.01%，必须超过780万美元。

如图13-5所示，前1%收入群体的份额发生了惊人的变化。从20世纪30年代到20世纪70年代末，前1%家庭的收入份额稳步下降。然而，从那以后，这一比例急剧上升，从大约9%增加到今天的22%。相比之下，底层50%人口所占的份额急剧下降。

图13-5　1913年以来美国收入最高的1%和收入最低的50%的家庭所占的份额的演变

在前1%人群中,数字更加惊人:虽然前1%占收入的22%,但仅前0.1%就占17%,前0.01%占5.1%。从财富的角度来看,不平等性更为严重。最富有的0.01%占总财富的11%。托马斯·皮凯蒂写道,以这种方式衡量的美国的不平等现象"可能比在过去任何时候、世界任何地方的任何其他社会都高",他的《21世纪的资本》(*Capital in the 21st Century*)一书在2014年出版时荣登全球畅销书榜首。

这些高收入群体中的人是谁?在前1%的人群中,这份名单是你所期望的——医生、律师、高管、中型企业的所有者。那0.01%呢?一种形象是继承人,他们主要依靠资本收入生活。另一种是成功的企业家,他们是亚马逊、Facebook和谷歌等企业的创始人。要了解哪种形象最适合,可以查看《福布斯》每年列出的400位最富有的美国人的名单(在前0.01%的16 000个家庭中占2.5%,平均财富约为4亿美元)。在这份名单中,大约1/3的人继承了相当大比例的财富,2/3的人大多是白手起家的企业家和高层管理人员。

为什么这些企业家和高管变得如此富有?皮凯蒂指向不完善的公司治理,为CEO提供高昂薪酬的公司董事会。他认为,在一定程度上,很难在数据中找到薪酬与绩效之间的任何联系。虽然有很多关于这种过度行为的轶事证据,但显然还有另一个因素在起作用,这也是技术进步的本质。许多新行业表现出强劲的规模收益递增:它们的成本主要是固定成本,与用户数量关系不大。因此,用户越多,每位用户的成本就越低。结果是出现了拥有大量客户的大型公司。2018年底,Facebook用户数为23亿,亚马逊金牌服务会员数为1亿。金融领域也是如此,最大的基金往往管理着数千亿美元甚至数万亿美元。2018年底,最大的资产管理基金贝莱德管理着6万亿美元的资产。鉴于这些公司的规模和利润的规模,创始人和高管拥有如此高的收入和巨额财富也就不足为奇了。

13.3.4 增长与不平等

各国是否有可能在不加剧不平等的情况下维持增长?我们刚刚看到的趋势并不令人放心,但有两个理由能让我们不过于悲观:首先,并非所有发达经济体都像美国一样。大多数国家的工资不平等和前1%人口所占据的收入和财富的比例一直在上升,但通常远低于美国。其次,必须区分**市场收入不平等**(market income inequality),即税前和转移支付前的收入不平等和**可支配收入不平等**(disposable income inequality),即税后和转移支付后收入。到目前为止,我们已经研究了市场不平等,但最终重要的是可支配收入的不平等。再说一次,并非所有发达经济体都像美国一样。

图13-6比较了美国和法国两种类型的不平等演变,清楚地说明了这些观点。它描绘了一种标准的不平等度量的演变,称为**基尼系数**(Gini coefficient),或简称基尼。该系数的构造在要点解析"不平等和基尼系数"中进行了说明,但其一般特征很简单:系数介于0和1之间。系数为0表示完全平等,每个人都有相同的收入;系数为1意味着完全不平等,一个人获得所有收入,其他人一无所获。(在实际中,系数从最平等国家的0.2到最不平等的国家的0.6。)

> 这个名字来自意大利统计学家科拉多·基尼,他在20世纪早期开发了这个系数。

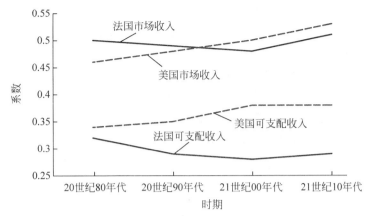

图 13-6　20 世纪 80 年代以来法国和美国市场收入和可支配收入基尼系数的演变

资料来源：马克斯·罗斯和埃斯特班·奥尔蒂斯·奥斯皮纳的 *Income Inequality*，2013 年 12 月首次出版；更新于 2016 年 10 月。(https://ourworldindata.org/economic-inequality)。

要点解析

不平等和基尼系数

基尼系数是衡量不平等的指标。描述它的最佳方式如图 13-7 所示：人口比例按收入递增的方式绘制在水平轴上，从 0 到 1。收入份额绘制在纵轴上，从 0 到 1。给定人口份额与对应的收入份额之间的关系由凸曲虚线表示。基尼系数由面积 A 与面积（A＋B）的比值表示。

要了解它的含义，请考虑一个人人都有相同收入的经济体。收入份额总是等于人口份额，所以两者之间的关系由对角线给出。面积 A 等于 0，因此基尼系数也等于 0。采取相反的极端，考虑一个所有收入都流向最富有个人的经济体。那么两者的关系就是一条覆盖横轴的平线，最后从 0 上升到 1。面积 B 等于 0，因此基尼系数等于 1。

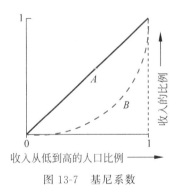

图 13-7　基尼系数

这些显然是极端和反事实的情况，基尼系数通常在 0.2 和 0.6 之间。一般来说，不平等程度越高，某一部分人口的收入份额就越小。例如，如果不平等导致大部分人口非常贫穷，则曲线将非常平坦地从 0 开始。如果不平等导致一小部分人口非常富裕，则曲线将非常陡峭地接近 1。

用一个数字来概括收入分配的复杂性具有明显的局限性。不平等可以有不同的形式，它们都可能导致相同的基尼系数。但它是一个简单直观的统计数据，可以比较不同时间或不同国家的收入分布。

图 13-6 的两个系列显示了美国和法国的市场收入不平等的基尼系数演变，实线为法国，虚线为美国。美国的基尼系数随着时间的推移而上升，反映了我们之前讨论的工资和最高 1% 人口收入越来越不平等。然而，法国的基尼系数

例如，看看同样规模的银行，法国银行家的薪酬远低于美国同行。

大致保持不变。这是一个重要的事实，因为这两个国家都受到类似的全球化影响，并获得相同的技术。这表明，除了贸易和技术进步之外，有关"可接受薪酬"的制度和社会规范等其他因素也会影响市场不平等。

底部的两个系列显示了两国可支配收入不平等的基尼系数演变。同样，它们之间形成了鲜明的对比。虽然美国的可支配收入基尼系数上升的数值大约是市场收入基尼系数上升数值的一半，但今天法国的基尼系数低于20世纪80年代的水平。换言之，通过税收和转移支付的再分配导致不平等程度（小幅）减少。这也是一个重要的事实。这表明，到目前为止，再分配足以限制不平等。（基尼系数是一个简单但粗略的衡量标准，它下降的事实并不意味着所有群体都平等地从增长中受益；一些工人或工人群体的收入还是相对下降的。）

想要限制不平等，实现所谓的**包容性增长**（inclusive growth），有着强烈的道德理由。政府这样做也有充分的政治理由。有证据表明，感知到的不平等，无论是相对工资还是约前1%人口的收入，都在许多国家民粹主义的兴起中发挥了作用。那么政府能做什么呢？

政府可以尝试通过更好的教育、最低工资和公司内部治理规则来减少市场收入不平等。或者，给定市场收入不平等，它们可以通过累进税制减少可支配收入不平等，包括使用负所得税增加在工资分配的底端工人的收入，以及通过食品券和失业救济金等转移支付。所有政府都使用其中一些工具，再分配可以大大减少不平等。图13-8给出了经济合作与发展组织最近的一项研究证据，该图显示了与市场收入和可支配收入不平等相关的基尼系数（乘以100），并表明了每个经合组织国家的再分配程度。

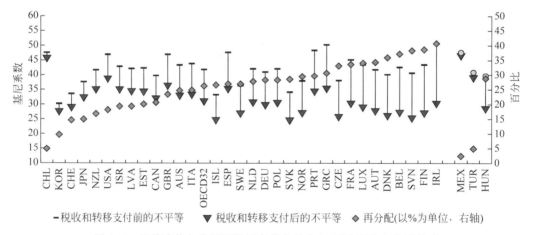

— 税收和转移支付前的不平等　▼ 税收和转移支付后的不平等　◆ 再分配（以%为单位，右轴）

图13-8　经济合作与发展组织国家的市场收入、可支配收入和再分配

资料来源：经济合作与发展组织国家的市场收入、可支配收入和再分配。经许可使用。
https://oecdecoscope.blog/2019/02/14/income-redistribution-across-oecd-countries-main-findings-andpolicy-implications/。

由该图得出三个结论：
- 各国的市场不平等程度差异很大，美国接近最高。基尼系数从韩国的30%和冰岛的34%到爱尔兰和希腊的50%以及美国的48%不等。由于这些国家中的大多数都对贸易开放并可以获得类似的技术，这表明了其他因素在决定结果方面的重要性。

- 再分配程度,定义为市场收入基尼系数和可支配收入基尼系数之差除以市场收入基尼系数,从智利的5%和韩国的10%到芬兰的38%和爱尔兰的40%不等。美国的数值较低,为18%。这表明政治选择在决定最终结果方面的重要性。
- 作为再分配的结果,可支配收入基尼系数通常低于市场收入基尼系数,而且通常低很多。例如,在爱尔兰,市场收入不平等程度很高,但由于再分配,可支配收入不平等程度很低。从25%到45%的可支配收入不平等小于从30%到50%的市场收入不平等,但仍然很大。在美国,市场收入不平等程度很高,再分配有限。

13.4 气候变化和全球变暖

众所周知,当存在外部性时,市场运作不佳。在增长方面,一个主要的外部性是温室气体的排放。这些气体是有成本的,但公司和人们在决定是否选择一种技术或另一种技术,或是否购买汽车等决策时并未将其考虑在内。

最重要的温室气体是二氧化碳。要了解其作用,请考虑太阳照射到地球的光。其中一部分阳光被地球吸收,另一部分被重新辐射回太空。大气中的二氧化碳含量决定了"温室效应"的强度——地球吸收了多少二氧化碳,又辐射了多少二氧化碳。吸收多少继而又是全球温度的主要决定因素。如果大气中没有二氧化碳或其他温室气体,太阳光会被吸收太少,再辐射太多,按此估计,全球温度约为$-18\ ℃$。但是,如果二氧化碳过多,地球的温度就会升高,从而导致全球变暖。严重的全球变暖将是灾难性的,导致海平面大幅上升、极端天气事件,世界部分地区变得不适宜居住。

自工业革命以来,化石燃料(主要是煤炭)的使用导致二氧化碳排放量大幅增加。与此同时,全球平均气温稳步上升。图13-9和图13-10显示了每一种情况的证据。

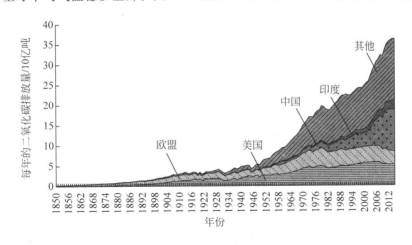

图13-9 自1850年以来的二氧化碳排放量(按地区划分)

图13-9显示了自1850年以来世界各地区二氧化碳排放量的增加情况:从工业革命时期的欧洲开始,随后美国接力,这期间随着时间的推移,排放量大幅增加。

图13-10显示了自1850年以来全球平均温度的上升,以与1850年温度的偏差为对象。

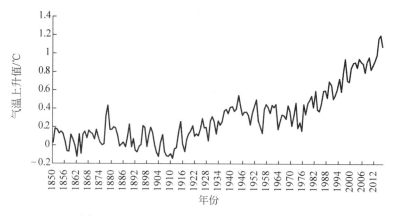

图 13-10　1850 年以来的全球平均气温上升值

资料来源：英国气象局哈德利中心：www.metoffice.gov.uk/hadobs/hadcrut4/index.html。

自 1850 年以来，全球平均气温上升了约 1.2 ℃，其中大部分上升发生在 20 世纪 70 年代后期之后。

二氧化碳水平和全球温度都有所上升的事实是无可争辩的。然而，人们可能会质疑全球温度的升高是由于二氧化碳水平的升高还是其他因素造成的。几乎所有科学家都认为这种关系确实是因果关系。即使不是，全球变暖也是一个重要问题，限制二氧化碳排放可以缓解这个问题。

从过去转向未来，主要问题是全球变暖的速度有多快。图 13-11 显示了一致的预测。如果根本没有气候政策，预计到 2100 年，温度将比工业革命前的值上升 4.1～4.8 ℃，使地球基本上不适合居住。根据现有政策，预计气温将上升 3.1～3.7 ℃，这仍然是灾难性的结果。根据目前的承诺，预计气温将上升 2.6～3.2 ℃。然而，承诺并不具有约束力，而且有证据表明许多国家没有兑现承诺。即使是这样，承诺的改变也不足以将增幅限制在科学家认为可以接受的 1.5～2 ℃。

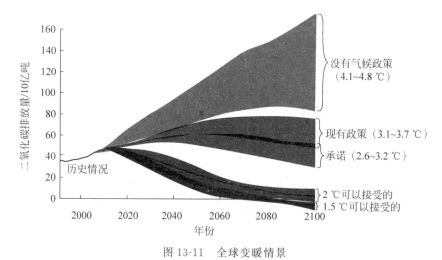

图 13-11　全球变暖情景

资料来源：马克斯·罗。https://ourworldindata.org/uploads/2018/04/Greenhouse-gas-emission-scenarios-01.png。

各国应采取哪些政策来限制增长？经济学家普遍认为，最好的政策是为碳排放定价，实际上是将外部性内部化。它没有发生的原因可能有四个：第一，直到最近，全球变暖才被视为高度优先事项。事实上，一些政府仍然不愿接受现实。第二，任何以今天的成本换取难以评估的未来收益的政策在政治上都很难推销。第三，由于每个国家相对贫穷的人往往拥有更旧且排放量更大的汽车，因此除非通过适当的转让进行补偿，否则该政策是倒退的。第四，也是最重要的一点，政策讨论导致了新兴市场和发达经济体之间紧张关系的加剧。

> 在我撰写本书时，包括27位诺贝尔奖获得者和15位前经济顾问委员会主席在内的3 000多名美国经济学家签署了一份声明，支持引入碳税。

更一般地说，很难在所有国家中达成一致，这反映在过去气候会议的有限成果上。由于没有达成协议，耶鲁大学的威廉·诺德豪斯提出了一个解决方案。愿意征收碳税的国家应该这样做，并对从没有征收碳税的国家进口的商品征收碳关税。这反过来又会激励这些国家征收碳税，以不再被征收关税。无论采用这种或另一种解决方案，问题都不会消失。

> 威廉·诺德豪斯2018年因其在气候变化方面的工作而获得诺贝尔奖。

本章提要

- 对快速技术进步的感知与衡量的生产率增长下降之间存在紧张关系。衡量生产率增长的下降似乎不是由于误测，而是真正的下降。过去，技术进步来自通用技术的发现及其在经济中的许多部门的扩散。没有人真正知道当前的通用技术数字化是否会产生同样的效果。

- 对技术进步将导致大规模失业的担忧由来已久，这在过去并没有得到证明。生产力比以前高很多倍，就业也是如此。即使在低技能工人中失业率也很低。然而，未来可能会有所不同，对机器人的担忧不一定是错误的。

- 技术进步是一个结构性变化的过程。新产品推出，其他产品消失。新公司诞生，老公司消失。虽然这一过程有利于消费者，但也使其中一些工人的境况更糟。有证据表明，那些由于公司经营不善而失去工作的人最终会在很长一段时间内收入较低。技能型技术进步导致低技能或受教育程度低的人与高技能或受教育程度较高的人之间的不平等加剧。

- 不平等的加剧还表现为收入最高的1%群体的相对收入和财富增加。部分原因是一些新技术的规模回报率越来越高，导致大公司的出现，创始人和高管的收入也越来越高。

- 市场收入不平等在各国存在差异，甚至在面临类似全球化和技术进步趋势的发达国家也存在差异，这表明它还取决于其他因素，如制度或社会规范。对于给定的市场收入不平等，再分配可以减少可支配收入的不平等。同样，各国的再分配程度也存在很大差异。

- 气候变化或许是增长的主要挑战。有证据表明，全球平均气温稳步上升，这很可能是由于二氧化碳排放量增加所致。到目前为止，相关政策的进展并不充分。最好的政策也许是引入碳税，但它面临艰难的政治和地缘政治障碍。

关键术语

- general-purpose technology,通用技术
- technological unemployment,技术性失业
- creative destruction,创造性毁灭
- skill-biased technological progress,技能型技术进步
- market income inequality,市场收入不平等
- disposable income inequality,可支配收入不平等
- Gini coefficient,基尼系数
- inclusive growth,包容性增长

本章习题

快速测试

1. 运用本章的信息,判断下面的说法是正确、错误还是不确定,并简要解释。
   a. 显然,技术增长率在过去10年中有所下降。
   b. 自1900年以来美国就业和人均产出的变化支持技术进步导致就业稳定增加的观点。
   c. 工人同样受益于创造性毁灭的过程。
   d. 过去的20年中,美国低技能工人的实际工资相对于高技能工人的实际工资有所下降。
   e. 计量失误在很大程度上解释了技术进步的下降。
   f. 新技术通常会取代技能较低的工人。
   g. 被称为通用技术的创新经常发生。
   h. 机器人的引入实际上可能会增加总就业。
   i. 有证据表明,因技术变革而关闭工厂导致失业的工人长期遭受工资损失。

2. a到e部分的政策变化如何影响美国低技能和高技能工人之间的工资差距?
   a. 增加公立学校的计算机开支。
   b. 对允许进入美国的外国临时农业工人数量的限制。
   c. 公立大学数量的增加。
   d. 美国公司在美洲中部的税收抵免。
   e. 支付给企业补贴,以将机器人引入生产过程。

3. 可以扩展生产函数,使产出由劳动投入 N、资本投入 K 和高碳行业型能源投入 E 决定。如果我们将生产函数写为

$$Y = N^{(1/3)} K^{(1/3)} E^{(1/3)}$$

   a. 使用表13-1中的输入值,这个生产函数是否表现出规模报酬不变?

表 13-1 情 形 1

N	K	E	输出
27	125	64	
54	250	128	
81	375	192	

b. 使用生产函数 $Y = N^{(1/3)} K^{(1/3)} E^{(1/3)}$，求解在表 13-2 每行中产出水平给定时所需的能源投入。

表 13-2 情形 2

N	K	E	输出
54	250		120
54	375		120
81	250		120

c. 使用 b 部分的结果评论以下陈述。

"因为规模报酬不变，所以要提高产量，就必须增加能源消耗。"

d. 用文字描述如何在不增加能源使用的情况下增加产量。书中指出，经济学家普遍认为，对碳排放能源征税是减少碳排放的最佳方式。这一命题如何符合上述生产函数？

深入挖掘

4. 技术增长率的变化。

在第 12 章，你使用以下表达式计算了表示技术增长率的残差项：

$$\text{残差} \equiv g_Y - [\alpha g_N + (1-\alpha) g_K]$$

产出的年增长率，g_Y；劳动投入，g_N；资本投入，g_K。2000 年至 2014 年的残差是多少？从宾夕法尼亚大学世界表格中，填写表 13-3。

表 13-3 1985 年和 1999 年的各项数值

	1985 年				1999 年			
	Y	N	K	劳动份额	Y	N	K	劳动份额
美国								

提醒：使用 rgdpo（2011 年美元）作为产出；emp 为劳动力投入数量；ck 为股本（2011 年美元）。劳动力的份额是 labsh。

计算 1985 年至 1999 年间 Y、N 和 K 的增长率。对 2000—2014 年进行相同的计算，或使用第 12 章的结果。

a. 比较 1985—1999 年和 2000—2014 年的技术增长率。

b. FRED 数据库提供了以下变量，作为低技能劳动力参与者群体失业率的衡量标准：16～24 岁没有读大学的高中毕业生（LNU04023068 系列）。该数据始于 1985 年。找到该系列并描述该系列从 1985 年到 2018 年（或最新的可用日期）的图表。从 2009 年到 2013 年，这个群体的失业率发生了什么变化？然后将该系列下载到电子表格中。

c. 现在计算这三个时期这一群体的平均失业率：1985—1999 年、2000 年到数据结束，以及 2017 年到数据结束。三种失业率的比较结果如何？你的结果是否支持更快的技术变革会增加低技能工人的失业率的说法？解释一下为什么你也关注 2017 年之后的年份。

5. 技术进步、农业和就业。

讨论以下陈述："那些认为技术进步不会减少就业的人应该关注农业。20 世纪初，农场工人超过 1 100 万。今天，只有不到 100 万。如果所有部门都开始像 20 世纪的农业那样实现生产率增长,那么一个世纪后将没有人就业。"

6. 技术和劳动力市场。

在第 7 章的附录中,我们了解了如何用劳动力需求和劳动力供应来表示工资设定和价格设定方程。在这个问题中,我们扩展分析以解释技术变革。

考虑工资设定方程

$$W/P = F(u, z)$$

作为对应劳动力供给的方程。回想一下,对于给定的劳动力 L 和失业率 u,可以写成

$$u = 1 - N/L$$

其中,N 是就业人数。

a. 将 u 的表达式代入工资设定方程。

b. 使用你在 a 部分中推导出的关系,在图表中绘制劳动供给曲线,其中,N 为横轴,实际工资 W/P 为纵轴。现在将价格设定方程写为

$$P = (1 + m)\text{MC}$$

其中,MC 是生产的边际成本。为了在一定程度上概括本书中的讨论,我们将其写作

$$\text{MC} = W/\text{MPL}$$

其中,W 是工资,MPL 是劳动的边际产量。

c. 将 MC 的表达式代入价格设定方程并求解实际工资 W/P。结果是劳动力需求关系,其中 W/P 是 MPL 和加价 m 的函数。

在本书中,为简单起见,我们假设 MPL 对于给定的技术水平是恒定的。在这里,我们假设 MPL 随着就业(同样对于给定的技术水平)而降低,这是一个更现实的假设。

d. 假设 MPL 随着就业而降低,使用与 b 部分相同的图表绘制 c 部分中得出的劳动力需求关系图。

e. 如果技术水平提高,劳动力需求曲线会发生什么变化?(提示:当技术改进时,MPL 会发生什么?)解释技术水平的提高对实际工资有何影响。

进一步探讨

7. 实际工资。

本章介绍了高技能和低技能工人的相对工资数据。在这个问题中,我们着眼于实际工资的演变。

a. 访问最近的总统经济报告的网站,找到表 B-15。查看 1982—1984 年生产和非监管员工的平均时薪数据(即实际时薪),以获取该表中最早和最新的数据。最早数据中的实际时薪与最近可查年份数据中的实际时薪相比如何?私营部门的实际小时收入是否在这段时间内有下降?

b. 鉴于本章中提供的相对工资数据,对 1974 年以来低技能工人实际工资的演变,你从 b 部分得到的结果表明了什么?对于低技能工人需求的相对下降的强度,你的回答表明了什么?

c. 对工人薪酬的分析可能遗漏了什么?工人是否获得工资以外的其他形式的补偿?

8. 收入不平等。

a. 书中有什么证据表明美国的收入不平等随着时间的推移而加剧?

b. 用受教育工人的供求来解释收入不平等的加剧。

c. 用受教育程度较低的工人的供求来解释收入不平等的加剧。

d. 做一个网络搜索,如果可能的话,对比民主党和共和党在关于收入不平等加剧是否需要政策解决这一问题的立场。

9. 碳排放与增长。

由于全球变暖,人们对碳排放非常感兴趣。世界银行以各种形式提供各国的碳排放数据。它位于:https://data.worldbank.org/indicator/en.atm.co2e.pp.gd。一个非常有趣的系列是二氧化碳排放量(每一美元 GDP 对应的二氧化碳排放量)。将此数据集下载到电子表格中。有对每一美元实际 GDP 的二氧化碳排放量的估计,这一变量有时被称为生产的碳强度。在撰写本报告时,该数据始于 1990 年,结束于 2014 年。

a. 查找美国的值。从 1990 年到最新的数据,美国产出的碳强度有何变化?

b. 对电子表格中的数据进行排序,找出 1990 年每美元 GDP 排放量最大的五个国家;在最近一年的呢?高排放国家名单有变化吗?

c. 现在重新考虑一下 1990 年碳排放强度最高的五个国家。它们在这段时间内降低了碳排放强度吗?

d. 回到宾夕法尼亚大学世界表格,使用购买力平价美元的 GDP 数据来衡量美国 2014 年的碳排放量是否高于 1990 年,中国的碳排放量在 1990 年更高还是 2014 年更高?

延伸阅读

- For more on the process of reallocation that characterizes modern economies, read *The Churn: The Paradox of Progress*, a report by the Federal Reserve Bank of Dallas (1993).
- For a fascinating account on how computers are transforming the labor market, read *The New Division of Labor: How Computers Are Creating the Next Job Market*, by Frank Levy and Richard Murnane (2004).
- For more statistics on various dimensions of inequality in the United States, a useful site is "The State of Working America," published by the Economic Policy Institute, at www.stateofworkingamerica.org/.
- For more on innovation and income inequality you can read, beyond Thomas Piketty's *Capital in the XXI Century* (2014), another piece by Thomas Piketty and Emmanuel Saez, "Income Inequality in the United States, 1913–1998." *The Quarterly Journal of Economics*, 118 (1): 1–41, and Emmanuel Saez (2013) "Striking it Richer: The Evolution of Top Incomes in the United States," mimeo UC Berkeley.
- For a more general view on technology and inequality, and one that comes from a slightly different perspective, you can also read "Technology and Inequality" by David Rotman, *MIT Technology Review*, October 21, 2014, available at www.technologyreview.com/featuredstory/531726/technology-and-inequality/.
- On the future of technological progress: The pessimistic view is presented by Robert Gordon, *The Rise and Fall of American Growth* (Princeton: Princeton University Press, 2016). A good video, summarizing his main arguments, is www.youtube.com/watch?v=PYHd7rpOTe8". For an optimistic view, read Erik Brynjolfsson and Andrew McAfee, *The Second Machine Age: Work, Progress, and Prosperity in a Time of Brilliant Technologies* (Norton and Company, 2014).
- On climate change: The energy section of the site https://ourworldindata.org/has a large number of datasets and visually outstanding graphs on climate change. The Nobel lecture by William Nordhaus is also worth listening to: www.nobelprize.org/prizes/economic-sciences/2018/nordhaus/lecture/.

扩 展 部 分

预　　期

接下来的三章涵盖了核心内容的第一个扩展，关注预期对产出波动的影响。

第 14 章

第 14 章着重于预期在金融市场中的作用。这一章引入了预期贴现值的概念，这在资产定价以及消费和投资决策中发挥着重要作用。利用这一概念，本章考察了债券价格和收益率的决定，通过观察收益率曲线来了解预期未来利率的变化。接着，本章转向股票价格，并阐述了股票价格如何取决于预期的未来分红和利息。最后，本章讨论了股票价格是否总是反映基础价值，还是可能反映了泡沫和狂热。

第 15 章

第 15 章着重于考察预期在消费和投资决策中的作用。这一章展示了消费如何部分取决于当期收入，部分取决于人力财富及金融财富；本章也展示了投资如何部分依赖于当期现金流量，同时部分依赖于未来利润的预期现值。

第 16 章

第 16 章考察预期在产出波动中的作用。这一章始于 IS-LM 模型，拓展了对产品市场均衡(IS 关系)的描述，以反映预期对支出的影响。本章还从预期的角度重新讨论了货币政策和财政政策对产出的影响。

第 14 章 金融市场和预期

本章整个篇幅将集中讨论预期在债券、股票和房地产等资产定价中的作用。我们在本书核心部分的不同地方非正式地讨论了期望的作用,现在是时候正式地讨论一下了。正如你看到的那样,资产价格不仅受到现在和未来预期活动的影响,而且能反过来影响经济决策(这些决策会影响当前经济活动)。理解定价是理解波动的关键。

14.1 节　　引入预期贴现值的概念,它在资产定价、消费与投资决策中起着核心作用。

14.2 节　　讨论债券价格和债券收益的决定。它展示了债券价格和收益如何依赖于当前和预期的未来短期利率,然后向我们展示了如何使用收益曲线来了解预期未来短期利率的走势。

14.3 节　　讨论股票价格的决定。首先说明股价如何依赖于当期和预期未来利润,以及当期和预期未来利率。然后讨论经济活动的变化如何影响股票价格。

14.4 节　　进一步讨论狂热和泡沫的相关性——资产价格(尤其是股票或房价)的波动似乎与当前和预期的未来支付或利率无关。

> 如果你还记得本章的一条基本信息,它应该是:预期决定债券和股票的价格。

14.1　预期贴现值

为了理解贴现值的重要性,考虑一个经理所面临的问题——他正在决定是否购买一台新机器。一方面,购买和安装机器涉及今天的成本支出。另一方面,这个机器可以在未来实现更高的产出、更高的销量和更高的利润。经理面临的问题是这些预期利润的价值是否高于购买和安装机器的成本。这就是预期贴现值概念派上用场的地方。一系列未来支付的**预期贴现值**(expected present discounted value)就是这一系列预期支付在今天的价值。一旦经理计算出一系列利润的预期贴现值,他的问题就变得简单了。他只需要比较两个值——预期贴现值和初始成本。如果预期贴现值超过成本,他就应该买下这台机器;反之就不购买。

问题是预期贴现值不能直接被观察到。它们是根据一系列预期支付和预期利率的信息来构造的。接下来让我们看看这个构造机制。

计算预期贴现值

在本节,为了简单起见,我们忽略了在第 6 章详细讨论的风险问题。我们将在下一节讨论它。

用 i_t 来表示年名义利率,所以今年借出 1 美元意味着明年收回 $1+i_t$ 美元。同样,今年借入 1 美元意味着明年还 $1+i_t$ 美元。从这个意义来说,今年的 1 美元在明年值 $1+i_t$ 美元。这种关系用图 14-1 的第一行表示。

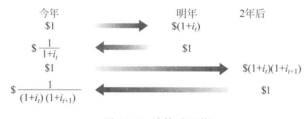

图 14-1 计算贴现值

i_t:折现率。
$1/(1+i_t)$:折现因子。
如果折现率提高,那么折现因子就会下降。

反过来问:明年的 1 美元在今年值多少钱呢?答案展示在图 14-1 的第二行,是 $1/(1+i_t)$ 美元。可以这样想:如果你今年借出 $1/(1+i_t)$ 美元,那么你明年会收到 $1/(1+i_t)$ 乘以 $(1+i_t)=1$ 美元。同样地,如果你今年借入 $1/(1+i_t)$ 美元,那么明年你刚好需要偿还 1 美元。所以,明年的 1 美元今年值 $1/(1+i_t)$ 美元。

更正式地说,$1/(1+i_t)$ 是明年 1 美元的贴现值。"现值"表示明年一个支付额在今天用美元表示的价值。"贴现"表示明年的价值在今年是折价的,$1/(1+i_t)$ 是**折现因子**(discount factor)。折现的利率(在这种情况下是名义利率 i_t)有时被称为**折现率**(discount rate)。

名义利率越高,明年的 1 美元在今天的价值就越低。如果 $i=5\%$,明年的 1 美元在今天的价值就是 $1/1.05\approx95$ 美分。如果 $i=10\%$,明年的 1 美元在今天的价值就是 $1/1.10\approx91$ 美分。

现在用同样的逻辑计算两年后的 1 美元在今天的价值。假设当前和未来的一年期名义利率是确定的。用 i_t 代表今年的名义利率,i_{t+1} 代表明年的名义利率。

如果你今年借出去 1 美元,那么两年后你将得到 $(1+i_t)(1+i_{t+1})$ 美元。换句话说,今天的 1 美元在两年后值 $(1+i_t)(1+i_{t+1})$ 美元。图 14-1 的第三行展示了这个关系。

那两年后的 1 美元在今天值多少呢?用之前同样的逻辑,答案是 $1/(1+i_t)(1+i_{t+1})$ 美元。如果你今年借出去 $1/(1+i_t)(1+i_{t+1})$ 美元,那么在两年后你将得到 1 美元。所以,两年后 1 美元的贴现值等于 $1/(1+i_t)(1+i_{t+1})$ 美元。图 14-1 的最后一行展示了这个关系。例如,如果今年和明年的一年期名义利率相同,即 $i_t=i_{t+1}=5\%$,那么两年后 1 美元的折现值等于 $1/(1.05)^2$,即大约今天的 91 美分。

1. 一般公式

经历这些步骤之后,不论支付和利率怎么变化,我们都很容易得出当前的贴现值。考虑一系列美元支付,从今天开始一直持续到未来。假设未来的支付和利率都是确定的。用 z_t 表示今天的支付，z_{t+1} 表示明年的支付，z_{t+2} 表示两年后的支付，以此类推。

这一系列支付的贴现值，也就是这一系列支付以今天的美元计算的价值，我们用 $\$V_t$ 表示，它由下式计算得出：

$$\$V_t = \$z_t + \frac{1}{1+i_t}\$z_{t+1} + \frac{1}{(1+i_t)(1+i_{t+1})}\$z_{t+2} + \cdots$$

未来的每笔支付都要乘以相应的折现因子。支付距离今天的时间越长，折现因子越小，因此这一支付在今天的价值就越小。换句话说，未来支付贴现得越多，其现值就越低。

我们假设未来的支付和利率是确定的。然而，实际的决定必须基于对未来支付的预期，而不是这些支付的实际价值。在我们前面的例子中，经理不能确定新机器能带来多少利润，也不知道未来的利率是多少。他所能做的就是尽量作出最准确的预测，然后根据这些预测计算出利润的预期贴现值。

当未来的支付和利率不确定时，我们如何计算预期贴现值呢？基本上和之前一样，只不过是用预期的未来支付和利率替换已知的未来支付和利率。形式上：用 $\$z^e_{t+1}$ 表示明年的预期支付，$\$z^e_{t+2}$ 表示两年后的预期支付，以此类推。类似地，用 i^e_{t+1} 表示明年的预期一年期名义利率，以此类推（今年的一年期名义利率 i_t 是已知的，所以它不需要上标 e）。这一系列预期支付的预期贴现值由下式得出：

$$\$V_t = \$z_t + \frac{1}{1+i_t}\$z^e_{t+1} + \frac{1}{(1+i_t)(1+i^e_{t+1})}\$z^e_{t+2} + \cdots \tag{14.1}$$

"预期贴现值"描述起来比较复杂；我们通常只用**贴现值**（present discounted value），甚至只用**现值**（present value）来表示。此外，有一种更简明的方式来表示式(14.1)。为了表示一系列预期的 $\$z$ 的现值，我们可以写成 $V(\$z_t)$，或 $V(\$z)$。

2. 现值的应用：举例

式(14.1)有两层重要的含义。

- 现值与今天的实际支付和预期未来支付正相关。今天的 $\$z$ 或未来的 $\$z^e$ 的增加都会导致现值的增加。
- 现值与当前利率和预期未来利率负相关。当前的 i 或未来的 i_e 的增加都会导致现值的减少。

然而，式(14.1)并不简单，我们可以通过一些例子更好地理解它的内涵。

3. 固定利率

为了集中讨论一系列支付对现值的影响，假设利率随着时间的推移是恒定的，因此 $i_t = i^e_{t+1} = \cdots$，并用 i 表示它们的共同值。等式(14.1)就表示为

$$\$V_t = \$z_t + \frac{1}{1+i}\$z^e_{t+1} + \frac{1}{(1+i)^2}\$z^e_{t+2} + \cdots \tag{14.2}$$

在这个例子中，现值是当前和预期未来支付的加权和，其权重随着时间推移而下降。今年支付的权重是 1，n 年后支付的权重是 $(1/(1+i))^n$。在利率为正的情况下，随着时间的推移，权重逐渐接近零。例如，在利率为 10% 的情况下，10 年后支付的权重等于 $1/(1+$

$\$z$ 的增加或未来 $\$z^e$ 的增加会导致 V 的增加。

i 的增加或未来 i^e 的增加会导致 V 的减少。

权重对应几何级数的项。请参阅本书末尾附录 2 中关于几何级数的讨论。

$0.10)^{10} = 0.386$，因此10年后的1 000美元在今天值386美元。30年后支付的权重是$1/(1+0.10)^{30} = 0.057$，因此30年后的1 000美元在今天只值57美元。

4. 固定利率和支付

到目前为止，几何级数应该没什么秘密了，推导这个关系对于你应该没问题。但如果你有，请参阅本书最后的附录2。

在某些情况下，计算一系列支付的现值很简单。例如，典型的30年期固定利率抵押贷款要求在30年内每年支付固定的美元。考虑一个持续n年的等额支付序列，记作\$$z$美元，没有时间下标并且包括今年在内。在这种情况下，式(14.2)中的现值公式简化为

$$\$V_t = \$z \left[1 + \frac{1}{1+i} + \cdots + \frac{1}{(1+i)^{n-1}} \right]$$

括号中的表达式是一个几何级数，我们可以计算这个级数的和，得到

$$\$V_t = \$z \frac{1 - [1/(1+i)^n]}{1 - [1/(1+i)]}$$

如果$i=4\%$，则现值是多少？$i=8\%$呢？（答案分别是706 000美元和530 000美元）

假设你刚从彩票中心赢了100万美元，并且在电视上向你展示了一张6英尺（1英尺=0.304 8米）的100万美元的支票。之后你被告知，为了保护你不受最坏的消费本能和许多新"朋友"的伤害，彩票中心将在未来20年里每年等额支付你5万美元。你的奖金在今天的现值是多少？以每年6%的利率为例，由前面的公式可以得出：$V = \$50\,000(0.688)/(0.057) \approx 608\,000$美元。虽然还不错，但是中奖并没有让你成为百万富翁。

5. 固定利率和永续支付

2015年，当英国政府决定回购这些债券时，其中一些债券仍在流通中。

让我们进一步假设支付不仅是恒定的，而且是长久持续的。这样的例子在现实世界很难找到，但有一个19世纪英格兰的例子，当时政府发行了永续固定年息债券。令\$$z$表示固定支付。假设支付从明年开始，而不是像前面的例子中那样马上开始（这使数学计算更简单）。由式(14.2)可知

$$\$V_t = \frac{1}{1+i}\$z + \frac{1}{(1+i)^2}\$z + \cdots = \frac{1}{1+i}\left[1 + \frac{1}{1+i} + \cdots\right]\$z$$

第2行提出了折现因子$1/(1+i)$。观察括号中的形式，可以很容易看出这样做的原因。它是一个无限几何级数的和，所以我们可以用几何级数的性质来重新改写现值公式：

$$\$V_t = \frac{1}{1+i} \frac{1}{1-(1/1+i)}\$z$$

或者继续简化为（步骤见本书最后附录2中的命题2）：

$$\$V_t = \frac{\$z}{i}$$

一系列不变支付\$$z$的现值等于\$$z$与利率$i$的比值。例如，如果预期利率永远是5%，那么每年支付10美元的永续固定年息债券的现值等于\$10/0.05 = \$200。如果利率上升并且永远是10%，那么永续固定年息债券的现值将下降到\$10/0.10 = \$100。

6. 零利率

计算贴现值通常需要使用计算器。然而有一种情况计算比较简单，即利率为零的情况。如果 $i=0$，那么 $1/(1+i)=1$，对于任意次幂 n，$1/(1+i)^n$ 都为 1，因此，一系列预期支付的贴现值就是这些预期支付的总和。因为利率通常是正的，假设利率为零只是一个近似值。但它对于粗略计算是有用的。

7. 名义利率、实际利率和现值

到目前为止，我们已经用美元的名义利率计算了一系列美元支付的现值。具体有式(14.1)：

$$\$V_t = \$z_t + \frac{1}{1+i_t}\$z^e_{t+1} + \frac{1}{(1+i_t)(1+i^e_{t+1})}\$z^e_{t+2} + \cdots$$

其中，$i_t, i^e_{t+1}, \cdots$ 是一系列当前和预期的未来的名义利率，而 $\$z_t, \$z^e_{t+1}, \$z^e_{t+2}, \cdots$ 是一系列当前和预期的未来的美元支付。

假设我们要计算一系列实际支付的现值，也就是以一篮子商品而不是美元来计算支付。按照前面的逻辑，我们需要在这个例子中使用正确的利率，即一篮子商品表示的利率——实际利率。具体来说，我们可以将一系列实际支付的现值写成

$$V_t = z_t + \frac{1}{1+r_t}z^e_{t+1} + \frac{1}{(1+r_t)(1+r^e_{t+1})}z^e_{t+2} + \cdots \quad (14.3)$$

其中，$r_t, r^e_{t+1}, \cdots$ 是一系列当前和预期的未来实际利率，$z_t, z^e_{t+1}, z^e_{t+2}, \cdots$ 是一系列当前和预期的未来实际支付，V_t 是未来实际支付的现值。

这两种计算现值的方法是等价的，即利用式(14.1)构造 $\$V_t$，除以价格水平 P_t，等于式(14.3)得到的实际价值 V_t，因此：

$$\$V_t / P_t = V_t$$

> 证明在本章的附录中给出，尽管它可能不是很有趣，但可以通过它来测试你对两个概念的理解——实际利率与名义利率，以及预期现值。

换句话说：我们可以用两种方法计算一系列支付的现值。一种方法是以美元表示的一系列支付的现值，使用名义利率折现，然后除以当前的价格水平。另一种方法是以一揽子产品表示的一系列支付的现值，使用实际利率折现。这两种方法得到的答案相同。

我们需要两个公式吗？是的。哪一个更有用，取决于具体情景。

以债券为例。债券通常是在一段时期内要求一系列名义收益。例如，10 年期债券可能承诺在 10 年内每年支付 50 美元，加上最后一年的最终支付 1 000 美元。因此，当我们在下一节研究债券定价时，我们将依赖方程(14.1)（以美元表示），而不是方程(14.3)（以实际价格表示）。

但有时，我们更关心未来预期的实际价值而非未来预期的美元价值。你对 20 年后的美元价值可能还没有什么概念。它的价值在很大程度上取决于此时和彼时之间的通货膨胀情况。但是你可能会确信你的名义收入增长至少会和通货膨胀一样多——换句话说，你的实际收入不会减少。在这种情况下，使用式(14.1)将是困难的，它需要你形成对未来美元收入的预期。然而，使用式(14.3)可能更容易，它需要你形成对未来实际收入的预期。因此，当我们在第 15 章讨论消费和投资决策时，我们将使用式(14.3)而不是式(14.1)。

14.2 债券价格和债券收益

债券之间的区别主要表现在两个方面：

- **期限**（maturity）：指承诺向持有者提供收益的时间长度。如果一种债券承诺在6个月后支付1 000美元，则其期限为6个月；如果一种债券承诺在未来的20年里每年支付100美元，同时在20年结束的时候支付最后一笔1 000美元，则其期限为20年。
- **风险**：这可能是**违约风险**（default risk），即债券的发行者（可能是政府，也可能是公司）不能全额偿还债券承诺价款的风险。也可能是**价格风险**（price risk），即未来你想在到期前卖出债券的价格的不确定性。

> 我们前面介绍了不同利率之间的两个区别——实际利率与名义利率，以及政策利率与借款利率（我们暂时不考虑第二个区别）。现在我们引入第三组不同的利率，即短期利率与长期利率。注意，这将产生8种组合。

在决定利率时期限和风险都很重要。因为我想在这里集中讨论期限以及预期的作用，所以我现在先忽略风险，之后再介绍它。

首先介绍一些定义：每一种不同期限的债券都有一个价格，以及一个与之对应的利率，叫作**到期收益**（yield to maturity），或者简单地叫作**收益**（yield）。短期（特别是一年或者一年以内）债券收益称为**短期利率**（short-term interest rates）。具有较长期限的债券的收益称为**长期利率**（long-term interest rates）。观察任何一天的不同期限债券的收益，我们可以画出收益和期限关系的轨迹。这个关系就叫作**收益曲线**（yield curve），或者利率的**期限结构**（term structure of interest rates）[这里的"期限"（term）和前面的期限（maturity）是同义的]。

> 阅读本章时，要想知道美国债券的收益曲线，请登录yieldcurve.com，单击"收益曲线"。你将看到英国和美国债券的收益曲线。

例如，图14-2显示了2000年11月1日和2001年6月1日美国政府债券的期限结构。这两个日期的选择并不是随机的，选择它们的理由很快就会清楚。

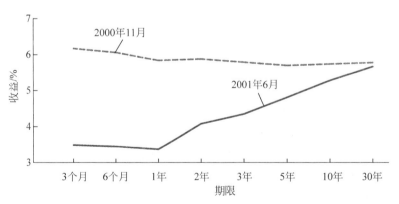

图14-2　美国的收益曲线（2000年11月1日和2001年6月1日）

资料来源：FRED. 序列 DGS1MO、DGS3MO、DGS6MO、DGS1、DGS2、DGS3、DGS5、DGS7、DGS10、DGS20、DGS30。
注：2000年11月的收益曲线稍微向下倾斜，7个月后又急剧向上倾斜。

我们注意到图14-2，2000年11月1日的收益曲线稍微向下倾斜，从3个月的国库券利率6.2%，下降到30年期的利率5.8%。换句话说，长期利率比短期利率略低。另外注意到，7个月之后，在2001年6月1日，收益曲线陡然上升，从3个月期的3.5%上升到30年期债券利率5.7%。换句话说,长期利率比短期利率高得多。

为什么2000年11月收益曲线向下倾斜,而2001年6月收益曲线又向上倾斜?或者,为什么长期利率在2000年11月比短期利率略低,而在2001年6月又比短期利率高很多呢?在这两个日期,金融市场参与者在想什么呢?为了回答这些问题,并更一般地考虑收益曲线的决定及短期利率、长期利率间的关系,我们先分两步走。

首先,我们推导不同期限债券的债券价格。

其次,我们考虑债券收益,考察收益曲线的决定,以及短期利率和长期利率之间的关系。

要点解析

债券市场的相关词汇

理解金融市场的基本词汇有助于减少其神秘性。这里是一些基本词汇的回顾。

- 债券可能是由政府或公司发行。由政府或者政府机构发行的债券叫作**政府债券**(government bonds)。公司发行的债券叫作**公司债券**(corporate bonds)。
- 信用评级机构会根据债券违约风险(不能偿付的风险)进行评级。有两家重要的评级机构,分别是标准普尔公司(S&P)和穆迪(Moody)投资者服务公司。标准普尔的**债券评级**(bond ratings)范围是从AAA级到D级。在2011年8月,标准普尔公司将美国政府债券由AAA下调到AA+(下降了一个档次),反映出其对美国巨额财政赤字的担忧。这一信用下调引起了一个激烈的争论。较低的信用评级通常意味着该债券必须支付更高的利率,否则投资者将不会购买。一个债券支付的利率与等级最高(最好)的债券所支付的利率的差额被称为该债券的**风险溢价**(risk premium)。违约风险很高的债券通常被称为**垃圾债券**(junk bonds)。
- 承诺到期一次支付的债券,而不是分期付款,叫作**贴现债券**(discount bonds)。一次性的支付额称为债券的**票面价值**(face value)。
- 承诺在到期前多次支付并且在到期日一次支付的债券叫作**息票债券**(coupon bonds)。到期日前的支付额叫作**息票的支付**(coupon payments)。最后一次支付额叫作债券的面值。息票的支付额与面值的比率叫作**息票利率**(coupon rate)。**当前收益**(current yield)是息票支付额与债券价格的比率。

例如,一种债券的息票支付额为每年5美元,面值为100美元,价格是80美元,则息票利率是5%,当期收益是5/80=0.0625=6.25%。从经济学的角度看,息票利率和当前收益都不是对利率的测度。对债券利率的正确测度是到期收益,或者简单地叫作收益;可以看作在债券的整个生命期中所支付的近似平均年利率(在本章的稍后部分,我们会给出更加精确的定义)。

- 美国政府债券的期限范围从几天到30年都有。发行时期限不到1年的叫作**短期国库券**(treasury bills或T-bills),是贴现债券,仅仅在到期日一次性支付。发行时期限为1年到10年的叫作**中期国债**(treasury notes)。发行时期限为10年或者超过10年的叫作**长期国债**(treasury bonds)。中期国债和长期国债都是息票债券。期限较长的债券风险较高,因此通常会有风险溢价,也称为**期限溢价**(term premium)。

- 债券往往是名义债券：承诺一个固定的名义收益序列——收益用本国货币计价。然而，也有其他种类的债券。其中一种叫作**指数化债券**（indexed bonds），不承诺固定的名义收益，而是进行了通货膨胀调整的收益。例如，1年期的指数化债券，不是承诺每年支付100美元，而是支付$100(1+\pi)$美元，其中π是未来1年内发生的通货膨胀率。由于指数债券保护了债券持有者，使其免受通货膨胀带来的损失，因此在许多国家很受欢迎。这种债券在英国起到了非常重要的作用，在过去的30年中，人们越来越多地利用它们为退休储蓄。通过持有长期指数化债券，可以确知当他们退休时得到的收益不受通货膨胀的影响。指数化债券，被称为**通胀保值债券**（Treasury Inflation Protected Securities，TIPS），在1997年才传入美国。

14.2.1 作为现值的债券价格

注意两种债券都是贴现债券（见要点解析"债券市场的相关词汇"）。

在本节的大部分，我们只考虑两种债券：一种是1年期的，承诺在1年之后支付100美元；另一种是两年期的，承诺在两年后支付100美元。一旦你了解它们的价格和收益是如何决定的，就可以很容易地把我们的结论推广到任何期限的债券。我稍后将这样做。

让我们首先从推导两种债券的价格开始。

- 假设1年期债券，承诺明年支付100美元，根据之前的章节，它的价格为P_{1t}美元，这个价格必须等于明年的100美元的现值。令当前的1年期名义利率为i_{1t}。注意现在我们记第t年的1年期利率为i_{1t}，而不是像前几章那样仅仅用i_t。这让我们易于记住这是1年期利率。所以

我们在第4章4.2节见过这个关系。

$$\$P_{1t} = \frac{\$100}{1+i_{1t}} \tag{14.4}$$

1年期债券的价格与当前的1年期名义利率反向变化。

- 假设两年期债券，承诺在两年后支付100美元。它的价格为P_{2t}美元——必须等于两年后的100美元的现值：

$$\$P_{2t} = \frac{\$100}{(1+i_{1t})(1+i^e_{1t+1})} \tag{14.5}$$

其中，i_{1t}是今年的1年期利率，i^e_{1t+1}是金融市场预期的明年的1年期利率。两年期债券的价格依赖于当前的1年期利率和明年的预期1年期利率。

14.2.2 套利和债券价格

在进一步挖掘式（14.4）和式（14.5）的含义之前，我们先来看一看式（14.5）的另一种推导方式，这种推导方式将会把**套利**（arbitrage）这个很重要的概念介绍给你。

设想你可以选择持有1年期债券或者两年期债券。你关心的是1年之后你能得到多少回报。你会选择持有哪一种债券？

- 假设你持有1年期债券，你每投入1美元，第2年会得到$(1+i_{1t})$美元。这个关系由图14-3的第一行表示。

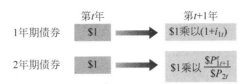

图 14-3 持有 1 年期债券和两年期债券 1 年的收益

- 假设你持有两年期债券。因为两年期债券的价格是 $\$P_{2t}$ 美元,你在两年期债券中每投入 1 美元,可以在当前买入 $\$1/\$P_{2t}$ 份的债券。到了第 2 年,债券距到期日仅有 1 年,因此成为一种 1 年期债券。因此,第 2 年你预期的出售价格是 P^e_{1t+1} 美元,即 1 年期债券明年的预期价格。因此,你在两年期债券中每投入 1 美元,第 2 年预期会得到 $\$1/\$P_{2t}$ 乘以 P^e_{1t+1} 美元,即 P^e_{1t+1}/P_{2t} 美元。这个关系由图 14-3 的第 2 行表示。

你会持有哪一种债券?假定你和其他的金融投资者都只关心预期收益而不关心风险。这种假设叫作**预期假说**(expectations hypothesis)。这是对现实的一个简化:你和其他金融投机者,很可能不只关心预期收益,也关心持有每种债券的风险。如果持有 1 年期债券,你会很清楚 1 年后的收益。但如果持有两年期债券,明年该债券的出售价格是不确定的,即将两年期债券持有一年是存在风险的。正如我前面所指出的,我在此忽略它,后面会对其进行讨论。

假定你和其他金融投资者只关心预期收益,就可以认为两种债券必须提供同样的预期 1 年期收益。假定这个条件不满足,例如 1 年期债券的 1 年期收益比两年期债券的预期 1 年期收益要低,那么就没有人愿意持有现存的 1 年期债券,1 年期债券的市场就会失去平衡。只有当预期 1 年期收益相等的情况下,金融投资者才会愿意持有 1 年期债券和两年期债券。

如果两种债券提供了同样的预期 1 年期收益,从图 14-3 可以得到

$$1 + i_{1t} = \frac{\$P^e_{1t+1}}{\$P_{2t}} \tag{14.6}$$

左边表示持有 1 年期债券 1 年,每一美元投资可以获得的收益;右边表示持有两年期债券 1 年,每一美元可以获得的预期收益。我们把如式(14.6)的关系式——说明了两种选择的预期收益必须等价的关系式——叫作套利关系。重新改写式(14.6):

> 我用套利表示两种选择的预期收益必须相等的性质。一些金融经济学家仅仅将套利狭义地看作未被利用的获得无风险利润的机会。

$$\$P_{2t} = \frac{\$P^e_{1t+1}}{1 + i_{1t}} \tag{14.7}$$

套利意味着今天两年期债券的价格是明年该债券的预期价格的现值。这自然就提出了一个问题:1 年期债券明年的预期价格($\$P^e_{1t+1}$)如何决定呢?

答案很简单。因为 1 年期债券今年的价格依赖于今年的 1 年期利率,所以 1 年期债券明年的价格依赖于明年的 1 年期利率。写出明年(第 $t+1$ 年)的式(14.4):

$$\$P^e_{1t+1} = \frac{\$100}{1 + i^e_{1t+1}} \tag{14.8}$$

明年的债券预期价格等于最后一次支付额即 100 美元,用明年的 1 年期预期利率贴现,用式(14.8)中的 $\$100/(1+i^e_{1t+1})$ 替换式(14.7)中的 $\$P^e_{1t+1}$,得到

$$\$P_{2t} = \frac{\$100}{(1+i_{1t})(1+i_{1t+1}^e)} \quad (14.9)$$

> 套利和现值之间的关系：不同期限债券之间的套利意味着债券价格等于这些债券的预期收益的现值。

这个表达式和式(14.5)是完全一样的。这正是问题的关键。我们要说明的是1年期和两年期债券之间的套利意味着两年期债券的价格是两年后收益的现值(即100美元)用当前和明年的预期1年期利率来贴现。

14.2.3 从债券价格到债券收益

我们已经学会了计算债券的价格，现在接着讨论债券的收益。基本观点是：关于未来预期利率，债券收益和债券价格拥有的信息一样多。

首先我们来定义到期收益。一个 n 年期债券的到期收益，或者 **n 年期利率**（**n-year interest rate**），其定义为一个不变的年利率，它使得债券当前的价格等于其未来收益的现值。

这个定义其实很简单。以我们前面介绍的两年期债券为例，将其收益记为 i_{2t}，其中下标 2 告诉我们这是两年期债券的到期收益，或者等价地是两年期利率。将收益定义为一个不变的年利率，它使两年后的 100 美元的现值等于债券当前的价格。因此，它满足下面的关系：

$$\$P_{2t} = \frac{\$100}{(1+i_{2t})^2} \quad (14.10)$$

> $\$90 = \$100/(1+i_{2t})^2 \Rightarrow$
> $(1+i_{2t})^2 = \$100/\$90 \Rightarrow$
> $(1+i_{2t}) = \sqrt{\$100/\$90} \Rightarrow$
> $i_{2t} = 5.4\%$

假定债券现在的售价为 90 美元，那么两年期利率 i_{2t} 就等于 $(\sqrt{100/90} - 1)$，即 5.4%。换句话说，持有该债券两年（一直持有到到期日）获得的利率为每年 5.4%。

两年期利率和当前 1 年期利率以及预期 1 年期利率的关系如何？为了回答这个问题，我们只要简单地比较式(14.10)和式(14.9)。从两式中消去 $\$P_{2t}$ 可得

$$\frac{\$100}{(1+i_{2t})^2} = \frac{\$100}{(1+i_{1t})(1+i_{1t+1}^e)}$$

> 整理得

$$(1+i_{2t})^2 = (1+i_{1t})(1+i_{1t+1}^e)$$

> 在第 6 章我们考虑名义利率和实际利率之间的关系时用过一个类似的近似。见本书最后附录 2 的命题 3。

这就给出了两年期利率 i_{2t} 和当前 1 年期利率 i_{1t} 以及预期 1 年期利率 i_{1t+1}^e 之间的关系。这个关系的一个近似表达式是

$$i_{2t} \approx \frac{1}{2}(i_{1t} + i_{1t+1}^e) \quad (14.11)$$

式(14.11)很直观地说明了两年期利率（近似）等于当前 1 年期利率以及明年的预期 1 年期利率的平均值。

我们已经集中讨论了未来 1 年期和两年期债券价格和收益之间的关系。但是怎样把结论推广到任意期限的债券利率上？例如，我们可以讨论期限小于 1 年的债券。举例：6 个月期债券收益（近似）等于当前 3 月期利率以及下一季度预期 3 个月期利率的平均值。或者我们也可以来看看期限超过 2 年的债券。例如，10 年期债券收益（近似）等于当前以及未来 9 年的预期 1 年期利率的平均值。

基本原则已经很明确：长期利率可以反映当前和预期未来短期利率。在我们回到对图 14-2 收益曲线的解释之前，我们需要重新引入风险。

14.2.4 重新引入风险

到目前为止，我们一直认为投资者并不关心风险。但事实上，他们很关心。回到 1 年期债券和两年期债券之间的选择。第一种选择是无风险的。第二种是有风险的，因为你不知道一年后债券卖出的价格。因此，你可能会对两年期债券要求风险溢价，套利方程如下：

$$1 + i_{1t} + x = \frac{\$P_{1t+1}^e}{\$P_{2t}}$$

两年期债券（右边）的预期收益必须比 1 年期债券的收益高出一定的风险溢价 x。重组得到

$$\$P_{2t} = \frac{\$P_{1t+1}^e}{1 + i_{1t} + x}$$

两年期债券的价格是明年 1 年期债券预期价格的贴现值，其中折现率包含了风险溢价。由于 1 年期债券有一个已知的回报，因此没有风险，1 年期债券明年的预期价格仍然由式(14.8)给出。因此，将前一个方程替换为

$$\$P_{2t} = \frac{\$100}{(1 + i_{1t})(1 + i_{1t+1}^e + x)} \tag{14.12}$$

现在，我们重复一下之前的步骤，从价格等式中推导出收益。利用式(14.10)和式(14.12)两年期债券价格的两个表达式，得到

$$\frac{\$100}{(1 + i_{2t})^2} = \frac{\$100}{(1 + i_{1t})(1 + i_{1t+1}^e + x)}$$

整理这个方程得到

$$(1 + i_{2t})^2 = (1 + i_{1t})(1 + i_{1t+1}^e + x)$$

最后，使用与前面相同的近似方法得到

$$i_{2t} \approx 1/2(i_{1t} + i_{1t+1}^e + x) \tag{14.13}$$

两年期利率是当前利率、预期的 1 年期利率和风险溢价的平均值。我们假定明年的 1 年期利率与今年相同。那么，两年期利率将高于 1 年期利率，反映出持有两年期债券的风险。由于价格风险随着债券期限的增加而增加，因此风险溢价通常也随着期限的增加而增加，长期债券的风险溢价通常达到 1%～2%。一般说来，这意味着收益曲线是略微向上倾斜的，反映了持有较长期限的债券所涉及的较高风险。

由于美联储的量化宽松政策（详见第 23 章），风险溢价已经下降。

14.2.5 解释收益率曲线

我们已经学习了解释图 14-2 所需要的内容。

以 2000 年 11 月 1 日的收益曲线为例。回想一下，当投资者预期随着时间的推移利率保持不变，收益曲线应该是略微向上倾斜的，这反映了风险溢价随

你可能想再读一遍第 5 章要点解析中关于 2001 年经济衰退的内容。

着期限的增加而增加的事实。因此收益曲线向下倾斜这一相对罕见的现象说明了投资者预期利率随着时间的推移而小幅下降,预期利率的下降超过了对期限溢价上升的补偿。如果我们看看当时的宏观经济形势,他们有充分的理由持有这种观点。2000年11月底,美国经济放缓,投资者预期经济会平稳着陆。他们认为,为了保持经济增长,美联储会慢慢降低政策利率,这些预期就是收益曲线向下倾斜的原因。然而,到2001年6月,经济增长的下滑幅度远远超过了2000年11月的预期,美联储降低利率的幅度也远远超过了投资者的预期。此时投资者预计,随着经济复苏,美联储将开始提高政策利率。所以收益曲线向上倾斜。不过请注意,1年期以下的收益率曲线几乎是平的。这告诉我们,金融市场预计利率在一年后,也就是2002年6月之后才会上升。他们是对的吗?不完全是。事实上,复苏比预期的要弱得多,美联储直到2004年6月才提高政策利率——比金融市场的预期晚了整整两年。

让我们总结一下你在这一节所学到的东西。我们关注的是债券。你已经知道套利是如何决定债券价格的。你也已经看到债券价格和债券收益如何取决于当前与未来预期利率和风险溢价,以及通过观察收益曲线可以学到什么。

14.3 股票市场与股票价格的变动

虽然政府通过发行债券为自己融资,但企业却并非如此。企业有四种融资方式:第一种是依靠**内部融资**(internal finance)——使用自己的一部分利润;第二种是银行贷款(正如我们在第6章看到的,这种方式在危机中扮演着重要角色)——这是小企业**外部融资**(external finance)的主要渠道;第三种是**债务融资**(debt finance)——债券和贷款;第四种是**股权融资**(equity finance),通过发行**股票**(shares 或者 stocks)融资。不像债券支付一个预先确定好的数额,股票支付的**红利**(dividends)的数额由公司决定,红利由公司利润支付,并且通常比利润要少,因为公司会保留部分利润用于投资。但是红利随着利润变化:利润提高的时候,红利也会提高。

> 另一个更著名的指数是道琼斯工业平均指数,它主要包括工业企业的股票指数,因此对股票平均价格的代表性不如标准普尔指数。其他国家也有类似的指数。例如,日经指数反映了东京股价的波动,富时和CAC40指数分别反映了伦敦和巴黎股价的波动。

我们本节的重点是股票价格的决定。作为一种引出问题的方式,让我们先来看一下美国股票指数——自1980年以来标准普尔500种股票合成指数(简称为S&P指数)的变化。S&P指数的变化衡量了500家大公司的平均股价的变化。

图14-4表示了实际股票价格指数,即用每个月的S&P指数除以当月的消费价格指数(CPI),并将指数在1970年的值标准化为1。这个图明显的特征是股票指数急剧变化:从1995年的1.4上升到2000年的3.5,然后急剧下降到2003年的2.1。由于2008年的金融危机,指数从2007年的3.4下跌到了2009年的1.7,自那之后股票价格出现了回升,到2018年底,指数达到了4.3。是什么决定股票价格的变动,以及股票价格对经济环境和宏观经济政策的变化会作出什么样的反应?这就是我们在本节要解决的问题。

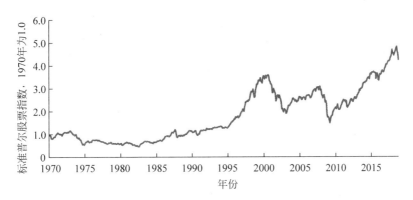

图 14-4　1970 年以来,按实际价值计算的标准普尔股票价格指数
资料来源:FRED SP500,CPIAUSCL。
注:请注意自 20 世纪 90 年代中期以来股票价格的剧烈波动。

14.3.1　作为现值的股票价格

股票承诺了在未来支付一系列红利,那么是什么决定了股票的价格?到目前为止,我相信 14.1 节介绍的内容能够再次派上用场,你应该已经知道了答案:股票价格一定等于其预期未来红利的现值。

就像对债券做的一样,我们能从 1 年期债券和股票之间的套利的影响中得出这个结果。假定你面对投资 1 年期债券或者持有股票 1 年的选择,你会选择哪一个?

- 假定你决定持有 1 年期债券。那么你每投入 1 美元,明年将能得到 $(1+i_{1t})$ 美元。这个收益如图 14-5 的上面一行所示。

图 14-5　持有 1 年期债券或股票 1 年所得的收益

- 假定你决定持有股票 1 年。令 $\$Q_t$ 代表股价,$\$D_t$ 代表今年的红利,$\$D^e_{t+1}$ 代表明年的预期红利。假设我们看的是今年支付红利后的股票价格,这个价格被称为**除息价格**(ex-dividend price)——因此购买股票后支付的第一笔红利就是明年的红利。(这只是一种惯例,我们也可以看今年支付红利之前的股价。这样的话,我们需要加入什么呢?)

持有一年股票就意味着今天购买股票,明年收到红利,然后出售股票。因为股票的价格是 $\$Q_t$,你在股票中每投入 1 美元,能够购买 $1/\$Q_t$ 股。每购买 1 股,预期将能得到 $(\$D^e_{t+1}+\$Q^e_{t+1})$,即预期红利与明年的股票价格之和。因此,你在股票中每投入 1 美元,预期明年可以得到 $(\$D^e_{t+1}+\$Q^e_{t+1})/\$Q_t$ 美元。这个收益如图 14-5 的下面一行所示。

我们利用同样在债券中使用的套利观点。很明显，持有 1 年股票是有风险的，比持有一年无风险的 1 年期债券风险要大得多。我们不像对债券那样分两步进行（先不考虑风险因素，然后引入风险溢价），而是从一开始就把风险考虑在内，并假设金融投资者持有股票需要风险溢价。

就股票而言，风险溢价被称为**股权溢价**（equity premium）。均衡要求持有股票 1 年的预期收益率等于 1 年期债券的收益率加上股权溢价：

$$\frac{\$D_{t+1}^e + \$Q_{t+1}^e}{\$Q_t} = 1 + i_{1t} + x$$

其中，x 代表股权溢价。重写这个等式：

$$\$Q_t = \frac{\$D_{t+1}^e}{1 + i_{1t} + x} + \frac{\$Q_{t+1}^e}{1 + i_{1t} + x} \tag{14.14}$$

套利意味着今天股票的价格一定要等于预期红利的现值加上明年的预期股票价格的现值。

下一步是考虑第 2 年的预期股票价格 $\$Q_{t+1}^e$ 是由什么决定的。第 2 年，金融投资者将会再一次面对股票与 1 年期债券的选择。因此，同样的套利关系仍然成立。重写前面的等式，但是现在考虑时间 $t+1$，把预期考虑在内，得到

$$\$Q_{t+1}^e = \frac{\$D_{t+2}^e}{1 + i_{1t+1}^e + x} + \frac{\$Q_{t+2}^e}{1 + i_{1t+1}^e + x}$$

明年的预期价格简单地等于预期红利和两年后的价格之和在明年的现值。把 $\$Q_{t+1}^e$ 代入式(14.14)，得到

$$\$Q_t = \frac{\$D_{t+1}^e}{1 + i_{1t} + x} + \frac{\$D_{t+2}^e}{(1 + i_{1t} + x)(1 + i_{1t+1}^e + x)} + \frac{\$Q_{t+2}^e}{(1 + i_{1t} + x)(1 + i_{1t+1}^e + x)}$$

股票的价格是明年的预期红利的现值，加上两年后预期红利的现值，加上两年后预期价格的现值。

如果我们用 3 年后的预期价格和股息的现值替换两年后的预期价格，以此类推 n 年，我们可以得到

$$\$Q_t = \frac{\$D_{t+1}^e}{1 + i_{1t} + x} + \frac{\$D_{t+2}^e}{(1 + i_{1t} + x)(1 + i_{1t+1}^e + x)} + \cdots +$$

$$\frac{\$D_{t+n}^e}{(1 + i_{1t} + x)\cdots(1 + i_{1t+n-1}^e + x)} + \frac{\$Q_{t+n}^e}{(1 + i_{1t} + x)\cdots(1 + i_{1t+n-1}^e + x)} \tag{14.15}$$

看式(14.15)最后一项，即 n 年后预期价格的现值。只要人们预期这样的股票价格在将来不会爆炸式地增长，那么我们就可以持续替换 $\$Q_{t+n}^e$。$n$ 不断增加，这一项将会趋于零。想知道为什么，只要假定利率不变且等于 i，最后一项变成

$$\frac{\$Q_{t+n}^e}{(1 + i_{1t} + x)\cdots(1 + i_{1t+n-1}^e + x)} = \frac{\$Q_{t+n}^e}{(1 + i + x)^n}$$

人们会预期股票价格将收敛于某个值，记这个非常遥远的将来值为 $\$\bar{Q}$。那么，最后一项就成为

$$\frac{\$Q^e_{t+n}}{(1+i+x)^n} = \frac{\$\bar{Q}}{(1+i+x)^n}$$

如果折现率是正的,当 n 很大的时候,这个等式就会为零。等式(14.15)就会简化为

$$\$Q_t = \frac{\$D^e_{t+1}}{1+i_{1t}+x} + \frac{\$D^e_{t+2}}{(1+i_{1t}+x)(1+i^e_{1t+1}+x)} + \cdots + \frac{\$D^e_{t+n}}{(1+i_{1t}+x)\cdots(1+i^e_{1t+n-1}+x)} \quad (14.16)$$

股票的价格等于明年红利的现值(等于当前的1年期利率加上股权溢价的和)加上两年后红利的现值(等于当前的1年期利率、明年的预期1年期利率以及股权溢价的和),依次类推。

式(14.16)表示的股票价格是用名义利率贴现的名义红利的现值。根据14.1节的内容,我们知道可以改写这个公式得到实际股票价格,即用实际利率贴现的实际红利的现值。所以,我们可以重新写出实际股价:

$$Q_t = \frac{D^e_{t+1}}{1+r_{1t}+x} + \frac{D^e_{t+2}}{(1+r_{1t}+x)(1+r^e_{1t+1}+x)} + \cdots \quad (14.17)$$

其中,没有美元符号的 Q_t 和 D_t 表示在时间 t 的实际价格和实际红利。实际股票价格是用一系列1年期实际利率加上股权溢价贴现的未来实际红利的现值。

这个关系有三个重要的含义。

- 更高的未来预期实际红利会带来更高的股票价格。
- 更高的当前和预期未来的1年期利率会使股票价格更低。
- 更高的股权溢价会使股票价格更低。

现在我们来看这种关系在股票市场变动方面能说明什么问题。

14.3.2 股票市场和经济活动

图14-4说明了在过去的20多年里股票价格发生了很大的变动。指数1年之内上涨或者下跌15%并不是什么大事。在1997年,股票市场上涨了24%(实际值);在2008年,股票市场下跌了46%。日变动2%或更高也是常见的。是什么引起这种变动?

第一点需要说明的是,这些变动很大程度上是不可预测的。考虑人们在股票和债券之间的选择,可以很好地理解这个原因。如果人们普遍相信1年以后股票价格会上涨20%,持有股票就会非常的有吸引力,比持有短期债券要有吸引力得多。这样股票的需求就会非常大,其当前价格就会上涨,直到持有股票的预期收益与其他资产的预期收益一致。换句话说,明年高股价的预期会带来今天的高股价。

在经济学上有一句话——股价变动的不可预测是健全的股票市场的标志。

细微之处:人们预期股票价格会随时间收敛到某个值,这一假设条件似乎是合理的。实际上,在很多时候,这一条件都能得到满足。然而,当股票价格遭受理性泡沫(14.4节)时,人们预期未来股票价格会有大的增长,"股票价格不会爆炸式增长"这一条件不再成立。这就是刚才的观点在存在泡沫的情况下不再成立的原因,或者说是股价不再等于预期红利的现值的原因。

股价的两种等价的表示方法:名义股价等于未来名义红利用当前和未来名义利率进行折现的预期贴现值。

实际股票价格等于未来实际红利用当前和未来实际利率进行折现的预期贴现值。

你也许听说过一种观点,认为股票价格遵循**随机游走**(**random walk**)。这是一个技术术语,但是可以简单地解释为:某物(可以是分子或者资产的价格)每一步的运动中,向上和向下的概率是相等的,即可认为它服从随机游走过程。因此,其变动是不可预测的。

这种说法不太对：一些金融投资者可能确实拥有更多的信息，或者只是能够更好地解读未来的信息。如果这些人只是一小部分，他们的购买并不足以使股价立即上涨。因此，他们可以获得较大的预期收益。但是基本的观点仍然是对的。那些经常预测股票市场即将发生的大的波动的金融市场大师们都是骗人的。大的股价变动是无法预测的。

如果股票市场的变动无法预测，如果他们是消息的结果，那么我们还能做些什么？我们仍然可以做两件事情。

- 在周一早晨，回顾并识别对市场产生作用的消息。
- 考虑一些"如果……将会怎么样……"的问题。例如，如果美联储实施扩张性货币政策，或者消费者更加乐观并且增加支出，那么股票市场会发生什么变化？

我们利用之前的 IS-LM 模型来讨论这两个问题（我们将在下一章对其进行扩展，以明确地考虑期望，目前使用旧的模型就可以了）。为简化起见，像以前一样，我们假定预期通货膨胀等于零，从而实际利率和名义利率相等。

14.3.3 货币扩张和股票市场

假定经济处于衰退期，美联储决定降低政策利率。图 14-6 中的 LM 曲线向下移动至 LM′处，均衡产出从 A 移动到 A′，股票市场会做何反应？

这一假设的前提是，政策利率一开始是正的，因此经济没有陷入流动性陷阱。

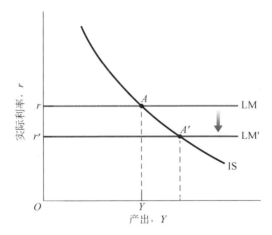

图 14-6 扩张性货币政策与股票市场

注：货币扩张使利率下降、产出提高。这对股票市场会产生什么作用要看金融市场是否已经预测到这种货币扩张以及央行的动机。

答案依赖于在美联储行动之前股票市场中的参与者对货币政策的预期。

股票价格可能会上涨。如果美联储的举动至少在一定程度上出乎意料，股价可能会上涨。原因有二：首先，更加扩张的货币政策意味着一段时间内更低的利率。其次，它还意味着一段时间内更高的产出（直到经济恢复到产出的自然水平），因此红利也更高。正如式（14.17）告诉我们的，当前和预期的低利率和高红利都会导致股价上涨。

股票价格可能不会改变。如果投资者充分预期到了扩张性政策，那么股市就不会有反应。他们对未来红利以及利率的预期都不会受到影响。因此式（14.17）没有任何变化，股票价格保持不变。

股票价格可能会下跌。如果投资者认为,美联储之所以采取行动是因为它知道一些他们不知道的事情,即经济比他们想象的要糟糕得多,那么他们可能会得出这样的结论:较低的利率不足以抵消经济下行。然后,他们可能会降低对产出和红利的预测,从而导致股价下跌。

14.3.4 消费支出的增长与股票市场

现在考虑一个未被预测到的 IS 曲线的右移情况。例如,由于消费支出的上涨超出了预期,结果图 14-7 中的均衡产出从 A 提高到 A'。

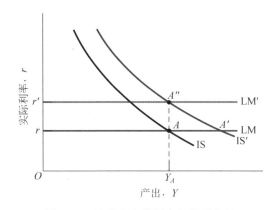

图 14-7 消费支出的提高与股票市场

注:消费的增加导致更高的产出水平。股市的走势取决于美联储的行动。

股票价格是否会上涨?人们也许会倾向于肯定的回答:更加繁荣的经济意味着一段时期内更高的利润和更高的红利。但是这个答案不一定是正确的。

原因是它忽略了美联储的反应。如果市场预期美联储不会作出反应,并将实际政策利率保持在 r 不变,那么随着经济向 A' 移动,产出将大幅增加。在利率不变和产出增加的情况下,股票价格会上升。

然而,美联储的行为往往是金融投资者最关心的。当知道经济活动意外强劲的消息后,华尔街的主要问题是:美联储将如何反应?

如果市场预期美联储可能会担心产出高于 Y_A 的增长导致通胀上升,会发生什么?如果 Y_A 已经接近产出的自然水平,就会出现这种情况。在这种情况下,产出的进一步增加将导致通胀的增加,这是美联储想要避免的。美联储通过提高政策利率来抵消 IS 曲线右移的决定,导致 LM 曲线向上移动至 LM′,因此经济从 A 到 A'',产出没有变化。在这种情况下,股票价格肯定会下跌:预期利润没有变化,但利率更高了。

总结一下:股票价格在很大程度上取决于当前和未来的经济活动。但是这并不意味着股票价格和产出之间存在任何简单的关系,股票价格如何对产出变化作出反应取决于:①市场先前的预期是什么;②产出变化背后的冲击来源;③市场预期中央银行会对产出变动做何反应。通过阅读要点解析"理解看似无用的事情:股市昨日为何发生变动及其他故事"来测试你是否掌握了。

> **要点解析**
>
> ### 理解看似无用的事情：股市昨日为何发生变动及其他故事
>
> 下面的资料是从《华尔街日报》中摘录出来的。利用你刚刚学习的知识，看看是否能理解它们。
>
> - 1997年4月，经济的利好消息带来股票价格的上升：
>
> "仅仅在波动后的几周内，看涨的投资者通过一系列的行动来庆祝市场友好型的经济数据的公布，他们将资本重新投向股票和债券市场，推动道琼斯工业平均指数上升到第二高点，推动蓝筹股指数上升到一个新的纪录。"
>
> - 1999年12月，经济的利好消息造成股票价格下跌：
>
> "好的经济消息对股票来说是坏消息，对债券则更甚……11月份公布的高于预期的零售数字并不受欢迎。人们担心经济上行会引发通货膨胀，而且可能导致美联储再次加息。"
>
> - 1998年9月，经济坏消息造成股票价格下跌：
>
> "纳斯达克股市重挫使人们开始担心美国的经济实力以及美国公司全球促销所带来的利润。"
>
> - 2001年8月，经济坏消息带来股票价格上涨：
>
> "投资者摆脱了令人沮丧的经济消息，并乐观地认为经济和股市的最坏时刻已经过去。乐观使得纳斯达克综合指数又上涨2%。"

14.4 风险、泡沫、狂热和资产价格

是否所有的股票价格和其他资产价格的变动都来自未来红利和利率的消息的刺激？答案是否定的。其主要有两个原因：首先，风险认知随时间的变化；其次，价格会偏离其基础价值，即泡沫或狂热。让我们依次来讨论这两个方面。

14.4.1 股票价格和风险

在上一节中，我假设股权溢价 x 是常数，实际上它不是。大萧条之后，股权溢价非常高，这或许反映了一个事实：投资者还记得1929年股市的崩盘，他们不愿持有股票，除非溢价足够高。其从20世纪50年代初开始下降，从7%左右下降到现在的不到4%，这个变化是非常迅速的。2008年股市大幅下跌不仅是因为对未来红利的预期更加悲观，还在于不确定性的大幅增加和投资者对更高风险的洞察。因此，股价的大部分波动不仅来自对未来红利和利率的预期，还来自股权溢价的变化。

14.4.2 资产价格、基础价值和泡沫

在之前的章节，我们已经假设了股票价格总是等于它们的基础价值，可以定义为式(14.17)。股票价格总是与其基础价值保持一致吗？很多经济学家对此表示怀疑：例如1929年的黑色10月，美国股票市场在两天之内跌了23%；还有1987年10月19日，道琼斯

指数在短短一天之内跌了 22.6%；还有日经指数（日本的股票价格指数）从 1985 年的 13 000 点上涨到 1989 年的 35 000 点，随后又跌到 1992 年的 16 000 点。在这些情况下，经济学家认为并没有明显的消息在起作用，至少消息并未重要到足以引起如此巨大的股价变动。

他们认为股票价格并不总是等于其**基础价值**（fundamental value），即式（14.17）表示的预期红利的现值，股票的价格有时候会过低或者过高。过高的股价最终会结束，有时会带来像 1929 年 10 月的股市大跌，或者类似日经指数所发生的长时间下滑。

在什么情况下会发生这种价格失真？答案是令人惊讶的，即使当投资者是理性的并且满足套利条件，它也可能发生。要了解其原因，我们考虑无价值股票的情况（即金融投资者知道该公司将永远不会盈利，也不会支付红利）。令式（14.17）中的 D^e_{t+1}、D^e_{t+2} 等都等于零，可以得到一个简单且不令人惊讶的答案：这样的一只股票的基础价值等于零。

但是，你是否愿意为这样的一只股票支付一个正的价格？答案是肯定的。如果你预期明年能够以比今年更高的价格出售该股票，你就会这么做。这对明年的购买者也同样成立：如果他预期今后能以更高的价格出售，他就会愿意高价买进。这个过程说明，股票价格的提高也许仅仅是因为投资者预期它们会提高。这种股票价格的变动就叫作**理性投机泡沫**（rational speculative bubbles）。当泡沫膨胀的时候，金融投资者的行为也许也是理性的。即使是在股市崩溃的时候持有这些股票，并且因此承受了巨大损失的投资者也是理性的。他们也许意识到存在崩溃的可能，但也有可能泡沫持续增长从而以更高的价格出售。

为简单起见，我们假定股票没有基础价值。但得出的结论具有一般性，可以推广到有正的基础价值的股票上。如果预期其价格会在未来提高的话，人们也许会愿意支付超出股票基础价值的价格。这对其他资产也同样成立，如房产、黄金和书画等。在要点解析"著名的泡沫：从 17 世纪荷兰的郁金香泡沫到 1994 年俄罗斯的 MMM 骗局"中描述了两个这样的泡沫。

是否金融市场上所有对基础价值的偏离都是理性泡沫？可能不是。很多投资者是非理性的。在过去，股票价格的提高，如因为利好消息的持续作用，往往会造成过分的乐观。如果投资者仅仅依据过去的收益推断未来的收益，股票就会毫无理由地变"热"（过高定价）。这不仅存在于股票市场，同样存在于房地产市场（见要点解析："21 世纪上半叶美国房价的飙涨：是基础价值还是泡沫"）。这样的股票价格对基础价值的偏离就叫作**狂热**（fads）。我们都知道股票市场之外存在狂热，我们也有理由相信它们存在于股票市场中。

我们在本章已经研究了资产定价。这之所以属于宏观经济的范畴，是因为资产价格不仅是一个附属品。反过来，通过影响消费和投资支出，它们也能影响经济活动。毫无疑问，股票市场的大跌是 2001 年经济衰退的主要原因之一。而且很多经济学家相信，1929 年的股市大崩溃是大萧条的主要原因。正如我们在第 6 章所看到的，房价下跌触发了 2008 年金融危机。这些资产价格、预期及经济活动之间的相互作用是接下来两章的主题。

要点解析

著名的泡沫：从 17 世纪荷兰的郁金香泡沫到 1994 年俄罗斯的 MMM 骗局

荷兰的郁金香泡沫

17 世纪，郁金香开始在西欧国家的花园中流行起来。一个郁金香市场在荷兰发展起来，既出售珍稀品种，也有普通品种的郁金香球茎。

"郁金香泡沫"发生在1634年到1637年。1634年，珍稀品种的球茎价格开始上涨，市场陷入疯狂，投机者大量购买球茎，预期其价格会更高。例如，一种名为"Admiral Van de Eyck"的球茎，1634年的价格为1 500几尼(Guineas)，到1637年上涨到7 500几尼，相当于当时一座房子的价格。有这样一个故事：有个水手误食了一些球茎，之后才意识到他的"食物"的价格。1637年初，郁金香价格上涨得更快，甚至是非常普通的球茎的价格也开始暴涨，在1月份提高了20倍。但是到1637年2月，价格开始急剧下跌。几年后，球茎的交易价格只有它们在泡沫巅峰时期的大约10%。

以上记述来源于Peter Garber,《郁金香泡沫》(*Tulipmania*),《政治经济学杂志》(*Journal of Political Economy*),1989,97(3)：535-560页。

俄罗斯的MMM骗局

1994年，俄罗斯的一个金融家谢尔盖·马夫罗季(Sergei Mavrodi)创办了一个名为MMM的公司，公司销售股权并承诺股东以每年至少3 000%的回报率。

公司瞬间取得了成功，MMM公司股价从2月份的1 600卢布(那时值1美元)上升到7月份的105 000卢布(那时值51美元)。到7月份为止，根据公司的声明，股东人数上升到1 000万。

麻烦的是，该公司没有任何生产活动，也没有资产，有的仅仅是俄罗斯境内的140间办公室。本质上讲，这些股权一文不值。公司最初的成功是建立在它的金字塔式的投资返还方案，MMM公司用新入股的资金支付承诺给那些老股东的收益回报。尽管当时政府官员(包括鲍里斯·叶利钦，时任俄罗斯联邦总统)多次提醒人们：MMM是一个骗局，其股价的上升只是泡沫，但俄罗斯人根本无法抗拒MMM公司许诺的诱人回报，特别是在经济严重衰退时期更是如此。

MMM公司的这一金字塔式的模式只有在新股东的数量(从而有新的资金来源)上升足够快的情况下才奏效。到了1994年7月底，公司不再能够实现承诺，从而这一模式宣告破产，公司也倒闭了。谢尔盖·马夫罗季极力威胁政府，让政府代为偿还股东的资金，并宣称如果政府不这样做的话，将会发生变革或内战。政府拒绝了这一无理要求，导致股东们对政府(而不是对谢尔盖·马夫罗季)十分愤怒。在接下来的一年里，谢尔盖·马夫罗季以一个自封的股东保护人的身份参加了议会的竞选，最终竞选成功。

要点解析

21世纪上半叶美国房价的飙涨：是基础价值还是泡沫

回顾第6章，当前危机背后的原因是2006年开始的房价下跌(见图6-7关于房价指数的变化)。回想起来，2000年房价的大幅上涨，已经被广泛认为是泡沫。但那时的物价也在上涨，因此对此轮上涨背后的原因并没有一个一致的说法。

经济学家们大致分为三个阵营：

悲观主义者认为，价格的上涨并不是因为基础价值上涨引起的。2005年，罗伯特·席勒(Robert Shiller)说："现在的房价感觉很像1999年秋季时(正值2000年初股市泡沫破灭前夕)的股市狂热，当时充斥着各种炒作、跟风投资和对股价必然上涨的绝对信心。"

为了理解他的观点，我们回顾一下正文中关于股价的推导。如果不存在泡沫，我们认为股价取决于现在和未来的利率,现在和未来的红利以及风险溢价。这同样也可应用到房价上:不存在泡沫时,我们可以认为房价取决于现在和未来的利率,现在和未来的租金以及风险溢价。在这个背景下,悲观主义者指出房价的上涨与租金的上涨并不同步。可以从图14-8中看到这一点,图14-8给出了自1987年(指数的设置方式要使1987年1月的值为100)的房价与租金的比值(即房价指数与租金指数的比率)。在1987年至20世纪90年代末保持相对平稳之后,这个比率飙升了近60%,2006年达到峰值,然后开始下跌(目前仍远低于峰值)。席勒进而指出,调查显示购房者对房屋价格持续上升抱有极高的期望,通常是每年10%,这是一笔很大的资本收益。正如我们之前看到的,如果资产以它的基础价值定价,投资者就不应该指望未来一直会保持较高水平的资本收益。

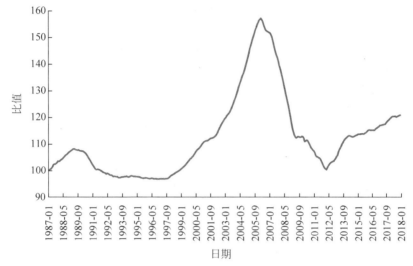

图14-8 美国自1987年以来的房价/租金比值
资料来源:FRED:CSUSHPISA;凯斯-希勒房价指数。CUSR0000SEHA,主要住宅租金。

乐观主义者认为仍有推动房价租金比率上升的原因存在。首先,在图6-2中,实际利率在下降,租金的现值在上升。其次,抵押贷款市场正在发生变化。更多的人能够借到钱购买房屋,借钱的人能够借到占房屋价值更大比例的钱。这两个因素导致了需求的增加和房价上涨。乐观主义者同时指出,在2000年之后的每一年里,悲观主义者都在鼓吹房价泡沫到了尽头,而价格却继续上涨:悲观主义者正在丧失可信度。

第三个阵营是最大的且是不可知论者。据说,哈利·S.杜鲁门(Harry S. Truman)曾经说过:"请给我一个一只手的经济学家!我的所有经济学家总是说一方面(英文:一只手)如何如何,而另一方面(英文:另一只手)又如何如何。"他们认为房价的上升同时反映了基础价值的改善和泡沫的存在,而确定它们的相对重要性是非常困难的。

你会得出什么结论?悲观主义者显然在很大程度上是正确的。事后回头来看会觉得泡沫和狂热非常明显,而在刚开始产生的时候却很难让人看清楚。这使政策制定者的工作变得更加艰难:如果他们确信存在泡沫的话,就会尽力在泡沫变大并破裂之前阻止这一切的发生。但是等到他们确信存在泡沫时已经晚了。

资料来源:"理性人的不一致:美国房地产市场崩溃前的乐观与悲观的看法"(Reasonable People Did Disagree: Optimism and Pessimism about the US Housing Market before the Crash),Kristopher S Gerardi,Christopher L. Foote 和 Paul S. Willen,波士顿联邦储备银行,讨论文件第10-5号,2010年9月10日。

本章提要

- 一系列支付的预期贴现值等于一系列预期支付在今年的价值。它与当前和未来的预期支付正相关,与当前和未来的预期利率负相关。
- 当折现一系列当前和预期的未来名义支付时,应该使用当前和预期的未来名义利率。当折现一系列当前和预期的未来实际支付时,应该使用当前和预期的未来实际利率。
- 不同期限债券之间的套利意味着债券价格是债券收益用当前和预期短期利率加上风险溢价来贴现的现值。当前和预期短期利率越高,债券价格越低。
- 债券的到期收益率大约等于当前和未来短期利率加上风险溢价的平均值。
- 收益曲线的斜率(等价于期限结构)告诉我们金融市场对未来短期利率做何预期。
- 股票的基础价值是将预期未来实际红利用当前和预期未来1年期实际利率加上股权溢价贴现后得到的现值。在不考虑泡沫和狂热的情况下,股票价格等于其基础价值。
- 预期红利的提高会带来股票基础价值的提高;当前和预期1年期利率的提高会带来基础价值的下降。
- 产出的变化也许会伴随着股票价格的同向变动,也许不会。这要看市场先前的预期、冲击的来源和市场预期中央银行会对产出变动做何反应。
- 股票价格会受泡沫和狂热的支配,从而使股票价格偏离其基础价值。在这样的一种情况,即金融投资者以高出其基础价值的价格购买股票,并且预期能够以更高的价格出售股票,就会出现泡沫。"狂热"指的是这样的一种情况,即因为过于乐观,金融投资者愿意支付超出资产基础价值的价格。

关键术语

- expected present discounted value,预期贴现值
- discount factor,折现因子
- discount rate,折现率
- present discounted value,贴现值
- present value,现值
- maturity,期限
- default risk,违约风险
- price risk,价格风险
- yield to maturity,到期收益
- yield,收益
- short-term interest rate,短期利率
- long-term interest rate,长期利率
- yield curve,收益曲线
- term structure of interest rates,利率的期限结构
- government bonds,政府债券
- corporate bonds,公司债券
- bond ratings,债券评级
- risk premium,风险溢价
- junk bonds,垃圾债券
- discount bonds,贴现债券
- face value,票面价值
- coupon bonds,息票债券
- coupon payments,息票的支付
- coupon rate,息票利率
- current yield,当前收益
- life(of a bond),债券生命周期

- Treasury bills 或 T-bills,短期国库券
- Treasury notes,中期国债
- Treasury bonds,长期国债
- indexed bonds,指数化债券
- Treasury Inflation Protected Securities, or TIPS,通胀保值债券
- arbitrage,套利
- expectations hypothesis,预期假说
- n-year interest rate,n 年期利率
- internal finance,内部融资
- external finance,外部融资

- debt finance,债务融资
- equity finance,股权融资
- stocks or shares,股票
- dividends,红利
- ex-dividend price,除息价格
- equity premium,股权溢价
- random walk,随机游走
- fundamental value,基础价值
- rational speculative bubbles,理性投机泡沫
- fads,狂热

本章习题

快速测试

1. 运用本章学到的知识,判断以下陈述属于"正确""错误"和"不确定"中的哪一种情况,并简要解释。

  a. 收益流的当前折贴现值可以按实际贴现值或名义贴现值计算。

  b. 一年期利率越高,明年支付的贴现值越低。

  c. 一年期利率通常会随时间推移保持不变。

  d. 债券是一种在数年内连续不断支付的债权。

  e. 股票是一种在数年内获得一系列红利的权利。

  f. 房价是对数年内一系列预期未来租金的要求。

  g. 收益曲线通常向上倾斜。

  h. 所有持有一年的资产应具有相同的预期回报率。

  i. 在泡沫中,资产的价值是其未来收益的预期贴现值。

  j. 股票市场的整体实际价值在 1 年中波动不大。

  k. 指数化债券保护持有者免受意外通胀的影响。

2. 你希望对 a 到 c 部分列出的哪些问题使用实际支付和实际利率,希望对于哪些问题使用名义支付和名义利率来计算预期贴现值?解释在每种情况下的原因。

  a. 估计从投资一台新机器中得到的利润的贴现值。

  b. 估算 20 年期美国国债的现值。

  c. 决定是买车还是租车。

3. 对于 a 到 c 的每组假设使用精确公式和近似公式计算两年期名义利率。

  a. $i_t = 2\%$;$i^e_{t+1} = 3\%$。

  b. $i_t = 2\%$;$i^e_{t+1} = 10\%$。

  c. $i_t = 2\%$;$i^e_{t+1} = 3\%$。两年期债券的风险溢价是 1%。

4. 股权溢价与股价。

  a. 解释为什么在式(14.14)中,股票除息是很重要的,也就是说,它刚刚支付了红利,预

计将在一年后支付下一次红利。

b. 解释式(14.14)每个组成部分对今天股价的贡献。

c. 在其他条件相同的情况下,如果风险溢价更大,今天股票的价格会发生什么变化?

d. 如果单期利率上升,今天股票的价格会怎样?

e. 如果从 $t+1$ 时期开始股票的预期价值增加,今天股票的价值会怎样?

f. 仔细看等式(14.15)。对所有的 n,令 $i_{1t} = i_{1t+n} = 0.05, x = 0.03$,计算 $\$D^e_{t+3}$ 和 $\$D^e_{t+10}$ 的系数。比较 3 年后和 10 年后每增加 1 美元红利的效果。

g. 对于所有 n 和 $x = 0.05$,用 $i_{1t} = i_{1t+n} = 0.08$,重复 f 的计算。

5. 近似估计长期债券的价格。

当名义利率 i 不变时,$\$z$(从明年开始)的无限期支付流的现值为 $\$z/i$。这个公式给出了长期债券的价格——每年永久性的支付固定名义付款额的债券。只要 i 是常数,它也是长期(但不是无限)不变支付流贴现值的一个很好的近似。我们来看看近似程度。

a. 假设 $i = 10\%$,令 $\$z = 100$。长期债券的贴现值是多少?

b. 如果 $i = 10\%$,未来 10 年每年支付 z 美元的债券的预期贴现值是多少? 20 年呢? 30 年呢? 60 年呢?(提示:使用章节中的公式,但记得调整第一次支付。)

c. 用 $i = 2\%$ 和 5% 重复计算 a 和 b。

6. 货币政策和股票市场。

假设当前和预期的短期实际政策利率一直是 2%。假设美联储决定收紧货币政策,将短期政策利率 r_{1t} 从 2% 增加至 3%。

a. 如果预期 r_{1t} 的变化是暂时的,即只持续一段时间,那么股票价格会发生什么变化?假设预期实际股息不变。使用式(14.17)。

b. 如果预期 r_{1t} 的变化是永久的,即一直持续下去,股票价格会发生什么变化?假设预期实际股息不变。使用式(14.17)。

c. 如果当前和预期的实际利率的上升反映了预期未来产出和预期未来红利的上升,那么今天的股票价格会发生什么变化?

深入挖掘

7. 定期个人退休账户和罗斯个人退休账户。

你现在想为 40 年后的退休储蓄 2 000 美元。你必须在 i 和 ii 两个计划中作出选择。

i. 今天不交税,把钱放在有利息的账户里,缴纳相当于退休时提取总额 20% 的税。[在美国,这样的账户被称为定期个人退休账户(IRA)。]

ii. 今天缴纳相当于投资金额 30% 的税,把剩余的钱存入有利息的账户,退休提取资金时不用缴税。(在美国,这被称为罗斯个人退休账户。)

a. 如果实际利率是 1%,这两个计划的预期贴现值是多少? 10% 呢?

b. 每种情况下你会选择哪种方案?

8. 房价和泡沫。

房屋可以被认为是一种资产,其基础价值等于其未来实际租金的预期贴现值。

a. 你更喜欢用实际支付和实际利率来还是用名义支付和名义利率评估房子？

b. 一所房子的租金就像股票红利，无论你是自己住在房子里从而节省给房主的租金，还是你拥有房子并出租它。写出与等式(14.17)等价的方程。

c. 为什么低利率有助于解释房价与租金比的上升？

d. 如果住房被认为是一种更安全的投资，那么房价与租金比会发生什么变化？

e. 要点解析"21世纪上半叶美国房价的飙涨：是基础价值还是泡沫"中有一个房价租金比的图表。你应该能够在圣路易斯联邦储备银行维护的FRED经济数据库中找到Case-Shiller住房价格指数和消费者价格指数中的租金部分的价值（变量分别是SPCS20RSA和CUSR0000SEHA）。要点解析中的图14-8以2018年11月的数据结束。计算2018年11月至最新日期之间的房价指数的增长百分比。计算2018年11月至最新日期的租金价格指数的增长百分比。2018年6月以来，房价租金比是上升了还是下降了？

进一步探讨

9. 世界各地的房价。

《经济学人》每年都会发布"经济学人房价指数"。它试图评估哪些国家的房地产市场相对于基础价值被高估或低估的程度最高。可在网上查找此数据的最新版本。

a. 第一个指数是房价与租金之比。为什么这个指数可能有助于发现房价泡沫？根据这些数据，哪个国家的房价被高估得最严重？这一方法是否有助于预测美国房地产市场崩盘？

b. 第二个指数是房价与收入的比率。为什么这个指数可能有助于发现房价泡沫？根据这些数据，哪个国家的房价最被高估？这一方法是否有助于预测美国房地产市场崩盘？

10. 通胀指数债券。

美国财政部发行的一些债券的支付与通胀挂钩。这些与通胀挂钩的债券补偿了投资者的通胀损失。因此，这些债券的当前利率是实际利率——以商品计价的利率。这些利率可以与名义利率一起用来衡量预期通胀。让我们来看看。

访问美国联邦储备委员会的网站，获取最新公布的利率统计数据（www.federalreserve.gov/releases/h15/Current）。求5年期国债的当前名义利率。求与通胀挂钩的5年期国债的当前利率。你认为金融市场的参与者对未来5年的平均通货膨胀率的判断是什么？

延伸阅读

- There are many bad books written about the stock market. A good one, and one that is fun to read, is Burton Malkiel, *A Random Walk Down Wall Street*, 12th ed. (2019, W. W. Norton).

- A description of some historical bubbles is given by Peter Garber in "Famous First Bubbles," *Journal of Economic Perspectives*, Spring 1990, 4(2): pp. 35–54.

附录　使用实际利率或名义利率推导预期贴现值

本附录展示了表示贴现值的两种方法，式(14.A1)和式(14.A2)是等价的。

式(14.A1)给出的现值是用当前和未来预期名义利率贴现的当前和未来预期名义支付

的总和：

$$\$V_t = \$z_t + \frac{1}{1+i_t}\$z^e_{t+1} + \frac{1}{(1+i_t)(1+i^e_{t+1})}\$z^e_{t+2} + \cdots \tag{14.A1}$$

式(14.A2)给出的现值是用当前和未来预期实际利率贴现的当前和未来预期实际支付的总和：

$$V_t = z_t + \frac{1}{1+r_t}z^e_{t+1} + \frac{1}{(1+r_t)(1+r^e_{t+1})}z^e_{t+2} + \cdots \tag{14.A2}$$

将式(14.A1)两边都除以当前的价格水平 P_t，得到

$$\frac{\$V_t}{P_t} = \frac{\$z_t}{P_t} + \frac{1}{1+i_t}\frac{\$z^e_{t+1}}{P_t} + \frac{1}{(1+i_t)(1+i^e_{t+1})}\frac{\$z^e_{t+2}}{P_t} + \cdots \tag{14.A3}$$

让我们看看方程(14.A3)右边的每一项，并证明它对应于方程(14.A2)中的每一项。

- 取第一项 $\$z_t/P$，即当前支付的实际价值。所以 $\$z_t/P_t$ 就等于 z_t，即等式(14.A2)右边的第1项。
- 取第2项：

$$\frac{1}{1+i_t}\frac{\$z^e_{t+1}}{P_t}$$

将分子和分母同时乘以明年的价格水平 P^e_{t+1}，得到

$$\frac{1}{1+i_t}\frac{P^e_{t+1}}{P_t}\frac{\$z^e_{t+1}}{P^e_{t+1}}$$

右边那部分 $\$z^e_{t+1}/P^e_{t+1}$ 等于 z^e_{t+1}，也就是在 $t+1$ 期的预期实际支付。中间一部分即 P^e_{t+1}/P_t，可以写成 $1+[(P^e_{t+1}-P_t)/P_t]$。用预期通胀即 $(1+\pi^e_{t+1})$ 重写中间部分，得到

$$\frac{1+\pi^e_{t+1}}{1+i_t}z^e_{t+1}$$

回想等式(14.A2)中实际利率、名义利率以及预期通胀之间的关系：$(1+r_t) = (1+i_t)/(1+\pi^e_{t+1})$。在前面的等式中使用这个关系，得到

$$\frac{1}{1+r_t}z^e_{t+1}$$

这一项与等式(14.A2)右边的第2项相等。

- 可以用同样的方法来重写其他项，相信你能推导出下一个步骤的结果。

我们已经证明方程(14.A3)的右边和(14.A2)的右边是相等的。因此左边的项也是相等的，所以

$$V_t = \frac{\$V_t}{P_t}$$

这就是说，当前和未来的预期实际支付用当前和未来的预期实际利率贴现的现值(左边的项)，等于当前和未来的预期名义支付用当前和未来的预期名义利率贴现的现值除以当前的价格水平(右边的项)。

第 15 章　预期、消费和投资

我们已经讨论了预期在金融市场中的作用,现在开始讨论预期在消费和投资决定中的作用。对消费和投资的这一分析是第 16 章扩展 IS-LM 曲线的主要基石。

15.1 节　考察消费,并说明消费决策不仅依赖于当前收入,而且依赖于预期未来收入与金融财富。

15.2 节　考察投资,并说明投资决策是如何依赖于当前和预期利润,以及当前和预期实际利率。

15.3 节　考察消费和投资随时间的变动,并说明如何用本章学到的知识来解释这些变动。

> 如果你还记得本章的一条基本信息,它应该是:消费和投资决策在很大程度上取决于对未来的预期。

15.1　消费

人们如何决定消费与储蓄的多少?在第 3 章,我们假设消费和投资仅仅依赖于当前收入。但是即使在那时,显然消费也依赖更多的因素,特别是未来的预期。我们现在来研究那些预期是怎样影响消费决策的。

本节所依据的消费理论是在 20 世纪 50 年代由芝加哥大学的米尔顿·弗里德曼(Milton Friedman)与 MIT 的弗朗哥·莫迪利安尼(Franco Modigliani)各自独立提出来的:弗里德曼将其理论称为消费的**持久收入理论**(permanent income theory of consumption),莫迪利安尼将其理论称为消费的**生命周期理论**(life cycle theory of consumption)。弗里德曼的"持久收入"重点强调的是消费者不仅仅考虑当前收入,莫迪利安尼的"生命周期"重点强调的是消费者自然而然的消费计划范围是他们整个的一生。

自此之后,总体消费行为一直是研究的热点,有两个原因:第一个是消费在 GDP 中的绝对规模,因此需要了解消费的变动情况。第二个是个体消费者的大量调查信息越来越容易获取,如在要点解析"近距离私人访谈:利用面板数据集"中描述的收入动态面板数据调查。在弗里德曼和莫迪利安尼发展他们的理论的时候,这种调查数据无法获取。这些数据使经济学家能够不断改善他们对实际消费者行为的

> 更不用说从互联网上获取有关消费者行为的信息越来越多了。如何用机器学习技术最好地利用这些信息,是当今实证研究的前沿之一。

> 弗里德曼在 1976 年获得诺贝尔经济学奖;莫迪利安尼在 1985 年获奖。

> 从第 3 章得知:美国消费支出大约占总支出的 68%。

理解。

15.1.1 深谋远虑的消费者

我们从一个假设出发,这个假设一定会使你极度吃惊,但却是一个便于理解的基准情况。我们称之为深谋远虑的消费者理论。一个深谋远虑的消费者如何决定消费的数量?她会采取两个步骤。

这里对"房屋财富"一词略微有些滥用,它指的不仅是房屋,而且包括消费者可能拥有的其他商品,从汽车到字画等。

- 第一步,她会把她所拥有的股票和债券的价值、她的支票与储蓄账户的价值以及她所拥有的房屋财富减去抵押未到期部分的剩余价值等都加在一起。这就使她明确了解了她所拥有的**金融财富**(financial wealth)与**房屋财富**(housing wealth)。

人力财富+非人力财富=总财富

她也会估计自己在整个职业生涯的税后劳动收入会是多少,并且计算预期税后收入的现值。这就估计出了她的财富——经济学家称为**人力财富**(human wealth),这是与她的**非人力财富**(nonhuman wealth)(即金融与房屋财富之和)相对而言的。

- 把她的人力财富与非人力财富加在一起,就估计出了她的**总财富**(total wealth)。然后她就可以决定把总财富的多少用于支出。一个合理的假设是,她所决定的总财富的支出比例应该使她在一生中的每一年保持一个大致相同的消费水平。如果消费水平高于她的当期收入,差额部分她就会借钱消费。如果消费水平低于她的当期收入,她就会把差额部分储蓄起来。

我们把这一点正式地写出来。我们所描述的消费决策具有如下形式:

$$C_t = C(总财富_t) \tag{15.1}$$

其中,C_t 表示在时间 t 的消费,(总财富$_t$)是在时间 t 的非人力财富(金融财富加上房屋财富)与时间 t 的人力财富(当前和未来税后劳动收入的预期现值)之和。

这种描述包含很多事实:和深谋远虑的消费者一样,我们在决策今天的消费的时候确实会考虑我们所拥有的财富与预期未来的劳动收入。但是人们不禁会认为对于一个普通的消费者来说,这种假定的计算与远见似乎太多了一些。

为了更好地理解这种描述的含义及其中存在的问题,我们把这种决策过程用于一个普通美国大学生所面临的问题。

要点解析

近距离私人访谈:利用面板数据集

面板数据集(panel data sets)是一个包含很多个人或公司的一个或多个变量值的时序数据集。前面描述过一个这样的调查,即第 7 章的当前人口调查(即 CPS);另外一个就是对收入动态面板数据的调查,即 PSID(Panel Study of Income Dynamics)。

PSID 始于 1968 年,调查了大约 4 800 个家庭。此后每年对这些家庭进行调查,至今仍在继续。因为结婚或者孩子的出生,不断有新的个人加入这些原始家庭,调查的规模在不断增长。每一年,该调查都要向人们询问他们的收入、工资率、工作小时数、健康以及消费等问题。

这项调查提供了这些个人及家庭 50 年的信息,这使经济学家能够提出并回答一些过去只能以奇闻轶事为据的问题。可以使用 PSID 解决的问题有:

- 消费对暂时性的收入变动(例如,因为失业造成的收入减少)有何反应?
- 家庭成员间的风险共担程度如何?例如,当一个家庭成员生病或者失业的时候,她能够从家庭其他成员处得到多少帮助?
- 人们在多大程度上愿意住得离自己家庭成员更近一些?例如,如果某个人失业了,他迁往另一个城市的可能性是如何取决于他当前居住地的家庭成员数?

更详细的描述,见 Katherine A. McGonagle 等的《收入动态的面板研究:概述、近期创新和生命历程研究的潜力》(*The Panel Study of Income Dynamics: Overview, Recent Innovations, and Potential for Life Course Research*),《纵向与生命历程研究》(*Longitudinal and Life Course Studies*),2012,3(2):268-284 页,https://psidonline.isr.umich.edu/llcs2012.pdf。

15.1.2 一个例子

设想你今年 19 岁,在找到第一份工作之前,你还得上 3 年的大学。一方面,你现在也许背负债务,借钱上大学;另一方面,你可能拥有一辆汽车,以及一些其他的物质财富。为简单起见,我们假定你的债务与财产是大致相抵的,这样你的非人力财富等于零。你唯一的财富是你的人力财富,也就是你的预期税后劳动收入的现值。

预期你 3 年后的起薪大约是 40 000 美元(以 2018 年的美元计),今后实际工资每年平均增长 3% 直到你 60 岁退休,大约 25% 的收入将用于缴税。

利用第 14 章的内容,我们来计算你的劳动收入现值,即用实际利率贴现的实际税后劳动收入的预期价值。记 Y_{Lt} 为第 t 年的实际劳动收入,T_t 为实际税款。$V(Y_{Lt}^e - T_t^e)$ 表示你的人力财富,也就是(以 t 年为起点)你的税后劳动收入的预期现值。

为简化计算,假定你能借到的实际利率等于零——这样,预期现值就简单地等于你在整个职业生涯的预期税后劳动收入之和,因此可写成下式:

$$V(Y_{Lt}^e - T_t^e) = (\$40\,000)(0.75)[1 + (1.03) + (1.03)^2 + \cdots + (1.03)^{38}]$$

第一项($40 000)是你劳动收入的初始水平,以 2018 年的美元不变价格计算。

第二项(0.75)是因为你只能留下收入的 75%,其余的部分要缴税。

第三项 $[1 + (1.03) + (1.03)^2 + \cdots + (1.03)^{38}]$ 是因为预期你的实际收入会在 39 年内每年提高 3%(你从 22 岁开始有收入,工作到 60 岁)。

利用几何级数的性质对括号中的式子求和,得到

$$V(Y_{Lt}^e - T_t^e) = (\$40\,000)(0.75)(72.2) = \$2\,166\,000$$

当前你的财富,你一生中税后劳动收入的预期值为 200 万美元。

你应该消费多少?你预期退休后还能活 20 年,那么你现在预期剩余的生

> 你当然可以利用你自己的数据,然后看一看计算结果告诉你什么。

> 因为我们假定实际利率等于零,这样计算你能够保持的消费水平就变得相对容易了。在这种情况下,如果你今天少消费一单位商品,明年就刚好可以多消费一单位商品,这样你所需要满足的条件就简单地表述为你整个生命周期的消费总和等于你的财富。如果你希望每年消费一个固定不变的量,那么要想知道你每年能够消费的量,只需用你的财富除以你生命中剩余的年数。

命还有 62 年。如果你想每年消费同样的量,那么你可以支付的固定消费水平等于你的总财富除以预期剩余的生命时间,即每年消费 \$2 166 000/62＝\$34 935。因为你在获得第一份工作前的收入等于零,这就意味着今后的 3 年中每年借款 34 935 美元,当你有工作的时候开始储蓄。

15.1.3 更现实的描述

"行为经济学"领域的目标之一是评估实际行为是看起来更像有远见消费者的行为,还是更像漫画中的行为。

你对这个计算结果的第一反应可能是这种总结你的生命前景的方式有些刻板并且不近人情。

你的第二个反应可能是,即使你同意上述计算中的大部分因素,也显然不会愿意在今后的 3 年中借款 \$34 935×3＝\$104 805。例如:

(1) 你也许并不希望在你的整个生命周期中保持一个固定不变的消费水平,也许更倾向于把高消费推迟到以后。学生生活往往没有太多的时间去进行高消费的活动。你也许想把到加拉帕哥斯群岛旅游之类的活动推迟到以后再进行。你还必须考虑一些额外的花费,如生孩子、送他们去托儿所、去夏令营,以及上大学等。

(2) 或许你会发现上文的计算包含的计算量和远见都远远超出了我们自己做决策时的情况。你可能到现在都没有想过到底将会有多少收入、要用多少年。你也许感到大多数消费决策的作出都很简单,没那么有远见。

(3) 总财富的计算是基于对将来可以合理预见的变化作出的预测。但实际上事情可能会比预想的要更好或者更坏。如果你不幸失业或者生病,事情会怎么样?你怎样归还你的借款?你希望更谨慎一些,以确保即使在最糟糕的情况下也足以生存,因此你借的钱会远远少于 104 805 美元。

(4) 即使你决定借入 104 805 美元,也很可能会发现你无法从银行借到这一笔钱。为什么?银行担心如果情况变坏,你很可能没有支付能力,可能会无法或者不愿意归还贷款。换句话说,如果你想借这么多钱,你面对的借款利率可能比计算中假设的要高得多。

这些原因告诉我们,要想刻画消费者的实际行为,我们必须修正前面的描述。后三个理由尤其说明了消费不仅依赖于总财富,而且依赖于当期收入。

考虑第二个理由。你也许在决定消费支出的时候仅仅考虑你的收入,而并没有想到你的财富可能是多少,这是一个简单的规律。在这种情况下,消费就会依赖于当期收入,而不是依赖于你的财富。

现在来看第三个理由,它意味着一种稳妥的做法是消费不要超出当前的收入。这样,在情形变坏的时候你就不会承担无力归还累积债务的风险。

再看第四个理由,它意味着你的选择范围可能非常狭窄。甚至你想超出当期收入去消费,事实上却做不到,因为可能没有银行会贷款给你。

如果我们想考虑当期收入对消费的直接影响,应该用什么来测度当期收入呢?一个方便的变量就是税后劳动收入,前面在定义人力财富的时候介绍过这个变量。这使消费函数变成以下形式:

$$C_t = C(总财富_t, Y_{Lt} - T_t) \quad (15.2)$$
$$(+, +)$$

用文字解释：消费是总财富与当前税后劳动收入的增函数。总财富是非人力财富（金融财富加上房屋财富）与人力财富（预期税后劳动收入的现值）之和。

消费有多大一部分依赖于总财富（因而依赖于未来收入的预期），多大一部分依赖于当期收入呢？事实是，大多数的消费者都有预期，正如莫迪利安尼和弗里德曼提出的理论预示的那样。（参考要点解析"人们为退休积攒了足够的储蓄吗"）但是，一些消费者尤其是那些暂时收入比较低同时很难得到贷款的人，无论他们预期未来会发生什么，他们都只能在当期收入的范围内消费。一个工人如果失业了，又没有什么金融财富，即使他相当确信自己很快就能找到另一份工作，要想借钱来维持其消费水平也会很困难。而一个消费者如果很富有，又能很容易地从银行借到钱，就会为将来多保留一些，并且尽量始终保持一个大致不变的消费水平。

要点解析

人们为退休积攒了足够的储蓄吗

当做消费和投资决策时，人们到底有多谨慎呢？回答这个问题的一个方法是去了解人们到底为退休储蓄了多少。

表 15-1 中的数据来自由麻省理工学院（MIT）的詹姆斯·波特巴（James Poterba），达特茅斯学院的斯蒂文·温迪（Steven Venti）和哈佛大学的大卫·维斯（David Wise）从事的研究。他们的研究基于一个名为"健康与退休研究"（Health and Retirement Study）的面板数据集，这是密歇根大学开展的一项小组研究，每两年对约 2 万名 50 岁以上的美国人的代表性样本进行调查。表 15-1 显示了 2008 年 65 岁至 69 岁人群的平均财富水平和（总）财富构成，他们中的大多数已经退休。它还区分了这个年龄的人是单身还是已婚；在已婚的情况下，数据指的是一对夫妇的财富。

表 15-1　2008 年 65~69 岁人群的平均财富

（以 2008 年美元表示，千元）

收入来源	已婚家庭	单身家庭
社会保障养老金	262	134
雇主提供的退休金	129	63
个人退休资产	182	47
其他金融资产	173	83
住房权益	340	188
其他权益	69	18
总计	1 155	533

资料来源：James M. Poterba，Steven F. Venti 和 David A. Wise 的《退休后财富的构成和减少》（*The Composition and Draw-down of Wealth in Retirement*），《经济展望杂志》（*Journal of Economic Perspectives*），25（4），95-118 页，2011 年秋季。

财富的头三个组成部分包括各种来源的退休收入：第一个是社会保障收益的现值，第二个是雇主提供的退休金，第三个是个人退休计划的价值。它的后三个组成部分包括消费者持有的其他资产,诸如债券、股票和住房。

一对夫妇平均 110 万美元的财富是相当可观的。这意味着富有远见的人会作出谨慎的储蓄决定,从而能拥有足够的财富享受舒适的退休生活。

然而,我们必须谨慎的是:高的平均值可能掩盖了个体之间的重大差异——一些人可能有很多储蓄,而另一些人则可能只有很少一点。来自威斯康星大学的 John Scholz、Ananth Seshadri 和 Surachai Khitatrakun 的另一个研究开始关注这方面,他们也使用了来自"健康与退休研究"的数据。研究者为每一个家庭构建了一个目标财富水平(例如,每个家庭如果想退休后保持大体不变的消费水平而应该持有的财富水平)。然后,研究者把每个家庭的实际财富水平与目标财富水平相比较。

这个研究的第一个结论与 Poterba、Venti 和 Wise 的结论相似。平均来讲,人们都为退休存了足够的钱。更具体地,研究者发现,80%以上的家庭的财富高于目标水平。换句话说,只有 20%的家庭持有的财富低于目标财富。但是这些数字隐藏了收入水平的重要差异。

在高收入家庭(即收入排在前 50%的家庭)中,90%以上的家庭的财富大大超过了目标水平,而且是远远超过。这意味着:这些家庭计划留遗产,所以储蓄了比退休后所需的更多的钱。

但是,在收入最低的 20%的家庭中,只有不足 70%的家庭财富超过了目标水平。对于剩下的 30%的家庭来说,实际财富和目标财富的差距通常比较小。但是,财富低于目标水平的这一相当大的比例表明,有一些人由于计划不周或运气不好,没有为退休进行足够的储蓄。对于这些人中的大部分人来说,他们几乎所有的财富都是来自社会保障收益(表 15-1 中财富的第一个组成部分)的现值。而且有理由相信,如果没有社会保障,财富低于目标财富的人占的比例会更大。这就是构建社会保障系统的真正目的所在:为了确保人们退休之后有足够的生活来源。从这方面来讲,这似乎取得了一个成功。

资料来源:James M. Poterba, Steven F. Venti 和 David A. Wise,《退休后财富的构成和减少》(*The Composition and Draw-down of Wealth in Retirement*),《经济展望杂志》(*Journal of Economic Perspectives*),25(4),95-118 页,2011 年秋季;John Scholz, Ananth Seshadri 和 Surachai Khitatrakun,的《美国人在为退休做"最佳"储蓄吗》(*Are Americans Saving "Optimally" for Retirement?*),《政治经济学杂志》(*Journal of Political Economy*),2006,114(4):607-643 页。

15.1.4 综合考虑:当前收入、预期和消费

未来更高产出的预期如何影响现在的消费:
预期未来产出 ↑
↑ ⇒
⇒未来劳动收入 ↑
⇒人力财富 ↑
⇒消费 ↑↑
预期未来产出 ↑
↑ ⇒
⇒预期未来红利 ↑
⇒股票价格 ↑
⇒非人力财富 ↑
⇒消费 ↑

我们回到预期在支出决策中的重要性。首先注意根据式(15.2)描述的消费行为,预期通过两条途径影响消费。

- 通过人力财富直接影响消费:为计算其人力财富,消费者必须形成对未来劳动收入、未来实际利率和未来税收的预期。
- 通过非人力财富(股票、债券和房产)间接影响消费。消费者并不需要做任何计算,可以把这些资产的价值视为给定的。正如我们在第 14 章所看到的,金融市场参与者实际上已经对这些资产进行了有效的计算。例如,股票的价格由未来红利和利率的预期决定。

消费对预期的依赖在消费与收入的关系方面有两个重要的含义。

- 消费的波动幅度往往比当期收入要小。在考虑消费水平的时候,消费者所考虑的不仅仅是当期收入。如果他们认为收入的下降是永久性的,可

能就会削减与收入降低等量的消费。但是如果他们认为当期收入的下降是暂时的，他们对消费的调整幅度就要小一些。在经济衰退的时候，消费的调整幅度比收入要小。这是因为消费者知道衰退往往并不会超过几个季度，经济最终会恢复。在经济繁荣的时候也是同样的道理。如果收入有一个异常的快速提高，消费者并不会将其全部用来提高消费。他们会认为繁荣是暂时的，一切最终会恢复到正常水平。

- 即使当期收入不变，消费也有可能变化。如果选了一个好总统，向人们展示了一个乐观的前景，这就会使人们对未来更有信心，对他们自己未来的收入更加乐观。这样，即使他们的当期收入没有变化，他们也会提高消费。其他事件会出现相反的效果。

在这一方面，经济危机的影响更加明显。图 15-1（通过消费者调查数据）显示了 1990 年以来每年对下一年家庭收入增长的预期变化情况。我们注意到 2008 年以前，预期一直保持相对稳定；2008 年和 2009 年开始显著下降，之后很长一段时间一直保持低水平，直到 2014 年才开始增长。

考虑短期（第 3 章），我们假定 $C = c_0 + c_1 Y$。（为简单起见，这里忽略税收。）这意味着当产出提高的时候，消费也提高，但幅度小于产出提高的比例（C/Y 下降）。这是合理的，因为我们把重点放在产出波动和收入的短暂变动。考虑长期（第 11 章），我们假定 $S = sY$，或者等价于 $C = (1-s)Y$。这意味着当产出提高的时候，消费等比例提高（C/Y 保持不变）。这是合理的，因为我们关注的是收入永久性——长期——变动。

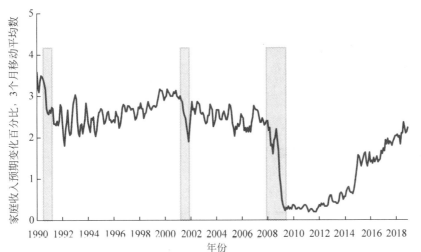

图 15-1　自 1990 年以来家庭收入的预期变化

注：收入增长预期在 2008 年和 2009 年大幅下降后，长期处于较低水平。

资料来源：消费者调查数据，表 14，密歇根大学，http://data.sca.isr.umich.edu，阴影区域表示衰退。

危机开始时的下跌并不奇怪：当消费者看到产出下降时，他们很正常地预期接下来几年的收入会下降。但它的规模是惊人的。1991 年和 2000 年的两次衰退，预期收入增长也都有所下降，但降幅要小得多，持续时间也要短得多。2008 年，消费者变得非常害怕，并在很长一段时间内都很恐惧。这导致他们限制消费，反过来又使经济复苏变得缓慢。

15.2　投资

公司如何作出投资决策？在核心部分（第 5 章）第一次论及这个答案的时候，我们认为投资依赖于当期利率与当期销售水平。在第 6 章改进了这个答案，指出实际起作用的是实际利率,而不是名义利率。现在应该清楚的是,投资决策就像消费决策一样不仅仅依赖于当期销售水平与当期利率,还依赖于预期。现在我们来更详细地考虑预期是如何影响投资决策的。

跟消费理论一样,投资理论也很简单易懂。公司在考虑是否购买一台新机器的决策时,必须要做个简单的对比,即公司必须首先计算这台新机器可以带来的预期利润的现值,然后与购买成本相对比:如果现值超过成本,公司就应该购买这台机器,即进行投资;如果现值低于成本,公司就不应该购买这台机器,即不进行投资。简单地说,这就是投资理论。下面我们将详细讨论。

15.2.1 投资与利润预期

我们来复习一下公司购买新机器决策的步骤。(虽然我说的是机器,对于其他形式的投资也同样成立,如新工厂的建立、办公设备的更新等。)

15.2.2 折旧

> 如果公司有大量的机器,我们可以认为 δ 是每年报废的机器的比例。如果公司开始的时候有 K 台机器在运转中,没有买新的,那么一年以后就只剩下 $K(1-\delta)$ 台机器,以此类推。

为了计算预期利润的现值,公司首先必须估计机器能使用多长时间。大多数机器,像汽车,几乎可以永远使用;但是随着时间的推移,其维护费用会越来越高,而可靠性会越来越差。

我们假定一台机器每年损失其可用性的比率为 δ。今年的新机器在明年的价值就相当于 $(1-\delta)$ 台机器,两年之后相当于 $(1-\delta)^2$ 台机器,以此类推。折旧率 δ 用来度量今年到下一年机器的可用性损失了多少。δ 合理的值是多少?这个问题是负责测算美国资本存量的统计学家需要回答的。根据对特定机器和建筑物折旧情况的研究,美国统计学家认为办公楼的折旧率是 2.5%,通信设备的折旧率是 15%,预包装软件的折旧率是 55%。

15.2.3 预期利润的现值

接下来,公司必须计算预期利润的现值。

> 这是一个大写希腊字母 pi,与小写字母 pi 是不同的,后者被我们用来表示通货膨胀。

一台新机器安装到位需要一定的时间(要建立一座工厂或者一座办公楼需要更长的时间),为了体现这个事实,我们假定在第 t 年买进机器,仅仅一年之后(第 $t+1$ 年)投入运转——开始折旧。每台机器用实物表示的利润记为 Π。

如果公司在第 t 年买进机器,机器在第 $t+1$ 年产生其第一笔预期利润;记这一笔预期利润为 Π^e_{t+1}。第 $t+1$ 年的预期利润在第 t 年的现值由下式表示:

$$\frac{1}{1+r_t}\Pi^e_{t+1}$$

这个计算过程由图 15-2 上面一行向左的箭头表示。由于我们测算的利润是实际值,因此用实际利率来贴现。

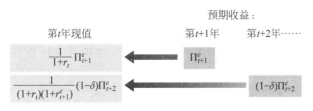

图 15-2 计算预期利润的现值

记第 $t+2$ 年每台机器的预期利润是 Π_{t+2}^e。因为折旧的存在,第 t 年购买的机器在第 $t+2$ 年只剩下 $(1-\delta)$ 台,所以该机器的预期利润等于 $(1-\delta)\Pi_{t+2}^e$。这些预期利润在第 t 年的现值等于

$$\frac{1}{(1+r_t)(1+r_{t+1}^e)}(1-\delta)\Pi_{t+2}^e$$

这个计算过程由图 15-2 下面一行向左的箭头表示。

对今后各年的预期利润采用同样的推理。把各部分综合在一起,就可以得到第 t 年购买的新机器所带来的预期利润的现值,记作 $V(\Pi_t^e)$:

$$V(\Pi_t^e) = \frac{1}{1+r_t}\Pi_{t+1}^e + \frac{1}{(1+r_t)(1+r_{t+1}^e)}(1-\delta)\Pi_{t+2}^e + \cdots \quad (15.3)$$

预期现值等于明年预期利润的贴现值,加上两年后预期利润的贴现值(考虑机器的折旧),以此类推。

简单起见,并为了将重点放在预期而不是风险的作用上,我们再次假设风险溢价为 0,因此我们不必在下面的公式中使用它。

15.2.4 投资决策

公司现在必须考虑是否应该购买这台机器。这个决策要依赖于预期利润的现值与机器价格之间的关系。简化起见,我们假定机器的实际价格,即用经济中生产的一篮子商品来衡量的机器的价格等于 1。那么公司需要做的就是比较预期利润的现值与 1 的大小。

如果现值小于 1,公司就不应该购买这台机器:如果买了,为这台机器所支付的代价就会超出今后预期能收回的利润。如果现值超过 1,公司就有理由购买新机器。

现在,我们跳出公司购买一台机器的例子,把整个经济中的投资作为一个整体来考虑。

设 I_t 为总投资。

每台机器的利润,或者更一般地,经济中(作为一个整体来考虑)每一单位资本的利润(其中资本包括机器、工厂、办公楼等),记为 Π_t。

记单位资本预期利润的现值为 $V(\Pi_t^e)$,其定义如式(15.3)。

我们的讨论意味着投资函数如下:

$$I_t = I(V(\Pi_t^e)) \quad (15.4)$$
$$(+)$$

用文字表述:投资与未来利润(单位资本的利润)的预期现值呈正向变动。当前或者预期利润越高,预期现值就越高,从而投资水平越高。当前或者预期实际利率越高,预期现值就越低,从而投资水平越低。

由于该理论的发现以及许多其他的贡献,托宾在 1981 年获得诺贝尔经济学奖。

如果你感觉公司对现值的计算与第14章股票基础价值的现值计算非常类似的话,这就对了。这个关系最初是由耶鲁大学的詹姆斯·托宾(James Tobin)发展起来的,他认为投资与股票市场价值之间确实应该有非常紧密的关系。他的论点和证据在要点解析"投资与股票市场"中介绍。

要点解析

投资与股票市场

假定一家公司有100台机器和100股股份——每台机器1股。假定每股的价格为2美元,每台机器的买价是1美元。显然公司应该投资——买一台新机器,通过发行股票来融资。每台机器的购买成本只有1美元,但是如果机器安置在公司中,股票市场的参与者愿意为与这台机器相对应的1股支付2美元。

这是托宾观点的一个例子,更一般的表述是:股票市场与投资之间应该存在一种紧密的关系。他认为,在决定是否应该投资的过程中,公司并不需要进行像我们在正文中看到的那样复杂的计算。实际上,股票价格可以告诉我们关于股票市场对投入使用的每一单位资本的估值。然后公司只要解决一个简单的问题:比较每一单位额外资本的买价与股票市场愿意为其支付的价格。如果股票市场的估价超出了买价,公司就应该购买机器;反之,则不该买。

然后,托宾建立了一个变量,即每一单位资本的市场价值相对于其买价的比率,然后观察它的变动与投资变动的关系是否紧密。他使用字母"q"来表示这个变量,这就是后来著名的**托宾的 q 理论**(Tobin's q)。其建立过程如下:

(1) 考虑由金融市场评估的美国公司的总价值。也就是说,计算它们的股票价值的总和(每股的价格乘以股份数),同时计算它们的应付债券的总价值(记住公司不仅仅通过股票融资,也通过债券融资),把股票价值和债券价值加在一起,减去公司金融资产、现金、银行存款以及持有债券的价值。

(2) 用这个总价值除以美国公司资本存量的重置成本(如果公司要更换它们所有的机器、工厂等,所需要支付的价格)。

这个比率有效地体现了每一单位资本相对于其当前买价的价值。这个比率就是托宾的 q 值。直观地,q 越高,资本价值相对于其当前购置价格就越高,投资应该越多。(在本栏目开头的例子中,托宾的 q 值等于2,公司绝对应该投资。)

托宾 q 值与投资之间的关系有多么紧密?答案如图15-3所示,图15-3画出了自1962年以来美国每年的两个变量的值。

左侧的纵轴表示美国非金融公司投资与资本比率的变化。右侧的纵轴表示托宾 q 值的变化。这个变量延迟了一期。例如,对2000年来说,图15-3中所示的是2000年的投资占资本比例的变化和1999年的托宾 q 值的变化——早了一年。这样表示这两个变量的原因在于今年的投资与去年的托宾 q 值存在紧密的关系。换句话说,今年投资的变动与股票市场去年的,而不是今年的变动关系更紧密;这也许是因为公司作出投资、建造新工厂等决策都是需要一定时间的。

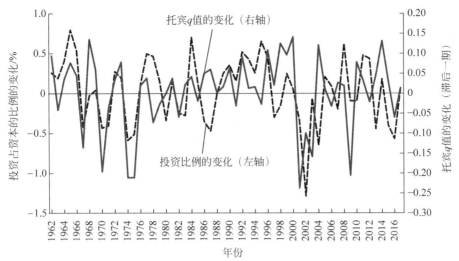

图 15-3　1962 年以来托宾 q 值与投资占资本的比例：年变化率

资料来源：资金流动，表 s5a。q 的分子：股票市值＋债务＋贷款－金融资产，美国非金融公司；分母：美国非金融公司的非金融资产。

图 15-3 中的信息表明，托宾 q 值与投资之间有明显的关系。这恐怕并不是因为公司盲目地追随股票市场的信号，而是因为投资决策与股票市场价格依赖于同样的因素——未来预期利润和未来预期利率。

15.2.5　一个简单的特例

在进一步挖掘式（15.4）的含义并对其进行扩展之前，考察一个特例应该是有用的。本例中投资、利润和利率的关系非常简单。

假定公司预期未来的利润（单位资本）和利率都保持现在的水平。因此

$$\Pi^e_{t+1} = \Pi^e_{t+2} = \cdots = \Pi_t$$

同时

$$r^e_{t+1} = r^e_{t+2} = \cdots = r_t$$

经济学家把这种认为未来和现在相似的预期称为**静态预期**（static expectations）。在这两种假定下，式（15.3）变成（推导过程在本章的附录中给出）

$$V(\Pi^e_t) = \frac{\Pi_t}{r_t + \delta} \tag{15.5}$$

预期利润的现值简单地等于利润除以实际利率与折旧率之和。将式（15.5）代入式（15.4），投资等于

$$I_t = I\left(\frac{\Pi_t}{r_t + \delta}\right) \tag{15.6}$$

式（15.6）表明，投资是利润率与（利率＋折旧率）的比值的函数。

实际利率与折旧率之和——叫作**使用者成本**（user cost）或者**资本的租赁成本**（rental cost of capital）。假定公司不买机器而是从一家租赁机构按年租入，租赁机构的收费应该是多少？即使机器不折旧，该机构也必须收取一个等于利

这样的情况是存在的：很多公司从出租公司租用汽车和卡车。

率 r_t 乘以机器的价格的费用(我们已经假定机器的价格用实际值表示为1,所以 r_t 乘以1刚好是 r_t);该机构购买并租出机器的收益至少要等于购买债券的收益。另外,租赁机构必须收取折旧的费用,即 δ 乘以机器的价格1。因此

$$租赁成本 = (r_t + \delta)$$

虽然公司通常并不会租用机器,但是 $(r_t + \delta)$ 仍然是公司使用机器一年的隐含价格——有时候叫作影子价格。

那么,由式(15.6)表示的投资函数就有一个简单的解释:投资依赖于利润与使用者成本的比率。利润越高,投资水平也越高;使用者成本越高,投资水平就越低。

这种利润、实际利率和投资之间的关系是基于一个很强的假定:预期未来会和现在一样。不过这仍然是一个需要记住的有用的关系,也是宏观经济学家的一个便利的工具。尽管如此,现在是我们放松假设以考察预期在投资决策中的决定作用的时候了。

15.2.6 当期利润与预期利润

我们之前发展的理论隐含着,投资应该具有前瞻性,应该主要取决于预期未来利润。〔我们假定新的资本在购买后一年才可以投入使用,在这个假定下,式(15.3)中甚至没有出现当期利润。〕

但是,一个引人注目的经验事实说明了投资与当期利润的波动有紧密的关系。图15-4为1960年以来美国经济中投资和利润的变化。利润构造为一个比率,等于税后利润加上由美国非金融公司支付的利息收益之和,除以它们的资本存量。投资是用美国非金融公司投资总量除以它们的资本存量后得到的比率。利润会滞后一期。以2000年为例,图15-4显示了2000年投资的变化,以及1999年(即前一年)利润的变化。以这种方式表示这两个变量的原因是数据中某一年的投资和前一年的利润之间的相关性最强——这种滞后似乎是由于企业为了追求更高的利润而决定新投资项目需要时间。图15-4中的阴影部分表示衰退的年份——一年中至少连续两个季度出现产出下降。

投资变动与当期利润变动之间的正向关系在图15-4中可以清楚地看出。这个关系是否与我们刚刚发展的理论不一致? 理论上,投资应该与预期未来利润的现值,而不是当期利润相关。这不一定:如果公司预期未来利润的变动与当期利润非常接近,那么预期未来利润现值的变动将会与当期利润的变动非常类似,所以投资的变动也就与之一致。

然而,更加深入研究该问题的经济学家得出结论,当期利润对投资的影响比我们目前为止发展的理论所预见的要强。要点解析"获利能力与现金流量"讲述了他们是如何收集证据的。一方面,一些公司拥有高盈利性的投资项目,但是当前利润却很低,这些公司似乎投资得太少了。另一方面,一些公司当期利润很高,但有时候却投资了一些盈利性值得怀疑的项目。简而言之,即使在控制了利润预期现值的影响后,当期利润仍可以影响投资。

为什么当期利润会在投资决策中起作用? 在15.1节我们讨论了为什么消费直接依赖于当期收入,这里的答案也很相似。我们用来解释消费者行为的很多理由同样适用于公司。

- 如果当期利润比较低,公司要想购买新机器就只能通过借款来筹资。它可能并不愿意借款:虽然预期利润看起来似乎很高,但是万一情况变坏,公司就会无力偿债。然而,如果当期利润比较高,公司就可以通过预留一部分收益用来投资而不必去借款。

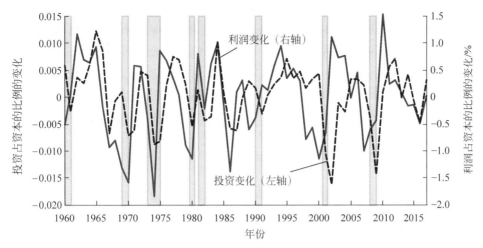

图15-4 1960年以来美国经济中投资和利润的变化

资料来源：总投资：联邦储备委员会，资金流动，系列FA105013005.A；资本存量：BEA固定资产表，非住宅、非金融类私人固定资产净存量；利润：BEA，NIPA表1.14，净经营盈余减去税收，减去转移支付，再减去净利息支付。

注：投资与利润的变动几乎同步。

总之，更高的当期利润会使公司投资更多。

- 想投资的公司可能会发现很难借到钱。潜在的贷款人可能对这个项目并不像公司那样有信心，担心公司可能无法偿还。如果公司有大量的当期利润，就不一定要去借款，也就不需要去说服潜在的贷款人。它们可以按照自己的意愿进行投资，往往也更可能去投资。

总之：要与现实中的投资行为相吻合，投资关系式最好写成

$$I_t = I(V(\Pi_t^e), \Pi_t) \tag{15.7}$$
$$(+, \quad +)$$

用文字解释：投资同时依赖于利润的预期现值和利润的当期水平。

要点解析

获利能力与现金流量

投资多大程度上依赖于利润的预期现值，又在多大程度上依赖于当期利润？换句话说，对投资决策而言什么最重要：是**获利能力**（**profitability**）（利润的预期贴现值），还是**现金流量**（**cash flow**）（当期利润，公司正在获得的净现金流量）？

回答这个问题的困难在于：大多数时候，现金流量与获利能力是同步变动的。业绩好的公司往往现金流量与未来前景都很好，而亏损公司的未来前景经常也很差。

分离现金流量与获利能力的影响的最好方法就是找出现金流量与获利能力变动不一致的时间和事件，然后看一看投资发生了什么变化。这是哈佛大学经济学家欧文·拉蒙特（Owen Lamont）所采取的方法。下面的例子可以帮助你理解拉蒙特的策略：

第15章 预期、消费和投资

考虑两家公司 A 和 B 都生产钢铁，B 公司还进行石油开采。

假定油价有一个大幅度的下跌，使石油开采遭受损失，这个冲击降低了 B 公司的现金流量。如果石油开采的损失非常大，以至于抵消了钢铁生产的利润，B 公司总体上就表现为亏损。

如果油价下降，B 公司对钢铁生产的投资是否会比 A 公司要少？如果只有钢铁生产的获利能力在起作用，B 公司对其钢铁业务的投资就没有理由比 A 公司少。但是如果当期现金流量也起作用，那么因为 B 公司的现金流量比较低，它对钢铁业务的投资就无法和 A 公司一样多。观察两个公司对钢铁业务的投资可以告诉我们投资在多大程度上依赖于现金流量和获利能力。

这就是拉蒙特所采取的经验策略。他关注 1986 年当美国的油价下降了 50% 从而使得石油相关领域都遭受了巨大损失的时候所发生的事情。然后他观察了有大量石油业务的公司在其非石油业务上削减的投资是否相对大于有相同非石油业务的其他公司，得出结论：由于油价下降，现金流量每下降 1 美元，非石油业务上的投资支出就会削减 10 美分到 20 美分。简单地说，当期现金流量确实起作用。

资料来源：Owen Lament，《现金流和投资：来自内部资本市场的证据》(*Cash Flow and Investment: Evidence from Internal Capital Markets*)，*Journal of Finance*，March 1997，52(1)：pp.83-109。

15.2.7 利润与销售额

到目前为止，我们已经证明了投资依赖于当期和预期利润，更具体地讲，是当期和预期单位资本利润。现在我们需要探究最后一个问题：什么决定了单位资本利润？主要有两个方面：①销售水平；②现有资本存量。如果销售相对于资本存量较低，单位资本的利润就很可能也低。

我们把这一点正式写出来。忽略销售与产出之间的区别，记 Y_t 为产出（等价于销售额）。K_t 为时间 t 的资本存量。我们的讨论结果可以表示成下面的关系式：

$$\Pi_t = \Pi\left(\frac{Y_t}{K_t}\right) \tag{15.8}$$

$$(+)$$

单位资本的利润是销售与资本存量的比率的递增函数。给定资本存量，销售额越高，利润就越高。给定销售水平，资本存量越大，利润就越低。

这个关系式在实践中成立吗？图 15-5 画出了 1960 年以来美国的单位资本利润（右边纵轴表示）的年变化和产出与资本比率（左边纵轴表示）的变化。与图 15-4 一样，单位资本利润被定义为税后利润加上由美国非金融公司支付的利息收益之和，除以其用重置成本计算的资本存量。产出与资本的比率是 GDP 与总资本存量的比率。

图 15-5 表明，单位资本利润的变化与产出资本比率变化之间存在密切的关系。假设大多数产出资本比率的年变化都来自产出的变动，大多数单位资本利润的变化来自利润的变动（资本的变动非常缓慢，即使是很大的投资变化也只能带来资本存量缓慢的改变），我们就可以把这个关系表述如下：在经济衰退时期（图中阴影部分表示衰退时期）利润下降，在经

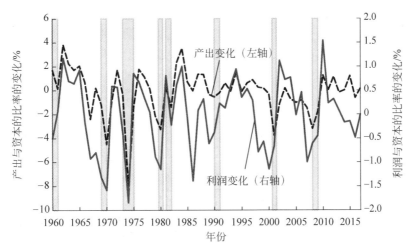

图 15-5　1960 年以来美国单位资本的利润变化和产出与资本的比率的变化

资料来源：资本存量：BEA 固定资产表。非住宅类私人固定资产、非金融类资产存量净值；利润：BEA，NIPA 表 1.14，净经营盈余减去税收减去转移支付减去净利息和杂项支付；产出：BEA，非金融公司业务部门的增加值。

注：单位资本的利润和产出与资本的比率在很大程度上是同步变化。

济扩张时期利润提高。

为什么产出与利润之间会有这种关系？因为这暗含着当期产出、预期产出与投资之间的关系。当期产出会影响当期利润，预期未来产出会影响预期未来利润，当期和预期未来利润会影响投资。例如，如果预期会有一个持续的经济扩张，就会使公司当期和预期未来一段时间的利润提高，因而这种预期就能带来更高的投资。当我们在第 16 章再次讨论产出的决定时会发现当期和预期产出对投资的影响，与投资反过来对需求和产出的影响一起，都将起到决定性的作用。

▶高预期产出⇒
高预期利润⇒
今天的高投资。

15.3　消费和投资的波动性

你一定已经注意到了我们在 15.1 节和 15.2 节处理消费和投资行为的方法非常类似。

- 消费者对当前收入变动是暂时的还是永久性的判断，影响了他们的消费决策。他们预期当前的收入增加持续的时间越短，就越不会提高消费。
- 同样，公司对当前销售变动是暂时的还是永久性的判断，影响了它们的投资决策。它们预期当前销售提高的持续时间越短，就越不会改变对利润现值的估计，因而就不会买新机器或者建造新工厂。这就是为什么每年感恩节到圣诞节之间销售的高涨并不会带来 12 月份投资的高涨，公司明白这种繁荣只是暂时性的。

▶在美国，12 月的零售额比其他月份要高 24%。而在法国和意大利，12 月的销售额要高 60%。

但是，消费决策与投资决策之间也有两个重要的区别：

- 我们所发展的消费理论意味着，如果消费者面对一个永久性的收入提高，他们的反应最多只是等量的消费提高。收入永久性提高意味着他们能够负担现在和将来的与收入增长等量的消费提高。超过收入提高量的消费增加意味着将来消费的削减，

第 15 章　预期、消费和投资

消费者没有理由这样规划消费。
- 现在考虑公司面对一个永久性销售提高的行为,预期利润现值的提高带来投资的提高。与消费相比,这并不意味着投资的提高必须很大程度上等于销售的提高。而且,一旦公司认为销售的提高支持它们购买新机器或者建立新工厂的决策,公司就希望尽快去实施,这使投资支出有一个大的但是短暂的提高,这个提高可能超出销售的提高。

更具体地说,设一个公司的资本对年销售额的比率为3。今年销售额提高1 000万美元,如果预期这种提高是永久性的,就要求公司花费3 000万美元用于购买额外的资本,以维持同样的资本产出比率。如果公司立即购买了额外的资本,今年投资支出的提高就等于销售额提高的3倍。一旦资本存量调整,公司就会回复到正常的投资状态。这个例子比较极端,因为公司一般不太可能立即调整它们的资本存量。但是即使资本存量在很多年内调整,投资的提高仍然会在一段时间内超出销售的提高。

我们可以利用式(15.8)表述同样的道理。因为这里我们没有区分产出和销售,最初的销售提高带来产出Y的等量提高,所以Y/K(公司的产出与其现有资本存量的比率)也会提高。结果是利润提高,这就使公司要进行更多的投资。一段时间之后,更高投资水平带来更高的资本存量K,因而Y/K下降,恢复到正常水平。单位资本的利润恢复正常,投资也恢复。因此,作为对永久性销售提高的反应,投资开始会有一个较大的提高,然后渐渐恢复正常水平。

这个区别意味着投资的波动应该比消费更大。大多少呢?从数据中得到的答案如图15-6所示,该图画出了1960年以来美国消费和投资的年变动率。阴影部分同样表示美国经济衰退的年份。为了便于解释,图中的变化率都是一段时间内相对于平均变化率的偏差,因此其均值等于零。

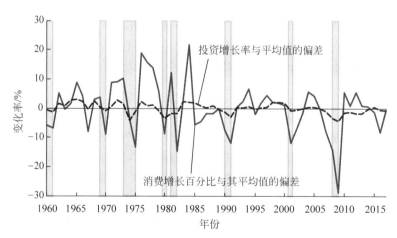

图15-6 1960年以来消费和投资的变化率
资料来源:FRED,序列PCECC96、GDPI。
注:投资的相对变动比消费的相对变动大得多。

从图15-6你可以看出三点。
- 消费和投资通常同步变动:如衰退通常对应投资和消费的同时下降。在我们的讨论中,消费和投资的决定因素大体相同,因而这无足为奇。
- 投资的波动性确实比消费要大。投资的相对变动范围从 -29% 到 $+24\%$,然而消费的相对变动范围只是从 -5% 到 $+3\%$。
- 我们可以用另一种方法来表述这个事实,尽管投资水平比消费水平小得多(回忆,投资占 GDP 的 15%,而消费占比将近 70%),但是投资的年变化与消费的年变化在总体幅度上是相同的。换句话说,二者对产出波动的贡献是大致相同的。

本章提要

- 消费同时依赖于当期收入与财富。财富等于非人力财富(金融财富和房屋财富)与人力财富(预期税后劳动收入的现值)之和。
- 消费对收入变动的反应要看消费者预期这种变动是暂时的还是永久性的。
- 消费的变动幅度往往比收入要小,不过即使当期收入不变,消费也可能变动。
- 投资同时依赖于当期利润和预期未来利润的现值。
- 在简化的假定下,公司预期未来的利润和利率都和现在一样,那么我们认为投资依赖于利润与使用者成本的比率,其中使用者成本是实际利率与折旧率之和。
- 利润的变动与产出的变动密切相关。因此,我们认为投资直接依赖于当期和未来产出的变动。如果公司预期会有一个长期的经济扩张,因而有一个长时期的较高利润,公司就会投资。预期不会长久持续的产出变动对投资的影响很小。
- 投资的波动性比消费要大得多。不过,因为投资只占 GDP 的 15%,而消费却占 70%,所以二者对产出波动的贡献是大致相同的。

关键术语

- permanent income theory of consumption,消费的持久收入理论
- life cycle theory of consumption,消费的生命周期理论
- financial wealth,金融财富
- housing wealth,房屋财富
- human wealth,人力财富
- nonhuman wealth,非人力财富
- total wealth,总财富
- panel data sets,面板数据集
- static expectations,静态预期
- Tobin's q,托宾的 q 理论
- user cost,使用者成本
- rental cost,租赁成本
- profitability,获利能力
- cash flow,现金流量

本章习题

快速测试

1. 运用本章学到的知识,判断以下陈述属于"正确""错误"和"不确定"中的哪一种情

况,并简要解释。

　　a. 对于普通的大学生,人力财富和非人力财富大致相等。

　　b. 自然实验(例如退休)并未说明影响消费的主要因素是对未来收入的预期。

　　c. 在金融危机爆发之初,人们对未来收入增长的预期有所下降。

　　d. 建筑物和工厂的折旧比机器折旧要快得多。

　　e. 托宾的 q 值较高意味着股票市场认为资本被高估了,因而投资应该减少。

　　f. 除非当期利润影响对未来利润的预期,否则不应影响投资。

　　g. 美国过去30年的数据表明公司利润与经济周期紧密相关。

　　h. 消费和投资的变动通常是同向的,而且幅度大致相同。

2. 一个消费者的非人力财富等于100 000美元。她今年的收入为40 000美元,预期她的工资在未来两年内实际的增长率为5%,然后她就会退休。实际利率等于0,并且预期在未来保持为0。劳动收入的税率是25%。

　　a. 该消费者的人力财富是多少?

　　b. 她的总财富是多少?

　　c. 如果她预期在退休后还能活7年,而且希望从现在起每年的消费保持不变(实际值),她今年能消费多少?

　　d. 如果她只在今年得到了20 000美元的奖金,未来的工资收入仍如前所述,她现在和未来的消费能提高多少?

　　e. 现在假定从退休的时候开始,社会保障系统每年支付消费者最后一个工作年份收益的60%(假定该收益不需要缴税)。她今年能消费多少(以后仍然保持恒定的消费)?

3. 一个饼干制造商在考虑是否要购买一台制作饼干的机器,其成本为100 000美元。机器每年折旧8%。第2年开始它可以带来的实际利润等于18 000美元,两年后为$18 000(1−8%)(也就是说,同样的实际利润,但是要对折旧做调整),3年后为$18 000×(1−8%)^2,以此类推。试确定该制造商是否应该购买这台新机器,假定实际利率保持不变,分别等于:

　　a. 5%。

　　b. 10%。

　　c. 15%。

4. 假定你22岁的时候上完大学,可以得到的起薪为40 000美元。工资的实际值将保持不变。但是你也有资格进入专业学校学习,在那里要花两年的时间直至毕业,毕业后你的起薪(以实际值表示)将会提高10%,此后以实际值表示的工资保持不变。劳动收入的税率是40%。

　　a. 如果实际利率等于零,你预期在60岁退休(也就是说,如果你不进入专业学校,你预期总共可以工作38年),要进入这个专业学校,你最多愿意支付多少钱?

　　b. 如果你收入的30%要缴税,你愿意支付多少钱去上学?

深入挖掘

5. 个人储蓄和总资本积累。

假定每一个消费者出生的时候金融财富都是零,生命分为三个时期:青年、中年和退休后。消费者在前两个时期工作,在最后一个时期退休。他们在第一个时期的收入是5美元,在第二个时期的收入是25美元,最后一个时期收入为0美元。通货膨胀和预期通货膨胀为零,实际利率也等于零。

　　a. 在第一个时期生命开始的时候,劳动收入的贴现值是多少? 如果三个时期的消费水平一样,可以维持的最高消费水平是多少?

　　b. 在每一个生命期,为维持问题a中固定不变的消费水平,消费者的储蓄量应该是多少? (提示:如果消费者需要借钱以维持一定的消费水平,那么储蓄可以为负。)

　　c. 假定每一个时期有N个人出生,总储蓄是多少? (提示:将各年龄组的储蓄加总。记住,在每一个生命期,储蓄可能为负。)请解释。

　　d. 经济中的总金融财富是多少? (提示:计算每一个时期开始时人们的金融财富,将它们相加。记住人们可以负债,所以金融财富可以为负。)

　6. 信贷约束与总资本积累。

　　延续问题5,现在假定信贷约束使得青年人无法借款。如果我们把收入总量和总金融财富称为"留存现金",那么借贷的限制就意味着消费者的消费不能超出留存现金的额度。在每一个生命期,消费者计算其总财富,然后将他们理想的消费水平定义为所能达到的最高消费水平,同时还要保持三个时期的消费相等。但是如果理想消费水平比他们的留存现金要高,那么他们的消费只能限制在留存现金水平。

　　a. 求每一个生命时期的消费。并解释与问题5中a的答案的差别。

　　b. 求经济中的总储蓄。如果与问题5中c的答案有区别,请解释。

　　c. 求总金融财富。并解释与问题5中d的答案的差别。

　　d. "金融自由化也许对人们有利,但是对整个资本积累不利。"请讨论这一说法。

　7. 未来收入不确定下的储蓄。

　　考虑将一个消费者的生命分为三个时期:青年、中年和老年。青年时期,这个消费者挣得2 000美元的劳动收入。中年时期的收入不确定,他有50%的机会可以挣得40 000美元,有50%的机会可以挣得100 000美元。老年时期,他依靠以前的储蓄进行消费。假定通货膨胀、预期通货膨胀和实际利率为零。忽略税收的影响。

　　a. 中年时期收入的期望值是多少? 给定这一数值,预期的生命周期里劳动收入的贴现值是多少? 如果这个消费者希望在其一生中保持消费水平不变,他在每一个阶段应该消费多少? 每一个阶段的储蓄又应该是多少?

　　b. 现在假设这个消费者希望在其一生中保持20 000美元的最低消费水平,为了做到这一点,他必须做最坏的打算。如果在中年时期的收入为40 000美元,那么为了保持其一生的最低消费水平(20 000美元),他在青年时期该消费多少呢? 这个消费水平与a部分计算所得的消费水平有什么不同?

　　c. 给定b的答案,假定他在中年的收入为10 0000美元。他在每个阶段的消费支出应该为多少? 在一生中他的消费水平会不变吗? (提示:当这个消费者到中年的时候,他会试图在剩下的两个生命时期里保持不变的消费水平,只要在每个时期能保持至少20 000美元的消费水平。)

　　d. 青年消费者未来收入的不确定性对储蓄(或者借贷)有什么影响?

进一步探讨

8. 消费和投资的变动。

进入由圣路易斯联邦储备银行操作的 FRED 数据库,查找个人消费支出和国内私人投资总额以及实际 GDP 的年度数据。这些数据是以实际美元计算的。你可以下载一个电子表格,设定从 1960 年开始,以最近一年的数据为终点。(FRED 允许你直接下载到电子表格中。)在我写这篇文章的时候,这个系列的名字是:实际 GDP(2012 固定美元),GDPCA;个人实际消费支出(2012 固定美元),PCECCA;实际私人国内投资总额(2012 固定美元),GPDICA。你应该能够搜到这些名称,下载这些变量的年化水平。注意这些变量是用百万美元还是 10 亿美元来衡量的。

a. 平均来说,消费比投资大多少?计算两者占 GDP 的百分比。

b. 计算从 1961 年至今消费水平和投资水平的变化,并画出图形。消费和投资的年变化幅度是否相似?

c. 计算 1961 年以来实际消费和实际投资的年变化百分比。哪个更不稳定?

9. 消费者信心、可支配收入与衰退。

进入 FRED 经济数据库的网站,下载季度实际人均个人可支配收入[系列名称 A229RX0Q048SBEA(2012 十亿固定美元)]以及密歇根大学消费者信心指数调查(系列 UMCSENT)。消费者信心数据是按月统计的,你需要从每月的观察数据中得出一个季度平均值。我们将用这一系列数据来衡量消费者信心。月度观察数据起始日期是 1978 年 1 月,所以你的研究应该从这个日期开始。

a. 考察这些数据以前,有理由期望消费者信心与其可支配收入相关或者不相关吗?你能想出消费者信心与可支配收入不相关的理由吗?

b. 画出消费者信心指数与人均可支配收入增长率的关系图。它们的关系是正相关吗?

c. 画出消费者信心指数变化与人均可支配收入增长率的关系图。这个关系是怎样的呢?关注可支配收入绝对值变化小于 0.2% 的情况。消费者信心水平在改变吗?我们该如何解释这些观察结果呢?

d. 关注 2007 年、2008 年和 2009 年的数据。2007 年至 2008 年的消费者信心与通常的消费者信心相比如何?为什么?(提示:雷曼兄弟破产发生在 2008 年 9 月。)消费者信心的下降是否预示着随着危机的到来实际个人可支配收入的下降?

e. 特朗普在 2017 年 11 月出人意料地当选美国总统。2017 年第一季度消费者信心有什么变化吗?

f. 特朗普在 2017 年 12 月 22 日签署并于 2018 年实施了大规模减税。2017 年到 2018 年的人均可支配收入是否发生了重大变化?2017 年到 2018 年的消费者信心指数有变化吗?

附录 在静态预期条件下计算利润的预期现值

可以从正文[式(15.3)]看到,利润的预期现值可由下式表示:

$$V(\Pi_t^e) = \frac{1}{1+r_t}\Pi_{t+1}^e + \frac{1}{(1+r_t)(1+r_{t+1}^e)}(1-\delta)\Pi_{t+2}^e + \cdots$$

如果公司预期未来利润（单位资本利润）和未来利率都保持今天的水平，那么 $\Pi_{t+1}^e = \Pi_{t+2}^e = \cdots = \Pi_t$ 而且 $r_{t+1}^e = r_{t+2}^e = \cdots = r_t$，上式变成

$$V(\Pi_t^e) = \frac{1}{1+r_t}\Pi_t + \frac{1}{(1+r_t)^2}(1-\delta)\Pi_t + \cdots$$

提出公因子 $[1/(1+r_t)]\Pi_t$，得到

$$V(\Pi_t^e) = \frac{1}{1+r_t}\Pi_t\left(1 + \frac{1-\delta}{1+r_t} + \cdots\right) \tag{15.A1}$$

式(15.A1)中括号里的部分是一个几何级数，形式为 $1+x+x^2+\cdots$，因此，从本书最后的附录 2 的命题 2 得到

$$(1+x+x^2+\cdots) = \frac{1}{1-x}$$

这里，$x=(1-\delta)/(1+r_t)$，因此

$$\left(1 + \frac{1-\delta}{1+r_t} + \left(\frac{1-\delta}{1+r_t}\right)^2 + \cdots\right) = \frac{1}{1-(1-\delta)/(1+r)} = \frac{1-r_t}{r_t+\delta}$$

代入式(15.A1)得出

$$V(\Pi_t^e) = \frac{1}{1+r_t}\frac{1+r_t}{r_t+\delta}\Pi_t$$

简化得到我们在正文中使用的关系式(15.5)：

$$V(\Pi_t^e) = \frac{\Pi_t}{r_t+\delta}$$

第 16 章 预期、产出和政策

第 14 章,我们看到了预期是如何影响资产价格的,包括债券、股票和房产的价格。在第 15 章,我们看到了预期是怎样影响消费和投资决策的。本章将把各个部分综合在一起,对货币政策和财政政策的影响做另一番考察。

16.1 节 提炼了我们已学内容的主要含义,即对未来产出和未来利率的预期影响当期支出,从而影响当期产出。

16.2 节 考察货币政策。说明货币政策的效果在很大程度上取决于今天政策利率的变化如何导致人们和企业改变其对未来利率和未来收入的预期,进而改变其支出决定。

16.3 节 讨论财政政策。与核心部分简单模型的结论形成对比,本节说明了财政紧缩会导致产出的提高,即使在短期也是这样。预期如何对政策作出反应再次成为中心问题。

> 如果你还记得本章的一条基本信息,它应该是:货币和财政政策的效果在很大程度上取决于它们如何影响预期。

16.1 预期与决策:复习

我们首先复习已经学习过的内容,然后讨论我们应该如何修正商品市场和金融市场的特征的描述,即我们在核心部分构建的 IS-LM 模型。

16.1.1 预期、消费和投资决策

第 15 章的主题是消费和投资决策二者都在很大程度上依赖于人们对未来收入和未来利率的预期。预期影响消费和投资支出的途径总结在图 16-1 中。

注意,对于债券而言,是名义而非实际利率起作用,因为债券未来要求美元偿付,而不是实物偿付。

注意,预期的未来变量有多种途径影响当前决策,既可以直接影响,也可以通过资产价格来影响。

- 当前和预期未来税后实际劳动收入的增加,或者当前和预期未来实际利率下降,会使人力财富(税后实际劳动收入的预期贴现值)增加,进而导致消费增加。

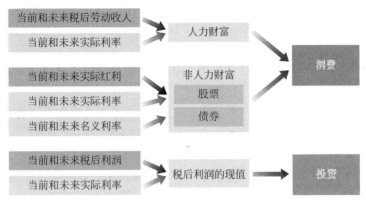

图 16-1 预期和支出：途径

注：预期直接或通过资产价格影响消费和投资决策。

- 当前和预期未来实际红利的增加，或者当前和预期未来实际利率的减少，会使股票价格上升，股票价格上升导致非人力财富的增加，进一步导致消费增加。
- 当前和预期未来名义利率的减少导致债券价格上升，使非人力财富增加，并进一步导致消费增加。
- 当前和预期未来实际税后利润的增加，或者当前和预期未来实际利率的减少，使实际税后利润的现值增加，进一步导致投资的增加。

16.1.2 预期和 IS 关系

如果沿着图 16-1 的思路设计一个模型来详细研究消费和投资问题，这个模型将会非常复杂。实际上，一些宏观经济学家为了理解经济现象和分析经济政策而建立的大型模型已经做到了这一点，但在这里我们不需要如此复杂。我们只是希望能掌握所学内容的精髓，即消费和投资如何依赖于对未来的预期，而不要迷失在细节中。

为了做到这一点，我们做一个重要的简化。把现在和将来缩减成只有两个阶段：①当前阶段，你可以认为是今年；②未来阶段，可以认为是把今后的所有年份都放在一起。这样我们就不需要考察今后每一年的预期。

做了这个假定之后，我们应该怎样写当前的 IS 关系呢？在第 6 章[式(6.5)]我们用以下公式表示 IS 关系：

$$Y = C(Y-T) + I(Y, r+x) + G$$

假设消费仅仅依赖当前收入，而且投资仅仅依赖当前产出和当前借款利率（等于政策利率加上风险溢价）。现在，我们想把预期如何影响消费和投资考虑进去，可以分两步来进行：

- 首先，在引入预期之前，我们可以很方便地把这个关系式写成一种更加紧密的形式，而且不改变其内容。定义总私人支出为消费和投资支出之和：

$$A(Y, T, r, x) \equiv C(Y-T) + I(Y, r+x)$$

其中，A 表示**总私人支出**（aggregate private spending），或者简单地叫作**私人支**

这种把时间划分为"今天"和"以后"的做法是我们很多人安排自己生活的方法：考虑"今天要做的事情"和"可以放一放的事情"。你也可以把未来看作我们在核心内容中看到的"中期"和"长期"的结合。

这样做的原因是要重新组合需求的两个部分——C 和 I，它们都依赖于预期。

出（private spending）。利用这个概念，我们可以重新把 IS 关系式写成

$$Y = A(Y, T, r, x) + G \tag{16.1}$$
$$(+, -, -, -)$$

在模型中正式引入不确定性和风险会让它变得过于烦琐。我在这一章最后的"要点解析""不确定性和波动"中做了一个非正式的讨论。

总私人支出 A 的性质和我们前面章节所述的消费和投资的性质一样，总私人支出是：

- 收入 Y 的递增函数：收入越高（等价于产出越高），消费和投资越高。
- 税收 T 的递减函数：高税收使消费下降。
- 实际利率 r 的递减函数：高实际政策利率使投资下降。
- 风险溢价 x 的递减函数：高风险溢价使借款利率增加、投资下降。

我们所做的第一步仅仅是简化概念。现在我们需要修正式（16.1）以反映预期的作用。由于本章的重点是预期而不是风险溢价，因此假设风险溢价是常数，并在模型中忽略它。随着对预期的关注，式（16.1）的自然延伸使消费不仅仅依赖于当前的变量，也依赖于其未来阶段的预期值，因此

$$Y = A(Y, T, r, Y'^e, T'^e, r'^e) + G \tag{16.2}$$
$$(+, -, -, +, -, -)$$

Y 或者 $Y'^e \uparrow \Rightarrow A \uparrow$
T 或者 $T'^e \uparrow \Rightarrow A \downarrow$
r 或者 $r'^e \uparrow \Rightarrow A \downarrow$

撇号（'）表示未来值，上标 e 表示预期，所以 Y'^e、T'^e 和 r'^e 分别表示预期未来收入、预期未来税收和预期未来利率。这样有一些烦琐，但是这种记法比较直接：

- 当期或者预期未来收入的提高使私人支出提高。
- 当期或者预期未来税收的提高使私人支出下降。
- 当期或者预期未来实际政策利率的提高使私人支出下降。

现在商品市场的均衡由式（16.2）表示，图 16-2 描绘了当前的新 IS 曲线。跟往常一样，

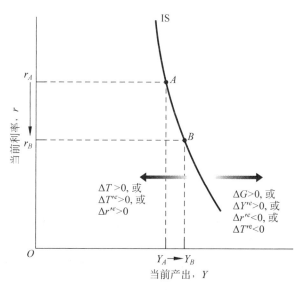

图 16-2 新的 IS 曲线

注：给定预期的条件下，实际政策利率的下降导致产出较小的提高。IS 曲线陡峭地向下倾斜。政府支出的提高，或者预期未来产出的提高，使 IS 曲线向右移动。税收的提高、预期未来税收，或者预期未来政策利率的提高使 IS 曲线向左移动。

为了画这条曲线,我们假设除了当期产出 Y 和当期实际政策利率 r 之外的变量都是给定的。因此,IS 曲线是在给定当前和预期未来税收值 T 和 T'^e、给定预期未来产出值 Y'^e,以及给定预期未来实际利率 r'^e 下画出的。

新的 IS 曲线是以式(16.2)为基础,从而仍然是向下倾斜的,原因和第 6 章一样:当前政策利率降低使私人支出提高,从而通过乘数效应导致产出的提高。但是,我们还可以说出更多的内容:新的 IS 曲线比我们在第 6 章所画的曲线要陡峭得多。换句话说,其他变量不变的情况下,当前政策利率一个很大的变化只能对均衡产出产生一个很小的影响。

要了解其原因,可在图 16-2 的 IS 曲线中取一点 A,然后考虑实际政策利率下降的影响(从 r_A 到 r_B)。实际政策利率下降对产出的影响要看以下两种效应的强度:在给定收入的情况下实际政策利率对支出的影响和乘数的大小。我们分别来看一下。

- 假设对未来实际政策利率的预期保持不变,当前实际政策利率的下降对私人支出没有多少影响。我们在第 14、15 章解释过其原因:仅仅是当前实际利率变化并不会使现值发生很大的变化,因而也不会使支出有大的变化。例如,如果当前的实际利率下降,而公司又预期未来的实际利率不会像现在这样低,那么公司可能不会大幅改变其投资计划。

假设你有一个 30 年期贷款,而且 1 年期利率从 5% 降到 2%。所有未来 1 年期利率保持不变,30 年期的利率将会降多少?[答案:从 5% 降到 4.9%。要了解其原因,将式(14.11)扩展到 30 年期:30 年期的收益是 30 个 1 年期利率的平均值。]

- 乘数可能很小。回顾一下:乘数的大小依赖于当前收入(产出)变化对支出的影响程度。对未来收入的预期不变,当前收入的变化不会对支出产生太大的影响。其理由是预期暂时性的收入变化对消费和投资的影响都非常有限。如果消费者预期他们收入的提高只能持续 1 年,那么他们会提高消费,但是不会超出收入的提高。如果公司预期它们销售的提高只能持续一年,也不会太多地改变其投资计划。

总结一下,当前实际政策利率的一个较大的下降,如图 16-2 中从 r_A 到 r_B,只能带来产出一个较小的提高,从 Y_A 到 Y_B。通过 A 和 B 的 IS 曲线非常陡峭地向下倾斜。

让我们看看式(16.2)中其他变量的影响。式(16.2)中除了 Y 和 r 之外的任何一个变量的变化都会使 IS 曲线移动:

- 当前税收(T)或者政府支出(G)的变化会使 IS 曲线移动。

在给定的利率下,政府支出的提高使支出提高,IS 曲线右移;税收的提高使 IS 曲线向左移动。这些移动在图 16-2 中反映。

- 预期未来变量(Y'^e, T'^e, r'^e)的变化也会使 IS 曲线移动。

假设你的企业决定对所有员工一次性补助 1 万美元。你预期以后不会再有这种情况,今年你将提高多少消费?(如果需要,请参考第 15 章对消费行为的讨论。)

预期未来产出 Y'^e 的提高使 IS 曲线向右移动:更高的预期未来收入使消费者感到更加富有,从而消费得更多。更高的预期未来产出意味着更高的利润,使公司更多地投资。消费者和公司的高支出通过乘数效应导致产出提高。类似地,预期未来税收的提高使消费者减少当前消费,IS 曲线向左移动;预期未来实际政策利率的提高使支出下降,IS 曲线向左移动。这些移动也在图 16-2 中反映。

我们现在准备研究货币政策和财政政策的影响。前两章所做的努力即将得到回报。

16.2 货币政策、预期和产出

美联储直接影响的利率是当前的实际利率 r。因此,LM 曲线仍然由一条水平线给出,其值等于美联储选择的实际政策利率 $\bar{r}$。IS 和 LM 关系如下:

$$\text{IS}: Y = A(Y, T, r, Y'^e, T'^e, r'^e) + G \tag{16.3}$$

$$\text{LM}: r = \bar{r} \tag{16.4}$$

IS 曲线和 LM 曲线如图 16-3 所示。商品和金融市场的均衡意味着经济处于 A 点。

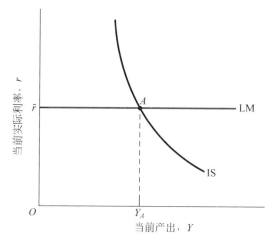

图 16-3 新的 IS-LM 曲线

注:IS 曲线陡峭地向下倾斜。在其他条件相同的情况下,当前利率的改变对产出的影响非常小。给定央行设定的当前实际利率 $\bar{r}$,均衡点在 A 处。

重温货币政策

现在假定经济处于衰退中,美联储决定降低实际政策利率。

首先假定扩张性的货币政策没有改变对未来实际政策利率和未来产出的预期。在图 16-4 中,LM 曲线向下移动,从 LM 移动到 LM″。[因为我已经用"′"来表示变量的未来值,所以本章用双撇号(如 LM″)来表示曲线的移动。]均衡点从 A 移动到 B,产出更高,利率更低。但是,比较陡峭的 IS 曲线意味着当前利率的下降对产出只有一个很小的影响:当前利率的改变,如果没有伴随着预期的变化,对支出、从而对产出只有很小的影响。

但是,"预期不受扩张性货币政策的影响"这一假设合理吗?如果美联储降低当前实际政策利率,金融市场是否会预期未来实际利率也会降低,而这个更低的未来利率会带来更高的未来产出吗?如果市场的确预期到了这些变化会发生什么?

在给定的当前实际政策利率下,预期未来实际政策利率更低和未来产出更高都会提高支出和产出;它们使 IS 曲线向右移动,从 IS 到 IS″。新的均衡点移到 C 点。因此,虽然货币扩张对产出的直接影响是有限的,但是一旦把预期考虑在内,其全部影响要大很多。

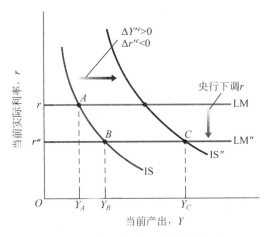

图 16-4　扩张性货币政策的效影响

注：货币政策对产出的影响在很大程度上取决于货币政策是否影响预期，及影响程度如何。

我们已经得到了一个重要结论。货币政策（任何类型的宏观经济政策）的影响在很大程度上要取决于它们对预期的影响。

- 如果货币扩张使金融投资者、公司和消费者改变了对未来利率和产出的预期，那么货币扩张对产出的影响就会非常大。
- 如果预期不变，货币扩张对产出的影响会很有限。

我们可以将这里的分析与第14章关于货币政策变化对股票市场的影响联系在一起。如果货币政策的变化在投资者、企业和消费者的预料之中，预期将不会发生变化，股票市场即使有反应也很小。而且，需求和产出即使有变化，也只是很小的变化。但是，如果货币政策的变化在预料之外且预计会持续，那么未来产出预期就会提高，未来利率预期会降低，股票市场会出现繁荣而且产出会增加。

这就是为什么央行认为它们的任务不仅是调整政策利率，而且包括"管理预期"，使政策利率的变化对经济产生可预测的影响。央行向金融市场提供有关未来政策利率的指示，被称为"前瞻性指导"。更多内容见第21章和第23章。

在这一刻，你可能会变得非常怀疑：宏观经济学家到底可以在多大程度上预测政策或者其他冲击的影响。如果这些影响取决于期望的变化，宏观经济学家有希望预测到将会发生什么吗？答案是肯定的。

我们说，政策的影响依赖于其对预期的影响，并不等于说任何事情都有可能发生。预期并不是任意的。一个基金经理决定是否投资于股票或者债券，一个公司考虑是否购买一个新的工厂，一个消费者考虑应该为退休储蓄多少——他们都详尽地考虑了未来可能发生的状况。我们可以把每一种情况都看作形成关于未来的预期，在这个过程中，他们会考虑未来预期政策的变化，以及可能对经济活动产生的影响。即使他们自己没有这么做（相信我们中的大多数人在做决策之前都不会花时间求解宏观经济模型），他们也会通过看电视、阅读报纸来间接地做到这一点，而这些渠道本身就是依赖于公众预期或者私人预测人员的预期。经济学家把这些在有远见模式下形成的预期叫作**理性预期**（rational expectations）。理性预期假设的引入始于20世纪70年代，它在很大程度上规范了宏观经济学家考虑经济政策的方式，我们将在要点解析"理性预期"中进一步讨论这个问题。

我们可以回过头来思考理性预期在（我们刚刚学习的）货币扩张情景中的作用。在财政政策变化的情况下将更有意思,这就是我们下面要做的事情。

要点解析

理 性 预 期

预期的重要性是宏观经济学的一个古老的主题。但是直到20世纪70年代早期,宏观经济学家都是以下面两种方法之一考虑预期:

- 一个是**动物精神**(**animal spirits**)(来自凯恩斯在《就业、利息和货币通论》中的表述,指的是不能由当前变量变化解释的投资变动)。换句话说,预期的变动被认为是重要的,但它们并没有得到很好的解释。
- 另外一个是简单的、"向后看"规则的结果。例如,人们常常假定有静态预期,就是预期未来和现在是一样的(我们在第8章讨论菲利普斯曲线时以及在第15章探讨投资决策时用到了这个假定)。或者假定人们有**适应性预期**(**adaptive expectations**),例如,如果人们发现他们对某一时期中某一变量的预期过低,那么他们就会通过提高对下一期该变量的预期来"适应"或"调整"。所以如果发现通货膨胀率比预期的高,他们就会向上修正(即调高)对未来通货膨胀的预期。

20世纪70年代早期,在罗伯特·卢卡斯(Robert Lucas)(芝加哥大学)和托马斯·萨金特(Thomas Sargent)(明尼苏达大学)的领导下,一些宏观经济学家认为这些假定并不能公正地描述人们建立预期的方法。(罗伯特·卢卡斯在1995年获得诺贝尔奖,萨金特于2011年获得诺贝尔经济学奖。)他们认为在考虑不同政策的影响时,经济学家应该假定人们有理性预期,即人们展望未来并尽量准确地作出预测。这并不是假定人们能够预知未来,而是说,他们能够最好地利用所得到的信息。

利用当时流行的宏观经济模型,卢卡斯和萨金特说明了假设的变化(即把关于预期形成的传统假定替换成理性预期假设)如何从根本改变了模型的结果。例如,卢卡斯质疑了通过紧缩货币政策实现的反通货膨胀在一段时间内一定会增加失业的观点。他认为,在理性预期假设下,一个可靠的反通货膨胀的政策会使通货膨胀下降,而不会引起失业的提高。更一般地,卢卡斯和萨金特的研究说明了有必要在理性预期假定下,重新考虑宏观经济模型,而这正是自那以后所发生的事情。

今天的大多数经济学家将理性预期假设用于他们的模型或者政策分析。这并不是因为他们相信人们真的会作出理性预期。的确,有时适应性预期可能是对现实更好的描述:有些时候,个人、公司或者金融市场的参与者也会脱离现实,变得过于乐观或者过于悲观。(回忆我们在第14章中关于泡沫和狂热的讨论。)但是在考虑特定经济政策的影响时,最好的假定就是:金融市场、个人和公司尽力发现其影响。如果假定人们对政策作出反应时会犯系统错误,这种情况下所设计的政策是不明智的。

与此同时,显然理性预期的假设夸大了个人和企业对未来的思考能力,我们必须找到更合适的假设。事实上,目前的许多研究都集中在如何将决定人们形成预期的一些行为限制和偏见考虑在内。然而,可行且可靠的替代方案尚不存在,就目前而言,理性预期仍是大多数宏观经济模型的默认假设。

16.3　削减赤字、预期和产出

回顾一下我们在核心部分得到的关于削减预算赤字的结论。

- 在短期,削减财政赤字使私人支出下降,因而带来产出的缩减,除非其效应被扩张的货币政策所抵消。
- 在中期,更低的预算赤字意味着更高的储蓄和投资。
- 在长期,更高的投资意味着更高的资本存量和更高的产出。

正是这种不利的短期影响,就像不会经常增加税收或削减政府项目一样,政府迟迟不愿意处理其预算赤字:为什么要为了将来可能产生的利益,而在现在承担经济衰退的风险呢?

一些经济学家认为,在某些条件下,即使在短期内,赤字削减也有可能提高产出。他们认为:如果人们考虑赤字削减在未来的有利影响,他们对未来的预期就会提高,并足以引起当前支出的提高而不是下降,从而引起当前产出的提高。本节将更加正式地阐述他们的观点。在要点解析"预算赤字削减是否会带来产出的扩张?爱尔兰在20世纪80年代的例子"中介绍了一些支持性的证据。

假定经济由式(16.3)的 IS 曲线和式(16.4)的 LM 曲线所描述。现在假定政府宣布了通过同时降低当前支出 G 和未来支出 G'^e 来削减赤字的计划,现阶段的产出将会如何变化?

> 9.3 节分析了财政政策变化的短期和中期影响,11.2 节分析了财政政策变化的长期影响。

16.3.1　对未来预期的作用

首先假定对未来产出的预期(Y'^e)和未来利率的预期(r'^e)不发生改变。在这种情况下,政府在当前阶段支出的下降会使 IS 曲线向左移动,因而均衡产出下降。

所以,关键的问题是:预期会怎样变化?要回答这个问题,我们回到在核心部分所学过的赤字削减在中期和长期的影响:

- 在中期,赤字削减对产出没有影响。但是它将使得利率降低、投资提高。这是第 9 章两个重要的内容。

> 在中期,Y 不变,$I\uparrow$

让我们回顾一下每个结论背后的逻辑。

回顾一下:从中期来看,我们忽略了资本积累对产出的影响。因此,在中期,产出的自然水平依赖于生产率的水平(作为给定的量)和就业的自然水平。就业的自然水平又依赖于自然失业率。如果政府对商品和劳务的支出不影响自然失业率——没有明显的理由说明这会有影响,支出的变化就不会影响产出的自然水平。因此,赤字削减对中期的产出没有影响。

我们已经知道,产出一定要等于支出,支出是公共支出和私人支出之和。假设产出不变,公共支出越低,私人支出就会越高。为了实现更高的私人支出,就越需要更低的均衡利率:更低的利率带来更高的投资,因而带来更高的私人支出,这才能抵消公共支出的下降,从而保持产出不变。

- 在长期,即考虑资本积累对产出的影响,更高的投资带来更高的资本存量,从而带来更高的产出水平。

> 在长期,$I\uparrow \Rightarrow K\uparrow \Rightarrow Y\uparrow$

这就是第11章的主要内容。产出用于储蓄的部分(或者投资的部分;在商品市场均衡的情况下,这二者必须相等)越高,资本存量就越高,因而长期的产出水平越高。

今后,我们可以同时考虑中期和长期影响。如果个人、公司和金融市场的参与者有理性预期,作为对宣布削减赤字的反应,其会预期到未来将发生上述变化。因此,其对未来产出的预期(Y'^e)提高,对未来利率的预期(r'^e)降低。

16.3.2 回到当前阶段

现在回到刚才提出的问题:作为对削减赤字计划的发布及启动的反应,当前阶段会发生什么变化?图16-5画出了当前的IS、LM曲线。作为对宣布削减赤字的反应,现在有三个因素使IS曲线移动。

> 这一点在实践中可能发生的模式是:经济学家的预测表明,这些较低的赤字在未来有可能导致更高的产出和较低的利率。作为对这些预测的回应,长期利率会降低,而且股票市场会上涨。人与企业,在知晓这些预测并看到债券和股票价格上涨后,将修正其支出计划、增加支出。

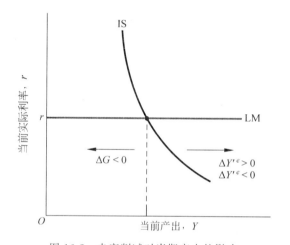

图 16-5　赤字削减对当期产出的影响

注:当考虑政府支出的下降对预期的影响时,政府支出的下降不一定带来产出的下降。

- 当前政府支出(G)下降,使IS曲线向左移动。在给定的利率(r)下,政府支出的下降使支出和产出都下降。这是政府支出削减的典型效应,也是基准IS-LM模型唯一考虑的效应。
- 预期未来产出(Y'^e)的提高,使IS曲线向右移动。在给定的利率下,预期未来产出的提高使私人支出提高,从而提高产出。
- 预期未来利率(r'^e)下降,使IS曲线向右移动。在给定的当前利率下,未来利率的下降刺激了支出,使产出提高。

IS曲线这三种移动的净效应是什么?预期对消费和投资支出的影响是否能抵消政府支出的削减?如果没有关于IS关系准确形式以及赤字削减计划的细节,我们无法判断哪一种移动会占主导地位,产出会上升还是下降。但是从我们的分析可知,每一种情况都有可能出现,作为对赤字削减的反应,产出可能提高。关于什么时候会发生这种情况,以上分析给了我们一些提示。

- 时机问题。我们注意到,当前政府支出(G)的下降越小,对当前支出的负面影响就越小。还有,预期未来政府支出(G'^e)降低越多,对预期未来产出和利率的影响就越大,因而对当前的支出有更大的正面影响。这就意味将赤字削减计划**延迟**（**backloading**）到未来,即现在削减得少一些,将来削减得多一些,这样更有可能带来产出的提高。另外,计划延迟也引出了其他一些问题。如果政府宣布有必要削减支出,但随后却将这一行动延迟到未来的某个时候,其**可信度**（**credibility**）就会下降——也就是人们感觉政府会将其所承诺的事情付诸实际的可能性下降。政府必须做一个非常微妙的平衡：在现阶段必须有足够的削减量以验证其削减赤字的承诺；同时必须有足够的赤字削减留到未来,以降低短期内对经济的负面影响。

- 构成问题。削减赤字有多少是通过增税实现的,多少是通过削减开支实现的,这可能很重要。如果一些政府开支项目被认为是"浪费"的,那么今天削减这些项目将使政府在未来减税。预期未来税收和经济扭曲程度较低可能会促使企业在今天进行投资,从而在短期内提高产出。
- 初始情况问题。以政府已经失去对预算的控制的经济体为例。政府支出高、税收低、赤字大,那么政府债务会快速增长。在这种环境下,一个可信的赤字削减计划更有可能在短期内增加产出。在该计划公布之前,人们可能预计未来出现重大的政治和经济问题。削减赤字计划的宣布可能会让他们恢复信心,相信政府已经重新获得了控制权,未来没有他们预期的那么黯淡。这种对未来悲观情绪的减少可能会导致支出和产出的增加,即使增加税收是赤字削减计划的一部分。那些认为政府可能会违约并要求较高风险溢价的投资者可能会得出违约风险要比预想低得多的结论,并要求一个更低的利率。面向政府的更低利率可能会转化为面向企业和个人的更低利率。
- 货币政策问题。之前的三种观点都集中在货币政策不变时 IS 曲线变化的直接影响。但正如我们以前讨论过的那样,即使货币政策不能完全抵消 IS 曲线移动带来的负面影响,但通过降低政策利率也可以帮助减少这种变化对产出的负面影响。

要点解析

预算赤字削减是否会带来产出的扩张？
爱尔兰在 20 世纪 80 年代的例子

爱尔兰在 20 世纪 80 年代经历了两次主要的赤字削减计划。

（1）第一次赤字削减计划开始于 1982 年。1981 年,预算赤字达到了一个非常高的水平,占 GDP 的 13.0%。当前和过去赤字积累的结果,使政府债务占到了 GDP 的 77%,也是一个非常高的水平。很明显,政府必须重新控制财政状况。在接下来的 3 年中,它实行了一项赤字削减计划,以提高税收为主。这是一个雄心勃勃的计划：如果产出继续以其正常速度增长,该计划减少赤字的幅度将达到 GDP 的 5%。

结果却令人失望。如表 16-1 的第 2 行所示,1982 年产出的增长很低,到 1983 年已经是负增长。产出的低增长是和失业的大幅上升[从 1981 年的 9.5% 增长到 1984 年的 15%（见表 16-1 的第 3 行）]联系在一起的。因为产出增长比较低,依赖于经济活动量的税收收入比预期要低。实际的赤字削减,如第 1 行所示,只有 GDP 的 3.5%。继续高涨的赤字和 GDP

的低增长使得债务占 GDP 比率进一步提高，到 1984 年已经达到 97%。

表 16-1　爱尔兰 1981—1984 年及 1986—1989 年财政和其他宏观经济指标　　　%

财政和其他宏观经济指标	1981 年	1982 年	1983 年	1984 年	1986 年	1987 年	1988 年	1989 年
预算赤字（占 GDP 的百分比）	−13.0	−13.4	−11.4	−9.5	−10.7	−8.6	−4.5	−1.8
产出增长率	3.3	2.3	−0.2	4.4	−0.4	4.7	5.2	5.8
失业率	9.5	11.0	13.5	15.0	16.1	16.9	16.3	15.1
家庭储蓄率（占可支配收入的百分比）	17.9	19.6	18.1	18.4	15.7	12.9	11.0	12.6

资料来源：OECD Economic Outlook，June 1998。

（2）第二次削减赤字的努力始于 1987 年 2 月。在那段时期，情况依然很糟糕：1986 年的赤字占 GDP 的 10.7%；债务达到 GDP 的 116%，是当时欧洲的最高纪录。这个新的赤字削减计划与第一次不同，更多地把重点放在政府功能的减少和政府支出的降低上，而不是提高税收。该计划中税收的增加是通过税制改革、拓宽税基（增加了纳税家庭的数量）达到的，而并没有提高边际税率。这一次计划仍然是雄心勃勃的：如果产出继续以其正常速度增长，该计划可以使赤字减少的幅度为 GDP 的 6.4%。

结果和第一个计划的结果大相径庭。1987 年到 1989 年是非常强劲增长的时期，GDP 的平均增长超出了 5%，失业率下降了 2%。因为强劲的产出增长，税收比预期的要高，赤字减少大约为 GDP 的 9%。

一些经济学家认为两次计划结果的惊人差别源于两种情况下预期的反应不同。他们说，第一个计划着重于提高税收，而并没有改变人们眼中关于政府过度干预经济的景象。而第二个计划把重点放在削减支出和税制改革上，对预期产生了更多的积极影响，从而影响了产出。

他们是正确的吗？有一个变量，也就是家庭储蓄率（其定义为可支配收入减去消费，再除以可支配收入）强有力地说明了预期确实在其中起到重要作用。为了解释储蓄率的行为，回忆第 15 章关于消费行为的内容。当可支配收入因为意外原因而放缓增长，甚至下降时（比如处于衰退中）消费往往会放慢，但以比可支配收入变化更小的幅度下降，因为人们预期将来事情会有所改观。换句话说，当可支配收入以异常低的速度增长，储蓄率往往会下降。现在看看（表 16-1 中的第 4 行）1981 年到 1984 年发生的变化：尽管整个时期的经济增长很低，而且 1983 年还出现了衰退，然而储蓄率实际上还略有提高。换句话说，消费的减少幅度比可支配收入的减少幅度要大；原因肯定在于人们对将来的预期已经非常悲观。

现在看 1987 年到 1989 年。在这个时期，经济增长非常强劲。和前面的道理一样，我们原本以为消费的增长会稍弱一些，因此储蓄率应该增长。但事实上相反，储蓄率下降得非常厉害，从 1986 年的 15.7% 到 1989 年的 12.6%。这说明，消费者一定是对未来变得非常乐观，因而消费的增加比可支配收入的提高还要多。

接下来的问题是：两种情况下预期调整的差别是否能完全解释两次财政调整结果的差别呢？答案很显然是否定的。在第二次财政调整计划实施的时候，爱尔兰在很多方面经历着变革。生产率比实际工资的增长要快得多，从而降低了公司的劳动力成本。在税收减免、低劳动力成本和受教育程度较高的劳动力的吸引下，很多外国公司到爱尔兰来创办新工厂；

这些是 20 世纪 80 年代经济扩张的主要原因。直到 2007 年的危机之前,爱尔兰的经济增长非常强劲,年平均产出增长率超过 5%。毫无疑问,这一长时间的扩张可归因于很多因素。不过 1987 年财政政策的变化在使公众、公司(包括外国公司)和金融市场相信政府正在重新控制财政方面起到了重要作用。事实说明,1987 年到 1989 年的大规模赤字削减伴随着强劲的经济增长,而不是像基准 IS-LM 模型所预测的那样。

更详细的讨论参见:Francesco Giavazzi and Macro Pagano,*Can Severe Fiscal Contractions be Expansionary? Tales of Two Small European Countries*(《严厉的财政紧缩有扩张效果吗?两个欧洲小国的故事》),NBER Macroeconomics Annual,(MIT Press,1990),Oliver Jean Blanchard and Stanley Fisher,editors.

如果想系统性考察财政调整是否具有扩张效果,以及什么时候会有扩张效果,参见 *Will It Hurt? Macroeconomic Effects of Fiscal Consolidation*(《它是有害的吗?财政调整的宏观经济效果》),Chapter3(第 3 章),*World Economic Outlook*(《世界经济展望》,WEO),IMF,2010 年 10 月。

总结一下:

赤字削减计划即使在短期也可能使产出提高。是否能做到这一点依赖于很多因素。

- 计划的可信性:是否真的会像宣称的那样削减支出或者提高税收?
- 计划的构成:计划是否降低了经济扭曲程度?
- 政府财务的初始状况:原先的赤字有多大?这个计划是否是"最后的机会"?如果计划失败会怎样?
- 货币政策和其他政策:它们是否有助于在短期内抵消对需求的直接负面影响?

> 注意,我们已经偏离了第 3 章的结果,在第 3 章,通过明智地选择支出和税收,政府可以实现它想要的任何产出水平。而在这里,甚至连削减赤字对产出的影响的符号都是模糊的。更多关于当前财政政策的问题见第 22 章。

这些分析使我们明白了预期在政策效果决定中的重要性,以及在这一环境下实施财政政策的复杂性。这不仅仅是一个说明性的例子。这是自 2010 年初以来欧洲地区争论的主要焦点。

到 2010 年,经济急剧下滑,加上 2009 年为限制需求下降而采取的财政措施,导致了巨额预算赤字和政府债务的大幅增加。毫无疑问,巨额赤字不可能永远持续下去,债务最终必须稳定下来。问题是什么时候以及以什么样的速度稳定下来。

一些经济学家和欧洲地区的大多数政策制定者认为,财政整顿必须立即强有力地执行。他们认为,这对于让投资者相信财政状况已得到控制至关重要。如果同时采用结构性改革以提高未来产出,那么预期未来产出将增加所产生的影响将超过财政整顿所带来的直接负面影响。他们主张**财政紧缩**(**fiscal austerity**)政策。例如,欧洲央行行长 Jean Claude Trichet 在 2010 年 9 月表示:

"(财政整顿)是保持对政府财政目标可信度的信心的先决条件。当财政调整战略被认为是可信的、雄心勃勃的并且侧重于支出方面时,对信心的积极影响可以弥补财政整顿导致的需求下降。在目前宏观经济不稳定的环境下,这种的积极影响是非常有利的。"

另一些人则怀疑在经济衰退的情况下积极的预期效应是否还会很强。他们指出,政策利率已经处于零下限,因此货币政策即使有帮助也不会很大。他们主张缓慢而稳定的财政整顿,直到债务稳定,即使这将在债务稳定前导致更高的债务水平。

这场辩论被称为**财政乘数**(fiscal multipliers)辩论。赞成强力整顿的人认为,一旦考虑到直接效应和预期效应,财政乘数(财政整顿的净效应)可能是负面的。在其他条件不变的情况下,赤字越小,产出越大。反对财政整顿的人认为,财政乘数可能是正的而且可能很大。赤字越小,产出越小,或者至少会减缓经济复苏的进程。

不幸的是,怀疑论者被证明是正确的。随着证据的积累,财政整顿的净效应显然是收缩性的。最有力的证据是预测误差和各国财政整顿规模之间的关系。在大多数欧洲国家,2010—2011年的增长结果比预测的要低得多。从各个国家来看,这些负的预测误差与财政整顿的规模密切相关。图16-6描绘了增长预测误差与财政整顿的衡量标准,财政整顿规模较大的国家显示出较大的(负)预测误差。这一关系在希腊尤为明显,但其他国家也是如此。鉴于预测是使用较小正乘数的模型来构建的,这意味着财政乘数事实上不仅是正的,而且比假设的要大。预期效应并没有抵消降低支出和增加税收带来的直接负面影响。

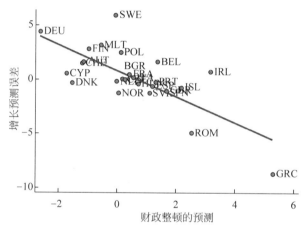

图 16-6　2010—2011 年欧洲增长预测误差与财政整顿

注:2010—2011 年,财政整顿力度更强的欧洲国家出现了更大的负增长预测误差。

要点解析

不确定性和波动

从本质来说,未来是不确定的。我们对结果抱有期望,但我们意识到结果是不确定的。到目前为止,我们只关注预期对消费和投资决策的影响,而忽略了不确定性。但是,对于给定的预期,不确定性也可能会影响我们的决策。

考虑三个例子。

想象两个场景。在第一种情况下,你确信一年内你将被提升,你的工资将增加10%。在第二种情况下,你认为有50%的机会你会被提升,工资会增加40%,但还有50%的机会你会被解雇。在第二种情况下,你确信你可以找到另一份工作,但工资会比你现在的工资低20%。在这两种情况下,你的预期收入是一样的,即增加10%。在这两种情况下,你今年的消费是否相同?很可能不会。在第二种情况下,你可能会更加谨慎,增加的消费会更少。

假设现在你是一家公司的首席执行官,你听说可能会有一场关税战,可能会影响你在国外的一些销售。谣言是不确定的,哪些产品可能受到影响也不清楚。换句话说,与前一个案例相比,你甚至无法确定概率和结果。这很有可能导致你非常谨慎,并取消你先前考虑的一些投资计划。

继续前面的例子,但假设你有信心不确定性将在一年内得到解决:你知道是否有关税以及它如何影响你的业务。如果投资决策难以改变,那么等到不确定性得到解决再做决定是非常明智的。经济学家把这种情况称为反映**等待的期权价值**(option value of waiting)。作出错误的投资决策代价是非常高的;而等到不确定性得到解决,可以作出正确的决定时,代价就会低很多。

我把重点放在个人决策上。但如果许多人或许多公司都受到这种不确定性的影响,这可能会对宏观经济产生重大影响。这里有三个例子。

第一个可以追溯到大萧条时期。当1929年10月股票市场崩溃时,人们意识到未来会比他们预期的更糟糕。同时他们也认为未来更加不确定。股市崩溃是一个暂时的事件,还是会引发漫长而痛苦的衰退? 加州大学伯克利分校的Christina Romer认为,较低的预期和较高的不确定性都在发挥作用。她的观点是:汽车的销售在10月和11月急剧下降。但百货商店的销售几乎没有变化。如果只有较低的预期在起作用,汽车和百货商店的销售都应该下降。汽车的销售下降了很多,而百货商店的销售却基本保持不变,这表明不确定性和等待的期权价值在起作用。在不知道会发生什么的情况下,消费者决定在购买汽车之前先观望一下。这种行为反过来促成了需求的下降并加快了美国经济崩溃的速度。

第二个是大衰退。在2008年9月雷曼公司倒闭后(见第6章),很明显金融系统遇到了严重的问题。但是,评估事情的严重程度,以及猜测可能发生的事情,是非常困难的。(我知道是因为当时我在国际货币基金组织任职)。图16-7给出了金融市场普遍存在的不确定性程度的衡量标准,它描绘了一个被称为VIX的股票市场波动指数的演变。VIX指数是利用未来以特定价格购买或出售股票的期权价格计算出来的。如果投资者担心股市可能崩溃,他们将愿意支付高价,以获得在未来以特定价格卖出的期权。相反,如果他们预计股市会迅速恢复,他们将愿意支付高价,以获得在未来以特定价格买入的期权。VIX指数是通过汇总这些信息构建的,反映了在某一特定时间点市场的不确定性。图16-7显示了VIX指数

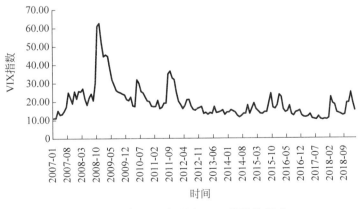

图16-7 自2007年以来VIX指数的演变
资料来源:FRED,VIXCLS。

在 2008 年 9 月是急剧上升的,反映了当时不确定性的大幅增加,并促成了需求的急剧下降和大衰退。它还显示了不确定性消失的速度很快,因为指数下降的速度很快,并从那时起指数一直保持在低位。

第三个例子涉及当前的贸易紧张局势。自 2016 年大选以来,特朗普政府一直认为美国出口的关税太高,应该降低。与墨西哥、中国和欧盟的谈判正在进行。然而,最终的结果仍有很大的不确定性。在这种情况下,你会期望企业,特别是出口企业搁置一些投资,等待谈判的结果更加明确后再做决策。事实的确如此。亚特兰大联邦储备银行 2019 年 1 月对企业的调查显示,由于关税谈判,19% 的企业正在重新评估其投资计划。其中,36% 的企业正在推迟它们的一些计划。等待的期权价值显然在起作用,虽然不足以导致整体投资的大幅减少,但足以在总体数据中引起注意。

本章提要

- 商品市场的私人支出依赖于当前和预期未来的产出,以及当前和预期未来的实际利率。
- 预期影响需求,进而影响产出:预期未来产出或者预期未来实际利率的变化会带来当前支出和产出的变化。
- 我们的分析结果意味着:财政政策和货币政策对支出和产出的影响依赖于政策是如何影响未来产出和未来实际利率的预期的。
- 理性预期假设是指个人、公司和金融市场参与者通过估测未来政策变化的路径,了解对未来产出、未来利率等的影响,从而形成其对未来的预期。显然,大多数人并不会自己去体验这个过程,但我们可以认为他们会间接去做,即依赖于公众或者个别预测者的预测。
- 虽然肯定存在某些情况,在这些情况下,个人、公司和金融投资者所作出的不是理性预期,但理性预期假设似乎是评价不同政策影响的最好基准。如果假定人们在对政策的反应中会犯系统性错误,并且基于此来设计政策,显然是不明智的。
- 中央银行控制短期实际利率。但是,支出依赖于当前和预期未来的实际利率。因此货币政策对经济活动的影响关键在于短期实际利率的变化是否带来当前和预期未来实际利率的变化,以及如何变化。
- 预算赤字削减可能会带来产出的提高,而不是产出的下降。这是因为对未来更高产出和更低利率的预期可能导致支出的增长,远远抵消了赤字削减对总支出的直接不利影响。这取决于削减赤字的速度、可信度、性质,以及货币政策适应和维持需求的能力。

关键术语

- aggregate private spending, or private spending,总私人支出或私人支出
- animal spirits,动物精神
- adaptive expectations,适应性预期

- rational expectations，理性预期
- backloading，延迟
- credibility，可信度
- fiscal austerity，财政紧缩
- fiscal multipliers，财政乘数
- option value of waiting，等待的期权价值
- VIX，股票市场波动指数

本章习题

快速测试

1. 运用本章学到的知识，判断以下陈述属于"正确""错误"和"不确定"中的哪一种情况，并简要解释。

a. 当前一年期实际利率的变化对支出的影响要比预期未来一年期实际利率变化的影响大得多。

b. 商品市场模型中，预期的引入意味着 IS 曲线仍然是向下倾斜的，但是更加平坦。

c. 投资依赖于当期和预期未来利率。

d. 理性预期假设意味着消费者考虑了未来财政政策对产出的影响。

e. 预期未来的财政政策影响未来经济活动的预期，但是对当前的经济活动没有影响。

f. 通过对预期施加影响，财政紧缩政策实际上可以带来经济的扩张。

g. 爱尔兰 1982 年和 1987 年赤字削减计划的例子，有力地反击了赤字削减能导致产出扩张的假说。

h. 2010—2011 年欧洲地区的经验表明，财政整顿通过预期的作用会使产出大幅增长。

2. 考虑一下这些关于美联储政策的引述。

a. 2012 年 1 月 25 日，美联储发布了两项公告。以下是两项公告各自的节选。

关于短期利率走势的公告：

为了支持更强劲的经济复苏，并帮助确保通货膨胀随着时间的推移处于与"双重任务"相一致的水平，委员会预计将保持高度宽松的货币政策立场。特别地，委员会今天决定将联邦基金利率的目标区间保持在 0～0.25%，并预计经济状况（资源利用率较低和中期通胀前景暗淡）很可能使联邦基金利率至少到 2014 年年底维持在异常低的水平。

通货膨胀目标的正式公告：

长期的通货膨胀率主要由货币政策决定，因此委员会有能力为通货膨胀制订一个长期目标。委员会认为，以个人消费支出价格指数的年度变化来衡量，2% 的通胀率在较长时期内最符合美联储的法定要求。向公众清楚地传达这一通胀目标有助于牢牢地固定长期通胀预期，从而形成稳定的价格水平和适度的长期利率，并增强委员会在面临重大经济动荡时促进最大限度就业的能力。

你认为这两项公告的目的是什么？它们对实际利率意味着什么？

b. 2018 年 12 月 19 日的货币政策公告：

自 11 月联邦公开市场委员会以来获得的信息表明，劳动力市场持续走强，经济活动一直在以强劲的速度上升。平均而言，最近几个月就业增长强劲，失业率保持在低位。家庭支出继续强劲增长，而企业固定资产投资的增长较今年早些时候的快速增长有所放缓。在 12

个月的基础上,总体通货膨胀率和除食品和能源外其他项目的通货膨胀率都保持在2%左右。总体而言,长期通货膨胀预期指标变化不大。

根据其法定职责,委员会寻求就业最大化和价格水平稳定。委员会认为,联邦基金利率目标区间的进一步上调将与经济活动持续扩张、劳动力市场状况强劲以及通货膨胀率在中期内接近委员会2%的目标相一致。

鉴于已实现和预期的劳动力市场状况和通货膨胀,委员会决定将联邦基金利率目标区间上调至2.25%,再至2.5%。

此次公布的政策利率目标区间发生了什么变化?关于未来政策利率的走向给出了什么信息?这个决定的理由是什么?你能从这个公告中推断出中立政策利率的值吗?

3. 对于下面每一种预期的变化(从a到d),判断IS曲线、LM曲线的移动情况:只有一条曲线移动?还是都移动?还是都不移动?在每一种情况下,假定没有其他外生变量改变。

a. 预期未来实际利率的下降。

b. 当前实际政策利率的提高。

c. 预期未来税收的提高。

d. 预期未来收入的下降。

4. "理性预期假设是不现实的,因为这本质上等于假定每一个消费者都有完备的经济知识。"请讨论这种说法。

5. 一个在竞选中承诺削减税收的新总统上台了。人们相信他会信守诺言,但是税收削减在将来才会实施。在以下每一种(a到c)假定下,试确定这次选举成功对当前产出、当前利率和当前私人支出的影响。在每一种情况下,说明你认为Y'^e,r'^e和T'^e会如何变化,然后说明这些预期的变化如何影响当期产出。

a. 美联储将不会改变当前的政策利率,也没有对未来的利率方向作出承诺。

b. 美联储将阻止当前和未来产出的任何变化。

c. 美联储既不会改变当前的实际政策利率,也不会改变未来的实际政策利率。

6. 爱尔兰的赤字削减计划。

要点解析"预算赤字削减是否会带来产出的扩张?爱尔兰在20世纪80年代的例子"提供了一个财政整顿的例子。爱尔兰在1981年和1982年出现了巨额预算赤字。

a. 赤字削减对中期和长期的产出意味着什么?削减赤字的好处何在?

b. 要点解析讨论了两个赤字削减计划。它们有什么不同?

c. 要点解析提出了两个赤字削减计划对家庭预期产生不同影响的证据。这些证据是什么?

d. 尽管数据显示1987年至1989年产出增长强劲,但有一些证据表明爱尔兰在第二次财政紧缩期间宏观经济持续疲软。这些证据是什么?

深入挖掘

7. 一个新的美联储主席。

假设,在一个假想的经济中,美联储主席意外地宣布他将在一年后退休。同时,总统宣布即将继任美联储主席的候选人的提名。金融市场参与者对候选人的预期也得到了美国国会的证实。他们也相信候选人未来将实行更加紧缩的货币政策。换句话说,市场参与者预期政策利率未来会提高。

a. 将"当前"看作现任美联储主席任期的最后一年,而"未来"是指自此以后的时期。假定未来货币政策会更加紧缩,未来利率和未来产出会发生什么变化?鉴于未来产出和利率的这些预期变化,当前的产出和利率会发生什么变化?宣布美联储主席将在一年内退休的那天,收益率曲线会发生什么变化?

现在,假设美联储主席被法律要求将在一年后退休(美联储主席的任期有限制),而不是由政府出其不意地宣布或决定。金融市场参与者很早就知道此事。假设如 a,总统提名的继任者比目前的美联储主席更有望提高利率。

b. 假设金融市场参与者对总统的选择并没有感到惊讶。换句话说,市场参与者已经预料到了总统会选择谁作为候选人。在这种情况下,对候选人的公布有可能对收益率曲线起作用吗?

c. 假设候选人在意料之外,而且金融市场参与者预期的候选人是一个比实际候选人更喜欢紧缩性政策的人。在这种情况下,在公布候选人之日,收益率曲线会发生什么变化?(提示:一定要谨慎考虑。与预期相比,实际候选人是被期望采用更多的紧缩政策还是更多的扩张政策?)

d. 2017 年 11 月 2 日,杰罗姆·鲍威尔被提名接替珍妮特·耶伦担任美联储主席。你可以找到 10 年期债券的日收益率(FRED 变量 DGS10)以及道琼斯平均指数的日水平(FRED 变量 DJCA)。股票价格或债券收益率的变化是否表明,金融市场参与者对选择鲍威尔感到惊讶?你也可以像第 8 题中描述的那样做鲍威尔提名前后的收益率曲线分析。如果你这样做,请记得使用 1 年期和 10 年期利率。

进一步探讨

8. 赤字和财政整顿。

如表 16-2 所示,2008 年的金融危机使美国在 2009 年出现了巨额的联邦预算赤字。

表 16-2　不同部分在各年份占 GDP 的百分比　　　　　　　　　　　%

年　份	收入(占 GDP 的百分比)	支出(占 GDP 的百分比)	盈余或赤字(一)(占 GDP 的百分比)	实际 GDP 增长(百分比)
2008	17.1	20.2	−3.1	−0.3
2009	14.6	24.4	−9.8	−2.8
2010	14.6	23.4	−8.7	2.5
2011	15.0	23.4	−8.5	1.6
2012	15.3	22.1	−6.8	2.3
2013	16.7	20.8	−4.1	2.2
2014	17.5	20.3	−2.8	2.4

资料来源:2015 年总统经济报告,表 B-1,表 B-20。

a. 哪一个在财政整顿中发挥了更大的作用:增加税收还是减少支出?

b. 就本章而言,如果这个财政整顿计划在 2009 年就已经被预期到了,那么它是"被延迟"的吗?这会如何帮助最小化财政整顿对产出增长的影响?

c. 从第 2 题以及第 4 章和第 6 章我们知道,货币政策在这一时期保持了接近于 0 的名义政策利率,并在未来继续保持低利率。为什么会这样呢?

d. 2012 年 1 月 25 日,美联储在整顿期引入目标通货膨胀率。在零利率和财政整顿期间,引入通胀目标为 2% 的政策有什么好处?

e. 在上一章中,我们使用了密歇根大学的消费者信心指数来衡量家庭对未来的期望。你可以在圣路易斯联邦储备银行维护的 FRED 数据库(系列 UMCSENT)中查看该指数的值。找出这个指数,并评论其在 2010 年至 2014 年财政整顿过程中的演变。

延伸阅读

- For a general discussion of the effects of uncertainty on the macroeconomy, read "Fluctuations in Uncertainty" by Nicolas Bloom, *Journal of Economic Perspectives*, Spring 2014.
- For more evidence on the effects of uncertainty, go to the site www.policyuncertainty.com, which gives the evolution of a number of indexes of uncertainty for a large number of countries.
- The study of the effects of tariffs on US firms' decisions is available at https://macroblog.typepad.com/macroblog/2019/02/tariff-worries-and-us-business-investment-take-two.html.

开 放 经 济

接下来的4章涵盖了核心部分的第二个扩展。这几章考察了开放（即大多数经济体与其他国家或地区进行产品和资产交换的事实）的意义。

第 17 章

第17章讨论了商品市场和金融市场开放的意义。商品市场的开放使人们能够在本国产品与国外产品之间进行选择。他们决策的一个重要决定因素是实际汇率——用外国产品表示的本国产品的相对价格。金融市场的开放使人们能够在本国资产和国外资产之间进行选择。这就在汇率（不仅是当前的，还包括预期的）、本国利率及国外利率之间建立了一个紧密的联系，这就是通常所说的利率平价条件。

第 18 章

第18章重点讨论开放经济中的商品市场均衡：对本国产品的需求现在还依赖于实际汇率。本章说明了财政政策如何影响产出和贸易余额。同时还讨论了在何种条件下实际贬值会改善贸易余额和提高产出。

第 19 章

第19章描绘了开放经济中商品市场和金融市场的均衡。换句话说，本章给出了我们在核心部分看到的IS-LM模型在开放经济中的形式。它说明了在浮动汇率下，货币政策不仅通过利率而且通过汇率影响产出。采用固定汇率还意味着放弃了调整利率的能力。

第 20 章

第 20 章重点探讨了不同汇率制度的性质。说明了在中期,即使是在固定汇率制下,实际汇率也是可以调节的;然后讨论固定汇率制下的汇率危机以及在浮动汇率制下汇率的变动;最后讨论不同汇率制度的优劣,包括共同货币(如欧元)的采用。

第 17 章 商品市场与金融市场的开放

到现在为止,我们一直假定经济是封闭的——也就是说它不与世界上其他国家或地区发生相互作用。我们必须从这样的假设出发,以使事情简单一些,并对基本的宏观经济机制建立一个直观的认识。图 17-1(为了方便起见,重复了图 1-1)告诉我们这个假设事实上有多么的糟糕。图 17-1 中绘出了自 2000 年以来发达经济体与新兴经济体和发展中经济体的增长率曲线。最令人吃惊的是发达经济体与新兴经济体和发展中经济体的经济增长率的变动几乎是同步的:尽管这场危机起源于美国,但最终导致全球范围的经济衰退,发达经济体的经济出现负增长,新兴经济体和发展中经济体的增长甚至更低。因此从现在起必须放弃封闭经济的假设。理解开放的宏观经济含义是本章和后面 3 章的重点。

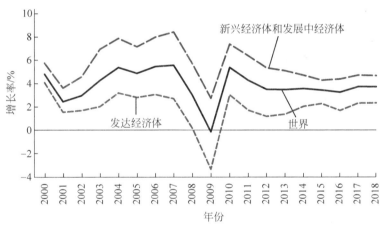

图 17-1 2000 年以来发达经济体与新兴经济体和发展中经济体的增长
资料来源:IMF,《世界经济展望》(*World Economic Outlook*),2015 年 10 月。
注:发达经济体、新兴经济体和发展中经济体是同步变动的。

"开放"包括三个不同的方面。

(1) 商品市场的开放(openness in goods markets):消费者和公司可以在本国产品和国外产品之间进行选择。没有哪一个国家对这种选择是毫无限制的,即使是自由贸易程度最高的国家至少也会对一部分国外产品施加**关税**(**tariffs**,对进口产品征税),以及**配额**(**quotas**,限制进口商品的数量)的限制。同时在大多数国家,平均关税很低并且直到最近仍在进一步降低。

(2) 金融市场的开放(openness in financial markets):金融投资者可以在本国金融资产和国外金融资产之间进行选择。不久前,甚至一些最富裕的国家,如法国和意大利,仍然存在很强的**资本管制**(capital controls),即对本国居民持有的外国资产和外国人持有的本国资产的严格限制。如今的资本控制有限得多,因此世界金融市场的一体化程度将会越来越高。

(3) **要素市场的开放**(openness in factor markets):公司可以选择在哪里进行生产,工人可以选择在哪里工作。跨国公司在许多国家建立工厂并在世界各地转移业务,以利用该地低成本的优势。北美自由贸易协定(North American Free Trade Agreement,NAFTA)是美国、加拿大和墨西哥在1993年签订的,很多关于它的争论集中在美国公司向墨西哥转移的影响上。现在类似的担忧又集中到中国身上。在整个欧洲和美国,来自低工资国家的移民一直是一个热点的政治话题。

本章和后面3章的重点是,在短期和中期,相对于商品市场或者金融市场的开放,要素市场的开放起的作用较小。因此,我们将忽略要素市场的开放,把重点放在前两个市场的开放上。

17.1节   讨论商品市场的开放、(在本国产品和国外产品之间进行)选择的决定因素,以及实际汇率的作用。

17.2节   讨论金融市场的开放、(在国内资产和国外资产之间进行)选择的决定因素,以及利率和汇率的作用。

17.3节   是对后面3章的内容导引。

> 如果你还记得本章的一条基本信息,它应该是:在考虑开放型经济时,我们必须考虑国内商品与国外商品的选择,以及国内资产与国外资产的选择。

17.1 商品市场的开放

让我们先看看美国向其他国家出售和购买了多少价值的产品。这样,我们就会对本国产品与国外产品之间的选择,以及用国外产品价格表示本国产品的相对价格(实际汇率)的作用有更好的理解。

17.1.1 出口和进口

图17-2描绘了1960年以来美国的出口和进口占GDP比例的变化过程。从此图可以得出以下两个主要结论。

从第3章得知,贸易余额是出口与进口的差额;当出口大于进口时,表现为贸易顺差(即正的贸易余额);当出口小于进口时,表现为贸易逆差(即负的贸易余额)。

- 美国经济随着时间的推移越来越开放,在20世纪60年代早期出口和进口占GDP的5%,现在已经达到GDP的约14%(出口占12.3%,进口占15.4%)。换句话说,美国与世界其他国家的贸易相比50年前有了大约3倍的提高(相对于其GDP)。
- 虽然进口和出口有着相同的上升趋势,但从20世纪70年代末期以来进口已经持续超过了出口。换句话说,近40年来美国一直拥有贸易逆差。在21世纪第一个十年中期的连续4年中,贸易逆差占GDP的比例超过了5%。虽然自危机开始以来有所下降,但如今仍然保持了一个较高的比例——3%。

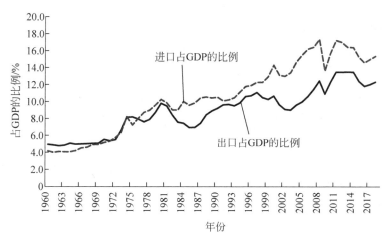

图17-2 1960年以来美国出口和进口占GDP的比例

资料来源：序列GDP、EXPGS、IMPGS，美联储经济数据（FRED），https://fred.stlouisfed.org/。

注：1960年以来，美国出口与进口占GDP的比例增加了约3倍。美国成了一个更加开放的经济体。

理解巨额贸易逆差的原因和含义是一个重要议题，我们将会在以后详细讨论。

在媒体对全球化的持续宣传下，贸易量（用进口占GDP比例和出口占GDP比例的平均值来衡量）占GDP约14%的水平可能不会让你太吃惊。但是，贸易量并不是一个测量对开放程度的好标准。许多公司面临来自国外的竞争，它们通过增强竞争力和保持足够低的价格，来保持国内的市场份额并限制进口。这就意味着比出口或进口比率更好的测量开放程度的指标是**可贸易品**（tradable goods）占总产出的比率。可贸易品是指在国内市场或国外市场上与国外产品进行竞争的产品。据估计，美国目前可贸易品约占总产出的60%。

可贸易品：汽车、计算机、药物等。不可贸易品：房子、医疗服务、理发等。

要更多地了解OECD国家，见第1章。

美国的出口占GDP的比例约为12.3%，但仍然是世界上发达国家中出口占GDP比例最小的国家之一。表17-1提供了8个OECD国家的比例值。

表17-1 部分OECD国家的出口占GDP的比率（2017年） %

国　　家	出口比率	国　　家	出口比率
美国	12.3	德国	47.2
日本	16.1	奥地利	53.9
智利	28.7	瑞士	65.0
英国	30.5	荷兰	86.4

资料来源：世界银行数据库，出口。

在这些国家中，美国的出口比率是最低的，日本稍微高一点，英国是美国的近3倍，德国是美国的近4倍。比较小的欧洲国家的出口比例较大，从瑞士的65.0%到荷兰的86.4%。（荷兰的出口占GDP的比例较高引出一种问题：一个国家的出口是否可能比其GDP还要大，即出口比率大于1？答案是肯定的，原因在要点解析"出口能否超过GDP"中讲述。）

第17章 商品市场与金融市场的开放　　361

要点解析

出口能否超过 GDP

一个国家是否可能有比其 GDP 还大的出口,即出口比例大于 1?

乍看上去,答案一定是:不可能。一个国家的出口似乎不可能比生产还要多,因此出口比例一定会小于 1。但其实不是这样的,关键就在于要认识到出口和进口包括中间产品。

例如,一个国家进口中间产品 10 亿美元。假定仅仅使用劳动,把这些中间产品都转化成最终产品。假定总工资为 2 亿美元,且没有利润。因此最终产品的价值等于 12 亿美元。假定最终产品中有 10 亿美元用于出口,其余的 2 亿美元用于本国消费。

这样,出口和进口都等于 10 亿美元。该经济中的 GDP 是多少?记住,GDP 是经济中的增加值(见第 2 章)。所以在这个例子中,GDP 等于 2 亿美元,出口占 GDP 的比率等于 $1\,000 / \$200 = 5$。

因此,出口可以超过 GDP。而这确实是很多小国家的实际情况,这些国家的大部分经济活动都是在海港进行的,是进出口活动。甚至在像新加坡一样制造业占重要地位的一些小国家中,也存在这样的情况。在 2017 年,新加坡的出口占 GDP 的比率是 173%。

> 冰岛不仅与世隔绝,而且很小。你觉得它的出口比例是多少?(答案:47%)

这些数据是否表明美国比英国和荷兰有更高的贸易壁垒?不,这些差别背后的主要原因是地理因素和国家的大小。日本与其他市场的距离比较远,这就很好地解释了它的低比例。国家的大小同样也有关系。国家小,就更专注于生产和出口一小部分产品,而更加依赖其他产品的进口。例如,荷兰几乎无法生产美国(经济规模比荷兰大 20 倍)所能生产的所有产品。

17.1.2 本国产品与国外产品之间的选择

> 在一个封闭经济中,消费者必须做一个支出决策:
> 储蓄,或者购买(消费)。
>
> 在一个开放的经济中,消费者需要做两个支出决策:
> ①储蓄,或者购买;
> ②购买本国产品,或者购买国外产品。

商品市场的开放如何改变我们之前讨论的商品市场均衡的方式呢?

到现在为止,在考虑商品市场中消费者决策的时候,我们都把重点放在他们是储蓄还是消费的决策上。但是如果商品市场是开放的,本国的消费者就面临另一种选择:购买本国产品还是国外产品。事实上,所有的购买者,包括本国与国外的公司、政府都会面临这个决策。这个决策直接影响到本国的产出。如果他们决定购买更多的本国产品,本国产品的需求就会提高,因而带来本国产出的提高。相反,如果他们决定购买更多的国外产品,国外的产出就会提高。

决定购买本国产品还是国外产品的关键因素是,本国产品价格相对于国外产品价格的高低。我们把这种相对价格叫作**实际汇率**(real exchange rate),实际汇率无法直接观测得到,也无法在报纸中找到。你能找到的是名义汇率,即货币的相对价格。因此,下面我们将从考察名义汇率出发,然后看一看如何利用它们来建立实际汇率。

17.1.3 名义汇率

货币间的名义汇率有两种报价方法。

- 用国外货币表示的本国货币的价格。以美国和英国为例,我们用美元表示本国货币,英镑表示国外货币,那么名义汇率也就是以英镑表示的美元价格。2018 年 12 月,名义汇率是 0.79,也就是说 1 美元＝0.79 英镑。
- 用本国货币表示的国外货币的价格。同样以上例来看,名义汇率就是用美元表示的英镑价格。2018 年 12 月,名义汇率是 1.26,即 1 英镑＝1.26 美元。

上面的两种定义都可行,最重要的是要前后保持一致。在本书中,我们选用第一种形式,把**名义汇率**(nominal exchange rate)定义成用国外货币表示的本国货币价格,记为 E。例如,当考虑美国和英国之间汇率的时候(站在美国的立场看,所以美元是本国货币),E 将表示用英镑表示的美元价格(所以在 2018 年 12 月,它就是 0.79)。

美元与外国货币之间的汇率是由外汇市场决定的,每天都在变化。这些变化叫作名义升值或者名义贬值——简称升值或者贬值。

- 本国货币的**升值**(appreciation)是指用国外货币表示的本国货币价格的提高。根据汇率的定义,本国货币的升值对应着汇率的上升。
- 本国货币的**贬值**(depreciation)是指用国外货币表示的本国货币价格的降低。我们将汇率定义为用国外货币表示的本国货币的价格,在这个定义下,本国货币的贬值对应着汇率 E 的下降。

你可能还会遇到关于汇率变动的另外两种说法:"**增值**"(revaluation)和"**减值**"(devaluation)。当一个国家实行**固定汇率**(fixed exchange rates),即两个或两个以上国家在彼此的货币之间保持不变的汇率时使用这两个术语。在这种体系下,根据定义,汇率的提高叫增值而不是升值,汇率的下降叫减值而不是贬值。

图 17-3 绘出了 1971 年以来美元与英镑之间的名义汇率。注意该图有两个主要的特点。

- 汇率提高的趋势。1971 年,1 美元只值 0.41 英镑。而 2018 年 12 月,1 美元值 0.79 英镑。也就是说,一直以来美元对英镑是升值的。
- 汇率的大幅波动。20 世纪 80 年代,美元大幅地升值,相对于英镑升值了 1 倍有余,紧接着却有着一个几乎相同幅度的贬值。21 世纪第一个十年,随着金融危机的开始,美元在一个大幅的贬值后紧跟着一个大幅的升值,而后又有着一些较小幅度的贬值。21 世纪 10 年代,汇率基本保持不变,直到 2016 年 6 月的英国脱欧公投导致汇率再次升值。

如果我们对在本国产品和国外产品之间的选择感兴趣的话,那么名义汇率仅能为我们提供所需的部分信息。例如,图 17-3 告诉我们的仅仅只是两种货币(美元和英镑)相对价格

警告:不幸的是,经济学家和报纸对于采用何种形式没有达成一致意见,这两种情况你可能都会遇到。每次一定要弄清楚是采用哪一种形式。

E:名义汇率,即用国外货币表示的美元价格。(站在美国的立场看,就是用英镑表示的美元价格。)

本国货币的升值⇔用国外货币表示的本国货币价格的提高⇔汇率上升

本国货币的贬值⇔用国外货币表示的本国货币价格的降低⇔汇率下降

我们将在第 20 章讨论固定汇率。

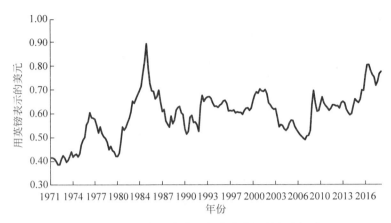

图 17-3 1971 年以来美元与英镑之间的名义汇率

资料来源：FRED DEXUSUK。

注：尽管过去 40 年来美元对英镑是升值的，但这种升值伴随着两种货币之间名义汇率的大幅波动。

的变动。但是，对于想去英国的美国游客来说，问题并不仅仅是他们的美元能换到多少英镑，而是相对于在美国的花费而言在英国购买同样产品的花费会是多少。这就促使我们进行下一步——建立实际汇率。

17.1.4 从名义汇率到实际汇率

我们如何建立美国与英国之间的实际汇率——用英国的产品来表示美国产品的价格？

假定美国只生产一种产品即凯迪拉克豪华轿车，英国也只生产一种产品即捷豹豪华轿车（完全违反事实的"假定"之一，但稍后我们会变得更现实一些）。实际汇率的建立就很简单了，在此即指用这一英国产品（捷豹轿车）表示的美国产品（凯迪拉克轿车）的价格。我们把两种物品都用相同的货币表示，然后计算它们的相对价格。

例如，我们假定两种物品都用英镑表示，于是：

> 如果我们用美元表示这两种商品，能得到相同的实际汇率。

- 第一步就是找出用美元表示的凯迪拉克轿车的价格，然后把它转换成用英镑表示。在美国，凯迪拉克轿车的价格是 40 000 美元。1 美元等于 0.79 英镑，所以，用英镑来表示凯迪拉克的价格就是 $40 000×0.79=£31 600$。

- 第二步就是计算凯迪拉克轿车的英镑价格与捷豹轿车的英镑价格的比率。捷豹轿车在英国的价格是 £30 000，因此，用捷豹轿车表示的凯迪拉克轿车的价格——也就是说，美国和英国之间的实际汇率就是 £31 600/£30 000=1.05。凯迪拉克轿车将会比捷豹轿车贵 5%。

这个例子是很简单的，但是我们如何从中总结一般性规律呢？美国和英国不仅仅生产凯迪拉克轿车和捷豹轿车，我们希望建立一个实际汇率能够反映用英国生产的所有产品表示美国生产的所有产品的相对价格。

刚刚进行的计算告诉我们应该怎么做。我们需要使用一个英国生产的所有产品的英镑价格指数和一个美国生产的所有产品的美元价格指数,而不是捷豹轿车的英镑价格和凯迪拉克轿车的美元价格。我们在第 2 章介绍的 GDP 平减指数恰好可以做到这一点。根据定义,它们是经济中所生产的最终产品和劳务集合的价格指数。

所以,令 P 为美国的 GDP 平减指数,P^* 为英国的 GDP 平减指数(作为一种规律,我们把外国的变量加上星号标记),E 是美元—英镑名义汇率。图 17-4 说明了建立实际汇率所需的步骤:

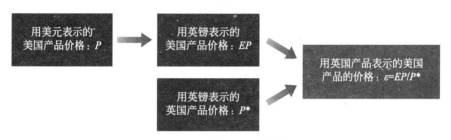

图 17-4　实际汇率的构造

- 用美元表示的美国产品价格是 P,乘以汇率 E——用英镑表示的美元价格,就得到用英镑表示的美国产品的价格 EP。
- 用英镑表示的英国产品价格是 P^*。实际汇率,即用英国产品表示的美国产品价格,我们记作 ε,由式(17.1)给出

$$\varepsilon = EP/P^* \tag{17.1}$$

实际汇率是通过用国内产品价格水平乘以名义汇率,然后再除以外国产品价格水平来构造,也就是我们在凯迪拉克/捷豹轿车例子中所做计算的简单扩展。

然而,需要注意的是,以上计算与凯迪拉克/捷豹轿车的例子之间有一个重要的区别。与用捷豹轿车价格表示的凯迪拉克轿车价格不同,实际汇率是一个指数;也就是说,其大小是任意的,因而不能提供任何信息。这是因为在建立实际汇率过程中所使用的 GDP 平减指数本身是一种指数;正如我们在第 2 章所见,它们在选定的基年等于 1(或者 100)。

虽然其大小没有实际意义,但实际汇率的相对变化却是有意义的。例如,如果美国和英国之间的实际汇率提高了 10%,这就告诉我们相对于英国的产品来说,美国的产品现在比原来贵了 10%。

同名义汇率一样,实际汇率也是随着时间变化而变化的。这种改变被我们称为实际升值和实际贬值。

- 实际汇率的上升,即用国外产品表示的本国产品的相对价格提高叫作**实际升值**(real appreciation)。
- 实际汇率的降低,即用国外产品表示的本国产品的相对价格下降叫作**实际贬值**(real depreciation)。

使用式(17.1),图 17-5 绘出了 1971 年以来美国和英国之间实际汇率的变化。为了方便,在图中重新给出图 17-3 中的名义汇率的变化。我们将 2000 年的 GDP 平减指数设定为 1,因此我们构建的名义汇率和实际汇率在该年相等。

从图 17-5 中可以得出两个结论。

ε:实际汇率,即用国外产品表示的本国产品的价格。(例如,从美国的角度看,就是用英国产品表示的美国产品价格。)

实际升值 ⇔ 国外产品表示的本国产品的价格提高 ⇔ 实际汇率的上升

实际贬值 ⇔ 国外产品表示的本国产品的价格下降 ⇔ 实际汇率的降低

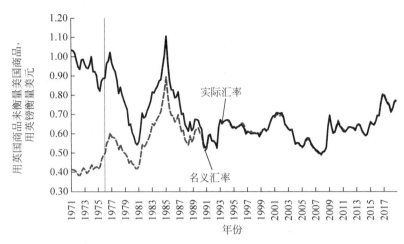

图 17-5　1971 年以来美国与英国之间的实际汇率和名义汇率
资料来源：FRED. GDPDEF，GBRGDPDEFQISMEI，DEXUSUK。
注：在 20 世纪 90 年代早期以前，实际汇率和名义汇率的变化趋势存在差异，这反映了英国平均通货膨胀水平高于美国。在此之后，名义汇率和实际汇率几乎同步变动。

- 名义汇率与实际汇率的运动方向可以相反。我们可以看到，从 1971 年到 1976 年，名义汇率上升的同时实际汇率却在下降。

我们如何解释这段时期名义汇率升值和实际汇率贬值的事实？为了弄清楚其中的原因，我们回到实际汇率的定义（17.1）并重写为

$$\varepsilon = E \times (P/P^*)$$

20 世纪 70 年代发生了两件事情。

第一，E 上升：用英镑表示的美元价格上升——这就是我们前面见到的名义升值。

第二，P^*/P 下降。美国的价格水平比英国的价格水平上升得少即美国通货膨胀的平均水平比英国低。

P^*/P 的下降幅度比 E 上升幅度大，结果导致了 ε 的下降，出现实际贬值——国外产品表示的本国产品的相对价格下降。

为了更好地了解发生了什么，让我们回到 1976 年左右美国游客考虑去英国旅游的例子。他们发现，与 1971 年相比，1 美元可以兑换更多英镑（E 是上升的），这是否意味着他们的旅行变便宜了？不是的，当他们到达英国时，他们会发现英国产品价格比美国产品价格提高得更多（P^* 比 P 提高得多，因此 P/P^* 是下降的），这样 P/P^* 的下降远远超过 E 的上升。他们的旅行（用美国产品表示）实际上比 5 年前更昂贵。

> 如果没有名义升值，会出现实际升值吗？如果没有实际升值，会出现名义升值吗？（两个问题的答案都是肯定的。）
>
> 如果通货膨胀率相同，则 P^*/P 将不变，则 ε 和 E 的变动是同步的。

这里有一个一般性的经验。在一个很长的时间段里，不同国家间的通货膨胀率有差别，因而名义汇率和实际汇率的变动可能大相径庭。我们将在第 20 章再来讨论这个问题。

- 我们在图 17-3 所看到的名义汇率的大幅波动同样也发生在实际汇率上。

这并不奇怪。价格水平变动缓慢，所以价格比率 P/P^* 虽然每年都在变动，但幅度相对于名义汇率 E 的经常性剧烈波动来说是非常小的。因此，每一年甚至在几年之内，实际汇率 ε 的变动主要是由名义汇率 E 的变动引起的。

注意从 20 世纪 90 年代早期开始,名义汇率和实际汇率的变动几乎是同步的。这就反映一个事实,即 20 世纪 90 年代早期以来两个国家的通货膨胀率非常接近且都处于较低水平。

17.1.5 从双边汇率到多边汇率

我们还有最后一步要做。到现在为止,我们一直把重点放在美国和英国之间的汇率上。但是英国只是与美国有贸易往来的众多国家之一。表 17-2 列示了与美国有贸易往来(包括出口和进口)的国家和地区构成(2018 年)。

表 17-2 与美国有贸易往来(包括出口和进口)的国家和地区构成(2018 年) %

国家或地区	出口	进口
加拿大	18	12
墨西哥	16	14
欧盟	19	19
中国	7	21
日本	4	6
亚洲及太平洋其他地区	15	9
其他国家	21	19

资料来源:美国人口普查,国际贸易数据,FT900,展示 14。

从表 17-2 中我们可以看到,美国主要与 3 组国家和地区进行贸易。第一组包括它北边和南边的邻居,即加拿大和墨西哥。加拿大和墨西哥占美国出口的 34%、进口的 26%。第二组是欧盟,占美国出口的 19%、进口的 19%。第三组是亚洲国家(包括日本和中国)和地区及太平洋其他地区,占美国出口的 26% 和进口的 36%。

我们如何从**双边汇率**(bilateral exchange rates),如之前所关注的美国和英国之间的实际汇率,发展到反映以上贸易结构的**多边汇率**(multilateral exchange rates)呢?

虽然构建的细节很复杂,但我们使用的原则却很简单。我们需要对给定的国家设定一个权重,这个权重不仅包含该国与美国的贸易量,也包含在其他国家该国与美国的竞争程度。(为何不仅关注美国和每一个国家的贸易量占美国总贸易量的份额呢?考虑两个国家,美国与国家 A,假设美国与 A 之间没有任何贸易往来即贸易份额为零,但是它们都向另一个国家 B 出口商品。则美国与 A 之间的实际汇率,与美国向 B 出口量的大小及美国的出口业绩有很大的关系。)按此种方法建立的变量就叫作**多边实际美元汇率**(multilateral real U.S. exchange rate),简称美元实际汇率。

图 17-6 显示了多边实际汇率的变化,即 1973 年以来用国外产品表示的美国产品价格的变化。和前面我们看到的双边实际汇率一样,它也是一种指数。因此,它的大小是任意的。今天的指数大致相当于 1973 年的水平。这一数据中最引人注目的是 20 世纪 80 年代多边实际汇率的大幅波动,以及 21 世纪初的大幅波动。这些令人惊奇的波动现象有许多名称,从"美元周期"到更加形象

> bi 意思是两个;multi 意思是多个。
>
> 用国外产品表示的美国产品相对价格的几个等价称谓:
>
> - 多边实际美元汇率。
> - 美元贸易加权的实际汇率。
> - 美元有效实际汇率。
>
> 图 17-6 之所以从 1973 年开始,是因为可以获得的多边实际汇率(由美联储构建)的数据是从 1973 年开始的。

的"美元舞蹈"。在后面的几章中,我们将考察这些波动源于何处及其对贸易赤字和经济活动的影响。

图17-6 1973年以来美国的多边实际汇率

资料来源:FRED,TWEXBPA。

注:1973年以来,美元有两次幅度较大的实际升值和两次幅度较大的实际贬值。

17.2 金融市场的开放

金融市场的开放使金融投资者可以同时持有本国资产和国外资产,可以使其投资组合多样化,以及在国外利率与国内利率的相对变动、汇率变动方面进行投机活动,等等。

> 美元作为交易一方的外汇日交易量:45 000亿美元。美国和世界其他国家的日贸易量:130亿美元(外汇交易量的0.29%)。

他们确实在进行这样的多样化投资和投机活动。如果可以买卖国外资产,也就意味着可以买卖外国货币[有时叫作**外汇**(foreign exchange)],那么外汇市场的交易规模就可以大致体现出国际金融交易的重要性。2016年,世界外汇日交易量的记录是51 000亿美元,其中,88%的交易一方是美元,31%的交易一方是欧元。

也可从数量级直观地了解这些数字的含义,2016年美国进出口总额约为130亿美元/天。假设外汇市场上仅有的美元交易是美国出口商作为一方出售其获得的外国货币收入,另一方为美国的进口商购买他们所需要的外国货币以购买外国产品,那么交易量将是每天130亿美元,这只是外汇市场上涉及美元的实际日交易量($51 000亿×0.88=$45 000亿)的大约0.29%。这个计算告诉我们:大多数的交易并没有对应实物贸易,而是金融资产的买卖。此外,外汇市场的交易量不仅很高,而且在迅速增长:现在外汇市场的交易量是2001年的5倍多。同样,这更多反映的是金融交易的增长而不是贸易的增长。

一个国家金融市场的开放有一个重要意义:允许一国有贸易盈余和贸易赤字。我们知道有贸易赤字的国家就是从其他国家购买的比向其他国家出售的要多。为了弥补出口和进口的差额,该国必须向其他国家借款。如果要借款,就得吸引外国金融投资者增持本国资产——实际上相当于把资金借给该国。

现在我们来更仔细地研究贸易流动与金融流动之间的关系,然后我们将讨论金融流动的决定因素。

17.2.1 国际收支平衡表

一国和世界其他国家的交易(包括贸易流动和金融流动)可以概括在一组账户中,该组账户称为**国际收支平衡表**(balance of payments)。表 17-3 是 2018 年美国的国际收支平衡表。该表有两个部分,被一条直线分开。交易既包括**线上项目**(above the line),也包括**线下项目**(below the line)。

表 17-3 美国的国际收支平衡表(2018 年) 10 亿美元

经常账户		
出口	2 500	
进口	3 122	
贸易余额(赤字为负)(1)		−622
获得的投资收益	1 200	
支付的投资收益	1 067	
净投资收入(2)		133
经常账户余额(1)+(2)(赤字为负)		−489
金融账户		
净资本转移(3)	9	
外国持有的美国资产增加额(4)	811	
美国持有的外国资产增加额(5)	301	
金融账户余额(7)=(3)+(4)−(5)		519
统计偏差:		
金融账户−经常账户余额		30

资料来源:美国经济分析局,美国国际交易,表 17.1。

1. 经常账户

线上项目的交易记录了向他国的支付或者从他国得到的支付,这些叫作**经常账户**(current account)交易。

- 表 17-3 前两行是商品和服务的出口和进口。出口导致从世界上其他国家得到支付,进口导致向世界上其他国家进行支付。出口与进口的差额即为贸易余额。2018 年,进口超过出口,导致美国产生贸易赤字 6 220 亿美元,约占美国 GDP 的 3%。

- 出口和进口并不是向世界其他国家支付和获得支付的唯一途径。美国居民从其持有的国外资产中获得投资收入,国外居民从他们持有的美国资产中获得投资收入。2018 年,其从世界其他国家获得的投资收入为 12 000 亿美元,向外国人支付的投资收入为 10 670 亿美元,**净收入余额**(income balance)为 1 330 亿美元。

一个国家是否可能有贸易赤字,而没有经常账户赤字?只有经常账户赤字,而没有贸易赤字?(两个问题的答案:是)

把所有向其他国家支付和从他国得到的支付加在一起就是**经常账户余额**(current account balance)。如果余额为正,这个国家的**经常账户盈余**(current account surplus);如果余额为负,这个国家的**经常账户赤字**(current account deficit)。把 2018 年美国所有向世界其他国家支付的和从他国得到的支付加在一起,净收益等于−6 220+1 330=−4 890 亿美元。换句话说,在 2018 年,美国的经常账户赤字为 4 890 亿美元,大概是 GDP 的 2.4%。

2. 金融账户

> 直到最近,金融账户还被称为**资本账户**(capital account)。在许多国家和新闻界,它仍然被称为资本账户。在今天的美国,"资本账户"专门指表 17-3 中的净资本转移。是的,这让人很困惑!

2018 年,美国的经常账户赤字为 4 890 亿美元,这就意味着其必须向世界其他国家借款 4 890 亿美元——等价于外国持有的美国资产必须提高 4 890 亿美元。直线以下项目的相应数据说明了这一结果的实现方式。直线以下的项目被称为**金融账户**(financial account)往来。

一个国家弥补赤字的方式是接受其他国家的捐赠。这种捐赠的一种表现是取消某国的部分债务,反映在"净资本转移"这一行。对于像美国这样的国家,这不是一个重要的项目,净资本转移的数字接近于零。几乎所有融资都来自外国对美国资产净持有量的增加。

> 同样,如果你的支出大于收入,你将不得不为这种差额去筹措资金。

外国持有的美国资产的增加量在 2018 年是 8 110 亿美元。外国投资者包括私人投资者、政府以及中央银行购买了价值 8 110 亿美元的美国股票、债券和其他美国资产。

与此同时,美国持有的国外资产提高了 3 010 亿美元:美国的私人投资者和公共投资者购买了价值 3 010 亿美元的外国股票、债券和其他资产。

> 存在经常账户赤字的国家必须通过正的净资本流入来融资,即必须产生金融账户盈余。

美国的净外债[也被称为美国的**净资本流动**(net capital flows)]的增加为 8 110+90−3 010=5 190 亿美元(国外持有的美国资产增加量,加上净资本转移,减去美国持有的国外资产增加量)。净资本流入的另一个名称叫**金融账户余额**(financial account balance)。正的净资本流入被称为**金融账户盈余**(financial account surplus),负的净资本流入被称为**金融账户赤字**(financial account deficit)。因此,美国 2018 年的金融账户盈余为 5 190 亿美元。

净资本流动(即金融账户盈余)加上净资本转移难道不应该等于经常账户赤字(2018 年为 4 890 亿美元)吗?从理论来说是的,但实际上却不是这样。

> 一些经济学家猜测,原因可能在于那些未被记录的与火星人之间的交易。大多数其他的经济学家相信这是由测量误差导致的。

经常账户和金融账户往来的数据来源是不同的;虽然二者的结果应该相同,但通常并不如此。2018 年,二者的差异即**统计偏差**(statistical discrepancy)是 300 亿美元,大约是经常账户余额的 6%。这个例子也提醒我们,即使是像美国这样的发达国家,经济数据也远非完美。[数据测度的这个问题也可以从另一个方面表现出来。所有国家的经常账户赤字之和应该等于 0,一个国家的赤字应该表现为其他国家(将其他国家视为一个整体)的盈余。但是,实际数据并非如此:如果把世界上所有国家公布的经常账户赤字加起来,似乎全世界有一个巨大的经常账户赤字!]

现在我们已经看了经常账户,我们可以回到第 2 章中接触到的问题——**国内生产总值**和**国民生产总值**之间的差别,前者是到现在为止我们一直使用的产出测度指标,后者是对总产出的另一种测度。

国内生产总值测算的是国内增加值,而国民生产总值衡量的是本国拥有的生产要素的增加值。如果经济体是封闭的,两者测量值是相等的。然而在开放经济体中,它们就会出现差别:一些外国人从本国生产中获得收入,而国内居民也会获得一些来自国外的收入。因此,如果要根据 GDP 数据得到 GNP 数据,则 GNP 等于 GDP 加上从其他国家获得的收入,再减去支付给其他国家的收入。换句话说,GNP 等于 GDP 加上来自其他国家的净收入。更正式地讲,我们用 NI 来表示净收入,

$$GNP = GDP + NI$$

对于大多数国家来说,GDP 和 GNP 的差异通常比较小(相对于 GDP 规模)。例如,从表 17-3 可以看到,美国的净收入支付等于 1 330 亿美元,即 GNP 高出 GDP 1 330 亿美元,大约是 GDP 的 0.6%。但对于一些国家,两者的差距会很大。这个问题在要点解析"GDP 和 GNP:科威特的例子"中进行讨论。

要点解析

GDP 和 GNP:科威特的例子

当在科威特发现石油的时候,科威特政府决定把石油收入的一部分储蓄起来并向海外投资而不是都消费掉。这样当石油枯竭的时候,将来的科威特人可以获得投资收益。科威特拥有很大的经常账户盈余,稳步积累了大量的外国资产,现在持续地从世界其他国家获得大量投资收益。表 17-4 列示了 1989 年到 1994 年,科威特的 GDP、GNP 和净投资收入(你下面会明白为什么选择这一时期)。

表 17-4 1989—1994 年科威特的 GDP、GNP 和净收入

年 份	GDP	GNP	净收入
1989	7 143	9 616	2 473
1990	5 328	7 560	2 232
1991	3 131	4 669	1 538
1992	5 826	7 364	1 538
1993	7 231	8 386	1 155
1994	7 380	8 321	941

资料来源:International Financial Statistics,IMF。

注:所有数据均以百万科威特第纳尔为单位。1 第纳尔=3.0 美元(2018 年)。

我们能够注意到,在此期间 GNP 比 GDP 大很多。1989 年从国外得到的净投资收入达到 GDP 的 34%。但也注意到,净要素收入从 1989 年开始递减。这是因为科威特必须向其盟国支付 1990—1991 年海湾战争的部分费用以及战后重建的费用。它是通过经常账户赤字来做到这一点的——等价于减少其所持有的净外国资产。这就使从外国资产获得的收入下降,即净要素收入下降。

海湾战争以来,科威特又重新持有一个占相当大份额的净国外资产。2018 年,其从国外得到的净要素收入达到 GDP 的 6%。

17.2.2 本国资产与国外资产之间的选择

资本市场的开放意味着投资者(或者他们代表的金融机构)面临新的投资决策:持有本国资产还是国外资产。

从第 4 章可以得到两个结论：

卷入非法活动的外国人通常持有美元，因为美元交换更容易并且不会被跟踪。

当通货膨胀很高时，人们有时转而使用外国货币（在其他国家这一外国货币通常是美元），即使在国内交易中也如此。

看上去我们必须考虑两个新的决策：持有本国货币还是国外货币的选择，以及持有本国还是国外付息资产的选择。但是，想想人们为什么要持有货币：为了进行交易。对住在美国的人们来说，他们的交易大多或全部是用美元进行的，持有国外货币没有什么用处：不能用来进行交易。如果目的是持有外国资产，持有外国货币显然不如持有外国债券：至少还能得到利息。因此我们只需考虑一个新的决策：持有本国付息资产还是国外付息资产。

现在我们考虑本国和国外一年期债券，比如，考虑在美国和英国一年期债券之间进行选择。对美国投资者来说：

■ 假设你决定持有美国债券。

令 i_t 为美国的一年期名义利率。那么，如图 17-7 所示，你在美国债券中每投入 1 美元，第 2 年就能得到 $(1+i_t)$ 美元。（由图 17-7 中上部向右指向的箭头所示。）

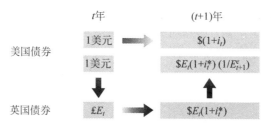

图 17-7 持有 1 年期美国或者英国债券的预期收益

■ 假定你决定持有英国债券。

要购买英国债券，必须先购买英镑。令 E_t 为美元和英镑之间的名义汇率。对于每 1 美元，你能得到 E_t 英镑。（由图 17-7 中向下的箭头所示。）

令 i_t^* 表示英国债券的 1 年期名义利率（以英镑表示）。到第 2 年的时候，你将得到 $E_t(1+i_t^*)$ 英镑。（由图 17-7 中最底部向右的箭头所示。）

之后你需要把你的英国英镑转换成美元。如果你预期明年的预期汇率是 E_{t+1}^e，1 英镑价值 $(1/E_{t+1}^e)$ 美元。现在每投入 1 美元，预期明年可以得到 $E_t(1+i_t^*)(1/E_{t+1}^e)$ 美元。（由图 17-7 中向上的箭头所示。）

我们在后面会详细讨论刚刚得到的这个表达式。但我们已经理解了其基本含义：在评估英国债券和美国债券的吸引力时，你不能仅仅看英国和美国的利率，还需要预测从今年到明年美元/英镑汇率可能发生的变化。

与第 14 章第一次讨论短期债券和长期债券之间的选择一样，我们现在使用假设。我们假定你和其他金融投资者都只关注预期收益率（忽略风险差异），并且愿意持有拥有最高预期收益率的资产。在这种情况下，如果同时持有英国和美国债券，二者就一定有同样的预期收益率。套利意味着下式一定成立：

$$1+i_t = (E_t)(1+i_t^*)\left(\frac{1}{E_{t+1}^e}\right)$$

稍加整理，得到

$$1+i_t = (1+i_t^*)\left(\frac{E_t}{E_{t+1}^e}\right) \qquad (17.2)$$

式(17.2)叫作**无抛补的利率平价关系**（uncovered interest parity relation），或者简称**利率平价条件**（interest parity condition）。

金融投资者只持有拥有最高预期收益率债券的假定显然过于强烈了，有两个理由。

- 它忽略了交易成本。买入和卖出英国债券需要进行三次独立的交易，每一次交易都有交易成本。
- 它忽略了风险。一年后的汇率是不确定的；对于美国投资者，这就意味着如果用美元来衡量，持有英国债券比持有美国债券的风险更高。

但是根据世界主要金融市场（纽约、法兰克福、伦敦和东京）的资本运动的特点，这个假设和现实相差不大。利率的一个小的变化以及将要升值或贬值的传闻都会在几分钟内引起数十亿美元的资本流动。对于世界上的发达国家来说，式(17.2)的套利假设是对现实的一个很好的近似。其他资本市场比较小且不够发达的国家，或者有着各种形式的资本管制的国家，在选择本国利率方面有比式(17.2)所预示的更大余地。我们在第 20 章末会再次讨论这个问题。

17.2.3 利率和汇率

为更好地理解利率平价条件的含义，我们将 E_t/E_{t+1}^e 改写成 $1/(1+(E_{t+1}^e-E_t)/E_t)$，代入式(17.2)得到

$$1+i_t = \frac{1+i_t^*}{1+(E_{t+1}^e-E_t)/E_t} \qquad (17.3)$$

这就是本国名义利率（i_t）和国外名义利率（i_t^*）以及国内货币预期升值率 $[(E_{t+1}^e-E_t)/E_t]$ 之间的一个关系。只要利率或者预期贬值率不是太大（一般在每年 20% 以下），式(17.3)可以由式(17.4)很好地近似：

$$i_t \approx i_t^* - \frac{E_{t+1}^e-E_t}{E_t} \qquad (17.4)$$

这个利率平价条件形式需牢记。套利意味着本国利率一定要（近似）等于国外利率减去本国货币的预期升值率。

注意：本国货币的预期升值率就是外国货币的预期贬值率。因此，式(17.4)也可以解释为本国货币利率一定要等于外国利率减去外国货币的预期贬值率。

我们把这个等式应用于美国和英国的债券。假定美国的一年期名义利率是 2.0%，英国是 5.0%。你会持有英国债券还是美国债券？

- 这取决于你预期明年英镑兑美元的贬值是高于还是低于美国与英国之间的利率差：5.0%−2.0%=3.0%。
- 如果你预期英镑的贬值超过 3.0%，那么即使英国的利率比美国高，投资美国债券也会比英国债券更有吸引力。持有英国债券一年后能得到高的英镑收入，但是一年后

"无抛补"一词是为了将这种关系与另一种被称为抛补利息平价条件的关系区分开来，后者是通过以下选择推导出来的：

购买并持有美国债券1年，或者今天买入英镑，用英镑购买一年期英国债券，并同意在1年后以预先确定的价格卖出英镑换取美元，这一预先确定的价格被称为远期汇率。这两种选择的回报率必须是相同的，它们在今天都可以无风险地实现。抛补利息平价条件是一种无风险套利条件。它通常严格成立。

持有英国债券和美国债券的风险哪一个更高，要看我们所关注的是哪些投资者。站在美国投资者的角度，持有英国债券的风险更高。站在英国投资者的角度，持有美国债券的风险更高。（为什么？）

由本书末尾附录 2 中性质 3 可得。

如果美元的预期升值率为 3%，那么英镑的预期贬值率为 3%。

的美元会比英镑更值钱,这就使投资美国债券比投资英国债券更有利可图。

- 但是如果你预期英镑的贬值小于 3.0%,甚至是升值,那么就应该反过来持有英国债券,因为英国债券比美国债券更有吸引力。

换句话说,如果无抛补的利率平价条件成立,而且美国利率比英国利率低 3%,平均来看金融投资者会预期明年美元兑英镑将升值大约 3.0%,这就是为什么虽然美国债券的利率较低,他们也愿意持有美国债券。(无抛补利率平价条件的另一个例子在要点解析"购买巴西债券"中给出。)

式(17.2)和式(17.4)中利率和汇率之间的套利关系将在后面几章分析中起到核心的作用。除非国家愿意容忍汇率的大幅波动,本国利率和国外利率往往在很大程度上都是同步变动的。

要点解析

购买巴西债券

让我们回到 1993 年 9 月(当时巴西非常高的利率可以帮助理解我们要说明的重点)。巴西债券支付的月利率为 36.9%!与美国债券 3% 的年化利率(相当于每月 0.2% 的利率)相比,这似乎很有吸引力。你不应该买巴西债券吗?

本章的讨论告诉你,作出决定前,你还需要考虑一个关键的元素:用美元表示的克鲁赛罗(Cruzeiro)[当时巴西货币的名称,现在的货币叫作雷亚尔(Real)]的预期贬值率。

你需要这个信息,因为式(17.4)可以很清楚地说明投资巴西债券一个月的美元收益为 1 加上巴西利率,再除以 1 与克鲁塞罗相对于美元的预期贬值率之和,即

$$(1+i_t^*)/[1+(E_{t+1}^e-E_t)/E_t]$$

你预期下个月克鲁赛罗的贬值率会是多少?合理的假定是,下个月的贬值率将等于上个月的贬值率。在 1993 年 7 月底 1 美元价值 100 000 克鲁赛罗,在 1993 年 8 月底的价值达到 134 600 克鲁赛罗,则美元对克鲁赛罗的升值率即克鲁赛罗对美元的贬值率在 8 月是 34.6%。如果 9 月的贬值率仍然同 8 月一样,投资巴西债券一个月的收益是

$$1.369/1.346=1.017$$

同时,做下面的事情:看最近几期 The Economist 杂志的尾页,找到关于不同国家相对于美国的短期利率。假设无抛补的利率平价条件成立,预期哪些货币会相对美元升值?

持有巴西债券的预期收益率用美元表示每月只有 $1.017-1=1.7\%$,而不是像每月 36.9% 看上去那样有利可图。注意每月 1.7% 仍然比美国债券的月利率(0.2%)高许多。但是考虑到风险和交易成本——在我们讨论套利条件时所有被忽略的因素,你可能会决定不买巴西债券。

考虑一个极端的例子,两个国家约定将它们的双边汇率保持在一个固定的值。如果市场信任这个许诺,它们就会预期汇率保持不变,这样预期贬值率将等于零。在这种情况下,套利条件意味着两国的利率必须严格地同步变动。正如我们所看到的,大部分时候政府并不会作出这种绝对的承诺,但是它们会一直努力避免汇率的大幅波动,这使它们的利率与世界其他地方的利率产生偏差的可能性受到很大限制。

现实中,主要国家间的名义利率在多大程度上是同步变动的呢?图 17-8 绘出了 1970 年以来美国和英国的 3 月期名义利率(都以年利率表示)。从图中可以看出二者确实有紧密的联系,但是并不相等。在 20 世纪 80 年代早期,两个国家的利率都很高,到 80 年代晚期又再次攀高——虽然那时英国的利率要比美国高很多。20 世纪 90 年代中期后,两个国家的利率总体来说一直很低,如今仍然非常低并且很接近(注意,自 2009 年中期以来,两国的利率都非常接近零利率下限)。同时二者的差异有时候也很大。例如,1990 年英国的利率比美国的几乎高出 7%。在后面的几章中,我们将回过头来解释为什么会出现这样的差异以及意义何在。

如果 $E^e_{t+1} = E_t$,那么利率平价条件意味着 $i_t = i_t^*$。

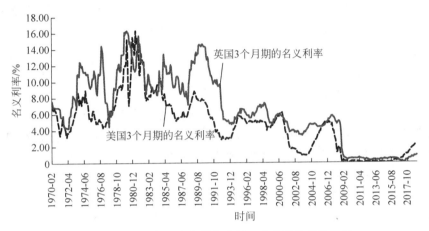

图 17-8 1970 年至今美国和英国 3 个月期的名义利率
资料来源:FRED TB3MS;IR3TTS01GBM156N。
注:在过去的 40 年中,美国和英国的名义利率在很大程度上是同步变动的。

17.3 结论与展望

现在我们已经为研究开放经济打好了基础。
- 商品市场的开放使人们可以在本国产品和国外产品之间进行选择。这个选择主要依赖于实际汇率——用国外产品表示的本国产品的相对价格。
- 金融市场的开放使人们可以在本国资产和国外资产之间进行选择。这个选择主要依赖于他们的相对收益率,而相对收益率又依赖于本国和国外的利率以及对本国货币的预期升值率。

在第 18 章,我们将考察开放对商品市场的影响。在第 19 章,我们将探讨开放对产品市场和金融市场的影响。在第 20 章,我们将讨论不同汇率制度的利弊。

本章提要

- 商品市场的开放使个人和公司可以在本国产品和国外产品之间进行选择。金融市场的开放使金融投资者可以在本国和国外金融资产之间进行选择。
- 名义汇率是用国外货币表示的本国货币的价格。站在美国的角度,美国和英国之间

- 的名义汇率是用英镑表示的美元的价格。
- 名义升值(简称升值)是用外国货币表示的本国货币的价格的提高;换句话说,升值对应着汇率的上升。名义贬值(简称贬值)是用外国货币表示的本国货币价格的降低,对应着汇率的下降。
- 实际汇率是用国外产品表示的本国产品的相对价格。它等于名义汇率乘以国内价格水平,再除以国外价格水平。
- 实际升值是用外国产品表示的本国产品相对价格的提高(它对应着实际汇率的提高)。它可能来自名义升值,也可能来自国内通货膨胀高于国外通货膨胀。实际贬值是用外国产品表示的本国产品相对价格的降低(它对应着汇率的下降)。它可能来自名义贬值,也可能来自国内通货膨胀低于国外通货膨胀。
- 多边实际汇率,简称实际汇率,是双边实际汇率的加权平均。
- 国际收支平衡表记录了一国和世界其他国家的交易情况。经常账户余额等于贸易余额以及从世界其他国家获得的净投资收入之和。金融账户余额等于净资本转移加上从世界其他国家得到的资本流入,减去向世界其他国家的资本流出。
- 经常账户和金融账户是彼此的镜像。排除统计偏差,经常账户和金融账户之和等于零。经常账户的赤字是对从世界其他国家获得的净资本流入进行融资,形成金融账户盈余。同样,经常账户的盈余对应着金融账户的赤字。
- 无抛补的利率平价,简称利率平价,是一种套利条件,是用本国货币表示的本国债券和国外债券的预期收益率必须相等。利率平价意味着本国利率近似等于国外利率减去本国货币的预期名义升值率。

关键术语

- openness in goods markets,商品市场的开放
- tariffs,关税
- quotas,配额
- openness in financial markets,金融市场的开放
- capital controls,资本管制
- openness in factor markets,要素市场的开放
- North American Free Trade Agreement (NAFTA),北美自由贸易协定
- tradable goods,可贸易品
- real exchange rate,实际汇率
- nominal exchange rate,名义汇率
- appreciation(nominal),升值(名义)
- depreciation(nominal),贬值(名义)
- fixed exchange rates,固定汇率
- revaluation,增值
- devaluation,减值
- real appreciation,实际升值
- real depreciation,实际贬值
- bilateral exchange rate,双边汇率
- multilateral exchange rate,多边汇率
- multilateral real U.S. exchange rate,多边实际美元汇率
- trade-weighted real exchange rate,贸易加权的实际汇率
- effective real exchange rate,有效实际汇率
- foreign exchange,外汇
- balance of payments,国际收支平衡表
- above the line,线上项目

- below the line,线下项目
- current account,经常账户
- income balance,收入余额
- current account balance,经常账户余额
- current account surplus,经常账户盈余
- current account deficit,经常账户赤字
- financial account,金融账户
- capital account,资本账户
- net capital flows,净资本流动
- financial account balance,金融账户余额
- financial account surplus,金融账户盈余
- financial account deficit,金融账户赤字
- statistical discrepancy,统计偏差
- gross national product(GNP)国民生产总值
- uncovered interest parity relation,无抛补的利率平价关系
- interest parity condition,利率平价条件

本章习题

快速测试

1. 运用本章学到的知识,判断以下陈述属于"正确""错误"和"不确定"中的哪一种情况,并简要解释。

   a. 如果没有统计偏差,有经常账户赤字的国家一定有净资本流入。

   b. 虽然出口率可以大于1(如在新加坡),但是进口占 GDP 的比例不可能大于1。

   c. 一个发达国家,如日本,进口占 GDP 的比率很小是对美国出口商不公平的证据。

   d. 无抛补的利率平价意味着各国之间的实际利率必须相等。

   e. 本章的名义汇率,是指一单位外国货币的本国货币价格。

   f. 名义汇率和实际汇率变动方向总是相同的。

   g. 名义汇率和实际汇率变动方向通常是相同的。

   h. 如果美元对日元会升值,那么无抛补利率平价意味着美国名义利率将会高于日本的名义利率。

   i. 根据本章汇率的定义,如果美元是本国货币,欧元是外国货币,那么 0.75 的名义汇率表示 0.75 美元价值 1 欧元。

   j. 实际升值的意思是本国产品与国外产品的相对价格的提高。

2. 考虑两个假想的经济,一个是"本国",另一个是"外国"。基于下列 a～g 交易,建立每一个国家的国际收支平衡表,如果有必要,列出统计偏差。

   a. 本国从外国购买了 100 美元的石油。

   b. 外国游客在本国滑雪花费了 25 美元。

   c. 外国投资者持有本国股票,获得了 15 美元红利。

   d. 本国居民向外国慈善机构捐赠了 25 美元。

   e. 本国商人从国外银行借款 65 美元。

   f. 外国投资者购买了 15 美元的本国政府债券。

   g. 本国投资者出售其持有的 50 美元外国政府债券。

3. 考虑两种债券,一种是德国的欧元,一种是美国的美元。假定两种债券都是政府 1 年期债券,一年后支付债券票面价值,汇率为 E,1 美元等于 0.75 欧元(表 17-5)。

表 17-5　1 年期两种债券的面值和价格

国　家	债　券	面　值	价　格
美国	1 年期债券	10 000（美元）	9 615.38（美元）
德国	1 年期债券	10 000（欧元）	9 433.96（欧元）

a. 计算每种债券的名义利率。

b. 根据无抛补利率平价条件推算第 2 年的预期汇率。

c. 如果你预期美元兑欧元会贬值，你会购买哪国债券？

d. 假设你是位美国投资者，你将美元兑换成欧元，购买德国债券。从现在起一年后汇率 E 是 0.72（1 美元＝0.72 欧元）。与你持有美国债券的收益率相比，你实现的美元收益率是多少？

e. 问题 d 中的收益差别与无抛补利率平价条件一致吗？为什么？

深入挖掘

4. 假设世界上有三个大致相等的国家 A、B、C，并且有三种物品：衣服、汽车和计算机。假定三个国家中的消费者愿意花费大致相当的费用在三种物品上。

三种物品在各个国家中的生产价值如表 17-6 所示。

表 17-6　三种物品在各个国家中的生产价值

物　品	A	B	C
衣服	10	0	5
汽车	5	10	0
计算机	0	5	10

a. 每个国家的 GDP 是多少？如果所有的 GDP 都是用于消费的并且没有从国外进口，那么每个国家中的消费者花费多少钱在各个物品上？

b. 如果没有从外国借款，那每个国家的贸易余额是多少？贸易的形式会是什么（例如，每个国家会出口哪种物品给哪个国家）？

c. 根据问题 b 的答案。A 国和 B 国，或者 A 国和 C 国的贸易余额为零吗？是不是每个国家和其他国家的贸易余额都为零？

d. 美国有巨大的贸易赤字。它与每一个贸易伙伴之间的贸易都有赤字，但与有的国家的贸易赤字要大些（如与中国）。假定美国要消灭它所有的贸易赤字（将世界视为一个整体），你认为它与它的每一个贸易伙伴之间的贸易余额都会为零吗？美国与中国之间的特别大的贸易赤字是不是意味着中国不允许美国产品与中国产品进行公平竞争？

5. 汇率和劳动力市场

假定国内货币贬值（E 下降），P 和 P^* 保持不变。

a. 名义汇率会对本国产品的相对价格（即实际汇率）有什么影响？名义汇率会对国内产品的需求产生什么影响？名义汇率会对本国的失业率产生什么影响？

b. 给定国外价格水平 P^*，用本国货币表示的国外产品价格是多少？名义贬值对本国货币表示的国外产品价格会有什么影响？名义贬值对本国消费价格指数有什么影响（提示：本国消费者不但会买本国产品，而且会买外国产品）？

c. 如果名义工资保持不变,那么名义贬值对实际工资有什么影响?

d. 评论以下观点:"货币贬值促进本国劳动力的就业。"

进一步探讨

6. 从圣路易斯联邦储备银行 FRED 数据网站上检索日本和美国之间的名义汇率,即序列 AEXJPUS。汇率记为 1 美元可以兑换的日元数。

a. 在本章的术语中,当汇率写成 1 美元可以兑换的日元数时,哪个国家被视为本国?

b. 描绘出 1971 年以来日元兑美元的汇率情况。哪段时期日元升值?哪段时期日元贬值?

c. 鉴于日本经济长期低迷,一种提高需求的方法是使日本产品更有吸引力,这样需要日元升值还是贬值?

d. 过去几年中日元发生了什么变化?是升值了还是贬值了?对日本来说是好是坏?

7. 从国际货币基金组织(www.imf.org)网站上检索最近的"世界经济展望"(World Economic Outlook)。在统计附录中,查找名为"经常账户余额"数据表,其列出了世界各国的经常账户余额。用最近几年的数据回答问题 a 到 c。

a. 请注意世界各国经常账户余额的加总。正如本章指出的,这一加总应该等于 0。但这些数据显示的加总是多少呢?为什么这一数字反映出统计上有偏差(也就是说,如果这一加总是正确的,它意味着什么)?

b. 世界上哪些地区在向其他地区借钱,哪些地区又在借钱给其他地区呢?

c. 比较美国和其他发达经济体的经常账户余额。其他发达经济体的贷款是否足以覆盖整个美国的经常账户余额?

d. WEO 中的统计表格通常会预测未来的经济数据,讨论经常账户余额的预测数据。问题 b 和问题 c 的答案看起来会在未来有所变化吗?

8. 全世界的储蓄和投资。

从国际货币基金组织(www.imf.org)网站上检索最近的"世界经济展望"(World Economic Outlook)。在统计附录中,查找名为"借贷净额汇总"数据表,其列出了世界各国的储蓄与投资(以占 GDP 的比例表示)的情况。使用最近一年的数据,回答问题 a 和 b。

a. 世界储蓄与投资相等吗?(可忽略小的统计偏差。)根据你的直觉给出答案。

b. 与美国的投资相比,美国的储蓄情况如何?美国如何为其投资进行融资?(我们将在下一章明确地解释这个问题,但此时你的直觉会帮你找出答案。)

c. 从 FRED 经济数据库下载实际 GDP(变量 GDPC1)和实际 GNP(变量 GNPC96)从 1947 年到今天的最新数据。计算美国 GDP 和 GNP 之间的百分比差异。哪个值更大?为什么会这样?

延伸阅读

■ If you want to learn more about international trade and international economics, a very good textbook is Paul Krugman, Marc Melitz, and Maurice Obstfeld's *International Economics, Theory and Policy*, 10th ed. (Prentice Hall, 2014).

■ If you want to know current exchange rates between nearly any pair of currencies in the world, look at the "currency converter" on www.oanda.com/currency/converter/.

第 18 章　开放经济中的商品市场

2009 年,世界各国都在担心美国经济衰退的风险。然而它们的担忧并不是为了美国,而是为了它们自己。对它们来说,美国经济衰退意味着向美国的出口会降低、本国贸易状况的会恶化以及国内经济增长的放缓。

它们的担忧是否已被证实？图 17-1 表明确实如此。很显然,美国的经济衰退引发了世界范围的经济衰退。要理解为何会如此,我们必须扩展第 3 章对商品市场的分析,而将商品市场的开放考虑在内。这就是本章要做的事情。

18.1 节　　刻画开放经济中商品市场均衡的特征。

18.2 节和 18.3 节　　讨论国内外冲击对本国产出和贸易余额的影响。

18.4 节　　讨论实际贬值对产出和贸易余额的影响。

18.5 节　　给出均衡的另一种描述,刻画储蓄、投资和贸易余额之间的紧密联系。(这节十分重要,阅读之后,你会对开发经济问题有不同的看法。)

> 如果你还记得本章的一条基本信息,它应该是：产出取决于国内外需求。

18.1　开放经济中的 IS 曲线

> "对产品的国内需求"和"对国内产品的需求"听起来很接近,但它们并不一样。部分国内需求由国外产品满足,部分国外需求由国内产品满足。

当我们假定经济处于封闭状态时,就没有必要区分对产品的国内需求和对国内产品的需求：显然这二者是一样的。现在我们必须把这二者区分开来：一些国内需求是对国外产品的需求,同时,一些对国内产品的需求来自国外。我们接下来将更详细地探讨这两者的区别。

18.1.1　对国内产品的需求

> 在第 3 章,我忽略了这一点,直接减去了 IM,而不是 IM/ε。这是不对的,但是我不想在本书中过早地提及实际汇率和一些复杂的东西。

在开放经济中,**对国内产品的需求**(demand for domestic goods)Z 可表示成

$$Z = C + I + G - IM/\varepsilon + X \tag{18.1}$$

前面的三项——消费(C)、投资(I)和政府支出(G)——构成了国内外产品的**国内总需求**(domestic demand for goods)。如果经济是封闭型的,$C+I+G$ 也是对国内产品的需求。这就是为什么直到现在我们都只关心 $C+I+G$。不过现在,我们必须做两个调整。

- 第一,我们必须减去进口,也就是国内需求落在国外产品而不是国内产品上的部分。

在这里我们需要谨慎一些:国外产品和国内产品是不同的,所以我们不能仅仅减去进口的数量 IM;如果我们这么做,就如同从橘子(国内产品)中减去苹果(国外产品)。首先,我们得用国内产品来表示进口产品的价值。这就是式(18.1)中 IM/ε 的含义:正如我们在第 17 章所学到的,ε 是实际汇率,即用国外产品表示的国内产品的相对价格。因此,IM(1/ε) 或 IM/ε 就是用国内产品表示的进口产品的价值。

- 第二,我们必须加上出口,即国内商品需求中来自国外的部分。这在式(18.1)中由 X 表示。

> 产品的国内需求($C+I+G$)—对国外产品的国内需求(进口,IM/ε)+对国内产品的国外需求(出口,X)=对国内产品的需求($C+I+G-$IM/ε$+X$)

18.1.2 C、I、G 的决定因素

在列示出需求的五个组成部分之后,下一步的任务是找出它们各自的决定因素。我们从前三个(即 C,I 和 G)开始。现在我们假定经济是开放的,那么应该如何修正前面对消费、投资和政府支出的描述呢?答案是:就算要修正的话,改动也不会太大。因为消费者决定消费的数量仍取决于他们的收入和财富。虽然实际汇率确实影响消费支出在国内产品和国外产品的构成比例,但是并没有明显的理由表明它能影响整体的消费水平。投资也是同样的道理:实际汇率会影响公司购买国内机器还是国外机器,但不会影响总投资。

这是一个好消息,因为这就意味着我们能够使用前面建立的对消费、投资和政府支出的表达式。因此,我假设国内需求由下式表示:

$$\text{国内需求}: C+I+G = C(Y-T) + I(Y,r) + G$$
$$\qquad\qquad\qquad\quad (+) \qquad (+,-)$$

消费与可支配收入($Y-T$)正相关,投资与产出(Y)正相关,与实际利率(r)负相关。注意,我忽略了之前引入的一些改进(即,我们在第 6 章和第 14 章重点关注的风险溢价的存在,以及我们在第 14 章至 16 章重点关注的预期的作用)。我们想一步步来理解开放经济的影响;稍后会再引入这些改进。

> 我们在这里还有一点简化:收入不仅需要包含国内收入,也需要包含来自国外的净收入和净转移支付。在这里我们忽略这两个因素。

18.1.3 进口的决定因素

进口是国内居民对国外产品的需求。进口由什么决定呢?主要看国内的收入水平,国内收入水平越高,国内对各种产品的需求(既包括对国内产品的需求,也包括对国外产品的需求)就越大。因此,高收入水平会引致进口增加。同样,进口量还依赖实际汇率——用国外产品表示的国内产品的价格:本国产品相对于国外产品的价格越高(等价地,国外产品的相对价格比本国产品的价格越便宜),则对国外产品的国内需求就越大。因此,高的实际汇率会带来较高的进口。因此,我们把进口表示成

$$\text{IM} = \text{IM}(Y,\varepsilon) \qquad\qquad (18.2)$$
$$\qquad\quad (+,+)$$

> 回顾本章开头的讨论:世界其他国家为美国经济的衰退而担忧。因为这意味着美国对外国商品的需求减少。

- 国内收入 Y(或者等价地,产出的增加——在开放经济中,这二者仍然是一样的)的增

加导致进口的增加。二者之间的这种正相关关系用式(18.2)中 Y 下面的正号表示。
- 实际汇率 ε 的增加(实际升值)也会导致进口量 IM 的增加。二者之间的正相关关系用式(18.2)中 ε 下面的正号表示。(当 ε 上升时,IM 也会上升,但是 1/ε 会下降,因此用国内产品表示的进口产品的价值即 IM/ε 的变化是模棱两可的。我们稍后再来讨论这个问题。)

18.1.4 出口的决定因素

出口是指国外居民对本国产品的需求。什么决定了出口呢？是国外的收入水平。国外的收入水平越高,其对产品的需求就越高(包括对国内外的产品需求),因此就导致了美国更高的出口。出口同样依赖于实际汇率。本国产品相对于国外产品的价格越高,国外对国内产品的需求就越低,换句话说,实际汇率越高出口越低。

<small>记住,星号指国外变量。</small>我们用 Y^* 表示国外的收入(或等价于国外的产出),把出口写成

$$X = X(Y^*, \varepsilon) \qquad (18.3)$$
$$(+, -)$$

- 国外收入 Y^* 的增加导致出口的增加。
- 实际汇率 ε 的增加导致出口的下降。

18.1.5 考虑所有因素

到现在为止,我们可以把所学的内容用图 18-1 表示。该图描绘出了在所有影响需求的其他变量(利率、税收、政府支出、国外产出和实际汇率)保持不变的情况下,需求的不同组成部分与产出的关系。

<small>对于给定的实际汇率 ε,IM/ε(用国内产品表示的进口产品的价值)完全与 IM(进口量)同步变动。</small>在图 18-1(a)中,DD 表示国内需求($C+I+G$),它是产出 Y 的函数。需求和产出之间的这种关系与第 3 章中的内容非常相似。在我们的标准假定下,刻画需求与产出之间关系的曲线斜率为正,但小于 1;产出(等价于收入)的增加使得需求增加,但增加的幅度要增加小一些。(由于缺乏好的理由,所以在本章中我们把需求和产出之间的关系以及其他变量之间的关系都画成直线而非曲线。这仅仅是为了简便,下面的讨论并不依赖于该假设。)

为了得到对国内产品的需求,我们必须首先减去进口。如图 18-1(b)所示,得到直线 AA,AA 表示国内对本国产品的需求。DD 和 AA 之间的距离等于进口的价值 IM/ε。因为进口量随收入增加而增加,两条直线之间的距离随收入增加而扩大。关于直线 AA,我们可以看到两个事实,这在本章后面的分析中会非常有用:

- AA 比 DD 更平坦。当收入增加时,国内需求的增加部分体现在对国外产品需求的增加上,而不是体现在对国内产品的需求上。换句话说,当收入增加时,对国内产品需求的增加幅度要小于总需求的增加幅度。
- 只要有部分国内需求体现在对国内产品的需求上,AA 就有正的斜率。收入的增加引起对国内产品需求的有所上升。

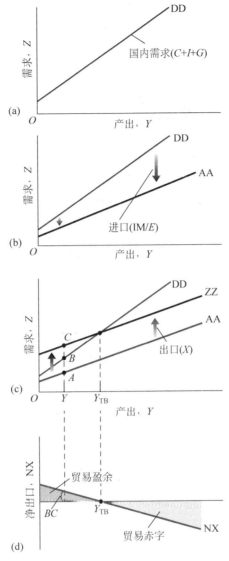

图 18-1 对国内产品的需求和净出口

(a) 对产品的国内需求是收入(产出)的递增函数；(b) 和(c) 对国内产品的需求由国内需求减去进口的价值，再加上出口价值得到；(d) 贸易余额是产出的递减函数

最后，我们必须加上出口，如图 18-1(c) 所示，得到在 AA 之上的直线 ZZ。ZZ 表示对国内产品的需求，ZZ 和 AA 之间的距离等于出口 X。因为出口与国内收入无关（取决于国外收入），ZZ 和 AA 之间的距离是不变的，所以两条直线平行。因为 AA 比 DD 平坦，所以 ZZ 也比 DD 平坦。

根据图 18-1(c) 显示的信息，我们可以将净出口——出口和进口之差 $(X - IM/\varepsilon)$——视为产出的函数。例如在产出水平 Y 处，出口由距离 AC 给出，进口由距离 AB 给出，所以净出口由距离 BC 给出。

净出口和产出之间的关系由图 18-1(d) 中标记为 NX（Netexports）的直线表示。净出口

回顾：净出口与贸易余额是同义的。正的净出口对应着贸易盈余，负的净出口对应着贸易赤字。

是产出的递减函数：当产出增加的时候，进口增加但出口不受影响，使得净出口减少。用 Y_{TB}（TB 表示贸易平衡）表示当进口与出口价值相等时的产出水平，此时净出口等于 0。高于 Y_{TB} 的产出水平会使进口增加，从而带来贸易赤字。低于 Y_{TB} 的产出水平会使进口减少，从而带来贸易盈余。

18.2 均衡产出与贸易余额

当国内产出等于国内外对国内产品的需求时，商品市场达到均衡：

$$Y = Z$$

我们把上文对国内产品的需求 Z 的各组成部分放在一起，得到

$$Y = C(Y-T) + I(Y,r) + G - IM(Y,\varepsilon)/\varepsilon + X(Y^*,\varepsilon) \tag{18.4}$$

这个均衡条件决定了产出是所有给定变量的一个函数，这些变量包括税收、实际汇率和国外产出。这并不是一个简单的关系；图 18-2 用一种比较简明的方式描绘了这种关系。

> 产出的均衡水平由条件 $Y=Z$ 表示。贸易均衡时的产出水平由条件 $X = IM/\varepsilon$ 表示。这是两个不同的条件。

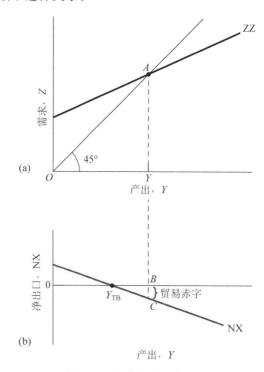

图 18-2 均衡产出和净出口

注：当国内产出等于对国内产品的需求时，商品市场达到均衡。当产出达到均衡水平时，贸易余额可能是赤字或者盈余。

在图 18-2(a) 中，纵轴表示需求，横轴表示产出（等价于收入）。直线 ZZ 表示需求是产出的函数。这条线只是复制了图 18-1(c) 中直线 ZZ；ZZ 向上倾斜，但斜率小于 1。

均衡产出是需求等于产出时的点，即直线 ZZ 与 45°线的交点，就是图 18-2(a) 中的 A 点，对应的产出水平为 Y。

图 18-2(b)复制了图 18-1(d),该图显示净出口是产出的递减函数。一般来说,并没有理由认为产出的均衡水平 Y 一定要等于贸易余额时候的产出水平 Y_{TB}。如图 18-2 所示,均衡产出就对应着贸易赤字,等于距离 BC。图 18-2 也可以画成另一种情形,让均衡产出对应贸易盈余。

现在我们已经拥有必要工具来回答在本章开始时提出的问题。

18.3 国内外需求的增加

在开放经济中,需求的变动如何影响产出?我们先从分析政府支出增加的影响开始,然后转入新的话题,即讨论国外需求增长的影响。

18.3.1 国内需求的增加

假设经济处于衰退中,政府决定增加政府支出,以增加国内需求,进而增加产出。这对产出和贸易余额会产生什么样的影响?

答案如图 18-3 所示。在政府支出增加之前,需求由图 18-3(a)中的 ZZ 表示,均衡点为 A 点,产出为 Y。我们假定初始的贸易是平衡的(虽然我们已经看到,并没有理由认为在通常状况下这会成立),所以在图 18-3(b)中,$Y=Y_{TB}$。

> 与核心部分一样,我先考虑商品市场;之后再引入金融市场和劳动力市场。

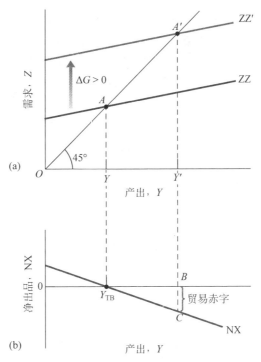

图 18-3 政府支出增加的影响

注:政府支出的增加会带来产出的增加和贸易赤字。

如果政府把支出增加 ΔG 会发生什么变化？在任何产出水平下，需求都增加了 ΔG，使得需求曲线向上移动了 ΔG，从 ZZ 移动到 ZZ′。均衡点从 A 移动到 A'，产出从 Y 增加到 Y'。产出的增加比政府支出的增加要大：存在乘数效应。

到现在为止，整件事情听起来和前面在封闭经济中差不多（见第 3 章）。但是，这里有两点重要的区别。

> 从贸易平衡开始，政府支出的增加导致贸易赤字。

- 现在存在一个对贸易余额的效应。由于政府支出既没有直接出现在出口关系中，也没有直接出现在进口关系中，图 18-3(b) 中的净出口和产出之间的关系没有变动。因此，产出从 Y 增加到 Y' 使得贸易赤字等于 BC：进口增加而出口并没有变化。

> 政府支出的增加提高了产出。开放经济中的乘数小于封闭经济中的。

- 现在不仅是政府支出可以导致贸易赤字，而且政府支出对产出的影响比封闭经济中要小。回顾第 3 章，需求曲线的斜率越小，乘数效应就越小（例如，如果 ZZ 是水平的，乘数就等于 1）。回顾图 18-1 中的需求曲线 ZZ，它比封闭经济中的需求曲线 DD 要平坦一些，意味着开放经济中的乘数效应要小一些。

贸易赤字和更小的乘数效应源于同样的原因：因为经济是开放的，现在需求的增加不仅落在国内产品上，而且也包括对国外产品的需求。因此，当收入增加的时候，对国内产品的需求效应比在封闭经济的情况下要小使得乘数效应较小。而且因为部分的需求增加使得进口增加——而出口不变——结果就是贸易赤字。

> 乘数变小和贸易赤字有同样的原因：部分国内需求的增加体现在对国外产品需求的增加上。

这两个推理都很重要。在开放经济中，国内需求的增加对产出的影响比在封闭经济中要小，而且对贸易余额产生负面影响。实际上，经济越开放，对产出的影响越小，对贸易余额的负面影响越大。以荷兰为例，正如我们在第 17 章所看到的，其出口占 GDP 的比率非常高，同时其进口占 GDP 的比例也很高。当荷兰的国内需求增加时，可能部分引起对国外商品需求的增加，而不是对本国产品需求的增加。因此，政府支出的增加使得荷兰的贸易赤字有大幅度的增加，而产出的增加却很少。可见，对于荷兰来说，国内需求扩张并不是一个有吸引力的政策。即使是对美国（其进口比率低得多）来说，需求的增加也将带来贸易平衡的恶化。

18.3.2 国外需求的增加

现在考虑国外产出，即 Y^* 的增加。这可能是源于国外政府支出 G^* 的增加——我们刚刚分析的政策变化，只不过现在是发生在国外。但是在分析对美国经济的影响时，我们其实并不需要知道这种增加从何而来。

图 18-4 表明了国外经济繁荣对国内产出和贸易余额的影响。对国内产品的初始需求由图 18-4(a) 中的 ZZ 表示，均衡点在 A 点，产出为 Y。我们还是假定贸易是平衡的，因此在图 18-4(b) 中，Y 所对应的净出口等于 0（$Y=Y_{TB}$）。

> DD 是对产品的国内需求；ZZ 是对国内产品的需求。二者的差就是贸易赤字。

把产品的国内需求（$C+I+G$）当作收入的函数是一种非常有用的做法，这条线在图中以 DD 表示。回顾图 18-1，DD 比 ZZ 陡峭。ZZ 和 DD 之间的差异等于净出口，因此如果贸易在 A 点是平衡的，那么 ZZ 和 DD 就在 A 点相交。

现在考虑国外产出增加 ΔY^* 的影响（我们暂时忽略直线 DD，以后才用到

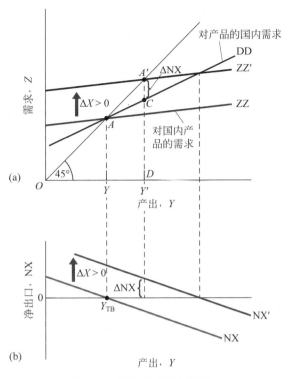

图 18-4 国外需求增加的影响

注：国外需求的增加带来产出增加和贸易盈余。

它）。国外产出更高意味着国外需求更高，包括国外对美国产品的需求更高。所以，国外产出增加的直接影响是美国出口的增加，假设增加的数量为 ΔX。

- 在给定的产出水平下，出口的增加会导致对美国产品的需求增加 ΔX，所以代表国内产品的需求是产出的函数的直线向上移动了 ΔX，即 ZZ 移动到 ZZ′。
- 在给定的产出水平下，净出口增加 ΔX，图 18-4(b) 中表示净出口与产出关系的直线也向上移动了 ΔX，从 NX 移动到 NX′。

新的均衡点在图 18-4(a) A' 点，产出水平为 Y'。国外产出的增加带来国内产出的增加。原因显而易见：更高的国外产出带来更高的国内产品出口，通过乘数效应使得国内产出和对产品的国内需求增加。

贸易余额会如何变化？我们知道出口将会增加，但是国内产出的增加会导致的进口增加是否会使贸易余额恶化？答案是否定的，贸易余额一定会改善。为什么？注意当国外需求增加时，对国内产品的需求从 ZZ 向上移到 ZZ′；但是代表对产品的国内需求是产出的函数的 DD 却没有移动。在新的产出的均衡水平 Y'，国内需求由 DC 的距离表示，对国内产品的需求由 DA' 的距离表示。因此净出口等于距离 CA' 表示的数量——因为 DD 一定在 ZZ′ 的下方，所以这一项一定为正值。进口的增加并没有抵销出口的增加，贸易余额也有所改善。

Y^* 直接影响出口，因此它进入国内产品的需求和产出的关系式中。Y^* 增加，则 ZZ 上升。

Y^* 不会直接影响国内消费、国内投资和国内政府支出，因此它没有进入产品的国内需求与产出的关系式中。Y^* 增加不会使 DD 直线移动。

国外产出的增长导致国内产出水平的增加，同时改善了贸易余额。

18.3.3 重新审视财政政策

到现在为止,我们已经得到了两个基本的结果。

- 国内需求的增加将导致国内产出的增加,但同时也带来贸易余额的恶化。(我们考察的是政府支出的增加,但是结论同样适用于税收的减少或者消费支出的增加等。)
- 国外需求的增加(可能源于国外发生的同样类型的变化)导致国内产出的增加和贸易余额的改善。

这些结果有两个很重要的含义,它们在金融危机中都很明显。

首先,也最明显的是,这两个结果意味着一个国家的需求冲击会影响其他国家。国家间的贸易关系越紧密、合作程度越高,经济波动就会越同步。这也是我们从图 17-1 所看到的:尽管经济危机开始于美国,但它迅速波及世界上其他国家。贸易联系并不是唯一原因,金融联系也起到了关键作用。但是,从其他国家向美国的出口减少开始,已有证据表明贸易具有很强的影响。

其次,各个变量之间的相互作用使各国政策制定者的工作变得更复杂,尤其是财政政策。让我们进一步来讨论这个问题。

从以下观察开始讨论:因为种种原因,政府不喜欢贸易赤字。其主要的原因是出现贸易赤字的国家会积累对世界其他国家的债务,必须向其他国家支付高额的利息。因此,每个国家都更偏好国外需求的增加(从而使贸易余额得到改善),而不是国内需求的增加(从而使得贸易余额恶化)就不足为奇了。

但这种偏好的结果是灾难性的。设想有一些国家彼此都有数量庞大的贸易往来,以至于任何一个国家的需求增加大部分都落在了其他国家生产的产品上。假定所有这些国家都处于衰退中,并且每个国家初始的贸易余额是大致平衡的。在这种情况下,每个国家可能都不愿意采取措施以增加国内需求。如果有国家这么做了,结果很可能是产出出现小幅度增加,但也会出现巨额的贸易赤字。相反,每个国家可能仅仅在等待其他国家增加需求,这样它可以得到一个两全其美的世界,即更高的产出以及贸易余额的改善。但是如果所有国家都在等待,那什么也不会发生,这样经济衰退可能会持续很长时间。

是否有什么办法摆脱这种状况?确实有,至少理论上有。如果所有的国家一起协调它们的宏观政策,同时增加国内需求,那么每个国家都可以在不增加其贸易赤字的情况下增加需求和产出(相对于本组其他国家而言,它们相对于世界其他国家的总贸易赤字仍将增加)。其原因是显然的:需求的协调增加会带来每一个国家出口和进口的增加。国内需求的增加将导致进口增加;但是这种进口增加被出口的增加所抵消,它来自国外需求的扩张。

然而,在实际中,国家间的**政策协调**(policy coordination)并不容易实现。

政策协调可能会使一些国家比其他国家付出得更多,因而其并不愿意这样做。假定只有一些国家处于经济衰退中。那些没有处于衰退的国家可能就不愿意增加自己的需求;但是如果它们不这么做,那些扩张的国家相对于不扩张的国家就可能会出现贸易赤字。或者假定一些国家已经存在巨额的贸易赤字,这些国家并不愿意削减税收或者进一步增加支出,因为这样会进一步增加它们的贸易赤字。它们会要求其他国家作出更多的调整,而其他国家可能并不愿意这么做。

各国都有强烈的动机去承诺协调,然后并不是兑现承诺:一旦所有的国家都同意增加支出,那么每一个国家都有动机违背诺言,以从其他国家的需求增加中获益,从而改善其贸易状况。但是如果每一个国家都采取欺骗手段或者不兑现承诺,就不会有足够的需求扩张以摆脱经济衰退。

结果是,尽管各国政府会在国际会议上发表宣言,但协调常常失败。只有在事情足够糟糕的时候,协调才会进行。这是 2009 年的情况,我们将在要点解析"G20 峰会与 2009 年财政刺激"中详细论述。

> 要点解析

G20 峰会与 2009 年财政刺激

2008 年 12 月,G20 各国领导人在华盛顿召开了紧急会议。G20(由来自包括主要发达国家与发展中国家的 20 国财政部部长与央行行长组成的集团)成立于 1999 年,但直到危机前都没有发挥重要的作用。随着越来越多的证据显示,经济危机的影响变得越发深远,且影响范围越来越广,G20 召开会议开会协调宏观经济和金融政策方面的应对措施。

在宏观经济方面,仅靠货币政策显然是不够的,所以关注点逐渐转向了财政政策。产出的下降会导致收入的下降,从而增加预算赤字。时任国际货币基金组织董事总经理的多米尼克·施特劳斯·卡恩指出采取进一步财政措施的必要性,并建议采取额外的自主手段,包括减税或将各国支出增加到占其 GDP 的 2% 左右的水平上。他这样说道:

"现在,财政刺激对于恢复全球增长至关重要。如果主要贸易伙伴也有一套刺激方案,每个国家的财政刺激在提高国内产出增长方面的效果将会翻倍。"

他指出,一些国家比其他国家有更多的策略空间:"我们认为,那些财政政策框架最强、财政扩张融资能力最强、债务最明显可持续的发达国家和新兴经济体应该起到带头作用。"

在接下来的几个月里,大多数国家确实采取了旨在增加私人或公共支出的措施。就整个 G20 而言,自主手段在 2009 年占 GDP 的 2.3% 左右。一些财政空间较小的国家,如意大利,采取的措施较少;一些国家,如美国或法国,则采取更多的自主手段。

这种财政刺激计划成功了吗?一些人认为事实并非如此。毕竟,世界经济在 2009 年出现了巨大的负增长。这里所讨论的问题就是一个反面事实,即如果没有财政刺激,情况会如何。很多人相信,如果没有财政刺激,将会出现更大的负增长,甚至可能是灾难性的。反面事实难以被证实或者证伪,因此争议可能会持续下去。(关于反事实以及经济学家与政客之间的区别,有一段来自前美国国会议员巴尼·弗兰克的精彩言论:"作为一个民选官员,我不是第一次羡慕经济学家了。对于经济学家,他们可以使用反事实的分析方法。经济学家可以解释目前给出的决策是能采取的最好决策,因为他们可以展示出在反事实的情况下会发生什么。他们可以将已经发生的事实与原本可能发生的情况做对比。但从来没有人是凭借写着'没有我会更糟糕'这样的小标语而当选的。也许你可以因此而获得终身教职,但不能因此赢得选举。")

财政刺激危险吗?一些人认为财政刺激导致了公共债务的大幅上升,而这迫使政府不得不进行调整,实行财政紧缩并使复苏更加困难(我们在第 5 章讨论过此问题,并将在第 22 章进一步分析)。这个观点在很大程度上是有误导性的。大部分债务的增加并不是由政府采取的自主手段导致的,而是因为经济危机中产出下降导致的收入减少。即使没有自主手段,债务也会增加。然而,债务的大幅增加导致各国政府采取了紧缩性财政政策,这一点仍然是事实,而这很可能减缓了经济复苏。

有关当时的更多讨论,请参阅:

"Financial Crisis Response: IMF Spells Out Need for Global Fiscal Stimulus," in IMF Survey Magazine Online, December 29, 2008. (www.imf.org/external/pubs/ft/survey/so/2008/int122908a.htm)

18.4 贬值、贸易余额和产出

> 给定 P 和 P^*,E 的上升 $\Rightarrow \varepsilon = EP/P^*$ 上升。

假定美国政府的政策措施导致了美元的贬值——名义汇率的降低。(我们将在第 20 章看到如何利用货币政策做到这一点;现在我们假定政府可以简单地选择汇率。)

回顾一下,实际汇率为

$$\varepsilon \equiv EP/P^*$$

> 展望:在第 20 章,我们将讨论当价格水平随时间变化时,名义贬值的影响。你将能够看到,名义贬值在短期内能够导致实际贬值,但中期内却不能。

实际汇率 ε(用国外产品表示的国内产品的价格)等于名义汇率 E(用国外货币表示的国内货币的价格)乘以国内价格水平 P,除以国外的价格水平 P^*。在短期,可以将 P 和 P^* 视为给定的,因此名义贬值完全反映为同等比例的实际贬值。更具体地说,如果美元相对于日元贬值 10%(10% 的名义贬值),而且日本和美国的价格水平保持不变,那么美国的产品将会比日本便宜 10%(10% 的实际贬值)。

接下来,我们将分析实际贬值对美国贸易余额和产出的影响。

18.4.1 贬值和贸易余额:马歇尔-勒纳条件

回到净出口的定义:

$$NX \equiv X - IM/\varepsilon$$

> 更具体一点,如果美元对日元贬值 10%:
> 美国的产品就会比日本更便宜,从而导致美国对日本更大的出口量。
> 日本的产品在美国会更贵,从而美国对日本产品的进口量更小,同时在给定进口量的条件下,美国进口日本产品的价格更高。

将式(18.2)和式(18.3)中 X 和 IM 的表达式代入上式,可得

$$NX = X(Y^*, \varepsilon) - IM(Y, \varepsilon)/\varepsilon$$

实际汇率 ε 在等式右边的三个地方出现,所以实际贬值显然是通过三个不同的途径影响贸易余额。

- 出口 X 增加。实际贬值使得美国产品比国外产品便宜,从而使得对美国产品的国外需求增加——美国出口增加。
- 进口 IM 下降。实际贬值使得国外产品比美国国内产品昂贵,这导致国内需求向国内产品转移,从而使得进口量下降。
- 用国内产品表示的国外产品的相对价格,即 $1/\varepsilon$ 增加,对于给定的 IM,这会增加进口费用。同样数量的进口商品现在的购买成本更高(用国内产品表示)。

贬值如果要使贸易余额得到改善,出口必须增加足够多,进口也必须降低足够多,以抵消进口品价格的上升。实际贬值带来净出口增加的条件就是**马歇尔-勒纳条件**(Marshall-Lerner condition)。(本章附录会给出马歇尔-勒纳条件的正式推导)。可以证明这个条件是符合现实的。所以,在本章的剩下部分,我将假定 ε 的降低(即实际贬值)会带来净出口 NX 的增加。

> 经济学家马歇尔和勒纳最先推导出这一条件,因此这一条件也因二人而得名。

18.4.2 贬值的影响

到现在为止,我们已经研究了贬值对贸易余额的直接影响,也就是在给定美国和国外产出条件下的影响。但是贬值的影响并不仅限于此。净出口的变化也会改变国内产出,从而进一步影响净出口。

由于实际贬值的影响与国外产出增加的影响非常相似,我们可以使用图 18-4 来显示国外产出增加带来的影响。

与国外产出增加类似,贬值也会导致任何产出水平下的净出口增加(我们已经假定马歇尔-勒纳条件成立)。需求关系[图 18-4(a)中的 ZZ]和净出口关系[图 18-4(b)中的 NX]都向上移动。平均衡点从 A 移动到 A',产出从 Y 增加到 Y'。根据我们之前的观点,贸易余额有所改善。产出增加引起的进口增加小于贬值引起的贸易余额的直接改善。

总而言之:贬值导致国内外需求转向国内商品。需求的这种转变反过来又导致国内产出的增加和贸易平衡的改善。

虽然贬值和外国产出的增加对国内产出和贸易余额有相同的影响,但两者之间有微妙而重要的区别。贬值是通过使国外商品更贵来起作用的。但这就意味着对于一个给定的收入水平,由于贬值而支付更多钱购买国外商品的人境况更糟。这种机制在经历了大幅贬值的国家中感受很明显。试图进行大幅贬值的政府经常会发现街头巷尾出现罢工和骚乱,这是人们对进口产品更高的价格作出的反应。例如,墨西哥的情况就是这样,1994 年至 1995 年,比索大幅贬值,从 1994 年 11 月的 29 美分/比索跌至 1995 年 5 月的 17 美分/比索,这导致工人生活水平大幅下降和社会局势的动荡。

> 除了示威,还有一个办法:要求提高工资。但是,如果工资增加了,国内产品的价格也会增加,使得实际贬值变小。要讨论这种机制,我们需要更详细地考察供给方。在第 20 章,我们将回过头来讨论贬值、工资和价格变化的动态影响。

18.4.3 将汇率和财政政策结合起来

假定产出处于自然水平,但经济存在巨大的贸易赤字。政府希望在不改变产出水平的前提下减少贸易赤字以避免经济过热,该怎么做呢?

单靠贬值是不行的。这将减少贸易赤字,但也将增加产出。财政紧缩也不行。这将减少贸易赤字,但会减少产出。政府应该怎么做?答案是:使用贬值和财政政策的恰当组合。图 18-5 显示了应该怎样组合。

在图 18-5(a)中,初始的均衡位于 A 点,对应产出 Y。贸易赤字由图 18-5(b)中的距离 BC 表示。如果政府希望消除贸易赤字而产出不变,则必须做两件事情:

> 如果这种组合与特朗普政府所采取的削减美国贸易赤字的政策大不相同,那么你是对的。关于这一点,请参阅第 19 章。

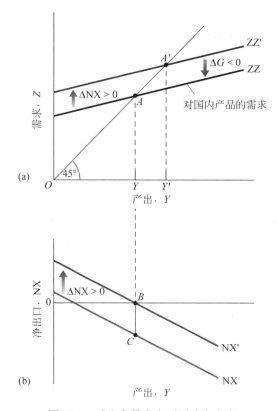

图 18-5 减少贸易赤字而不改变产出

注：要想减少贸易赤字而不改变产出，政府必须采取贬值政策，同时减少政府支出。

- 必须在初始的产出水平上实现充分的贬值以消除贸易赤字。所以贬值一定会使图 18-5(b)中的净出口曲线从 NX 移动到 NX′。但是这种贬值以及对应的净出口增加也会使得图 18-5(a)中的需求曲线从 ZZ 移动到 ZZ′。在没有其他措施的情况下，均衡点会从 A 移到 A'，而且产出会从 Y 增长到 Y'。
- 要避免产出的增加，政府必须降低政府支出，从而使 ZZ′ 移回到 ZZ 的位置。这样贬值和财政紧缩的结合使得产出水平保持不变，同时贸易余额得到改善。

一个一般性的结论：如果你想达到两个目标（这里是产出和贸易余额），就最好有两个工具（这里是财政政策和汇率）。

这个例子背后的普遍意义在于，如果政府同时关注产出水平和贸易余额的话，它们就必须同时使用财政政策和汇率政策。我们刚刚就看到了一个这样的组合。表 18-1 给出了其他的一些组合，它们根据初始产出水平和贸易状况的不同而不同。例如，以表中右上角的情况为例。初始产出非常低（换句话说，失业率非常高），经济处于贸易赤字状态。贬值对贸易和产出状态都将有好处：它使得贸易赤字降低、产出增加。但是没有理由认为，贬值能够实现恰到好处的产出增长和贸易赤字的消除。根据初始状态和贬值对产出和贸易余额的相对影响，政府在执行贬值政策的同时，还应该辅以政府支出的增加或者降低。这种不明确性用问号标出，确保你能理解其他三种情况背后的逻辑。（关于实际汇率和产出在影响经常账户余额方面的作用的另一个例子，请看要点解析"希腊经常账户赤字的消失：好消息还是坏消息"）

表 18-1 汇率政策和财政政策的结合

初始状态	贸易盈余	贸易赤字
低产出	ε? G↑	ε↓ G?
高产出	ε↑ G?	ε? G↓

要点解析

希腊经常账户赤字的消失：好消息还是坏消息

从 21 世纪初开始,几个欧元区外围国家的经常账户赤字越来越大,尤其引人注目的是希腊经常账户赤字的增加。如图 18-6 所示,经常账户赤字已经从 2000 年占 GDP 的 6% 上升到 2008 年的 15% 以上。金融危机爆发之后,希腊发现向国外借款变得越来越困难,迫使其减少借款,从而减少经常账户赤字。但到 2018 年,经常账户赤字不到 GDP 的 1%。

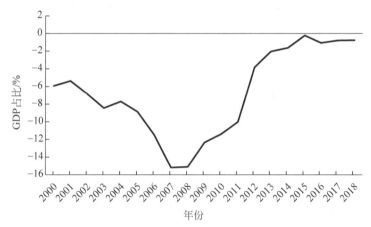

图 18-6 2000 年以来希腊经常账户赤字的演变

资料来源：国际货币基金组织总裁多米尼克·施特劳斯-卡恩称二十国集团行动计划朝着加强国际合作迈出了重要一步,2008 年 11 月 15 日,第 08/286 号新闻稿。

这是一个令人印象深刻的转折。这一定是个好消息吗？不一定。正文中的讨论表明,有两种方法可以改善经常账户。第一种是该国变得更具竞争力：实际汇率下降,出口增加,进口减少,经常账户余额改善。第二种是该国产出下降：取决于世界其他地区情况的出口可能保持不变,但进口随着产出下降,经常账户余额改善。

不幸的是,有证据表明,第二种机制在调整中发挥了核心作用。

鉴于希腊是欧元区成员国,它不能依靠调整名义汇率来增加竞争力,至少对其欧洲伙伴国而言是如此。它不得不依赖于工资和价格的下降,而事实证明这是缓慢和困难的(详见第 20 章)。

相反,大部分调整是通过由产出下降引发的进口下降进行的,这种调整称为进口压缩。图 18-7 显示了自 2000 年以来希腊进口、出口和 GDP 的演变。三个变量在 2000 年都标准化为1.0。首先,请注意产出从峰值下降了多少,自2008年以来下降了约30%。然后,请注意进口如何与产出同步变化,2008年以来也下降了36%。出口表现更好,但并不出色。其在2009年反映了世界危机和世界其他地区需求的下降的出口水平急剧下降,它们只比2008年的水平高出10%(2008年以来的世界产出增长累计为34%)。

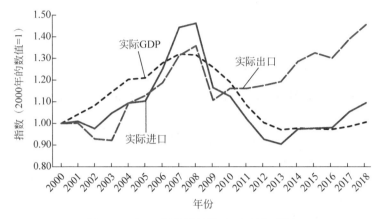

图18-7　2000年希腊的进口、出口和GDP

资料来源:国际货币基金组织总裁多米尼克·施特劳斯-卡恩称20国集团行动计划朝着加强国际合作迈出了重要一步,2008年11月15日,第08/286号新闻稿。

简言之,从本质讲,希腊经常账户赤字的消失在很大程度上是个坏消息。展望未来,经常账户下一步的变化在很大程度上取决于产出的变化,而产出的变化又取决于产出相对于潜在产出的差距。如果实际产出的减少在很大程度上反映了潜在产出的减少,那么产出将保持低水平,经常账户将保持平衡。如果实际产出仍远低于潜在产出(如果用第9章的术语来说,存在巨大的负产出缺口),那么除非发生进一步的实际贬值,否则产出将随着进口的增加而恢复潜在产出,从而可能恢复经常账户赤字。

18.5　储蓄、投资和经常账户余额

> 得到这些结论需要一些操作,但不要担心,最终结果是直观的。

在第3章我们看到,可以把商品市场的均衡条件改写成投资等于储蓄(包括私人的和公共的)的形式。现在我们在开放经济中推导出相应的条件,你将看到这种看待均衡的替代方法是多么有用。

从我们的均衡条件出发:

$$Y = C + I + G - IM/\varepsilon + X$$

将消费C从等式的右边移到左边,两边都减去税收T,将净出口($IM/\varepsilon + X$)用NX代替可得

$$Y - T - C = I + (G - T) + NX$$

回顾一下,在开放经济中,国内居民的总收入等于国内收入,即国内产出Y加上国外净收入NI。将NI添加到等式的两侧:

$$(Y + NI - T) - C = I + (G - T) + (NX + NI)$$

我们注意到等号左边括号中的式子等于可支配收入,因此左式等于可支配收入减去消

费(即私人储蓄 S)。等号右边的净出口与来自国外的净收入之和等于经常账户余额。我们以 CA 表示经常账户余额并重写上面的等式：

$$S = I + (G - T) + CA$$

变换一下等式顺序：

$$CA = S + (T - G) - I \tag{18.5}$$

经常账户余额等于储蓄(私人加公共)减去投资 I。经常账户盈余意味着这个国家的储蓄大于投资，经常账户赤字意味着这个国家储蓄小于投资。

为了对这个关系有更多的直观感受，我们回到第 17 章关于经常账户和资本账户的讨论。当时我们知道，经常账户盈余意味着向世界其他国家的净贷出，贸易赤字意味着向世界其他国家的净借入。

如果一个国家的投资超过储蓄，则 $S + (T - G) - I$ 为负值，该国就必须从世界其他国家借入其差额，因此必然有贸易赤字。同理，一个国家向其他国家贷出资金意味着该国储蓄多于投资。

注意式(18.5)的几个含义：

- 投资的增加必然表现为私人或公共储蓄的增加，或者经常账户余额的恶化(更小的经常账户盈余，或者更大的经常账户赤字，具体情况要看经常账户最初是盈余还是赤字)。
- 政府预算余额的恶化(预算盈余变小或者预算赤字变大)，这会反映在私人储蓄的增加或者投资的下降，抑或是经常账户余额的恶化上。
- 一个高储蓄率(私人加公共)的国家必须有高投资率或大的经常账户盈余。

但是，也要注意到式(18.5)不能说明的问题。

例如，它不能说明预算赤字是否会引起贸易赤字、私人储蓄的增加或者投资的减少。要弄清楚预算赤字可能引起的变化，我们必须利用我们针对消费、投资、出口和进口已经作出的假定，弄清楚预算赤字对产出及其各组成部分的影响。也就是说，我们需要在本章做一个全面分析。如果你不小心，仅使用式(18.5)很容易产生误导。例如，可以看一看下面这段论述(这一陈述很普遍，你可能会在报纸上看到过类似的内容)：

"很显然，美国不能通过贬值来减少其庞大的经常账户赤字。"请看式(18.5)，它说明了经常账户赤字等于投资减去储蓄。为什么贬值会影响储蓄或者投资呢？因而，贬值会如何影响经常账户赤字？

这个论点听起来可能令人信服，但我们知道它是错误的。前面我们已经说明，贬值会带来贸易状况的改善，在给定净收入的前提下也会改善经常账户余额。那么它错在哪里呢？贬值实际上是可以影响储蓄和投资的：因为它会影响国内商品的需求，从而增加产出。更高的产出使得储蓄的增加超过投资，换句话说，也就是经常账户赤字减少。

确保你已经理解本节内容的一个好办法就是回过头去看一看我们已经考虑过的各种不同情况，包括政府支出的变化、国外产出的变化，以及贬值与财政紧缩的组合等。在每一种情况下，研究式(18.5)的四个要素：私人储蓄、公共储蓄(相当于预算盈余)、投资和经常账户余额将如何变化。同样，你应该确保能够用语言表述整个故事。

让我以一个挑战来结束这一章。评估以下三种论述，并决定哪一种是正确的：

> 财经评论员通常不区分贸易余额和经常账户余额。这不一定属于重大过失：因为净收入通常会随着时间缓慢变化，贸易余额和经常账户余额通常会同步变化。然而，在美国，净收入很大，因此经常账户余额通常看上去比贸易余额好得多。

> 例如，假设美国政府希望在不改变产出水平的情况下缩减经常账户赤字，因此，采取了贬值和财政紧缩相结合的政策。那么私人储蓄、公共储蓄和投资会发生什么变化？

- 美国的巨额经常账户赤字(见第 17 章)表明美国不再具有竞争力。这是软弱的表现。忘记储蓄或投资。美国必须紧急提高其竞争力。
- 美国的巨额经常账户赤字表明，美国储蓄不足，无法为其投资提供资金。这是软弱的表现。忘记竞争力。美国必须紧急提高储蓄率。
- 美国的巨额经常账户赤字只是美国金融账户盈余的镜像。正在发生的是，世界其他国家希望将其资金投向美国。事实上，美国金融账户盈余，以及由此产生的美国经常账户赤字，是实力的标志，没有必要采取减少经常账户赤字的政策措施。

本章提要

- 在开放经济中，对国内产品的需求等于对产品的国内需求(消费加投资加政府支出)减去进口(就国内商品而言)再加上出口。
- 在开放经济中，国内需求增加带来的产出增加比封闭经济中的要小，因为新增的需求中有一部分由进口来满足。同时，这还带来了贸易余额的恶化。
- 由于出口增加，国外需求增加导致国内产出的增加和贸易余额的改善。
- 因为国外需求增加使贸易余额得到改善，而国内需求增加使之恶化，因此各个国家都希望等待国外需求的增加以摆脱衰退。当一组国家陷入衰退时，原则上协调可以帮助它们复苏。
- 如果马歇尔-勒纳条件得到满足，并且经验证据表明，这是一个真实的贬值导致净出口的改善。
- 商品市场的均衡条件可以改写为储蓄(公共和私人)减去投资必须等于经常账户余额的条件。经常账户盈余相当于储蓄超过投资。经常账户赤字相当于投资超过储蓄。

关键术语

- demand for domestic goods，国内产品的需求
- domestic demand for goods，产品的国内需求
- G20，20 国集团
- policy coordination，政策协调
- Marshall-Lerner condition，马歇尔-勒纳条件
- import compression，进口压缩

本章习题

快速测试

1. 运用本章学到的知识，判断以下陈述属于"正确""错误"和"不确定"中的哪一种情况，并简要解释。

a. 2008年至2018年,希腊经常账户赤字的减少意味着希腊公民的生活水平有所提高。

b. 国民收入恒等式表明预算赤字引起贸易赤字。

c. 经济体的贸易开放倾向于增加乘数效应,因为支出的增加会导致更多的出口。

d. 如果贸易赤字等于零,那么对产品的国内需求和对国内产品的需求将相等。

e. 一个开放的小型经济体通过财政紧缩减小贸易赤字的成本要比一个开放的大型经济体更小。

f. 实际收入下降可能导致进口下降,从而导致贸易盈余。

g. 加入欧元区后,希腊更容易与贸易伙伴进行实际汇率调整。

2. 实际汇率、名义汇率和通货膨胀。

利用实际汇率的定义(以及本书最后附录2中的性质7和性质8),能够得到

$$(\varepsilon_t - \varepsilon_{t-1})/\varepsilon_{t-1} = (E_t - E_{t-1})/E_{t-1} + \pi_t - \pi_t^*$$

换句话说:实际升值的百分比等于名义升值的百分比加上国内外通货膨胀之差。

a. 如果国内的通货膨胀高于国外的通货膨胀率,但本国实行固定汇率制,那么实际汇率会随着时间如何变化?假定马歇尔-勒纳条件成立,贸易余额随着时间如何变化?请用文字解释。

b. 假定实际汇率维持在使净出口(或者经常账户)等于0的水平,在这种情况下,如果国内通货膨胀率高于国外通货膨胀率,为了保持贸易余额为零,名义汇率将随时间如何变化?

3. 欧洲的衰退和美国经济。

a. 2017年,欧盟对美国产品的支出占美国总出口的19%(表17-2),美国出口约占美国GDP的12.3%(表17-1)。那么,欧盟对美国产品的支出占美国GDP的份额是多少?

b. 假定美国的乘数为2,且欧洲的衰退使其产出及从美国的进口降低了5%(相对于其正常水平)。根据a的答案,欧洲衰退对美国GDP的影响如何?

c. 如果欧洲的衰退也导致了从美国进口产品的其他经济体出现衰退,则欧洲衰退对美国的影响就会更大。为了给这种影响的规模加一个限制,现假定美国在一年内出口降低了5%,这会对美国GDP产生什么影响?

d. "如果欧洲出现重大衰退,美国的增长也将陷入停滞。"请评论这一陈述。

4. 进一步分析表18-1。

表18-1有四个项目,以图18-5为指南,分别画出表18-1四个项目所阐述的情况。确认你已经理解了为何每个项目中,政府支出和实际汇率的变动方向会不确定。

深入挖掘

5. 净出口和国外需求。

a. 假定国外产出增加,请说明这对国内经济会有什么影响(复制图18-4)。对国内产出会有什么影响?对国内净出口呢?

b. 如果利率保持不变,国内投资会发生什么变化?如果税收保持不变,国内预算赤字会发生什么变化?

c. 运用式(18.5)说明私人储蓄会发生什么变化?并解释。

d. 虽然国外产出并没有在式(18.5)中出现,但它仍然会影响净出口,请解释其中的影

响机制。

6. 消除贸易赤字。

a. 考虑一个有贸易赤字（NX＜0），并且产出处于自然水平的经济体。假定尽管产出在短期内会偏离其自然水平，但是在中期内会恢复过来。假设自然产出水平不受实际汇率影响，那么随着中期要消除贸易赤字（NX 趋向 0），实际汇率将会发生怎样的变化？

b. 写下国民收入恒等式。再次假定产出在中期回到自然水平，如果 NX 上升到 0，那么国内需求（$C+I+G$）在中期会发生什么变化？为了在中期减少国内需求，政府可以采取哪些政策？说明每一项政策对 $C+I+G$ 中各个部分的影响。

7. 乘数效应、开放和财政政策。

考虑一个由下列等式刻画的开放经济体。

$$C = c_0 + c_1(Y-T)$$
$$I = d_0 + d_1 Y$$
$$IM = m_1 Y$$
$$X = x_1 Y^*$$

参数 m_1 和 x_1 分别代表进口与出口倾向。假设实际汇率固定为 1，国外收入 Y^* 也视为固定。同样假设税收是固定的，政府购买是外生的（由政府决定）。下面，我们将讨论在关于进口倾向的不同假设下，G 的变化所造成的影响。

a. 写出国内产品市场的均衡条件并求解出 Y。

b. 假设政府购买增加一个单位，这会对产出造成什么影响？（假设 $0 < m_1 < c_1 + d_1 < 1$，并解释原因。）

c. 政府购买增加一个单位时净出口会如何变化？

现在考虑两个经济体，一个 $m_1=0.5$，另一个 $m_1=0.1$。另外，每个经济体都有（c_1+d_1）$=0.6$。

d. 假设其中一个经济体比另一个大很多。你预期哪个经济体的 m_1 更大？请解释原因。

e. 根据以上假设，针对每个经济体，分别计算问题 b、c 的答案。

f. 哪一个经济体财政政策对产出的影响更大？哪一个经济体财政政策对净出口的影响更大？

8. 政策协调和世界经济。

考虑下面的开放经济。实际汇率是固定的且等于 1，假定投资、政府支出和税收由下式给定：

$$C = 10 + 0.8(Y-T); \quad I = 10; \quad G = 10; \quad T = 10$$

进口和出口为

$$IM = 0.3Y; \quad X = 0.3Y^*$$

其中，Y^* 表示国外产出。

a. 求国内经济的均衡产出（给定 Y^*）。该经济中的乘数效应是多少？如果我们使该经济体封闭（出口和进口等于零），那么乘数效应又将是多少？为什么它与封闭经济中的乘数不一样？

b. 假设国外经济与国内经济有相同的关系式（调换星号）。用这两组关系式解出每个国家的均衡产出。（提示：用关于国外经济体的关系式解出 Y^* 作为 Y 的函数，然后用这个式子替换掉 a 题中的 Y^*）。现在每一个国家的乘数是多少？为什么这与 a 中开放经济的乘数不同？

c. 假定本国政府 G 的目标产出水平是 125。假设外国政府不改变 G^*，G 增加多少才能实现本国经济的目标产出？求出每个国家的净出口和预算赤字。

d. 假设两个国家政府的目标产出水平都是 125，每个国家政府等额增加政府支出，为了使两个国家的产出目标都能够实现，G 和 G^* 需要共同增加多少？计算出每个国家的净出口和预算赤字。

e. 为什么在现实中财政协调（像问题 d 中 G 和 G^* 的共同增加）很难达到？

进一步探讨

9. 美国的贸易赤字、经常账户赤字和投资。

a. 将国民储蓄定义为私人储蓄加政府盈余，即 $S+T-G$。现在利用式(18.5)，表示出经常账户赤字、净投资收益以及国民储蓄和国内投资差额之间的关系。

b. 使用 FRED 经济数据库，检索 1980 年至可查询的最近一年的名义 GDP（GDPA 系列）、国内总投资（W170RC1A027NBEA 系列）和净出口（A019RC1A027NBEA 系列）。用每年的国内总投资和净出口除以 GDP，用以表示其占国内生产总值的百分比。哪一年的贸易赤字占 GDP 的比例最大？

c. 1980 年美国的贸易盈余约为零。计算四个时期(1980—1989 年、1990—1999 年、2000—2009 年和 2010 年至今)投资占 GDP 的平均百分比和贸易余额占 GDP 的平均百分比。贸易赤字似乎被用来为投资筹措资金了吗？

d. 当出现贸易赤字却没有同时出现投资的增长，贸易赤字是否更令人担忧？请解释。

e. 前面的问题集中于贸易赤字而非经常账户赤字。净投资收入(NI)如何与美国的贸易赤字与经常账户赤字的差额相联系？你可以从联邦储备银行圣路易斯分行的 FRED 数据库下载 GDP（GDP 系列）和 GNP（GNP 系列）。这种差异度量了 NI。随着时间的推移，它的值是上升还是下降？这些变化意味着什么？

延伸阅读

- A good discussion of the relation among trade deficits, current account deficits, budget deficits, private saving, and investment is given in Barry Bosworth's *Saving and Investment in a Global Economy* (Brookings Institution, 1993).

- For more on the relation between the exchange rate and the trade balance, read "Exchange Rates and Trade Flows: Disconnected?" Chapter 3, World Economic Outlook, International Monetary Fund, October 2015.

附录 马歇尔-勒纳条件的推导

从净出口的定义开始

$$NX \equiv X - IM/\varepsilon$$

假设一开始贸易处于均衡状态,所以 NX＝0 且 $X = \text{IM}/\varepsilon$,或者等价地,$\varepsilon X = \text{IM}$,马歇尔-勒纳条件说明了,实际贬值即 ε 的下降会导致净出口的增加。

为了推导这个条件,等式两边同时乘以 ε

$$\varepsilon \text{NX} \equiv \varepsilon X - \text{IM}$$

假设实际汇率变动了 $\Delta\varepsilon$,那么实际汇率变动对等式左边产生的影响为 $(\Delta\varepsilon)\text{NX} + \varepsilon(\Delta\text{NX})$ 若贸易开始处于均衡状态,NX＝0,则上式的第一项为0,所以实际汇率变动对等式左边产生的影响为 $\varepsilon(\Delta\text{NX})$。实际汇率变动对等式右边产生的影响为 $(\Delta\varepsilon)X + \varepsilon(\Delta X) - (\Delta\text{IM})$。将两式联立得

$$\varepsilon(\Delta\text{NX}) = (\Delta\varepsilon)X + \varepsilon(\Delta X) - (\Delta\text{IM})$$

两遍同时除以 εX

$$\frac{\varepsilon(\Delta\text{NX})}{\varepsilon X} = \frac{(\Delta\varepsilon)X}{\varepsilon X} + \frac{\varepsilon(\Delta X)}{\varepsilon X} - \frac{(\Delta\text{IM})}{\varepsilon X}$$

如果贸易起初是平衡的,即 $\varepsilon X = \text{IM}$,将此式代入上式中最后一项,得

$$\frac{\Delta\text{NX}}{X} = \frac{\Delta\varepsilon}{\varepsilon} + \frac{\Delta X}{X} - \frac{\Delta\text{IM}}{\text{IM}}$$

作为对实际贬值的反应,贸易余额(占出口的比例)的变化等于以下三项之和。

- 第一项为实际汇率变动的比例。在实际贬值情形下此项为负。
- 第二项为出口变动的比例。在实际贬值情形下此项为正。
- 第三项为负的进口变动的比例。在实际贬值情形下此项为正。

马歇尔-勒纳条件要求这三项之和为正。如果条件成立,实际贬值就会带来贸易余额的改善。

举个例子以帮助我们理解。假设1%的贬值导致出口增加了0.9%,进口下降了0.8%。(关于出口和进口与实际汇率之间关系的计量经济学证据表明,这些数字确实是合理的。)在此情况下,等式的右边等于 $-1\% + 0.9\% - (-0.8\%) = 0.7\%$。因此,贸易余额得到改善,马歇尔-勒纳条件成立。

第 19 章 产出、利率和汇率

在第 18 章,我们把汇率当作政府可用的一个政策工具。但是汇率并不是政策工具,相反,它是由外汇市场决定的——正如你在第 17 章中看到的,外汇市场有大量的交易。这个事实显然引出了两个问题:什么决定了汇率?政府如何影响它?

对这些问题的讨论引申出本章的内容。为了回答这些问题,我们需要重新引入之前在第 18 章忽略的金融市场。我们将考察产品市场和金融市场(包括外汇市场)同时均衡的含义。这使我们能够描述开放经济中产出、利率和汇率一起变化的特征。我们所建立的模型是把第 5 章中的 IS-LM 模型扩展到开放经济中,即**蒙代尔-弗莱明模型**(**Mundell-Fleming Model**):根据两位经济学家罗伯特·蒙代尔(Robert Mundell)和马库斯·弗莱明(Marcus Fleming)的名字命名,他们最早在 20 世纪 60 年代做了这种扩展。(本章讲述的模型保留了其基本思想,但在细节上与最初的蒙代尔-弗莱明模型有所不同。)

19.1 节　讨论产品市场的均衡。
19.2 节　讨论金融市场(包括外汇市场)的均衡。
19.3 节　把两个均衡条件结合起来,讨论产出、利率和汇率是如何决定的。
19.4 节　讨论浮动汇率下政策的作用。
19.5 节　讨论固定汇率下政策的作用。

> 如果你还记得本章的一条基本信息,它应该是:货币政策和财政政策的效果因汇率制度而异。

19.1 产品市场的均衡

产品市场的均衡是第 18 章的重点,当时我们得到了下面的均衡条件[式(18.4)]:

$$Y = C(Y-T) + I(Y,r) + G - IM(Y,\varepsilon)/\varepsilon + X(Y^*,\varepsilon)$$
$$(+) (+,-) (+,+) (+,-)$$

为了使产品市场处于均衡状态,产出(等式的左边)必须等于对国内产品的需求(等式的右边)。同时,需求等于消费(C)加上投资(I),加上政府支出(G),减去进口(IM/ε),加上出口(X)。

产品市场均衡(IS):

产出＝对国内产品的需求

- 消费 C 与可支配收入($Y-T$)正相关。

- 投资 I 与产出 Y 正相关,与实际利率 r 负相关。
- 政府支出 G 是给定的。
- 进口的数量 IM 与产出 Y 以及实际汇率 ε 正相关。用本国产品表示的进口产品的价值等于进口量除以实际汇率。
- 出口 X 与国外产出 Y^* 正相关,而与实际汇率 ε 负相关。

在本章,我们假定马歇尔-勒纳条件成立。在这一条件下,实际汇率的提高——实际升值——使得净出口减少。(见第18章)

我们很容易把最后两项合并,用"净出口"表示,其定义为出口减去进口

$$NX(Y,Y^*,\varepsilon) \equiv X(Y^*,\varepsilon) - IM(Y,\varepsilon)/\varepsilon$$

根据我们对进口和出口的假定,净出口 NX 依赖于国内产出 Y、国外产出 Y^* 和实际汇率 ε。国内产出的提高会使进口增加,从而净出口减少;国外产出的提高会使出口增加,从而净出口增加;实际汇率的增加将会带来净出口的减少。

利用净出口的定义,我们把均衡条件改写成

$$Y = C(Y-T) + I(Y,r) + G + NX(Y,Y^*,\varepsilon) \tag{19.1}$$
$$(+) \quad (+,-) \quad \quad (-,+,+)$$

对于我们的研究目的来说,式(19.1)的基本含义是实际利率和实际汇率都影响需求,进而影响均衡产出。

到现在为止,你已经意识到理解各种宏观经济机制的方法是在一个方向上完善基本模型,在其他方向上将其简化(这里考虑开放经济,但忽略风险)。保留所有的改进将产生一个丰富的模型(这正是宏观经济计量模型所做的),但那将成为一本糟糕的教科书。事情会变得太复杂了。

- 实际利率的提高会带来投资支出的下降,从而国内产品的需求下降。通过乘数作用,导致产出下降。
- 实际汇率的提高导致需求向国外产品转移,从而导致净出口降低。净出口的降低导致对国内产品的需求下降,通过乘数作用,使得产出降低。

在本章的后面部分,我们将从两个方面简化式(19.1)。

- 既然我们关注的是短期,在这里将继续维持原先在 IS-LM 模型中关于(国内)价格水平是给定的这一假设,并将该假定扩展到国外价格水平上,从而实际汇率($\varepsilon \equiv EP/P^*$)与名义汇率($E$)同步变动。名义汇率的降低——名义贬值——导致实际汇率同步降低——实际贬值;相反,名义汇率的提升——名义升值——导致实际汇率同步提高——实际升值。为表述方便,假如我们选择 P 和 P^*,从而使得 $P/P^* = 1$(因为它们都是指数,所以我们可以做到这一点),那么 $\varepsilon = E$,我们可以在式(19.1)中用 E 替换 ε。

第一个简化:$P = P^* = 1$,所以 $\varepsilon = E$。

- 由于我们认为国内价格水平既定,那么实际的和预期的通货膨胀都不存在,因此,名义利率和实际利率是一样的,我们可以用名义利率 i 替换式(19.1)中的实际利率 r。

第二个简化:$\pi^e = 0$,所以 $r = i$。

在做了这些简化之后,式(19.1)变为

$$Y = C(Y-T) + I(Y,i) + G + NX(Y,Y^*,E) \tag{19.2}$$
$$(+) \quad (+,-) \quad \quad (-,+,+)$$

换句话说:产品市场均衡表明均衡产出与名义利率和名义汇率负相关。

19.2 金融市场的均衡

在 IS-LM 模型中,当考察金融市场的时候,我们假定人们只能在两种金融资产(货币和债券)间进行选择。现在我们考察金融开放的经济,还必须考虑到这样一个事实:人们可以在国内债券和国外债券之间进行选择。

请记住,我们假设人们只持有本国货币,不持有外币,因此我们不必考虑这个选择。

国内债券和国外债券

当我们讨论在国内债券和国外债券之间进行选择时,我们应该基于第 17 章介绍的假定:无论是国内的金融投资者还是国外的金融投资者都追求最高的预期回报率,无视风险差异。这就意味着,在均衡状态下,国内债券和国外债券必须有同样的预期回报率;否则,投资者就只愿意购买其中的一种债券,而不是两种都买,这就不会达到均衡。(与所有经济关系一样,这种关系只是对现实的一种近似,因而并不总是成立的。更多的讨论可参见要点解析"资本流动、骤停以及利率平价条件的局限性"。)

如同我们在第 17 章中所见[式(17.2)],这个假定意味着下面的套利关系——利率平价条件——必须成立。

$$1 + i_t = (1 + i_t^*)\left(\frac{E_t}{E_{t+1}^e}\right) \quad (19.3)$$

式中,i_t 是国内利率,i_t^* 是国外利率,E_t 是即期汇率,E_{t+1}^e 是预期的远期汇率,等式左边是以国内货币表示的持有国内债券获得的收益,等式右边是以国内货币表示的持有外国债券得到的预期收益。在均衡状态下,等式两边的预期未来收益肯定是相等的。等式两边同时乘以 E_{t+1}^e,重新整理得到

E_t 的存在是基于以下事实:为了购买国外债券,你首先必须把本国货币换成外国货币;而 E_{t+1}^e 的存在是因为,为了在下一时期将这些资金收回,你就必须将外国货币转换成本国货币。

$$E_t = \frac{1 + i_t}{1 + i_t^*} E_{t+1}^e \quad (19.4)$$

现在,我们假定预期的远期汇率是给定的,记作 $\bar{E}^e$(我们将在第 20 章放松这一假定)。在这种假定下,去掉时间下标,利率平价条件将变成

$$E = \frac{1 + i}{1 + i^*} \bar{E}^e \quad (19.5)$$

这个关系告诉我们,当期汇率取决于国内利率、国外利率和预期的远期汇率。

- 国内利率的上升将导致汇率的上升。
- 国外利率的上升将导致汇率的下降。
- 预期远期汇率的上升将导致当期汇率下降。

这个关系在现实世界中发挥重要作用,并将在本章中扮演重要角色。考虑以下示例:

设想金融投资者在美国债券与日本债券之间进行选择,假设两者的一年期利率均为 2%,我们再假定当期汇率是 100(1 美元=100 日元),一年以后的预期汇率也是 100。在这些假定之下,美国和日本债券的预期收益也相同(用美元表示),利率平价条件成立。

$\bar{E}^e$ 的提高是美元对日元的预期升值。等价地,这是日元相对于美元的预期贬值。

假设金融投资者现在因某种理由预期汇率一年后会提高 10%,所以 $\bar{E}^e$ 现在等于 110。在当期汇率保持不变的条件下,美国债券将比日本债券更有吸引力,两者都提供 2% 的利率(以美元或日元计),但是预计日元在 1 年后会贬值 10%(以美元表示)。以美元表示的日本债券收益是 2%(利率)-10%(日元对美元的预期贬值率),即 -8%。

那么,当期汇率会发生什么变化? 在初始汇率为 100 时,金融投资者想把日本债券换成美国债券。要想这么做,他们必须出售日本债券换取日元,然后以日元兑换美元,再用美元购买美国债券。因为投资者卖出日元,购买美元,所以美元将相对日元升值。升值多少呢? 式(19.5)给出的答案是:$E=(1.02/1.02)110=110$。当期汇率与预期未来汇率必须同步增加。换言之,美元现在必须升值 10%。当美元升值 10% 时,$E=\bar{E}^e=110$,美国与日本债券的预期收益又再次相等了,外汇市场均衡。

换种假设,美联储将国内利率从 2% 增至 5%。假设日本利率保持不变,仍为 2%,预期远期汇率保持不变,即为 100。在当期汇率不变的条件下,美国债券现在又比日本债券更具吸引力。以美元计价,美国债券获得 5% 的收益。以日元计价,日本债券将会获得 2% 的收益,因为预期一年后的汇率同当前一样,所以以美元计价的预期收益也是 2%。

那当期汇率会发生什么变化呢? 在最初汇率为 100 时,金融投资者想从日本债券中撤资,转而投资美国债券。要想这么做,他们必须出售日本债券换取日元,然后用日元兑换美元,再用美元购买美国债券。因为投资者卖出日元、购买美元,所以美元升值。升了多少呢? 式(19.5)给我们的答案是:$E=(1.05/1.02)100 \approx 103$。当期汇率上升了大约 3%。

确保你能理解该观点。为什么美元没有升值 20% 呢?

为什么是 3%? 考虑一下当美元升值时将会发生什么。如果像我们假设的那样,金融投资者没有改变他们对未来汇率的预期,那么现在美元升值得越多,投资者预期它在未来就贬值得越多。现在美元升值 3%,金融投资者预期在一年后美元会贬值 3%。同样,他们预期日元对于美元一年后升值 3%。因此持有日本债券的预期回报率(以美元计价)是 2%(以日元表示的利率)+3%(日元的预期升值率),即 5%。这种预期回报率与持有美国债券的回报率是相同的,所以外汇市场均衡。

注意我们的结论在很大程度上依赖于我们的假设:当利率变化的时候,预期汇率保持不变。这就意味着今天的升值会导致未来的预期贬值(因为汇率预期会恢复到初始值)。在第 20 章,我们将放松预期未来汇率固定的假设。但是这个基本的结论仍然成立:国内利率相对国外利率的上升会导致本国货币升值。

在下面两种情况下,直线会如何变化:①i^* 增加;②$\bar{E}^e$ 增加。

图 19-1 描绘了式(19.5)所包含的国内利率 i 和汇率 E 之间的关系——利率平价。图 19-1 中,预期远期汇率 $\bar{E}^e$ 和国外利率 i^* 是给定的,因而这种关系显现出来是一条向上倾斜的曲线。国内利率越高,汇率越高。式(19.5)也表明,当国内利率等于国外利率的时候,即 $i=i^*$,当期汇率等于预期远期汇率:$E=\bar{E}^e$。这意味着,表征利率平价关系的直线经过图中的 A 点($i=i^*$ 处)。

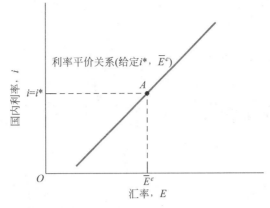

图 19-1 利率平价关系所隐含的利率和汇率之间的关系
注：更高的国内利率导致更高的汇率——国内货币的升值

要点解析

资本流动、骤停以及利率平价条件的局限性

利率平价条件假设金融投资者只关心预期回报。但正如我们在第 14 章所讨论的，投资者也关心风险和流动性。很多时候，人们可以忽略这些其他因素。然而，有时它们在投资者的决策和决定汇率变动方面发挥着重要作用。觉察到风险增加会导致投资者希望出售他们在一个国家的大部分或全部资产，无论利率如何。这些抛售事件在过去影响了许多拉丁美洲和亚洲新兴市场国家，被称为骤停。在这些情况下，利率平价条件失效，这些新兴市场国家的汇率可能会大幅下跌，而国内外利率不会发生太大变化。

大萧条的开始与大规模资本流动有关，而这与预期回报无关。出于对不确定性的担忧，许多发达国家的投资者决定将资金带回本国，因为他们觉得那里更安全。（具有讽刺意味的是，尽管危机起源于美国，美国仍然被视为避风港，导致许多投资者出售新兴市场国家的资产、购买美国资产。）结果是一些新兴市场国家的资本大量外流。图 19-2 给出了一个例子，显示了 2000 年以来外国投资者对巴西股票的净购买量。请注意，2008 年下半年，巴西股票净购买量急剧下降，从占年度 GDP 的近 30% 降至 -25%，直到 2009 年才出现反弹。（负净购买量表明，外国投资者卖出的股票比本季度买入的股票多。）

剧烈的资本外流对巴西和其他新兴市场国家产生了重大影响，导致它们的汇率面临强大的下行压力，金融系统也出现严重问题。例如，依赖外国投资者融资的国内银行发现自己资金短缺，这迫使它们削减对国内企业和家庭的贷款。这是危机从美国传播到世界其他地区的重要渠道。

进一步阅读：在 2008 年和 2009 年受到巨额资金外流影响的国家还包括一小部分发达国家，尤其是爱尔兰和冰岛。这些国家和美国有着同样的金融脆弱性（在第 6 章已经讨论过），其中一些国家因此遭受到严重的影响。一个通俗易懂的参考资料是迈克尔·刘易斯在 *Boomerang：Travels in a New Third World*〔诺顿出版社，2011 年（Norton 2011）〕中撰写的关于爱尔兰和冰岛的章节。

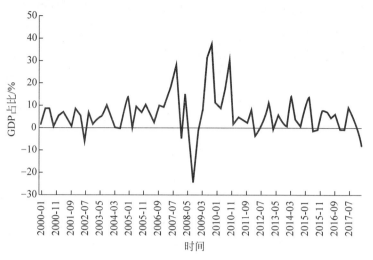

图 19-2 自 2000 年来巴西股票的净购买量
资料来源：国际货币基金组织国际收支统计数据。

19.3 产品市场和金融市场的结合

我们目前已经具备了分析产出、利率和汇率变动的基本知识。

产品市场均衡意味着产出依赖于利率、汇率和其他的一些因素：

$$Y = C(Y-T) + I(Y,i) + G + NX(Y, Y^*, E)$$

我们将利率 i 视为中央银行设定的政策利率：

$$i = \bar{i}$$

利率平价条件意味着国内利率和汇率之间是正相关关系，即

$$E = \frac{1+i}{1+i^*}\bar{E}^e$$

这三个关系共同决定了产出、利率和汇率。求出这三个关系并不容易。但我们可以利用利率平价关系消去产品市场均衡关系中的汇率，从而很容易地把方程数减少到两个。这样，我们得到了下面的两个方程，即 IS、LM 关系在开放经济中的版本。

$$\text{IS}: Y = C(Y-T) + I(Y,i) + G + NX\left(Y, Y^*, \frac{1+i}{1+i^*}\bar{E}^e\right)$$

$$\text{LM}: i = \bar{i}$$

这两个等式共同决定了利率和均衡产出。式(19.5)给出了隐含汇率。先看 IS 关系，考虑利率提高对产出的影响。利率的提高现在有两个效应。

- 第一个效应是利率对投资的直接影响，这和封闭经济中的情况一样。利率升高使得投资下降，从而导致对国内产品的需求减少、产出减少。
- 第二个效应只有在开放经济中才会显现出来，即通过汇率的效应：国内利率的升高使汇率升高、本币升值。本币升值使本国产品相对于外国产品来说变得昂贵，导致净

出口减少,因而对国内产品的需求减少、产出减少。

两种影响作用的方向是相同的:利率的升高直接使需求下降,也间接通过本币升值的负面效应使需求减少。

利率和产出之间的 IS 关系如图 19-3(a)所示,假定图中所有其他变量(T、G、Y^*、i^* 和 $\bar{E}^e$)的值都是给定的。IS 曲线向下倾斜:利率的提高带来产出的下降。看起来和封闭经济非常类似,但是其中隐藏了一个比以前更加复杂的关系:利率不仅是直接影响产出,而且通过汇率产生间接的影响。

利率的提高直接和间接(通过汇率)地导致产出下降。

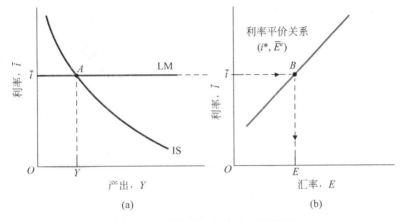

图 19-3 开放经济中的 IS-LM 模型

注:利率的提高直接和间接(通过汇率)降低了产出。由于这两个原因,IS 曲线向下倾斜。LM 曲线是水平的,如第 6 章所示。

开放经济中的 LM 关系和封闭经济中完全一样:它是一条水平线,处于中央银行设定的利率 $\bar{i}$ 的水平。

产品市场和金融市场的均衡在图 19-3(a)中的 A 点达到均衡,产出为 Y,利率为 $\bar{i}$。汇率的均衡值无法从图 19-3(a)直接得到,但是可以很容易地从图 19-3(b)得到。图 19-3(b)是图 19-1 的翻版,在给定外国利率 i^* 和外国汇率的前提下,给出了在 B 点对应利率下的汇率。均衡利率 $\bar{i}$ 对应的汇率等于 E。

总结:我们已经得到了开放经济中的 IS、LM 关系。

- IS 曲线向下倾斜:利率的提高能够直接和间接(通过汇率)地导致需求和产出的下降。
- LM 曲线是水平的,保持在中央银行设定的利率水平。

均衡产出和均衡利率由 IS 曲线和 LM 曲线的交点决定。给定国外利率和预期未来汇率,则均衡利率决定了均衡汇率。

19.4 开放经济中的政策效应

我们已经得到了开放经济中的 IS-LM 模型,现在可以利用这个模型来考察货币政策和财政政策效应。

19.4.1 开放经济中的货币政策效应

货币紧缩使 LM 曲线向上移动。它既不移动 IS 曲线,也不移动利率平价曲线。

我们从中央银行决定提高国内利率的影响开始。参见图 19-4(a)。在给定的产出水平下,随着利率的提高,LM 曲线从 LM 向上移动到 LM′。IS 曲线不会移动(请记住,IS 曲线仅在 G、T、Y^* 或 i^* 变化时移动)。均衡点从点 A 移动到点 A'。在图 19-4(b)中,利率上升导致货币升值。

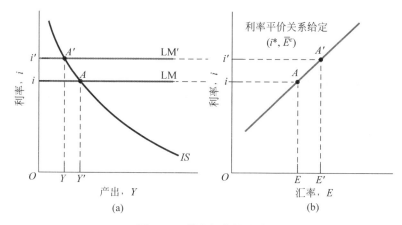

图 19-4 利率提高的影响

注:利率的提高导致产出的减少和货币升值。

你能告诉我净出口会发生什么变化吗?(答案是否定的:净出口可能上升也可能下降。确保你明白原因。)

因此,在开放经济中,货币政策通过两个渠道发挥作用:第一,与封闭经济一样,它通过利率对支出的影响发挥作用;第二,它通过利率对汇率以及汇率对进出口的影响来发挥作用。两种效果的作用方向相同。在货币紧缩的情况下,利率升高和本币升值都会导致需求和产出下降。

19.4.2 开放经济中的财政政策效应

政府支出的增加使 IS 曲线向右移动。它既不影响 LM 曲线,也不影响利率平价曲线。

现在让我们看看政府支出的变化。假设从预算平衡开始,政府决定增加国防开支而不增加税收,因此出现预算赤字。那么产出水平及其构成会发生什么变化?利率和汇率又将发生什么变化?

让我们首先假设,在政府支出增加之前,产出水平 Y 低于潜在水平。如果 G 的增加将产出推向潜在水平,而不是高于潜在水平,中央银行将不会担心通货膨胀可能增加(请记住我们在第 9 章的讨论,特别是图 9-3),并将保持利率不变。经济的变化如图 19-5 所示。经济最初处于 A 点,增加政府开支,$\Delta G>0$,在给定利率下产出增加,IS 曲线从 IS 向右移动至 IS′,如图 19-5(a)所示。由于中央银行不改变政策利率,LM 曲线不会移动。新的均衡点位于 A',具有更高的产出水平 Y'。在图 19-5(b)中,由于利率没有变化,汇率也没有变化。因此,当中央银行保持利率不变时,政府支出的增加会导致产出的增加,而汇率不变。

我们能说出需求的各个组成部分会发生什么变化吗?

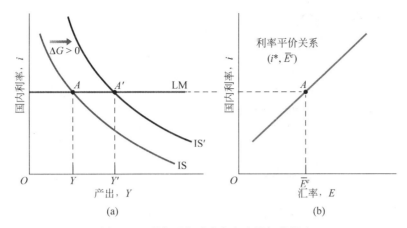

图 19-5　利率不变时政府支出增加的影响

注：政府支出的增加导致产出的增加。如果央行保持利率不变，汇率也保持不变。

- 显然，消费和政府支出都在增加：收入增加导致消费增加；按假设政府支出上升。
- 投资也会上升，因为它取决于产出和利率：$I=I(Y,i)$。这里产出上升、利率不变，因此投资上升。
- 那么净出口呢？回想一下，净出口取决于国内产出、国外产出和汇率：$NX=NX(Y,Y^*,E)$。国外产出不变，因为我们假设世界其他地区不会对国内政府支出的增加作出反应。因为利率不变，汇率也不会变化。我们受到国内产出增加的影响；在汇率不变的情况下，随着产出增加，进口增加，净出口减少。结果，预算赤字导致贸易平衡恶化。如果贸易初始是平衡状态，预算赤字会导致贸易赤字。请注意，尽管预算赤字的增加会增加贸易赤字，但其影响远不是机械的。这个过程是预算赤字对产出产生影响，进而对贸易赤字产生影响。

现在假设 G 的增加发生在产出接近潜在产出 Y_n 的经济体中。即使经济已经处于潜在产出，政府也可以决定增加政府支出，例如，政府需要为特大洪水等特殊事件支付费用，同时希望推迟增税，或者，也可以出于政治原因这样做，因为政府想增加支出，但不想增加税收（更多内容见第 22 章）。在这种情况下，中央银行会担心 G 的增加，导致经济高于潜在产出，进而推高通货膨胀。中央银行很可能会通过提高利率来应对。随后发生的情况如图 19-6 所示。在利率不变的情况下，产出将从 Y_n 增加到 Y'，汇率保持不变。但如果中央银行在增加政府支出的同时提高利率，产出的增加将会减少，从 Y_n 到 Y''，汇率将从 $\bar{E}$ 提高到 E''。

同样，我们能说出需求的各个组成部分发生了什么吗？

- 和以前一样，消费和政府支出都增加了：消费增加是因为收入增加，而政府支出增加是假设的。
- 投资发生了什么现在是模棱两可的。投资取决于产出和利率：$I=I(Y,i)$。这里产出上升，但利率也上升。
- 净出口下降有两个原因：产出上升，进口增加；汇率升值，进口增加，出口减少。预算赤字导致贸易赤字。（然而，贸易赤字是否比政策利率保持不变时更大尚不明确。升值使情况变得更糟，但更高的利率导致产出增长较小，从而进口增长较小。）

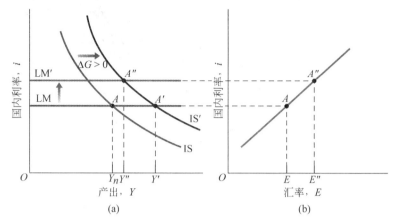

图 19-6 当中央银行以提高利率作为回应时,政府支出增加的影响

注:政府支出的增加导致产出的增加,如果央行提高利率作为回应,汇率就会升值。

这一版本的开放经济 IS-LM 模型是由我在本章开始时提到的两位经济学家——哥伦比亚大学的罗伯特·蒙代尔和国际货币基金组织的马库斯·弗莱明在 20 世纪 60 年代首次提出的,尽管他们的模型反映了 20 世纪 60 年代的经济,但当时中央银行习惯于设定货币供应量 M,而不是现在的利率(请记住我们在第 4 章和第 6 章中的讨论),因此他们的模型与这里介绍的模型略有不同。

罗伯特·蒙代尔于 1999 年获得诺贝尔经济学奖。

蒙代尔-弗莱明模型在多大程度上符合事实?答案是通常情况下契合得很好。这就是它仍然在使用的原因。与所有简单模型一样,它通常需要扩展。例如,可以将风险在影响投资组合决策中的作用或零下限的含义这两个危机的重要方面考虑进模型中。但我们在图 19-4、图 19-5 和图 19-6 中所做的简单练习是整理思路的良好起点。模型如何用于解释事件或思考政策在两个要点解析中显示:第一个问题着眼于 20 世纪 80 年代初美国货币紧缩和财政扩张相结合的影响;第二个问题是我们是否可以预期特朗普政府引入的贸易关税会减少贸易赤字。

要点解析

货币紧缩和财政扩张:20 世纪 80 年代早期的美国

20 世纪 80 年代早期,美国的货币政策和财政政策都发生了剧烈的变动。

20 世纪 70 年代后期,美联储主席保罗·沃尔克认为美国的通货膨胀过高,必须降下来。从 1979 年年末开始,沃尔克走上了大幅提高利率的道路,他意识到这会导致短期的衰退,但是中长期的通货膨胀会降低。

财政政策的变动是由 1980 年罗纳德·里根的当选引起的。里根当选时承诺会采取更加保守的政策,即更低的税收和限制政府在经济活动中的影响。这一承诺促成了 1981 年 8 月的经济复兴法案。个人所得税从 1981 年到 1983 年分三次总共削减了 23%,公司税也有所降低。但是,这些减税行动并没有伴随着相应的政府支出减少,结果就造成了预算赤字的持续增加。

里根政府减税却不相应地减少支出的动机何在？这一点直到今天还在争论中，但大家一致认为存在两个主要动机：

一个动机是出自一群处于边缘但却非常有影响力的经济学家的理念，即供给学派（supply siders），他们认为减税会使个人和公司更加努力地工作、生产率更高，经济活动的繁荣会带来税收收入的增加而不是当初的减少。用本教科书的术语来说：他们认为潜在产出将大幅增加，实际产出将随之增加，税收将增加。不过无论他们的论证看起来多么完美，事实却证明这是错误的：减税后即使有一些人工作得更加努力、生产率更高，但是税收收入确实减少了，财政赤字增加。

另一个动机似乎有点令人怀疑：里根政府希望通过削减税收以增加赤字，从而迫使议会同意削减支出，或者，至少不再进一步增加支出——这一策略被称为"饿死巨兽"。但这个动机后来被证明在一定程度上是正确的。议会面临巨大压力而不能增加支出。20世纪80年代，支出的增长率确实比原本可能达到的水平要低。不过，这种支出的减少并不足以抵消税收的削减，从而无法避免赤字的迅速提高。

不管出现赤字的原因是什么，利率提高和财政扩张的综合影响与蒙代尔-弗莱明模型的预测是一致的。表19-1描述了1980年到1984年美国主要宏观经济变量的变化。

表19-1　1980—1984年美国主要的宏观经济变量　　　　　　　　　　　　　　　　%

变量	1980年	1981年	1982年	1983年	1984年
GDP增长	−0.5	1.8	−2.2	3.9	6.2
失业率	7.1	7.6	9.7	9.6	7.5
通货膨胀率(CPI)	12.5	8.9	3.8	3.8	3.9
利率：名义	11.5	14	10.6	8.6	9.6
实际	2.5	4.9	6	5.1	5.9
实际汇率	85	101	111	117	129
贸易赤字(占GDP的百分比)	0.5	0.4	0.6	1.5	2.7

注：通货膨胀率是CPI的变化率。名义利率是3个月的国库券利率。实际利率等于名义利率减去由DRI（私人预测公司）预测出的通货膨胀率。实际汇率是贸易加权的实际汇率，已经标准化，以1973年为100。负的贸易盈余意味着贸易赤字。

从1980年到1982年，经济发展主要受名义利率和实际利率提高的影响。名义利率和实际利率都急剧上升，导致了美元的大幅升值和经济衰退。降低通货膨胀的目标得以实现：到1982年，通货膨胀从1980年的12.5%下降到低于4%的水平。产出降低和美元升值对贸易余额的影响方向相反（更低的产出导致更少的进口，贸易余额得到改善；而美元的升值导致贸易余额恶化），所以，直到1983年贸易赤字没有太大的变化。

从1983年开始，经济波动主要受到财政扩张政策的影响。正如模型所预测的，财政扩张政策所产生的影响包括产出的强劲增长、高利率以及美元的进一步升值。高产出增长和美元升值使得贸易赤字到1984年增长到GDP的2.7%。到20世纪80年代中期，宏观经济政策面临的主要问题是双赤字（twin deficit）：预算赤字和贸易赤字。在整个20世纪80年代和90年代早期，双赤字一直是宏观经济领域的一个核心问题。

> 要点解析

美国贸易赤字与特朗普政府的贸易关税

特朗普2016年竞选总统的主题之一是,必须削减当时占GDP 2.7%的美国贸易赤字。他认为贸易逆差表明外国正在利用美国。2018年,作为这一承诺的后续行动,特朗普政府陆续提高了太阳能电池板、钢铁和铝以及一系列中国商品的关税。

大多数经济学家不同意这一观点和解决方案。

关于这一观点:大多数经济学家认为,贸易赤字反映了美国储蓄相对于投资的长期低水平,再加上外国人向美国贷款的意愿,很容易通过进行外国借贷融资产生赤字。因此,他们认为,贸易赤字反映的美国问题,必须通过增加国内储蓄来解决,无论是私人储蓄还是公共储蓄。一些经济学家更进一步,认为贸易赤字的起源实际上是美国资产的吸引力。外国人渴望持有美国资产,这种国外需求导致美元升值,进而降低了美国商品的相对竞争力,并导致贸易赤字。(你可能想回到18.5节关于贸易赤字、储蓄和投资之间关系的讨论。)因此,这些经济学家认为,贸易赤字反映了美国的财政实力,并不特别令人担忧。

关于解决方案:经济学家认为,如果贸易赤字的根源在于美国的低储蓄或美国资产的吸引力,那么关税不太可能奏效。让我们看看为什么。

在给定的汇率下,关税的增加会增加美国消费者面对的进口商品价格。增加多少取决于外国公司对关税的反应:

它们可以降低关税前价格,在这种情况下,美国消费者面临的价格涨幅低于关税。它们甚至可以降低关税前价格,使美国消费者面临的价格不会改变。在这种情况下,进口量可能不会改变,但美国为进口支付的金额(关税前价格)下降,因此以国内商品计算的进口商品价值下降。

或者,它们可以保持相同的关税前价格,在这种情况下,美国消费者面临的价格会随着关税的增加而增加,而进口需求可能会下降。在这种情况下,美国为进口商品支付的价格不变,但进口量下降,同样导致进口商品价值下降。

在这两种情况下,在给定的名义汇率下,以国内商品计算的进口商品价值都会下降。考虑到出口,这意味着贸易赤字变小。(然而,在谁支付关税方面存在差异。在第一种情况下,外国公司支付关税;在第二种情况下,美国消费者支付关税。)较小的贸易赤字导致需求增加、产出增加。这一切似乎都起作用了。那么,为什么经济学家怀疑关税不会减少贸易赤字?

有四个理由:

- 一旦这引发关税战争,而其他国家则通过提高美国商品关税来应对,美国出口可能会随着美国进口的减少而减少,从而导致贸易赤字没有变化。并且事实上,作为对美国关税的回应,中国在2018年末提高了对美国商品的关税。
- 在美国经济接近潜在产出的情况下,正如2018年的情况一样,产出增长可能导致经济过热,从而迫使美联储提高利率。这反过来会导致美元升值(记住利率平价条件),部分抵消了关税对净出口的影响。
- 即使美联储没有提高利率,对贸易赤字降低的预期以及因此对外国借款的需求减少,无论是现在还是将来,都可能导致美元升值,再次部分抵销关税对净出口的影响。

- 最后,在提高关税的同时,特朗普政府还实施了2017年通过的税收改革,导致2018年财政赤字大幅增加。正如我们在本章看到的,更大的财政赤字可能导致更大的贸易赤字:如果美联储不干预,财政赤字将导致更大的产出和更高的进口。如果美联储采取干预措施限制产出增长,利率上升将导致美元升值,并再次导致更大的贸易赤字。在这两种情况下,财政政策都有可能抵消甚至超过关税对贸易余额的影响。

到底发生了什么?在撰写本书之时,得出强有力的结论还为时过早。贸易谈判仍在进行,出口商和进口商需要时间对关税和汇率变动作出反应。然而,到目前为止,事实是站在经济学家一边的。图19-7显示了净出口与GDP之比以及自2010年以来每季度的实际汇率(2010年标准化为100)的演变。

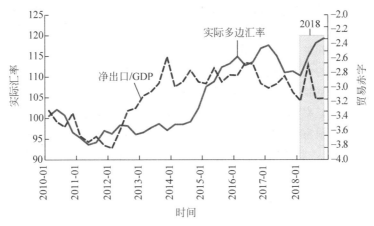

图19-7 自2010年来净出口/GDP和实际多边汇率

资料来源:FRED:NETEXP,GDP,RBUSBIS。

阴影区域对应于2018年的四个季度。自2018年初以来,实际汇率(左纵轴)增长了近9%。贸易赤字(右纵轴)与2018年初大致相同,约占GDP的3%。目前,事情并没有朝特朗普政府希望的方向发展。(如果你想在保持产出在潜在水平的同时减少美国贸易赤字,你会怎么做?)

19.5 固定汇率

到现在为止,我们一直假定中央银行决定货币供给水平,并使汇率以外汇市场均衡所隐含的任何方式进行自由调整。在大多数国家,这个假设并不现实:中央银行有隐性或者显性的汇率目标,并且要运用货币政策来达到这些目标。目标有时候是隐性的,有时候是显性的;有时候是一个特定的值,有时候是一个区域或者一个范围。这些汇率制度有很多名字,我们先来看一看各种名字的含义。

19.5.1 钉住、爬行钉住、带状范围、欧洲货币体系和欧元

一个极端的情况是,有一些国家实行完全的浮动汇率制度,例如美国、英国、日本和加拿

大。这些国家没有明显的汇率目标。虽然它们的中央银行可能并不会忽视汇率的变动,但它们乐于让汇率自由波动。

另一个极端的情况是,有一些国家实行固定汇率制度。这些国家与某一外国货币保持固定的汇率。有一些国家是让本国货币**钉住**(peg)美元。例如,1991—2001年,阿根廷让其本国货币比索钉住美元,汇率是1美元兑换1比索(第21章将进一步阐述)。另外还有一些国家过去让本国货币钉住法国法郎(这些国家大多数都是法国以前在非洲的殖民地)。随着法国法郎被欧元取代,这些国家现在都钉住欧元。还有一些钉住一篮子外国货币,权重体现了它们的贸易构成。

> 回顾一下实际汇率的定义 $\varepsilon = EP^*/P$。如果通货膨胀率比国外通货膨胀率高:P 的增长比 P^* 快,等价于 P^*/P 降低。如果名义汇率 E 固定,EP^*/P 稳步上升:存在持续的实际升值,本国产品相对于外国产品变得越来越昂贵。相当于:存在稳定的实际升值。与国外商品相比,国内商品越来越贵。

"固定"这个说法有一定的误导性:它并不是说汇率从来不变动,而是很少变动。一个极端的例子是那些钉住法国法郎的非洲国家。它们的汇率在1994年进行了调整,这是45年来的首次调整。因为这些变化非常少见,所以经济学家用特定的词汇将它们与浮动汇率下每天都发生的汇率变化加以区分。他们把固定汇率制度下汇率的降低叫作人为贬值或减值而不是市场贬值,把固定汇率制度下汇率的升高叫作人为升值或增值而不是市场升值。

> 这些术语在第17章有过讨论。

一些国家介于这两种极端的情况之间,它们对汇率目标都有不同程度的承诺。例如,一些国家执行**爬行钉住**(crawling pegs)汇率制度。这个名字很好地描述了它的特征:这些国家的通货膨胀率往往超过美国的通货膨胀率。如果它们让本国的名义汇率钉住美元,那么由于本国价格水平的增长快于美国会导致本国货币的持续实际升值,使它们的产品很快失去竞争力。要避免这种影响,这些国家选择了一个事先确定的对美元的贬值(速)率,让本国货币相对于美元"爬行"(缓慢地移动)。

> 我们将在第21章介绍1992年的大危机。

还有一种汇率制度:一些国家团体使彼此之间的双边汇率(每两个国家之间的汇率)维持在一定的范围之内。最著名的例子就是**欧洲货币体系**(European Monetary System,EMS)——1978—1998年欧盟内部的汇率变动都是这样决定的。在EMS规则下,成员国同意其对该体系内其他国家的汇率维持一个很小的范围之内,即围绕一个给定的**中间平价**(central parity)的**带状范围**(bands)。汇率中间价的变动以及特定货币的贬值(减值)和升值(增值)都必须得到其他成员国的普遍同意。在1992年的大危机之后,有几个国家一起脱离了欧洲货币体系,汇率调整越来越少见,最终使一些国家进一步改革,开始使用一个共同的货币即欧元。从本国货币向欧元的转变从1999年1月1日正式开始,到2002年初完成。在第20章,我们会讨论向欧元转变的意义。

> 你可以将那些采用共同货币的国家看作采取了固定汇率制度这一极端情况:它们的"汇率"在任何一对国家之间都是固定的。

在下一章,我们将讨论各种不同汇率制度的优缺点。但是,我们必须首先理解钉住(也被称为固定)汇率制度是如何影响货币政策和财政政策效果的。这就是本节余下部分要做的事情。

19.5.2 固定汇率制下的货币政策

设想一个国家决定把汇率钉住在一个选定的值,记作 $\bar{E}$。如何做到这一点？政府不能只是宣布汇率的值，然后就不采取别的什么行动。相反，政府必须采取措施使选定的汇率在外汇市场上被广泛接受。我们下面将讨论钉住的含义和机制。

不管钉住还是不钉住，汇率和名义利率都必须满足利率平价条件：

$$1+i_t = (1+i_t^*)\left(\frac{E_t}{E_{t+1}^e}\right)$$

当国家将汇率钉住在$\bar{E}$，当期汇率$E_t = \bar{E}$。如果金融和外汇市场相信汇率仍然会固定在这个值上，则其对未来汇率的预期E_{t+1}^e也等于$\bar{E}$，利率平价条件变成

$$1+i_t = (1+i_t^*) \Rightarrow i_t = i_t^*$$

换言之，如果金融投资者预期汇率会保持不变，他们就会在两个国家要求同样的名义利率。在固定汇率和资本完全流动的条件下，国内利率一定要等于这个国家钉住的国外利率。

总结：在固定汇率下，中央银行放弃货币政策作为政策工具。在固定汇率的情况下，国内利率必须等于国外利率。

这些结果在很大程度上依赖于利率平价条件，而利率平价条件则依赖资本完全流动（投资者追求最大的收益率）的假设。关于固定汇率制度且资本不能完全流动的情况（这种情况在拉丁美洲和亚洲的中等收入国家较常见），我们将在本章的附录中进行讨论。

19.5.3　固定汇率制下的财政政策

如果在固定汇率下货币政策失效，那么财政政策又会怎样呢？

当中央银行钉住汇率时，政府支出增加的影响与我们在图19-5中看到的浮动汇率和货币政策不变的情况相同。这是因为，在浮动汇率制度下，如果支出的增加没有伴随利率变动，那么汇率就不会变动。因此，当政府支出增加时，该国是否钉住汇率就没有什么区别。固定汇率和浮动汇率的区别在于中央银行的应对能力。我们在图19-6中看到，如果政府支出的增加将经济推到潜在产出之上，从而提升了通货膨胀加剧的可能性，中央银行可以通过提高利率来应对。在固定汇率下，这一策略不再可行，因为利率必须等于国外利率。

在本章即将结束的时候，你可能会形成一个疑问：为什么一个国家会选择把汇率固定下来？我们有一些理由认为这似乎没什么好处。

在浮动汇率下，中央银行可以通过提高利率来应对政府支出的增加，如图19-6所示。在固定汇率下，该选项不可用，因为利率必须等于外国利率。

- 通过把汇率固定下来，一个国家就相当于放弃了可用来调整贸易不平衡或改变经济活动水平的一个强有力的工具。
- 承诺一个特定的汇率，也会使国家失去对利率的控制。不仅如此，该国还必须调整其经济活动，以与国外利率的变化相适应，这可能会对其经济活动产生意想不到的负面影响。这就是20世纪90年代早期欧洲所发生的事情。由于东西德统一导致需求增长，德国认为有必要提高利率。欧洲货币体系的其他国家要维持对德国马克的汇率平价，也就不得不提高利率，而它们并不情愿这样做。（这个问题将在要点解析"德国的统一、利率与EMS"中讨论。）
- 虽然国家保持了对财政政策的控制，但是单一的政策工具是远远不够的。正如你在第18章所看到的，财政扩张有助于经济摆脱衰退，但却是以巨额贸易赤字为代价的。例如，在固定汇率制下，一个国家在降低财政赤字的过程中，无法借助货币政策来抵消财政政策对产出的紧缩效应。

- 那么，为什么有些国家会固定汇率？为什么19个欧洲国家——以后还将有更多，使用共同货币？要回答这些问题，我们必须做更多的工作。我们不仅要分析短期内发生的情况——这是我们在本章所做的事情——还要分析中期内可能发生的情况，即价格水平能够调整时的情况。我们必须考察汇率危机的本质。一旦做到这一点，我们就能够评价不同汇率制度的优劣。这些都是第20章的议题。

要点解析

德国的统一、利率与EMS

在固定汇率制度下，如欧洲货币体系，即引入欧元之前盛行的制度，如果其他国家不改变利率，任何国家都不能改变利率。那么，利率实际上是如何变化的呢？可能有两种方案。一是所有成员国协调利率变化。另一个是由一个国家带头，其他国家效仿，这实际上是EMS的情况，其主导者便是德国。

在整个20世纪80年代，欧洲大多数国家的中央银行都有相似的目标，并且很乐意以德意志联邦银行（德国的中央银行）为领导。但是到1990年，德国的统一使德意志联邦银行和其他EMS国家中央银行的目标发生了巨大的分歧。由于向东德居民和企业进行大量的转移支付，统一后的德国出现巨额的预算赤字，同时投资的高涨带来德国需求的大幅增长。德意志联邦银行担心这一变化会使经济增长过于强劲，因而决定采用紧缩的货币政策，结果是德国经济增长强劲并且伴随着利率的大幅提高。

这对于德国来说可能是恰当的政策组合。但是对其他欧洲国家来说，这样的政策组合就不那么具有吸引力了。其他国家并没有同样的需求增长，但是要处于EMS之中就必须使本国利率与德国利率相匹配。最终导致这些国家的需求和产出急剧下跌。这些结果反映在表19-2中，表中列出了1990—1992年德国和其他两个EMS国家（法国和比利时）的名义利率、实际利率、通货膨胀率和GDP增长率。

表19-2 1990—1992年德国统一后的利率、通货膨胀率和产出增长：德国、法国和比利时 %

国家	名义利率			通货膨胀		
	1990年	1991年	1992年	1990年	1991年	1992年
德国	8.5	9.2	9.5	2.7	3.7	4.7
法国	10.3	9.6	10.3	2.9	3.0	2.4
比利时	9.6	9.4	9.4	2.9	2.7	2.4

国家	实际利率			GDP增长		
	1990年	1991年	1992年	1990年	1991年	1992年
德国	5.7	5.5	4.8	5.7	4.5	2.1
法国	7.4	6.6	7.9	2.5	0.7	1.4
比利时	6.7	6.7	7	3.3	2.1	0.8

资料来源：OECD Economic Outlook（OECD经济展望）。

注：名义利率是短期名义利率。实际利率是一年中实现的实际利率——名义利率减去一年中实际的通货膨胀率。所有的比率都是年率。

首先要注意的是,德国高名义利率是如何得到法国和比利时配合的。事实上,在这3年中,法国的名义利率比德国还要高,因为法国需要比德国更高的利率来维持马克对法郎的平价:由于担心法郎可能贬值,金融投资者要求法国债券的利率高于德国债券。

虽然法国和比利时必须使本国名义利率与德国名义利率相匹配(或者如我们刚刚看到的,甚至有所超出),但是这两国的通货膨胀比德国小,这使两国实际利率远高于德国。在法国和比利时,1990—1992年的平均实际利率接近7%。在这两个国家,1990—1992年的特点是增长缓慢、失业率上升。法国的失业率从1990年的8.9%提高到1992年的10.4%;比利时的失业率从8.7%提高到1992年的12.1%。

同样的情形也发生在其他EMS国家。欧盟的平均失业率从1990年的8.7%上升到1992年的10.3%。高实际利率对支出的影响不是这次衰退的唯一原因,但却是主要原因。

到1992年,越来越多的国家开始考虑是要维持EMS平价,还是要放弃它而降低它们自己的利率。因为担心贬值的风险,金融市场的投资者在那些贬值可能性较大的国家开始要求更高的利率,结果造成了两次大的汇率危机:一次发生在1992年秋季,另一次发生在1993年夏季。到这两次危机结束时,意大利和英国两个国家脱离了EMS。我们将在第20章研究这两次危机的起因和意义。

本章提要

- 在开放经济中,产品的需求同时依赖于利率和汇率。利率的提升会降低对国内产品的需求。汇率的提高——本币升值,也会降低对国内产品的需求。
- 汇率由利率平价条件决定。利率平价条件说明,国内和国外债券必须有同样的以本国货币表示的预期收益率。
- 给定预期未来汇率和国外利率,国内利率的提高会带来汇率的提高(升值),国内利率的降低会带来汇率的降低(贬值)。
- 在浮动汇率制度下,扩张性财政政策导致产出增加。如果财政扩张被紧缩的货币政策部分抵消,就会导致利率上升和货币升值。
- 在浮动汇率制度下,紧缩性货币政策会导致产出减少、利率上升和货币升值。
- 汇率制度有很多形式。有完全浮动的汇率制度、爬行钉住、固定汇率(或钉住)以及使用共同货币。在固定汇率制度下,一个国家对一种外币或者一篮子货币保持一个固定的汇率。
- 在固定汇率制度和利率平价条件下,一国必须维持其利率等于国外利率。因此,中央银行无法再使用货币政策这个工具。财政政策在固定利率下变得更加强劲有力,因为财政政策能够引发货币政策调整,使得国内利率和汇率保持不变。

关键术语

- Mundell-Fleming Model,蒙代尔-弗莱明模型
- sudden stops,骤停
- safe haven,安全区
- supply siders,供给学派
- twin deficit,双赤字

- peg,钉住
- crawling pegs,爬行钉住
- European Monetary System(EMS),欧洲货币体系
- bands,带状范围
- central parity,中间平价
- euro,欧元

本章习题

快速测试

1. 运用本章学到的知识,判断以下陈述属于"正确""错误"和"不确定"中的哪一种情况,并简要解释。

a. 利率平价条件意味着各国的利率相等。

b. 在其他条件相同的情况下,利率平价条件表明本国货币将随着预期汇率的上升而升值。

c. 如果金融投资者预计在接下来的一年里美元相对于日元会贬值,美国的一年期利率将会比日本的一年期利率高。

d. 如果预期汇率升值,那么即期汇率会立即升值。

e. 中央银行通过改变国内利率相对于国外利率的值,来影响汇率值。

f. 在所有其他因素相同的情况下,国内利率的提高,出口会增加。

g. 在所有其他因素相同的情况下,财政扩张往往会增加净出口。

h. 固定汇率制经济体下的财政政策要比在浮动汇率制经济体下对产出有更大的效应。

i. 在固定汇率下,中央银行必须保持国内利率与国外利率相等。

j. 作为减少贸易逆差的一种方式,提高进口关税的一个重要问题是,其他国家可能会通过提高本国出口(它们的进口)关税来报复。

2. 考虑一个实行浮动汇率制的开放经济体。假设产出处于自然水平,但存在贸易赤字。政策的目标是减少贸易赤字,并且使产出稳定在自然水平。则适当的财政政策和货币政策的组合将是什么样的?

3. 在本章中,我们表明,在浮动汇率制下运行的经济体中,利率降低会导致产出增加和本币贬值。

a. 浮动汇率制经济体中,利率的降低如何影响消费和投资?

b. 浮动汇率制经济体中,利率的降低如何影响净出口?

4. 浮动汇率和外国宏观经济政策:

考虑浮动汇率制度下的开放经济。UIP表示无抛补的利率平价条件。

a. 在IS-LM-UIP图中,如图19-3所示,分析在国内中央银行保持政策利率不变的条件下,国外产出Y^*的增加对国内产出Y和汇率E的影响,并用文字解释。

b. 在IS-LM-UIP图中,分析在国内中央银行保持政策利率不变的条件下,国外利率i^*提高对国内产出Y和汇率E的影响,并用文字解释。

5. 浮动汇率制与对外国宏观经济政策变化的应对。

假设在外国存在一个同时增加Y^*和i^*的扩张性财政政策。

a. 在IS-LM-UIP图中,如图19-3所示,分析在国内中央银行保持政策利率不变的条件

下,国外产出 Y^* 和国外利率 i^* 的增加对国内产出 Y 和汇率 E 的影响,并用文字解释。

b. 在 IS-LM-UIP 图中,分析当国外利率提高时,如果国内中央银行也同等幅度提高国内利率,国外产出 Y^* 和国外利率 i^* 的增加对国内产出 Y 和汇率 E 的影响,并用文字解释。

c. 在 IS-LM-UIP 图中,如果国内货币政策的目标是保持国内产出 Y 不变,分析国外产出 Y^* 和国外利率 i^* 增加后,国内需要采取何种货币政策,并用文字解释。什么时候这样的政策是必需的?

深入挖掘

6. 固定汇率与外国宏观经济政策。

考虑一个固定汇率制度,其中一组国家(称为跟随国)将其货币与一个国家(称为领导国)的货币挂钩。由于领导国的货币不与固定汇率制度以外其他国家的货币挂钩,因此领导国可以随心所欲地实施货币政策。针对这个问题,考虑本国是跟随国,外国是领导国。

a. 领导国的利率上升如何影响跟随国的利率和产出?

b. 领导国的利率提高如何改变跟随国的产出构成?假设跟随国不改变其财政政策。

c. 跟随国能否利用财政政策来抵消领导国降低利率的影响,并同时保持国内产出不变?这种财政政策什么时候是可取的?

d. 财政政策包括改变政府支出和改变税收。设计一个财政政策组合,使得在领导国提高利率时,保持消费和国内产出不变。产出的哪些组成部分发生了变化?

7. 作为政策工具的汇率。

在开放经济中,浮动汇率与改变国内利率相结合,可以提高货币政策的有效性。考虑一个商业信心下降的经济体(这会减少投资)。

a. 在 IS-LM-UIP 图中,如图 19-3 所示,指出当中央银行保持利率不变时,商业信心下降对产出和汇率的短期影响。产出的构成如何变化?

b. 假设中央银行愿意降低利率以将产出水平恢复到其初始值。这将如何改变产出的构成?

c. 如果汇率是固定的,而中央银行不能改变利率(记住,它固定在外国利率 i^* 的水平上),那么中央银行还有哪些政策可以选择?

d. 中央银行通常喜欢浮动汇率制。请解释原因。

进一步探讨

8. 对美国资产的需求、美元和贸易赤字。

在这个问题中,我们来讨论对美国资产需求的增长如何减缓美元的贬值(许多经济学家相信美元会因两方面原因而贬值:美国巨额的贸易赤字和危机后美国刺激国内产品需求的需要)。在这里,我们修改 IS-LM-UIP 框架来分析对美国资产的需求增加所带来的影响。将无抛补利率平价条件改写成

$$1 + i_t = (1 + i_t^*)\left(\frac{E_t}{E_{t+1}^e}\right) - x$$

参数 x 代表对国内资产相对需求的影响因子。x 的增加意味着投资者愿意以一个较低的利率持有国内资产(给定国外利率,即期及预期的汇率)。

a. 解出当前汇率 E_t 的 UIP 条件。

b. 将 a 的结果代入 IS 曲线中,画出 UIP 图形。你可以像正文中那样假设 P 和 P^* 都是等于 1 的常数。

c. 假设国内经济的巨额贸易赤字使得金融市场参与者相信国内货币在未来一定会贬值。因此,预期汇率 E^e_{t+1} 下降。在 IS-LM-UIP 图中分析预期汇率下降产生的后果。这对汇率和贸易平衡会有什么影响?(提示:在分析对贸易平衡的影响时,记住为什么 IS 曲线会首先移动。)

d. 现在假设对国内资产的相对需求 x 增加。作为一个基准,我们假设 x 的增加恰好足以在预期汇率下降之前让 IS 曲线回到初始位置。在 IS-LM-UIP 图中分析 E^e_{t+1} 的下降和 x 的上升所产生的综合影响,这最终会对汇率和贸易平衡产生什么影响?

e. 根据你的分析,对美国资产需求的增加是否可能阻止美元的贬值?是否会恶化美国的贸易平衡?请解释你的答案。

在你阅读本书时,对美国资产的相对需求可能比这本书写作时要弱,美元可能正在贬值。思考如何使用这一问题的分析框架来评价现在的状况。

9. 债券收益率和长期货币波动。

a. 访问《经济学人》网站(www.economist.com)查找 10 年期利率数据。查看 "Market&Data" 部分,然后进入子栏目 "Economic and Financial Indicators",看看美国、日本、中国、英国、加拿大、墨西哥和欧元区的 10 年期利率。对于每一个国家(将欧元区视为一个国家),计算出这些国家的利率和美国利率的差值的分布范围。

b. 基于无抛补利率平价条件,将 a 部分的利差分布作为美元相对于其他货币的年化预期升值率。为了计算出 10 年的预期升值,你必须按复利计算。(因此,如果 x 是利差,则 10 年期预期升值率是 $[(1+x)^{10}-1]$。请注意小数点)。美元对其六个主要贸易伙伴中任何一个国家的货币预计会大幅贬值或升值吗?

c. 根据你对 b 部分的回答,在未来 10 年中,预计美元会对哪个国家的货币大幅升值或贬值?你的答案有说服力吗?

10. 特朗普政府的关税。

使用搜索引擎查找特朗普政府的关税政策对经济的影响。经济学家对它们有什么看法?即使只是阅读 3~5 篇文章的标题和第一段,你也会学到一些东西。

附录 固定汇率、利率和资本流动

资本完全流动的假设对于那些金融市场高度发达、几乎没有资本管制的国家和地区(如美国、英国、日本和欧元区)来说是一个很好的近似。但是对于那些金融市场欠发达,或者存在适当的资本管制的国家来说,这个假设就很值得怀疑了。在这些国家,即使国内利率很低,国内的投资者也可能既没有能力,也没有合法权利去购买国外债券。那么中央银行就可能在维持既定汇率的情况下降低利率。

为了搞清楚这些问题,我们从中央银行的资产负债表出发。在第 4 章,我们假定中央银行持有的唯一资产是国内债券。在开放经济中,中央银行实际上持有两种类型的资产:国内债券和外汇储备(foreign-exchange reserves)。虽然中央银行也以外国债券和外国带息资产的形式持有外汇储备,但是我们认为这里的外汇储备只是外国货币。中央银行的资产负债表如表 19-3 所示。

表 19-3 中央银行的资产负债表

资　　产	负　　债
债券 外汇储备	基础货币

"资产"一列是债券和外汇储备,"负债"是基础货币。中央银行可以通过两种途径改变基础货币:在债券市场上买卖债券,在外汇市场上买卖外汇。如果你没有看过 4.3 节,就把"基础货币"换成"货币供给",这样就可以理解这里的讨论。

资本完全流动与固定汇率

首先,在资本完全流动和固定汇率的假设下(就是我们在本章最后一节所做的假设)考虑公开市场操作的影响。

- 假定国内和国外的利率在一开始的时候是相等的,即 $i=i^*$。设想中央银行实行了扩张性的公开市场操作,在债券市场上购买数量为 ΔB 的债券,在这个交易中创造了货币——增加了基础货币。购买债券会导致国内利率 i 降低。但是,这只是事情的开始。
- 因为现在国内利率比国外利率低,金融投资者更愿意持有国外债券。要购买国外债券,他们必须首先购买外国货币。然后他们到外汇市场上出售本国货币来换取外国货币。
- 如果中央银行无动于衷,本国货币的价格就会下跌,结果造成本币贬值。因为要维持固定汇率,中央银行不允许货币贬值,因此中央银行必须干预外汇市场,出售外国货币来购买本国货币,基础货币减少了。
- 中央银行要卖出多少外币?必须卖到基础货币恢复到进行公开市场操作前的水平为止,以使国内利率又等于国外利率。只有到那时,金融投资者才会愿意持有国内债券。

这些步骤需要花多长时间?在资本完全流动的情况下,所有这些可能发生在刚开始进行公开市场操作的短短几分钟之内。

这些步骤之后,中央银行的资产负债表如表 19-4 所示。债券的持有量上升了 ΔB,外汇储备下降了 ΔB,基础货币不变——在公开市场操作时增加了 ΔB,但是在外汇市场上出售外汇时又下降了 ΔB。

表 19-4 公开市场操作及其引发的对外汇市场干预之后的中央银行资产负债表

资　　产	负　　债
债券: ΔB 储备: $-\Delta B$	基础货币 $\Delta B - \Delta B = 0$

我们总结一下:在固定汇率和资本完全流动的条件下,公开市场操作唯一的影响是改变了中央银行资产负债表的构成,而并没有改变基础货币和利率。

不完全资本流动与固定汇率

现在我们放弃资本完全流动的假设。假设金融投资者在国内和国外债券之间的转换要花费一定的时间。

现在,扩张的公开市场操作刚开始使国内利率低于国外利率。一段时间之后,投资者会转而投资国外债券,导致外汇市场上对国外货币的需求增加。为了避免本国货币贬值,中央银行必须再次出面,出售外国货币,购买本国货币。最终,中央银行购买了足够多的本国货币以抵消最初公开市场操作的影响。基础货币恢复到进行公开市场操作之前的水平,利率也恢复了。中央银行持有的债券增加,外汇储备减少。

这种情况和前一种情况的区别在于,通过损失一定的外汇储备,中央银行可以在一段时间内降低利率。如果金融投资者的调整需要几天时间,这个交易对中央银行来说就没什么吸引力了——很多国家意识到了这一点(这些国家遭受了巨大的外汇储备损失,却并没有对利率产生多少影响)。但是,如果中央银行能够在很长时间内(如几周或几个月)影响国内利率,即金融投资者的调整需要很长时间,在这种情况下中央银行就会愿意这么做。

现在,我们进一步放弃资本完全流动的假设。假设当国内利率降低时,金融投资者既不愿意也不能够将他们的资产组合转移到国外债券上。例如,对金融交易实行行政和法律管制,使得本国居民的境外投资不合法或者代价高昂。这正是拉丁美洲等新兴经济体发生的情况。

在实施扩张性的公开市场操作之后,国内利率下降,国内债券的吸引力降低。一部分国内投资者还是可以转投国外债券,出售国内货币,购买国外货币。要维持汇率,中央银行必须在外汇市场上购买本币并提供国外货币。但是,现在的外汇干预与最初的公开市场操作相比要小得多。如果资本管制使投资者根本无法转投国外债券,那么对外汇市场的干预就没有必要了。

即使不考虑这种极端的情况,最终的综合影响也很可能是基础货币增加,国内利率下降,中央银行持有的债券增加,外汇储备有一些损失(但是小得多)。在资本不完全流动的情况下,一个国家在维持其汇率固定的同时,仍有一定的空间或自由度调整其国内利率。这种空间或自由度主要依赖于三个因素。

- 金融市场的发达程度,以及国内外投资者在国内和国外资产之间进行转移的意愿。
- 对国内和国外投资者施加资本管制的程度。
- 所持有的外汇储备的数量:储备数量越多,在固定汇率下降低利率所能承受的储备损失就越多。

我们在本章提到了资本的大幅流动,这些都是非常热点的话题。许多国家正在考虑采取比过去更加积极的资本管制。同样,许多国家也正在积累大量的外汇储备以预防大量的资本外流。

关键术语

- foreign-exchange reserves,外汇储备

第20章 汇率制度

1 944年7月,44个国家的代表在新罕布什尔州的布雷顿森林会面,希望设计新的世界货币和汇率体系。它们后来采用的体系以固定汇率为基础,所有成员国(除了美国)都让本国货币的价格与美元固定下来。1973年,一系列的汇率危机导致了这个体系的突然崩溃,也导致了今天所说的"布雷顿森林时代"的结束。从那以后,国际上多种汇率制度并存。一些国家实行浮动汇率制度,一些国家实行固定汇率制度,还有一些国家在两种制度之间徘徊。对于一个国家来说哪种汇率制度最好,一直是宏观经济学争论最多的问题之一,这也是本章要讨论的问题。

　　20.1节　　讨论中期。与第19章的短期结果形成鲜明对比:无论是在固定汇率制下还是在浮动汇率制下,一个经济在中期内将达到相同的实际利率和产出水平。这并不意味着汇率制度与短期问题无关,但这是我们之前分析的一个重要条件。

　　20.2节　　再次讨论固定汇率,并重点讨论汇率危机。在一场典型的汇率危机中,一个实行固定汇率制度的国家,常常在一些极端情况下,被迫放弃平价关系而允许本国货币贬值。这种危机是布雷顿森林体系崩溃的原因。它们动摇了20世纪90年代早期的欧洲货币体系,是引起20世纪90年代末期亚洲金融风暴的一个主要因素。重要的是要理解它们为什么会发生以及它们意味着什么。

　　20.3节　　再次讨论浮动汇率。本章指出的汇率行为以及汇率与货币政策的关系比第19章所呈现的要更加复杂。汇率的大幅波动及货币政策影响汇率的难度,使得浮动汇率制度的吸引力并不像在第19章所看到的那样大。

　　20.4节　　将所有分析放在一起,并再次分析浮动汇率和固定汇率。本章讨论了近期的两个重要进展:欧洲大部分国家采用的共同货币;固定汇率制度发展到更强的形式,即从货币发行局制度到美元化转变。

> 　　如果你还记得本章的一条基本信息,它应该是:没有完美的汇率制度。固定汇率和浮动汇率各有优缺点。

20.1 中期

　　在第19章,我们把注意力放在短期上,结论是浮动利率制下的经济行为与固定利率制下的经济行为形成鲜明对比。

- 在浮动汇率制下,需要实现实际贬值的国家(例如,要减少贸易赤字或者走出经济衰退或两者兼得)可以凭借扩张性的货币政策实现利息降低和汇率下降——贬值。
- 在固定汇率制下,一国同时失去了两种工具。根据定义,名义汇率是固定的,因此不能调整。而且固定利率和利率平价条件意味着一国不能调整利率,本国利率不得不保持与外国利率相等。

看上去采用浮动汇率制度比固定汇率制度更具吸引力。一个国家为什么要放弃汇率和利率这两种宏观经济工具呢?当我们把注意力从短期转到中期时,你就会看到先前的结论需要施加限定条件。虽然关于短期的结论是有效的,我们将看到,两种汇率制度的差别在中期已经逐渐消失。更特别的是在中期内,无论是在固定汇率制下还是在浮动汇率制下,经济最终达到的实际汇率和产出水平相同。

这种结果是直观的。回顾实际汇率的定义:

$$\varepsilon = \frac{EP}{P^*}$$

实际汇率 ε 等于名义汇率 E(以外币表示的本币价格)乘以国内价格水平 P,除以国外价格水平 P^*。因此,有两种调整实际汇率的方式。

> 与日本汽车相比,美国汽车可以通过三种方式变得更便宜:第一,降低美元计价的美国汽车价格。第二,提高日元计价的日本汽车价格。第三,降低名义汇率——美元的价值相对于日元贬值。

- 通过改变名义汇率 E。按照定义,这种做法只能在浮动汇率下进行。如果假定国内价格 P 和国外价格 P^* 在短期内不发生变化,这是短期内调整实际汇率的唯一方式。
- 通过国内价格 P 相对于国外价格 P^* 的改变。在中期,这个选择甚至对于那些实行固定(名义)汇率的国家也是可行的。这也正是固定汇率制下的情况:实际汇率的调整是通过价格水平,而不是通过名义汇率来实现的。

20.1.1 固定汇率下的 IS 关系

在固定汇率的开放经济下,我们可以把 IS 关系写为

$$Y = Y\left(\frac{\bar{E}P}{P^*}, G, T, i^* - \pi^e, Y^*\right) \tag{20.1}$$

$$(-,\ +,\ -,\quad -,\quad +)$$

式(20.1)的推导将留到本章附录 1 "固定汇率下总需求的推导"。然而,这一等式背后的直觉是很直观的,需求和产出取决于:

- 与实际汇率 $\bar{E}P/P^*$ 呈负相关。$\bar{E}$ 表示固定名义汇率;P 和 P^* 表示国内和国外的价格水平。更高的实际汇率意味着对国内商品的需求降低,进而产出降低。
- 与政府支出 G 呈正相关,与税收 T 呈负相关。
- 与国内实际利率呈负相关,实际利率本身等于国内名义利率减去预期通货膨胀。在利率平价条件和固定汇率下,国内名义利率等于国外名义利率 i^*,因此国内实际利率由 $i^* - \pi^e$ 给出。
- 通过出口的影响,与国外产出 Y^* 呈正相关。

20.1.2　短期均衡和中期均衡

考虑一个实际汇率过高的经济体。其结果是，出现贸易赤字并且产出低于潜在水平。

正如我们在第 19 章看到的，在浮动汇率制度下，中央银行原则上可以解决这个问题。中央银行可以通过降低利率引发名义贬值。我们假设在短期内国内和国外价格水平是固定的，名义贬值就意味着实际贬值、贸易平衡的改善和产出的增加。

但是在固定汇率制度下，中央银行不能调整国内利率。因此，在短期内，贸易赤字依然存在，该国仍处于衰退之中。

然而，从中期来看，价格可以调整。我们注意到，价格行为可以由菲利普斯曲线关系［第 9 章，等式(9.3)］很好地描述：

$$\pi - \pi^e = (\alpha/L)(Y - Y_n)$$

当产出高于潜在水平时，通货膨胀率（即价格变化率）高于预期。当产出低于潜在水平时，正如我们在这里所考虑的情况，通货膨胀率低于预期。在第 9 章的讨论之后，我将在此假设预期通货膨胀是恒定的，因此菲利普斯曲线关系由式(20.2)给出：

$$\pi - \bar{\pi} = (\alpha/L)(Y - Y_n) \tag{20.2}$$

我们现在几乎准备好考虑中期的动态性。我们需要对初始国内和国外通胀率作出假设。用 π^* 表示外国通货膨胀率。假设产出等于潜在产出，则国内通货膨胀率和国外通货膨胀率彼此相等，且均等于 $\bar{\pi}$，因此 $\pi = \pi^* = \bar{\pi}$。也就是说，如果两个经济体都在潜在产出水平运行，通胀率相同，相对价格水平将保持不变，实际汇率也将保持不变。

由于我们假设从产出低于潜在水平的情况开始，式(20.2)意味着国内通胀低于产出处于潜在水平时的通胀，因此低于国外通胀。换言之，国内价格水平比国外价格水平增长更慢。这意味着，给定固定的名义汇率，实际汇率会下降。结果，净出口随着时间的推移而增加，产出也随之增加。从中期来看，产出恢复到潜在水平，国内通货膨胀率恢复到 $\bar{\pi}$，等于国外通货膨胀率。在国内和国外通货膨胀率相等的情况下，实际汇率是恒定的。

$\pi < \pi^* \to EP/P^* \downarrow$

总结：

- 短期来看，固定名义汇率意味着固定实际汇率。
- 中期来看，即使名义汇率是固定的实际汇率，还是可以调整的。相对价格水平随时间的变化可以实现这种调整。

20.1.3　对贬值的支持和反对

即使在固定汇率下，经济也会在中期回到潜在产出水平。这一结论是重要的。但这一调整过程可能是漫长和痛苦的，在很长一段时间内产出可能过低而失业却可能过高。

是否有一个较快且较好的途径使产出回归到自然水平呢？根据我们刚刚得到的这个模型可知，答案是肯定的。

现在假设政府决定在保持固定汇率制度的情况下,允许一次贬值(devaluation)(减值)。在既定价格水平下,在短期贬值(名义汇率下降)会导致实际的货币贬值(实际汇率下降),从而引起产出提高。原则上,适当规模的贬值可以在短期内实现上述在中期才能实现的目标,从而避免许多痛苦。因此,当一个实行固定汇率的国家面临巨额贸易赤字或严重衰退时,就会有巨大的政治压力,要么完全放弃固定汇率制度,要么至少进行一次性贬值。约翰·梅纳德·凯恩斯在90年前就强烈表达了这一观点,他强烈反对温斯顿·丘吉尔1925年关于将英镑与黄金比价恢复到战前平价关系的决策。他的论述在要点解析"英国恢复金本位:凯恩斯对丘吉尔"中介绍。很多经济史学家相信历史证明了凯恩斯是正确的,英镑估值过高是英国在第一次世界大战之后经济不景气的主要原因之一。

那些反对浮动汇率制或者贬值的人认为选择固定汇率有充分的理由,过多的贬值意愿违背了采取固定汇率制度的初衷。而且,他们认为政府过多地考虑贬值会增加发生汇率危机的可能性。为了理解他们的观点,我们现在转入对这些危机的研究:是什么引起了这些危机,其意义何在?

要点解析

英国恢复金本位:凯恩斯对丘吉尔

1925年,英国决定恢复金本位(gold standard)。在金本位体系中,每个国家以黄金为单位确定其货币的价格,并随时准备以规定的平价将黄金兑换成货币。这种制度意味着国家间的名义汇率是固定的。[例如,如果A国的1单位货币值两单位黄金,B国的1单位货币值1单位黄金,则两者之间的汇率为2(或1/2),取决于你将哪个国家视为本国]

金本位从1870年开始实施,直至第一次世界大战。因为战争融资部分依赖货币创造来实现,所以英国在1914年终止了金本位制度。到1925年,温斯顿·丘吉尔,当时的英国财政大臣(相当于美国的财政部部长)决定恢复金本位,并且恢复到战前的平价关系——也就是战前用黄金表示的英镑价值。但是,因为英国价格水平比很多贸易伙伴的价格上涨得快,恢复到战前平价关系就意味着大幅的实际升值:名义汇率和战前一样,但现在英国产品比外国产品相对更贵了。(回到实际汇率的定义:$\varepsilon = EP/P^*$。英国价格P比国外价格P^*增长得多,在给定的名义汇率E下,意味着ε就会越高,即英国会经历实际升值。)

凯恩斯强烈反对恢复到战前平价关系的这一决定。在1925年出版的《丘吉尔先生带来的经济后果》(*The Economic Consequences of Mr. Churchill*)一书中,凯恩斯认为:如果英国要恢复金本位,用黄金度量的货币价格应该更低,也就是名义汇率比战前更低。在报纸上的一篇文章中,他这样阐述自己的观点:

"然而,基于当前的现实情况,考虑到可能给贸易与就业状况带来的后果,我对于恢复金本位仍有异议。我认为如果在恢复金本位时维持与战前相同的平价关系,与其他地方相比,我们现在的价格水平太高了;而且如果我们只考虑未纳入国际贸易的商品价格或者服务价格(如工资),我们就会发现这些价格确实太高了——至少要高出5%,甚至能达到10%。因此,除非其他国家的价格上涨能够缓解这种状况,否则财政大臣的这种政策将会使我们的货币工资下降2先令(英镑)。

如果这么做的话,我认为会无法避免对工业利润和稳定的严重影响。我宁可货币兑换黄金的价格保持在几个月前的水平,也不愿意因为降低货币工资而同每一个行业协会展开争斗。我认为,在更长的一段时间中,让货币自身达到其应有的水平,似乎是更明智、更简单,也更合理的,而不是强制达到某个水平,而使雇员面临着工厂倒闭或者降低工资的选择,而且还可能存在争斗的成本。

因此,我保留我的意见,财政大臣的做法是欠考虑的,因为我们将承担风险,而且即使形势乐观也没有足够的收益。"

事实证明凯恩斯的预见是正确的,在那个10年剩下的几年中,其他国家都在增长而英国却处于衰退中。大多数的经济史学家认为这在很大程度上要归因于最初的英镑估价过高。

20.2 固定汇率制下的汇率危机

假设一个国家实行固定汇率制度,同时假设金融投资者开始相信不久将会有汇率的调整——要么贬值,要么向浮动汇率制度转变并且伴随贬值。我们刚才看到了为什么会出现这种情况。

> 让汇率浮动的意思就是从固定汇率制度转向浮动汇率制度。浮动汇率制与可变汇率制是同一个意思。

- 实际汇率或许太高,换句话说,国内货币可能被高估,导致经常账户赤字过大。在这种情况下,就要求实际贬值。虽然在中期不通过贬值的方式也能解决这一问题,但是金融投资者会认为政府将采取最迅捷的办法,即贬值。

这种过高的估值通常发生在这样的情况下:国家将名义汇率钉住通货膨胀率比本国低的国家的货币。相对较高的通货膨胀率,意味着本国产品相对于外国产品的价格会不断提高,也就是持续的实际升值,因而会使贸易状况不断恶化。随着时间的推移,调整实际汇率的必要性就会不断提高,金融投资者就会越来越紧张,开始担心即将发生贬值。

- 内部环境可能会要求降低国内利率。正如我们所看到的,国内利率的降低无法在固定汇率下达到,但却可以在浮动汇率制度下实现。如果国家让汇率**浮动**(**float**),同时降低国内利率,从第19章我们知道,这将引起名义汇率的降低——名义贬值。

一旦金融市场相信贬值即将来临,中央银行要维持汇率就要提高而且通常是大幅度地提高国内利率。要理解这一点,回到我们在第17章得到的利率平价条件:

> 为了方便起见,我们在这里使用式(17.4)的近似值,而不是最初的利率平价条件式(17.2)。

$$i_t = i_t^* - \frac{E_{t+1}^e - E_t}{E_t} \qquad (20.3)$$

在第17章,我们把这个等式解释为1年期国内和国外名义利率之间的关系,因此也是当前汇率与1年后的预期汇率之间的关系。但是,选择1年作为期限是任意的。对于1天、1周或者1个月,这个关系都成立。如果金融市场预期1个月后的汇率会降低2%,那么除非1个月期的国内利率比国外利率高2%(或者,如果利率用年率来表示的话,即每年国内利率超出国外利率 2%×12＝24%），他们才会持有国内债券。

在固定汇率下，当前汇率 E_t 固定在某个水平上，即 $E_t=\bar{E}$。如果市场预期汇率会在一段时间内保持不变，那么 $E^e_{t+1}=\bar{E}$，利率平价关系可以简单地表述成国内利率必须等于国外利率。

> 他们可能需要更高利率，因为其中显然涉及很多风险。我们的计算忽略了风险溢价。

但是，假设金融市场参与者预期会贬值——中央银行决定在未来放弃平价并降低汇率。假定他们认为在未来的 1 个月中，有 75% 的可能性会保持汇率不变，25% 的可能性会有 20% 的贬值。因此，利率平价关系式（20.3）中（$E^e_{t+1}-E_t$）/E_t 这一项（原来我们假定等于零）现在等于 -5%[$0.75×0\%+0.25×(-20\%)$]（75% 的可能性没有变化，25% 的可能性会有 20% 的贬值）。

> 在大多数国家，政府负责选择平价关系，中央银行负责维持这一平价关系。但是在现实中，选择和维持平价关系是政府和中央银行共同的责任。

这就意味着如果中央银行想保持当前的汇率不变，就必须使月利率提高 5%——年利率提高 12×5%＝60%。60% 是使投资者考虑到贬值的风险以后仍持有国内债券必要的利率差。如果利率差小于这个水平，投资者就不愿再持有国内债券。

那么，政府和中央银行所面临的选择是怎样的呢？

- 首先，政府和中央银行可以让市场相信他们并没有贬值的意图。这通常是第一道防线：发布通告，总理在电视上重申他们对维持当前汇率平价的绝对承诺。但是说话是不需要成本的，他们很少能取信于金融市场。

> 1998 年夏天，鲍里斯·叶利钦宣布俄罗斯政府没有使卢布贬值的打算。两周后，卢布崩溃了。

- 其次，中央银行可以提高利率，但是会比满足式（20.3）所必需的幅度小一些——在我们的例子中，就是小于 60%。虽然国内利率很高，但是并不足以完全补偿可以预见到的贬值风险。这一举措往往会导致大规模的资本外逃。这种情况下由于金融投资者仍然希望把手中的国内债券换成国外债券，以获得更高的以本币计算的预期收益，因此投资者会卖掉国内债券，获得本国货币，然后到外汇市场上兑换外币，购买国外债券。如果中央银行不干预外汇市场，本国货币大量购买外汇会导致货币贬值。为了保持固定汇率，中央银行必须在外汇市场上买入本国货币，卖出外国货币，这样做往往会损失大部分的外汇储备。（第 19 章的附录中描述了中央银行干预的机制。）

- 最终——几个小时或者几个星期之后——中央银行的选择就只能是把利率提高到足以满足式（20.3）所需的水平，或者实施贬值。制定一个非常高的短期国内利率对需求和产出会产生灾难性的影响。这种措施只在以下两种情况下起作用：① 预期贬值的可能性比较小，所以利率不必太高；② 政府认为市场很快就会相信并不会发生贬值，使国内利率可以降下来。否则的话，唯一的选择就是贬值。（所有的这些措施在 1992 年西欧经历的汇率危机中都被用到过，这将在要点解析"1992 年欧洲货币体系危机"中讨论。）

总结：对货币贬值可能即将到来的预期可能引发汇率危机。面对这样的期望，政府有两种选择。

- 让步并实施贬值。

■ 斗争并维持汇率平价,但是要以非常高的利率和潜在的衰退为代价。不过这一坚持可能会没有用:衰退会迫使政府随后改变政策,或者迫使政府下台。

这里一个有趣的扭曲现象是,即使相信贬值即将发生的想法最初是毫无根据的,贬值也可能会真的发生。换句话说,即使政府最初并没有贬值的意图,如果金融市场相信会贬值,那么最终政府也会被迫贬值:维持汇率不变的成本将是长时期的高利率和衰退,所以政府宁愿选择贬值。

这应该会让你想起我们在第6章中对银行挤兑的讨论。关于银行陷入困境的谣言可能会引发挤兑并迫使其关闭,无论谣言是否属实。

要点解析

1992年欧洲货币体系危机

我们本节所讨论的问题的一个例证是20世纪90年代早期动摇欧洲货币体系的汇率危机。

20世纪90年代初,欧洲货币体系看起来运转正常。这个汇率体系始于1979年,是基于带状范围的固定汇率体制:每一个成员国[包括法国、德国、意大利(1990年开始)和英国]必须将本国货币对所有其他成员国货币的汇率维持在一个很小的变动范围之内。开始的几年是动荡的,有很多次的再调整——成员国之间平价的调整,但从1987年到1992年仅发生了两次再调整。进一步缩小变动范围的呼声很高,甚至进入下一个使用共同货币的阶段。

然而,在1992年,金融市场日渐相信不久将会发生更多的再调整,原因就是德国的再统一,前面(第19章)已经介绍过这一内容。因为再统一带来的需求压力,德意志联邦银行实施了高利率,以避免德国产出的过度增长和通货膨胀的过度提高。虽然德国的贸易伙伴需要低利率来解决日益增长的失业问题,但是其必须配合德国的利率,以维持其EMS平价关系。在金融市场看来,德国的贸易伙伴越来越难以维持目前的状况。因为德国之外的国家中利率较低,所以相对于德国马克,很多国家实行货币贬值的可能性不断提高。

1992年,人们感觉到有可能发生贬值,这使一些EMS国家不得不保持一个比德国更高的名义利率。尽管如此,第一次大危机还是在1992年9月爆发了。

1992年9月初,人们预期一些国家即将发生货币贬值,导致围绕这些国家货币的投机行为,投资者大量抛售他们认为即将贬值的货币。中央银行和受攻击国家的政府将前面所述的所有防线都投入使用。首先,政府发布正式的通告,但是没有明显的效果。然后,提高利率,瑞典的隔夜拆借利率(隔夜借款和贷款的利率)提高到500%(用年利率表示)!但是即使如此之高的利率还不足以阻止资本外逃和中央银行在重压之下的巨额外汇储备损失。

随后,各个国家采取了不同的措施:西班牙实施了汇率贬值,意大利和英国退出了EMS,法国决定通过高利率捍卫汇率直到这场风暴结束。图20-1显示了从1992年1月到1993年12月欧洲一些国家对德国马克的汇率变化:可以清楚地看到1992年9月危机的影响和接踵而来的贬值和贬值。

到1992年9月底,金融市场相信近期内不会再有进一步的贬值。一些国家已经退出了

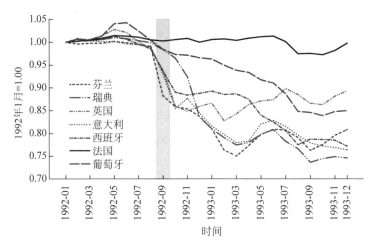

图 20-1 1992年1月至1993年12月几个欧洲国家货币兑换马克的汇率
资料来源：IMF 数据库。

EMS；另一些国家虽然还留在 EMS 中，但已经实施了贬值；还有一些国家维持了汇率稳定，充分显示了它们留在 EMS 的决心，虽然这意味着会有非常高的利率。不过，潜在的问题是德国的高利率依然存在，下一次的危机只是迟早的事。1992年11月，进一步的投机使西班牙比索、葡萄牙埃斯库多和瑞典克朗被迫贬值，比索和埃斯库多在1993年5月再一次贬值。到1993年7月，遭受了又一次的投机攻击之后，EMS 国家决定实行围绕汇率中心价的较大的波动幅度（加、减 15%），这实际上是在向一个允许较大汇率波动的体系转变。

这个波动范围更大的汇率体系一直持续到1999年1月，此时，这些国家开始采用共同货币——欧元。

总结：1992年的这次危机可归因于市场认为德国引起的其他 EMS 国家的高利率会带来沉重代价。

一些国家想要贬值或退出 EMS 的想法导致投资者要求更高的利率，让这些国家付出了更高的代价去维持利率平价条件。

最终，一些国家不能承受这个代价，一些国家贬值，一些国家退出。那些继续留在这个体系内的国家则付出产出下降的巨大代价。（例如，1990—1996年，法国的平均增长率为1.2%；而在同期，德国为2.3%。）

20.3 浮动汇率制下的汇率变动

在第19章所建立的模型中，利率和汇率之间有一个简单的关系：利率越低，汇率越低。这就意味着一个国家要想维持一个稳定的汇率，只要保持其利率接近国外利率即可。一个国家要想实现一个事先确定的贬值，只需要将其利率下调一个合适的幅度。

在现实世界中，利率和汇率之间的关系并不是这么简单。即使利率不变，汇率也会经常波动。而且，利率降低对汇率的影响程度往往难以预测，这就使货币政策达到其预定目标更加困难。

要了解事情为什么变得更复杂,我们必须再一次回到第 17 章的利率平价条件[式(17.2)]:

$$1+i_t = (1+i_t^*)\left(\frac{E_t}{E_{t+1}^e}\right)$$

就像第 19 章的做法一样[式(19.4)],等式两边都乘以 E_{t+1}^e,改写为

$$E_t = \frac{1+i_t}{1+i_t^*} E_{t+1}^e \tag{20.4}$$

将时间频率(从 t 到 $t+1$)设为 1 年。今年的汇率依赖于 1 年期国内利率、1 年期国外利率和下一年的预期汇率。

在第 19 章,我们假定下一年的预期汇率(E_{t+1}^e)是不变的。但这只是一种简化,实际上,1 年后的预期汇率并不是不变的。利用式(20.4)考察下一年的汇率(E_{t+1}),显然 1 年后的汇率将依赖于明年的 1 年期国内利率和国外利率,以及 1 年后预期的下一年汇率,依次类推。因此,对当前和未来国内利率、国外利率预期的任何变化,以及对未来预期汇率的变化,都会影响当前的汇率。

让我们更详细地进行分析。把等式(20.4)中的年数改为 $t+1$ 而非 t:

$$E_{t+1} = \frac{1+i_{t+1}}{1+i_{t+1}^*} E_{t+2}^e$$

第 $t+1$ 年的汇率取决于第 $t+1$ 年的国内利率和国外利率,以及第 $t+2$ 年的预期汇率。于是,第 $t+1$ 年的预期汇率表示如下:

$$E_{t+1}^e = \frac{1+i_{t+1}^e}{1+i_{t+1}^{*e}} E_{t+2}^e$$

用上式替代式(20.4)中的 E_{t+1}^e,得到

$$E_t = \frac{(1+i_t)(1+i_{t+1}^e)}{(1+i_t^*)(1+i_{t+1}^{*e})} E_{t+2}^e$$

当期的汇率取决于今年的国内利率和国外利率,取决于明年的预期国内和国外利率,同时取决于两年后的预期汇率。继续按此逻辑递推(通过替换 E_{t+2}^e, E_{t+3}^e 等,直到第 $t+n$ 年),可得到

$$E_t = \frac{(1+i_t)(1+i_{t+1}^e)\cdots(1+i_{t+n}^e)}{(1+i_t^*)(1+i_{t+1}^{*e})\cdots(1+i_{t+n}^{*e})} E_{t+n+1}^e \tag{20.5}$$

假设我们扩大 n,如 10 年[等式(20.5)对任何 n 值都成立]。这个关系告诉我们现在的汇率取决于以下两个因素。

- 当期国内外利率和未来 10 年中每一年的预期国内外利率。
- 10 年后的预期汇率。

从某种意义来讲,推导当期和预期未来国内外实际利率、当期实际汇率,以及预测未来实际汇率三者之间的关系是有用的。本章附录 2 有具体的推导过程和结果。(这种推导并不有趣,但对理解实际利率和名义利率,实际汇率和名义汇率之间的关系是有用的。)式(20.5)充分说明以下三个重要观点。

- 当期汇率与预期汇率同比例变动。

从本章附录 2 中得到的基本经验:对于以下所有的陈述,在汇率和利率前加上"实际"二字,结论仍然成立。

- 当期汇率会随着任一国家的未来预期利率的变动而变动。
- 由于当期汇率会随着预期的改变而变动,所以汇率会极具波动性,即频繁变动甚至可能幅度很大。

20.3.1 汇率和经常账户

任何使未来预期汇率 E^e_{t+n} 变动的因素都会促使当前汇率 E_t 变动。事实上,如果两个国家从第 t 期到第 $t+n$ 期国内和国外利率是相等的,即式(20.5)右边的分数应该等于1,得到 $E_t = E^e_{t+n}$。换句话说,预期未来汇率的任何变动对当前汇率的影响都是一一对应的。

<small>关于未来经常账户的消息可能会影响今天的汇率。

例如,发布一个有大量石油储量探明的消息,你预期会产生什么影响?</small>

如果我们考虑一个较大的 n 值,如 10 年或者更大,我们可以把 E^e_{t+n} 看作中期或长期内为获得经常账户平衡所需的汇率:长远来看,国家不需要永远借入资金(产生经常账户赤字),也不会愿意永远借出资金(产生经常账户盈余)。因此,影响未来经常账户平衡预期的任何消息都可能影响预期未来汇率,进而影响当期汇率。例如,发布大于预期的贸易赤字的公布可能导致投资者认为国家最终会用贬值来偿还增加的债务。因此,E^e_{t+n} 下降,导致 E_t 的下降。

20.3.2 汇率和当期以及未来利率

<small>有关当前和未来国内外利率的消息可能会影响汇率。

更多关于长期利率和当前与预期未来短期利率之间的关系的讨论,可参见第 14 章。</small>

在第 t 年至第 $t+n$ 年间任何改变当期或是预期未来国内外利率的因素,都会使当前汇率发生变动。例如,给定国外利率,当期或预期未来国内利率的增加导致 E_t 增加,货币升值。

这说明,任何导致投资者改变他们对未来利率预期的变量都会引起当前汇率变化。例如,我们在第 17 章讨论的 20 世纪 80 年代的"美元的波动"——在 20 世纪 80 年代的前半期,美元急剧升值,而后又急剧贬值——很大程度上可以通过当期和预期美国未来利率相对于同期其他国家利率的变化来解释。在 20 世纪 80 年代前半期,紧缩性货币政策和扩张性财政政策组合导致美国短期和长期利率上升,长期利率的上升反映了关于短期利率在未来会更高的预期。当前和未来预期利率的增加,是引起美元升值的主要原因。财政和货币政策态势在 20 世纪 80 年代后半期发生逆转,导致美国利率降低和美元贬值。

20.3.3 汇率波动

<small>我们在这里不考虑其他会使汇率波动的因素,如对风险的感知等,我们在第 19 章的要点解析"资本流动、骤停以及利率平价条件的局限性"中对其有过讨论。</small>

第三个含义可由前两个导出。实际上,与我们在第 19 章的分析相比,利率和汇率之间的关系并不是机械性的。当中央银行降低政策利率时,金融市场必须评估:这是否是货币政策转型的信号,这一削减是否只是随后频繁削减的一个开始,或者这一削减是否只是暂时性的。中央银行的公告可能用处不大:中央银行自身也可能并不清楚未来会做什么。通常,它对早期信号作出反应,随后这些信号有可能逆转。投资者还必须评估外国央行将如何反应:它们是会

保持原状,还是会追随并降低自己的利率。所有这些都使预测利率变化对汇率的影响变得更加困难。

让我们更具体地分析。回到式(20.5),假设 $E_{t+n}^e = 1$,并假设当期和预期未来国内利率、当期和预期未来国外利率都等于 5%。当前汇率由以下公式给出:

$$E_t = \frac{1.05^n}{1.05^n} 1 = 1$$

现在考虑当前国内利率 i_t 从 5% 降至 3%。这将导致 E_t 降低即贬值吗?如果这样的话,降低了多少?答案是视以下情况而定的。

假设预期利率只在 1 年中有所下降,而其他 $n-1$ 年预期的未来利率不变。那么当前汇率就会降至

$$E_t = \frac{1.03(1.05)^{n-1}}{1.05^n} = \frac{1.03}{1.05} = 0.98$$

低利率导致汇率降低,仅贬值 2%。

如果当期利率由 5% 降至 3%,投资者预期这一下降会持续 5 年(即 $i_{t+4}^e = \cdots = i_{t+1}^e = i_t = 3\%$)。汇率降至

$$E_t = \frac{(1.03)^5(1.05)^{n-5}}{1.05^n} = \frac{1.03^5}{1.05^5} = 0.90$$

更低的利率会导致汇率下降,即贬值 10%,这一贬值幅度比前一种情况要大得多。

你当然可以考虑更多的情况。假如投资者已经预期中央银行打算降低利率,而实际降息结果比他们预期的要小。在这种情况下,投资者将上调对未来名义利率的预期,导致货币升值而非贬值。

在布雷顿森林体系的末期,很多国家从固定汇率制转变为浮动汇率制,大多数经济学家预期汇率会趋于稳定。随后发生(并延续至今)的汇率大幅波动出人意料。有 段时间,这种汇率的大幅波动被认为是由外汇市场中的非理性投机活动引起的。直到 20 世纪 70 年代中期,经济学家才意识到,正如我们在这里所解释的那样,这些大规模波动可以通过金融市场对未来利率和未来汇率消息的理性反应来解释。这一点具有重要含义:

一个决定实行浮动汇率制的国家,必须接受这样的事实:该国将会随时暴露在巨大的汇率波动中。

> 这如果使你想起了我们在第 14 章中关于货币政策对股票价格影响的讨论,这就对了。这不仅仅是一种巧合:像股票价格一样,汇率变动在很大程度上取决于对未来的预期。预期如何对当前变量(这里指利率)的变化作出反应,将决定最终的结果。

20.4 汇率制度的选择

让我们回到本章开篇提出的问题:一个国家是应该选择浮动汇率制还是固定汇率制?浮动汇率占主导地位和固定汇率占主导地位时分别会出现什么情况?

我们在本章及上一章所看到的情况似乎都支持浮动汇率更好。

- 20.1 节表明,汇率制度在中期并不重要。但在短期内,它还是很重要的。短期内,实行固定汇率制度并且资本完全流动的国家将放弃两个宏观经济工具:利率和汇率。

这不仅降低了对经济冲击的反应能力,而且可能导致汇率危机。
- 20.2节表明,在一个实行固定汇率制度的国家,对贬值的预期会使投资者要求很高的利率,这反过来又促使经济形势恶化,并给国家带来更大的贬值压力。这是反对固定汇率的另一个论点。
- 20.3节引入一个反对浮动汇率的观点:在浮动汇率制下,汇率会有较大波动,很难借助货币政策进行控制。

总的来说,从宏观经济角度看,浮动汇率制优于固定汇率制。这一点已经在经济学家和政策制定者中达成共识。这一共识可表述如下。

一般而言,浮动汇率更可取。然而,有两个例外的情形:第一,如果一些国家已经紧密联系在一起,采用共同货币可能是不错的解决办法;第二,在浮动汇率制下,如果人们不相信中央银行会施行负责任的货币政策,采取一种特殊的固定汇率制度如货币发行局制度或美元化制度可能是好的解决办法。

接下来让我们讨论这两种例外情形。

20.4.1 共同货币区

采用固定汇率制度的国家被约束在相同的利率水平。但这种限制的代价有多大呢?如果这些国家面对同样严峻的宏观经济问题和同样的冲击,它们将会在第一时间采用相似的政策。迫使它们采用相同的货币政策可能不会有太大的限制。

> 这里的蒙代尔与第19章所提到的蒙代尔是同一个人。

这个论点最早由罗伯特·蒙代尔提出,他研究了选择固定汇率制甚至采用共同货币的国家所应具备的条件。蒙代尔认为,对于那些希望组成一个**最优货币区**(optimal currency area)的国家,它们至少需要满足三个条件中的一个。

- 这些国家必须经历相似的冲击。基本的道理在于:如果它们面临相似的冲击,无论如何,它们都会采取大致相同的货币政策。
- 如果各国经历不同的冲击,价格和工资必须非常灵活,这样,如果一个国家需要恢复竞争力,它就可以通过降低相对于其他成员国价格来实现,尽管它不能使用汇率工具。

> 美国每个州原本可以拥有自己的货币并同其他州的货币自由浮动。但事实并非如此:美国是共同货币区,各州采用共同的货币——美元。

- 如果这些国家遭受不同的冲击,它们必须具有较高的要素流动性。如果工人愿意从经济状况糟糕的国家流动到经济状况较好的国家,这些要素流动而不是宏观经济政策,能够使经济更好地对冲击作出调整。当一个国家失业率很高时,工人会离开这个国家到其他地方寻找工作,这将使这个国家的失业率恢复到正常水平。当失业率很低时,工人们会来到这个国家,从而导致其失业率上升到正常水平。这一过程并不需要汇率起作用。

根据蒙代尔的分析,大多数经济学家认为,比如,由美国联邦政府的50个州组成的共同货币区差不多是最优货币区。事实上,第一个条件在这里并未得到满足:不同的州受到的冲击不同。相比美国其他州,加利福尼亚州更易受到来自亚洲需求变化的影响,得克萨斯州更易受到国际油价变动的影响,等等。但是,第三个条件在很大程度上得到满足。劳动力在各州之间有相当大的流动性。当一个州的经济状况恶化时,工人就会离开该州;当经济恢复时,工人又会回来。州失业率快速恢复到正常水平,并不是因为一个州的宏观经济政策的功劳,而是因为劳动力的流动性。

很显然,使用共同货币有很多优点。对于美国的企业和消费者而言,使用共同货币的好处是显而易见的。试想一下,每跨越一个州的边界就要兑换货币是多么繁杂的生活。好处不仅仅局限于交易成本的降低,如果商品用同一种货币标价,购买者能够更容易地对价格进行比较,同时企业之间的竞争会加剧,这有益于消费者。考虑到这些优点以及有限的宏观经济成本,采用单一货币对美国来说是明智的选择。

和美国各州一样,欧洲各国也选择采用共同货币——欧元。2002年初,从本国货币向欧元转换的进程完成,此时欧元成为欧洲11个国家的共同货币。(参见要点解析"欧元简史")在写作本书的时候,使用欧元的国家数量已经达到19个了。欧洲共同货币区是否能像美国各州采取共同货币那样令人称道呢?

与美国的情况一样,共同货币无疑为欧洲各国带来好处。欧盟委员会的一份报告估计,欧元区国家间外汇交易的消除能够节约的成本相当于这些国家GDP总和的0.5%。有明显迹象表明,共同货币的使用已经加剧了竞争。例如,在购买汽车时,欧洲的消费者现在能够在整个欧元区内寻找最低价格。

然而,围绕欧洲是否已经建立了最优共同货币区,却远未达成共识。这是因为蒙代尔所提出的三个条件似乎均未得到满足。欧洲国家过去已经经历了截然不同的冲击。我们关于德国统一的讨论说明,20世纪90年代德国统一对德国和其他欧洲国家的影响有很大不同。价格和工资调整非常缓慢。而且,欧洲的劳动力自由流动性很低,这可能还会持续下去。欧洲各个国家内部的工人流动性远远低于美国各州内部的情况。由于语言和文化的差异,欧洲国家之间的流动性甚至更低。

甚至在危机爆发之前,就有人担心,如果成员国受到特定国家的不利冲击,可能会导致长期衰退。危机表明,这种担忧是完全有道理的。葡萄牙、希腊和爱尔兰原本需求增长强劲,经常账户赤字大幅增加,但突然支出大幅下降,产出大幅下降,并且为经常账户融资也变得越发困难。大幅贬值有助于它们增加需求并改善经常账户,但是由于使用共同货币,它们只能通过降低相对欧元伙伴国的价格来实现以上目标。结果这是一个漫长而痛苦的调整过程,在撰写本书时,这一过程还远远没有结束。

图20-2显示了西班牙失业率和多边实际汇率的演变。1994年至2007年的繁荣导致失业率稳步下降,但也带来了稳定的实际升值。2008年,繁荣转为萧条,在2013年之前失业率急剧上升,发生实际贬值。(你可能想知道,在2015年实际贬值结束后,失业率为何继续下降。一部分原因是非价格竞争力的提高,另一部分原因是国内需求的增强。)

展望未来,欧元面临的挑战是,未来能否避免如此长期的衰退。欧元区正在探索改革,以消除导致这些国家经济衰退加剧的一些因素。从银行业联盟到财政联盟,一系列改革正在实施,这些改革应能使各国更好地抵御不利冲击。这些措施是否足以避免未来的危机,仍有待观察。

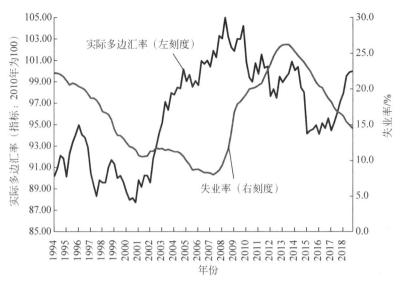

图 20-2 1994 年以来西班牙失业率和实际汇率的演变

资料来源：FRED；BESBIS，LRHUTTTTESM156S。

注：1994 年至 2007 年的经济繁荣导致失业率下降和货币实际升值。2008 年，经济转入萧条，导致失业率急剧上升和货币实际贬值。

要点解析

欧元简史

- 1988 年，在庆祝欧盟成立 30 周年时，一些政府认为采用共同货币的时机已经成熟。它们要求欧盟主席雅克·迪拉斯（Jacques Delors）准备一份报告，这份报告于 1989 年 6 月发表。

报告认为向欧洲货币联盟（EMU）的过渡分为三个阶段：第一阶段是取消资本管制；第二阶段是选择固定汇率平价，除"特殊情况"外将维持这一平价；第三个阶段是采用共同货币。

- 第一阶段于 1990 年 7 月开始执行。
- 第二阶段于 1994 年开始，即在 1992—1993 年汇率危机平息之后（见要点解析"1992 年欧洲货币体系危机"）。一个很小但具有象征意义的决策是选择新的共同货币的名称。法国希望称之为"ECU"（欧洲货币单位），这也是一种老的法国货币的称谓。但是其他国家更偏好欧元（euro），这个名称在 1995 年被采用。
- 同时，欧洲国家举行全民公决，以决定是否采用马斯特里赫特条约（Maastricht treaty）。1991 年议定的这个条约设定加入 EMU 的三个主要条件：低通货膨胀，预算赤字低于 3%，国家债务比例低于 60%。该条约不是特别受欢迎。在法国，该条约以 51% 的赞成票获得通过。在丹麦，该条约未获通过。英国谈判达成了一项"退出"条款，允许英国不加入新的货币联盟。
- 20 世纪 90 年代中期，几乎没有哪个欧洲国家符合马斯特里赫特条件。但一些国家采取了极端的方式来降低预算赤字。1998年5月,也就是决定哪些国家可以成为欧元区成员国的时候,11个国家符合条件,分别是奥地利、比利时、芬兰、法国、德国、意大利、爱尔兰、卢森堡、荷兰、葡萄牙和西班牙。英国、丹麦和瑞典决定不加入。希腊没有获得加入的资格,直到2001年才加入。(在它加入后,有消息表明希腊为了获得资格,部分篡改了账目,少报了其预算赤字的规模。)在那之后,塞浦路斯、爱沙尼亚、马耳他、斯洛伐克和斯诺文尼亚也加入进来。

- 第三阶段开始于1999年1月。11国货币和欧元之间的平价"不可改变"地固定了。新的欧洲中央银行(European Central Bank,ECB)总部设在法兰克福,负责欧元区的货币政策。

自1999年到2002年,欧元只是作为一个记账单位,而欧元硬币和银行票据并没有发行。实际上,欧元区仍然以固定汇率区域发挥作用。下一步也是最后一步是2002年2月发行欧元硬币和纸币。在2002年最初的几个月里,各国的货币和欧元同时流通。随后,各个国家的货币退出流通。

今天,欧元是欧元区唯一使用的货币。拉脱维亚和立陶宛加入时,采用欧元的国家达到19个。

要获取更多关于欧元的信息,请登录 www.euro.ecb.int/。维基百科上关于欧元的信息也十分有用。

20.4.2 硬钉住、货币发行局制度和美元化

固定汇率的第二种情况不同于第一种,它是基于如下观点:一个国家有的时候希望限制其使用货币政策的能力。

现在来看一个最近经历过高通货膨胀(或许是因为这个国家只能通过发行货币为赤字融资,导致高速货币增长,从而引发高通货膨胀)的国家的情况。假设该国决定降低货币增长和通货膨胀。要让金融市场相信该国是真的想要降低货币增长,途径之一就是固定其汇率,即使用货币政策去维持汇率平价,从而能够对货币当局形成限制。

更多内容见第21章。

如果金融市场相信政府会维持汇率平价,它们就不会再担心当局用货币增长来弥补财政赤字。

请注意这一限制条件"如果金融市场相信政府会维持汇率平价"。固定汇率不是一个万能的解决方案。国家还需要让金融投资者相信:汇率不仅在当前是固定的,在将来也会保持固定。有两种做法。

当以色列在20世纪80年代遭遇高通货膨胀时,一位以色列的财政部部长提议将该方法(即美元化)作为经济稳定计划的一部分。他的提议被认为是对以色列国家主权的攻击,因此被解职。

- 使固定汇率成为更常规的宏观经济一揽子计划的一部分。在持续拥有较大预算赤字的同时将汇率固定,只会让金融市场相信:货币增长即将再次开始,货币贬值即将发生。
- 在象征意义上或技术上更难改变平价,这种方法被称为**硬钉住(hard peg)**汇率制度。

硬钉住汇率制度的一种极端形式是简单地用国外货币代替国内货币。选择的国外货币通常是美元,这就是众所周知的**美元化(dollarization)**。然而,很少有国家愿意放弃自己的

货币而采用其他国家的货币。另一个不怎么极端的方式是采用**货币发行局制度**（**currency board**）。在这种制度下，中央银行时刻准备以官方汇率将外国货币兑换为本国货币；而且，与标准固定汇率制度的区别就是中央银行不能进行公开市场操作（也就是买卖政府债券）。

关于货币发行局制度的最有名的例子是阿根廷1991年采用的汇率制度，但这一制度在2001年底的危机中被阿根廷政府废除。这个案例在要点解析"阿根廷货币委员会的经验教训"中会介绍。经济学家对阿根廷发生的事情持有不同的观点。一些人认为货币发行局制度不够强硬：不能防止汇率危机。所以，一个国家如果决定实行固定汇率制度，它应该全力以赴实现美元化。另一些人认为实行固定汇率是一个糟糕的主意。如果货币发行局制度一定要被使用，应该只在短期内使用，直到中央银行已经重建信誉、国家重回浮动汇率制度为止。

要点解析

阿根廷货币委员会的经验教训

1989年，当卡洛斯·梅内姆（Carlos Menem）成为阿根廷总统时，他面临的经济环境很糟糕。通胀率每月超过了30%，产出负增长。

梅内姆和他的经济部长多明戈·卡瓦罗（Domingo Cavallo）很快得出结论：在这样的环境下，能够控制货币增长（从而控制通货膨胀）的唯一方法是让比索（阿根廷货币）钉住美元，并且采用硬钉住汇率制度。所以在1991年，卡瓦罗宣布阿根廷将采取货币发行局制度。必要时，中央银行将时刻准备用比索兑换美元。而且，还以极度象征性的1比索兑换1美元的比率来这么操作。

货币发行局制度的建立和象征性汇率的选择有着相同的目的：让金融投资者相信政府会严格执行钉住汇率制度，而且使以后各届政府放弃汇率平价和贬值变得极度困难。所以，这种方法可以使固定汇率制度变得更加可信，以此降低发生外汇危机的风险。

在一段时间内，货币发行局制度看起来效果相当好。通货膨胀从1990年的2 300%降至1994年的4%！很显然，这是货币发行局制度对货币增长的紧约束起了作用。更乐观的是，通货膨胀的大幅下降也伴随着产出的大幅增长。1991—1999年，产出每年平均增长5%。

然而，在1999年初，增长变为负值，阿根廷陷入一个漫长且严重的经济衰退期。这次衰退是因为货币发行局制度吗？既是又不是：

- 20世纪90年代的后半期，相对于世界上其他主要货币，美元不断升值。因为比索钉住美元，所以比索也升值。但是到20世纪90年代后期，比索价值明显被高估，导致对阿根廷产品的需求下降、产出下降，贸易赤字增加。
- 货币发行局制度对经济衰退要负全责吗？不是的，还有另外两个原因。但货币发行局制度却使得经济衰退更难以克服。降低利率和比索贬值可能有助于经济复苏，但是在货币发行局制度下，这并不是个选项。

2001年，经济危机演变为金融和汇率危机，按照20.2节的分析逻辑：

- 因为经济衰退,阿根廷的财政赤字增加,政府负债增加。由于担心政府可能违约,金融投资者开始要求政府债券提供很高的利率,这使财政赤字进一步增加、违约风险进一步加大。
- 由于担心阿根廷政府为了应对经济衰退而放弃货币发行局制度并使货币贬值,金融投资者开始对比索要求更高的利率,这就加大了政府维持比索与美元汇率平价的成本,也使得货币发行局制度被放弃的可能性加大。

2001年12月,政府对其部分债务违约。2002年初,政府放弃了货币发行局制度,并让比索汇率浮动,致使比索急剧贬值,在2002年6月达到3.75比索兑换1美元!那些先前对钉住汇率制度充满信心并且曾经借过以美元计价的债务的个人和企业发现它们用比索计价的债务大大增加。许多企业都倒闭了,银行系统崩溃了。尽管比索大幅实际贬值(这本来将促进出口),阿根廷的GDP在2002年还是下降了11%,失业率上升到接近20%。2003年,产出增长变为正值,但是,直到2005年,GDP才重新回到1998年的水平。

这意味着货币发行局制度是个糟糕的主意吗?经济学家们仍旧不同意:

- 一些经济学家认为,货币发行局制度很好但并不完美。他们认为,阿根廷本应该简单的美元化(即用美元当作它的货币,不再使用比索)。通过消除国内货币,也会消除贬值的风险。我们可以从中汲取的教训是:即使采用货币发行局制度,也不能提供足够的硬钉住汇率制度,只有美元化才可以做到这一点。
- 其他(实际上是大多数)经济学家认为,开始时货币发行局制度可能是个好主意,但不应该使用那么久。一旦通货膨胀得到控制,阿根廷应该从货币发行局制度变为浮动汇率制度。问题是阿根廷将比索与美元的平价关系固定得太久了,以至于比索价值被高估,汇率危机不可避免。

关于"固定还是浮动"、软钉住还是硬钉住、货币发行局制度以及共同货币的争论似乎仍将继续。

关于阿根廷危机的一本引人入胜的、有趣且个人观点鲜明的书是布卢斯坦(Paul Blustein)的《金钱滚滚进(和出):华尔街、货币基金组织和阿根廷的破产》[*And the Money Kept Rolling In (and Out): Wall Street, the IMF, and the Bankrupting of Argentina*],珀尔修斯图书集团,2005(Perseus Books Group, 2005)。

本章提要

- 即使是在固定汇率制度下,国家也能够在中期调整其实际汇率。它们是通过价格调整来实现的。然而,汇率的这一调整过程可能是漫长且艰难的。汇率调整能够使经济调整得更迅速,减少长期调整的痛苦。
- 汇率危机爆发通常是由于金融市场参与者相信货币很快会贬值引起的。维持汇率平价要求很高的利率,并伴随对宏观经济产生巨大的潜在负面影响。即使一个国家在开始时并没有贬值计划,但这些负面影响最终可能会迫使该国进行贬值。
- 当期的汇率同时依赖于两点:①当期和预期未来国内利率与当期和预期未来国外利率之间的差异;②预期未来汇率。

任何提高当期和预期未来国内利率的因素都会导致当期汇率上升。

任何提高当期和预期未来国外利率的因素都会导致当期汇率下降。

任何提高预期未来汇率的因素都会导致当期汇率上升。

- 经济学家们达成广泛的共识：浮动汇率制度优于固定汇率制度，但以下两种情况除外：

（1）一些国家紧密联系在一起，形成最优货币区。（你可以将这一组国家采用的共同货币看作一种极端的固定汇率制度。）国家间要形成最优货币区，必须要面临大体相似的冲击；或是如果它们经历不同的冲击时要么有高工资和价格弹性，要么有高劳动力流动性。

（2）在浮动汇率下，人们不再相信中央银行会实施负责任的货币政策。在这种情况下，硬钉住汇率制度（如美元化或货币发行局制度）能够提供一种约束中央银行的方法。

关键术语

- gold standard，金本位制
- float，浮动
- optimal currency area，最优货币区
- Maastricht treaty，马斯特里赫特条约
- European Central Bank(ECB)，欧洲中央银行
- hard peg，硬钉住
- dollarization，美元化
- currency board，货币发行局制度

本章习题

快速测试

1. 运用本章学到的知识，判断以下陈述属于"正确""错误"和"不确定"中的哪一种情况，并简要解释。

a. 如果名义汇率固定，则实际汇率也固定。

b. 当国内通货膨胀率等于国外通货膨胀率时，实际汇率是固定的。

c. 贬值是名义汇率的上升。

d. 英国回归金本位导致了多年的高失业率。

e. 对一国货币贬值的担心会导致国内利率上升。

f. 预期未来汇率的变化会改变当前汇率。

g. 国内利率下降对汇率的影响取决于国内预期利率低于国外利率的时间长度。

h. 由于经济体在中期倾向于回到自然产出水平，因此一个经济体选择固定汇率还是浮动汇率没有什么区别。

i. 欧洲内部劳动力的高度流动性使欧元区成为共同货币区的良好候选。

j. 货币发行局制度是实行固定汇率制的最佳方式。

2. 考虑一个实行固定汇率制的国家，IS 曲线由式（20.1）给出。

$$Y = Y\left(\frac{\bar{E}P}{P^*}, G, T, i^* - \pi^e, Y^*\right)$$
$$(-, \ +, -, \quad -, \quad +)$$

a. 解释$(i^* - \pi^e)$这一项。为什么外国名义利率出现在了关系式中？

b. 解释为什么π^e增加时，IS曲线向左移动？

c. 在表20-1中，从第1期到第5期的实际汇率是如何变化的？国内通货膨胀率是多少？国外通货膨胀率是多少？用第1期的IS曲线和第5期的IS曲线绘制IS-LM图。

表20-1 情 形 1

时期	P	P^*	E	π	π^*	实际汇率
1	100.0	100.0	0.5			
2	102.0	103.0	0.5			
3	106.1	104.0	0.5			
4	109.3	106.1	0.5			
5	112.6	108.2	0.5			

d. 在表20-2中，从第1期到第5期的实际汇率是如何变化的？国内通货膨胀率是多少？国外通货膨胀率是多少？用第1期的IS曲线和第5期的IS曲线绘制IS-LM图。

表20-2 情 形 2

时期	P	P^*	E	π	π^*	实际汇率
1	100.0	100.0	0.5			
2	102.0	103.0	0.5			
3	104.0	106.1	0.5			
4	106.1	109.3	0.5			
5	108.2	112.6	0.5			

e. 在表20-3中，从第1期到第4期的实际汇率是如何变化的？国内通货膨胀率是多少？国外通货膨胀率是多少？第4期和第5期之间发生了什么？用第1期的IS曲线和第5期的IS曲线绘制IS-LM图。

表20-3 情 形 3

时期	P	P^*	E	π	π^*	实际汇率
1	100.0	100.0	0.5			
2	103.0	102.0	0.5			
3	106.1	104.0	0.5			
4	109.3	106.1	0.5			
5	112.6	108.2	0.5			

3. 实际汇率"过高"而名义汇率固定时的政策选择。

高估的实际汇率是指国内商品相对于国外商品过于昂贵、净出口太小、对国内商品的需求太低时的利率。这导致政府和中央银行难以作出政策选择。描述经济的等式（*表示外国的值）为

IS曲线：

$$Y = Y\left(\frac{\overline{E}P}{P^*}, G, T, i^* - \pi^e, Y^*\right)$$

$$(-, +, -, -, +)$$

国内和国外经济的菲利普斯曲线：

国内菲利普斯曲线：

$$\pi - \bar{\pi} = (\alpha/L)(Y - Y_n)$$

国外菲利普斯曲线：
$$\pi^* - \bar{\pi}^* = (\alpha^*/L^*)(Y^* - Y_n^*)$$

在本书和本问题中，我们提出了两个关键假设。第 a 部分和第 b 部分对这些问题进行了探讨。然后，我们将分析一国汇率过高时的政策选择。

a. 我们假设外国经济总是处于中期均衡状态。这一假设对外国产出和外国通货膨胀有什么影响？

b. 我们假设国内和国外经济体的预期通货膨胀率锚定值相同，表示为 $\bar{\pi} = \bar{\pi}^*$。当国内和国外经济都处于中期均衡时，这一假设的含义是什么？

c. 在国内名义汇率被高估的情况下，按照图 19-3 绘制 IS-LM-UIP 图。该图的关键特征是什么？在没有贬值的固定汇率下，经济如何恢复到中期均衡状态？

d. 在国内名义汇率被高估的情况下绘制 IS-LM-UIP 图。说明当货币贬值是一种政策选择时，经济如何恢复到中期均衡状态？

e. 回想一下，假设利率平价成立，因此 $i = i^*$。比较贬值期间国内债券和国外债券的收益。债券持有人会继续相信存在一个完全固定的名义汇率吗？如果债券持有人认为有可能再次贬值，那么对国内利率有什么影响？

4. 汇率危机的模型化。

当钉住汇率（固定汇率）失去可信度时，就会发生汇率危机。债券持有人不再相信下一时期的汇率仍与本期汇率相同。表 20-4 中为不同时期的国内利率、国外利率、名义汇率以及名义汇率的预期值。

表 20-4　汇率危机的演变

时　期	i_t	i_t^*	E_t	E_{t+1}^e
1		3	0.5	0.5
2		3	0.5	0.45
3		3	0.5	0.45
4		3	0.5	0.5
5	15%	3	0.5	0.4
6		3	0.4	0.4

a. 根据无抛补利率平价条件，求解第 1 期国内利率值。[在计算以下问题的所有部分时，使用无抛补利率平价关系的近似版本——式（17.4）]。

b. 在第 2 期，危机开始。根据无抛补利率平价条件，求解第 2 期国内利率值。

c. 危机持续到第 3 期。但是在第 4 期，中央银行和政府化解了危机。这是怎么发生的？

d. 不幸的是，在第 5 期，危机再次发生，并且比之前更大、更深。中央银行是否已经将利率提高到足以维持无抛补利率平价条件的水平了？对外汇储备水平的影响是什么？

e. 危机是如何在第 6 期化解的？这是否影响到中央银行和政府未来的信誉？

5. 汇率波动的模型化。

等式（20.5）有助于理解本国与外国之间的名义汇率变动。请记住，方程式中的时期可以指任何时间单元。方程为

$$E_t = \frac{(1+i_t)(1+i_{t+1}^e)\cdots(1+i_{t+n}^e)}{(1+i_t^*)(1+i_{t+1}^{*e})\cdots(1+i_{t+n}^{*e})} E_{t+n+1}^e$$

a. 假设我们现在考虑的时间区间为 1 天,存在隔夜(1 天)拆借利率。如果我们没有观察到 1 天期利率发生任何变动,那么我们该如何解释一天当中汇率发生的大幅波动?

b. 我们在第 14 章了解到,月利率(30 天或 31 天)是今天的 1 天期利率和未来 30 天内的预期 1 天期利率的平均值。这两个国家都是如此。我们在 2 月 1 日看到标题:"欧洲中央银行预计 2 月 14 日降息,美元走强",这条标题有道理吗?

c. 我们在第 14 章了解到,两年期债券的收益率是今天的 1 年期利率和从今天开始一年后的预期 1 年期利率的平均值。这两个国家都是如此。我们在 2 月 1 日看到标题:"美联储宣布,在可预见的未来,利率仍将保持低位,美元走弱",这条标题有道理吗?

d. 经常账户表示本期向世界其他国家的贷款额(如果为正)或借款额(如果为负)。假设出乎意料地,经常账户比预期的负值更大。解释为什么这个令人震惊的消息会使汇率贬值。

深入挖掘

6. 汇率调整。

请看要点解析"1992 年欧洲货币体系危机"中的图 20-1。从 1979 年到 1992 年,欧洲主要国家之间的名义汇率就保持固定。

a. 解释如何解读图 20-1 的纵轴。哪个国家的货币经历了最大的贬值?哪个国家的货币明显经历了最小的贬值?

b. 如果 1992 年 1 月法国和意大利的两年期名义利率相近,哪个国家的两年期债券收益率最高?

c. 如果名义汇率的变化使各国恢复到中期均衡水平,1992 年哪些国家的汇率被最大地高估了?

7. 加拿大和墨西哥的实际和名义汇率。

美国最大的两个贸易伙伴是加拿大和墨西哥。联邦储备银行圣路易斯分行的 FRED 数据库有四个对我们有用的数据系列:墨西哥的实际广泛有效汇率(RBMXBIS);加拿大的实际广泛有效汇率(RBCABIS);墨西哥比索兑美元的名义汇率(EXMSUS);每美元兑加元数(EXCAUS)。下载所有系列的月度数据,并形成一张开始时间为 1994 年 1 月的电子表格。

a. FRED 中的汇率被定义为每美元兑墨西哥比索数和加元数。将其重新定义为每比索兑美分数和每加拿大元兑美分数。为什么这么做?

b. 从 1994 年到数据结束时,将重新定义的墨西哥-美国名义汇率和实际广泛汇率指数 RBMXBIS 绘制成时间序列图。你有没有观察到一个名义汇率被钉住的期间?当钉住汇率制度解除时,比索是升值还是贬值了?是否存在一个比索名义上升值而实际贬值的时期?实际汇率指数在哪一年达到最高值?从峰值到 2018 年,比索的实际汇率如何?这种行为对墨西哥经济有何影响?

c. 将重新定义的墨西哥-美国名义汇率和实际广泛汇率指数 RBMXBIS 绘制成时间序

列图。估计从1994年到数据结束时加拿大-美国实际汇率指数的波动百分比。是否存在一个加元被钉住的期间?解释为什么在加拿大-美国案例中,实际汇率指数与名义汇率密切相关。在这段时间内,加元钉住美元是否有好处?

进一步探讨

8. 汇率与预期。

在本章,我们强调预期对汇率的重要影响。在这道练习题中,我们使用数据去解释预期的重要作用。使用在本章末尾附录2中的结果,你可以发现式(20.4)的无抛补利率平价条件可以改写成如下形式:

$$\frac{E_t - E_{t-1}}{E_{t-1}} \approx (i_t - i_t^*) - (i_{t-1} - i_{t-1}^*) + \frac{E_t^e - E_{t-1}^e}{E_{t-1}^e}$$

换句话说,汇率变化的百分比(本币的升值)约等于利率差的变化(国内利率与国外利率之间的差)加上预期汇率变化的百分比(预期国内货币价值的升值)。我们将利率之差称为利差。

a. 登录加拿大银行的网站(www.bank-banque-canada.ca),获取加拿大过去10年一年期国库券的月利息数据。登录联邦储备银行圣路易斯分行网站(research.stlouisfed.org/fred2),下载同时期美国1年期国库券的月利息数据。(你也许需要查看"固定期限"公债而不是国库券)。对于每一个月,用美国利率减去加拿大利率计算利差。然后,分月份计算出与前一个月的利差变化额。(确保将利率数据转化成合适的小数位。)

b. 在圣路易斯分行的网站,获取与问题a同时期的美元与加元之间的月度汇率数据,并将下载的数据导入电子数据表。计算出美元每个月的升值比例。使用软件中的标准差函数功能,计算美元每月升值的标准差。标准差能够衡量一个数据序列的波动性。

c. 对于每个月,用美元升值的比例(问题b)中减去利差的变化(问题a)。把这个差值称为预期变化。计算预期变化的标准差。与月度美元升值比例的标准差相比,这个标准差如何?

这个练习太简单了。不过,这一分析的要点仍存在于更复杂的工作中。从短期来看,短期利率的变动并不能解释汇率的大部分变化。汇率的大部分变化必须归因于预期的变化。

9. 中美实际汇率和名义汇率。

a. 从FRED数据库下载EXCHUS系列。该数据将美元与人民币之间的汇率表示为每美元兑人民币的数量。把这个汇率换算成每人民币兑美分数,这样我们就把中国当作本国了。1994年以后,中国是否有保持固定汇率的时期?

b. 下载RBCNBIS系列。这是中国的实际汇率指数,可以解释为中国的 $\varepsilon = EP/P^*$ 值。在名义汇率固定期间,实际汇率值是否固定?在此期间,实际汇率值如何影响中国的总需求?

c. 从2007年7月到2010年6月,人民币的价值非常接近14.6美分。这是第二个固定汇率时期。你能从2010年6月后名义汇率和实际汇率的变化中找到证据,表明中国选择了较低的人民币汇率来鼓励中国出口,减少中国进口吗?

延伸阅读

- For an early skeptical view of the euro, read Martin Feldstein, "The European Central Bank and the Euro: The First Year," 2000, www.nber.org/papers/w7517, and "The Euro and the Stability Pact," 2005, www.nber.org/papers/w11249.
  Two good books on the euro crisis (the second one is very critical of the euro in general):

- Jean Pisani-Ferry, *The Euro Crisis and Its Aftermath*, Oxford University Press, 2014.
- Ashoka Mody, *Euro-Tragedy: A Drama in Nine Acts*, Oxford University Press, 2018.

附录 1 固定汇率下总需求的推导

我们从第 19 章式（19.1）所示的产品市场均衡条件出发：

$$Y = C(Y-T) + I(Y, r) + G + NX(Y, Y^*, \varepsilon)$$

该条件表明，为了使产品市场处于均衡状态，产出必须等于对国内产品的需求，即消费、投资、政府支出和净出口的总和。

接下来，我们回忆以下关系式。

- 实际利率 r 等于名义利率 i 减去预期通货膨胀率 π^e（参见第 14 章）：

$$r \equiv i - \pi^e$$

- 实际汇率 ε 被定义为（参见第 17 章）：

$$\varepsilon = \frac{EP}{P^*}$$

- 在固定汇率制下，由定义可知，名义汇率 E 是固定的。名义汇率的固定值记作 $\bar{E}$，所以

$$E = \bar{E}$$

- 在固定汇率制和资本完全流动下，国内利率 i 必须等于国外利率 i^*（参见第 17 章）：

$$i = i^*$$

利用这四个关系式，将式（19.1）改写为

$$Y = C(Y-T) + I(Y, i^* - \pi^e) + G + NX\left(Y, Y^*, \frac{\bar{E}P}{P^*}\right)$$

可以将这个等式改写为更简洁的形式：

$$Y = Y\left(\frac{\bar{E}P}{P^*}, G, T, i^* - \pi^e, Y^*\right)$$
$$(-, \ +, -, \ \ -, \ \ +)$$

也就是本章的式（20.1）。

附录 2 实际汇率和国内外实际利率

我们在 20.3 节推导出当期名义汇率、当期和预期的未来国内外名义利率，以及预期未来名义汇率之间的关系，即式（20.5）。该附录推导出一个类似的关系，但用的是实际利率和

实际汇率。然后简单讨论一下如何使用这一关系来考察实际汇率的变动。

实际利率平价条件的推导

从名义利率平价条件,即式(19.3)开始:$1+i_t=(1+i_t^*)\dfrac{E_t}{E_{t+1}^e}$

回忆第 6 章关于实际利率的定义,即式(6.3):$1+r_t=\dfrac{1+i_t}{1+\pi_{t+1}^e}$

这里的 $\pi_{t+1}^e\equiv(P_{t+1}^e-P_t)/P_t$ 是预期通货膨胀率。类似地,国外实际利率如下:

$$1+r_t^*=\dfrac{1+i_t^*}{1+\pi_{t+1}^{*e}}$$

这里的 $\pi_{t+1}^{*e}\equiv(P_{t+1}^{*e}-P_t^*)/P_t^*$ 是预期的国外通货膨胀率。

用这两个关系式来消除利率平价条件中的名义利率,即

$$1+r_t=(1+r_t^*)\left[\dfrac{E_t}{E_{t+1}^*}\dfrac{1+\pi_{t+1}^{*e}}{1+\pi_{t+1}^e}\right] \quad (20.B1)$$

注意,从通货膨胀的定义来看,$1+\pi_{t+1}^e=P_{t+1}^e/P_t$。同样,$1+\pi_{t+1}^{*e}\equiv P_{t+1}^{*e}/P_t^*$。

将上述两个关系式代入括号中,得到

$$\dfrac{E_t}{E_{t+1}^*}\dfrac{1+\pi_{t+1}^{*e}}{1+\pi_{t+1}^e}=\dfrac{E_t P_{t+1}^{*e} P_t}{E_{t+1}^e P_t^* P_{t+1}^e}$$

重新整理可得

$$\dfrac{E_t P_{t+1}^{*e} P_t}{E_{t+1}^e P_t^* P_{t+1}^e}=\dfrac{E_t P_t/P_t^*}{E_{t+1}^e P_{t+1}^e/P_{t+1}^{*e}}$$

使用实际汇率的定义:

$$\dfrac{E_t P_t/P_t^*}{E_{t+1}^e P_{t+1}^e/P_{t+1}^{*e}}=\dfrac{\varepsilon_t}{\varepsilon_{t+1}^e}$$

代入式(20.B1),得到

$$1+r_t=(1+r_t^*)\dfrac{\varepsilon_t}{\varepsilon_{t+1}^e}$$

或者,等价地:

$$\varepsilon_t=\dfrac{1+r_t}{1+r_t^*}\varepsilon_{t+1}^e \quad (20.B2)$$

当期的实际汇率依赖于当期的国内外实际利率和下一年的预期未来实际汇率。这个等式对应于正文中的式(20.4),但现在用的是实际汇率和利率而不是名义汇率和利率。

进一步求解实际利率平价条件

接下来,我们将利用和处理式(20.4)一样的方法对式(20.B2)进行递推。式(20.B2)意味着时点 $t+1$ 的实际汇率为

$$\varepsilon_{t+1} = \frac{1+r_{t+1}^e}{1+r_{t+1}^{*e}} \varepsilon_{t+2}$$

时点 t 的预期形式为

$$\varepsilon_{t+1}^e = \frac{1+r_{t+1}^e}{1+r_{t+1}^{*e}} \varepsilon_{t+2}^e$$

替换先前的等式，我们有

$$\varepsilon_T = \frac{(1+r_t)(1+r_{t+1}^e)}{(1+r_t^*)(1+r_{t+1}^{*e})} \varepsilon_{t+2}^e$$

解出将 ε_{t+2}^e，并以此类推，最后得到

$$\varepsilon_t = \frac{(1+r_t)(1+r_{t+1}^e)\cdots(1+r_{t+n}^e)}{(1+r_t^*)(1+r_{t+1}^{*e})\cdots(1+r_{t+n}^{*e})} \varepsilon_{t+n+1}^e$$

该关系式将当期实际汇率表示成当期和预期未来国内实际利率、当期和预期未来国外实际利率，以及时点 $t+n$ 的预期实际汇率的函数。

与正文中推导出的名义汇率和名义利率之间的关系即式(20.5)相比，这里推导出的关系式有一个优势：预测未来实际汇率通常比预测未来名义汇率更加容易。例如，如果一个经济体遭遇巨额贸易赤字，我们可以相当自信地认为实际汇率必然会贬值，即 ε_{t+n}^e 将降低。但我们很难判断是否会发生名义贬值，即 E_{t+n}^e 是否会变化：这主要依赖于未来 n 年国内和国外通货膨胀率的变化情况。

回到政策中来

本书几乎在每一章都讨论政策的作用，下面的 3 章将综合这些讨论。

第 21 章

本章提出两个问题：第一，如果已知宏观经济政策效应存在不确定性，那么使用政策工具完全不会收到更好的效果吗？第二，即使政策可能会有用，我们能相信政策制定者会实施正确的政策吗？总体结论是：不确定性限制了政策的作用。政策制定者并不总是实施正确的政策。但是，在适当的制度或规则下，政策会有用且应该被使用。

第 22 章

本章讨论财政政策。首先回顾我们前面已学的相关知识，然后重点讨论政府预算约束对债务、支出和税收之间关系的影响。最后关注巨额公共债务的含义，这是发达国家当今的重要问题。

第 23 章

本章讨论货币政策。首先回顾我们已学的相关知识，然后重点关注当前的挑战。首先，它描述了通货膨胀目标制的基本框架，大多数中央银行在危机前都采用了这一框架。其次，本章转向了危机引发的几个问题，从最优通货膨胀率到金融监管的作用以及被称为宏观审慎工具的新工具的使用。

第 21 章　政策制定者是否应当受到限制

书曾经多次提到，财政政策与货币政策的正确搭配能够帮助一国走出衰退，在不增加经济活动和引发通货膨胀的情况下改善该国的贸易状况、防止经济过热以及刺激投资和资本积累。

然而，上述结论似乎与人们对政策制定者严加约束的要求相矛盾。

在美国，将平衡预算修正案写入宪法以限制债务增长的呼吁不绝于耳。共和党为 1994 年美国中期选举所制定的"与美国人民缔约书"中，第一条就与此有关。在欧盟，已经采纳欧元的国家都必须签署《稳定与增长公约》（*Stability and Growth Pact*，SGP），这些国家被要求将其预算赤字保持在 GDP 的 3% 之内，否则就会面临巨额罚款。1989 年制定的《新西兰中央银行章程》将货币政策的作用定义为维持价格稳定，而不包括任何其他宏观经济目标。

> 有趣的是，美国平衡预算的承诺没有实现。在欧元区，各国经常超过《稳定与增长公约》目标。2018 年，新西兰中央银行改变了其任务，将高就业目标纳入其中。这是一个教训。

本章将讨论对宏观经济政策的约束。

21.1 节和 21.2 节　将讨论这样的一个观点：政策制定者的动机或许是好的，但政策产生的结果却适得其反、弊大于利。

21.3 节　将讨论另一个更具有讽刺意味的论点：政策制定者所实施的政策是对其自身利益最有利的，但对整个国家而言却不一定最有利。

> 如果你还记得本章的一条基本信息，它应该是：将政策视为决策者与经济、决策者与选民以及决策者之间博弈的结果是有用的。因此，有理由对决策者施加限制。

21.1　不确定性和政策

对支持政策限制的第一种看法大致可以这样陈述：不懂就别做。该观点可以分为两个部分：第一，宏观经济学家以及实际上依赖其建议的政策制定者所知甚少；第二，他们因此也应当少行动。让我们分别讨论每一部分。

21.1.1 宏观经济学家到底知道多少

宏观经济学家就像治疗癌症的医生,他们懂很多,但是也有很多东西他们不懂。

例如,在一个处于高失业的经济中,中央银行正在考虑降低利率来刺激经济。假设还有降低利率的空间,换句话说,这里并不考虑流动性陷阱问题(第4章)。思考一下从中央银行降低利率到产出增长之间的整个传导过程,即在决定是否降低利率以及多大程度上降低利率时,中央银行要面临的所有问题。

- 目前的高失业率是失业高于自然失业率的信号,还是自然失业率已增加的信号(见第7章)?
- 如果失业率接近自然失业率,那么利率下降会导致失业降低到自然失业率之下,进而导致通货膨胀率上升吗(见第9章)?
- 政策利率的降低对长期利率有何影响(第14章)?股票价格将增加多少(第14章)?货币将贬值多少(见第19章和第20章)?

这是一个相对简单的实验。考虑一下在一个遭受重大金融危机的国家提出同样的问题:利率变化将如何影响金融系统、投资者对风险的看法等等?

- 利率降低和股票价格上涨需要多长时间才会对投资和消费支出产生影响(第15章)?汇率贬值将在多大程度上改善贸易平衡(第18章)?如果这些效应姗姗来迟,在经济已经复苏后才显现,其危害是什么?

在评估这些问题时,中央银行——或者一般的宏观经济政策制定者——不会靠凭空想象去行事。他们尤其依赖宏观计量经济模型,模型里的方程表明了经济变量之间的关系在过去的情况。但是,不同的模型给出了不同的答案,这是因为各个模型有不同的结构、不同的方程及不同的变量。

图21-1给出了这种多样性的一个例子。这个例子来自国际货币基金组织协调的一项研究,要求10个主要宏观经济计量模型的构建者回答同样的问题:追踪两年内美国政策利率下降100个基点(1%)的影响。

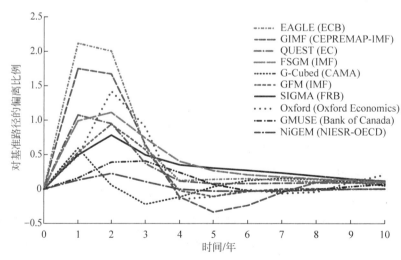

图21-1 产出对货币扩张的反应:10个模型的预测结果

注:虽然10个模型都认为在货币扩张后,产出将在一段时间内上升,但10个模型关于产出增加幅度和持久程度的答案却差异很大。

其中3个模型已经开发并被中央银行使用；国际组织，如国际货币基金组织或经合组织使用了4个；3个是学术机构或商业公司使用的。它们的结构大致相似，你可以将其视为我们在第9章中开发的IS-LM-PC框架的更详细版本。然而，正如你所看到的，它们对这个问题给出了截然不同的答案。尽管平均算一年后美国产出增长0.8%，但答案从0.1%到2.1%不等。两年后，平均算美国产出增长为1.0%，范围为0.2%至2%。简言之，如果我们用这组模型的答案范围来衡量不确定性，那么政策效果确实存在很大的不确定性。

21.1.2 政策制定者是否应该因不确定性的存在而减少行动呢

既然政策效果存在不确定性，政策制定者应该因此而减少行动吗？答案通常是肯定的。考虑下面的一个例子，它是根据我们刚才看到的模拟结果构造出来的。

假定美国经济正在衰退，失业率是6%，美联储正在考虑使用货币政策扩大产出。为了集中讨论政策效应的不确定性，假定美联储确切地知道每一件事情。根据预测，它知道如果货币政策不变，下一年的失业率仍将是6%。自然失业率是4%，因此，失业率高于自然失业率2个百分点。根据奥肯定律，它也知道，年产出每增长1个百分点，失业率将下降0.4个百分点。

在这些假设下，美联储知道，如果下一年的产出多增长5个百分点，从现在起一年后的失业率将会降低0.4×5%=2%，因此失业率将下降到4%的自然失业率水平。那么，美联储应该降低多少政策利率呢？

根据图21-1中各个模型的不同结果，平均来讲，政策利率下降1%，会使第1年的产出增加0.8%。

假设美联储将这一平均反应程度视为确定的。那么，它该如何行动就已经一目了然了。要在一年之内将失业率降到自然失业率水平，产出要多增长5个百分点。5%的产出增长要求美联储降低5%/0.8%=6.25%的政策利率。如果经济反应程度等于上面10个模型结果的平均水平，这一政策利率的下降将使经济在一年内回归到自然失业率水平。

假定美联储确实将政策利率下调了6.25%。现在，我们引入不确定性，这一不确定性用图21-1中各个模型响应的差异程度来衡量。回顾一下，政策利率下降1%，一年后产出的增长从0.1%至2.1%不等。这意味着，政策利率下降6.25%，根据各种方法所预测的产出增长将处于0.625%（0.1×6.25%）至13.1%（2.1×6.25%）之间的某一值。相应地，失业率将降低0.25%（0.4×0.625%）至5.24%（0.4×13.1%），或者说一年后的失业率可能是处于0.76%（6%－5.24%）至5.75%（6%－0.25%）之间的任何一个值！

结论非常明确：按照上文所述的货币政策影响产出的不确定性的范围，降低6.25%的政策利率将是不负责任的。如果利率对产出的影响作用强烈，如10个模型之一所预测的那样，一年后，失业率可能会比自然失业率低3.24%（4%－0.76%），从而导致巨大的通货膨胀压力。考虑到这些不确定性，美联储降低的政策利率应该远远少于6.25%。例如，降低3%的政策利率，一年后失业率的范围将是5.9%至3.5%，显然，这一结果相对更安全。

> 当然，在现实世界中，美联储并不能知晓每一件事情，它只能作出有根据的猜测。它不知道自然失业率的确定值，或者奥肯定律的确切系数。引入这些不确定性的来源，会进一步强化我们的基本结论。

> 这个例子依据的是倍数不确定性原理——也就是说，因为政策效应的不确定性，更积极的政策将导致更大的不确定性。参见：William Braiard, *Uncertainty and the Effectiveness of Policy*（《不确定性和政策的有效性》），American Economic Review，May 1967 57(2)：pp. 411～425。

21.1.3 不确定性和对政策制定者的限制

总结一下：宏观经济政策效应确实存在很大的不确定性，这种不确定性应该使政策制定者变得更加谨慎，少用积极的政策。政策的主要目标应该是避免严重的和持久的衰退、减缓经济过热、消除通货膨胀压力。失业或通货膨胀越高，政策就应该越积极。一个例子来自2008—2009年的经济衰退，当时货币和财政政策的空前转变可能避免了20世纪30年代大萧条时期的重演。但在正常时期，宏观经济政策不应一味地将失业或产出增长保持恒定，应该停止这种频繁的**微调**（**fine tuning**）。

> 也正是这两位经济学家——弗里德曼和莫迪利安尼，独立地发展了现代消费理论（见第15章）。

这些结论在20年前就已经引起了争议——那时，两派经济学家之间存在着激烈的争论。以米尔顿·弗里德曼为首的一派经济学家认为，由于时滞不仅是长期存在的，也是变化的，激进政策的害处可能比好处更多。以MIT的弗兰科·莫迪利安尼（Franco Modigliani）为首的另一派经济学家刚刚创建了第一代的大型宏观经济计量模型，他们认为，经济学家对经济的了解已经足够好，可以逐渐增加对经济的微调。目前，大多数经济学家都意识到政策效应确实存在不确定性，而且由于不确定性，除了2008—2009年的特殊情况，应该少采用积极的政策。

然而，我们注意到，到目前为止所得出的观点都是关于政策制定者的自我约束，而不是对政策制定者施加约束。如果决策者是仁慈的——他们就会关心国家的福祉——如果政策制定者理解了不确定性的内涵——没有理由认为他们不了解——他们自己就会主动地减少对积极政策的使用。没有理由施加进一步的约束，如要求货币增长率恒定，或者预算应该平衡。接下来，我们将讨论关于对政策制定者施加约束的观点。

21.2 预期和政策

> 博弈论已经成为经济学所有分支的重要分析工具。1994年和2005年的诺贝尔经济学奖就颁给了博弈理论家：1994年颁给普林斯顿的约翰·纳什、伯克利的约翰·哈桑尼及德国的莱因哈德·赛尔顿（电影《美丽心灵》描绘了约翰·纳什的生平）；2005年颁给来自以色列的罗伯特·奥曼及哈佛大学的托马斯·谢林。

宏观政策效应不确定性的来源之一在于政策和预期的相互作用。一个政策如何发挥作用，以及它是否会发生作用，不仅取决于它如何影响当期的变量，而且取决于它如何影响对未来的预期（这是第16章的主题）。但是，就重要性而言，政策预期已经超出了政策效应的不确定性。这就引发了我们对博弈过程的讨论：

宏观经济政策一直到30年以前还被视为如同控制复杂的机器。最初为了控制和引导火箭而开发的**最优控制**（**optimal control**）方法，一度被广泛应用于宏观经济政策的设计中。但是现在，经济学家的想法已经转变。他们越发清楚地认识到经济与机器有根本的不同，即使和非常复杂的机器相比也是如此。异于机器，经济由人和企业组成。他们试图预测政策制定者将会做什么，他们不仅对目前的政策、也对未来政策的预期作出反应。因此，宏观经济政策应该视为政策制定者和经济系统之间——更具体点，是经济中的个人和企业之间——的一种**博弈**（**game**）。所以，在考虑政策时，我们需要的工具不是**最优控制理论**（**Optimal Control Theory**），而是**博弈论**（**Game Theory**）。

下面先澄清两个概念。经济学家提及"博弈"时,不是指"娱乐",而是指**博弈者**(players)之间的**战略互动**(strategic interactions)。在宏观经济政策的范畴里,博弈者中的一方是政策制定者,另一方是个人和企业。战略互动的意思很明确:个人和企业的行为依赖于他们对政策制定者行为的预期;政策制定者的行为依赖于经济当中发生了什么。

博弈论赋予了经济学家很多的洞察力,如果能够理解所做博弈的本质,常常能够对一些看似奇怪的行为作出合理解释。其中的一个洞察结果对这里要讨论的政策约束特别重要:有时在博弈中放弃某些选择,会得到更好的结果。要理解这一点,先看一个经济学以外的例子,即政府对付绑架犯的政策。

> 甚至机器也正在变得更加智能:在1968年的一部名为《2001:太空漫游》的电影中,机器人 HAL 能够预测人类(在太空飞船中)的行为。电影以不幸的结局告终。(请欣赏这部电影)

21.2.1 绑架和谈判

大多数政府都有政策明确表示不与绑架犯进行谈判。原因很显然:这种政策使绑架犯无利可图,从而阻止绑架。

假设尽管这一政策有明文规定,仍然发生了一起绑架事件。考虑到绑架无论如何已经发生了,那么为什么不进行谈判呢?无论绑架犯索要的补偿是什么,都不会比另一种选择(即人质有可能丧失生命)付出的代价更大。因此,最好的政策似乎应该是:对外宣布不会进行谈判,但是一旦发生绑架事件,仍要谈判。

细想一下,事实上这显然是一个很不好的政策。绑架犯做决定的依据不是明文规定的政策,而是他们对绑架人质产生的实际后果的预期。如果他们知道肯定会进行谈判,他们就会正确地估计到已有的政策不过是一纸空文。于是,就会实施绑架。

那么,最好的政策是什么呢?绑架一旦发生,尽管谈判通常会带来更好的结果;但是最好的政策是政府不进行谈判。通过放弃谈判这个选项,他们有可能事先就阻止了绑架事件。

> 这个例子由先后任教于卡内基梅隆大学以及加州大学圣巴巴拉分校的芬恩·基德兰德和先后任教于明尼苏达大学以及亚利桑那州立大学的爱德华·普雷斯科特提出,见这两位经济学家共同发表于1977年7月的《政治经济学杂志》,85(3)的《规则而非相机抉择:最优政策的不一致性》(*Rules Rather than discretion: The inconsistency of Optimal Plans*)。基德兰德和普雷斯科特于2004年被授予诺贝尔经济学奖。

现在回到一个有关通货膨胀和失业之间关系的宏观经济例子。你将看到,即使情况不那么戏剧性,其中涉及的逻辑也是相同的。

21.2.2 重温通货膨胀和失业

回顾我们在第8章中推导出来的通货膨胀和失业的关系式[式(8.10),为简便起见忽略时间下标]:

$$\pi = \pi^e - \alpha(u - u_n) \tag{21.1}$$

通货膨胀(π)取决于预期通货膨胀(π^e)以及实际失业率和自然失业率之差($u - u_n$)。系数α反映了失业对通货膨胀的影响,给定预期通货膨胀;如果失业率高于自然失业率,通货膨胀低于预期通货膨胀;如果失业率低于自然失业率,通货膨胀高于预期通货膨胀。

假设美联储宣布将一直贯彻零通货膨胀($\pi=0$)的货币政策。如果人们相信美联储的宣言,工资合同里所包含的预期通货膨胀(π^e)就会等于0,此时,美联储面对的失业和通货

膨胀关系如下:

$$\pi = -\alpha(u - u_n) \tag{21.2}$$

如果美联储一直贯彻它所宣布的零通货膨胀政策,失业率就会等于自然失业率。在式(21.2)中,通货膨胀等于0,与美联储所宣布的及人们所预期的相一致。

实现零通货膨胀和等于自然率的失业率是一个不错的结果。但是,美联储似乎可以做得更好。

- 出于计算的目的,假设 α 等于 0.5。从式(21.2)可知,接受 1% 的通货膨胀,联储可将失业率降到低于自然失业率 $1\%/0.5 = 2\%$。假设美联储——及经济中的任何人——发现这一权衡取舍很有吸引力,并决定以通货膨胀率增加 1% 为代价换取失业率降低 2 个百分点。这种在其他人采取行动后——此处指当工资制定者已经制定了工资——偏离所宣称的政策的动机,在博弈论里被称为最优政策的**时间不一致性**(time inconsistency)。在这个例子里,美联储可以通过偏离已宣布的零通货膨胀政策,来改善该时期的经济形势:以承受一点通货膨胀为代价,确实可以大幅降低失业。

- 不幸的是,故事并没有结束。因为美联储允许比它所宣布的更高的通货膨胀,工资制定者可能会了解真相并变得聪明,开始预期一个 1% 的正通货膨胀。如果美联储仍想把失业率降到低于自然率 2% 的水平上,现在就必须承受 2% 的通货膨胀,因为预期发生了变化。接受 1% 的通货膨胀不再足以维持低失业率。但是,如果美联储坚持并且达到 2% 的通货膨胀,工资制定者可能会进一步增加对通货膨胀的预期,并使这种互动不断地进行下去。

- 最终的结果可能是持续的高通货膨胀。因为工资制定者理解美联储的动机,预期通货膨胀最终会赶上实际通货膨胀。最终结果是一个经济体的失业率与美联储遵循其宣布的政策时的失业率相同,但通货膨胀可能高得多。简言之,美联储试图让事情变得更好,最终会导致事情变得更糟。

这一例子能解释现实吗?能。回到第 8 章:我们可以把菲利普斯曲线的历史及 20 世纪 60 年代末期和 20 世纪 70 年代不断上升的通货膨胀,归因为美联储试图将失业率保持在低于自然率水平的政策,这最终导致了越来越高的预期通货膨胀和实际通货膨胀。由此看来,初始菲利普斯曲线的移动可以看作工资制定者根据中央银行的行为对预期进行调整的结果。

所以在本例中,对美联储而言最好的政策是什么呢?答案是它要作出一个可信的承诺,承诺它不会试图将失业率降到低于自然率的水平。通过放弃偏离已宣布政策的选择,美联储可以达到等于自然率的失业率和零通货膨胀。绑架事件例子与本例有着明显的相似性:如果令人信服地承诺不会去做那些当时看似有利可图的事情,政策制定者可以得到更好的结果:将不会发生绑架(在前面的例子中),在这里不会出现通货膨胀。

回顾一下:给定劳动力市场状况和对未来价格的预期,企业和工人们通过商讨确定名义工资。给定名义工资,企业设定价格,而这决定了价格水平。因此,价格依赖于预期价格和劳动力市场状况。换句话说,通货膨胀取决于预期通货膨胀和劳动力市场状况。这就是式(21.1)想要表达的信息。

为了简化,这里假定美联储可以精确地选择失业率——意味着也能选择通货膨胀率。这样做,忽略了政策效应的不确定性。这是 21.1 节的主题,但在这里并不重要。

请记住,自然失业率从任何意义上讲既不是自然的,也不是最佳的(见第 7 章)。美联储和经济中的其他所有人都希望失业率低于自然水平是合理的。

21.2.3 建立可信度

中央银行如何能够让其关于"不会偏离已宣布的政策"的承诺变得可信？

建立可信度的一种方式是，中央银行自己放弃——或者被设定的法律剥夺——其制定政策的权力。例如，通过简单的法律条文来规定银行的权力，如设定货币增长率永远为0（或更普通，$x\%$）。（另一种方式是我们在第20章所讨论的，即引入诸如一揽子货币甚至钉住美元这样的硬标杆：在这种情况下，无论发生什么，中央银行必须维持利率与国外利率相等。）

这种法律显然是为了处理时间不一致性的问题。但是，就如同把婴儿和洗澡水一起泼掉一样，这样的约束过于强硬。我们想要阻止中央银行为了追求比自然率更低的失业率而实施过高的货币增长，但同时——受21.1节中所讨论的约束——我们还想让中央银行在失业率远远高于自然率时，可以扩张货币供给以降低政策利率；而在失业率远远低于自然率时，能够紧缩货币供给以提高政策利率。在固定货币增长规则下，这样的行为对中央银行来说变得不可能。其实还有更好的方法来解决时间的不一致性。就货币政策而言，我们来讨论处理这种问题的几种方法。

第一种是使中央银行保持独立。**独立的中央银行**是指能够不受现任政治家影响的、独立作出利率和货币供给决策的中央银行。因为政治家面临定期选举，所以他们会更希望降低当前的失业率，而不惜以随后的高通货膨胀为代价。保持中央银行的独立，让政治家难以解雇中央银行行长，中央银行就更有可能抵制政府要把失业率降低到自然率之下的政治压力。

但是这可能还不够。即使没有政治压力，中央银行可能也会试图把失业率降低到自然率以下：这样做会在短期内带来更好的产出。所以，第二种是鼓励中央银行行长从长远考虑——考虑到高通货膨胀的长期运行成本。达到这个目的的一种方法就是延长他们的任期，从而激励他们有长远的事业并树立信誉。

第三种，更具争议性，是任命"保守的"中央银行行长，即他本人厌恶通货膨胀，在失业率等于自然率时，不愿意为了更少的失业而接受更高的通货膨胀。在经济处于自然失业率水平时，他不想实施货币扩张。因此，时间不一致性的问题也就随之消失了。

在过去20年里，许多国家都采取了以上措施。中央银行变得越来越独立于政府，中央银行行长的任期有所延长，而且政府通常任命比其自身更"保守"的人担任中央银行行长——与政府相比，他们似乎关心通货膨胀更多一些，而关心失业更少一些（参见要点解析"艾伦·布林德说真话是不对的吗"）。

这些方法是否成功？图21-2表明，至少在实现低通货膨胀方面是成功的。图21-2的纵轴表示18个OECD国家1960年至1990年的年均通货膨胀率，当时一些中央银行是独立的，其他中央银行就不那么独立了。（如今，大多数中央银行至少在形式上是独立的。）横轴表示中央银行独立性指数，该指数通过考察中央银行宪章的若干法律条款来构造——例如，政府是否能够以及如何撤换中央银行行长。由回归线可以看出，这两个变量之间存在显著的反向变动关系：中央银行越独立，相应地通货膨胀率越低。其具体机制是：中央银行的独立性使公布的通货膨胀目标更加可信。这导致通货膨胀预期保持在宣布的目标附近，反过来又使中央银行更容易实现其目标。然而，第8章表明，建立信誉并非一蹴而就。早在

20世纪80年代初,美联储就表示了对低通货膨胀的承诺,但直到20世纪90年代中期,通货膨胀预期才稳定在目标通货膨胀率上。

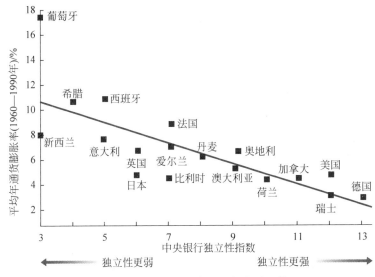

图 21-2 通货膨胀和中央银行的独立性

资料来源:Vittorio Grilli,Donato Masciandaro and Guido Tabellini,"Political and Monetary Institutions and Public Financial Policies in the Industrial Countries,"(工业化国家的政治和货币制度及公共金融政策)Economic Policy,October 1991 6(13): pp. 341—392.

注:在OECD国家中,中央银行独立性越强,通货膨胀率就越低。

注意:图 21-2 显示的是相关性,但并不意味着存在因果关系。可能原因在于那些厌恶通货膨胀的国家倾向于赋予中央银行行长更多的独立性,同时也倾向于保持更低的通货膨胀。(这是相关性和因果关系之间存在差异的又一个例子,这一点将在本书末尾附录 3 中进行讨论。)

21.2.4 时间一致性和对政策制定者的约束

现在我们对已学的这部分内容进行一个总结。

我们基于时间不一致性问题,讨论了对政策制定者施加约束的一些观点。

当时间不一致性变得很严重时,对政策制定者施加严格的约束——如货币政策中的固定货币增长规则,或财政政策中的平衡预算规则——可大致解决问题。但是,这种方案的代价很大,因为它完全阻止了宏观经济政策的使用。更优的方案是设计更好的制度(如独立的中央银行或更好的预算程序),在这种制度下,我们既可以解决时间不一致性问题,又允许使用政策来稳定产出。然而,要做到这一点并不容易。

要点解析

艾伦·布林德说真话是不对的吗

1994年夏天,克林顿总统任命普林斯顿的经济学家艾伦·布林德担任美联储的副主席(事实上的二把手)。几周之后,布林德在一次经济会议上发言时指出,在失业很高时,联储既有责任也有能力使用货币政策使经济复苏。这一言论非常不受欢迎,公债价格应声下跌,大多数报纸都发表社论批评布林德。

市场和报纸的反应为何如此消极?显然布林德并没有错。毫无疑问,货币政策可以而且应该帮助经济走出衰退。实际上,1977年的美联储法案要求美联储不仅要追求低通货膨胀,也要追求充分就业。

引用正文中讨论的观点,外界如此消极反应的原因是布林德的话显示了他不是一个保守的中央银行行长,他不仅关心通货膨胀,而且关心失业。当时的失业率为6.1%,接近于当时所认为的自然失业率,市场把布林德的言论解读为他可能尝试把失业率降低到自然率之下。从而市场预期通货膨胀会上升,利率会增加,这造成了债券价格下跌。

这个故事的用意很明显:无论中央银行行长在心中有着什么样的观点,他们至少应该试着让自己看上去或者听上去是保守的。这就是为什么很多中央银行行长都不愿意承认,至少是公开承认,在失业与通货膨胀之间存在着权衡取舍关系。

21.3 政治和政策

到目前为止,我们都假定政策制定者是善意的——他们试图做对经济最有利的事情。但是,很多公共舆论对这一假设提出质疑:有观点认为,政治家或政策制定者的出发点是做对他们自己来说最有利的事情,因此他们制定的有些政策对国家并不总是最有利的。

你或许听说过这样的言论:政治家逃避艰难的决策,他们一味迎合和讨好选民,热衷党派政治斗争,引起政治困局,最后却什么实事也没做。探讨民主政权的缺陷已经超出了本书的范围。这里要做的是,先大致回顾一下这些观点如何解释宏观经济政策,然后了解一些经验证据,以及它对政策约束问题有什么启示。

21.3.1 政策制定者和选民之间的博弈

很多宏观经济措施都涉及短期损失和长期收益之间的权衡——或者相反地,短期收益和长期损失之间的权衡。

以减税为例。根据定义,减税导致当前更少的税收。这可能增加需求,并因此在一段时间内提高产出。除非伴随着政府支出同等程度的削减,否则减税行为会导致更大的预算赤字,从而将来需要增加税收。如果选民是短视的,政治家承诺减税也许会是极为诱人的(可能被用来拉选票)。政治图谋可能导致系统性赤字,直到政府债务高到让政治家感到害怕之时,他们才不敢再采取减税行动。

让我们继续来讨论一般意义上的宏观经济政策。再次假定选民是短视的。如果政治家的主要目的是取悦选民以再次当选,那么在选举前,何不扩大总需求以带来更高的增长和更低的失业呢?确实,超过正常增长率的增长不能持续,经济最终必然会回到正常的产出水平:较高的增长之后必然是未来的较低增长,低税收之后必然是未来的高税收。但是选择恰当的时机,加之选民是短视的,较高的增长与较低的税收会赢得选举。因此,我们会看到一个非常明显

我们在第9章曾看到,即使货币政策可以在短期增加产出,在中期来看,产出会回到自然水平,失业率也会回到自然率水平。

的**政治经济周期**(political business cycle)(即由政治选举引起的经济波动),选举之前的增长率平均来说比选举之后的要高一些。

<small>赤字、债务和债务与GDP比例变化之间精确的关系将在第22章中详细讨论。在这里,只需了解赤字会导致负债增加。

供给侧理论的主要支持者是一位名叫亚瑟·拉弗的经济学家。据说,1974年,他在餐巾纸上绘制了税收与税率的关系图,说服了当时的福特总统。他认为当时美国税率过高,降低税率将增加而不是减少收入。</small>

我们提到的这些观点并不陌生,你以前可能以这样或那样的方式听说过。而且这些观点的逻辑令人信服,但问题是它们与事实能很好地吻合吗?

首先,考虑赤字和负债。前面的观点可能会让你以为,预算赤字和政府的高负债问题由来已久,而且将一如既往地存在下去。图21-3描绘了自1900年以来美国政府债务占GDP比例的变化过程,从中可以看出,事实更加复杂。

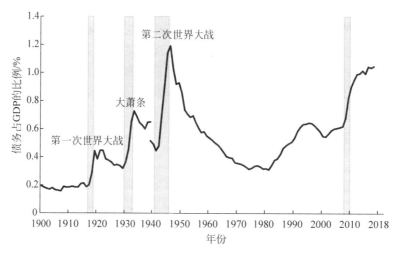

图21-3　1900年以来美国政府债务占GDP比例的演变

资料来源:美国历史统计(Historical Statistics of the United States),商务部和《总统经济报告》表B-1和表B-87(Department of Commerce and Economic Report of the President. Tables B1 and B-87)。

注:1900年以来的三次主要债务高峰与第一次世界大战、大萧条以及第二次世界大战联系在一起。与之相反,1980年以来的债务高峰与战争或负面的经济冲击都无关,除了金融危机导致的债务增加。

首先看美国政府债务占GDP比例在1900—1980年的变化。三次政府债务高峰(图中用阴影部分表示)都出现在非常特殊的情境下:第一次世界大战、大萧条及第二次世界大战。在这些时期,要么是军事支出的异常增加,要么是产出的异常下跌。不利的环境——而非迎合选民——是这三个时期巨额财政赤字以及由此引发的债务增长的潜在原因。也请注意,每一次债务高峰之后,债务都会稳步下降。例如,债务占GDP的比例逐步从1946年的120%下降到了1981年31%的战后低点。

最近的证据不太令人放心。债务与GDP之比在2018年回升至105%。这一增长有三个主要原因:20世纪80年代初里根政府的大规模减税,21世纪初布什政府的又一轮大规模减税,以及2008年和2009年金融危机引发的巨额赤字。

正如我们在第6章看到的那样,金融危机期间的巨额赤字在很大程度上是基于宏观经济背景的;没有它们,经济衰退会更糟。但两轮减税又如何呢?其动机是迎合目光短浅的选民吗?可能不是,或者至少主要不是。下文将讨论的一个动机是"饿死野兽",创造赤字,以便在以后创造削减开支的政治压力。另一种是基于供给侧理论,即减税会导致人们更多地工作,企业生产率更高,从而提高未来的潜在产出和税收收入。(减税会带来更高税收收入的希望从未实现,债务最终会更高。)

简言之,愤世嫉俗的政客和目光短浅的选民的结合必然导致稳定的赤字和高债务的简单假设并不符合事实。关于政治经济周期的论点,即政策制定者试图在选举前实现高产出增长,以便他们能够连任,又如何呢?如果政治商业周期很重要,我们预计在选举前会看到更快的增长,而不是选举后。基于这一动机,表21-1给出了1948年至2018年美国每届政府4年的平均产出增长率,区分了共和党和民主党总统政府。看看表格的最后一行,历任政府的最后一年,增长率确实是平均最高的:3.6%,而第1年为2.8%。(下面我们将回到表格中另一个有趣的特征,即共和党和民主党政府之间的差异。)这可以被解读为操纵经济政策以赢得选举的有利证据。

表 21-1　1948年以来共和党和民主党总统任期期的增长率　　年百分比

党派	任职年份				
	第1年	第2年	第3年	第4年	平均
民主党	2.4	5.1	3.8	3.4	3.7
共和党	3.3	0.9	3.3	3.8	2.8
平均	2.8	3.0	3.5	3.6	3.2

资料来源:用序列GDPCA计算的结果,从1948年到2008年:美联储经济数据(FRED)http://research.stlouisfed.org/fred2。

总而言之:决策者对他们的选举前景并非无动于衷,选民往往目光短浅。关于政治经济周期的证据表明,这确实在宏观经济政策的制定中发挥了作用。但是,如果我们要解释债务和赤字的演变,显然还有其他因素在起作用:战争、危机、不寻常的经济理论,以及我们在下一小节中探讨的政策制定者之间的博弈。

21.3.2　政策制定者之间的博弈

假定执政党希望削减开支,但却面临国会的反对。向国会及未来执政党施压的一种方法是通过减税造成财政赤字。随着时间的推移,债务不断增加,降低赤字的压力不断上升迫使国会及未来执政党削减开支——他们除此之外别无选择。

> 这个策略被讽喻为"饿死野兽"。这个短语被认为是里根政府的一名职员创造的。

或者假定不管出于什么原因,美国正面临巨大的预算赤字。国会中的两党都希望降低赤字,但是在降低赤字的方式上却存在分歧。一方希望主要通过增加税收减少赤字,而另一方则希望主要通过削减开支减少赤字。各方都坚持自己的意见,希望另一方能够率先让步。只有当债务增加得庞大而且需要迫切减少赤字的时候,才会有一方让步。

博弈理论家将这些情形称为**拉锯战**(wars of attrition)。各方都希望另一方能够让步,这会导致拖延的时间更长,通常代价也更大。这样的消耗战在财政政策的制定中经常发生,这使得赤字在很早之前就应该降低,但是往往要拖很久。

> 经济学之外的另一个例子是:读者可能会回忆起2004—2005年美国曲棍球联盟的罢工,因为雇主和球员不能达成一致,整个赛季被取消。此外,2011年夏季的NBA也经历了类似的情景。

消耗战也会出现在其他经济问题中,如在发生恶性通货膨胀时期。正如我们将在第22章所看到的,恶性通货膨胀是由于通过货币创造来弥补巨大的预算赤字而造成的。尽管在很早的时候就意识到要降低赤字,但是对于稳定计划——包括消除赤字——的支持通常只有在通货膨胀已很高,以至于经济活动受到了严重影响时才会出台。

> 参考要点解析"货币紧缩和财政扩张:20世纪80年代早期的美国"(见第19章)。

这些博弈在解释自20世纪80年代初以来美国债务占GDP比例的增长中起到很大的作用。毋庸置疑,在1981年到1983年减税期间,里根政府的目标之一就是减缓政府开支的增长。同样,到20世纪80年代中期,政策制定者们一致认为应该减少赤字;然而因为民主党和共和党在赤字削减方式(主要应该通过增税还是通过削减开支的方式来减少赤字)上的分歧,直到20世纪90年代末期,削减赤字的计划才最终实现。21世纪初布什政府减税也有相同的动机。类似的状况可能会再次发生:特朗普政府的减税导致了更大的赤字。是否最终通过增税或削减开支来减少这些支出可能取决于共和党和民主党之间另一场消耗战的结果。

> 关于美国最近财政局势的更多讨论请见第22章。

政党之间进行博弈的另一个例子是,执政党的更替带来的经济活动的变化。与民主党相比,共和党通常更多地关心通货膨胀,而更少地关心失业。因此,我们可以预料,与共和党执政相比,民主党执政会出现更强劲的经济增长——更少的失业和更高的通货膨胀。这一预测似乎与事实相吻合。再看一下表21-1,民主党执政时期,平均增长率为3.7%,而共和党仅为2.8%。最明显的对比出现在每届政府执政的第2年。民主党政府的增长率为5.1%,而共和党政府仅仅为0.9%。

一个有趣的问题是:在执政的第2年,效应为何如此显著?可能仅仅是由于好运而已。许多其他因素都会影响增长。但是第8章所讨论的失业通货膨胀理论给出了一种可能的答案:政策效应存在时滞,因此一届新政府要花费一年左右的时间才能对经济产生影响。而且,在很长的时间内,要维持比通常水平更高的增长,将会导致通货膨胀日益增加,因此即使是民主党政府,也不想在其任期内一直维持较高的经济增长。所以对共和党和民主党政府而言,与他们前一半的任期相比,他们在后一半任期内的增长率似乎更为接近。

21.3.3 政治和财政约束

如果政治有时候会导致长期和持续的财政赤字,那么是否可以利用规则来有效限制这些不利影响呢?

修改宪法以平衡每年的预算,如共和党在1994年提出的修正案,当然可以消除赤字问题。然而,正如在货币政策下的不变货币增长规则一样,它可能也会同时限制财政政策作为宏观调控工具的使用。这需要付出很大的代价。

一种稍好的方法是设置一些对赤字和债务余额进行限制的规则。然而,实际上做起来比听上去难得多。虽然限制赤字占GDP比例或者债务占GDP比例的规则比平衡预算要求更灵活,但是如果经济受到特别不利的冲击,它们仍然不够灵活。"稳定与增长公约"面临的问题清晰地表明了这一点,这些问题在要点解析"欧元区财政规则:一段简史"中有详细的讨论。更加灵活或者更加复杂的规则,如考虑特殊情况或者考虑经济状态的规则,是很难设计的,执行起来会更加困难。例如,如果失业率高于自然失业率而允许赤字水平更高,就要求有一个简单而清楚的方式来计算自然失业率,而这几乎是不可能的。

一个补充的方法是当赤字上升的时候使削减赤字的机制发挥作用。例如,考虑一个机制,它能够在赤字水平非常高时自动削减支出。假定预算赤字非常大,全面削减5%的支出是理想的。国会议员很难向他选区的选民解释为什么他们热衷的项目被削减了5%的开支计划。现在假定不通过国会,赤字能够自动引发全面削减 5% 的支出。在知道其他计划的支出也会被削减后,国会成员就会更容易接受对自己有利的支出计划的削减。他们也可以更好地摆脱由于削减支出而带来的谴责:如果国会议员成功地将心仪计划的削减金额限制在比如说 4% 以内(通过说服国会进一步削减其他一些项目,以保持较低的总体支出水平),那么他们可以回到选民那里,声称他们已经成功地阻止了更大的削减。

美国在 20 世纪 90 年代确实用这一方法减少赤字。《预算执行法案》于 1990 年获得通过,并分别于 1993 年和 1997 年引进了两个主要的规则。

- 对支出施加约束。将支出分为两类:任意性支出(discretionary spending)(大致是包括国防在内的商品或服务方面的支出)和强制性支出(mandatory spending)(大致是给个人的转移支付)。在此后 5 年内,对任意性支出设定约束,并要求任意性支出(实际量,即 in real terms)能够小规模地、持续地减少,并针对紧急情况进行了明确的规定。例如,1991 年海湾战争期间的"沙漠风暴行动"就不在约束之列。
- 规定任何新的转移支付计划,只有证明其将来不会增加赤字(不管是通过增加新的收入,还是减少现有其他计划的支出)时,才可以批准。这个规则即所谓的现收现付(pay-as-you-go)规则或 **PAYGO 规则**。

通过强调支出而非赤字本身,这一套规则有一个很重要的含义。一旦出现衰退,收入将减少,赤字虽然会增加但不会触发减支行为。1991 年和 1992 年就发生了这样的情况。关注支出有两大好处:衰退时允许更大的财政赤字——从宏观政策的角度看是好事;而在衰退时会降低违反规则的压力——从政治的角度看是好事。

到了 1998 年,赤字消除,联邦预算在 20 年以来第一次出现了盈余。但不是所有的赤字减少都要归功于预算执行法案:冷战的结束导致国防支出下降和 20 世纪 90 年代后半期经济的强劲增长导致的税收增加是两个重要的因素。一个普遍接受的观点是,这一规则起到了重要作用:它确保了减少的国防支出和增加的税收收入被用于削减赤字,而不是被用于其他项目的支出。

然而,一旦预算盈余出现,国会便日渐希望打破自己的规则。支出上限规则被系统地打破,而且 PAYGO 规则在 2002 年被废止。2010 年,奥巴马总统重新提出了这一政策,但这并没有阻止主要由于减税而导致的赤字增加。我们从这件事以及要点解析"欧元区财政规则:一段简史"中 SGP 的失败中可以汲取的教训是:规则会有用,但它们不能完全取代政策制定者解决问题的决心。

要点解析

欧元区财政规则:一段简史

欧盟国家于 1991 年缔结的马斯特里赫特条约为打算加入欧元区的国家确定了一些共同规范(如果想对欧元的历史有更多的了解,请参阅第 20 章要点解析"欧元简史")。其中有两条是关于对财政政策的约束:第一,一个国家的预算赤字占 GDP 的比例必须低于 3%;第二,一个国家的债务占 GDP 的比率必须低于 60%,或者至少"以一个令人满意的速度接近这个比率"。

1997年，即将成为欧元区的成员一致同意将条款中的某些标准永久化。该年签订的"稳定与增长公约（SGP）"要求成员国必须遵循以下财政规则：

- 成员国必须实现中期预算平衡——须向欧洲当局陈述它们的计划，明确订立当前和未来3年的目标，以向大家展示将如何实现其中期目标。
- 成员国必须避免过多的赤字，特殊情况除外。根据马斯特里赫特条约确定的标准，赤字比例超过3%的部分即为过多的赤字。特殊情况是指当GDP下降的比率超过2%。
- 赤字过多的国家将被制裁，制裁的额度从占GDP的0.2%到0.5%不等——因此，像法国这样的国家，制裁额度大约可以达到100亿美元！

图21-4画出了1995年以来欧元区整体的预算赤字变动情况。注意到从1995年到2000年，欧元区整体的预算差额由占GDP的7.5%的赤字变动到预算平衡。其中一些成员国的表现尤其令人印象深刻：希腊将其赤字水平由占GDP的13.4%降低到1.4%（我们之后发现希腊政府瞒报了其赤字水平，改善的实际水平虽然很可观，但比报告情况要低。现在估计希腊2000年的赤字水平在4.1%）；意大利政府使其赤字占GDP的比例从1993年的10.1%降低到2000年的0.9%。

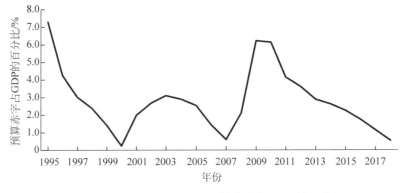

图21-4　1995年以来欧元区预算赤字占GDP的百分比

资料来源：欧洲中央银行。

所有的这些改善都能完全归功于马斯特里赫特标准或者SGP规则吗？答案是否定的：20世纪90年代后期的强劲扩张起到了重要的作用。但是，财政规则也起到了显著的作用：成为欧元区成员国的权利吸引了欧洲国家采取强硬措施降低其赤字。

然而，2000年之后情况发生了转变。赤字开始增加。最先超过规定限制的国家是葡萄牙，其财政赤字在2001年达到了4.4%。紧随其后的是法国和德国，二者的赤字在2002年均超过了GDP的3%。意大利紧随其后。这些国家的政府都觉得避免财政紧缩带来的产出增长率的下降比满足SGP规则更重要。

面对明显的"过度赤字"（这里没有"特殊情况"，所以不存在"例外"的借口，因为虽然所有这些国家的产出增长很低，但都为正），欧洲当局发现自己身处窘境。对葡萄牙这样的小国家启动程序制裁其"过度赤字"在政治上可能是可行的，尽管其是否愿意支付罚款值得怀疑。但对欧元区两个最大的成员国，即法国和德国，执行同样的程序在政治上不可行。经过欧洲的两个主要权力机构——欧盟委员会和欧洲理事会——之间的内部斗争后，欧盟委员会希望继续执行对"过度赤字"的制裁程序，而代表各个国家的欧洲理事会并不想这么做，最终程序被中止。

这场危机明显表明，最初的规则严重缺乏弹性。欧盟委员会主席罗马诺·普罗迪（Romano Prodi）更是承认了这一点。在2002年10月的一次采访中，他说道："我非常清楚，SGP是很愚蠢的，就像以往所有死板的决策一样。"法国和德国的态度表明，对赤字过大国家处以巨额罚款的威胁是完全不可信的。

欧盟委员会花了两年的时间，探讨了完善规则的方法，试图使规则更灵活、更可信。2005年，一个新修订的SGP被采纳，它沿用了3%的赤字和60%的负债作为临界值，但在偏离问题上允许有更大的弹性，增长率不必低于-2%才能暂停规则。其也制定了一些例外情况，主要适用于来自结构改革和公共投资的赤字。罚款被取消，该计划转而依赖早期的公共预警和欧元区国家相互之间的施压。

由于强劲的增长和更高的收入，赤字占GDP的比例一度下降。该比例曾于2007年创下了0.5%的低点。但是经济危机造成了收入剧降，再一次使预算赤字激增。2010年该比率接近于6%，是SGP规定的临界值的两倍。27个欧元区国家中的23个超越了3%的赤字约束，这清楚地表明规则需要重新制定。最终，2012年，欧洲联盟成员国签署了一项新的政府间条约：经济和货币联盟稳定、协调和治理条约，也称为财政契约。它有四项主要规定：

- 成员国应通过宪法修正案或框架法将平衡预算规则引入国家立法。
- 政府预算应保持平衡或盈余。该条约将平衡预算定义为预算赤字占GDP比率不超过3%以及周期性调整赤字不超过特定国家目标。对于债务与GDP比率超过60%的国家，该目标最多可设定为GDP的0.5%；对于债务水平在60%限值内的国家，最高可设定为GDP的1.0%。
- 政府债务与GDP之比超过60%的国家必须以每年至少1/20(5%)的平均比率降低超过的百分点。[例如，如果债务与GDP的实际比率为100%，它们必须至少减少GDP的(0.05(100-60)=2%)。]
- 如果一个国家的预算显示出与第二条规则的重大偏差，则会通过一个称为"过度赤字程序"的程序触发自动纠正机制。该机制的具体实施由每个国家单独确定，但必须遵守欧盟委员会概述的基本原则。

2015年，四项标准中增加了一项新标准，规定在决定一个国家是否应遵守过度赤字程序时，还将考虑其在实施结构性改革（如养老金、劳动力、商品和服务市场改革）方面的进展。

到2018年，欧元区国家的平均预算赤字已降至0.7%，19个欧元区成员国中只有1个（西班牙）仍处于过度赤字程序下，因为其违反了另一项财政契约规则。人们普遍认为，这些规则变得过于复杂和混乱，必须加以简化。工作正在进行，但设计一套更简单的规则证明是困难的。

本章提要

- 宏观经济政策的效应通常存在着不确定性。这种不确定性应该使政策制定者更加谨慎,少使用积极的政策。政策一定要致力于消除长期衰退、减缓经济过热以及消除通货膨胀压力。失业或通货膨胀的程度越高,政策应该越强力。但是,他们不应一味地将失业或产出增长保持恒定,应该停止这种频繁的微调。

- 使用宏观经济政策来控制经济与操纵机器有着根本的区别。与机器不同,经济是由个人和企业组成,他们试图猜测政策制定者将如何行事,他们不仅根据目前的政策,而且根据对未来政策的预期作出反应。从这种意义来说,宏观经济政策可视为经济中政策制定者和参与者之间的一种博弈。

- 进行博弈时,有时博弈者放弃自己的某些选择可能会更好。例如,绑架事件发生时,最好和绑匪进行谈判。但是,以令人信服的方式承诺不会和绑匪进行谈判的政府——已经放弃谈判的选择——实际上更有可能事先阻止绑架事件的发生。

- 类似的讨论可以应用到宏观经济政策的各个方面。中央银行如果以令人信服的方式承诺不会使用货币政策以使失业率降低到自然率之下,可以减轻人们对货币增长将会达到很高程度的担心,而且在这个过程中,预期通货膨胀和实际通货膨胀都会降低。如果时间不一致性的问题很严重,对政策制定者的紧约束——如货币政策中的固定货币增长规则——确实能大致解决问题。但是,如果这种方案同时也妨碍宏观经济政策的使用,可能会付出巨大的代价。更好的方案通常是设计更好的制度(如独立的中央银行),使这种制度既可以解决时间不一致性问题,又不会妨碍货币政策作为宏观政策工具的使用。

- 对政策制定者施加约束的另一个观点是,政策制定者与公众或者政策制定者之间都会进行博弈,而且这些博弈会导致不良的结果。政策制定者通过选择会获得短期利益但会造成长期巨大损失的政策——如巨额的财政赤字,试图欺骗短视的选民以再次当选。政党之争可能耽误重大的决策,因为每个党派都希望另一个党派能够作出调整并承担罪责。在这样的情况下,对政策的严格约束,如调整宪法以平衡预算,大致可以解决问题。更好的方法通常是设计更好的制度和更好的程序(政策或决策制定的程序)。但是美国和欧盟的事实证明,在现实中,这种财政框架的设计和执行都很困难。

关键术语

- Stability and Growth Pact(SGP),稳定与增长公约
- fine tuning,微调
- optimal control,最优控制
- game,博弈
- Optimal Control Theory,最优控制理论
- Game Theory,博弈论
- strategic interactions,战略互动

- players，博弈者
- time inconsistency，时间不一致性
- independent central bank，独立的中央银行
- political business cycle，政治经济周期
- supply side theories，供给侧理论
- wars of attrition，拉锯战
- spending caps，支出上限
- PAYGO rule，PAYGO 规则

本章习题

快速测试

1. 运用本章学到的知识，判断以下陈述属于"正确""错误"和"不确定"中的哪一种情况，并简要解释。

   a. 货币政策效应存在着太多的不确定性，因此我们最好不要使用货币政策。

   b. 根据所使用的模型，政策利率降低1个百分点估计将使降息年份的产出增长率提高0.1个百分点。

   c. 根据所使用的模型，政策利率降低1个百分点估计将使降息年份的产出增长率提高2.1个百分点。

   d. 如果你想降低失业率，就选一位民主党人当总统。

   e. 有明确的证据表明，美国的增长模式存在政治商业周期。

   f. 美国的财政支出规则在减少预算赤字方面一直无效。

   g. 欧洲的平衡预算规则有效地限制了预算赤字。

   h. 政府宣布不与劫持人质者谈判的政策是明智的。

   i. 如果劫持人质已经发生，即使事前政府已经宣布不谈判的政策，但对政府而言与劫匪谈判仍然是明智的。

   j. 有一些证据表明，中央银行更加独立的国家的通货膨胀率普遍较低。

   k. 在"饿死野兽"的财政政策中，削减开支先于减税。

2. 执行一个政治经济周期。

   假设你是新当选总统的顾问。4年后，她将面临新一届的选举。选民想要低失业率和低通货膨胀率。然而，你确信投票决策会受到选举前一年失业率和通货膨胀率的严重影响。总统任期前3年的经济业绩对投票行为的影响很小。

   假设去年的通货膨胀是10%，失业率等于自然失业率。菲利普斯曲线为

   $$\pi_t = \pi_{t-1} - a(u_t - u_n)$$

   假设你可以使用财政政策和货币政策，以在今后4年达到你想要达到的任何失业率。你的任务是帮助总统在她任期的最后一年达到低失业率和低通货膨胀率。

   a. 假设你希望在下一届选举（从现在开始的第4年）之前实现低失业率（即低于自然失业率的水平）。第4年的通货膨胀会发生什么变化？

   b. 给定你在 a 中确定的对通货膨胀的影响，你会建议总统在任职前几年做什么，以在第4年实现低通货膨胀？

   c. 如果菲利普斯曲线由下面的关系式确定：

$$\pi_t = \pi_t^e - a(u_t - u_n)$$

另外,假定人们基于对未来的考虑(而不是只关注去年的通货膨胀)而形成通货膨胀预期 π_t^e,并且人们清楚总统有动力实行 a 和 b 中的政策。那么,你在 a 和 b 中所给出的政策会成功吗?为什么?

3. 假定政府修订宪法以阻止政府官员和恐怖分子谈判,这个政策的好处是什么?坏处是什么?

4. 新西兰在 1989 年修改了中央银行宪章,把维持低通货膨胀作为唯一目标,新西兰为什么这么做?

5. 2018 年,新西兰改写了中央银行章程,将高就业和低通货膨胀作为其目标。新西兰为什么要这样做?

深入挖掘

6. 政治预期,通货膨胀和失业。

假设一个国家有两个政党:民主党,关心失业比关心通货膨胀更多一些;共和党,关心通货膨胀比关心失业更多一些。当民主党当权时,他们选择的通货膨胀率为 π_D,而当共和党当权时,他们选择的通货膨胀率为 π_R。假设 $\pi_D > \pi_R$。

菲利普斯曲线由下面的关系式确定:

$$\pi_t = \pi_t^e - a(u_t - u_n)$$

选举即将举行。假设未来一年的通货膨胀预期(π_t^e)在选举之前形成(本质上,这个假定意味着未来一年的工资水平在选举之前已经既定)。而且,民主党和共和党都有同等的机会获胜。

a. 求预期通货膨胀,即含有 π_D 和 π_R 的表达式。

b. 如果民主党获胜,并实施了他们的目标通货膨胀率 π_D。给定你在 a 中的答案,与自然失业率相比,实际失业率如何?

c. 如果共和党获胜,并实施了他们的目标通货膨胀率 π_R。给定你在 a 中的答案,与自然失业率相比,实际失业率如何?

d. 这些结论与表 21-1 相符吗?如果相符,为什么?如果不相符,又是为什么?

e. 假定现在人们都希望民主党能够赢得选举,而且民主党真的获胜了。如果民主党实施了他们的目标通货膨胀率,与自然失业率相比,实际失业率如何?

f. 如果中央银行设定了通货膨胀目标,而货币政策不受谁赢得选举的影响,因为中央银行是独立的,那么共和党和民主党的偏好是否重要?如果美联储是真正独立的,我们将如何解释表 21-1 中的结果?

7. 预算削减的囚徒困境博弈。

假定存在预算赤字,可以通过削减军事支出,或者削减福利支出,或者削减两者来降低赤字。民主党必须决定是否支持福利削减的计划。共和党必须决定是否支持削减军事支持的计划。

可能出现的结果如表 21-2 所示。

表 21-2　削减福利支出

削减福利支出

		是	否
削减国防支出	是	($R=1, D=1$)	($R=2, D=3$)
	否	($R=3, D=-2$)	($R=-1, D=-1$)

这个表列出了在各种结果下各方获得的回报。在此认为,回报可以衡量在给定结果下各党的幸福感。例如,如果民主党赞同削减福利支出,而共和党反对削减军事支出,那么共和党的回报 3,而民主党的回报是 -2。

a. 如果共和党决定削减军事支出,民主党的最佳选择是什么?给定这一选择,共和党的回报是多少?

b. 如果共和党决定不削减军事支出,民主党的最佳选择是什么?给定这一选择,共和党的回报是多少?

c. 共和党将怎样做?民主党将怎样做?预算赤字会减少吗?如果会,为什么?如果不会,又是为什么?(这是博弈论里囚徒困境的一个例子)是否有改善结果的方法?

进一步探讨

8. 博弈,预先承诺以及获取信息的时间不一致性。

当下的很多事件都提供了关于各种争端的例子,这些争端中博弈涉及的各方都尝试用先行的一系列行动来作出一种承诺,同时也面临着时间不一致性问题。案例可能发生在政治、国际事务,以及劳资关系等领域。

a. 选择一个当前的争端(或者近期已经解决的)进行考察。上网搜索并了解与该争端相关的问题,时至今日各方所采取的行动,以及当前的状态。

b. 各方采取了什么方法来向公众承诺未来将采取的措施?他们面临着时间不一致性问题吗?各方没能采取任何威胁性行动吗?

c. 这个争端类似于囚徒困境博弈吗(就像在问题 7 中描述的博弈)?换句话说,这一争端是否可能会出现(或者实际已发生)因个体激励而使双方都遭受不利结果(通过合作,可以使所有各方利益得到改善)吗?各方想要如何谈判?

d. 你认为这个争端会如何解决(或者它是怎样被解决的)?

9. 联邦储备委员会的立法管制。

1977 年的《联邦储备银行法案》(1978 年、1988 年和 2000 年修订)规范了联邦储备委员会的行为。

a. 在你看来,该法案的摘录是否明确了美联储的政策目标?

第 2B 节. 货币政策目标

美联储理事会和联邦公开市场委员会应保持货币和信贷总量的长期增长与经济增长的长期潜力相适应,以有效促进最大就业、稳定价格和适度长期利率的目标。

b. 你认为,该法案的这两个摘录是否与图 21-2 中美国的立场一致?

第 2B 节. 出席国会并向国会报告

出席国会

一般而言,美联储主席应按照第(2)款的规定出席国会半年度听证会并报告:A. 美联储和联邦公开市场委员会在货币政策执行方面的努力、活动、目标和计划;B. 第(B)小节要求的报告中描述的经济发展和未来前景。

第 10 节联邦储备系统理事会

成员的任命和资格

联邦储备系统理事会(以下简称"理事会")应由 7 名成员组成,在 1935 年《银行法》颁布之日后,由总统根据参议院的建议和同意任命,任期 14 年。

延伸阅读

- For more model comparisons, you can look at Günter Coenen et al., "Effects of Fiscal Stimulus in Structural Models," *American Economic Journal: Macroeconomics*, 2012, 4(1): pp. 22–68.
- If you want to learn more about political economy issues, a useful reference is *Political Economy in Macroeconomics* by Allan Drazen (2002, Princeton University Press).
- For an argument that inflation decreased as a result of the increased independence of central banks in the 1990s, read "Central Bank Independence and Inflation" in the 2009 Annual Report of the Federal Reserve Bank of St. Louis at www.stlouisfed.org/annual-report/2009/central-bank-independence-and-inflation.
- A leading proponent of the view that governments misbehave and should be tightly restrained was James Buchanan, of George Mason University. He received the Nobel Prize in 1986 for his work on public choice. Read, for example, his book with Richard Wagner, *Democracy in Deficit: The Political Legacy of Lord Keynes* (1977, Liberty Fund).
- For an interpretation of the increase in inflation in the 1970s as the result of time inconsistency, see "Did Time Consistency Contribute to the Great Inflation?" by Henry Chappell and Rob McGregor, *Economics & Politics*, 2004, Vol. 16, No. 3, pp. 233–251.

第 22 章 财政政策：一个总结

金融危机和大衰退导致了巨额预算赤字，并导致债务与 GDP 比率大幅上升。2007 年发达国家的债务与 GDP 比率为 73%，2018 年为 104%。在一些国家，这一比率要高得多：意大利为 130%，希腊为 188%，日本为 240%。各国政府面临的一个主要宏观经济问题是，这些比率是否应该降低，如果应该，以何种速度降低。本章的目的是回顾我们迄今为止对财政政策的了解，更深入地探讨赤字和债务的动态变化，讨论高债务的成本，并对开头部分的问题给出初步答案。

22.1 节　总结到目前为止我们已经学到的关于财政政策的知识点。

22.2 节　详细讨论政府预算约束，并分析其对预算赤字、利率、增长率和政府债务之间关系的意义。

22.3 节　讨论三个问题：赤字并不真正起作用的观点、如何在经济周期中运用财政政策、是否应该通过征税或发债为战争融资，政府预算约束在这三个问题的分析中起到重要作用。

22.4 节　从高税收、高利率、违约和高通货膨胀等角度分析巨额政府债务的危险性。

22.5 节　介绍了当今美国财政政策面临的挑战。

> 如果你还记得本章的一条基本信息，它应该是：财政政策可以成为强有力的宏观经济政策工具。在使用它时，必须考虑它的短期、中期和长期影响。

22.1　我们已经学到了什么

让我们来回顾一下已经学到哪些关于财政政策的知识：

- 在第 3 章，我们讨论了政府支出和税收在短期内如何影响需求和产出。

我们了解到，在短期内，财政扩张——政府支出增加，或税收减少——如何促使产出增加。

- 在第 5 章，我们讨论了财政政策对产出和利率的短期影响。

我们看到，财政紧缩导致可支配收入下降，导致人们减少消费。需求的减少通过乘数效应导致产出和收入的减少。因此，在给定的政策利率下，财政紧缩会导致产出下降。然而，中央银行降低政策利率可能会抵消一部分财政紧缩的不利影响。

- 在第 6 章,我们看到了金融危机期间如何使用财政政策来限制产出下降。

我们看到,当经济陷入流动性陷阱时,降低利率不再能带来产出的增加,因此财政政策可以发挥重要作用。然而,大幅增加支出和减税不足以避免经济衰退。

- 在第 9 章,我们考察了财政政策在短期和中期的影响。

我们看到,在中期(资本存量既定),财政政策对产出没有影响,只会简单地反映在支出构成的不同上。然而,在短期内,产量会下降。换言之,如果产出在一开始就在潜在产出水平,那么财政政策(尽管出于其他原因可能是可取的)最初会导致衰退。

- 在第 11 章,我们讨论了储蓄(包括私人和公共)在长期中是如何影响资本积累水平以及产出水平的。

我们了解到,一旦考虑资本积累,更大的赤字(从而更低的国民储蓄)会降低资本积累从而导致长期产出水平下降。

- 在第 16 章,我们重新分析财政政策的短期效应,不仅考虑财政政策通过税收和政府支出而产生的直接影响,而且考虑它对预期的影响。

我们了解到财政政策的影响是如何取决于对未来财政政策和货币政策的预期。我们看到赤字削减在某些情况下如何会导致产出增加,甚至在短期也如此,这要归功于人们对未来更高可支配收入的预期。

- 在第 18 章,我们讨论了产品市场开放条件下的财政政策效应。

我们了解到财政政策如何影响产出和贸易余额,考察了预算赤字和贸易赤字之间的关系。

- 在第 19 章,我们讨论了产品市场和金融市场均为开放的条件下,财政政策的作用。

我们看到财政政策效应取决于汇率制度。与浮动汇率制度相比,财政政策在固定汇率制度下对产出的影响更大。

- 在第 21 章,我们讨论了政策制定者所面临的问题,包括政策效应的不确定性、时间不一致性和可信度等。我们讨论了对财政政策行为施加约束(如支出上限、平衡预算的宪法修正)的优缺点。

在推导这些结论时,我们没有密切考虑政府预算约束,即随时间变化的债务、赤字、政府支出和税收之间的关系。然而,这一关系对于理解我们如何达到今天的财政状况,以及理解政策制定者所面临的选择是非常重要的。这将是下一节讨论的重点。

22.2 政府预算约束:赤字、债务、政府支出和税收

> 不要混淆"赤字"和"债务"两个概念。(许多记者和政治家都混淆了这两个概念。)债务是存量,由过去的赤字而导致的政府负债。赤字是一个流量,在给定的年份里,政府的借款额。

假设开始时预算平衡,政府减税后出现了赤字。随着时间的推移,债务会如何变化呢?此后政府是否需要增加税收?如果需要,应该增加多少税收呢?

22.2.1 赤字和债务的计算

要回答这些问题,我们先来看一下预算赤字的定义。我们可以将时点 t(第 t 年)的预算赤字写为

$$\text{deficit}_t = rB_{t-1} + G_t - T_t \tag{22.1}$$

所有变量均为实际值：

- B_{t-1} 是第 $t-1$ 年年底（等价于第 t 年年初）的政府债务；r 是实际利率，这里设为常量。因此，rB_{t-1} 等于在第 t 年政府债务的实际利息支付。
- G_t 是第 t 年政府对商品和服务的支出。
- T_t 是第 t 年的税收减去转移支付的净额。

其用文字表述为：预算赤字等于支出（包括对债务的利息支付）减去扣除了转移支付后的税收。

注意，式(22.1)有以下两个特点：

- 我们用实际利息支付度量利息支付——实际利率乘以现有负债，而非事实上的利息支付——名义利率乘以现有负债。正如我们将在要点解析"通货膨胀的计算和赤字的度量"中所讨论的，这是度量利息支付的正确方法。但是，官方用事实上的（名义）利息支付来度量赤字，因而是不正确的。当通货膨胀很高时，官方的度量有很大的误导性。赤字的正确度量结果有时称作**通货膨胀调整后的赤字**（inflation-adjusted deficit）。

- 为了与以前的讨论相一致，此处将 G 定义为对商品和服务的支出，因此 G 不包括转移支付。转移支付从 T 中扣除，因此 T 表示税收减去转移支付后的净额。官方对政府支出的度量，是将转移支付加上对商品和服务的支出，将收入定义为税收而非扣除了转移支付后的税收。

转移支付是政府向个人的转移，如失业救济金或医疗保险等。

这些只是习惯的记述方法。转移支付是否要加到支出里，或者是否从税收中减去，对 G 和 T 的度量是有区别的，但是不影响 $G-T$ 的数额，因此也不影响对赤字的度量。

那么，**政府预算约束**（government budget constraint）可以简单表述为，第 t 年内政府债务的变化等于第 t 年的赤字。

$$B_t - B_{t-1} = \text{deficit}_t$$

如果政府出现赤字，政府债务就会增加，因为政府借钱为超出收入的部分支出提供资金。如果政府有盈余，政府债务将减少，因为政府将预算盈余用于偿还部分未偿债务。

利用赤字的定义[式(22.1)]，我们可以将政府预算约束改写为

$$B_t - B_{t-1} = rB_{t-1} + G_t - T_t \tag{22.2}$$

政府预算约束将债务变化、债务的最初水平（它影响利息支付）、当期政府支出和当期税收联系起来。将赤字分解为以下两部分之和，通常更方便一些。

- 对债务的利息支付，即 rB_{t-1}。
- 支出和税收之差，即 $(G_t - T_t)$。这项被称作**基本赤字**（primary deficit）[相应地，$(T_t - G_t)$ 被称作**基本盈余**（primary surplus）]。

G 表示对商品和服务的支出，Tr 表示转移支付，Tax 表示税收总额。为了简化，假设利息支付 rB 等于零，可以把其忽略不计，则赤字 $= G + Tr - \text{Tax}$ 这可以改写为两种（等价）形式：
赤字 $= G - (\text{Tax} - Tr)$
赤字等于对商品和服务的支出减去净税收，即税收总额减去转移支付，这是我们在正文的写法。
也可以写成：赤字 $=(G+Tr)-\text{Tax}$
这是在官方写法（例如，参见本书最后附录1中的表A1-4）

利用这一分解，重写等式(22.2)：

$$\underbrace{B_t - B_{t-1}}_{\text{债务的变化}} = \underbrace{rB_{t-1}}_{\text{利息支付}} + \underbrace{(G_t - T_t)}_{\text{基本赤字}}$$

或者，将 B_{t-1} 移到等式右边，改写为

$$B_t = (1+r)B_{t-1} + \underbrace{G_t - T_t}_{\text{基本赤字}} \tag{22.3}$$

第 t 年年底的债务等于 $(1+r)$ 乘以第 $(t-1)$ 年年底的债务,再加上第 t 年的基本赤字 $(G_t - T_t)$。下面将考察这一公式的一些基本含义。(在本节中,我将假设实际利率为正,因此,如果基本赤字等于零,债务会随着时间的推移而增加。这不一定是真的,我稍后将回到这个假设。)

要点解析

通货膨胀的计算和赤字的度量

预算赤字的官方度量用的是名义利息支付即 iB,加上对商品和服务的支出 G,减去扣除了转移支付后的税收 T(省去了时间下标,这里并不需要):

$$赤字的官方度量 = iB + G - T$$

这是对政府现金流状况的精确度量。其值如果为正,政府支出比政府收入多,因此必须发行新债;如果为负,政府可以回购先前发行的债务。

但是这不是对实际债务变化的精确度量。实际债务变化指政府负债的变化,是用商品而非美元来计价。

想弄清楚为什么,看下面的例子。假定官方度量的赤字等于零,那么政府既不用发行债券,也不用回购债券。假如通货膨胀为正,等于 10%,则在本年年底债务的实际价值减少了 10%。如果我们将赤字定义为——而且应该这样定义——政府负债的实际价值的变化,政府实际上处于预算盈余状态,预算盈余等于 10% 乘以最初债务的数额。

更一般地说,如果 B 表示债务,π 表示通货膨胀,官方度量的债务比正确的度量在数量上高估了 πB。换句话说,赤字的正确度量等于官方度量减去 πB:

$$\begin{aligned}赤字的正确度量 &= iB + G - T - \pi B \\ &= (i - \pi)B + G - T \\ &= rB + G - T\end{aligned}$$

其中,$r = i - \pi$ 表示实际利率。因此,赤字的正确度量等于实际利息支付加上政府支出减去扣除了转移支付的税收。

官方度量的赤字和正确度量之差等于 πB。因此,通货膨胀率 π 越高,或者债务水平 B 越高,官方度量越不正确。通货膨胀和债务都很高的那些国家,官方度量方法可能记录了很高的预算赤字,但实际上政府的实际债务正逐渐降低,这就是在得出有关财政政策状况的结论之前要进行通货膨胀调整的原因。

图 22-1 描绘了自 1969 年以来,美国预算赤字的 GDP 占比的官方度量和经过通货膨胀调整后的度量。官方度量结果表明,从 1970 年到 1997 年都出现了赤字。但是经过通货膨胀调整后的度量结果表明,20 世纪 70 年代末之前,赤字和盈余交替出现。但是这两种度量结果都显示出,1980 年后赤字变大,在 20 世纪 90 年代有所好转,在 2000 年后再次恶化。目前,每年的通货膨胀率为 1%~2%,债务占 GDP 的比例在美国大约是 80%,这两种度量方法的差别大致等于 2% 乘以 80%,即 GDP 的 1.6%。

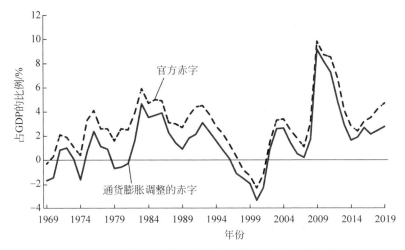

图 22-1　自 1969 年以来美国官方及通货膨胀调整后的预算赤字

资料来源：官方赤字和债务占 GDP 的比例来源于《政府经济报告》表 B-79；通货膨胀来自序列 CPIAUSL，美联储经济数据（FRED）。

22.2.2　当前税收与未来税收

下面讨论某一年减税对债务和将来税收走势的影响。先考虑这样一种情况，第 1 年之前政府预算平衡，因此债务等于零。在第 1 年，政府将税收减少 1（例如，10 亿美元），因此第 1 年年底的债务 B_1 等于 1。问题是：此后将会发生什么事情？

1. 第 2 年完全偿还

假如政府决定在第 2 年完全偿还债务。根据式(22.3)，第 2 年的预算约束由下式表示：

$$B_2 = (1+r)B_1 + (G_2 - T_2)$$

在第 2 年完全偿还债务，则第 2 年年底的债务等于零：$B_2 = 0$。在前面一个式子中，用 1 替换 B_1，用 0 替换 B_2，得到

$$T_2 - G_2 = (1+r)1 = (1+r)$$

为了能在第 2 年完全偿还债务，政府基本盈余必须等于 $(1+r)$。政府可以通过两种方式做到这一点：减少支出和增加税收。这里和本节其余部分都假定通过税收来调整，因此支出不受影响。第 1 年税收减少 1，必须通过第 2 年税收上涨 $(1+r)$ 来抵消。

在第 2 年完全偿还：
$T_1 \downarrow$ 减少 1 $\Rightarrow$
$T_2 \uparrow$ 增加 $(1+r)$

与这种情况相对应的税收和债务走势如图 22-2(a)所示。如果债务在第 2 年完全偿还，第 1 年税收减少 1，要求第 2 年税收增加 $(1+r)$。

2. 第 t 年完全偿还

现在，假设政府决定等到第 t 年才偿还债务。因此从第 2 年到第 $(t-1)$ 年，基本赤字等于零——税收等于支出（不包括对债务的利息支出）。

第 2 年，基本赤字等于零。因此，根据式(22.3)，第 2 年年底的债务等于

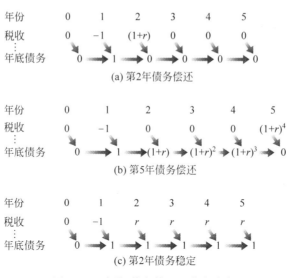

图 22-2 减税、债务偿还和债务稳定

(a) 如果债务在第 2 年完全偿还,第 1 年税收减少 1,要求第 2 年税收增加 $(1+r)$;
(b) 如果债务在第 5 年完全偿还,第 1 年税收减少 1,要求第 5 年税收增加 $(1+r)^4$;
(c) 如果从第 2 年起债务稳定,那么从第 2 年起,税收必须永远高出 r。

$$B_2 = (1+r)B_1 + 0 = (1+r)1 = (1+r)$$

其中,第二个等号是根据 $B_1 = 1$ 的事实推导出来的。

由于第 3 年的基本赤字仍然等于零,则第 3 年年底的债务等于

$$B_3 = (1+r)B_2 + 0 = (1+r)(1+r)1 = (1+r)^2$$

依次类推,显然,只要政府将基本赤字保持为零,债务就会按照与利率相等的速度增长,因此,第 $(t-1)$ 年年底的债务由下式表示:

$$B_{t-1} = (1+r)^{t-2} \tag{22.4}$$

尽管债务在第 1 年减少了 1,但是随着时间的推移,债务一直在以等于利率的速度增加。原因很简单:尽管基本赤字等于零,但债务为正,对债务的利息支付也为正。政府每年必须发行更多的债券来支付现有的债务利息。

第 t 年,政府决定偿还债务,预算约束变成了

$$B_t = (1+r)B_{t-1} + (G_t - T_t)$$

增加指数:
$(1+r)(1+r)^{t-2} =$
$(1+r)^{t-1}$(参见本书结尾的附录 2)

如果债务在第 t 年完全偿还,则 B_t(第 t 年年底的债务)等于零。用 0 替换 B_t,用等式(22.4)中 B_{t-1} 的表达式替换上式中 B_{t-1},得到

$$0 = (1+r)(1+r)^{t-2} + (G_t - T_t)$$

移项变形为

$$T_t - G_t = (1+r)^{t-1}$$

在第 5 年完全偿付:
T_1 减少 1 $\Rightarrow$
T_5 增加 $(1+r)^4$

为了偿还债务,第 t 年的政府基本盈余必须等于 $(1+r)^{t-1}$。如果通过税收来调整,第 1 年税收最初减少了 1,导致第 t 年税收必须增加 $(1+r)^{t-1}$。图 22-2(b) 给出了第 5 年偿还债务的情况下,对应的税收和债务走势。

从这个例子中,我们得到第一组基本结论。
- 如果政府支出不变,税收的减少最终将通过未来的税收增加来抵消。
- 政府增加税收前的等待时间越长或者实际利率越高,最终税收增加得越多。

3. 第 2 年债务稳定

到目前为止,我们一直假设政府会完全偿还债务。现在看一下,如果政府仅仅保持债务存量不变,税收将如何变化。(稳定债务,是指通过改变税收或支出,使债务存量自此以后保持不变。)

假设政府决定从第 2 年起保持债务稳定,这意味着第 2 年年底及以后各年的债务都与第 1 年年底的债务相等。

根据式(22.3),第 2 年的预算约束为

$$B_2 = (1+r)B_1 + (G_2 - T_2)$$

我们假设从第 2 年起,债务保持不变。在这一假设下,$B_2 = B_1 = 1$,替换到上一等式中,得到

$$1 = (1+r) + (G_2 - T_2)$$

将 $(G_2 - T_2)$ 移到等式左边,改写为

$$T_2 - G_2 = (1+r) - 1 = r$$

在第 2 年,为了避免债务的进一步增加,政府必须使基本盈余等于当前债务的实际利息支付(回顾我们假设利率是正的)。在接下来的每一年里政府也必须这样做:基本盈余必须足够支付利息,这样才能保持债务水平不发生变化。税收和债务的走势如图 22-2(c)所示:从第 1 年起,债务都保持为 1,而税收从第 2 年起一直都高出一个数量 r;换句话说,从第 2 年起,政府的基本盈余都等于 r。

从第 2 年起,债务保持不变:
T_1 减少 1 ⇒
$T_2, T_3 \cdots$ 增加 r

这一观点的逻辑可以直接推广到政府从第 t 年才保持债务稳定的情形。无论政府何时才开始保持债务稳定,从那时起,政府每年的基本盈余必须足够偿还债务利息。

从这个例子中,我们得到第二组基本结论。
- 过去的政府赤字将带来更高的政府债务。
- 为了保持债务不变,政府必须消除赤字。
- 为了消除赤字,如果利率是正的,政府的基本盈余必须等于当前债务的利息支付。这要求永久性的税收增加。

22.2.3 债务占 GDP 比例的演变

到目前为止,我们一直都集中在债务水平的演变上。但是在产出随时间不断增长的经济中,将注意力放在债务占 GDP 的比例上会更有意义。

为了讨论研究重点的改变会如何影响我们的结论,下面需要从式(22.3)转向另一个等式,该等式反映了**债务占 GDP 比例**(debt-to-GDP ratio)——简称为**债务比率**(debt ratio)——的演变。

推导债务比率的演变需要几个步骤。不要担心:最后的方程很容易理解。

首先在式(22.3)的两边同时除以实际产出 Y_t，得到

$$\frac{B_t}{Y_t} = (1+r)\frac{B_{t-1}}{Y_t} + \frac{G_t - T_t}{Y_t}$$

接下来，将 B_{t-1}/Y_t 改写为 $(B_{t-1}/Y_{t-1})(Y_{t-1}/Y_t)$（换句话说，在分子和分母上同乘以 Y_{t-1}）：

$$\frac{B_t}{Y_t} = (1+r)\left(\frac{Y_{t-1}}{Y_t}\right)\frac{B_{t-1}}{Y_{t-1}} + \frac{G_t - T_t}{Y_t}$$

从 $Y_t = (1+g)Y_{t-1}$ 开始，两边同时除以 Y_t 得到 $1 = (1+g)Y_{t-1}/Y_t$，重新整理得到 $Y_{t-1}/Y_t = 1/(1+g)$。

这一近似可参考本书结尾附录 2 中的命题 6。

如果两个变量（这里是债务和GDP）分别以 r 和 g 的速度增长，那么它们的比率（这里是债务占 GDP 的比例）将按照 $(r-g)$ 的速度增长。参见本书结尾附录 2 中的命题 8。

注意，现在等式中的所有各项都是以占 GDP(Y) 的比率的形式表示，为了简化这一方程，假设产出增长恒定，用 g 表示产出的增长率，因此 Y_{t-1}/Y_t 可以写为 $1/(1+g)$。利用近似式 $(1+r)/(1+g) = 1+r-g$。

运用这两个假设，我们可以将上面的等式改写为

$$\frac{B_t}{Y_t} = (1+r-g)\frac{B_{t-1}}{Y_{t-1}} + \frac{G_t - T_t}{Y_t}$$

最后，重新整理得到

$$\frac{B_t}{Y_t} - \frac{B_{t-1}}{Y_{t-1}} = (r-g)\frac{B_{t-1}}{Y_{t-1}} + \frac{G_t - T_t}{Y_t} \tag{22.5}$$

这期间经历了很多步骤，不过最后的关系有一个简单的解释：

随着时间的推移，债务比率的变化（等式左边）等于下列两项之和。
- 第一项是实际利率与增长率之差与初期债务比率的乘积。
- 第二项是基本赤字占 GDP 的比例。

将等式(22.5)与等式(22.2)进行比较，前者给出了债务与 GDP 比率的演变，后者给出了债务水平本身的演变。假设基本赤字与 GDP 之比等于零。那么，债务的增加或减少取决于利率是否为正。然而，债务与 GDP 之比率的增加或降低取决于利率是大于还是小于增长率。（更多信息见 22.5 节。）

等式(22.5)表明，下列情况将会导致债务占 GDP 的比率增加。
- 更高的实际利率。
- 更低的产出增长率。
- 更高的初始债务比。
- 更高的基本赤字占 GDP 比。

基于这一关系，"第二次世界大战后国家是如何降低债务比率的"这一要点解析展示了战后继承高债务比率的政府如何通过低实际利率、高增长率和基本盈余的组合稳步降低债务比率。下一节将展示我们的分析如何用于阐明其他一些财政政策问题。

要点解析

第二次世界大战后国家是如何降低债务比率的

第二次世界大战后，许多国家的债务比率都非常高，甚至超过了 GDP 的 100%。然而二三十年后，它们的债务比率都较低，大部分都低于 GDP 的 50%。（我们在第 21 章看到了

美国的情况。)它们是如何做到的呢？答案由表22-1给出。

表 22-1 第二次世界大战后债务率的变化

国家	1 开始/结束 年份	2 开始/结束 债务比率	3 基本 预算余额	4 增长率	5 实际利率	6 通货膨胀率
澳大利亚	1946—1963	92-29	1.1	4.6	−2.3	5.7
加拿大	1945—1957	115-59	3.6	4.3	−1.4	4.0
新西兰	1946—1974	148-41	2.3	3.9	−2.9	4.9
英国	1946—1975	270-47	2.1	2.6	−1.5	5.5

2、3列：占GDP的百分比；4、5、6列：百分比

资料来源：S. M. A. Abbas et al, "Historical Pattern and Dynamics of Public Debt : Evidence from a New Database", IMF Economic Review 2011 59(Nvember)：pp.717-742。

表22-1包括四个国家：澳大利亚、加拿大、新西兰和英国。第1列给出了债务比率下降的时期：起始年为1945年或1946年，终止年则是债务比率达到最低的年份；整个调整期从加拿大的13年到英国的30年不等。第2列给出了债务比率在整个调整期的开始值和终止值。最突出的是英国：由1946年初始负债率为GDP的270%一路下降到1974年的47%。

为了解释表22-1中的数字，回到式(22.5)。该式表明，有两种并不相互排斥的方法可以降低一国的债务比率。一是提高基本盈余。例如，假设$(r-g)$等于0，那么一段时间内的债务比率的下降值就等于基本盈余占GDP比值在这段时间内的累积和。二是降低$(r-g)$，因此要么降低实际利息率，要么提高增长率，要么二者同时进行。

考虑到以上情况，第3~5列依次给出了在相关时间段上的基本预算余额(基本盈余或基本赤字)占GDP比例的平均值、GDP的平均增长率以及平均实际利息率。

首先看第3列中的基本预算余额。平均而言，四个国家在这一段时间实际上处于基本盈余状态。但请注意，这些基本盈余只能解释整个债务比率下降的一小部分。例如在英国，这一时间段内基本盈余占GDP比例的累积为63%(2.1%×30)，所以解释整个债务比率下降(即GDP的223%，由270%−47%得到)的比例还不到1/3。

现在来看一下第4列和第5列的增长率与实际利率。请注意这一时期增长率很高，而实际利率很低。以澳大利亚为例，在这段时间内$(r-g)$的平均值为−6.9% (−2.3%−4.6%)。这意味着即使基本预算余额为零，债务比率每年也会下降6.9%。换句话说，债务下降的主要原因并不是基本盈余，而是持续的高增长和持续的负实际利率。

这就引出了最后一个问题：为什么实际利率如此之低？答案在第6列中给出。在这段时间里，平均通货膨胀率相对较高，较高的通货膨胀率加上持续较低的名义利率很好地解释了负实际利率的存在。换句话说，债务比率的下降是通过债券持有者多年的负实际收益换来的。

22.3 李嘉图等价、周期调整的赤字和战争筹资

> 尽管李嘉图表述了这一观点的逻辑,但他认为必然有很多原因使得这一论断在实践中并不成立。相反,巴罗认为,这一论断不仅逻辑上正确,而且也是对现实的很好描述。

上一节已经讨论了政府预算约束的机理,现在我们将讨论三个问题,政府预算约束在这三个问题分析中起到重要作用。

22.3.1 李嘉图等价

引入政府预算约束,将会如何影响赤字对产出的效应?

一个极端的观点是,一旦加入政府预算约束,赤字和债务都不会对经济活动产生影响!这个论断就是所谓的**李嘉图等价**(Ricardian equivalence)命题。大卫·李嘉图(David Ricardo)是19世纪英国的一位经济学家,是他第一次明确表达了这一逻辑。他的观点在20世纪70年代得到了罗伯特·巴罗(Robert Barro)的进一步发展和强调,那时巴罗在芝加哥大学,现在在哈佛大学。因为这一原因,这一论断也称为**李嘉图-巴罗命题**(Ricardo-Barro proposition)。

要理解这一命题的逻辑,最好的方法是使用22.2节中有关税收变化的例子。

- 假设政府在今年将税收减少1(同样把1当成10亿美元),而且在减税的同时还宣布为了偿还债务,政府在下一年将增加$(1+r)$的税收。那么最初的减税会对消费产生什么影响呢?

> 参见第15章关于个人财富的定义以及它在消费中所起作用的讨论。

- 一个可能的答案是:不会产生任何影响。为什么?因为消费者意识到减税并不完全是好事:今年更低的税收会被明年更高的税收完全抵消。换句话说,他们的个人财富——税后劳动收入的现值——未受影响。当前的税收减少1,下一年税收的现值增加$(1+r)/(1+r)=1$,这两种变化的净效应正好等于零。

> 回想一下,假设支出是不变的。如果人们预期政府支出会减少,他们会怎么做?

- 我们可以用另一种方式得到同样的结论,即从储蓄的角度而非消费的角度:消费者在减税后不改变消费,等于说,私人储蓄的增加与赤字是完全相等的。因此,李嘉图等价命题认为,如果政府通过赤字来提供既定支出所需的资金,私人储蓄的增加刚好等于公共储蓄的减少,总储蓄不变,用于投资的总金额将不受影响。随着时间的推移,政府预算约束机制意味着政府债务将增加,但是这一增加并没有影响到资本积累。

> 回到IS-LM模型。如果李嘉图等价成立,那么与当前税收减少相关的乘数是多少?

根据李嘉图等价命题,从长期来看,赤字以及与之相应的政府债务增加是没必要担心的。这一命题认为,随着政府逐渐动用储蓄资金,人们预测到将来会有更高的税收,于是进行更多的储蓄。公共储蓄的减少被私人储蓄的等量增加抵消。因此,总储蓄不变,投资也不变。与没有债务增加的情况相比,资本存量相同,不必担心高负债。

应该如何严肃地看待李嘉图等价命题呢?大多数经济学家都会回答"严肃,但是不要太严肃到认为赤字和债务是不相关的"。本书的一个重大主题是:预期会发挥作用,消费决策不仅取决于目前的收入,而且取决于未来的收入。如果人们普遍都相信,今年的税收减少,

将会被明年税收等幅度的增加抵消,则减税对消费的影响可能会很小。由于预期明年的税收更高,许多消费者都会把减税的大部分金额或者全部金额储蓄起来。(如果把"年"换成"月"或"周",这一论断会更加可信。)

当然,减税之后,很少在一年之后就宣布要增加税收。消费者不得不猜测税收何时会增加,以及增加多少。但这一事实本身并不能证明李嘉图等价命题是无效的:无论税收何时增加,政府预算约束都意味着,将来税收增加的现值一定等于现在税收的减少。回顾我们在22.1节所举的第二个例子[图22-2(b)]:政府在 t 年后才增加税收,增加的数额等于 $(1+r)^{t-1}$。这一预期的税收增加值,在第0年的现值是 $(1+r)^{t-1}/(1+r)^{t-1}=1$——正好等于最初的税收减少额。减税带来的个人财富的变化仍然为零。

> 第 t 年税收的增加是 $(1+r)^{t-1}$。第 t 年美元的贴现因子是 $1/(1+r)^{t-1}$。因此,第 t 年税收的增加额在当前的价值是 $(1+r)^{t-1}/(1+r)^{t-1}=1$。

但是只要将来的税收增加看起来更遥远、时间更不确定,消费者就更可能会忽略它们。这可能是现实情况,因为消费者预期自己在税收增加之前可能已经死亡,或者可能因为他们根本就没有想象那么远的未来。无论是哪种情况,李嘉图等价都可能失效。

因此,我们可以放心地说,预算赤字对经济活动有重大的影响——尽管可能比你在运用李嘉图等价命题思考问题之前所预期的影响力要小些。从短期来看,越大的赤字可能导致越高的需求和产出;从长期来看,较高的政府债务会降低资本积累和产出水平。

22.3.2 赤字、产出稳定和周期调整的赤字

赤字对资本积累和产出有长期的负面影响,这一事实并不意味着财政政策不应该被用来减少产出波动。当然,这意味着衰退期间产生的赤字应该通过经济高涨期间的盈余来抵消,这样才不至于导致债务的持续增加。

> 这一点可类推到货币政策:在长期内,高的货币增长会导致高的通货膨胀,这一事实并不意味着货币政策不能被用来稳定产出。

为了帮助了解财政政策是否运行正常,经济学家构造了赤字度量方法来了解在现有的税收和支出规则下,如果产出处于潜在产出水平,赤字应该是多少。这些方法有着不同名字,如**充分就业赤字**(full-employment deficit)、**中周期赤字**(mid-cycle deficit)、**标准就业赤字**(standardized employment deficit)、**结构性赤字**(structural deficit)(经济合作与发展组织使用的术语)。这里使用的是**周期调整的赤字**(cyclically adjusted deficit),这是所能找到的最直观的术语。

这一方法提供了可以判断财政政策方向的简单基准:如果实际赤字很大,但周期调整的赤字等于零,那么随着时间的推移,当前的财政政策不会导致债务的系统性增加。只要产出低于潜在水平,债务就会增加。但是随着产出增加到潜在产出水平,赤字将会消失,债务将稳定。

但这并不意味着,财政政策的目标是保持周期调整的赤字在任何时候都等于零。发生衰退时,政府可能想要足够大的赤字,甚至使得周期调整的赤字为正。在这种情况下,周期调整的赤字为正的这一事实提出一个有用的警告:产出回复到潜在产出水平并不足以保持债务稳定,在将来的某个时点,政府将不得不采取特别的措施(提高税收或削减支出)以降低赤字。

周期调整赤字背后的理论很简单,实践应用起来却很棘手。要弄清楚这是为什么,我们需要先了解这一方法是如何构造的。这一构造分为两步:第一步,确定如果产出提高1%,赤字下降多少;第二步,确定产出离潜在水平有多远。

- 第一步非常直观。对于美国,一个可靠的经验法则是,产出减少1%会自动导致赤字增加GDP的0.5%。这一增加是因为大多数税收与产出成比例,而大多数的政府支出并不取决于产出水平。这就意味着产出的降低能够导致收入的降低,但不会对支出产生多少影响,自然就导致更大的赤字。

如果产出低于潜在水平,比如5%,赤字占GDP的比例将比产出位于潜在水平时的赤字高出2.5%。[经济活动对赤字的这一影响被称为**自动稳定器**(automatic stabilizer):衰退自然导致赤字增加,而赤字增加本身有发挥财政扩张的作用,这将会部分地抵消衰退。]

- 第二步更困难一些。从第7章可知,潜在产出水平是经济运行在自然失业率时的产出水平。对自然失业率的估计过低,会导致对潜在产出的估计过高,因此,对周期调整赤字的估计就会太过乐观。

这一困难部分解释了欧洲20世纪80年代的债务情况。基于自然失业率不变的假设,在80年代欧洲周期调整的赤字看起来还不是很糟糕。如果欧洲的失业能够恢复到70年代的水平,产出的提高将足以重新建立大多数国家的预算平衡。但是事实证明,失业增加主要是因为自然失业率增加,80年代的失业率仍然很高。结果在这10年里,大多数欧洲国家的赤字很大,且债务比率出现大幅提高。

22.3.3 战争和赤字

> 图21-3中的两次债务高峰分别对应第一次世界大战和第二次世界大战时期。

战争通常会造成巨大的预算赤字。正如我们在第21章中所讨论的,美国在20世纪的两次最大的政府债务增加都发生在第一次世界大战和第二次世界大战期间。在要点解析"第二次世界大战中美国的赤字、消费和投资"将进一步讨论第二次世界大战时的情况。

政府过多地依赖赤字为战争融资,这正确吗?毕竟战争时经济通常是在低失业下运行,因此,我们前面提到的为产出稳定而增加赤字的理由在此不成立。然而答案却是肯定的。事实上,有两点原因可以很好地解释战争期间出现的赤字。

- 第一是分配性:赤字融资是将一部分债务负担转移给战后仍活着的那些人的一种方式,让下代人分担战争所必需的牺牲,只有这样,似乎才是公平的。
- 第二是更为狭义的经济性:赤字支出有助于减少税收扭曲。

下面分别讨论每一个原因。

> 假设经济是封闭的,那么$Y=C+I+G$。假如G增大,Y不变,那么$(C+I)$必须下降。如果税收不增加,$(C+I)$的下降主要来自I的减少。如果税收增加,$(C+I)$的下降主要来自C的减少。

1. 传递战争负担

战争导致政府支出急剧增加。要为这一增加的政府支出融资,要么通过增加税收,要么通过举债,我们考虑一下其中的含义。为了把这种情况同前面关于产出稳定化的讨论区别开来,我们同样假定产出固定在潜在产出水平。

- 假设政府依赖赤字融资。随着政府支出的急剧增加,对商品的需求将大幅度增加。我们已经假定产出不增加,利率必须增加得足够多才能保持均衡。所以投资将急剧下降。(更现实的是,在战争经济中,政府可以采取直接措施减少与战争无关的投资,而不必诉诸高利率。)

- 反过来,假设政府通过增加税收,例如所得税来为增加的支出融资,消费将急剧下降,具体下降多少依赖于消费者的预期:他们预期战争持续的时间越长,预期更高税收持续的时间越长,则降低的消费也越多。无论在什么情况下,政府支出的增加都会由于消费的减少而部分抵消。利率没有通过赤字融资的情况下增加得多,投资因此也比通过赤字融资时减少得少。

总之,给定产出水平,政府支出的增加要么会使消费降低,要么会使投资降低。当政府支出增加时,政府是靠增加税收来融资还是靠赤字融资,决定了消费和投资哪一方要做较大调整。

这将如何影响承受战争负担的那些人呢?政府对赤字依赖得越多,战争中消费下降得就越少,投资下降得就越大。更低的投资意味着战后更低的资本存量,因此战后的产出也更低。通过降低资本积累,赤字将战争负担部分地转移到下一代人身上。

2. 减少税收扭曲

关于赤字,还有另一种争论,这一争论不仅适用于战争期间,而且更一般地适用于政府支出异常高的时候。例如,考虑一下震后的重建或者20世纪90年代初德国重新统一时涉及的成本。

该争论如下:如果政府通过增加税收为暂时性支出融资,税率将会非常高。非常高的税率会导致非常高的经济扭曲:面对非常高的所得税税率,人们将减少工作或者参加一些不纳税的非法活动。与不断调整税率以始终保持预算平衡相比,更好的做法(从降低扭曲的角度看)是维持相对稳定的税率,以平滑税收收入。**税收平滑**(Tax Smoothing)意味着当政府支出异常大时会出现巨额赤字,而在其他时间则会出现很少的盈余。

要点解析

第二次世界大战中美国的赤字、消费和投资

1939年,美国政府对商品和服务的支出占GDP的比例是15%。到了1944年,这一比例增加到45%!这一增加主要是由于国防支出的增加,国防支出占GDP的比例从1939年的1%增加到1944年的36%。

面对如此巨大的支出增加,美国政府大幅度增加税收。个人所得税在美国历史上第一次成为政府的主要收入来源;个人所得税占GDP的比例从1939年的1%增加到1944年的8.5%。但是税收的增加还远远赶不上支出的增加。政府收入占GDP的比例从1939年的7.2%增加到了1944年的22.7%,收入增加的幅度仅仅是支出增加幅度的一半多一点。

结果出现了巨大的预算赤字。到1944年,政府赤字占到了GDP的22%。债务占GDP的比例在1939年已经高达53%,这是由于大萧条时期的政府赤字造成的,到了1944年,这一比例达到了110%。

政府支出的增加是以消费或者私人投资的减少为代价的吗?(我们在第18章中了解到,理论上,这一增加应该是由更高的进口和经常账户赤字造成的。但是在战争期间,美国无处借款。实际上,它还贷款给一些盟国;美国政府向国外的转移支付在1944年占到了

GDP 的 6%。)

- 政府支出增加主要伴随着消费的下降：消费占 GDP 的份额减少了 23 个百分点——从 74% 降低到了 51%。消费的减少部分是由于预期到战后的税收会更高，部分是由于许多耐用消费品都无法购买到；而且爱国主义可能也发挥了作用，爱国主义使得人们更多地储蓄并购买政府为战争融通资金而发行的战争债券。
- 政府支出增加也伴随着(私人)投资占 GDP 比例的下降，即下降 6%——从 10% 降到了 4%。战争的负担通过更低水平的资本积累，部分转移到战后仍活着的那些人身上。

22.4 高债务的危险

我们已经看到，高债务要求未来提高税收。历史的教训是，高债务也可能导致恶性循环，使财政政策的实施极其困难。让我们更仔细地看一下。

22.4.1 高债务、违约风险和恶性循环

回顾一下式(22.5)：

$$\frac{B_t}{Y_t} - \frac{B_{t-1}}{Y_{t-1}} = (r - g)\frac{B_{t-1}}{Y_{t-1}} + \frac{G_t - T_t}{Y_t}$$

以一个债务比率很高，如 100% 的国家为例。假设实际利率是 3%，增长率是 2%。等式右边的第一项等于 GDP 的 1%[(3%−2%)×100%]。进一步假设政府的基本盈余是 1%，因此刚好能够保持债务比率不变(等式的右边等于 0[(3%−2%)×100%+(−1%)])。

这应该让你想起银行挤兑和第 6 章中的讨论。如果人们认为一家银行没有偿付能力，并决定撤回资金，银行可能不得不以低价出售资产，从而破产，从而证实了最初的担忧。在这里，投资者不要求收回资金，而是要求更高的利率。但结果是相同的。

回到 20.2 节，在固定汇率下，讨论贬值预期如何引起利率上升。共同货币区的国家也是如此。

现在假设金融投资者开始担忧政府未来可能无法全额偿还债券，他们要求更高的利率以弥补察觉到的更高债务违约风险。但这将反过来使政府更难稳定债务。假定国内利率从 3% 增加到 8%。为了稳定债务，政府现在需要 6% 产出的基本盈余(等式的右边等于 0[(8%−2%)×100+(−6)])。假设，为了应对利率上升，政府采取措施将基本盈余提高到产出的 6%。所需的支出削减或增税很可能在政治上代价高昂，可能产生更多的政治不确定性、更高的违约风险，从而进一步提高利率。此外，急剧的财政紧缩可能导致衰退，降低增长率。实际利率的上升和增长的下降都进一步增加了 $(r-g)$，需要更大的预算盈余来稳定债务。在某些时候，政府可能无法充分增加基本盈余，债务比率开始上升，导致投资者更加担忧，并要求更高的利率。利率的上升和债务比率的上升相互促进。简言之，债务与 GDP 的比率越高，灾难性债务动态变化的可能性就越大。即使担心政府可能不完全偿还债务最初是毫无根据的，也很容易变成自我实现。政府必须为其债务支付更高的利息，这可能导致政府失去对其预算的控制，并导致债务增加到政府无法偿还的水平，从而验证了最初的担忧。

这远远不是一个抽象的问题。让我们再看看危机期间欧元区发生了什么。图 22-3 显示了 2012 年 3 月至 12 月意大利和西班牙政府债券利率的变化。对于每个国家，它绘制了该国政府债券的两年期利率与德国政府债券的两年期利

率之间的差值,也称为利差。将利率与德国利率进行比较的原因是,德国债券被认为几乎没有风险。利差在纵轴上以基点(基点是0.01%)测量。

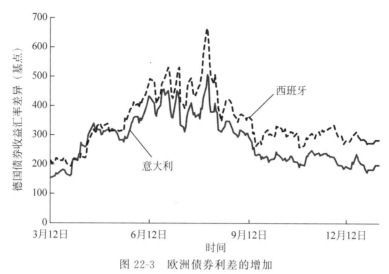

图 22-3 欧洲债券利差的增加

资料来源:Haver Analytics。

注:2012年3月至7月,意大利和西班牙两年期政府债券与德国两年期债券的息差大幅增加。7月底,当欧洲央行表示将采取一切必要措施防止欧元解体时,息差有所下降。

这两种利差在 2012 年 3 月开始上升。7 月底,意大利债券的利差达 500 个基点(相当于 5%),西班牙债券的利差达 660 个基点(6.6%)。这些利差反映了两种担忧:第一,意大利和西班牙政府可能违约;第二,它们可能贬值。原则上,在欧元区等货币联盟中,除非市场开始认为货币联盟可能解体,各国可能以贬值的汇率重新引入本国货币,否则任何人都不应预期货币贬值。这正是投资者在 2012 年春、夏季所担心的。我们可以通过回顾对自我实现债务危机的讨论来理解原因。

以意大利为例。3月份,意大利两年期债券的利率低于3%,这是德国两年期债券的利率(略低于1%)与投资者对意大利政府信用状况担忧而产生的2%的风险利差之和。意大利当时(现在仍然)的债务与GDP之比超过130%。利息低于3%,如此高的债务负担是可持续的;意大利产生了足以维持债务稳定的基本预算盈余,尽管处于较高水平。意大利很脆弱(因为债务太高),但处于"良好的均衡状态"。此时,投资者开始问自己,如果意大利债券的利率出于某种原因翻一番,达到6%,会发生什么?他们得出结论,如果发生这种情况,意大利不太可能将其基本盈余提高到足以维持债务稳定的水平。该国更有可能陷入债务旋涡并最终违约。到那时,意大利可能会放弃货币联盟,依靠贬值来提高竞争力和支持增长,因为违约通常伴随着剧烈衰退。对这种情况可能发生的担忧将意大利从"好"均衡转变为"坏"均衡。由于投资者认识到违约和退出欧元区是可能的,利率飙升至6%,而利率的上升也证实了最初的担忧。最终,是欧洲中央银行(ECB)让意大利回到了良好的均衡状态。2012年7月26日,欧洲中央银行行长马里奥·德拉吉明确表示,欧元解体是不可能的,欧洲中央银行将采取一切必要措施避免欧元解体。投资者相信了这一承诺,意大利又回

马里奥·德拉吉的这一声明意味着,欧洲中央银行将准备购买西班牙或意大利债券,以保持低收益率并回到"良好的均衡状态"。在这种情况下,承诺足以降低利率,欧洲中央银行根本不需要干预。

危险并没有完全消除。在撰写本书时,意大利债券的利差仍然很高,约为2.5%,部分原因是债务和赤字仍然居高不下,略高于欧盟规定,并且担心政府尽管发表了相反的声明,但可能会考虑退出欧元区。

到了良好的均衡状态。

因此,意大利和西班牙在欧洲中央银行的帮助下成功避免了坏账与违约。如果政府未能成功稳定债务并进入债务螺旋,会怎么样?从历史上看,会发生两件事之一:债务违约,货币创造。让我们看看每个结果。

22.4.2 债务违约

在某些时候,当政府发现自己无力偿还未偿债务时,它可能会选择违约。违约通常只是部分违约,债权人将会遭受一个所谓的**债务扣减**(haircut):例如,30%的债务扣减意味着债权人只能得到他所拥有债权的70%。违约还有很多不同的叫法,许多是比较委婉的——可能是为了让债权人觉得前景更有吸引力(或不那么有吸引力)——比如被称为**债务重组**(debt restructuring)或**债务延期**(debt rescheduling)(付息没有被取消而被延迟时的情况),更讽刺的叫法是**私营部门参与**(private sector involvement)(私营部门即债权人被要求参与并接受一定的债务扣减)。这可能是政府单方面强加的,也可能是与债权人协商的结果:当债权人知道他们不可能得到全额偿还时,也许他们更愿意选择和政府协商。这就是2012年希腊的情况,当时私人债权人接受了大约50%的折扣。

当债务比率很高时,违约似乎是个很吸引人的办法:违约后降低了债务水平,缩小了所需进行财政紧缩的幅度,从而使其更加可信。违约降低了所需的税收收入,潜在地促进了经济增长。但是违约的成本是很高的。例如,如果债权是由国内养老基金持有的(通常是这样),政府违约将会使退休人员的生活变得很艰难。如果债权由银行持有,那么银行就会倒闭,对经济的负面影响会很大。如果债权主要由外国人持有,那么国家将会失去国际信誉,并且会使政府在很长一段时间内都无法从国外借到款项。因此,一般来说,也是确定无疑的,政府不愿轻易违约。

22.4.3 货币创造

> 关于中央银行如何创造货币的相关知识,请回看第4章4.3节。

到目前为止,我们一直认为,政府为自身融资的唯一方式是出售债券。然而,还有另一种可能性。实际上,政府可以通过印钞为自己融资。它这样做的方式实际上不是印刷货币本身,而是通过发行债券,然后要求中央银行购买其债券以换取货币。这个过程被称为**货币创造**(money finance)或**债务货币化**(debt monetization)。因为在这种情况下,货币创造的速度是由政府赤字而不是中央银行决定的,这也被称为货币政策的**财政支配**(fiscal dominance)地位。

> 这个词很能说明问题。发行货币的权力是过去领主的宝贵收入来源。他们会通过发行货币来购买所需要的东西。

通过这种货币创造,政府能为赤字筹集多少资金呢?设中央银行的货币量为 H(接下来,我将中央银行货币简称为货币),新创造的货币量为 ΔH,即名义货币存量的月变化量。扣除物价因素的影响,政府通过创造 ΔH 的货币,获得 $\dfrac{\Delta H}{P}$ 的实际收入,即货币创造量除以当期的物价水平。这种由创造货币所带来的实际收入称为**铸币税**(seignorage)。

$$铸币税 = \frac{\Delta H}{P}$$

铸币税就等于新创造的货币除以价格。为了表示形成一定数量的铸币税所带来的名义货币增长量,我们把 $\frac{\Delta H}{P}$ 重新表示为

$$\frac{\Delta H}{P} = \frac{\Delta H}{H} \cdot \frac{H}{P}$$

用文字描述为:我们可以把铸币税 $\left(\frac{\Delta H}{P}\right)$ 看作名义货币增长率 $\left(\frac{\Delta H}{H}\right)$ 和实际货币存量 $\left(\frac{H}{P}\right)$ 的乘积。将其代入之前的方程中得到

$$铸币税 = \frac{\Delta H}{H} \frac{H}{P}$$

这就给出了铸币税与名义货币增长率、货币存量之间的关系。考虑到相关的量纲问题,我们在方程两边同时除以月度 GDP,用 Y 表示,得到

$$\frac{铸币税}{Y} = \frac{\Delta H}{H}\left(\frac{\frac{H}{P}}{Y}\right) \tag{22.6}$$

假设政府的预算赤字等于 GDP 的 10%,现在要用铸币税来为赤字融资,即 $\left(\frac{赤字}{Y}\right) = \left(\frac{铸币税}{Y}\right) = 10\%$。在发达国家,假设实际货币余额与阅读 GDP 比率的平均值为 1,所以令 $\frac{\left(\frac{H}{P}\right)}{Y} = 1$。也就是说名义货币增长率必须满足

$$\frac{\Delta H}{H} \cdot 1 = 10\% \Rightarrow \frac{\Delta H}{H} = 10\%$$

因此,在假设中央银行货币量与 GDP 的比值为 1 的条件下,要想通过铸币税为占 GDP 的 10% 的赤字融资,名义货币的月增长率必须等于 10%。

这肯定是一个高的货币增长率,但有人可能会得出结论,在特殊情况下,这可能是为弥补赤字而支付的可接受的价格。不幸的是,这个结论可能是错误的。随着货币增长的增加,通货膨胀通常随之而来。高通货膨胀导致人们希望减少对货币的需求,进而减少对中央银行货币的需求。换言之,随着货币增长率的增加,人们想要持有的实际货币余额减少。例如,如果他们愿意在通货膨胀较低时持有相当于一个月收入的货币余额,当通货膨胀达到 10% 时,他们可能会决定将其减少到一周或更少的收入。根据等式(22.6),随着 $\Delta H/H$ 增加,$(H/P)/Y$ 减少。因此,为了实现同样的收入水平,政府需要进一步提高货币增长率。但较高的货币增长会导致进一步的通货膨胀,$(H/P)/Y$ 的进一步下降,并需要进一步的货币增长。

很快,高通货膨胀转变为**恶性通货膨胀**(**hyperinflation**),经济学家用这个术语来形容非常高的通货膨胀,通常是每月超过 30% 的通货膨胀。要点解析"货币创造和恶性通货膨胀"描述了一些最著名的事件。只有当财政政策得到大幅改善、赤字消除时,恶性通货膨胀才会

这是一个一般性命题。当你提高税率(这里是通货膨胀率)时,税基(这里是实际货币余额)就会下降。

结束。到那时,损害已经造成。

随着通货膨胀变得非常高,人们通常一致认为应该停止通货膨胀。最终,政府减少了赤字,不再求助于货币创造。通货膨胀停止了,但不是在经济遭受重大损失之前。

要点解析

货币创造和恶性通货膨胀

我们在本章中看到,试图通过货币创造为巨额财政赤字融资可能导致高通货膨胀,甚至恶性通货膨胀。这种情况在过去已经发生过多次(在撰写本书之时,委内瑞拉正在上演这一幕,2018 年委内瑞拉的年通货膨胀率达到了 80 000%)。你可能听说过第一次世界大战后德国发生的恶性通货膨胀。1913 年,德国流通的所有货币价值为 60 亿马克。十年后的 1923 年 10 月,60 亿马克几乎不足以在柏林购买一公斤黑麦面包。一个月后,同一块面包的价格上涨到了 4 280 亿马克。但德国的恶性通货膨胀并不是唯一的例子。

表 22-2 总结了第一次世界大战和第二次世界大战之后的七次主要恶性通货膨胀。它们有许多共同的特点。它们都很短暂(持续了一年左右),但很激烈,货币增长和通货膨胀率达到了每月 50% 或更高。价格水平的上涨令人震惊。正如你所看到的,最大的价格上涨不是发生在德国,而是发生在第二次世界大战后的匈牙利:1945 年 8 月值 1 辨戈(匈牙利当时的货币)的物品,不到一年后需要花 3 800 万亿辨戈!匈牙利的特别之处在于发生过两次恶性通货膨胀,一次是在第一次世界大战后,另一次是在第二次世界大战之后。

表 22-2 20 世纪 20 年代和 40 年代的七次恶性通货膨胀

国家	起始日	终止日	P_t/P_0	月平均通货膨胀率/%	月平均货币增长率/%
奥地利	1921 年 10 月	1922 年 8 月	70	47	31
德国	1922 年 8 月	1923 年 11 月	1.0×10^{10}	322	314
希腊	1943 年 11 月	1944 年 11 月	4.7×10^6	365	220
匈牙利 1	1923 年 3 月	1924 年 2 月	44	46	33
匈牙利 2	1945 年 8 月	1946 年 7 月	3.8×10^{27}	19 800	12 200
波兰	1923 年 1 月	1924 年 1 月	699	82	72
苏联	1921 年 12 月	1924 年 1 月	1.2×10^5	57	49

P_t/P_0:恶性通货膨胀最后一个月的价格水平除以第一个月的物价水平。

资料来源:菲利普·卡根,恶性通货膨胀的货币动力学,米尔顿·弗里德曼主编,《货币数量理论研究》(芝加哥大学出版社,1956 年),表 1。

自 20 世纪 40 年代以来,从未出现过如此规模的通货膨胀。但由于货币创造,许多国家经历了高通货膨胀。20 世纪 80 年代末,许多拉丁美洲国家的月通货膨胀率超过 20%。最近的一个高通货膨胀例子是 2008 年的津巴布韦,在 2009 年初通过稳定计划之前,该国的月通货膨胀率达到了 500%。在撰写本书时,委内瑞拉的月通货膨胀已到达 300%。

毫无疑问,恶性通货膨胀会带来巨大的经济成本。

- 交易系统的效率越来越差。1923年德国恶性通货膨胀结束时,出现了一个著名的低效率交易例子。人们不得不用手推车运送日常交易所需的大量货币。
- 价格信号变得越来越无用。由于价格变化如此频繁,消费者和生产者很难评估商品的相对价格并作出明智的决定。证据表明,通货膨胀率越高,不同商品的相对价格变化越大。因此,对市场经济运行至关重要的价格体系也变得越来越没有效率。在20世纪80年代以色列高通货膨胀时期有个笑话:"为什么坐出租车比坐公共汽车便宜?因为在公共汽车上,你必须在旅程开始时支付车费。在出租车上,你只在最后支付车费。"
- 通货膨胀率的波动变得更大。很难预测近期的通货膨胀率,比如,明年的通货膨胀率是500%还是1 000%。以给定名义利率借款越来越成为一场赌博。如果我们以1 000%的利率借款一年,我们最终支付的实际利率可能是500%,也有可能是0,这完全不同!结果是借贷通常在恶性通货膨胀的最后几个月接近停滞,导致投资大幅下降。

22.5 当今美国财政政策面临的挑战

今天美国的债务状况有多糟糕?2018年,联邦政府发行的**债务总额**(gross debt)为21.3万亿美元,相当于GDP的104%。这一数字通常被报纸引用。然而,部分债务由一些政府持有,例如社会保障信托基金。更相关的数字,即公众持有的债务,称为**净债务**(net debt),为57 500亿美元,相当于GDP的77%,比总债务比率低得多,尽管这仍然是一个历史高位。

联邦赤字为7 800亿美元,占GDP的3.8%。利息支付与GDP的比率为1.6%,因此基本赤字(即扣除利息支付的赤字)为2.2%(3.8%−1.6%);同样,这不是一个非常高的数字,但在没有战争或经济衰退的情况下仍然是历史最高的。

为了了解这对债务动态变化意味着什么,让我们回到等式(22.5)。回想一下,债务比率的变化等于两项之和:第一,利率与增长率之差,乘以债务与GDP之比;第二,基本赤字与GDP的比率:

$$\frac{B_t}{Y_t} - \frac{B_{t-1}}{Y_{t-1}} = (r-g)\frac{B_{t-1}}{Y_{t-1}} + \frac{G_t - T_t}{Y_t}$$

2018年,政府债务的实际利率为0.5%——名义利率2.5%与通货膨胀2%之差。增长率等于2.9%。债务与GDP之比为77%,因此上述第一项等于10.5%−2.9%,(0.5%−2.9%)×77%=−1.8%。如果没有基本赤字,债务与GDP之比将下降1.8%。然而,基本赤字为正,等于2.2%。把这两个因素放在一起,这意味着债务比率略有上升,为GDP的0.4%(−1.8%+2.2%)。

债务与GDP之比上升0.4%,这个幅度很小,表明没有什么值得担忧的。然而,未来可能会出现更大的债务增长:2018年的增长率为2.9%,异常高,预计接近2%。展望未来,两个主要的政府支出项目看起来将大幅增加。

- 社会保障支出预计从2018年占GDP的4.9%增加到2029年的6.0%,反映出美国的老龄化——随着婴儿潮一代达到退休年龄,65岁以上人口比例将迅速增加。
- 医疗保险(为退休人员提供医疗保健的计划)和医疗补助(为穷人提供医疗保健)预

计将从2018年占GDP的5.4%增加到2029年的7.2%。这一大幅增长反映了医疗补助的医疗保健成本增加,以及医疗保险的退休人员人数增加。

考虑到这些预期支出的增加,以及我们在本章前面讨论的原因,现在可能需要增加税收并降低债务与GDP的比率,以便让当前纳税人承担未来支出增加的更多负担,并避免以后大幅、潜在的扭曲性增税。这意味着现在应该开始降低债务与GDP的比率,减少基本赤字,甚至产生基本盈余,而不是让债务进一步增加。

基本赤字应该减少多少?以何种速度减少?这里有三个相关的论点。

> 正如我们之前所看到的,政府债务的平均实际利率略高(0.5%),因为政府债务的到期时间长于一年,长期利率高于一年期利率。

第一个论点,政府为其债务支付的实际利率目前非常低,实际上低于增长率。图22-4显示了实际利率的演变,即1年期国库券的名义利率减去1960年以来的实际CPI通货膨胀。它表明,在20世纪80年代大幅上升后,实际利率从1984年的峰值近7%下降到2018年的-0.3%。目前的预测是,在可预见的未来,利率将保持低于增长率。

图22-4　1960年以来1年期国库券实际利率的演变

资料来源:FRED;TB1YR,CPIAUCSL。

注:实际利率在20世纪80年代初急剧上升后,一直在稳步下降。

这有两个作用。第一个是,虽然政府债务很高,但债务利息仍然很低。第二个是,如果利率仍然低于增长率,政府可以随着时间的推移降低债务与GDP的比率,同时保持基本赤字。要了解这一点,请回到等式(22.5)和我们之前进行的债务动态计算。2018年,如果没有基本赤字,债务与GDP之比将下降1.8%。换言之,政府的基本赤字可能高达GDP的1.8%,债务与GDP之比这一比例仍将下降。未来增长率和利率之间的差异可能会更小,但只要利率保持低于增长率,就意味着政府可以维持(有限的)基本赤字,债务与GDP的比率仍会随着时间的推移而下降。

> 这不仅在美国如此,在大多数国家也是如此。财政整合往往导致公共投资而非经常支出的削减,由于它不太明显,对当前选民的影响较小,因此在政治上成本较低。

第二个论点侧重于公共投资。在大萧条期间赤字大幅增加之后,政府减少赤字的一个方法是削减公共投资。2018年,政府投资与GDP的比率是1950年以来的最低水平。有充分的理由提高这一比率,而政府的借贷成本非常低这一事实进一步证明了这一点。因此,有理由接受甚至增加当前的基本赤字,如果这些赤字用于资助公共投资,而不是经常支出或减税。

第三个论点可能是最重要的。我们在第 5 章中看到,为了避免因预算赤字减少而导致产出下降,中央银行必须降低利率。尽管在撰写本书时,美国经济已不再处于零下限,但 2.4% 的名义政策利率仍然很低。基本赤字的大幅减少将需要大幅降低政策利率,鉴于下限为零,这一降低可能是不可行的。

在这里,做一个粗略计算:假设与政府支出减少相关的乘数等于 1.5,因此基本赤字减少 1% 将减少 1.5% 的需求。假设政策利率下降 1%,需求增加 1%。然后,为了避免产出下降,将基本赤字与 GDP 之比降低 2% 需要将政策利率降低 3%,因此,在零下限的情况下,降幅比可行的要大。换言之,考虑到货币政策的限制,可能需要基本赤字来维持潜在产出。

总而言之:美国债务与 GDP 的比率很高,并且随着时间的推移缓慢上升。鉴于未来支出可能增加,减少基本赤字和降低债务比率是可取的。低利率和低债务成本意味着可以缓慢完成。由于低利率加上零下限对货币政策的使用造成了极大限制,这也意味着必须缓慢实施,以避免需求和产出下降。

本章提要

- 政府预算约束将政府债务的变化刻画成支出和税收的函数。表达这一约束的一种方式是,债务的变化(赤字)等于基本赤字加上对债务的利息支付。基本赤字是对商品和服务的政府支出 G 减去扣除了转移支付后的税收 T。
- 影响债务占 GDP 比率的因素有四个:利率、增长率、原始的债务比率和基本盈余。
- 根据李嘉图等价命题,更大的赤字会被私人储蓄的等量增加所弥补。因此,赤字对需求和产出没有影响,债务积累不会影响资本积累。然而在现实中,李嘉图等价不成立,更大的赤字在短期会导致更高的需求和更高的产出。从长期来看,债务积累会导致更低的资本积累,从而产出也更低。
- 为了稳定经济,在衰退时期,政府应该出现赤字;而在繁荣时期,政府应该出现盈余。周期调整的赤字告诉我们,在当前的税收和支出规则下,如果产出处于潜在水平,赤字应该是多少。
- 在支出很高的时期,如战争时期,出现赤字是正常的。与增加税收相比较,赤字将导致战争期间更高的消费和更低的投资。因此,它将战争中人们的部分负担转移给了战后仍然活着的那些人。赤字也有助于平滑税收并减少税收扭曲。
- 较高的债务比率提高了发生恶性循环的风险。人们感受到的违约风险越高,所要求的利率就会越高,从而导致债务增长。债务增长又会使人们感受到更高的违约风险,从而引起更高的利率。二者一起就会导致债务爆炸式增长。政府将会别无选择,只好违约或是进行货币创造,货币创造又会导致恶性通货膨胀。每种情况的经济成本都非常高。
- 美国债务与 GDP 的比率很高,而且还在缓慢上升。希望随着时间的推移降低该比率。对货币政策使用的限制意味着削减必须是渐进和有限的。

关键术语

- inflation-adjusted deficit, 通货膨胀调整的赤字
- government budget constraint, 政府预算约束
- primary deficit, 基本赤字
- primary surplus, 基本盈余
- debt-to-GDP ratio, 债务占GDP的比例
- debt ratio, 债务比率
- Ricardian equivalence, 李嘉图等价
- Ricardo-Barro proposition, 李嘉图-巴罗命题
- mid-cycle deficit, 中周期赤字
- standardized employment deficit, 充分就业赤字
- structural deficit, 结构性赤字
- cyclically adjusted deficit, 周期调整的赤字
- automatic stabilizer, 自动稳定器
- tax smoothing, 税收平滑
- spread, 利差
- basis points, 基点
- haircut, 债务扣减
- debt restructuring, 债务重组（债务调整）
- debt rescheduling, 债务延期
- private sector involvement, 私营部门参与
- money finance, 货币创造
- debt monetization, 债务货币化
- fiscal dominance, 财政主导
- seignorage, 铸币税
- hyperinflation, 恶性通货膨胀
- gross debt, 总债务
- net debt, 净债务

本章习题

快速测试

1. 运用本章学到的知识，判断以下陈述属于"正确""错误"和"不确定"中的哪一种情况，并简要解释。

   a. 赤字是实际政府支出与扣除转移支付后的税收之间的差额。

   b. 基本赤字是政府在商品和服务上的支出与扣除转移支付后的税收之间的差额。

   c. 在过去的一个世纪里，美国的债务占GDP比率经历了巨大的波动。

   d. 税收平滑和赤字融资有助于将战争负担跨代分摊。

   e. 政府应该立即采取行动，消除周期性调整的预算赤字。

   f. 如果李嘉图等价成立，那么所得税的增加既不会影响消费，也不会影响储蓄。

   g. 债务与GDP的比率不能超过100%。

   h. 削减计划减少未偿政府债务的价值。

   i. 周期性调整的赤字总是小于实际赤字。

   j. 通货膨胀调整后的赤字总是小于实际赤字。

   k. 当债务与GDP之比高时，最好的政策是财政整顿。

   l. 恶性通货膨胀是指每月超过30%的通货膨胀率。

m. 恶性通货膨胀可能扭曲价格,但对实际产出没有影响。

2. 考虑以下陈述:

"战争期间出现赤字是好事情。首先,赤字是暂时的,一旦战争结束,政府的支出和税收可以立即回到以前的水平。其次,即使李嘉图等价命题成立,战争期间的赤字还是可以起到刺激经济的作用,有助于将失业率保持在很低的水平。"

请指出这一陈述中的错误。这个表述有没有正确的地方?

3. 考虑一个经济体,它有以下几个特征:

i. 官方预算赤字占GDP的比例为4%;

ii. 债务占GDP的比例是100%;

iii. 名义利率是10%;

iv. 通货膨胀率是7%。

a. 基本赤字/盈余占GDP的比率是多少?

b. 通货膨胀调整后的赤字/盈余占GDP的比率是多少?(本章中有一条"经验法则",用来理解当产出低于其自然水平时,实际赤字是如何变化的。)

c. 假设产出比潜在产出水平低2%。周期调整、通货膨胀调整的赤字/盈余占GDP的比率是多少?

d. 假设产出开始时处于潜在产出水平,产出以2%的正常不变比率增长。随着时间的推移,债务占GDP的比率将如何变化?

4. 假设货币需求如下式所示:

$$\frac{M}{P} = Y[1-(r+\pi^e)]$$

其中,$Y=1\,000$,$r=0.1$。

a. 假设在短期 π^e 恒等于25%,计算在下面几种年货币增长率 $\left(\frac{\Delta M}{M}\right)$ 下的铸币税:

i. 25%

ii. 50%

iii. 75%

b. 在中期,$\pi^e = \pi = \frac{\Delta M}{M}$,计算在a中三种货币增长率下的铸币税。请解释本问题的答案与a中的答案为什么不同。

深入挖掘

5. 在问题3所描述的经济体中,假设存在固定汇率 $\bar{E}$。假设金融投资者担心债务水平过高,政府可能会实施贬值政策以刺激产出(因此,税收收入也会增加),从而有助于偿还债务。金融投资者开始预期会贬值10%。换句话说,预期汇率(E^e_{t+1})将比之前的汇率($\bar{E}$)降低10%。

a. 回顾无抛补利率平价条件:

$$i_t = i_t^* - \frac{E^e_{t+1} - \bar{E}}{\bar{E}}$$

如果国外利率仍然等于10%，E^e_{t+1}下降10%时，国内利率将如何变化？

b. 假如国内通货膨胀不变，国内的实际利率将如何变化？经济增长率将如何变化？

c. 官方的预算赤字将如何变化？通货膨胀调整的赤字将如何变化？

d. 假设增长率从2%下降到0，债务比率将如何变化？（假设基本赤字/盈余占GDP的比率不变，即使增长的下降可能减少税收收入。）

e. 投资者的担心是合理的吗？

6. 李嘉图等价和财政政策。

首先考虑一个李嘉图等价不成立的经济。

a. 假设政府开始时处于预算平衡状态，然后政府支出增加但是税收不变。借助IS-LM模型分析短期内这个政策对产出的影响。政府如何为政府支出的增加进行融资？

b. 与在a中一样，假设政府开始时处于预算平衡状态，然后增加政府支出。但是，这一次我们假设税收与支出等额增加。借助IS-LM模型说明短期内该政策对产出的影响。（回顾一下第3章中关于乘数的讨论可能会有帮助。政府支出乘数或者税收乘数会变大吗？）与a相比，这种情况下的产出效应有什么不同？

现在假设李嘉图等价条件成立。（c和d不需要画图）

c. 再次假设政府支出增加而税收不变，与a和b相比，产出效应有什么变化？

d. 再次考虑政府支出与税收等额增加，与a和b相比，产出效应有什么变化？

e. 评论如下陈述：

"在李嘉图等价条件下，政府支出对产出没有影响。"

"在李嘉图等价条件下，税收的变化对产出没有影响。"

进一步探讨

7. 考虑一个具有如下特征的经济体：

i. 债务占GDP的比率为40%。

ii. 基本赤字占GDP的4%。

iii. 自然增长率为3%。

iv. 实际利率为3%。

a. 假设每年的基本赤字保持在占GDP 4%的水平上，经济每年以自然增长率增长，实际利率不变，为3%。用你最常用的电子表格软件，计算未来10年里债务占GDP的比率。

b. 假设实际利率增长到5%，其他的条件与a相同，计算未来10年债务占GDP的比率。

c. 假设自然增长率下降到1%，经济每年仍以自然增长率增长，其他条件与a相同。计算未来10年债务占GDP的比率，并与b的答案进行比较。

d. 回到a中的假设。假设政策制定者认为债务占GDP的比率超过50%很危险。请证明：将基本赤字立刻缩减到1%，并将这一赤字保持10年，那么10年后债务占GDP的比例将为50%。此后，基本赤字的值应该是多少才能将债务占GDP的比例保持在50%？

e. 继续d问题，假设政策制定者在5年后再改变财政政策。在这5年中，基本赤字仍然占GDP的4%。那么5年后债务占GDP的比率是多少？假设5年后政策制定者决定减少债务占GDP的比率至50%，从第6年到第10年，基本赤字应该固定在什么水平才能使得在第 10 年年末的债务占 GDP 的 50%？

  f. 假设政策制定者执行了 d 或者 e 中的政策，如果这些政策在一段时间内降低了产出增长率，为了 10 年后债务占 GDP 的比率为 50% 而要求的基本赤字规模将如何受这些政策影响？

  g. 你认为哪一个政策——d 中的还是 e 中的——对经济的稳定性更不利？

8. 美国和其他国家的财政状况。

  从联邦储备银行圣路易斯分行（Federal Reserve Bank of St. Louis）的 FRED 经济数据库中，你可以检索到两个系列数据：美国政府总债务（GGGDTAUSA188N）和基本赤字指标（USAGGXONLBGDP）。两者都以 GDP 的百分比来衡量且包含各级政府的数据。这些数据由国际货币基金组织（IMF）编制，使用国际货币基金组织或其他国际组织的数据有助于更好地进行国家间的比较。

  a. 最近一年美国的债务与 GDP 之比是多少？描述过去 10 年中该变量的变化路径。

  b. 在数据的最后一年，债务占 GDP 的比率发生了什么变化？如果基本赤字为正，债务与 GDP 之比会下降吗？

  c. 在最后一年的数据中，利用债务与 GDP 比率和基本赤字比率的变化信息来推断等式（22.5）中的缺失项。你的计算有意义吗？

  d. 所有国家都构建了类似的数据。加拿大财政部在一份名为"财政参考表"的文件中提供了一个方便的来源中，文件公布并比较了七国集团（G7）国家政府部门的财政状况。文件末尾题为"国际财政比较"的部分提供了最新数据。债务总额与 GDP 的比率最高和最低的大型经济体分别是哪个？赤字占 GDP 的百分比最高和最低的国家分别是哪个？这些是总体赤字还是基本赤字？

9. 国会预算办公室（CBO）需要每年对联邦财政状况作出预测。此问题使用 2019 年 1 月发布的版本。有一份题为"2019 年至 2029 年预算和经济展望的视觉摘要"的文件。查找有助于回答以下问题的相关数字。

  a. 预计联邦政府在 10 年内会出现赤字还是盈余？

  b. 在本演示文稿中，支出是否包括债务利息？包括转移支付吗？

  c. 债务与 GDP 之比预计在 10 年内会上升还是下降？

  d. 国会预算办公室对描述债务与 GDP 比率变化的方程式中的术语（$r-g$）的假设是什么？

延伸阅读

- The modern statement of the Ricardian equivalence proposition is Robert Barro's "Are Government Bonds Net Wealth?", *Journal of Political Economy*, 1974, 82(6): pp. 1095–1117.
- Each year, the Congressional Budget Office publishes *The Economic and Budget Outlook* for the current and future fiscal years. The document provides a clear and unbiased presentation of the current US budget, current budget issues, and budget trends. Available at www.cbo.gov/.
- For more on the German hyperinflation, read Steven Webb, *Hyperinflation and Stabilization in the Weimar Republic* (Oxford University Press, 1989).
- A good review of what economists know and don't know about hyperinflation is given in Rudiger Dornbusch, Federico Sturzenegger, and Holger Wolf, "Extreme Inflation: Dynamics and Stabilization," *Brookings Papers on Economic Activity*, 1990, Vol. 2, pp. 1–84.
- For the debate on "fiscal austerity" in Europe, see www.voxeu.org/debates/has-austerity-gone-too-far.

第23章　货币政策：一个总结

大衰退前的20年里，大多数中央银行已经趋于使用一个货币政策框架，称之为通胀目标制。它基于两个原则：第一个原则是货币政策的首要目标是保持通货膨胀稳定且较低；第二个原则是达到这一目标的最好途径是明确或隐晦地遵循一个利率规则，允许政策利率对通胀和经济活动的变化作出反应。

直到危机来临前，这一框架看起来都运转良好。大部分国家的通货膨胀降低，保持较低和稳定的水平，产出波动振幅减小，这一时期被称为"大缓和时期"（Great Moderation）。很多研究人员得出结论，更好的货币政策是经济改善的主要因素之一，巩固并支撑了这一货币政策框架。

接着，危机来了。它迫使宏观经济学家和中央银行行长从至少两个维度进行重新评估。

第一个是由流动性陷阱引发的一系列问题，如果一个经济达到零利率下限，政策利率就不能再用于增加经济活动。这就提出了两个问题：首先，货币政策的实施方式能否有效避免从一开始就达到零下限？其次，一旦经济处于零利率下限，央行是否还有其他工具可以用来帮助增加经济活动？

第二个问题涉及中央银行的指令和货币政策的工具。从21世纪第一个十年初到危机爆发，绝大多数发达经济体似乎都表现良好，产出持续增长，通货膨胀率稳定。然而，正如我们在第6章中所看到的一样，这些场景背后并不是一切都是好的。金融系统正在发生一些重要的变化，例如杠杆率的大幅上升，以及银行对批发融资的依赖程度越来越高。而且在很多国家，房价也有很大的上涨。这些因素被证明是危机的根源。这再一次引发了两个问题：展望未来，中央银行是否不仅应担心通货膨胀和整体经济活动，也要担心资产价格、股票市场繁荣、房价繁荣和金融部门的风险？如果是这样的话，它有什么工具可以使用？

本章回顾了我们到目前为止对货币政策的了解，然后描述了通货膨胀目标制的逻辑和利率规则，最后讨论了宏观经济学家在危机引发的问题上的立场。

23.1节　复习我们已学的知识。
23.2节　描述通货膨胀目标的基本框架。
23.3节　回顾了通货膨胀的成本和收益，并且分析它们对目标通货膨胀率选择的影响。
23.4节　描述了中央银行在触及零利率下限时以及此后采取的货币政策措施。
23.5节　讨论在确保金融稳定时中央银行的潜在职能。

> 如果你还记得本章的一条基本信息，它应该是：在危机之前，货币政策已经趋同于一个称为通胀目标制的框架。危机迫使人们重新评估政策指令和工具，这种重新评估仍在进行中。

23.1 我们已经学到了什么

- 在第4章,我们讨论了货币需求和货币供给,以及利率的决定。

我们看到了央行是如何通过改变货币供应来控制政策利率的。我们还看到,当政策利率达到零,即所谓流动性陷阱或零利率下限时,货币供给的进一步增加对政策利率没有影响。

- 在第5章,我们讨论了货币政策对产出的短期效应。

我们看到,利率的下降会导致支出的增加,进而导致产出的增加。我们看到了如何利用货币和财政政策来影响产出水平及其构成。

- 在第6章,我们介绍了两个重要的区别,首先是名义利率和实际利率的区别,其次是借款利率和政策利率的区别。实际利率等于名义利率减去预期的通货膨胀率。借款利率等于政策利率加上风险溢价。

我们看到,对私人支出决策起重要作用的是实际借贷利率。我们讨论了金融体系的状态如何影响政策利率与借款利率之间的关系。

- 在第9章,我们研究了货币政策的中期影响。

我们看到,在中期,货币政策既不影响产出,也不影响实际利率。产出回到潜在利率,实际利率回到自然利率,也称为中性利率(neutral rate)或威克塞尔利率(Wicksellian rate of interest)。更高的货币增长不会影响产出或实际利率,但会导致更高的通货膨胀。

然而,我们看到,零利率下限可能会破坏这一调整。高失业率可能导致通货紧缩,在零利率下限时,导致实际利率上升,从而进一步降低需求和提高失业率。

- 在第14章,我们介绍了另一个重要的区别,即短期利率和长期利率的区别。

我们看到,长期利率取决于对未来短期利率和定期溢价的预期,股票价格取决于预期的未来短期利率、未来的股息和股票溢价。

然而,我们看到,股票价格可能会受到泡沫影响,这使得价格不同于股票的基本价值。

- 在第16章,我们研究了预期对支出和产出的影响,以及货币政策在这种背景下的作用。

我们看到,货币政策会影响到短期名义利率,但支出取决于当前和预期的未来短期实际利率。我们看到,货币政策对产出的影响主要取决于预期对货币政策的反应。

- 在第19章,我们研究了在产品市场和金融市场开放的经济中货币政策的影响。

我们看到,在一个开放的经济中,货币政策不仅通过利率,而且通过汇率来影响支出和产出。货币的增加会导致利率的下降和贬值,而这两者都会增加支出和产出。我们看到,在固定汇率条件下,央行放弃货币政策作为政策工具。

- 在第20章,我们讨论了浮动汇率与固定汇率的利弊。

我们看到,在浮动汇率条件下,利率变动会导致汇率的大幅变化;在固定汇率条件下,投机行为会导致汇率危机和大幅贬值。我们讨论了采用欧元等共同货币,甚至通过采用货币发行局制度或美元化来完全放弃货币政策的利弊。

- 在第21章,我们研究了一般的宏观经济政策,特别是货币政策所面临的问题。

我们看到,关于政策影响的不确定性应导致更为谨慎的政策。我们看到,即使是用心良苦的政策制定者有时也未必做得最好,有理由对政策制定者施加限制。我们还研究了设立独立的中央银行和任命保守的央行行长的好处。

在本章,我们将扩展分析,首先关注危机前的通货膨胀目标框架,然后考察危机对货币政策提出的挑战。

23.2 从货币目标到通货膨胀目标

人们可以认为货币政策的目标是双重的:第一,保持低且稳定的通货膨胀;第二,稳定潜在产出——避免或至少限制衰退或繁荣。

23.2.1 货币目标

直到20世纪80年代,中央银行的策略是选择目标货币增长率,并允许作为经济活动的函数偏离该目标比率。其理由很简单,较低的货币目标增长率意味着平均通货膨胀率较低。在经济衰退时期,中央银行可能会提高货币增长,导致利率下降和产出增加。在经济繁荣时期,中央银行可能会降低货币增长,导致利率上升和产出放缓。

这一策略效果不佳。

首先,货币增长和通货膨胀之间并不存在紧密关系,即使在中期也是如此。如图23-1所示,图中绘制了美国10年的平均通货膨胀率与1970年至危机期间货币增长率的10年平均值(阅读数字的方法:例如,2000年的通货膨胀率和货币增长率数值是从1991年到2000年的平均通货膨胀率和货币增长率)。通货膨胀率用CPI作为价格指数构建。名义货币的增长率以货币和活期存款的总和(M1)作为货币存量的衡量标准。

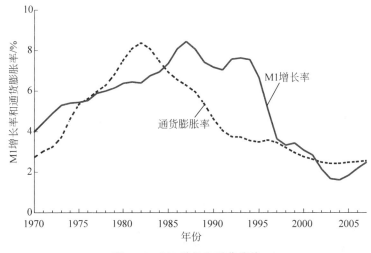

图23-1 M1增长和通货膨胀

资料来源:FRED:CPIAUSL,M1SL。

注:1970年至2007年10年平均值M1增长与通货膨胀之间没有紧密关系,即使在中期也是如此。

使用 10 年平均值的原因应该很清楚。在短期内,名义货币增长的变化主要影响的是利率和产出,而不是通胀。只有在中期,名义货币增长和通胀之间的关系才会显现。取名义货币增长率和通货膨胀率的 10 年平均值是衡量这种中期关系的一种方法。正如我们在第 4 章中看到的,时间截止在危机的原因是,当一个经济体达到零利率下限(美国经济在 2008 年底达到),增加货币供应不再影响政策利率,这意味着中央银行不再能够影响产出和通货膨胀,所以我们排除了美国经济处于零利率下限的时期。

图 23-1 显示,对于美国而言,M1 增长率与通货膨胀率之间的关系并不紧密。没错,两者都在 20 世纪 70 年代上升,后来都下降了。但需要注意的是,通货膨胀率是在 20 世纪 80 年代初开始下降的,而名义货币增长率在未来 10 年内保持高位,直到 20 世纪 90 年代才下降。从 1981 年到 1990 年,平均通货膨胀率降至 4%,而同期的平均货币增长率仍为 7.5%。

其次,即使是短期货币供应量和利率之间的关系,也被证明是不可靠的。这使货币增长不能成为影响需求和产出的可靠工具。

这两个问题——中期货币增长与通货膨胀之间的非紧密关系,以及短期内利率与货币供应之间的非紧密关系——都有相同的起源:货币需求的变化。举一个例子将有助于理解。假设,由于信用卡的引入,人们决定只持有以前持有货币量的一半;换句话说,对货币的实际需求减少了一半。在短期内,在一个给定的价格水平上,对货币需求的大幅下降将导致利率的大幅下降。换句话说,我们将看到利率的大幅下降,而货币供应却没有改变(根据第 4 章的图 4-2,货币需求将向左移动,导致均衡利率下降)。从给定利率的中期角度看,价格水平会调整,实际货币存量最终会减少一半。对于一个给定的名义货币存量,价格水平最终会增加 1 倍。因此,即使名义货币存量保持不变,随着价格水平翻倍,仍会出现一段时间的通货膨胀。在这段时期内,名义货币增长(为零)和通货膨胀(为正)之间将不存在紧密的联系。

在整个 20 世纪 70 年代和 80 年代,货币需求频繁和巨大的变化给中央银行带来了严重的问题。央行发现身处一个矛盾中,即一方面试图保持稳定的货币增长目标,另一方面要保持在已经宣布的范围内(为了保持自身的信誉)随着货币需求变化进行调整(为了在短期内稳定利率和产出以及在中期稳定通货膨胀率)。从 20 世纪 90 年代初开始,人们对货币政策进行了戏剧性的反思,主要基于通货膨胀目标而不是货币增长目标,并使用利率准则来实现。让我们进一步研究。

> 在第 5 章的式(5.3)中我们知道:实际货币供应(等式左侧)必须等于实际货币需求(等式右侧):
> $M/P = YL(i)$
> 如果引入信用卡,实际的货币需求减半,那么
> $M/P = 1/2 YL(i)$
> 在短期内,P 不会发生变化,因此利率必须进行调整。在中期,P 可以调整。对于给定的产出水平和利率水平,M/P 必须减半。给定 M,这意味着 P 必须增加 1 倍。

23.2.2 通货膨胀目标

如果中央银行的主要目标之一是实现低而稳定的通货膨胀率,为什么不直接针对通货膨胀而是货币增长?如果在短期内影响经济活动的方法是依赖于利率对支出的影响,为什么不直接关注利率,而是货币增长?这就是制订通货膨胀目标的原因。各国中央银行承诺实现目标通货膨胀率,并决定将利率作为实现该目标的工具。让我们来看看这一策略的两个部分。

在中期内致力于一个特定的通货膨胀目标几乎没有争议,试图在短期内实现一个特定

的通货膨胀目标,似乎会更具争议性。只关注通货膨胀似乎会消除货币政策在减少产出波动方面所发挥的作用。但是,事实并非如此。

要了解为什么,回到菲利普斯曲线所表达的关系上,即通货膨胀率(π_t)、预期通货膨胀率(π_t^e)、实际失业率(u_t)与自然失业率(u_n)之间偏差的关系[式(8.10)]：

$$\pi_t = \pi_t^e - \alpha(u_t - u_n)$$

假设通货膨胀目标为$\bar{\pi}$。假设由于中央银行的声誉,这个目标是可信的,因此人们预期通货膨胀与该目标相等。这一关系式变成

$$\pi_t = \bar{\pi} - \alpha(u_t - u_n)$$

$0 = -\alpha(u_t - u_n) \rightarrow u_t = u_n$

请注意,如果央行能够准确地实现目标通货膨胀率,即$\pi_t = \bar{\pi}$,那么失业率将等于自然失业率。通过设定目标并实现与通货膨胀预期相一致的通货膨胀率,中央银行还将失业率保持在自然水平,从而使产出保持在潜在水平。

强调一点：即使政策制定者并不关心通货膨胀本身而只关心产出,通货膨胀目标制仍然是有意义的。保持通货膨胀稳定是将失业率保持在自然水平的一种方法,或者也是保持产出处在潜在水平的一种方法。这个结果被称为神圣的巧合(divine coincidence)。根据式(8.10)给出的菲利普斯曲线,保持通货膨胀不变和保持产出处于潜在水平之间不存在冲突。因此,在短期和中期内,注重保持稳定的通货膨胀率是正确的货币政策方法。

这个结果可以作为一个有用的基准,但太绝对了。现实并非那么美好。主要的反对意见是,正如我们在第8章看到的,菲利普斯曲线关系远不是一个精确的关系。与其冒着失业率大幅波动的风险,在每个时期都试图实现通货膨胀率目标,还不如只在一段时间内尝试实现通货膨胀率目标。因此,大多数中央银行采用了所谓的弹性通货膨胀目标制(flexible inflation targeting)：当通货膨胀率偏离目标时,它们不是试图立即回到目标水平,而是调整利率,以随着时间的推移恢复到目标通货膨胀率。

23.2.3 利率规则

中央银行不能直接控制通货膨胀,但可以控制政策利率。因此,问题是如何设定政策利率,以实现目标的通货膨胀率。答案很简单：当通货膨胀高于目标值时,提高政策利率以降低需求和价格压力；当它低于目标通货膨胀率时,降低政策利率。鉴于此,在20世纪90年代,斯坦福大学的约翰·泰勒对政策利率提出了以下规则,这个规则现在被称为泰勒规则(Taylor rule)。

若要复习一下,请回到第9章9.1节。

- 以π_t表示通货膨胀率,以$\bar{\pi}$表示目标通货膨胀率。
- 以i_t表示政策利率,即中央银行控制的名义利率,$\bar{i}$表示目标名义利率——与中性利率r_n相关的名义利率,目标通货膨胀率为$\bar{\pi}$,因此$\bar{i} = r_n + \bar{\pi}$。
- 以u_t表示失业率,u_n表示自然失业率。

考虑中央银行选定名义利率i的情况(回想一下,从第4章开始,中央银行可以忽略流动性陷阱,通过公开市场操作达到它想要的任何短期名义利率)。然而,泰勒认为,中央银行应该采用以下规则：

$$i_t = \bar{i} + a(\pi_t - \bar{\pi}) - b(u_t - u_n)$$

其中，a 和 b 是由中央银行选择的正系数。

让我们来看看这个规则的含义。

- 如果通货膨胀正好等于目标通货膨胀率（$\pi_t = \bar{\pi}$），失业率也等于自然失业率（$u_t = u_n$），那么中央银行应该设定名义利率 i_t 等于其目标值 $\bar{i}$。这样，经济就可以保持在同一个轨道上：通货膨胀率等于目标通货膨胀率，失业率等于自然失业率。

- 如果通货膨胀率高于目标通货膨胀率（$\pi_t > \bar{\pi}$），央行应该提高名义利率 i_t 到目标值 $\bar{i}$ 之上。更高的利率将导致失业率的提高，而失业率的提高将导致通货膨胀率下降。因此，系数 a 应该反映出中央银行对通货膨胀的重视程度。a 越大，中央银行应该针对通货膨胀越多地提高利率，经济下降的幅度越大，失业率越高，通货膨胀率回到目标通货膨胀率的速度就越快。

- 泰勒指出，在任何情况下，系数 a 的值都应该大于1。为什么？因为对支出水平真正重要的是实际利率，而不是名义利率。当通货膨胀上升时，中央银行如果想减少支出和产出，就必须提高实际利率。换句话说，它提高名义利率的程度必须比通货膨胀增加的程度更大。

- 如果失业率高于自然失业率（$u_t > u_n$），中央银行应降低名义利率。较低的名义利率将导致产出的增加，从而导致失业率的下降。系数 b 应该反映中央银行对失业的重视程度。b 越大，中央银行就越愿意偏离通货膨胀目标，以保持失业率接近自然失业率。

在陈述这一规则时，泰勒指出不应该盲目地循规蹈矩。存在许多其他情况，如汇率危机或需要改变商品支出的构成，因而混合使用货币政策和财政政策，改变名义利率的原因并非规则中包含的原因等。但他认为，这一规则为思考货币政策提供了一种有用的方法。一旦中央银行选择了一个目标通货膨胀率，中央银行就应该通过调整名义利率来试图实现这一目标。中央银行所遵循的规则不仅应该考虑当前的通货膨胀率，还应该考虑当前的失业率。

这一规则的逻辑是令人信服的，到21世纪前10年中期，多数发达经济体的中央银行都采用了某种形式的弹性通胀目标，即选择通货膨胀目标，同时使用利率规则。

随后，危机爆发并引发了许多问题，比如通货膨胀目标的选择，当利率规则建议的利率达到零利率下限时该怎么办，以及除了通货膨胀和产出之外，中央银行是否以及如何担心金融稳定问题。下一节将讨论通货膨胀目标的选择，下面几节将讨论危机引发的其他问题。

一些经济学家认为，20世纪70年代美国通货膨胀率的上升是由于美联储以低于通货膨胀率的幅度提高名义利率。他们认为，其结果是，通货膨胀率的上升导致实际利率下降，从而导致需求上升，失业率下降，通货膨胀增加，实际利率进一步下降等。

23.3　最优通货膨胀率

表 23-1 展示了自20世纪80年代初以来，发达经济体的通货膨胀率稳步下降。1981年，经合组织国家的平均通货膨胀率为 10.5%；2018年，这一数字降至 2.3%。1981年，只有两个国家（在当时的24个经合组织成员国中）的通货膨胀率低于 5%；2018年，经合组织36个国家中有35个的通货膨胀率低于 5%。

通货膨胀率超过 5% 的国家是土耳其（15%）。

表 23-1　1981—2018 年 OECD 国家的通胀率

项　　目	1981 年	1990 年	2000 年	2010 年	2018 年
OECD 国家平均*/%	10.5	6.2	2.8	1.2	2.3
通胀率低于 5% 的国家数目**	2/24	15/24	24/27	27/30	35/36

注：* 用 GDP 平减指数计算的通胀率的平均值,使用 PPP 价格计算的相对 GDP 作为各国的权重。
　　** 第二个数字表示当时的成员国数量。

在危机之前,大多数中央银行将目标通货膨胀率维持在 2% 左右。这是一个正确的目标吗？答案取决于通货膨胀的成本和好处。

23.3.1　通货膨胀的成本

我们在第 22 章了解到非常高的通货膨胀率(如月通胀率是 30% 或更高)可能会扰乱经济活动。但是当今发达经济体所争论的并不是 30% 或以上的月通货膨胀率的成本,相反,它们关注的是每年 0% 的通货膨胀率给经济带来的好处更多还是 4% 的通货膨胀率给经济带来的好处更多。针对这个范围的通胀,经济学家找出了通胀所带来的四种主要成本：①鞋耗成本；②税收扭曲；③货币幻觉；④通货膨胀的易变性。

1. 鞋耗成本

回想第 9 章,在中期,较高的通胀率会导致较高的名义利率,从而使得持有货币的机会成本更高。结果人们为了减少持有货币的余额不得不更频繁地去银行取钱——这就是鞋耗成本的含义。如果通胀很低,人们就不会频繁光顾银行,而是做点别的事情,如更努力工作或享受更多的闲暇。

发生恶性通胀时,鞋耗成本可能变得非常大。但是在通胀适中时,鞋耗成本的重要性会很有限。如果 4% 的通胀率导致人们每月多光顾银行一次,或者在货币市场基金和存款账户间多转换一次,这种成本就很难成为通货膨胀的主要成本。

2. 税收扭曲

通胀的第二方面的成本来源于税收系统和通胀之间的相互作用。

考虑资本收益税的例子。资本收益税通常取决于买卖期间资产以美元标价的价格变化。这意味着通货膨胀率越高,征税也越高。下面的例子能清晰地说明这一点。

- 假定过去 10 年内,年通胀率均为 $\pi\%$。
- 10 年前你以 100 000 美元的价格买下了一栋房屋,现在你以 100 000 美元乘以 $(1+\pi\%)^{10}$ 的价格售出——因此它的实际价值未变。
- 如果资本收益税是 30%,你销售房屋所得的有效税率——其定义为你缴纳的税款与销售房屋的价格之比是

$$(30\%)\frac{100\,000(1+\pi\%)^{10}-100\,000}{100\,000(1+\pi\%)^{10}}$$

表达式的分子等于销售价格减去购买价格,分母等于销售价格。

- 由于你出售房屋的真实价格与你购买房屋的真实价格相同,因此你的实际资本收益为零,不应该纳税。实际上,如果 π=0——不存在通胀——则有效税率是 0%。但是如果 π=4%,则有效税率为 9.7%。尽管你的实际资本收益为零,最终你还是要付很高的税。

税收和通货膨胀之间的相互作用产生的问题不仅局限于资本收益税的范畴。虽然我们知道资产的实际回报率等于实际利率,而不是名义利率,但应税所得却是名义利息支付,而不是实际利息支付。或者再举一个例子,在美国,直到 20 世纪 80 年代初,与不同的所得税率相对应的收入等级并没有随着通胀自动增加。结果随着时间的推移,名义收入——而不一定是实际收入——增加了,人们就被推到更高的纳税等级,这种效应被称作税级攀升(bracket creep)。

你可能会认为,这一成本并不是由通货膨胀本身引起的,而是一个设计糟糕的税收体系的结果。在我们刚刚讨论过的房屋的例子中;如果政府将购买价格按某一价格指数化——从购买之日起就按照通胀来调整购买价格——并根据销售价格和调整后的购买价格之间的差价来计算税收,政府就可以避免这一问题。按照这种计算方法,将不存在资本收益,因此也就不必支付资本所得税。但由于世界各地的税法很少真正定义税基,通货膨胀率就变得很重要,并导致税收扭曲。

一些经济学家认为,实际上税级攀升的成本大得多。随着税收收入的持续增加,政府要控制支出的压力就很小了。他们认为,这导致了 20 世纪 60 年代和 70 年代政府规模整体的扩大,远远超过了其最佳规模。

3. 货币幻觉

第三方面的成本来自**货币幻觉**,这一概念是指人们在评估收入和利率的名义变化和实际变化时似乎犯了系统性的错误。在价格稳定的情况下,很多计算会非常简单;但是在有通胀的情况下,这些计算变得更复杂。当人们要比较今年的收入和前几年的收入时,人们必须追踪通货膨胀的变化轨迹。在不同的资产之间做选择,或者决定要消费多少、储蓄多少的时候,人们必须先弄清楚实际利率和名义利率的差别。一些非正式的证据表明,很多人都发现这些计算很难,常常不能作出实质性的区分。经济学家和心理学家已经收集到更加正式的证据,这些证据表明通胀往往使人们和企业作出不正确的决策(参见要点解析"货币幻觉")。如果情况确实如此,那么一个看似简单的解决方案就是实现零通货膨胀。

4. 通货膨胀的易变性

第四方面的成本来自这样一个事实:较高的通货膨胀水平通常伴随着较高通货膨胀的易变性。更易变的通货膨胀意味着如债券等承诺未来固定名义收益的金融资产风险更大。

例如,购买一种债券,10 年后将得到 1 000 美元。在接下来的 10 年中,如果通货膨胀恒定,那么不仅 10 年后该债券的名义价值可以确定,实际价值也可以确定。我们可以确切地计算 1 美元在 10 年后的价值。但是如果通胀可变,10 年后 1 000 美元的实际价值就不能确定。波动性越大,不确定性也就越大。为退休而进行储蓄变得更加困难。对投资债券的那些人而言,如果通胀比预期水平低,则意味着退休后情况会更好;但高通胀则意味着退休后的贫困。因为退休人员的部分收入是固定地以美元计价的收入,所以退休人员通常比其他人群更担心通胀。

Umberto D 是一部关于在第二次世界大战后的意大利人靠固定养老金生活的好电影,由 Vittorio de Sica 于 1952 年执导。

如同在税收例子里的情况一样,你可能会认为这些成本并不是由通胀本身造成的,而是因为金融市场不能提供使持有人可以免受通胀影响的资产。政府或企业可以不只是发行名义债券(这种债券承诺将来支付固定的名义金额),也可以发行指数化债券——这些债券承诺随着通胀调整名义金额,因此人们不用再担心他们退休时债券的真实价值。确实,正如我们在第14章所讨论的,包括美国政府在内的一些政府现在已经发行了这样的债券,这样人们可以更好地保护自己,以免受通胀变动的影响。

要点解析

货币幻觉

有很多有趣的证据表明,许多人在财务计算中未能对通货膨胀进行正确的调整。最近,经济学家和心理学家开始更密切地关注货币幻觉。最近的一项研究中,两位心理学家(普林斯顿大学的埃尔达·沙佛和斯坦福大学的阿莫斯·图尔斯基),以及一位经济学家(麻省理工学院的彼得·戴蒙德),设计了一项调研,旨在找出货币幻觉存在的普遍性及其决定因素。他们向各种人群(纽约纽瓦克国际机场里的人、新泽西州的两个大型购物中心里的人以及普林斯顿大学的一群本科生)询问了许多问题,其中一个如下:

假设亚当、芭芭拉和卡洛斯每人都得到一份 200 000 美元的遗产,每个人都立即用这笔钱购买了一套房屋。一年后,每个人都卖掉了这套房屋。但是每个人所经历的经济状况各不相同:

- 在亚当持有房屋的时间里,通货紧缩是 25%,即所有商品和服务的价格大约下降了 25%。亚当购买房屋一年之后,他以 154 000 美元的价格售出(比他购买时支付的价格减少了 23%)。
- 在芭芭拉持有房屋的时间里,既没有通货膨胀,也没有通货紧缩,即那一年所有商品和服务的价格都没有明显的变化。在她购买房屋一年之后,她以 198 000 美元的价格售出(比她购买时支付的价格减少了 1%)。
- 在卡洛斯持有房屋的时间里,通货膨胀是 25%,即所有商品和服务的价格大约上升了 25%。卡洛斯购买房屋一年之后,他以 246 000 美元的价格售出(比他购买时支付的价格增加了 23%)。

请根据亚当、芭芭拉和卡洛斯的房屋交易的成功程度进行排名。"1"表示最成功,"3"表示最不成功。

从名义货币的角度看,卡洛斯显然作出了最好的交易,其次是芭芭拉,最后是亚当。但是最重要的是他们在根据通货膨胀进行调整后的实际情况。从实际货币的角度看,排序刚好相反:亚当得到了 2% 的实际收入,处理得最好;其次是芭芭拉(损失了 1%);最后是卡洛斯(损失了 2%)。

调研结果如表 23-2 所示。

表 23-2 调研结果 %

排 名	亚 当	芭芭拉	卡洛斯
1	37	15	48
2	10	74	16
3	53	11	36

被调查者中,有48%的人认为卡洛斯排第一,有53%的人认为亚当排第三。这些答案表明,货币幻觉是普遍存在的。换句话说,人们(即使是普林斯顿大学的学生)要对通货膨胀作出调整会非常费劲。

资料来源:1Source:Eldar Shafir,Peter Diamond,and Amos Tversky,"Money Illusion," in D. Kahneman and A. Tversky,eds. ,Choices,Values,and Frames(New York:Cambridge University Press & Russell Sage Foundation,2000).

23.3.2 通货膨胀的好处

这可能会让你吃惊,通胀并不总是不好。通胀有三个方面的好处:①铸币税;②(有点自相矛盾)使用货币幻觉和通货膨胀之间的相互作用来促进实际工资调整;③为宏观经济政策选择负实际利率。

1. 铸币税

货币创造——通胀的根源——是政府为其支出融资的渠道之一。从另一个角度看,货币创造是另一种向公众借款或者增税的方式。

正如我们在第22章所看到的,政府通常并不"创造"货币以支付政府支出。相反,政府发行和销售债券并用所得收入来进行支付。但如果这些债券被中央银行购买,这样政府就是通过创造货币来应付支出的,结果也是一样的,在其他条件相同的情况下,通过货币创造增加的收入——铸币税——使政府可以从公众那里借更少的钱,或者征收更低的税。

在实际中,铸币税有多大呢?在恶性通胀期间,铸币税通常是高通胀率国家融资的重要渠道。但是目前在 OECD 国家里,以及我们正在讨论的通胀率范围内,铸币税的作用非常有限。以美国为例:美联储发行的非利息支付货币占 GDP 的比例大约是 6%。名义货币增长率每年增加 4%(最终将导致通胀增加 4%),会导致铸币收入占 GDP 的比例增加 4%×6%,即 0.24%。4%的通胀换回的收入非常少。

因此,尽管铸币税有时很重要(例如,在那些还没有完善的税收体系的经济体中),但是在讨论 OECD 国家目前应该存在 0%还是 4%的通胀时,铸币税似乎不是很重要。

2. 重温货币幻觉

自相矛盾的是,货币幻觉的存在至少提出了一种支持通胀率为正的观点。

要想弄清楚其中的原因,先考虑两种情况。在第一种情况下,通胀是 4%,以美元表示的工资在名义上增加了 1%。在第二种情况下,通胀是 0%,以美元表示的工资在名义上减少了 3%。两种情况都导致实际工资下降 3%,因此没什么不同。但是,有些证据表明,与第二种情况相比,人们更容易接受第一种情况下的实际工资的削减。

这个例子为什么会和我们的讨论有关系呢?正如我们在第 13 章中讨论的,现代经济这种不断变化过程的特征意味着一些工人有时必须承受实际薪水

注意,这里所用的表述是"非利息支付货币"。这是因为危机引发的变化之一是,许多央行现在同时发行非利息支付货币和利息支付货币。更多信息请参见 23.4 节。鉴于利息支付货币余额支付的利率与债券相似,它们就像债券一样,不会产生铸币税收入。

回想式(22.6),用 H 表示基础货币——由中央银行发行的货币,则

$$\frac{铸币收入}{Y} = \frac{\Delta H}{H} = \frac{\Delta H}{H}\frac{H}{PY}$$

$\Delta H/H$:基础货币的增长率。

H/PY:基础货币对名义 GDP 的比率。

隐喻之战:因为通胀使得实际工资的调整更加容易,一些经济学家称通胀"润滑了经济的车轮"。其他一些经济学家强调通胀对相对价格的负面效应,称通胀在经济中"掺沙子"。

减少。因此,这一观点认为,与通货膨胀等于零相比,通货膨胀的存在更容易降低实际工资。这一观点似乎是合理的。第 8 章关于高通货膨胀和低通货膨胀下葡萄牙工资变化分布的证据表明,这确实是一个相关的论点。

3. 负实际利率的选择

较高的通货膨胀率降低了达到零下限的概率。在第 4 章中我们讨论了零利率下限问题,这个论点可能是最重要的。一个数字性的例子可以帮助我们理解。

- 考虑两个经济体,自然实际利率都等于 2%。
- 在第一个经济体中,中央银行将平均通胀率保持在 4%,因此,平均名义利率平均而言等于 2%+4%=6%。
- 在第二个经济体中,中央银行将平均通胀率保持在 0%,因此,平均名义利率平均而言等于 2%+0%=2%。
- 假设两个经济体都遭遇了类似的不利冲击,由此在利率给定的情况下,支出和产出从短期来看同时减少。
- 在第一个经济体中,中央银行可以在名义利率进入流动性陷阱之前,将名义利率从 6% 降低到 0%,降幅为 6%。在预期通胀没有立即发生变化即仍然保持在 4% 的假设下,实际利率就会从 2% 降低到 -4%。这可能会对支出产生一个强有力的积极影响,从而帮助经济复苏。
- 在第二个经济体中,中央银行只能将名义利率从 2% 降低到 0%,仅降低 2%。在预期通胀没有立即发生变化即仍然保持在 0% 的假设下,实际利率也只能降低 2%,从 2% 降低到 0%。实际利率的小幅降低可能不会导致产出的大幅增加。

总之,高平均通胀率的经济体拥有更广阔的空间应用货币政策对抗经济衰退。低平均通胀率的经济体可能会发现,不能利用货币政策使产出回到自然水平。正如我们在第 6 章中所看到的,这个可能性远远不是只停留在理论层面。在危机开始时,中央银行迅速触及零利率下限,无法进一步降息。考虑到这一情景,中央银行是否应该在未来选择更高的平均通胀率?一些经济学家认为,最近的危机只是一个例外情况,各国在未来不太可能再出现流动性陷阱,因此没有必要采用更高的平均通货膨胀率。其他经济学家认为,一个处于流动性陷阱的国家所面临的问题非常严重,我们应该避免再发生这样的情况,保持较高的通胀水平实际上是合理的。然而,毫无争议的是,长期的低通胀降低了中央银行影响实际利率的能力。

23.3.3 最优通货膨胀率:目前的争论

当前,大多数发达经济体的中央银行都有大约 2% 的通货膨胀目标。然而,它们在两个方面受到了挑战:有的经济学家希望达到物价稳定,也就是 0% 的通货膨胀率。相反,其他人希望有一个更高的目标通货膨胀率,比如 4%。

想要追求 0 通胀率的那些人认为,0 是与其他通胀率非常不同的一个目标通货膨胀率:它与价格的稳定相一致,本身就令人向往。如果 10 年或 20 年后的价格水平与当前相同,若干复杂的决策就会简化,货币幻觉会被消除。同样,给定中央银行所面临的时间不一致性问题(第 21 章中已讨论),目标通胀率的可信度和简单程度就很重要。一些经济学家和央行行长认为价格稳定——也就是说零通胀——可以比 2% 的目标通胀率更好地完成这些目标。然而到现在为止,没有一个央行真正采用了 0 的通胀目标。

那些希望提高通货膨胀率的人认为,这是避免将来落入流动性陷阱所必需的,为了这些目标,一个较高的,如 4% 左右的通胀目标是有益的。他们认为选择 2% 的通货膨胀目标是基于各国不太可能达到零利率下限的信念,而这种信念已被证明是错误的。他们的观点基本没有得到中央银行行长的支持。央行认为如果将通胀目标从 2% 增加到 4%,人们会预测这一目标很快就会达到 5%、6% 等,以此类推,通胀预期就不再稳定。因此,他们认为保持目前的通胀水平很重要。

> 这一适用于许多其他问题的推理被称为"滑坡"论。

争论仍在继续。目前,大多数中央银行继续钉住较低但为正的通胀目标——2% 左右的通胀率。

23.4 非常规货币政策

当危机开始时,利率达到零利率下限,中央银行无法进一步降低利率,从而失去了使用常规货币政策(conventional monetary policy)的机会。在本书中,我一直强调货币政策的重要性。但这只是一种简化。中央银行探索了其他影响经济活动的方式,即一套被称为非常规货币政策(unconventional monetary policy)的措施。

这个想法很简单。虽然政策利率等于零,但其他利率仍为正,反映了各种风险溢价。虽然第 6 章在借贷利率与政策利率的关系中引入风险溢价,但没有详细讨论它的决定因素,以及它如何受到货币政策的影响。事实上,我们可以认为资产的溢价是由资产的供求关系决定的。如果对一种资产的需求下降,无论是因为买家变得更厌恶风险,还是因为一些投资者只是决定不持有该资产,溢价都会上升。相反,如果需求增加,溢价就会下降。无论增长的需求来自私人投资者还是中央银行,都是如此。

这就是导致中央银行购买资产(短期债券除外)的逻辑,目的是降低其溢价,从而降低相应的借贷利率,以刺激经济活动。它们通过创造货币来为购买提供资金,从而导致了货币供应量的大幅增加。虽然货币供应的增加对政策利率没有影响,但购买这些其他资产降低了溢价,导致借贷利率降低和支出增加。这些购买计划被称为量化宽松(quantitative easing)政策,或信用宽松(credit easing)政策。

在美国,美联储在 2008 年 11 月启动了第一次量化宽松计划(Quantitative Easing 1,QE1),甚至是在达到零利率下限之前。在第一次量化宽松过程中,美联储开始购买某些类型的抵押贷款证券。我们在第 6 章中看到了危机产生的原因:其中一个触发因素是难以评估这些证券所基于的抵押贷款的价值;因此,许多投资者决定停止持有任何基于抵押贷款的证券,即使是看似相对安全的证券的溢价也跃升至非常高的水平。通过购买这些证券,美联储降低了它们的溢价,并限制了它们对金融体系和支出的影响。第二次量化宽松计划(QE2)始于 2010 年 11 月,当时美联储开始购买长期美国国债,目的是降低这些长期债券的长期溢价。第三次量化宽松计划(QE3)于 2012 年 9 月启动,美联储进一步购买抵押贷款证券,以降低抵押贷款成本,并进一步帮助房地产市场复苏。

许多研究已经在评估量化宽松在降低风险溢价方面的有效性。人们普遍认为,QE1 已经起到了很大作用。通过干预一个失灵的市场,美联储限制了溢价的增加。QE2 和 QE3 对不再失灵的市场进行干预,两者的影响更具争议性。人们普遍认为,它们降低了长期政府债券的长期溢价,问题是降低了多少。

在美国和其他国家,对量化宽松政策的总体评估是,它们对借款利率有一定影响,因此,即使在零利率下限,货币政策仍可能对经济活动产生一定影响。但人们也普遍认为,它们的运作方式比传统的货币政策更复杂、更不可靠。换句话说,零利率下限可能不会使货币政策变得无能为力,但它肯定会限制其效率。

我们已经研究了美联储购买了什么,它是如何为自己融资的——通过发行货币。由于利率(几乎)为零,银行对持有债券或持有货币无动于衷。所以它们愿意以储备金的形式在美联储积累中央银行资金(实际上美联储愿意支付较低的正利率,0.25%,这对银行持有准备金很有吸引力)。结果,基础货币,即中央银行发行的货币,从 2008 年 9 月的 8 500 亿美元(约占 GDP 的 6.6%)增加到 2015 年的 40 000 亿美元(约占 GDP 的 22%)。这种演变由图 23-2 中的实线表示。虚线表示银行持有的准备金;大部分增长反映在美联储持有银行准备金的增加上。因此,美联储的资产负债表比危机前要大得多。

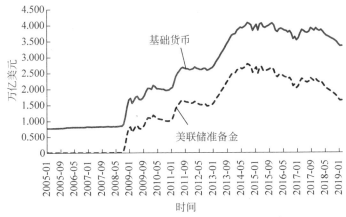

图 23-2 2005 年至 2018 年美国货币基础的演变
资料来源:FRED; RESBALS BOGMBASE。
注:由于量化宽松,货币基础在 2005 年至 2015 年间翻了两番多。

流动性陷阱结束后的货币政策

当美联储在 2015 年底决定经济走强并再次提高联邦基金利率时,它面临着一个明显的问题。如果它继续对准备金支付零利率(或者更准确地说,支付非常低的利率),银行将不愿意持有准备金。它们会试图在联邦基金市场上出售所有这些债券,除非美联储愿意回购所有这些债券——并暗示出售其因量化宽松而积累的所有债券——联邦基金利率会回到零。如果美联储不希望这种情况发生,它必须开始支付准备金利息。这就是它所做的,直到今天仍然如此。

美联储现在实行了一项走廊制度(corridor system)。它设定了两个利率:准备金利率,银行实际上可以借款给美联储的利率;贴现率,银行可以向美联储借款的利率。联邦基金利率仍由联邦基金市场确定,但必须在两种利率形成的走廊内。要了解为什么,假设联邦基金利率低于准备金利率:没有银行愿意借给另一家银行,因为借给美联储会得到更高的利率。相反,假设联邦基金利率高于贴现率:没有银行愿意从另一家银行借款,因为从美联储借款会得到较低的利率。因此,虽然联邦基金利率仍由联邦基金市场决定,但它只能在两种利率形成的走廊内变化。这三种利率的演变如图 23-3 所示,它显示了联邦基金利率如何随着准备金利率的变化而变化。

> 与书中的论点相反,你可以看到联邦基金利率仍然略低于准备金利率!这是因为一个技术问题:一些金融机构无法向美联储提供准备金,它们愿意以低于准备金利率的利率放贷。总的信息仍然是:联邦基金利率的下限主要由准备金利率决定。

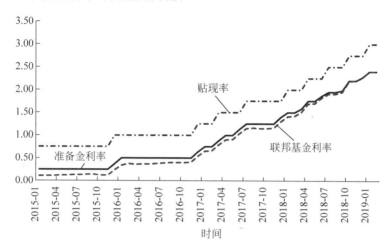

图 23-3 2015 年以来的准备金利率、联邦基金利率和贴现率
资料来源:FRED:IOER,FEDFUNDS,INTDSRUSM193N。
注:联邦基金利率与准备金利率保持一致。

总而言之:货币政策不断变化。这场危机迫使各国中央银行行长,尤其是美联储,质疑对通货膨胀目标的关注,并探索政策利率以外的工具。由于在零利率下限期间使用非常规政策,中央银行的资产负债表比以前大得多。它们持有的资产数量比危机前大得多,负债也大得多。它们为大部分负债(即银行在中央银行持有的准备金)支付利息,主要的政策工具已成为支付给银行在美联储的准备金的利率。此时各国央行面临的主要选择是,是保持其庞大的资产负债表,还是回到更接近危机前的状况:资产负债表规模较小,且大部分是无息负债。虽然它们在大多数情况下要么稳定现状,要么开始减小资产负债表,但最终如何尚未确定。

23.5 货币政策和金融稳定

金融危机开始时,中央银行不仅面临需求大幅下降,还面临金融体系的严重问题。正如我们在第 6 章中看到的,房价下跌是引发危机的原因,随后,金融体系的崩溃又放大了危机。资产的不透明性使人们怀疑金融机构的偿付能力,这些怀疑又导致挤兑,投资者试图收回他们的资金,抛售股票,并引发了对偿付能力的进一步怀疑。因此,中央银行面临的第一个紧迫问题是,除了前几节所述的措施之外,还应采取哪些措施。第二个问题是,未来货币政策是否以及如何试图降低另一场此类金融危机的可能性。我们依次研究这两个问题。

23.5.1 流动性提供和最终贷款人

中央银行早就知道银行可能发生挤兑。正如我们在第6章中看到的,银行资产负债表的结构使它们面临挤兑。它们的许多资产,如贷款,都缺乏流动性。但是它们的许多负债,如活期存款,都是富有流动性的。正如这个术语所示,活期存款可以按需提取。因此,无论是否有根据,储户的担忧都会导致他们想要提取资金,从而迫使银行要么关闭,要么贱卖资产。传统上,大多数国家采取了两项措施来限制这种挤兑。

- 存款保险,这让投资者有信心相信,即使银行已经破产,他们也能拿回资金,这样他们就没有挤兑的动机。
- 此外,如果挤兑实际发生,中央银行以一些抵押品,即银行的一些资产,向银行提供流动性。这样,银行就可以获得支付给储户所需的流动性,而不必出售资产。中央银行的这一职能被称为最终贷款人(lender of last resort),自1913年美联储成立以来,它一直是美联储的职能之一。

然而,金融危机表明,银行并不是唯一可能面临挤兑的金融机构。任何资产流动性低于其负债的机构,都将面临类似的挤兑风险。如果投资者想要收回他们的资金,该金融机构可能很难获得它所需的流动性。鉴于危机期间的紧迫性,美联储将流动性供应扩大到了银行以外的一些金融机构。它除了这样做之外,别无选择,但展望未来,问题是这些规则应该是什么——哪些机构可以期望从中央银行获得流动性,哪些机构不能。这个问题还远未得到解决。中央银行真的愿意向它们没有监管的机构提供这样的流动性吗?

23.5.2 宏观审慎的工具

从21世纪前10年中期开始,美联储开始担心房价的上涨。但美联储和其他中央银行在面临类似房价上涨的情况时都不愿进行干预。这有很多原因:首先,它们发现很难评估价格上涨是基于基本面上涨(如低利率)还是泡沫(即价格上涨超过基本面的合理水平)。其次,它们担心,虽然加息可能确实会阻止房价的上涨,但也会减缓整个经济,并引发经济衰退。最后,它们认为,即使房价上涨确实是一个泡沫,泡沫破裂后导致房价下跌,它们也可以通过适当降低利率来抵消对需求的不利影响。

这引出了这样一个格言:在资产价格上涨时保持精益比在价格崩盘后一无所有好。

这场危机迫使它们重新考虑。正如我们所看到的,房价下跌加上金融系统风险的增加,导致了一场重大的金融和宏观经济危机,它们既无法避免也无法应对。

因此,以下两方面正在形成广泛的共识。

- 等待是有风险的。即使人们怀疑资产价格的上涨反映的是基本面还是泡沫,做点什么也可能比什么都不做好。与其让泡沫积聚并破裂,产生重大不利的宏观经济影响,不如让经济按照基本面情况增长,即使这么做的结果是错误的。这同样适用于金融风险的累积;例如,过度的银行杠杆率。最好是防止高杠杆率,即使冒着减少银行信贷的风险,也不应让它积累起来,增加金融危机的风险。

- 然而,为了应对泡沫、信贷繁荣或危险行为,利率并不是正确的政策工具。它是一种过于生硬的工具,影响着整个经济,而不是解决手头的问题。正确的工具是宏观审慎工具(macroprudential tools),即直接针对借款人、贷款人、银行和其他金融机构的规则视情况需要而定。

一些宏观审慎的工具会采取什么形式?一些工具可能针对借款人:

- 假设中央银行担心房价的过度上涨。它可以收紧借款人可以获得抵押贷款的条件。许多国家使用的一种衡量标准是借款人可以获得的贷款规模相对于他们购买房屋价值的上限,这种衡量标准被称为最大贷款价值比[loan-to-value(LTV) ratio]。降低最大贷款价值比很可能会减少需求,从而减缓价格的上涨。(要点解析"2000年至2007年贷款价值比和住房价格上涨"研究了危机前时期最大贷款价值比与住房价格上涨之间的关系。)

  这导致匈牙利政府允许将以瑞士法郎计价的抵押贷款以较高的汇率转换为以福林计价的抵押贷款。匈牙利家庭的情况变得更好,但贷款给他们的银行的情况更糟。

- 假设中央银行担心人们借了太多的外币。一个例子将有助于说明这一点。在21世纪前10年早期,匈牙利超过2/3的抵押贷款都以瑞士法郎计价!原因很简单。瑞士的利率非常低,这显然吸引了匈牙利人以瑞士利率而不是匈牙利利率借款。然而,借款人没有考虑到的风险是,匈牙利货币福林会相对于瑞士法郎贬值。这种贬值发生了,匈牙利人必须支付的抵押贷款的平均实际价值增加了超过50%。许多家庭再也无法偿还抵押贷款了。这表明,从一开始就限制家庭的外币借款数额是明智的。

一些工具可能是针对贷款机构的,如银行或外国投资者:

- 假设中央银行担心银行杠杆率的上升。我们在第6章中看到了为什么这应该是一个担心。高杠杆率是房价下跌导致金融危机的主要原因之一。中央银行可以施加最低资本比率来限制杠杆率。还可以采取各种形式(例如,要求最低资本与资产比率,或最低资本与风险加权资产比率,其中风险较高的资产具有较高的权重)。事实上,在一系列被称为巴塞尔协议Ⅱ(Basel Ⅱ)和巴塞尔协议Ⅲ(Basel Ⅲ)的协议中,许多国家已经同意对其银行施加同样的最低限额。一个更困难和未解决的问题是,这些资本比率是否以及如何随着经济和金融状况的变化进行调整(例如,如果信贷出现过度增长,是否应该提高资本比率)。

  回到第6章,回顾一下杠杆率和资本比率之间的关系。

假设中央银行担心过高的资本流入,例如,我们刚才讨论的匈牙利案例。中央银行担心,尽管投资者愿意以低利率向该国放贷,但他们可能会改变主意,这可能会导致放贷突然停止。随后,中央银行可能希望通过实施资本控制(capital controls)来限制资本流入。中央银行可能采取对不同类型资本流入征税的形式,对不太容易突然停止的资本流动征税较低,如外国直接投资(purchase of physical assets by foreigners,外国人购买有形资产),或直接限制国内居民获得外币贷款的能力。

见第19章要点解析"资本流动、骤停以及利率平价条件的局限性"

要点解析

2000年至2007年贷款价值比和住房价格上涨

从2000年到2007年,那些对借贷有更严格限制的国家和地区的房价涨幅会更小吗?图23-4给出了答案。这一数字来自国际货币基金组织的一项研究,显示了21个可以获得这些数据的国家和地区的证据。

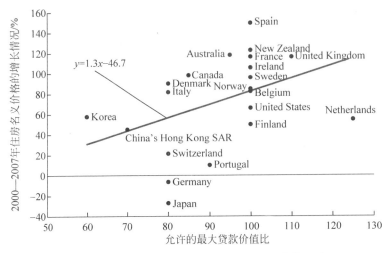

图 23-4　2000—2007 年最高贷款价值比和房价上涨

横轴表示各国和各地区新抵押贷款的最大贷款价值比。这个最高限额不一定是法定的最高限额,但可以是一项指标,或者是一个限额,超过该限额可以向借款人提出额外的要求,如抵押贷款保险。100% 的比率意味着借款人可以获得与房屋价值相同的贷款。实际数值从韩国的 60% 变化到包括美国在内许多国家和地区的 100%;以及荷兰的 125%。纵轴描绘了从 2000 年到 2007 年住房名义价格上涨的情况(衡量实际价格的上涨情况也会得出类似的结果)。该图还绘制了回归线,这是最符合观测样本的直线。

图 23-4 得出了两个结论。

第一,贷款价值比和房价上涨之间似乎确实存在正相关关系。韩国的贷款价值比较低,但房价涨幅较小。西班牙和英国的贷款价值比较高,但房价涨幅也要大得多。

第二,这种关系不紧密。这并不令人意外,因为许多其他因素肯定在房价上涨中发挥了作用。但即使控制了其他因素,也很难确定贷款价值比的确切影响。展望未来,我们必须更多地了解基于贷款价值比的监管工具如何工作,才能将其用作可靠的宏观审慎工具。

资料来源：Christopher Crowe, Giovanni Dell'Ariccia, Deniz Igan, and Pau Rabanal, "Policies for Macrofinancial Stability: Options to Deal with Real Estate Booms," Staff Discussion Note, International Monetary Fund, February 2011.

尽管人们普遍认为使用这种宏观审慎工具是可取的,但仍然存在许多问题。

- 在许多情况下,我们不知道这些工具的效果如何(例如,最大贷款价值比下降对住房需求的影响有多大,或者外国投资者是否可以找到避免资本管制的方法)。
- 传统的货币政策工具和这些宏观审慎工具之间很可能存在复杂的相互作用。例如,有一些证据表明,非常低的利率会导致投资者或金融机构过度承担风险。如果是这样的话,出于宏观经济原因决定降低利率的中央银行可能不得不使用各种宏观审慎工具来抵消风险的潜在增加。同样,我们对如何最好地做到这一点知之甚少。
- 问题出现了,宏观审慎工具应与传统货币政策工具共同由中央银行控制,还是由另一个独立的当局控制？让中央银行同时负责货币政策和宏观审慎工具的理由是,这些工具相互作用,因此只有一个中央集权机构能够以正确的方式使用它们。反对它的理由是,这种工具的整合可能会给一个独立的中央银行太多的权力。

在现阶段,一些国家和地区走了一条道路,而另一些国家和地区则走了另一条道路。在英国,中央银行被赋予使用货币政策和宏观审慎工具的权力。在美国,这一责任已经交给了一个由美国财政部正式授权的委员会,但美联储在委员会中发挥着重要作用。

总而言之,这场危机表明,宏观经济稳定不仅需要使用传统的货币工具,还需要使用宏观审慎工具。如何最好地利用它们是当今宏观经济政策制定者面临的挑战之一。

本章提要

有关最优通胀率:

- 直到20世纪80年代,货币政策制定的着眼点一直在名义货币的增长上。但由于通货膨胀和名义货币增长之间的关系很差,大多数中央银行都放弃了这种做法。
- 中央银行现在关注的是通货膨胀率目标,而不是名义货币增长率目标。它们考虑货币政策以决定名义利率,而不是决定名义货币的增长率。
- 泰勒规则为名义利率的选择提供了一个有用的思考方法。该规则认为,中央银行应根据两个主要因素来调整其利率:通货膨胀率与目标通胀率的偏离,以及失业率与自然失业率的偏离。中央银行在中期遵循这一规则将稳定经济活动,并达到其目标通货膨胀率。
- 最优的通货膨胀率取决于通货膨胀的成本和收益。一方面,更高的通胀会导致更多的扭曲,尤其是当它与税收体系相互作用时。另一方面,由于较高的通货膨胀意味着更高的平均名义利率,它降低了达到零利率下限的可能性,这一下限在最近的危机中是代价高昂的。
- 当发达经济体在大金融危机期间触及零利率下限时,中央银行探索了非常规货币政策工具,如量化宽松。这些政策通过中央银行购买不同资产对风险溢价发挥作用。这些购买导致了中央银行资产负债表的大幅增长。现在的问题是,中央银行是否应该缩减这些资产负债表,以及是否应该在正常时期使用非常规措施。
- 金融危机表明,稳定的通货膨胀并不是宏观经济稳定的充分条件。这导致各国中央银行开始探索宏观审慎工具的使用。原则上,这些工具可以帮助限制泡沫,控制信贷增长,并降低金融系统中的风险。然而,人们对如何最好地使用它们仍然知之甚少,这是当今货币政策面临的挑战之一。

关键术语

- inflation targeting,通胀目标制
- interest rate rule,利率规则
- Great Moderation,大缓和
- M1,基础货币供应量
- divine coincidence,神圣的巧合
- flexible inflation targeting,弹性通货膨胀目标制
- Taylor rule,泰勒规则
- shoe-leather cost,鞋耗成本
- bracket creep,税级攀升

- money illusion,货币幻觉
- conventional monetary policy,常规货币政策
- unconventional monetary policy,非常规货币政策
- quantitative easing,量化宽松
- credit easing,信用宽松
- QE1,第一次量化宽松计划
- QE2,第二次量化宽松计划
- QE3,第三次量化宽松计划
- corridor system,走廊制度
- lender of last resort,最终贷款人
- Macro prudential tools,宏观审慎工具
- loan-to-value(LTV) ratio,贷款价值比
- Basel Ⅱ,巴塞尔协议Ⅱ
- Basel Ⅲ,巴塞尔协议Ⅲ
- capital controls,资本控制
- foreign direct investment,外国直接投资

本章习题

快速测试

1. 运用本章学到的知识,判断以下陈述属于"正确""错误"和"不确定"中的哪一种情况,并简要解释。

a. 支持OECD国家通胀率为正的最重要观点是铸币税。

b. 对抗通货膨胀应该是美联储的唯一目的。

c. 从1970年到2009年,通货膨胀和货币增长共同变化。

d. 因为大多数人都能够毫不费力地区分名义和实际价值,所以通货膨胀不会扭曲决策。

e. 世界上大多数央行的目标通货膨胀率都是4%。

f. 通货膨胀率越高,资本利得税的有效性也越高。

g. 泰勒规则描述了中央银行如何在经济衰退和繁荣时期调整政策利率。

h. 当确定通货膨胀目标时,名义政策利率的零利率下限预计将成为货币政策的一个常规特征。

i. 美联储为成员银行持有的存款准备金支付利息。

j. 量化宽松是指中央银行购买资产,以直接影响这些资产的收益率。

k. 在金融危机中,各国和各地区中央银行向它们没有监管的金融机构提供流动性。

l. 危机的一个后果是对银行更高的资本要求和更广泛的监管制度。

2. 打破中期货币增长与通货膨胀之间的联系。

图23-1中隐含地使用了第5章的货币需求关系。这个关系是

$$\frac{M}{P} = YL(i)$$

中央银行与政治当局一起选择了一个通胀目标 π^*。

a. 推导出中期均衡下的目标名义利率。

b. 考虑潜在产出不增长的中期均衡。得出货币增长和通货膨胀之间的关系,并解释。

c. 现在考虑潜在产出以每年3%的速度增长的中期均衡。现在推导出货币增长和通货膨胀之间的关系。你认为通货膨胀是高于还是低于货币增长?请解释。

d. 考虑一下图 23-1。首先看看大约在 1995 年结束的时期,你的结论与 b 题、c 题的结果有什么关系?

e. 重点关注所有的现金都是货币的情况。然后,我们可以把现金需求看作是对货币的需求。在过去的 50 年里:

i. 自动柜员机允许银行在正常营业时间之外发放现金。

ii. 信用卡购物的使用已经大范围推广。

iii. 借记卡购物的使用已经大范围推广。

iv. 最近,技术允许通过信用卡和借记卡在收银机附近的支付终端上进行小额购买。这些创新将如何影响对货币的需求?

f. 圣路易斯联邦储备银行的 FRED 数据库有一个年度货币系列(CURRVALALL)。下载这个系列和名义 GDP(GDPA)的年度系列。构建货币与名义 GDP 的比率。从 1993 年到 2018 年,这个系列的表现如何?你感到惊讶吗?

3. 通货膨胀目标:几乎每个中央银行都选择了 2% 的目标通货膨胀率。

a. 为什么一个中央银行会选择一个较低的目标通货膨胀率,例如,零通货膨胀?

b. 为什么一个中央银行会选择一个较高的目标通货膨胀率,例如,4% 的通货膨胀率?

4. 指数债券与通货膨胀不确定性。

在第 14 章要点解析"债券市场的相关词汇"中,引入通货膨胀指数债券的概念。虽然这类债券通常期限较长,但下面的例子将标准的一年期国库券与通货膨胀指数化的一年期国库券进行了比较。

a. 一张标准的一年期 100 美元的美国国库券承诺在一年内支付 100 美元,并在今天以 P_B(符号来自第 4 章)美元卖出。该美国国库券的名义利率是多少?

b. 假设今天的价格水平是 P,明年的是 $P(t+1)$,该债券今天的售价是 P_B 美元。该美国国库券的实际利率是多少?

c. 指数化的国库券明年将支付更大的款项,以补偿发行日至付款日之间的通货膨胀。假设今天在价格指数为 100 时发行,如果价格指数上升到 110,明年的付款金额是多少?今天卖出 P_B 美元指数化国库券的实际利率是多少?

d. 如果你是一名投资者,你会想持有指数债券还是非指数债券?

5. 展开非常规货币政策。

正如书中指出,作为量化宽松的一部分,美联储除了购买国库券外,还购买了大量抵押贷款支持证券和长期政府债券。图 23-2 显示,2015 年,货币基础资产约为 4 万亿美元。到 2018 年,其总资产降至 3.5 万亿美元。表 23-3 提供了三种美联储资产的更多详细信息。

表 23-3 以数十亿美元计的三种美联储资产的更多详细信息   10 亿美元

资产种类	截至 2015 年	截至 2017 年
1 年内到期的国库券	216.1	443.7
到期时间超过 1 年的国库券	2 245.4	2 010.5
抵押担保证券	1 747.5	1 764.9

资料来源:Annual Reports of the Federal Reserve Board, Table 2, Federal Reserve Bank holdings of US Treasury and federal agency securities。

a. 为什么美联储要购买这些抵押贷款支持证券？

b. 为什么美联储会购买长期美国国债？

c. 请你预测联邦储备委员会以下行动的后果：出售 0.5 万亿美元的抵押贷款支持证券，购买 0.5 万亿美元的期限不足一年的美国国债。

d. 请你预测联邦储备委员会以下行动的后果：出售 0.5 万亿美元期限超过一年的美国国债，购买 0.5 万亿美元期限不足一年的国债。

e. 2015 年至 2017 年，美联储如何重新安排其资产负债表？是否有量化宽松退出的迹象？

6. 最大贷款价值比。

大多数购房者通过现金首付和抵押贷款的方式购买房屋。贷款价值比是规定购买房屋时允许的最高抵押贷款的规则。

a. 如果一套房子的价格是 30 万美元，并且像丹麦一样，最高贷款价值比是 80%，那么最低首付是多少？

b. 如果最大贷款价值比降低，这将如何影响对住房的需求？

c. 在第 14 章中提到了经济学家的房价指数。找到这个指数，看看加拿大和美国从 1970 年到最近日期的房价走势。2015 年 12 月 10 日，加拿大财政部部长宣布提高 50 万美元以上抵押贷款的最低首付。为什么要采取这个行动？你认为加拿大的房价会受到影响吗？你的结论是什么？

7. 利率走廊中的银行行为。

美国（不像其他国家）有两种类似银行的金融机构。成员银行可以以贴现率向美联储借款，并且必须将货币存放在其金库或美联储的存款中，以赚取存款利率。这些利率如图 23-3 所示。非成员银行可以将其储备金作为货币或存款存放在成员银行。联邦基金利率是指金融市场上一天贷款的利率。它是由成员银行和非成员银行对这些资金的需求和供给情况所决定的。第 4 章介绍了存款准备金率和资产负债表。

a. 如果存款准备金率为 10%，而可以在美联储存入资金的成员银行的资产负债表如表 23-4 所示，该银行是否有超额准备金？如果存款利率为 0.5%，联邦基金利率为 0.4%，那么对于成员银行超额准备金隔夜放置，利润最大化选择是什么？

表 23-4 成员银行的资产负债表（一）

银 行			
资 产		负 债	
现金	60	支票存款	1 000
美联储存款	50		
贷款	600		
债券	290		

b. 如果存款准备金率为 10%，而可以在美联储存入资金的成员银行的资产负债表如表 23-5 所示，该银行是否有超额准备金？如果贴现率为 0.75%，联邦基金利率为 0.8%，那么利润最大化的成员银行应该如何通过隔夜借款以满足存款准备金要求？

表 23-5　成员银行的资产负债表（二）

银 行			
资产		负债	
现金	30	支票存款	1 000
美联储存款	50		
贷款	600		
债券	320		

c. 如果美国所有的银行都是成员银行，解释一下为什么美联储可以确定联邦基金利率落在存款利率和贴现率之间。

d. 在图 23-3 中，联邦基金利率略低于存款利率。使用下面的非成员银行的资产负债表（表 23-6），解释这是如何发生的。非成员银行将部分法定准备金作为存款存放于成员银行。

表 23-6　非成员银行的资产负债表

银 行			
资产		负债	
现金	50	支票存款	500
美联储存款	20		
贷款	330		
债券	100		

深入挖掘

8. 税收、通货膨胀率和房屋所有权。

在本章，我们讨论了通货膨胀率对出售房屋所征收的资本利得税有效性的影响。在本题中，我们探讨通货膨胀率对税法的另一个特征——抵押贷款利息的可抵免性的影响。假设你有一笔 5 万美元的抵押贷款。预期的通货膨胀是 π^e，你的抵押贷款的名义利率是 i。考虑两种情况：

i. $\pi^e=0\%$；$i=4\%$

ii. $\pi^e=10\%$；$i=14\%$

a. 在每一种情况下，你要为你的抵押贷款支付的实际利率是多少？

b. 假设你可以在缴纳所得税之前从收入中扣除抵押贷款的名义利息费用。假设所得税税率为 25%，那么，你每支付一美元的抵押贷款利息，就会少支付 25 美分的税款，实际上是从政府那里获得了抵押贷款费用的补贴。在上述每种情况下，考虑这种政府补贴，计算你在抵押贷款上支付的实际利率是多少。

c. 只考虑抵押贷款利息的税前扣减性（并且没有资本利得税），通货膨胀对房屋所有者而言是好事吗？

9. 假设你刚刚被选入国会，一天，你的同僚发表如下言论：

"美联储主席是美国最有权力的经济政策制定者。我们不应该将美国经济的关键权力交给一个没有公选，从而没有责任和义务的人。国会应该将泰勒规则明确地施加给美联储，国会不仅应该选择目标通货膨胀率而且应该选定通货膨胀率目标和失业率目标的相对重要性。为什么某个人的偏好可以代替所有人民的意志——通过民主和立法程序表达出来的意志。"

你同意你同僚的观点吗？讨论对美联储施加明确的泰勒规则的利与弊。

进一步探讨

10. 世界各地零利率下限的频率。

使用联邦储备银行圣路易斯分行的 FRED 数据库来查找四大中央银行的月平均名义政策利率。这些利率是：美国、联邦基金（FEDFUNDS）；英国（INTDSRGBM193N）；欧洲中央银行（包括意大利、法国和德国在内的欧元区国家），欧元即期汇率（IRSTCI01EZM156N）；日本银行，日元即期汇率（IRSTCI01JPM156N）；加拿大银行，即期利率（IRSTCB01CAM156N）。

自 2000 年以来，其中哪一家中央银行在很长一段时间内处于零利率下限？

11. 当前的货币政策。

第 4 章第 10 题要求你考虑当前的货币政策状况。在这里，在增加本章和前面一些章节对货币政策的额外理解后我们再做一遍。访问联邦储备委员会理事会的网站（www.federalreserve.gov），下载你在思考第 4 章问题时用到的新闻公告（如果你做了第 10 题的话），或下载联邦公开市场委员会（FOMC）的最新新闻公告。

a. 在新闻公告中所描述的货币政策的立场是什么？

b. 是否有证据表明，FOMC 在制定利率政策时同时考虑了通货膨胀率和失业率，正如泰勒规则所暗示的那样？

c. 该措辞是否具体提到了通货膨胀目标？

d. 该措辞是否具体提到了自然利率或目标实际利率？

e. 该措辞是否提出了与金融机构的宏观审慎监管有关的任何问题？

延伸阅读

- For an early statement of inflation targeting, read "Inflation Targeting: A New Framework for Monetary Policy?" by Ben Bernanke and Frederic Mishkin, *Journal of Economic Perspectives*, 1997, Vol. 11 (Spring): pp. 97–116. (This article was written by Ben Bernanke before he became Chairman of the Fed.)
- For more institutional details on how the Fed actually functions, see www.federalreserve.gov/aboutthefed/default.htm.
- A time frame giving financial developments and the actions of the Fed from 2008 to 2011 is given at www.nytimes.com/interactive/2008/09/27/business/economy/20080927_WEEKS_TIMELINE.html.
- A great long read: The description of the problems in the financial sector and of US monetary policy during the crisis by the Fed Chair himself, in *The Courage to Act: A Memoir of a Crisis and Its Aftermath* by Ben Bernanke, W. W. Norton & Co., Inc., 2015.

第 24 章　宏观经济学的故事

我们已经用了 23 章的篇幅讲述了大多数经济学家思考宏观经济问题的框架以及他们得出的主要结论,也讨论了他们意见不一致的一些问题。这一框架是如何随时间的推移而建立起来的,是一个非常吸引人的故事。本章将要讲述这个故事。

24.1 节　讨论了现代宏观经济学的创立——凯恩斯和大萧条。

24.2 节　讨论了新古典综合派,即凯恩斯思想和早期经济学家思想的综合,这一学派在 20 世纪 70 年代初以前一直在宏观经济学中占主导地位。

24.3 节　描述了理性预期批判和对新古典综合派的猛烈攻击,这导致 20 世纪 70 年代宏观经济学的大变革。

24.4 节　介绍了经济危机发生前宏观经济学研究的主线。

24.5 节　初次评估经济危机对宏观经济学的影响。

> 如果你还记得本章的一条基本信息,它应该是:现代宏观经济学是一个长期而丰富的构建、危机和重建过程的结果。

请注意:画廊里的绝大多数都是白人男性。不幸的是,这反映了经济学领域的历史。好消息是情况正在发生变化,女性的作用越来越大。2019 年,美国经济协会 40 岁以下最佳经济学家奖授予了加州大学伯克利分校宏观经济学家中村惠美。

24.1　凯恩斯和大萧条

随着凯恩斯的《就业、利息和货币通论》(*General Theory of Employment, Interest, and Money*) 一书的出版,现代宏观经济学的历史于 1936 年开始了。凯恩斯正在写这本书时,他向一位朋友吐露:"我认为自己在写一本有关经济理论的书,这一理论将使人类思考经济问题的方式发生巨大改变——即使不是立刻,至少也会在十年内发生改变。"

凯恩斯说对了。该书出世的时代是它能够立即获得成功的原因之一。大萧条不仅是一场经济灾难,而且是致力于**经济周期理论**(Business Cycle Theory,宏观经济学当时的名称)的经济学家们的学术上的失败。很少有经济学家对大萧条作出前后一致的解释,无论是对其深度还是对其持久性。罗斯福政府在新政时期所采取的经济措施都是凭着直觉判断,而非经济理论。该书提供了对大萧条的一种解释、一种思考的框架,并且明确指出"要实施政府干预"的观点。

约翰·梅纳德·凯恩斯

该书强调**有效需求**(effective demand)——我们现在称之为总需求。凯恩斯指出,在短期,有效需求决定产出。即使最终产出会回到自然率水平,这一过程也是缓慢的。凯恩斯最著名的论断之一就是:"在长期,我们都已经死亡。"

在推导有效需求的过程中,凯恩斯引入了构成现代宏观经济学基础的许多模块:

- 消费与收入的关系以及乘数可以解释需求冲击如何被扩大,从而导致产出更大的变动。
- **流动性偏好**(liquidity preference,凯恩斯用来称呼货币需求的术语),可以解释货币政策如何影响利率和总需求。
- 预期在影响消费和投资方面的重要性,以及动物精神(预期的变化)是造成需求和产出变化的主要因素的观点。

该书远不仅是一部经济学家所做的专著,它提出了明确的政策含义,也符合时代的基调。等待经济自己恢复到自然率水平是不负责任的。在发生衰退时,试图保持预算平衡不仅愚蠢而且非常危险。积极使用财政政策对经济恢复到高就业状态来说是非常重要的。

24.2 新古典综合派

几年之内,《就业、利息和货币通论》使宏观经济学发生了翻天覆地的变化。并非每个人都可以被说服,也极少有人完全赞同。但是,大多数讨论都是围绕着该书展开的。

到了 20 世纪 50 年代初,在综合凯恩斯的许多思想及早期经济学家的一些思想的基础上,形成了一致的观点。这个一致观点被称为**新古典综合派**(Neoclassical Synthesis)。引用保罗·萨缪尔森(Paul Samuelson)所著的 1955 年版的教科书《经济学》(第一本现代经济学的教科书)中的一段话:

保罗·萨缪尔森

"最近几年,美国 90% 的经济学家都不再是'凯恩斯主义经济学家'或'反凯恩斯主义经济学家'。相反,他们将以前的经济学和现代收入决定论中有用的东西结合形成新古典经济学。除了约 5% 的极左和极右派之外,它已被所有人接受。"

新古典综合派在接下来的 20 年时间里占据了统治地位。其进步是惊人的,很多人将 20 世纪 40 年代初到 70 年代初的这段时期称为宏观经济学的黄金时期。

24.2.1 全面改进

在《就业、利息和货币通论》出版后,首先要做的事情是用数学语言对凯恩斯的观点进行重新表述。尽管凯恩斯懂数学,但他在该书中尽量避免使用数学。这就引发了一场围绕凯恩斯的真实观点,以及凯恩斯的某些观点是否存在逻辑缺陷的无休止的争论。

1. IS-LM 模型

能够解释凯恩斯观点的几个正规模型出现了。其中,最有影响力的一种解释是 IS-LM

模型,它是由约翰·希克斯(John Hicks)和阿尔文·汉森(Alvin Hansen)于20世纪30年代和40年代初研究出来的。IS-LM模型的最初版本——非常类似于本书第5章中讨论的版本——遭到了很多批评,因为它没有反映凯恩斯理论的许多内涵:预期没有起到任何作用,也没考虑价格和工资的调整。尽管如此,IS-LM模型还是为后来模型的构建打下了很好的基础。从这方面说,它是非常成功的。于是,经济学家们又围绕着下面几个方面展开了讨论:IS、LM曲线的斜率应该怎样,这两个关系中缺少什么变量,价格和工资方面有什么方程应该加进模型等。

2. 消费、投资和货币需求的理论

凯恩斯强调消费和投资行为的重要性,以及在货币和其他金融资产之间进行选择的重要性。很快,后来的学者围绕着这三个方面做了很多改进。

20世纪50年代,弗朗哥·莫迪利安尼(Franco Modigliani,当时在卡内基梅隆大学,后来在麻省理工学院)和米尔顿·弗里德曼(Milton Friedman,芝加哥大学)各自独立地发展了消费理论,我们在第15章中已经讨论过。他们都坚持认为预期在当前的消费决策中非常重要。

弗朗哥·莫迪利安尼

耶鲁大学的詹姆斯·托宾(James Tobin)基于利润的现值和投资之间的关系发展了投资理论。这一理论得到了哈佛大学的戴尔·乔根森(Dale Jorgensen)的进一步发展和验证。我们在第15章讨论过这一理论。

托宾也发展了货币需求理论,更一般地,他基于流动性、投资回报和风险发展了不同资产之间的选择理论。托宾的工作不仅构筑了宏观经济学中金融市场理论发展的基础,而且构筑了一般金融理论的基础。

詹姆斯·托宾

3. 增长理论

在关注经济波动的同时,人们也开始重新关注经济增长问题。与第二次世界大战前的经济停滞大不相同的是,大多数国家在20世纪五六十年代都出现了快速增长。这些国家的经济尽管出现了波动,但是人们的生活水平却有了飞速的提高。麻省理工学院的罗伯特·索洛(Robert Solow)于1956年建立了增长模型,提供了一种考虑经济增长决定因素的框架,我们在第11章和第12章讨论过这一模型。在索洛模型之后,出现了大量关于储蓄和技术进步在经济增长决定中作用的研究。

4. 宏观经济计量模型

所有这些贡献都被融合进宏观经济计量模型里,这些模型越

罗伯特·索洛

来越复杂。美国第一个宏观经济计量模型是扩展的 IS 关系,包含 16 个方程,该模型由宾夕法尼亚大学的劳伦斯·克莱因(Lawrence Klein)于 20 世纪 50 年代初研究出来。随着国民收入和生产账户的发展(可以提供更好的数据),以及计量经济学和计算机的发展,这些模型的规模迅速扩大。其中最重要的成果是 MPS 模型的构建(MPS 是 MIT-Penn-SSRC 的缩写,代表两所大学和社会科学研究委员会,三方共同参与了模型的构建工作),该模型由弗朗哥·莫迪利安尼带领一群研究人员于 20 世纪 60 年代研究出来。它由 IS-LM 模型的扩展版本,再加上菲利普斯曲线机制构成。但是它的内容——消费、投资和货币需求——反映了自凯恩斯以来在理论和实证方面的巨大进步。

劳伦斯·克莱因

24.2.2 凯恩斯主义和货币主义

由于出现了如此巨大的进步,许多宏观经济学家[他们将自己定位为**凯恩斯主义阵营(Keynesians)**]都逐渐相信前途是光明的。经济波动的本质逐渐得到了很好的理解,模型的发展使政策得以很好地应用。经济运行得到很好的调控,衰退差不多消失殆尽的时刻似乎即将到来。

这一乐观的情况遭到了人数虽少但很有影响力的**货币主义学派**(Monetarists)的怀疑,其理论带头人是米尔顿·弗里德曼。弗里德曼尽管看到了很大的进步——而且他自身也是对宏观经济学作出主要贡献之一的"消费理论之父"——但是他却没有像一般人那样沉醉在狂热之中。他相信人们对经济的理解仍然非常有限。对于政府的动机,以及政府或经济学家是否掌握了足够知识以改善宏观经济结果,他都深表怀疑。

20 世纪 60 年代,"凯恩斯主义"和"货币主义"之间的争论是最重要的经济话题。这些争论集中在三个问题上:①货币政策和财政政策的效果对比;②菲利普斯曲线;③政策的作用。

米尔顿·弗里德曼

1. 货币政策与财政政策

凯恩斯强调,作为抵抗衰退的关键因素,财政政策优于货币政策。这一观点仍占统治地位。很多人都认为,IS 曲线非常陡峭。利率的变化对需求和产出的影响很小。因此,货币政策不会很好地发挥作用。财政政策则直接影响需求,可以更快、更可靠地影响产出。

弗里德曼强烈质疑这一结论。在 1963 年出版的名为《美国货币史:1867—1960 年》一书中,弗里德曼和安娜·施瓦茨(Anna Schwartz)细致地回顾了货币政策的证据,以及过去一个世纪以来美国的货币和产出之间的关系。他们的结论是,货币政策不仅

安娜·施瓦茨

非常有成效,而且货币的变化的的确确可以解释产出的大多数波动。他们认为大萧条是货币政策的重大失误所导致的,银行破产而导致货币供给减少——美联储本应该增加基础货币以避免这一货币供给的减少。

在弗里德曼和施瓦茨发出疑问之后,围绕财政政策和货币政策各自的影响展开了激烈的辩论和深入的研究,最后终于达成了共识。显然,财政政策和货币政策都会产生效果。如果政策制定者不仅关心产出水平而且关心产出的结构,那么通常最好的政策是将两者搭配使用。

2. 菲利普斯曲线

第二个争论集中在菲利普斯曲线上。菲利普斯曲线不是最初的凯恩斯模型的一部分。但是因为它提供了一种非常简单的(似乎也非常可靠)方法来解释工资和价格随时间的变化情况,它成为新古典综合派的一部分。20世纪60年代,基于所有的实证证据,凯恩斯主义的许多经济学家都认为,在失业和通胀之间存在着可靠的权衡取舍关系,甚至在长期也是如此。

米尔顿·弗里德曼和埃德蒙·菲尔普斯(Edmund Phelps,来自哥伦比亚大学)强烈反对这一观点。他们认为,这样一个长期权衡取舍关系的存在必然违背基本的经济规律。如果政策制定者确实在试图利用这一均衡——他们试图通过更高的通货膨胀而达到低失业,这一表面的权衡取舍关系很快就会消失。正如我们在第8章中研究菲利普斯曲线的演变时所了解到的那样,弗里德曼和菲尔普斯无疑是正确的。到了20世纪70年代中期,大家一致认为通货膨胀和失业之间并不存在长期的权衡取舍关系。

埃德蒙·菲尔普斯

3. 政策的作用

第三个争论集中在政策的作用上。由于不相信经济学家有足够的知识来稳定经济,且不相信政策制定者能够做正确的事情,弗里德曼主张使用简单的规则,如稳定的货币增长(我们在第23章讨论的规则)。他在1958年时这样说:

"稳定的货币供给增长率,即使能够阻止我们过去时不时都要经历的波动,但也并不意味着能够达到非常完美的稳定。使用货币的变化来抵消导致扩张和紧缩的其他因素是非常有诱惑力的……已有证据使人严重怀疑是否有可能通过微调货币政策来对经济活动进行微调——至少到目前为止是这样。因而,相机抉择的货币政策存在很大局限性,而且这样的政策可能会使得事情更糟,而不是更好。

面对价格相对轻微的上升,或者价格和失业相对轻微的下降,'做些什么'的政治压力在大众舆论面前显然更加强烈。前面谈及的两点的主要意思是,屈从于这些压力通常可能会带来害处而非益处。"

正如我们在第21章中了解到的那样,关于宏观经济政策所起作用的争论还没有结束。这些争论的本质多少有些改变,但争论本身却依然继续。

24.3 理性预期批判

尽管存在着凯恩斯主义和货币主义的争论,20 世纪 70 年代左右的宏观经济学似乎是一个非常成功、成熟的领域。在解释问题及引导政策选择上,它似乎很成功。大多数的争论都集中在一般的理论框架上。但是这一领域在几年后却陷于危机之中,危机有两个来源。

第一是事件。到了 20 世纪 70 年代中期,大多数国家都出现了滞胀,当时创造这一单词是用来表示高失业和高通胀的同时存在。宏观经济学家没有预测到会出现滞胀。这一事实发生之后,并经过了几年的研究,出现了一个令人信服的解释:该解释是在经济中同时存在通胀和产出的不利供给冲击(我们在第 9 章中讨论过这些冲击的效应。)的基础上展开的。这一事件对凯恩斯理论的权威形象造成了损坏。

罗伯特·卢卡斯

第二是思想。20 世纪 70 年代初,一小部分经济学家——芝加哥大学的罗伯特·卢卡斯(Robert Lucas)和当时在明尼苏达大学,目前在纽约大学的托马斯·萨金特(Thomas Sargent),以及当时在芝加哥大学,目前在哈佛大学的罗伯特·巴罗(Robert Barro)对主流宏观经济学发起强烈攻击。他们并非装腔作势,卢卡斯和萨金特在 1978 年的文章中写道:

托马斯·萨金特

> (凯恩斯主义经济学的)预测非常不准确,它们依赖的原理本来就有缺陷。从目前情况来看这些是很简单的事实,他们的经济理论并不精湛。当代经济学者面临的任务是重新梳理这些零碎的理论,以决定凯恩斯理论中哪些方面还可以延续并很好地利用、哪些则必须抛弃。

24.3.1 理性预期的三个含义

卢卡斯和萨金特的主要观点是,凯恩斯主义经济学忽略了预期对行为的重要影响。他们认为,改进的方法就是假设人们基于目前所有的信息,尽可能理性地做出预期。假设人们有理性预期有三方面的重要含义,这些含义都会使凯恩斯主义经济学遭到严重破坏。

罗伯特·巴罗

1. 卢卡斯批判

理性预期的第一个含义如下:现有的宏观经济模型不能用于帮助制定政策。这些模型尽管认识到预期会影响行为,但并没有将预期明确地包括进去。它们假设所有的变量,包括政策变量,都取决于其他变量的当前值和历史值。因此,这些模型得到的只是经济变量在过去保持的且在过去政策作用下的一系列关系。卢卡斯认为,这些政策如果发生变化,人们形成预期的方式也会改变,这使得估计出来的变量关系,以及使用已有宏观经济计量模型所做的模拟对新政策下将要发生的事情作出了糟糕的指导。对宏观经济计量模型的这一批判被称为**卢卡斯批判**(Lucas critique)。再以菲利普斯曲线的演变为例,20世纪70年代以前的数据表明失业和通胀之间存在权衡取舍关系,当政策制定者试图利用这一关系时它却消失了。

2. 理性预期和菲利普斯曲线

理性预期的第二个含义如下:将理性预期引入凯恩斯模型后,这些模型确实得出了刚好与凯恩斯相反的结论。例如,新模型表明产出偏离自然率水平是短暂的,而凯恩斯主义经济学家却不这么认为。

这一观点是在重新考虑菲利普斯曲线关系后提出的。在凯恩斯模型里,产出缓慢回到其自然率水平源于价格和工资根据菲利普斯曲线机制的缓慢调整。例如货币增加:首先导致更高的产出和更低的失业,然后更低的失业导致更高的名义工资和更高的价格水平。这一调整会一直持续下去,直到工资和价格增加了与名义货币相同的比例,即直到失业和产出都回到各自的自然率水平。

但是卢卡斯指出,这一调整在很大程度上取决于工资设定者对通货膨胀的保守预期。例如在MPS模型里,工资只是当前通货膨胀和过去通货膨胀以及当前失业的函数。但是一旦我们假定工资设定者有理性预期,调整可能要快得多。如果货币变化的程度是人们所预期到的,则它对产出将没有影响。例如,人们预期到下一年货币将增加5%,工资设定者在下一年的合同里会把名义工资提高5%。同样,企业也会把价格提高5%。结果实际货币存量没有变化,需求和产出也没有变化。

因此按照凯恩斯模型的逻辑,卢卡斯认为,只有未预测到的货币变化才会影响产出,那些被预测到的货币变化对经济活动不会产生影响。更一般地,如果工资设定者有理性预期,需求的变化只会在名义工资被重新设定前的这段时间(一年左右)才可能对产出产生影响。甚至凯恩斯模型本身也不能给出有关"需求会长期影响产出"的令人信服的理论支持。

3. 最优控制与博弈论

理性预期的第三个含义如下:如果人和企业是理性预期的,那么将政策视为对一个复杂且被动的系统的控制是错误的;相反,正确的方式是将政策视为政策制定者和经济之间的一种博弈。正确的工具不是最优控制,而是博弈论。博弈论导致对政策的不同看法。一个很好的例子是时间不一致性问题,芬恩·基德兰德(Finn Kydland,来自卡内基梅隆大学,现在在加州大学圣芭芭拉分校)和爱德华·普雷斯科特(Edward Prescott,当时在卡内基梅隆大学,目前在亚利桑那州立大学)对这一问题进行了讨论,我们在第21章中曾讨论过这一问题:政策制定者虽有好的动机,但却会导致一场灾难。

总结:引入理性预期后,凯恩斯模型不能用于决定政策;凯恩斯模型不能解释产出对自然率水平的持久性偏离;政策理论需要在博弈论基础上重新构建。

24.3.2 理性预期的整合

从卢卡斯和萨金特的论断,读者可能会猜测到,20 世纪 70 年代初,宏观经济学的学术氛围非常紧张。但是不出几年的时间,整合(思想整合而非人员之间的整合,因为火药味仍很浓)过程开始了,这一过程主导了 20 世纪 70 年代和 80 年代。

理性预期是正确的假设,这一思想很快得到了普遍认可。这并不是因为经济学家相信个人、企业和金融市场参与者总能理性地形成预期。不过,至少在经济学家进一步弄清楚现实预期与理性预期之间是否存在、何时存在以及如何存在系统性偏差之前,理性预期看起来还是可以作为一个自然的基准。

从那以后,经济学家开始研究卢卡斯和萨金特所提出的质疑。

1. 理性预期的含义

第一,出现了对理性预期在商品市场、金融市场和劳动力市场的作用和影响的系统性探索。许多结论已经在本书中有所提及,下面举两个例子:

罗伯特·霍尔

当时在麻省理工学院、目前在斯坦福大学的罗伯特·霍尔(Robert Hall)指出,如果消费者非常有远见(按照第 15 章中给出的定义),那么消费的变化将不能预测:对下一年消费的最好预测就等于今年的消费!换句话说,消费的变化非常难以预测。当时,这一结果使得大多数经济学家大吃一惊,但事实上,它却基于非常简单的直觉。如果消费者非常有远见,他们只会在得知有关将来的新信息时才改变消费。但是根据定义,这些信息不可预测。自此,这一消费行为即我们所说的**消费的随机游走**(random walk of consumption)就成为消费研究的基准。

鲁迪·多恩布什

麻省理工学院的鲁迪·多恩布什(Rudiger Dornbusch)指出,在浮动汇率制下,以前被认为是由于非理性投资者的投机所造成的汇率的剧烈波动实际上完全符合理性行为。正如我们在第 20 章中所看到的,货币政策的变化会导致名义利率的长期变化;当前和预期名义利率的变化又会导致汇率的巨大变化。多恩布什构造的模型,即所谓的汇率超调模型,已成为讨论汇率变化的基准。

2. 工资和价格设定

第二,出现了有关工资和价格决定的系统性探索,远远超出了菲利普斯曲线关系。当时在麻省理工学院的斯坦利·费希尔(Stanley Fischer),以及当时在哥伦比亚大学、目前在斯坦福大学的约翰·泰勒(John Taylor)作出了两个非常重要的贡献。他们都指出,作为对失业变化的反应,工资和价格的调整会非常缓慢,

斯坦利·费希尔

即使是在理性预期下也如此。

他们指出了工资和价格设定的一个重要特征,即**工资和价格决策的交错性**(staggering of wage and price decisions)。前面,我们讲过一个简单的故事,如果预期到货币将要增加,所有的工资和价格会同时增加,与此形成对比的是,现实的工资和价格决策是随时间交错进行的。因此,对于货币的增加,所有的工资和价格不会出现突然的同步调整。相反,随着时间的推移,通过交替变化的作用过程,工资和价格在新的货币水平下进行调整,调整可能是缓慢的。因此,费希尔和泰勒指出理性预期批判所提出的第二个问题可以得到解释:产出缓慢地回复到自然率水平是与劳动力市场的理性预期相一致的。

3. 政策理论

第三,运用博弈论来考虑政策,导致了对所进行的博弈的性质的大量研究,这些博弈不仅存在于政策制定者和经济之间,而且存在于政策制定者之间——不同政党之间,或者中央银行和政府之间,或者不同国家的政府之间。这一研究的主要成就之一是发展了一种可以对诸如"可信度""信誉""承诺"这类模糊概念进行更为严谨的思考方法。同时,其注意力也从"政府应该做什么"明显转向了"政府实际上做了什么"。人们越来越意识到,当经济学家在给政策制定者出主意的时候要考虑政治约束。

约翰·泰勒

简而言之:到了 20 世纪 80 年代末,理性预期批判所提出的疑问导致了对宏观经济学的彻底革新。为了考虑理性预期的作用,或者更一般地说,为了考虑人们和企业的极有远见的行为,基本的经济分析框架已经被扩展。正如你所看到的,这些主题在本书中起着核心作用。

24.4 2009 年经济危机前的宏观经济学发展

从 20 世纪 80 年代末期到 2008 年经济危机发生前,三个流派在经济学领域占据主导地位:新古典主义、新凯恩斯主义和新增长理论。(注意:词语"新"的大量使用。与传统意义不同,经济学家不会使用"新的和改进的"用语,但言下之意是相同的。)

24.4.1 新古典经济学和实际经济周期理论

理性预期批判不仅仅是对凯恩斯主义经济学的批判,也提供了对经济波动的解释。卢卡斯指出,解释波动不应该依赖劳动力市场的不完美性以及工资和价格的缓慢调整等。相反,宏观经济学家应该尽力把波动解释为在价格和工资完全弹性的竞争市场中冲击的影响。

这就是**新古典主义**(new classicals)的研究内容,其理论带头人是爱德华·普雷斯科特(Edward Prescott)。他以及他的追随者所发展的模型被称为**实际经济周期**(real business cycle, RBC)模

爱德华·普雷斯科特

型。他们的观点有两个前提：

第一个是方法上的。卢卡斯提出，为了避免出现早期的错误，宏观经济模型应该有明确的微观基础（例如，工人的效用最大化、企业的利润最大化、理性预期等）。在计算机技术发展起来以前，这一问题即使有可能解决，难度也会很大：通过这种方式建立起来的模型由于过于复杂而难以求解。实际上，宏观经济学研究的技巧就在于寻找一种既能刻画模型本质又便于求解的简单方法（如何写一本好的教材也是这个道理）。运算技术的发展使我们能够用数值方法求解这些模型，并且RBC模型作出的一个重要贡献是发展了越来越强大的数值求解方法，这也促进了越来越丰富的模型的发展。

第二个是概念上的。直到20世纪70年代，大多数的经济波动都被看作是由市场的不完善以及实际产出对缓慢增长的自然产出的偏离造成的。根据卢卡斯的观点，普雷斯科特认为，经济波动实际上可以被解释成价格和工资具有完全弹性的竞争市场上的技术冲击带来的结果。换句话说，他认为实际产出的变动可以看作是潜在产出的变动，而不是实际产出对潜在产出的偏离。随着新的证据的出现，他认为劳动生产率上升会导致产出增加；同时，劳动生产率的提高会导致工资的增加，使得工作更有吸引力，导致工人愿意工作更长的时间。因此，劳动生产率的提高导致产出和就业的增加，这正如我们在现实世界里所看到的一样。经济波动是经济运行过程中正常现象，并不需要政策制定者去消除它。

毫不奇怪，这个关于经济波动的激进观点受到了很多方面的批判。正如我们在第12章中讨论的那样，技术进步是非常多的技术革新的结果，每项技术革新都需要花费很长的时间才能够传播开来。我们很难理解这一过程是如何引起实践中产出的巨大短期波动的。把衰退视为技术倒退的时期，在这一时期，劳动生产率和产出都下降，这同样让人难以理解。最后，正如我们已经看到的，有很强的证据表明货币的变化实际上对产出有很强的影响，但在RBC模型里货币的变化对产出没有影响。尽管如此，RBC方法在观念上是有影响力的，也是有用的。它提出了一个重要观点——并非所有的产出波动都是产出对自然水平的偏离，也有可能是产出自然水平的变化。

24.4.2 新凯恩斯主义经济学

新凯恩斯主义者（New Keynesians）这一术语指的是一群联系松散的研究人员，他们都认为为了回应理性预期批判所做的综合理论是基本正确的。但是他们也都认为，不同市场中不完美性的本质及其对宏观经济波动的影响方面还有很多内容有待研究。

关于**名义刚性**（nominal rigidities）的性质，出现了许多更进一步的研究。正如我们在本章的前面部分所了解到的，费希尔和泰勒已指出，由于工资或价格决策的交错性，产出会偏离自然率水平很长一段时间。这一结论引出了几个问题：如果经济波动是（或部分是）由决策的交错性引起的，工资设定者/价格设定者为何不同步决策？价格和工资为什么不更频繁地进行调整？为什么所有价格和工资不在每周的第一天就作出调整？在解决这些问题时，乔治·阿克洛夫（George Akerlof，当时在加州大学伯克

乔治·阿克洛夫

利分校,现在在乔治敦大学)、珍妮特·耶伦(Janet Yellen,当时在加州大学伯克利分校,时任美联储主席,现在在布鲁金斯学会)和格里高利·曼昆(N. Gregory Mankiw,来自哈佛大学)得出一个令人吃惊但又很重要的结论,通常被称为对产出波动的**菜单成本**(menu cost)解释。

珍妮特·耶伦

每一位工资或价格设定者对何时以及多长时间改变自己的工资或价格漠不关心(对零售商而言,每天或每周改变架子上商品的价格,对利润没有多大的影响)。因此,即使是改变价格所引起的很小成本——如印刷新菜单所涉及的成本,也会导致不频繁的、交错的价格调整。这一交错性导致价格水平的缓慢调整,并且导致总产出会因总需求的变化而剧烈波动。总之,对个人无关紧要的决策(多长时间才改变价格或工资)会产生巨大的总体效应(价格水平的缓慢调整以及总需求的变化对产出的巨大影响)。

另一个研究方向集中在劳动力市场的不完美性上。我们在第7章讨论了效率工资观念——如果工人感觉到工资太低,就会导致他们在工作中偷懒,会导致企业士气的低落,也会提高企业招募和留住好员工的难度等。在这一方面比较有影响的一位研究人员是阿克洛夫,他研究了"规范"(norms)的作用。规范是指任何组织内(这里指企业)用以确定什么是正当或者什么是不正当的规则。这项研究使他和其他人探索了以前留给社会学和心理学研究的问题,并研究了它们的宏观经济含义。从另一个方面,彼得·戴蒙德(Peter Diamond,来自麻省理工学院)、戴尔·蒙特森(Dale Mortensen,来自康奈尔大学)以及克里斯托弗·皮萨里德斯(Christopher Pissarides,来自伦敦政治经济学院)把劳动力市场看作以不断的再分配、流动性大、充斥着工人和企业之间的讨价还价等为特征的市场。这些特征被证明是非常有用的,本书第7章的分析就是以这些特征为基础展开的。

此外,另一个研究方向是分析信用市场的不完美性所产生的影响,这些研究在经济危机发生时被证明是非常重要的。大部分宏观模型假定货币政策通过利率起作用,企业可以在市场利率下自由借款。事实上,许多企业只能通过银行借款,而且银行常常会拒绝潜在的借款人,尽管这些借款人愿意支付银行公布的利率。为什么会发生这一现象,它会如何影响我们关于货币政策如何起作用的看法,这些已成为很多研究的核心内容,特别是本·伯南克(Ben Bernanke,当时来自普林斯顿大学,然后担任美联储主席,现在在布鲁金斯学会)和马克·格特勒(Mark Gertler,来自纽约大学)所做的研究。

本·伯南克

24.4.3 新增长理论

增长理论在20世纪60年代成了最活跃的研究主题之一,此后经历了一段低迷时期。但是,从20世纪80年代末期开始,增长理论再次成为热门研究领域。这些新的研究成果被称为**新增长理论**(New Growth Theory)。

两位经济学家,罗伯特·卢卡斯(与提出理性预期批判的卢卡斯是同一人)和保罗·罗默(Paul Romer,当时在加州大学伯克利分校,现在在纽约大学),在这一问题的研究中发挥了重要作用。当增长理论在20世纪60年代末渐渐低迷的时候,有两大问题尚未解决:第一是规模报酬递增的作用——例如,资本和劳动力都加倍,实际上会导致多于两倍的产出;第二是技术进步的决定因素。这是新增长理论集中讨论的两个主要问题。

保罗·罗默

第12章关于研究与开发对技术进步的作用的讨论,以及第13章关于技术进步和失业相互作用的讨论,反映了经济学家在这方面的一些进展。其中一个重要的贡献是菲利浦·阿吉翁(Philippe Aghion,当时在哈佛大学,现在在法国的一所大学)和彼得·霍依特(Peter Howitt,当时在布朗大学)的研究。他们对20世纪30年代约瑟夫·熊彼特(Joseph Schumpeter)首次探究的一个主题——"增长是新产品不断替代旧产品的创造性毁灭的过程"这一观念做了进一步研究。减缓这一再分配过程的制度(比如让成立新企业变得更为困难,或是让企业在解雇工人时支付更多的费用等)有可能会减缓技术进步,从而降低增长率。

菲利浦·阿吉翁

相关研究也尝试去分析特殊的制度在经济增长决定中的具体作用。安德鲁·施莱弗(Andrei Shleifer,来自哈佛大学),从金融市场和劳动力市场的角度研究了不同的法律制度对经济组织的影响,以及法律制度通过这些渠道对经济增长的影响。达龙·阿西莫格鲁(Daron Acemoglu,来自麻省理工学院)研究了如何从制度和经济增长之间的相关性出发探究制度和经济增长之间的因果关系(民主制的国家通常会更为富裕):这种相关性告诉我们的是民主制导致了较高的人均产出水平,还是较高的人均产出水平导致了民主制,抑或是别的什么因素导致了民主制和较高的人均产出。通过考察早期殖民地的情况,阿西莫格鲁认为殖民地的经济增长确实受到了殖民者制定的不同制度的影响,因此证明了制度对经济增长有强有力的因果效应。

彼得·霍依特

24.4.4 走向融合

在20世纪80年代和90年代,这三个圈子之间的讨论特别是新古典主义和新凯恩斯主义之间的讨论常常是激烈的。新凯恩斯主义者会批评新古典主义依赖的是对经济波动的不合理解释,而忽略了明显存在的市场不完美性;作为回应,新古典主义者也会指出一些新凯恩斯主义的模型中存在的问题。从外部来看(实

安德鲁·施莱弗

际上有时从内部看也是一样）宏观经济学领域更像是一个战场而不是一个研究领域。

尽管如此，到了 21 世纪第一个十年，理论融合的趋势开始显现。在方法上，这种融合是以 RBC 方法以及对个人与企业最优化问题的细致描述为基础的。在概念上，它承认了 RBC 和新增长理论所强调的技术进步速度变化的潜在重要性，也接受了新凯恩斯主义所强调的市场不完美性，包括了工资决定过程中的讨价还价行为的影响、信用市场和金融市场中的不完美信息的影响，以及名义刚性在引起总需求对产出的影响中的作用。虽然这种融合并没有最终形成一个统一的模型，也没有聚焦到单单几条重要的不完美性上，但各个理论在研究的框架和前进方向上达成了共识。

达龙·阿西莫格鲁

这种融合的一个很好的例子是迈克尔·伍德福特（Michael Woodford，来自哥伦比亚大学）和霍尔迪·加利（Jordi Gali，来自西班牙的庞培法布拉大学）所做的研究。伍德福特、加利以及一些合作者提出了一种模型，被称为新凯恩斯主义模型（New Keynesian Model）。该模型体现了效用和利润最大化、理性预期以及名义刚性的思想。你可以把它看作第 16 章提出的模型，只不过是拥有更高技术含量的版本。这一模型被证明在重新制定货币政策方面（不管是采用通货膨胀目标制，还是遵从利率规则）非常有用且有影响力，我们在第 23 章讨论过这一点。该模型导致了一系列更复杂模型的发展。这些更复杂的模型以简单的结构为基础，但考虑了更多的市场不完美因素，因此需要进行数值求解。这些模型被称为"动态随机一般均衡"模型（Dynamic Stochastic General Equilibrium Model，DSGE 模型）。现在，DSGE 模型对许多中央银行来说是极为重要的工具。

迈克尔·伍德福特

霍尔迪·加利

24.5 经济危机对宏观经济学的重要启示

正当新的理论融合即将出现，宏观经济学家觉得他们已经掌握理解经济运行和制定政策的工具时，经济危机就爆发了，导致了大衰退的发生。我们在 24.1 节看到了大萧条是如何引起了对宏观经济学的一次反思，并开始了凯恩斯革命。你或许会问：这次经济危机会不会对宏观经济学产生同样的影响，并引导另外一场变革呢？虽然回答这个问题还显得太早，但我猜测这可能不是一场变革，而是一次重大的重新评估。

无疑地，这次经济危机反映了宏观经济学的部分内容存在着重大的理论缺陷。这一缺陷在于，经济学家们没有意识到竟然会发生如此严重的经济危机，以及没有充分理解经济特征：一个相对较小的冲击（在这次危机中是美国房地产价格的下降）会导致严重的、全球性的金融和宏观经济危机。而这种缺陷的根源在于，对金融机构在经济运行中的作用关注不足。〔公平地说，还是有一些很关注金融系统的经济学家，他们在危机到来前已经敲响了警钟；其中比较著名的有来自纽约大学的努里埃尔·鲁比尼（Nouriel Roubini），以及在巴塞尔的国际清算银行从事与金融发展密切相关工作的经济学家们。]

总的来说,大多数宏观经济模型都忽略了金融系统,以及银行和其他金融机构在借贷双方之间所起到的复杂的中介作用,但也有例外。来自芝加哥大学的道格·戴蒙德(Doug Diamond)和来自圣路易斯华盛顿大学的菲利普·迪布维格(Philip Dybvig)在20世纪80年代的研究成果阐述了银行挤兑的性质(正如我们在第6章所分析的):即使是有偿债能力的银行,缺乏流动性的资产和流动负债也会对银行运营造成挤兑风险。要解决这一问题,唯一的办法是中央银行在必要时提供流动性。本哥特·霍姆斯特朗(Bengt Holmstrom,来自麻省理工学院)和让·梯若尔(Jean Tirole,当时在麻省理工学院,现在在法国图卢兹大学)的研究表明,流动性问题是现代经济所特有的。不仅仅是银行,连企业也会发现,尽管它们有偿债能力,但却缺少流动资产:无法筹集额外的资金去完成一项计划,也无法在投资者寻求投资回报时给予支付。哈佛大学的安德烈·施莱弗(Andrei Shleifer)和芝加哥大学的罗伯特·维什尼(Robert Vishny)在一篇名为《套利的局限性》的重要论文中提出,当资产价格下降到基础价值以下时,投资者无法从套利机会中获取利益,甚至会被迫出售资产,这一现象会导致资产价格的进一步下降以及对基础价值的进一步偏离。行为经济学家[例如芝加哥大学的理查德·泰勒(Richard Thale)]指出了个人行为与经济学中普遍使用的理性人模型之间的差别所在,并得出了一些对金融市场的启示。

本哥特·霍姆斯特朗

让·梯若尔

因此,理解经济危机所必需的大部分要素都已经具备。然而,也有不少的研究是在宏观经济学领域之外进行的,如金融领域或公司金融领域。这些要素并没有被整合到一个统一的宏观经济学模型中,它们之间的相互作用并没有被很好地理解。我们在第6章看到的这些因素,如杠杆率、复杂性以及流动性,共同导致了经济危机。这些因素几乎没有在各个中央银行使用的宏观经济模型中出现。

如今,距离危机爆发已有10多年的时间,情况发生了巨大的变化。不出意料地,学者们将研究重点转向了金融系统以及宏观金融联系的本质。新的研究正在从许多不同角度展开,这些不同角度的研究正逐渐被整合成大型的宏观经济模型。同时也得到了一些关于政策的教训或启示,比如宏观审慎工具的运用,或者是高国债带来的危险等。尽管还有很长的路要走,但随着对金融系统理解的进一步加深,我们的宏观经济学模型最终会变得越来越丰富。然而,我们必须现实一些:如果说历史可以为鉴,则经济将会被另外一种我们从没想过的冲击影响。

我们从经济危机中总结的教训,可能远不止在宏观经济学模型中加入金融机构并进行分析这么简单。从历史上看,大萧条确实导致了许多经济学家质疑市场经济的一些宏观经济特征,并指出政府干预的重要作用。这一次大衰退也提出了类似的问题。新古典主义和新凯恩斯主义的模型持有一个共同观点,即至少在中期,经济会自然地回到其自然率水平。新古典主义持有一个极端的观点,即产出一直处于自然率水平;而新凯恩斯主义持有的观点是,产出在短期很有可能会与自然产出水平产生偏离,但在中期自然力量最终会促使经济回到其自然率水平。大萧条和日本经济的长期低迷是众所周知的,但它们被看作是异常的,并且被认为是那些本可以避免的严重的政策失误导致的。今天许多经济学家认为这过于乐观。在美国经历了7年的流动性陷阱后，人们清楚地认识到，常规的调整机制——为了防止产量下降调低利率是不可行的，其实际上会阻碍经济恢复正常。

如果达成共识的话，应该是：对于较小的冲击和一般的经济波动来说，调整过程能起作用；但对于较大的、异常的冲击，正常的调整过程将会失效，而政策空间是有限的，需要花费较多的时间实现经济的自我恢复。目前，对研究者而言，首先应更好地了解当前经济运行中发生了什么；而对政策制定者而言，首要任务是尽可能充分利用已有的财政政策和货币政策引导世界经济恢复正常。

本章提要

- 随着凯恩斯《就业、利息和货币通论》一书的出版，现代宏观经济学的历史于1936年开始了。凯恩斯的学术贡献在约翰·希克斯和阿尔文·汉森于20世纪30年代和40年代早期构建的 IS-LM 模型中得到了正规的表述。

- 20世纪40年代初到70年代初的这段时间被称作宏观经济学的黄金时代。这一时期的重要发展有：消费理论、投资理论、货币需求理论和投资组合选择理论的发展；增长理论的发展；大型宏观经济计量模型的发展。

- 20世纪60年代的主要争论是凯恩斯主义和货币主义的争论。凯恩斯主义认为，宏观经济理论的发展使我们能够对经济进行更好的控制。米尔顿·弗里德曼所开创的货币主义则怀疑政府在稳定经济方面的能力。

- 在20世纪70年代，宏观经济学遭遇了一场危机，有两方面的原因：第一是滞胀的出现，使大多数经济学家都大吃一惊。第二是罗伯特·卢卡斯所领导的理论攻击。卢卡斯和他的追随者指出，一旦引入理性预期：①凯恩斯模型不能用于制定政策；②凯恩斯模型不能解释产出对自然率水平的长期偏离；③需要在博弈论理论基础上重新构造政策理论。

- 20世纪70年代和80年代的大部分时间都用来将理性预期整合到宏观经济学中。正如本书所指出的，与20年前相比，现在的宏观经济学家更加清醒地认识到预期在决定冲击和政策效应中所起的作用以及政策的复杂性。

- 在经济危机发生以前，对宏观经济理论的研究沿着三个方向进行。新古典主义经济学家正在研究波动在多大程度上可以解释为自然产出水平的变动，而不是与自然产出水平偏离的变动。新凯恩斯主义经济学家更正式地研究了市场的不完美性在波动中所起的作用。新增长理论正在研究技术进步的决定因素。这三个方向越来越趋于重合，一个新的理论融合在经济危机到来的前夕似乎就要诞生了。

- 经济危机反映了部分宏观经济学理论存在的一个重要缺陷：没有很好地理解金融系统在宏观经济运行中的重要作用。尽管理解经济危机所需要的很多因素在危机到来前已经有了一定的发展，但它们不是宏观经济思想的重点，并且也没有被整合到大型宏观经济模型中。当前，许多研究都集中在宏观金融联系方面。

- 经济危机也引出了关于产出回到自然产出水平的调整过程问题。如果存在共识的话，应该是：对于较小的冲击和一般的经济波动来说，调整过程能起作用，而政策能够加速这一过程；但对于较大的、异常的冲击，正常的调整过程将会失效，而政策空间是有限的，需要花费较多的时间来实现经济的自我恢复。

关键术语

- Business Cycle Theory, 经济周期理论
- effective demand, 有效需求
- liquidity preference, 流动性偏好
- Neoclassical Synthesis, 新古典综合派
- Keynesians, 凯恩斯主义者
- Monetarists, 货币主义者
- Lucas critique, 卢卡斯批判
- random walk of consumption, 消费的随机游走
- staggering (of wage and price decisions), 交错性（工资和价格决策）
- New Classicals, 新古典主义
- Real Business Cycle Model, 实际经济周期模型
- New Keynesians, 新凯恩斯主义者
- nominal rigidities, 名义刚性
- menu costs, 菜单成本
- New Growth Theory, 新增长理论

延伸阅读

- Two classics are John Maynard Keynes, *The General Theory of Employment, Interest, and Money* (Palgrave Macmillan, 1936) and Milton Friedman and Anna Jacobson Schwartz, *A Monetary History of the United States*, (Princeton University Press, 1963). The first makes for hard reading, and the second is a heavy volume.
- For a more accessible description of Keynes' work and influence, read *Keynes: Useful Economics for the World Economy*, by Peter Temin and David Vines (MIT Press, 2014).
  Measurement," *Federal Reserve Bank of Minneapolis Review*, 1986 (Fall): pp. 9–22. It is not easy reading.
- For more on new Keynesian economics, read David Romer, "The New Keynesian Synthesis," *Journal of Economic Perspectives*, 1993, Vol. 7 (Winter): pp. 5–22.
- For more on new growth theory, read Paul Romer, "The Origins of Endogenous Growth," *Journal of Economic Perspectives*, 1994, Vol. 8 (Winter): pp. 3–22.
- For a detailed look at the history of macroeconomic ideas, with in-depth interviews of most of the major researchers, read Brian Snowdon and Howard Vane, *Modern Macroeconomics: Its Origins, Development and Current State* (Edward Elgar Publishing Ltd., 2005).
- For two points of view on the precrisis state of macroeconomics, read V. V. Chari and Patrick Kehoe, "Macroeconomics in Practice: How Theory Is Shaping Policy," *Journal of Economic Perspectives*, 2006, 20(4): pp. 3–28; and N. Gregory Mankiw, "The Macroeconomist as Scientist and Engineer," *Journal of Economic Perspectives*, 20(4): pp. 29–46.
- For a skeptical view of financial markets and the contributions of Thaler and Shleifer among others, read *The Myth of the Rational Market: A History of Risk, Reward, and Delusion on Wall Street*, by Justin Fox (Harper Collins Publishers, 2009).
- For a discussion of the fiscal and monetary policy challenges facing policymakers today: *Rethinking Stabilization Policy: Evolution or Revolution?*, by Olivier Blanchard and Lawrence Summers, www.nber.org/papers/w24179, 2018.
- For an account of macroeconomics in textbooks since the 1940s, read Paul Samuelson's "Credo of a Lucky Textbook Author," *Journal of Economic Perspectives*, 1997, Vol. 11 (Spring): pp. 153–160.
- In the introduction to *Studies in Business Cycle Theory* (MIT Press, 1981), Robert Lucas develops his approach to macroeconomics and gives a guide to his contributions.
- The paper that launched real business cycle theory is Edward Prescott, "Theory Ahead of Business Cycle

If you want to learn more about macroeconomic issues and theory:

- For more on the history of economic thought in general (not just macroeconomics), a nice blog site is "The Undercover Historian," https://beatricecherrier.wordpress.com/
- Most economics journals are heavy on mathematics and hard to read, but a few make an effort to be more reader-friendly. The *Journal of Economic Perspectives*, in particular, has nontechnical articles on current economic research and issues. The *Brookings Papers on Economic Activity*, published twice a year, analyze current macroeconomic problems; so does *Economic Policy*, published in Europe, which focuses more on European issues.
- Most regional Federal Reserve Banks also publish reviews with easy-to-read articles; these reviews are available free of charge. Among these are the *Economic Review*, published by the Cleveland Fed; the *Economic Review*, published by the Kansas City Fed; the *New England Economic Review*, published by the Boston Fed; and the *Quarterly Review*, published by the Minneapolis Fed.
- More advanced treatments of current macroeconomic theory—roughly at the level of a first graduate course in macroeconomics—are given by David Romer, *Advanced Macroeconomics*, 5th ed. (McGraw-Hill, 2018) and by Olivier Blanchard and Stanley Fischer, *Lectures on Macroeconomics* (MIT Press, 1989).

附 录

术 语 表

教师服务

感谢您选用清华大学出版社的教材！为了更好地服务教学，我们为授课教师提供本书的教学辅助资源，以及本学科重点教材信息。请您扫码获取。

▶▶ 教辅获取

本书教辅资源，授课教师扫码获取

▶▶ 样书赠送

经济学类重点教材，教师扫码获取样书

清华大学出版社

E-mail：tupfuwu@163.com 　　　网址：https://www.tup.com.cn/
电话：010-83470332 / 83470142　传真：8610-83470107
地址：北京市海淀区双清路学研大厦B座509　邮编：100084